LES GRANDS COURANTS
DE LA PENSEE ECONOMIQUE

Nouvelle édition, 1997

© Presses Universitaires de Grenoble, 1992
BP 47 – 38040 Grenoble Cedex 9
ISBN 2 7061 0489 9

Alain SAMUELSON

LES GRANDS COURANTS DE LA PENSÉE ÉCONOMIQUE
Concepts de base et questions essentielles

Cinquième édition

Presses Universitaires de Grenoble
1997

Droit

D. LEFEBVRE, E. MOLLARET-LAFORÊT, C. GUITER, C. ROBBEZ-MASSON
Droit et entreprise, aspects juridiques, sociaux, fiscaux, 6ᵉ édition, revue et augmentée, 1997.

D. LEFEBVRE
Contentieux de l'entreprise et expertise judiciaire, 2ᵉ édition, 1995.

F. SERVOIN
Droit administratif de l'économie, 1996.

Economie

E. DI RUZZA
Eléments d'épistémologie pour économiste, 1988.

W. ANDREFF
La crise des économies socialistes, 1993.

Psychologie

H. ABDI
Introduction au traitement statistique des données expérimentales, 1987.

Sociologie

P. ROLLE
Bilan de la sociologie du travail, tome I - *Travail et salariat*, 1987.

M. ERBÈS-SEGUIN
Bilan de la sociologie du travail, tome II - *Le Travail dans la société*, 1988.

P. LECOMTE et B. DENNI
Sociologie du politique, 1990.

à Antoine et Lucas

Avant propos

Cet ouvrage a pour origine un enseignement d'économie politique en première année de Deug à l'Université des Sciences Sociales de Grenoble. Nous avons assumé le projet d'introduire à l'économie avec une double préoccupation de progression historique et de continuité logique.

Selon un choix délibéré de simplification, nous présentons les concepts de base et les questions essentielles à travers quatre courants majeurs de la pensée économique. Notre objectif est de fournir, en caricaturant le moins possible, une première reconnaissance des concepts économiques assez large pour saisir les évolutions, mais assez précise et assez près du texte des grands auteurs pour susciter de l'intêret.

Notre objectif sera atteint si cet ouvrage permet un premier jalonnement, la *perception d'une relativité du discours économique,* la conscience que l'économie politique a toujours été un effort de théorisation pour maîtriser des problèmes très concrets, liés par force à des perspectives et des intérêts de classes sociales. Nous sommes souvent rapide dans notre exposé, mais nous ne renonçons pas à des indications bibliographiques précises, ainsi qu'à des citations d'auteurs abondantes. Nous désirons ainsi contribuer à éveiller une curiosité intellectuelle exploitable à terme pour une Science Sociale qui risque d'être abordée de façon trop utilitaire, ou d'un point de vue théorique et politique trop exclusif. Dès lors cet ouvrage s'adresse aussi bien à des étudiants débutants qu'aux lecteurs désireux de références précises et de connaissances ordonnées sur des notions fondamentales de l'économie.

I – L'objet de la connaissance économique : difficulté d'une définition

Selon les auteurs et les époques on utilise des termes aussi divers que *économie politique*, le premier composé, *science économique* ou même *analyse économique* très courant pour les manuels ; enfin *discours économique* qui se situe délibérément dans un contexte de relativisation et de critique. Tentons une rapide présentation de l'histoire du concept à partir de quelques définitions qui ont fait date. On peut pour ce rappel déjà opérer une distinction entre :

     – la démarche empirique, c'est la plus simple, celle qui permet de définir immédiatement la botanique comme « science qui a pour objet l'étude des végétaux » (Petit Robert). Ainsi, à chaque science ou discipline serait assigné un objet empiriquement déterminé.

     – la démarche normative, c'est la plus ancienne, celle d'Aristote[1] par exemple qui entend énoncer des préceptes fondés sur une conception de la finalité de l'homme ; celle de l'inventeur de l'expression « Economie Politique », Antoine de Montchrestien, mais n'est-on pas en train de retrouver cette démarche avec des essais d'« éthique économique ».[1bis]

     – la démarche abstraite, se caractérise par la volonté de conceptualiser ce qui ne peut être appréhendé par la simple représentation ; c'est la démarche scientifique moderne.

---

[1] Aristote (385-322 AC), fondateur de la logique, a fortement marqué l'évolution de la science « occidentale ». Soucieux d'organisation et de classification, il a défini des « catégories » pour structurer le langage et la pensée de l'homme. Son ouvrage *« La Politique »* où la préoccupation éthique est présente et s'achève sur l'énoncé de trois principes d'action politique : « la mesure, le possible et le convenable. » cf A. Berthoud *Aristote et l'argent.* Maspéro. Paris, 1981

[1bis] En contrepoint au précepte de Marx : « Il ne suffit pas d'expliquer le monde, il faut le changer », la dimension éthique de l'économie est remise en valeur, cf. H. Puel *L'économie au défi de l'éthique.* Ed. Cujas-Cerf, Paris, 1989.

1. L'économie subordonnée : l'économie normative

La démarche normative ne se réfère normalement pas à un projet scientifique : elle pose des valeurs comme principes, et prescrit les règles ou de simples interdictions pour que ces valeurs soient respectées. On trouve dès l'origine *une primauté des valeurs religieuses ou philosophiques* qui empêchent une réflexion autonome sur ce que les Grecs appellent déjà « oikonomia », de « oikos », la maison, et « nomos », qui signifie tout à la fois principe, règle, loi. La gestion, l'administration des éléments de production et de subsistance sont restreints au groupe économique que constitue la famille.

Les religions et les philosophies qui constituent encore le fonds de référence de nos sociétés occidentales et mêmes islamiques, ont été hostiles à ce qui touche l'économie, au sens restreint où on pouvait l'entendre dans les sociétés anciennes. Prenons quelques repères :

– *la pensée hébraïque* : selon la loi et les prophètes de l'Ancien Testament, le juste a de la défiance pour la richesse : « la réputation est préférable à de grandes richesses et la grâce vaut mieux que l'argent et que l'or » (Proverbe XXII.1).

– *la pensée grecque* : elle est le fait de *philosophes politiques,* au sens étymologique du terme, c'est-à-dire qu'ils s'efforcent de concevoir la Cité parfaite (polis). *Ils sont généralement hostiles à la richesse,* parce qu'elle peut empêcher de réaliser la Cité Parfaite. « *L'Economie* » de Xénophon d'Athènes (426-354 AC) constitue une exception ; c'est un livre de préceptes, d'ailleurs intéressant pour comprendre dans quelle mentalité se sont trouvés les hommes libres à l'égard de leurs esclaves[2].

Les conceptions d'Aristote ont exercé l'influence la plus durable ; jusqu'à la révolution française selon un auteur marxiste comme P. Fratzen[3]. Signalons seulement la fameuse distinction d'Aristote entre « ktemata » et « khrêmata » : *les biens en nature* d'une part, conformes à la nature, et les biens évalués en argent d'autre part, qui sont mesurables, mais qui sont dangereux parce qu'ils éloignent l'homme de sa vraie foi politique. L'intérêt de l'argent est également condamné parce que contraire à la nature. Cette philosophie de quelques esprits supérieurs, mais banalisée en moralité quoti-

---

[2] Homme d'action dans son *Traité des Revenus,* Xénophon recense déjà les ressources de l'Attique pour renflouer le Trésor en aménageant le port du Pirée et par l'exploitation intensive des mines. C'est là un cas particulier : dans l'Antiquité l'économie était intégrée à la société et à ses institutions au point qu'on ne peut la traiter comme une catégorie autonome et l'étudier isolément. C'est le point de vue de M. Finley dans : *«Economie et Société en Grèce ancienne.»* La Découverte, Paris 1984.

[3] *Histoire de la pensée économique,* Editions de l'Université de Bruxelles, 1978, p.39.

dienne, ne rentrait pas encore en opposition avec une réalité sociale où *les rapports marchands étaient peu développés*, où la majorité des prestations sociales ne passaient pas sur le marché, parce qu'elles étaient de caractère obligatoire⁴.

Dans le *monde chrétien du Moyen Age*, l'économie demeure subordonnée à la morale. La pensée médiévale est dans la continuité de la pensée antique. L'oeuvre de Saint-Thomas d'Aquin (1226-1276) arrête les principes essentiels : défiance à l'égard de la richesse matérielle, de l'accumulation de l'argent, condamnation du taux d'intérêt (« pecunia pecuniam non parit »), recherche du *juste prix* et de la justice dans les échanges. Les termes de « moderanter » et de « convenienter » caractérisent la doctrine des docteurs de l'Eglise. Le « *juste prix* » est celui qui ne lèse ni l'acheteur, ni le vendeur. On est dans une société conservatrice, hostile à la fois au « changement et aux échanges »⁵.

La *période de la Renaissance en Europe est celle de la constitution et du développement des Etats* : d'un coup, et en opposition avec une longue tradition philosophique et religieuse, la richesse devient indispensable à l'accroissement du pouvoir du souverain. A. de Montchrestien (1575-1621) est représentatif de cette nouvelle conception, lui qui trace un tableau très complet de la France vers 1610.

Pour justifier en un autre sens le terme d'approche normative, rappelons seulement que Monchrestien en 1615 intitule « *Economie Politique* » un traité dédié au Roi de France. Il s'agit en fait d'un *ensemble de préceptes* à l'intention du Roi pour qu'il s'en inspire dans l'administration du patrimoine de la Cité. Montchrestien ne fournissait pas une explication des faits, mais *prescrivait des règles de bonne gestion*. L'Economie Politique, à l'origine de l'expression, consiste *en la gestion des affaires du souverain qui se confondent avec celles de l'Etat*. On aurait là plutôt les premiers éléments de politique économique.

2. Premières définitions empiriques des économistes classiques (fin XVIIIe, XIXe)

Elles ont en commun de considérer que l'économie a pour but de produire une explication théorique d'un ensemble déterminé de faits concrets, qualifiés d'activités ou *faits économiques*. A Smith a donné à son ouvrage de 1776 un titre qui est déjà par lui-même une définition « *Recherches sur la nature et les causes de la richesse des Nations* ». L'économie est considérée comme *science des richesses*. Citons l'introduction à cette oeuvre essentielle : « L'Economie politique considérée comme une

---

⁴ Au Moyen Age l'Eglise interdit le prêt à intérêt. Il est analysé comme un surplus illicite s'il ne débouche pas sur la transformation matérielle de biens. Il vole du temps, don gratuit de Dieu : il y a là l'intuition de la théorie moderne de l'intérêt comme prix du temps. cf. J. Le Goff. *La Bourse et la Vie*, Hachette, Paris 1987.

⁵ A. Piettre, *Pensée économique et théories contemporaines,* Fayard Paris, 1979. p. 22. et J. Ibanès *La doctrine de l'Eglise et les réalités économiques au XIIIe.* P.U.F. Paris, 1967, p. 40 et ss.

branche de la science d'un homme d'Etat ou d'un législateur, se propose deux objets distincts : 1/de procurer au peuple un bon revenu ou une subsistance abondante, ou, mieux dire, de le mettre en état de se les procurer lui-même ; et 2/ de pourvoir à ce que l'Etat ou la communauté ait un revenu suffisant pour les charges publiques. Elle se propose d'enrichir en même temps le peuple et le Souverain ».

C'est la conception que l'on retrouve en 1803 dans la 1ère édition du « *Traité d'Economie Politique* » de Jean-Baptiste Say : « Connaissance des lois qui président à la formation, à la distribution et à la consommation des richesses ». *Dès le début du XIX* la question se pose de savoir de quelles richesses il s'agit.* On ne considère d'abord que les richesses matérielles, dans la ligne de « l'économie de richesse » (chrématistique des Grecs) et des mercantilistes que nous présenterons. On exclut donc les services, ce qui influence tous les classiques et même indirectement leur opposant critique Marx [6].

Dès la 3e édition posthume, de son « *Cours complet d'Economie Politique pratique* » , J.-B. Say corrige cette conception vraiment restrictive. « Depuis qu'il a été prouvé que les propriétés immatérielles telles que les talents et les facultés personnelles acquises, forment une partie intégrante des richesses sociales, et que les services rendus dans les plus hautes fonctions ont leur analogie avec les travaux les plus humbles ; depuis que les rapports de l'individu avec le corps social et du corps social avec les individus, et leurs intérêts réciproques, ont été clairement établis, l'économie politique, qui semblait n'avoir pour objet que les biens matériels, *s'est trouvé embrasser le système social tout entier* » .

La définition empirique de l'objet de l'économie doit donc naturellement élargir son champ. En effet, quand un artiste reçoit des honoraires pour une représentation, un prêtre des offrandes, il n'y a pas production de bien matériels, mais « d'objets idéaux ». Artistes et prêtres ont rendu des « services ».

Suffit-il alors de compléter la définition comme le fait J.-B. Say ? On se heurte tout de suite avec cette première approche empirique du champ de l'économie à une difficulté insurmontable. Si l'économie est la science d'une catégorie particulière de faits, la théorie de cette science doit englober tous les éléments qui conditionnent effectivement ce domaine de l'action humaine. Or, si *la production de services est économique, l'économique recouvre, comprend et explique toute la vie sociale, la politique, la connaissance, mais aussi la religion et la parenté.* Au point de vue logique, à trop étendre la notion de richesses, on risque de lui retirer tout intérêt ; d'où la préoccupation d'élaborer un critère pour repérer les richesses. On assiste assez tôt à un effort de conceptualisation abstraite autour des notions d'échange, de besoin et d'utilité.

---

[6] Cf. certaines interprétations de la notion de travail productif. Cf. A Berthoud : *Travail productif et productivité du travail chez Marx,* Maspero, Paris, 1973. Pour J.B. Say la production consiste à créer des objets ou des services qui ont une utilité en combinant du travail et des « services producteurs » de la nature et des capitaux, ce qui annonce la distinction entre 3 facteurs de production (nature, travail, capital).

3. L'économie comme « science de l'échange marchand »

Cette conception est déjà celle des classiques ; elle est renouvelée chez les néo-classiques.

Avec les classiques, l'Economie est une discipline reconnue et du coup avec une certaine maturité, apparaît la préoccupation de définir l'économie de façon autonome comme *science de l'échange* [7], plus précisément de l'échange onéreux.

Les classiques comprennent que l'échange des marchandises est devenu à leur époque le fait social prépondérant. J.-B. Say comme D. Ricardo restreignent l'économie à l'étude des « *trois moments de la circulation des marchandises* » : la production, la répartition et la consommation des marchandises qui ne peuvent plus s'effectuer qu'à travers l'échange. Il s'agit d'expliquer pourquoi telle marchandise s'échange contre telle autre, comment s'établit *le rapport d'échange* ou *prix* entre ces marchandises et du même coup « quelles sont les causes qui règlent la valeur ».

On a là une conception triplement restrictive de l'économie, à la fois dans son objet, dans le temps et dans l'espace :

– la science économique étudie seulement les activités humaines qui *donnent nécessairement lieu à échange*.

– la science économique naît avec la généralisation de l'échange à l'époque moderne ; elle est donc *historiquement datée*.

– les sociétés dont l'organisation et la reproduction ne sont pas fondées sur l'échange (sociétés primitives) sont hors du champ de la science économique.

L'économie est ainsi interprétée chez les néo-classiques. Il n'y a pas de valeur en soi, *la valeur se manifeste seulement dans l'échange*. Le raccordement dans la séquence utilité-richesse s'opère à travers la satisfaction d'un besoin. Le marché, où les marchandises s'échangent, donne la mesure de la valeur, et permet de vérifier si elles ont une utilité.

De la confrontation de l'offre et de la demande résulte un prix. Ce prix, monétaire ou non, devient un concept central ; l'économie apparaît alors comme « science des prix ». *Est économique tout, et seulement ce qui peut se traduire par un prix.* Les questions essentielles de l'économiste se rapportent à la formation des prix, à l'analyse théorique des différentes catégories de marché.

A partir de 1870 W.S. Jevons, C. Menger, A. Walras accordent une place centrale à une nouvelle analyse des rapports d'échange, fondée sur le principe de l'utilité marginale. L'usage de cet instrument d'analyse est généralisable pour tous les problè-

---

[7] Pour exprimer que l'économie est la science de l'échange, R. Wathely (1826) a même forgé le terme de « *cattalactiques* » (de l'anglais « cattalactics » et du grec échanger) repris par F. Von Hayek, G. Bousquet (1930), J. Attali (1981).

mes économiques au point que l'on en vient à confondre à tort néoclassicisme et marginalisme.

4. La définition d'un principe d'économie : L'économie comme « science des choix efficaces »

C'est la conception qui a été jusqu'ici prévalente. Elle est très bien illustrée par Lionel Robbins, dont on cite fréquemment sur ce point *« L'essai sur la nature et la signification des sciences économiques »*[8] : « L'Economie est la science qui étudie le comportement humain en tant que relation entre les fins et les moyens rares à usage alternatif ».

Cette formule a été souvent reprise, en particulier par L. Mises, P. A. Samuelson. Mais pour relativiser le caractère novateur de cette approche, on peut citer aussi F. Quesnay, premier brillant économiste français, premier médecin à la Cour du Roi Louis XV. Il disait en effet : « obtenir la plus grande augmentation possible de jouissance par la plus grande diminution possible de dépense, c'est la perfection de la conduite économique ».

Précisons la démarche générale qui sous-tend une conception de ce type : l'homme éprouve des besoins qui sont en fait illimités, tandis que ses ressources sont au contraire essentiellement limitées. Il en résulte un problème de choix ; c'est le cas au niveau individuel (ou micro-économique) de l'entrepreneur qui doit décider, dans le cadre d'un budget limité, des ressources qu'il faut affecter en dépenses de matières premières ou en dépenses de force de travail. C'est par exemple au niveau global, ou macro-économique, l'alternative « entre le beurre et les canons » qui ne peut manquer de poser le problème du choix aux gouvernements.

Pour Robbins tout comportement humain peut relever de la science économique s'il répond aux trois conditions suivantes à la fois : a) il concerne des moyens rares ; b) ces moyens sont utilisables à plusieurs fins c) et ils satisfont des fins hiérarchisées.

Le *principe d'économicité* (ou principe du plus grand effet ou principe de la moindre dépense) consiste à choisir l'affectation la plus efficace des moyens disponibles en vue de satisfaire des fins hiérarchisées.

En anticipant déjà la démarche du calcul économique, qui a son origine chez les néo-classiques, on dira que *le consommateur et le producteur sont confrontés à un problème de maximisation* (utilité, avantage, profit) *sous contrainte*. Ainsi, déjà pour A. Marshall (1842-1924), mais plus encore pour L. Robbins, la recherche rationnelle de la maximisation des gains devient une fin en soi, une norme de comportement. « L'économie dépend... d'une évaluation dernière - *l'affirmation que la rationalité et*

---

[8] Edition originale anglaise de 1932 ; trad. franç, Medicis, Paris, 1940. L'objectif essentiel de cet ouvrage souvent cité est d'éliminer les jugements de valeur en économie.

la capacité de choisir en connaissance de cause sont souhaitables. Si l'irrationnel, l'abandon aux forces aveugles des stimulations externes et, à chaque instant, des impulsions non coordonnées est un bien à préférer à tous les autres, alors il est vrai que la raison d'être de l'économie disparaît ».

Cette conception est analytique ; elle ne classe pas des genres de comportements différents, *elle privilégie un aspect particulier du comportement,* « la forme qu'il prend sous l'influence de la rareté », nous dit L. Robbins. Quand cette conception est poussée à ses implications extrêmes, elle aboutit à définir l'économie comme une démarche, une « forme » de comportement qui consisterait à « économiser » des moyens. Le principe d'économicité ne débouche pas sur une conception plus étroite de l'économie : tout au contraire il s'érige en principe général et a-historique du comportement individuel ou social de l'homme, et même de tout être vivant. Un tel comportement à rationalité bien spécifique peut être adopté dans des domaines très différents qui relèvent pour partie, mais dépassent de beaucoup la gestion des ressources rares par exemple : la gestion des stocks, l'établissement de réseaux de transports, l'organisation de la transmission de flux d'informations, mais aussi l'économie du crime pour certains. Cette approche demeure au niveau du principe, car elle ne peut remplir son objectif si abstraitement réduit. En effet, le principe de non-gaspillage n'est fondé sur aucune reconnaissance de la société réelle. Comme nous le verrons, l'analyse néo-classique qui se conforme dans sa démarche à ce principe débouche sur une construction tout à fait abstraite à partir d'une psychologie élémentaire et individualiste.

Pour éviter les limitations d'une conception aux implications si restrictives, il est caractéristique que les manuels qui ont une forte audience comme celui de R. Barre en France, de P.-A. Samuelson dans le monde occidental, fournissent des définitions composites, qui cherchent à « englober » le maximum de points de vue et de contenu considérés a priori comme économiques[9]. Ainsi pour P.-A. Samuelson : « l'économique recherche comment les hommes décident, en faisant ou non usage de la monnaie, d'affecter des ressources productives rares à la production à travers le temps de marchandises et services variés et de répartir ceux-ci, à des fins de consommation présente et future, entre les différents individus et collectivités constituant la société ». Cette définition est éclectique ; on peut y retrouver les définitions essentielles qui ont été élaborées successivement par les économistes qui ont contribué à l'élaboration de véritables cadres de référence dans la pensée économique.

a) L'Economique étudie les activités qui mettent en jeu *la monnaie* et impliquent des opérations *d'échange* entre les individus.

b) L'Economique recherche comment les hommes décident d'utiliser les ressources productives *rares* ou limitées (sol, main-d'oeuvre, biens capitaux tels que machines, connaissances techniques) en vue de *produire* des marchandises ou servi-

---

[9] Cf. S. Latouche *Epistémologie et Economie.* Ed Anthropos, Paris, 1973, p.49 et ss.

ces divers et de les *répartir* pour des fins de consommation entre les différents membres de la société.

c) L'Economique recherche comment les hommes organisent leurs activités de *production* et de *consommation*.

d) L'Economique est la *science des richesses*.

Ces définitions sont composites parce qu'elles mettent côte à côte un domaine particulier de l'activité humaine (production) et une technique (la monnaie). On y retrouve aussi la conception classique (production, répartition et consommation des richesses) et la conception abstraite qui privilégie un comportement ou principe de non-gaspillage.

5. D'où vient le principe général de l'action rationnelle ?

Une analyse critique de la définition formelle la plus généralement admise de l'économie conduirait à se demander *d'où vient le principe général de l'action rationnelle ?* On a donné deux types de réponse à cette question et tous deux correspondent à un échec selon M. Godelier[10].

1 - *Le principe de rationalité est considéré comme une « donnée invariante de la nature humaine »,* comme une réalité quotidienne et banale constatée par l'expérience. Ceci renvoie à un présupposé, à une donnée, à un « a priori non-historique ou transhistorique ». On ne pourrait pas aller plus avant pour détecter le fondement de ce principe. Cette difficulté est dans les faits escamotée par les économistes. Et il y a lieu de se demander comment ils sont passés du principe général de la rationalité comme caractéristique de la nature humaine à l'analyse d'un système économique particulier.

Les économistes classiques, (dont nous étudierons l'essentiel des principes), ont abouti à une *doctrine du libéralisme* qui illustre tout à fait la fragilité de leur déduction fondée sur la supposition d'un principe de rationalité. En effet, depuis son origine, c'est-à-dire depuis F. Quesnay et A. Smith, la théorie économique dite classique préconise le *« laissez faire »* et du même coup condamne les interventions de l'Etat dans la vie économique. Le raisonnement implicite est le suivant : si l'Etat n'intervient pas, les obstacles artificiels élevés au cours de l'histoire contre la liberté des individus doivent disparaître. Alors la nature humaine, libérée, « désentravée »[11], doit conduire les individus inspirés uniquement par le mobile de leur intérêt privé à réaliser un système de concurrence parfaite avantageux pour l'ensemble de la communauté. On trouve là des concepts tels que celui de la *« main invisible »* et de *« l'ordre naturel »*. *C'est cette main invisible du jeu de l'intérêt privé qui guide le système capitaliste*

---

[10] *Rationalité et irrationalité en économie,* Maspero. Paris, 1968, p.21.

[11] J. Marchal, cité par M. Godelier, op. cit., p. 22

conçu comme la réalisation de « l'ordre naturel » des sociétés[12]. A partir de la supposition d'un principe de rationalité immanent à la nature humaine, on aboutit très tôt à la déduction logique d'un système économique particulier, *l'économie de marché capitaliste,* présentée comme le système économique idéal.

Reprenons une citation bien connue d'A. Smith : « Ainsi en écartant entièrement tous ces systèmes ou de préférence, ou d'entraves, *le système simple et facile de la liberté naturelle vient se présenter de lui-même et se trouve tout établi.* Tout homme, tant qu'il n'enfreint pas les lois de la justice, demeure en pleine liberté de suivre la route que lui montre son intérêt, et de porter où il lui plaît son industrie et son capital, concurremment avec ceux de tout autre homme ou de toute autre classe d'hommes. Le Souverain se trouve entièrement débarassé d'une charge qu'il ne pourrait essayer de remplir sans s'exposer infailliblement à se voir trompé de mille manières, et pour l'accomplissement convenable de laquelle il n'y a aucune sagesse humaine ni connaissances qui puissent suffire, la charge d'être le surintendant de l'industrie des particuliers et de la diriger vers les emplois les mieux assortis à l'intérêt général de la société »[13]. Malgré son souci d'objectivité et son refus des jugements de valeur, la conception abstraite de l'économie fondée sur le principe général de rationalité, conçu comme « postulat de la nature humaine », *représente une démarche idéologique* qui aboutit à défendre un système économique particulier.

2 - Une autre manière d'introduire le principe de rationalité inverse totalement la relation au système économique. *Ce principe est conçu comme le produit de l'histoire.* On peut alors se référer à l'interprétation également très souvent citée de O. Lange : *le principe de rationalité économique est le produit historique du capitalisme :* « C'est dans l'entreprise capitaliste que pour la première fois dans l'histoire du développement de l'activité économique des hommes, ce principe apparaît avec toute sa plénitude. Il ne pouvait pas apparaître plus tôt, c'est-à-dire dans l'économie naturelle. Dans cette dernière en effet, il existe une grande diversité de fins de l'activité économique quantifiées à des degrés différents et incommensurables entre elles : il n'existe pas davantage de commensurabilité. Dans ces conditions l'activité suit la coutume et la tradition, réalise les fins traditionnellement établies à l'aide de moyens traditionnels »[14].

En d'autres termes, *le principe de rationalité émerge et s'impose à un moment de l'histoire, quand apparaissent les formes d'échanges marchands et monétaires.* Dans les sociétés antérieures, dit O. Lange : « l'activité économique traditionnelle réalise les fins établies par la tradition à l'aide de moyens établis par la tradition sans procéder à une analyse raisonnée des unes ni des autres. Les fins sont établies par l'usage et la

---

[12] Infra, chapitre 1,p. 43

[13] *Richesses des nations*, Coll. Idées, Ed. Gallimard, 1976, p. 352. Nous citerons A. Smith pour l'essentiel à partir de cette édition partielle, mais facilement accessible, de son oeuvre majeure.

[14] O. Lange, *Economie politique,* Tome 1, P.U.F., Paris, 1962, p. 193-194.

morale, approuvées par la religion et, parfois aussi sanctionnées par la législation... »
Ainsi, *le règne de la raison commencerait avec l'apparition du capitalisme.*

On peut encore se demander comment est interprétée cette émergence historique
du principe de rationalité. L'analyse de O. Lange précise ainsi les enchaînements :

a) *Le développement de la rationalité est lié au développement de la production marchande capitaliste :* « l'activité de gain devient une activité fondée sur le
raisonnement, autrement dit une activité rationnelle ». Les agents essentiels de l'économie capitaliste, marchands, banquiers, entrepreneurs sont les premiers agents
économiques soumis au principe de rationalité.

b) L'originalité de l'interprétation de O. Lange est de *vouloir encore être
plus générale :* le principe de rationalité, qui s'impose d'abord dans les conditions
particulières du système capitaliste naissant, tend à devenir un principe général de
comportement. Il se répand et s'impose progressivement dans tous les secteurs de
l'activité sociale : « l'activité économique est le domaine le plus vaste de l'application
du principe de rationalité et également celui où ce principe est apparu tout d'abord mais
il n'est pas le seul. En outre, le principe économique s'est conquis et continue à se
conquérir de nouveaux domaines d'application (la technique, la stratégie militaire, la
recherche scientifique...). »

Finalement on retrouve là, par une autre voie, la difficulté qu'il y a à saisir la
spécificité de la science économique. L'Economie est partout. « La pratique économique est posée comme la source, la matrice de toute rationalité. Progressivement le
rationnel gagne tous les autres aspects de la pratique sociale »[15].

Faute de pouvoir approfondir cette interrogation première sur la nature de
l'Economie, limitons-nous à proposer les définitions de quelques économistes à large
formation scientifique. Ainsi un économiste économètre comme E. Malinvaud admet
que la définition par les choix efficaces ne met pas en évidence le caractère de science
sociale de l'économie, mais il ne s'écarte que peu de L. Robbins : « L'Economie est
la science qui étudie comment des ressources rares sont employées pour la satisfaction
des besoins des hommes vivant en société ; elle s'intéresse d'une part aux opérations
essentielles que sont la production, la distribution et la consommation des biens,
d'autre part aux institutions et aux activités ayant pour objet de faciliter ces
opérations[16].»

Quant à M. Godelier, au terme de son analyse critique, il précise ainsi son point
de vue : « l'économique se présente comme une réalité sociale complexe parce qu'elle
est un champ particulier d'activité tournée vers la production, la répartition et la
consommation d'objets matériels et est en même temps par les mécanismes de cette
production, de cette répartition et de cette consommation, un aspect particulier de

---

[15] M. Godelier, op. cit., p. 24.
[16] *Leçons de théorie micro-économique,* Dunod, Paris, 1979.

toutes les activités non économiques... Puisque l'activité économique est à la fois une activité spécifique qui dessine un champ particulier de rapports sociaux et une activité engagée dans le fonctionnement des autres structures sociales, l'Economique ne possède pas à son propre niveau la totalité de son sens et de sa finalité, mais une partie seulement ... (...) Pour nous toute activité finalisée peut avoir un aspect économique par son contenu même, c'est-à-dire si sa réalisation implique directement ou indirectement l'usage de moyens matériels » [17].

Cette référence à la notion d' « *activité finalisée* » nous porte à clore, et non conclure, ce bref repérage des difficultés à définir l'Economie par une référence à un niveau large de préoccupation. C'est ce à quoi nous invite R. Passet pour qui « l'économie apparaît au premier chef, comme une activité de transformation du monde, *finalisée par la satisfaction des aspirations humaines* »[18.] Mais aussitôt cerné le champ spécifique des activités de production, de répartition, d'échange et de consommation, il faut encore reconnaître « au-delà du champ où elles se développent ... les vastes domaines de la gratuité, de l'affectivité, de l'esthétique, des convictions morales, philosophiques, religieuses ... ; ces valeurs, en un mot, pour lesquelles les hommes définissent leur identité, leurs raisons de vivre et, parfois aussi de mourir. L'humain englobe et déborde de toute part l'économique. Et l'humain à son tour est immergé dans le vivant[19] ».

2 – L'objet de l'ouvrage : les démarches essentielles

L'objet de cet ouvrage est de présenter les caractéristiques essentielles des courants de pensée qui ont été ou demeurent historiquement dominants. Nous entendons par là, en simplifiant à l'extrême, les démarches de base qui constituent l'assise à partir de quoi s'est formée et se développe une théorie économique diversifiée au niveau des concepts, des outils et des politiques. Ce n'est point aisé, précisément au moment où « la crise que traverse la pensée économique, en cette seconde moitié du XXe siècle, revêt un caractère exemplaire : n'assiste-t-on pas, en effet, à une remise en cause tant

---

[17] M. Godelier, op. cit., p. 28.

[18] R. Passet, *l'Economique et le vivant*. Payot , Paris, 1983.

[19] Ainsi J. Attali et G. Guillaume au début de leur ouvrage au titre significatif perçoivent bien qu' « il faut aussi... que la structure sociale dans son ensemble et en particulier ses finalités soient explicitées... (...) Pour éviter un tel abus de pouvoir de la sience économique, il faut la définir explicitement comme l'étude des mécanismes de production, d'échange et de consommation dans une structure sociale donnée et des interdépendances entre ces mécanismes et cette structure ». *L'Anti-économique*, P.U.F., Paris, 1974, p. 10. Pour une dénonciation du caractère réducteur de la pensée économique dominante, cf. H. Bartoli, *L'Economie unidimensionnelle*, Economica, Paris, 1991.

de L'Economie Politique, en tant que domaine spécifique du savoir, que la critique immanente de ses fondements, à savoir la critique marxiste ? »[20].

Au niveau d'une introduction, mais plus encore si l'on a le souci d'acquérir une compréhension ordonnée de l'économie, il faut en avoir une connaissance relativisée. D'où notre démarche qui consiste à dégager les concepts de base et les questions essentielles à travers les grands courants de la pensée économique, et non à faire une histoire chronologique de cette pensée. Il s'agit de saisir la cohérence respective des différents « discours économiques » dans leur évolution et dans ce qu'ils ont toujours d'essentiel malgré la crise que paraît subir la science économique. Le risque est naturellement d'avoir dès le départ une vision fragmentée de cette science, mais c'est bien « qu'il n'y a pas concordance, mais opposition irréductible entre les analyses classiques, néo-classiques et marxistes »[21], à quoi il nous faut aussi à un niveau d' introduction, ajouter l'approche keynesienne. On peut avancer encore d'autres raisons à une introduction à l'économie à partir des grands courants de la pensée économique. Tout d'abord à la différence de ce qui se passe dans les sciences exactes, en science sociale les *théories précédentes sont rarement complètement éliminées.* En physique la mécanique de Newton (1642-1727) relègue la cosmologie de C. Ptolémée (90-168) parmi les descriptions fantaisistes dépassées ; dans d'autres cas tout un champ scientifique devient un sous-ensemble englobé par une interprétation plus vaste (la géométrie euclidienne). En économie rien de tel, les approches essentielles se superposent souvent dans le temps et leur héritage est souvent repris bien plus tard. Elles sont souvent en étroite interrelation parce que fondamentalement antagoniques. Cela va jusqu'à permettre à certains d'estimer par exemple « que la critique marxiste de l'Economie Politique, en dépit du mouvement qui la portait, est restée tributaire du paradigme qu'elle conteste, au point que les crises de l'un entraînent la crise de l'autre »[22].

L'idéal scientifique est naturellement l'unification de la théorie se rapportant à un champ du réel. A l'unité du réel devrait correspondre l'unité de son explication scientifique. Là encore l'objet même de la science sociale qu'est l'économie se dérobe à une telle interprétation unifiée. *Les hommes produisent ce qui est l' objet d'investigation de la science économique.* Ces hommes selon le temps et le lieu sont opposés, divisés,

---

[20] D.Dufourt, *L'Economie mondiale comme système*, PUL, Lyon, 1979. p. 30.

[21] S. Latouche, *Le Projet marxiste*, P.U.F., Paris, 1975, p. 5. S.C. Kolm s'attache à démontrer au contraire les points de rapprochement de trois économistes paradigmes. « Quand on considère ce qu'ils disent vraiment, on voit que Marx, Walras et Keynes ont la même théorie de l'économie du capitalisme de marché, chacun analyse plus que les autres certains aspects... selon le problème posé l'un ou l'autre en dit plus et est donc plus utile». *Philosophie de l'Economie.* Seuil, Paris, 1986. p. 165-166.

[22] D. Dufourt, op. cit., p. 30. Le terme de « paradigme » introduit par T. Kuhn (1962), et qu'il a suggéré de remplacer par « matrice disciplinaire », tend à désigner l'ensemble de « croyances, valeurs et techniques » qui sont partagées par les membres d'une communauté scientifique, au cours d'une période de « consensus théorique ». cf. infra.

situés les uns par rapport aux autres dans des situations fondamentalement contradictoires ou antagonistes. La volonté d'élaborer une science sociale positive ne parvient tout au plus qu'à occulter les contradictions qui animent la réalité sociale.

On perçoit précisément là l'importance de la réflexion de Marx sur l'Economie Politique, et la difficulté qu'il y a à la définir. Cette démarche est fondamentalement critique ; elle démsque *la dimension idéologique du « discours » de l'économie politique classique*, de manière à faire apparaître les contradictions qui entraînent l'évolution historique. Ainsi, beaucoup d'auteurs ne mettent absolument pas sur le même plan les démarches économiques des classiques et celle de Marx. Ils distinguent, par exemple comme G. Deleplace[23], l' « économie politique » d'une part « qui constitue le discours économique le plus répandu dans notre société, au sens où c'est celui qui façonne la grande majorité des analyses »[24] et le « marxisme » d'autre part, qui « se constitue avec K. Marx en discours critique de l'économie politique. Mais il déborde largement, dès sa création, hors de ce champ et se pose en théorie de l'histoire, passée ou à faire »[25]. Ceci rejoint tout à fait un autre auteur comme S. Latouche : « le marxisme à proprement parler, n'a pas sa place dans une typologie des différentes analyses économiques, puisqu'il s'attaque au mythe même de l'économicité »[26]. Cependant disons-le tout de suite avec ce même auteur, la transformation du matérialisme historique en science positive conduit à parlerd'une « économie politique marxiste ». Ceci peut nous conduire à la notion de paradigme déjà cité.

On emploie de plus en plus souvent le terme de paradigme quand on analyse l'histoire de la pensée. Il a été utilisé par T. Kuhn dans son ouvrage sur « *La structure des révolutions scientifiques* » (1962) où il s'interroge sur la transition d'un cadre de pensée à l'autre. Sa démarche consiste à transposer de l'histoire des sciences exactes aux sciences humaines, ce qui n'est pas aisé. Pour T. Kuhn, «le paradigme est un cadre qui définit les problèmes et les méthodes *légitimes,* et qui permet ainsi une plus grande efficacité de la recherche : un langage commun favorise la diffusion des travaux et canalise les investigations »[27]. Le Keynésianisme a représenté un paradigme dominant : une série d'auteurs n'ont pas cessé de se référer à Keynes, soit pour le présenter sous une forme à la fois rigoureuse et simple (schéma IS/LM), soit pour en étendre le champ d'investigation (croissance avec R.-F. Harrod, étude du cycle conjoncturel avec J. R. Hicks, application aux problèmes internationaux avec F. Machlup, J. Meade, S. Alexander). Cette notion de paradigme permet tout à la fois de refuser « le mythe de l'unicité d'un discours économique » et de mettre quelque ordre dans la diversité

[23] *Théories du capitalisme,* PUG- Grenoble 1979.

[24] Op. cit., p. 15.

[25] Ibidem.

[26] Op. cit., p. 11.

[27] Y Levy-Garboua et B. Weymuller en particulier se réfèrent à cette notion dans *Macroéconomie contemporaine,* p. 28 ; cf pour une étude approfondie. M. Blaug, *la Méthodologie économique.* Economica, Paris, 1982, chap. 2, p. 28 et ss. et A. Mingat et autres *Méthodologie économique* PUF, Paris, 1985, p 60-65.

des analyses économiques. Nous entendons ce terme de paradigme dans un sens large, de manière à recouper, ce qui peut être discutable, des critères historiques et théoriques. L'objectif pédagogique n'est pas absent de nos regroupements qui cherchent à tenir compte des « ruptures épistémologiques que risque de camoufler une description historique de la pensée des économistes »[28]. Ceci nous conduit à distinguer quatre démarches essentielles qui feront chacune l'objet d'un titre.

1 – *La fondation de l'Economie politique et les classiques.* L'objectif d'enrichissement du prince conduit à une réflexion sur la nature de la richesse véritable et ses lois de répartition. Les grands classiques élaborent une conception d'ensemble de l'économie.

2 – *La démarche néo-classsique* : la théorie néo-classique se confond en fait depuis plus d'un siècle avec l'économie politique. La démarche se caractérise par la recherche des lois de l'allocation optimale des moyens rares à usage alternatif. Ses bases se réfèrent à une conception subjective essentielle : « le sujet est le fondement de la réalité du monde extérieur qui n'a d'existence qu'à travers les perceptions qu'il en a sous forme d'utilité » La démarche néo-classique constitue la base de l'idéologie libérale que l'on peut brièvement caractériser par : a) la liberté d'entreprendre et d'accumuler ; b) le rôle régulateur des marchés ; c) une intervention minimale de l'Etat. C'est en quelque sorte l'économie vue de l'entreprise

3 – *K. Marx et la contestation de l'Economie Politique.* Marx est avant tout un penseur révolutionnaire ; il réagit à l'écrasement de la classe ouvrière, mais on ne peut soulever le peuple sans lui fournir des bases solides. La vision économique marxiste s'élabore donc en opposition directe avec celle des classiques, de Ricardo en particulier, « pour renverser le capitalisme en orientant la lutte de la classe ouvrière ». D'une manière un peu artificielle, on peut s'efforcer de privilégier les éléments essentiels du paradigme économique de Marx, au risque de trahir son projet critique. Il s'agit pour Marx de démontrer au niveau théorique la réalité de l'exploitation des travailleurs dans le système de production capitaliste .

4 – *L'approche keynésienne* a représenté pendant plus de trois décennies le « cadre de référence » pour les théoriciens et les gouvernants des démocraties occidentales. Un monétariste tel que M. Friedman disait, il y a peu de temps encore : « nous sommes tous Keynésiens ». De fait Keynes (1883-1946) a fourni les fondements théoriques d'une partie de la Politique Economique occidentale contemporaine « en se plaçant du point de vue d'un Ministre des Finances désireux de réguler l'économie ». La démarche keynésienne justifie une intervention de l'Etat, à la fois régulatrice de l'économie et correctrice du jeu du marché.

---

[28] J.-M. Albertini, A. Silem, *Comprendre les théories économiques,* Seuil, Paris, 1983, p. 13.

Titre I

La fondation de l'économie et les classiques

Chapitre I

L'économie politique avant Adam Smith

I – Le mercantilisme :
« l'économie au service du prince»[29]

La préoccupation économique apparaît dès la fin du Moyen Age, en liaison chronologique étroite avec l'expansion du commerce et de l'activité économique. Cette période du XVᵉet du XVIᵉ est passionnante, c'est le moment de « l'émancipation » à toute une série de niveaux[30]. Rappelons quelques jalons essentiels.

1. Le contexte

1 - *Les grandes découvertes* qui élargissent l'horizon du monde (Amérique : Christophe Colomb, 1492 ; Cap de Bonne-Espérance : Vasco de Gama, 1498 ; Est sibérien, 1584) suscitées par des raisons techniques (boussole), économiques (quête de la route des épices), elles ouvrent de nouvelles routes commerciales et provoquent un *bouleversement des mentalités* décisif pour la pensée économique. L'afflux d'or et d'argent provenant du pillage et de l'exploitation de mines permet d'un coup le financement d'un immense mouvement d'échange et induit en même temps au plan social un appauvrissement relatif de la noblesse de terre au profit de la classe commerçante. Ces deux effets combinés sont à la base d'une « première révolution industrielle » caractérisée par des industries nouvelles (imprimerie, artillerie, textile de luxe), une *première mécanisation* qui va déjà susciter des grèves (Lyon), l'apparition d'une « *mentalité de l'entrepreneur* ».

2 - L'émancipation à l'égard de l'Eglise et des conceptions médiévales : au plan qui nous préoccupe elle se traduit par une disparition de la mauvaise conscience de la recherche du gain ; la richesse cesse d'être condamnable. Deux mouvements exercent simultanément, quoique de manière très différente, une influence décisive.

- *La Renaissance,* qui couvre en gros la période 1400-1550 est d'abord une *redécouverte de la nature et de la vie* à travers le détour étonnant de l'Antiquité.

---

[29]L'appellation est le fait d'A. Smith. Cf. *La richesse des nations.* Livre IV. Chap. 1. Le système mercantile.

[30]Cf. A. Piettre, op. cit., p. 38 et ss., et I. Wallerstein. *Capitalisme et économie-monde . 1450-1640.* Flammarion. Paris. 1980. Sur la notion d' « économie-monde » forgée par F. Braudel. cf. infra. p.29 La conquête de l'Amérique a inauguré le désenclavement du monde qui devait signifier son « occidentalisation ». Cf. C. Bertrand, S. Gruzinski, *Histoire du Nouveau Monde, 1492-1550*, Fayard, Paris, 1991.

Notons que la richesse, à l'aube de cette émancipation, c'est le moyen de jouir plus de la vie, et non la fin en soi comme pour « l'homme aux écus » du XIXᵉ. La Renaissance, c'est aussi une puissante curiosité intellectuelle qui va se traduire par un faisceau de découvertes scientifiques et techniques (Roger Bacon, Léonard de Vinci, Nicolas Copernic) qui semblent assurer à l'homme une maîtrise par le savoir.

- *La Réforme* : c'est au contraire un mouvement vers la rigueur, l'émergence en force de nouveaux rapports entre l'homme et le divin, libérés de la médiation du rituel. On ne peut que renvoyer sur ce point à la thèse de Max Weber [31] qui montre comment cette réaction a été en fait favorable à l'éclosion de l'esprit capitaliste. Luther qui écrivait violemment contre les usuriers, exaltait l'application professionnelle comme une vertu ; une certaine lecture de la Bible permettait de considérer la prospérité matérielle comme un signe de prédestination. Calvin supprimait la prohibition du taux de l'intérêt (1545). Enfin dans une vaste zone de l'Europe du Nord, la victoire politique des partisans de la Réforme se traduisit par la *sécularisation des biens de l'Eglise*, et la suppression des monastères, qui entretenaient un régime de charité-mendicité pour tout un peuple de miséreux. Ils allaient être contraints avec l'expansion du commerce et de l'industrie de passer au régime de labeur salarié. Rappelons cependant que l'on est encore à un moment de l'histoire, et cela jusqu'au milieu du XVIIIᵉ, où le régime social, politique et économique est considéré « comme une donnée immuable ». C'est-à-dire « parmi ceux qui vivaient à cette époque idyllique, il y en avait beaucoup, bien sûr qui étaient pauvres, malades ou opprimés, et donc malheureux : d'autres sans doute l'étaient pour des raisons moins convaincantes, mais tous avaient tendance à attribuer leurs malheurs, soit à des évènements concrets et fortuits,... soit à des causes lointaines, générales et inchangeables, telles que la volonté divine ou la nature humaine »[32].

Nous avons fait ce bref rappel de jalons historiques, parce qu'il apparaît bien qu'à *l'origine de la pensée économique émancipée de la préoccupation morale, on trouve le mercantilisme* et une relation nouvelle avec la richesse.

2. Fonds commun de doctrines

Avec les mercantilistes nous n'avons pas encore des concepts de base de la science économique ; par contre nous avons déjà quelques questions essentielles qui devaient correspondre à une problématique durable. Dégageons en caricaturant le fonds com-

---

[31] L'*Ethique protestante et l'esprit du capitalisme*. (1904-1905). Traduction française, Plon, Paris, 1967. Cf. pour une mise au point : H. Trevor-Roper : *De la Réforme aux Lumières*. Gallimard. Paris, 1972 ; et surtout l'analyse fouillée de K. Samuelson : *Economie et religion, une critique de M. Weber*. Mouton, Paris, 1971.

[32] A.O. Hirschman. *l'Economie comme science morale et politique*. Le Seuil, 1984, p. 11.

mun du mercantilisme conçu comme une « tendance centrale dans la pensée économique de la fin du XVIe au milieu du XVIIIe siècle »[33]. Le mercantilisme est en même temps *« chrématistique »*[34] et *politique* ; la combinaison des deux aspects en fait la spécificité.

1 - *Les mercantilistes sont les premiers à estimer que l'enrichissement est une fin louable*

« L'heur des hommes pour en parler à notre mode, consiste principalement en la richesse », écrit Montchrestien[35]. Les princes doivent « faire trouver à leurs sujets les moyens de s'enrichir ».

2 - *L'intérêt personnel est un stimulant qui conduit à la prospérité générale,* mais l'économie est au service du pouvoir au sens où l'enrichissement des citoyens est le moyen d'accroître la puissance de l'Etat.

3 - *Comment doit s'obtenir cet enrichissement ?*

Il faut préciser pour ne pas avoir une idée trop simpliste des mercantilistes que leur position évolue sur une longue période « d'efforts intellectuels désordonnés remplis de controverses ».

a) les mercantilistes sont *métallistes,* et c'est ce que l'on en retient habituellement, d'où le terme de « chryso-hédonisme ». Ainsi J.-B. Colbert déclare encore : « il n'y a que l'abondance d'argent pour un Etat qui fasse la différence de sa grandeur et de sa puissance »[36].

b) la majorité des mercantilistes considèrent ensuite que *l'abondance de monnaie stimule la production et le crédit* en abaissant le taux de l'intérêt. Ces premiers économistes ne *distinguent pas bien monnaie et capital,* ce qui est un point de théorie essentiel pour les principales approches ultérieures. Certains vont jusqu'à justifier *l'inflation* : « rien ne doit être bon marché, sauf l'argent ». La hausse des prix profite aux marchands et les pousse à rechercher de bonnes affaires. Les prix élevés contraignent les pauvres à travailler.

4 - *Les mercantilistes sont populationnistes* [37]. L'aphorisme de Jean Bodin (1530-1596) est particulièrement pénétrant : « il n'y a richesse ni force que d'hom-

---

[33] Notons aussi qu'Adam Smith est le premier à employer le terme de « mercantilisme » à propos de la politique économique menée à cette époque.

[34] Terme construit au XIXe pour caractériser l'économie politique considérée comme la science de la production des richesses (du grec Khrema richesse).

[35] *Traité d'Economie politique* (1615) cité d'après l'édition de 1889, p. 99. On oublie d'ailleurs souvent de citer la seconde partie de cet aphorisme : « et la richesse en le travail »... « L'homme est né pour vivre en continuel exercice et préoccupation ». Le traité de Montchrestien était dédié à Louis XIII et Marie de Médicis.

[36] Cité par J. Rambaud. *Histoire des doctrines économiques,* Paris, 1902, p.108.

[37] Cf. E. Heckscher : *Mercantilism,* 1931, analysé par H. Denis. « *Histoire de la pensée* », p. 97 L'oeuvre majeure de J. Bodin. *Les six livres de la République* vient d'être rééditée. Fayard Paris, 1987

mes ». Ils perçoivent que le développement de l'industrie et du commerce d'exportation, source de profit, nécessite de la main-d'oeuvre et qu'en sens inverse l'expansion du commerce permet le développement de la population.

A l'époque des mercantilistes on élabore une réglementation (statut des artisans, lois des pauvres, 1601) dont *l'objet est d'obtenir du travail abondant à bon marché*. Beaucoup de ces dispositions justifieront l'analyse du rôle de la « force de travail » dans la démarche critique de Marx.

     – la population doit être nombreuse pour que les salaires ne montent pas (Josiah Child, Bernard de Mandeville) [38]

     – les bas salaires permettent d'augmenter les profits

     – la législation doit favoriser le travail : cf le statut des artisans (1563) qui comporte l'obligation du travail ; et la loi des pauvres (1601) qui réprime durement le vagabondage

     – contre toute bonne logique de profit, W. Petty propose même de maintenir le prix du blé élevé dans les années de bonne récolte pour éviter le refus du travail

     – le travail des enfants est préconisé. Colbert fait travailler des enfants de 6 ans dans les manufactures.

C'est comme s'il y avait eu la claire perception de la nécessité de créer un prolétariat au sens marxiste du terme.

3. Diversités nationales

Dès son origine l'économie politique va être dominée par la dimension nationale. En fait, « l'économie politique et les nations sont nées en même temps avec les temps modernes ». [39]

A l'époque des mercantilistes il y a tout à la fois affirmation des Etats-Nations et essor du capitalisme. Il va donc y avoir « un mercantilisme suivant les nations » dont la tradition va continuer de manière latente à caractériser ces nations.

De plus, sous peine de caricaturer, il ne faut pas oublier que la période dite du mercantilisme s'étend sur trois siècles : le XVIe marqué par l'exploitation de l'Amérique

---

[38] *la Fable des Abeilles* de Mandeville (1705) est considérée historiquement comme le texte fondateur de l'analyse libérale, par F. Hayek en particulier. Marx, Keynes, J. Robinson l'ont commentée. « On admet généralement que le thème central d'A. Smith, l'idée que l'égoïsme (self-love = amour de soi) travaille pour le bien commun, vient de Mandeville ». déclare L. Dumont. *Homo aequalis* . Gallimard, Paris, 1977 p.85 et ss.; cf. aussi J.M. Keynes . *Théorie Générale*. Petite bibliothèque Payot Paris, 1982, p. 354-357

[39] J. Weiller, G. Desroussiles. *Les cadres sociaux de la pensée économique*. PUF. Paris. 1974, p. 142.

par les Espagnols ; le XVIIe où la suprématie commerciale sur les mers revient aux Hollandais ; au XVIII l'hégémonie est exercée en Europe par la France.

1 - *L'Espagne* de Charles-Quint et Philippe II pratique un mercantilisme métalliste, *« bullioniste »* : empêcher la sortie d'or, éviter d'acheter à l'extérieur grâce à un contrôle douanier rigoureux, exploiter les mines outre-mer. Montesquieu a analysé très tôt dans *« l'Esprit des Lois »* les effets d'une telle pratique économico-politique (1748)[40]

2 - *L'Angleterre,* comme la Hollande (Banque d'Amsterdam), pratiquent par contre un *mercantilisme financier et commercial.* De grandes compagnies coloniales constituent un vaste réseau d'échanges jusqu'aux limites du monde connu. Plusieurs économistes ou philosophes (T. Mun, J. Child, W. Petty, G. King) théorisent quelques positions essentielles :

– la nécessité d'une bonne monnaie : loi de Gresham. La mauvaise monnaie chasse la bonne quand dans un pays circulent deux monnaies, dont l'une est considérée comme mauvaise et l'autre bonne,

– la recherche de la suprématie des échanges par l'obtention d'une balance commerciale suréquilibrée. Nous reviendrons tout de suite sur ce point important du mercantilisme,

– la stimulation de la prospérité nationale par deux moyens, dont on peut dire qu'ils sont « keynésiens » avant la lettre : un taux d'intérêt peu élevé obtenu par la loi ou par l'abondance de monnaie provenant d'une balance commerciale suréquilibrée ; une expansion de la consommation et des dépenses de luxe

3 - *En Allemagne,* dès son origine l'économie politique prend une forme très caractéristique : elle est le fait des théoriciens, les *« caméralistes »*, spécialistes de droit public et professeurs. La pensée économique n'est guère vivante dans une Allemagne divisée en petites principautés. Leur objectif est l'amélioration de l'administration. Le titre de l'ouvrage de Von Schröder (1640-1688) est significatif *« Fürstliche Schatz - und Rent - Kammer »* (1686). Il en résulta une longue tradition de science financière d'une part, et *« d'économie nationale »* dont Frédéric List (1789-1846) sera l'héritier au XIXe. Parmi les professeurs d'économie d'Europe Centrale l'idée prévaudra tout au long du XIXe qu'une économie doit avoir une direction et des contrôles administratifs très importants.

4 - *En France* le mercantilisme a été très vivant, à la mesure de la grandeur de ce pays au XVIIe, mais avec la particularité d'avoir plus de praticiens de génie que

---

[40]La question de la monnaie préoccupe Montesquieu vers 1725. Il poursuivait alors une enquête sur la principale cause de la décadence de l'Espagne, s'essayant à des considérations sur la grandeur et le déclin des peuples. J. Dedieu : *« Montesquieu »,* Alcan, Paris 1913, p. 260-264. Pour situer la contribution de cet auteur important (ainsi que celle d'Adam Smith) cf. P. Manent. *Histoire intellectuelle du libéralisme.* Calman-Lévy, Paris 1987, et M. Nowak. *Une éthique économique.* Cerf, Institut La Boétie, Paris 1987

de théoriciens de l'économie politique. Il se pose surtout un problème qui n'a pas toujours été maintenu au premier plan : *d'où provient la richesse nationale ? Par le développement de quelle production peut-on l'accroître ?* Cette préoccupation était déjà celle de Jean Bodin dont on a pu dire que l'œuvre est à l'origine de la représentation moderne de la vie politique, articulant le concept de « souveraineté », substance de l'Etat moderne.

Curieusement dans ce pays disposant d'avantages si évidemment supérieurs en agriculture par rapport aux pays voisins, la plupart des rois et de leurs conseillers ont été favorables à l'industrie. Il y a eu un « Colbertisme avant Colbert ». Dans un livre édité en 1927, « *Le socialisme d'Etat 1453-1661* », P. Boissonade étudie déjà toute une série de dispositions caractéristiques du mercantilisme français : subventions, privilèges, recrutement de la main-d'œuvre, appel aux étrangers qui excellent, mais aussi protection douanière, et surtout manufactures du roi. Déjà à l'époque les principales classes sociales représentatives demandaient l'intervention royale en faveur des premières fabriques. Dès le début du XVIIᵉ, Henri IV (1553-1610) poursuit cette politique en accordant la préférence à B. de Laffemas [41], de Beausemblant (en Dauphiné), auteur d'une « *Histoire du commerce* » qui exalte l'oeuvre industrielle de ce roi, et cela malgré le génie de Sully, *mercantiliste agrarien,* ce qui est presque contradictoire dans les termes (l'objectif final est semblable : suréquilibrer le commerce extérieur). On oublie trop, aussi, que Richelieu (1585-1642) a mené la politique mercantiliste la plus ambitieuse qui soit, en lui donnant les dimensions du monde grâce aux premières compagnies coloniales.

Enfin Colbert (1616-1683), enraciné dans la préoccupation mercantiliste, est un homme d'ordre en toutes choses, mais il pousse jusqu'à une dimension moderne la volonté de progrès industriel. Il allie protectionnisme et individualisme en vue de l'expansion de l'industrie, il s'efforce d'attacher « toutes les forces de la nation : hommes, techniques, capitaux ». L'aspect majeur du mercantilisme est que *l'économie demeure subordonnée au prince.*

4. L'importance des échanges : la théorie de la balance commerciale

« Les problèmes posés par le commerce international ont été le point de départ du développement de l'économie politique »[42], comme le note J. Robinson. Résumons ce

---

[41] Il crée en 1602 un « Conseil du Commerce » comme contrôleur général du Commerce et favorise l'établissement de nombreuses industries (soie, cuirs, tapisserie) pour réduire les importations. J.M. Keynes. (op. cit. p. 353-354) cite Laffemas parmi les auteurs mercantilistes qui considéraient l'épargne comme cause du chômage. cf. note 42.

[42] *Economie moderne,* Mac Graw Hill, Paris, 1982, p. 9. Nous signalons la très remarquable « *Note sur le Mercantilisme* », où Keynes dégage ce qu'il retient de cette doctrine : « les mesures propres à améliorer la balance commerciale étaient leurs seuls moyens *directs* d'augmenter l'investissement extérieur ; et l'effet d'une balance commerciale favorable sur les entrées de métaux précieux était en même temps leur seul moyen *indirect* de réduire le taux de l'intérêt intérieur, c'est-à-dire d'accroître l'incitation à l'investissement domestique ». *«Théorie générale »,* Payot, Paris, 1982, p. 332 et ss. C'est là un exemple de réinterprétation théorique que permet souvent l'approche keynésienne, cf. titre IV.

qui est au coeur du mercantilisme et qui représente une question toujours actuelle. Nous retenons un enchaînement de propositions fondé sur un axiome de départ discutable et qui aboutit à cette politique économique de type mercantiliste aux dispositions bien modernes par certains aspects :

a) les métaux précieux et la thésaurisation sont l'essence de la richesse ;

b) pour disposer d'un afflux supplémentaire de métaux précieux, il faut organiser le commerce extérieur : les exportations doivent être supérieures aux importations ;

c) il s'en déduit un ensemble de dispositions de politique économique :

– l'industrie doit être favorisée à la fois par l'importation de matières premières bon marché et l'interdiction de la sortie des matières premières nécessaires à cette industrie,

– limitation à l'entrée des produits manufacturés par taxation à l'importation,

– stimulation des industries exportatrices de produits finis,

– réserver le commerce aux nationaux et empêcher que les commerçants étrangers n'expédient les métaux précieux hors du royaume,

– le colbertisme ajoute des mesures favorables au développement de l'industrie et à la « qualité française » (règlement garantissant la valeur professionnelle des artisans et création de manufactures d'Etat).

En résumé, *une balance commerciale suréquilibrée est désirable parce qu'elle engendre la prospérité nationale,* identifiée à l'abondance de monnaie. Voilà une première grande question économique qui n'est toujours pas tranchée. Les mercantilistes ne disposent pas encore d'un outillage de concepts assez précis pour étayer théoriquement leur politique du commerce extérieur. Suivons l'une des principales critiques qui leur a été adressée pour saisir combien cela n'était pas évident.

Adam Smith, et les classiques libéraux à sa suite, vont les accuser de confondre *or et richesses,* soit en termes modernes : monnaie et capital. Comme pour un individu, une nation doit dépenser moins que son revenu si elle veut augmenter sa richesse. Au niveau international la question se pose immédiatement de savoir comment concrétiser cet excédent de revenu, ce surplus représentant une richesse. Smith perçoit bien une première distinction fondamentale : les espèces et la richesse, la monnaie et le capital. Pour lui *la thésaurisation d'or ne représente pas un accroissement de capital.*

Le débat ne se clôt pas, ni historiquement, ni théoriquement, par une condamnation du mercantilisme .

a) Tout d'abord ce débat pose le *problème de la nécessité d'un système monétaire international.* Pour acheter le blé de la Baltique et les « épices » des Indes Orientales (comprenant des biens non substituables tels que textiles, colorants, sucre, café, thé, salpêtre) l'Angleterre exploite au maximum son commerce, ce qui permet de constituer un stock de métaux précieux, première liquidité internationale. Si une nation ne veut pas dépenser dans le même période le revenu qu'elle obtient par ses excédents d'exportation, elle est obligée d'accepter de la monnaie internationale pour concrétiser cet excédent. Au temps des mercantilistes, où il n'y a de monnaie que d'or ou d'argent, le pays dont les échanges extérieurs sont en excédent (balance des paiements positive) doit accepter de la monnaie liquide en règlement, donc de l'or. Cette monnaie, cet or véhicule un revenu, mais s'il est thésaurisé au lieu d'être dépensé, il n'y a pas accroissement de richesse, accroissement de capital. Ainsi dans un mauvais langage qui doit nous illustrer combien la précision des termes conditionne le niveau de la conceptualisation, le philosophe anglais Francis Bacon (1561-1626) disait « la monnaie est la vie du commerce, l'esprit vital des échanges ; comme le fumier elle n'est bonne à rien si ce n'est à être répandue ». Pour critiquer les mercantilistes de considérer l'or comme une richesse, il fallait concevoir que l'excédent du commerce extérieur puisse donner lieu à un mouvement de capital, à un investissement réel ou financier

b) Il est évident que la recherche d'une balance commerciale excédentaire constituait un élément d'économie de guerre et de politique de puissance, particulièrement en Angleterre. « Le commerce extérieur produit la richesse, la richesse engendre la puissance. » (J. Child). Plus intéressant à noter l'excédent commercial est déjà recherché pour favoriser « l'industrie naissante » et l'emploi. Creusons encore un peu plus ce problème, car il est exact que « le commerce international est au départ du développement de l'économie politique ». Les mercantilistes ont posé en fait le problème de la « demande effective » : ils ont compris qu'un déficit de la balance commerciale est généralement défavorable pour la production. En effet, le déficit a une action dépressive sur la « demande effective »[43]. *Les importations constituent une offre qui ne comporte pas avec elle une demande.* Expliquons-nous ; c'est un problème on ne peut plus actuel : pour l'achat de biens importés on dépense les revenus réalisés à l'intérieur de la nation ; par contre la production de ces biens importés n'engendre aucun emploi et donc aucun revenu à l'intérieur de cette même nation. En sens inverse les exportations sont à la base d'un emploi, donc d'un revenu et d'une demande (revenus à dépenser qui n'a pas une offre correspondante au niveau national puisqu'il y a eu exportation). Quand les revenus gagnés à produire des biens exportés sont dépensés sur le marché national, cela représente une stimulation de la demande intérieure, d'où le terme de demande effective. Les mercantilistes n'avaient donc pas tort de considérer qu'*un excédent d'exportation stimule l'économie nationale,* alors qu'un excédent d'importation a un effet dépressif.

A un niveau plus général, celui qui est forcément le nôtre depuis l'internationalisation, comment les mercantilistes concevaient-ils les rapports entre nations échangistes ? Colbert disait : « Le commerce est une guerre entre les entreprises et les industries de toutes les nations. Elle est conduite par 20 000 navires... ». La plupart

---

[43] La notion de « demande effective » se retrouve chez plusieurs auteurs (A. Smith, Malthus, Keynes) ; signalons à ce niveau que chez Keynes elle se confond avec le niveau d'offre, c'est l'anticipation d'offre. Cf. infra. Titre IV.

des mercantilistes estimaient que les *intérêts économiques des nations sont antagoniques*. Ils se situent dans un monde où un pays ne pouvaient s'enrichir qu'aux dépens d'un autre, parce que l'enjeu, c'est-à-dire les *resssources du monde, étaient considérées comme fixes*. Les notions de croissance et de développement sont très récentes. Une conception théoriquement exacte, à ne considérer qu'une période, a ainsi pu inspirer des politiques discutables telle que celles visant à appauvrir systématiquement d'autres pays ou à *réaliser l'autonomie pour renforcer* le pouvoir de l'Etat. Les mercantilistes étaient ainsi convaincus que l'on peut construire un Etat aussi bien « par l'affaiblissement de la puissance économique des pays voisins que par le renforcement de la sienne propre ». On perçoit déjà à un niveau d'analyse très superficielle combien une *conception économique* est porteuse d'incidences politiques.

II – Les précurseurs au tournant du XVII / XVIIIe

En liaison avec le développement commercial et industriel (grandes compagnies maritimes et manufactures royales) l'économie se libère de la dépendance de l'Etat. L'idée s'impose progressivement de mécanismes naturels, d'un *ordre naturel* qui commandent l'ensemble de la vie économique. Il y a là une *phase de transition décisive :* il faudra une rupture avec l'idée dominante selon laquelle l'appui de l'Etat est indispensable à l'enrichissement de la nation pour passer à la conception contraire, celle de la liberté des échanges comme condition nécessaire et suffisante de l'ordre et du progrès économique. Cette rupture a été progressive. De plus il n'était pas évident de prendre une vision globale d'éléments constituant un système. Il faut citer les précurseurs de cette *conception du système économique comme un tout* dont les parties sont dans une relation d'interdépendance, ce qui préfigure la notion de circuit.

1. Les intuitions non conformistes de P. de Boisguilbert (1646-1714) et la réaction au Colbertisme.

Le problème de Boisguilbert [44]

Voilà un étrange personnage apparenté à P. Corneille, B. de Fontenelle, Charlotte Corday qui réfléchit à l'économie à partir des expériences auxquelles le confronte sa

---

[44] Les *Oeuvres complètes* de Boisguilbert ont été rééditées récemment, cf. *Boisguilbert ou la naissance de l'Economie politique*. INED-PUF, Paris, 1966, 2 volumes comprenant études critiques et biographie, et pour situer Boisguilbert dans l'histoire des idées : Faccarello G. *Aux origines de l'économie politique libérale, Boisguilbert*, Anthropos, Paris, 1986.

charge de lieutenant de police : maintien de l'ordre, mais aussi discussion des prix, surveillance des foires et des marchés, des règlements des chambres de métier... On a donc là un autre niveau où naissent les interrogations économiques. En effet avec l'historien F. Braudel, on peut distinguer dans toute société trois ensembles, trois « univers » qui se recoupent à leurs limites : les structures du quotidien qui est le lieu d'une *économie primitive d'échanges* hors marché ; à l'autre extrême *l'économie-monde* que les grandes compagnies marchandes de la Renaissance ont déjà commencé d'édifier ; entre les deux *l'économie de marché* va devenir la réalité de base, la toile de fond de la vie sociale.

Avec Boisguilbert on voit bien que deux situations opposées peuvent conduire à une même préoccupation d'économiste. Adam Smith, comme on le sait, devait rechercher les causes de la richesse des nations ; Boisguilbert recherche les causes de la diminution de la richesse nationale[45].

En effet, à la fin du règne de Louis XIV, il est frappé par le mauvais fonctionnement des affaires et par la pauvreté grandissante des campagnes françaises. Il cherche à en découvrir la raison. Pour cela il est conduit à un effort d'une toute autre dimension : *expliquer l'ensemble du fonctionnement du système économique.* Il fut l'un des premiers économistes à élaborer la *notion de circuit* pour rendre apparentes les relations qui s'établissent à la fois entre les différents groupes sociaux et les secteurs de production. Ce faisant, il découvrait la notion d'interdépendance économique. Le produit national, estime Boisguilbert, s'est réduit de 500 millions de livres par an depuis 1660. Les dépenses du roi ne fournissent pas la réponse, car elles n'ont augmenté que d'un tiers tandis qu'elles doublaient sur 30 ans depuis 200 ans. En s'efforçant d'expliquer ce phénomène il apporte une contribution importante à trois niveaux, qui sont caractéristiques de l'économie politique française vis-à-vis de la pensée anglaise de l'époque[46]. Nous insistons un peu sur ce point pour réagir contre la démarche traditionnelle d'introduction à l'économie qui focalise excessivement la réflexion sur la pensée économique anglaise.

Une première esquisse de la théorie de la demande globale

1 - Pour expliquer l'appauvrissement de la France, Boisguilbert contredit deux principes des mercantilistes. L'augmentation de population n'a pas arrêté la détérioration de la situation économique : on assiste à une réduction de la production par tête. Il critique de plus l'interprétation monétariste : l'appauvrissement qu'il dénonce ne résulte pas d'une pénurie de monnaie ; tout au contraire la quantité d'espèces a aug-

---

[45] *le Détail de la France, la cause de la diminution de ses biens et la facilité du remède en fournissant tout l'argent dont le roi a besoin et enrichissant tout le monde,* (1697).

[46] Cf. J. Cartelier : *Surproduit et reproduction,* Maspero-Pug, Paris, 1976, p. 26 et J. Wolff, « L'Elaboration du circuit monétaire au XVIIe et XVIIIe : Petty, Boisguilbert, Cantillon ». *Essais en l'honneur de J. Marchal,* Cujas, Paris, 1975.

menté. En effet, Boisguilbert perçoit bien les fonctions de la monnaie. Il écrit dans
« *Le Détail de la France* » : « il est certain que l'argent n'est pas un bien de lui-même
et que sa quantité ne fait rien pour l'opulence d'un pays en général... l'argent n'est que
le moyen et l'acheminement, au lieu que les denrées utiles à la vie sont la fin et le
but »[47]. A vrai dire, Boisguilbert n'est pas un défenseur qui prendrait très tôt parti dans
le débat pour une analyse privilégiant le réel ou une analyse privilégiant la monnaie.
Quand il dit « l'or et l'argent ne sont et n'ont jamais été une richesse en eux-même,
conformément au niveau d'analyse possible à son époque, *il attaque le métallisme
des mercantilistes.* Il perçoit toute l'importance des nouveaux instruments de développement des échanges que sont les billets de banque, les billets à ordre.

2 - Le rôle de la consommation : Boisguilbert est même le précurseur d'une
analyse tout à fait novatrice en voulant détecter ce qui détermine la misère d'une
nation : richesse ou misère sont déterminées par la quantité de biens et de services
produits. Or, *cette quantité de biens résulte de la « consommation »*, terme utilisé par
Boisguilbert dans un sens large qui englobe dépenses de consommation et d'investissement, soit en terme modernes (keynésiens) la demande globale. Ainsi, dans le « *Détail* » il écrit : « on établit pour principe que *consommation et production sont une seule
et même chose,* et que la ruine de la consommation est la ruine du revenu. »[48]

Boisguilbert était décidément moderne, ou se réinterprète aisément à travers une
grille de lecture moderne : l'appauvrissement de la France provient de l'incohérence
du système fiscal qui écrase d'impôts les petites gens et réduit donc leur capacité de
consommer. Il précise en effet : « peu importe que les riches s'enrichissent et puissent,
eux consommer tout à loisir, car un riche fût-il dix fois plus riche qu'un pauvre, ne con-
sommera jamais autant que dix pauvres ». Comme nous sommes dans une introduction
à l'économie, on ne peut que proposer à la réflexion des citations telles que celles-ci :
« c'est le menu peuple qui procure le plus de revenu à l'Etat ; un écu faisant plus de
chemin et par conséquent plus de consommation en une journée chez les pauvres,
qu'en trois mois chez les riches qui, ne faisant que de grosses affaires, attendent
longtemps pour faire sortir leur argent, ce qui est toujours préjudiciable à un Etat »[49].
Et aussi : « tous les revenus, ou plutôt toutes les richesses du monde, ne consistent que
dans la consommation ; tous les fruits de la terre les plus exquis et les denrées les plus
précieuses n'étant pas d'utilité d'abord qu'elles ne sont pas consommées »[50]. On a là
un grand principe d'économie émis par un précurseur que l'on doit retenir : *le niveau
des revenus dépend de la demande globale, c'est-à-dire avant tout de la consommation.* La prospérité des riches ne compense pas la réduction de la consommation du
pauvre, car leur argent est maintenu pour partie oisif hors du circuit économique
(épargne thésaurisée dirait-on maintenant).

---

[47] *Détail de la France*, p. 617-615 (édit. INED).
[48] *Détail*, p. 602.
[49] *Détail*, p. 621.
[50] *Le factum de la France,* (1707), chap. 5. p. 893

Dès cette première perception de génie, la monnaie apparait comme une réalité économique ambiguë. Quand les affaires vont bien la monnaie n'a que le rôle passif de véhicule des échanges. Par contre en situation de *dépression* la *monnaie est* conservée pour elle-même ; elle sort du circuit et provoque *la contraction du circuit réel.* Boisguilbert a une expression fantastique de modernité : « l'argent impuissant devient alors criminel ».[51] Boisguilbert ne pouvait guère préciser plus ses intuitions, mais il a perçu qu'il fallait analyser les comportements monétaires en liaison avec les comportements économiques généraux.

L'ordre naturel et la première présentation au XVIIIe du circuit socio-économique

Boisguilbert est sans doute parmi les premiers à concevoir l'idée d'un *ordre économique naturel,* et il en déduit une obligation de non-interventionnisme. Par cette démarche en opposition avec les mercantilistes il devient aussi un précurseur du libéralisme. « La Nature établit d'abord une égale nécessité de vendre et d'acheter dans toutes les sortes de trafics, de façon que le seul désir de profit soit l'âme de tous les marchés tant dans le vendeur que dans l'acheteur ; et c'est à l'aide de cet équilibre ou de cette balance, que l'un et l'autre sont également forcés d'entendre raison, et de s'y soumettre »[52].

Boisguilbert fournit une sorte de *sociologie économique* dans la mesure où il présente un découpage social qui est relié à l'analyse économique. Certes de façon rudimentaire il définit des catégories d'agents. « Aujourd'hui les hommes sont entièrement partagés en deux classes, savoir l'une qui ne fait rien et jouit de tous les plaisirs, (il la qualifie de « Beau Monde ») et l'autre, qui travaille depuis le matin jusqu'au soir, a à peine le nécessaire, et en est même souvent privée entièrement ». La stratification sociale comporte trois éléments fondamentaux : le Beau Monde, les agriculteurs, les marchands avec différentes catégories. Ces trois éléments sont dans une *relation d'interdépendance par les échanges,* et non tenus par des liens politiques ou personnels. N'entrons pas plus avant dans la description, nous le ferons pour Quesnay ; l'important c'est que Boisguilbert introduit une vision *économique de l'ensemble de la société conçue à partir de l'échange marchand.* « L'autonomisation de l'économie politique s'affirme en même temps que la forme marchande de circulation des produits s'étend et se généralise »[53].

---

[51] *Dissertation sur la nature des richesses de l'argent et des tributs.* (1704). chap 6. p.1001 et ss ; M. Herland fait un commentaire intéressant de Boisguilbert dans son ouvrage consacré à « *Keynes* », 10/18, Paris 1981, p. 106-112.

[52] *Dissertation* cf. chap. 5, et G. Faccarello. : «Quelques réflexions sur l'équilibre économique chez Boisguilbert». *Œconomia* N° 1 *Economies et Sociétés.* 1984, p. 49 et ss.

[53] J. Cartelier, op. cit. p. 27.

2. Les apports de R. Cantillon (1697-1735)

Richard Cantillon compte parmi les grands précurseurs. C'est un banquier, d'origine irlandaise ; il est bilingue et partage sa vie entre Londres et Paris où il réalise une grosse fortune mais où il fut peut-être empoisonné s'il ne s'est perdu au Surinam. Homme cultivé, il a le souci des faits économiques, des données chiffrées ; il nous reste de lui un seul livre posthume, publié en français en 1755 : *« Essai sur la Nature du commerce en général »*. Il s'agit d'un véritable traité d'économie politique, réédité à Paris en 1952 sous la direction de A. Sauvy et dont l'intérêt a été mis en évidence par des auteurs aussi divers que F. Hayek, A. Fanfani, J. Schumpeter.

Cantillon propose une théorie de la valeur

La théorie de la valeur devrait être au centre de tout système explicatif général[54]. Cantillon est le premier économiste à suivre une telle démarche. Il ouvre son essai par cette affirmation : « la terre est la source ou la matière d'où l'on tire la richesse, le travail de l'homme est la forme qui la produit, et la richesse en elle-même n'est autre chose que la nourriture, les commodités et les agréments de la vie ». A partir de cette idée, reprise d'ailleurs de W. Petty (1623-1687), l'originalité de Cantillon est de proposer une génèse de la richesse.

Ainsi il définit le prix ou la *valeur intrinsèque* d'une chose : c'est la mesure de la quantité de terre et de travail qui entre dans sa production. On voit donc dès cette première définition que la valeur intrinsèque est fondée sur le *coût* de production ou *coût réel assimilé au contenu effectif des deux facteurs terre et travail.*

Cantillon distingue ensuite la *valeur de marché* qui peut diverger de la valeur intrinsèque : « si les fermiers dans un Etat sèment plus de blé qu'il n'en faut pour la consommation de l'année, la valeur intrinsèque et réelle du blé correspondra à la terre et au travail qui entre dans sa production : mais comme il y en a une trop grande abondance, et plus de vendeurs que d'acheteurs, le prix du blé au marché tombera nécessairement au-dessous du prix ou valeur intrinsèque » (*Essai*, p. 27). Il y a à retenir un effort pour une distinction théorique entre ce qui est l'apparence : le prix du marché (qu'on appellera valeur du marché ou d'échange) qui peut varier en fonction de l'offre et la demande, et la réalité, qu'est la valeur intrinsèque. Cette approche dualiste de la valeur va persister. Au point de vue de la démarche théorique, Cantillon cherche à *unifier le principe qui fonde la valeur intrinsèque :* signalons, mais cette réponse n'a qu'un intérêt d'histoire de la pensée, qu'il choisit de manière erronée le facteur terre comme élément premier explicatif de la valeur à la différence de William Petty

---

[54] Il y a des exceptions notables à cela, telles que les œuvres de F. Quesnay et J.M. Keynes. Pour une étude majeure sur Cantillon, Cf. Murphy A.E. *Richard Cantillon : Entrepreneur and Economist,* Clarendon Press, Oxford, 1986.

qui avait réduit la terre à la main-d'œuvre. Ceci avait quelque apparence de logique au XVIIIᵉ : parce que les salaires étaient proches du niveau de subsistance, *niveau de salaire et niveau de subsistance de la main-d'œuvre peuvent être identifiés*. Cantillon croit pouvoir dire :« le travail du plus vil esclave vaut au moins et correspond à la quantité de terre que le propriétaire est obligé d'employer pour sa nourriture et ses commodités nécessaires » (*Essai*, p. 20). Cantillon esquisse d'ailleurs aussi une théorie du coût de production en comptant les profits des entrepreneurs et les coûts de transport parmi les éléments de la « valeur intrinsèque ».

Les limites de l'enrichissement par le commerce

Laissons de côté la conception originale pour l'époque de la théorie quantitative selon Cantillon et les analyses qui seront reprises par Quesnay. Par contre, par rapport à la théorie mercantiliste que nous avons évoquée, il faut noter une théorie sur l'avenir des nations qui se sont enrichies par le commerce avec l'étranger. Cantillon manifeste un *mercantilisme pessimiste* qui préfigure des analyses critiques actuelles. Selon les mercantilistes, un objectif essentiel pour l'enrichissement de la nation est d'avoir une balance commerciale suréquilibrée. Par rapport à cela Cantillon écrit : « comme la continuation de ce commerce introduit par degré une grande abondance d'argent et augmente peu à peu la consommation, et comme pour y suppléer, il faut tirer beaucoup de denrées de l'étranger, il sort une partie de la balance annuelle pour les acheter. D'un autre côté, l'habitude de la dépense enchérissant le travail des ouvriers, les prix des ouvrages des manufactures haussent toujours ; et il ne manque pas d'arriver que quelques -uns des pays étrangers tâchent d'ériger chez eux les mêmes espèces d'ouvrages et de manufactures, au moyen de quoi ils cessent d'acheter ceux de l'Etat en question »[55]. On voit que Cantillon n'est plus un mercantiliste extrême ; la hausse des prix due à l'abondance de monnaie peut faire tomber la nation dans la pauvreté. Il insiste par ailleurs sur la mise en valeur de la terre et ouvre la voie aux physiocrates.

III – François Quesnay et l'Ecole Physiocratique

Si l'on étudie la formation de la pensée économique, comme le fait P. Vidonne sur la période du XVIᵉ au XVIIᵉsiècle, il apparaît que « les physiocrates occupent, à la période entre la science des richesses et l'économie politique, une bien étrange place ». Modernes par plusieurs aspects de leur pensée, ils comptent parmi les véritables fondateurs de l'économie politique.

---

[55] *Essai*, éd. I.N.E.D. 1952, p. 101. Cantillon pouvait observer les effets de la surabondance de monnaie en Espagne.

Nous citons volontairement encore une fois J. Robinson pour éviter le reproche de privilégier artificiellement les économistes français. « Malgré leurs intuitions souvent brillantes, les philosophes britanniques n'ont pas formulé un corps cohérent d'analyse économique. Les premiers auteurs à le faire furent des Français. L'école des physiocrates fut la première à présenter le fonctionnement d'une économie en termes d'organisation en classes sociales »[56].

Du point de vue historique, l'influence des physiocrates a été limitée à la France pendant quelques décennies. A plusieurs égards leur rôle a été considérable. Pour Marx « le système physiocrate est la première conception systématique de la production capitaliste »[57]. La France du XVIIIe présente encore la structure d'une économie féodale. Les *rentes foncières* et *les taxes* prélevées sur les cultivateurs constituent la seule source de financement pour trois types de dépenses essentielles : la cour, l'armée, « les manifestations de civilisation ». La rente était prélevée très simplement sous la forme d'une partie de la récolte. Les paysans pourvoyaient à leur subsistance avec le reste et mettaient de côté les semences.

Nous avons là un bon exemple de la dépendance de la réflexion économique par rapport à la réalité des modalités de production et des rapports sociaux de l'époque, en l'occurence celle du XVIIIe français, c'est-à-dire celle de l'Ancien Régime. L'économie de la France est alors agricole pour l'essentiel ; 75 % de la richesse nationale provient de l'agriculture, d'où très logiquement les problèmes économiques de ce temps sont d'ordre agricole : révoltes paysannes, famines, prix du blé, et libre circulation sont à l'origine de dissensions prérévolutionnaires. La théorie des physiocrates correspond à cette situation économico-politique : *la terre qui rapporte une rente est l'unique source de production nette* (Quesnay fut un bon observateur des conditions de son temps, mais pas un bon prophète).

François Quesnay (1694-1774), médecin à la Cour de Louis XV, fut le maître de l'école des physiocrates (que l'on a qualifiée de « secte des économistes »). Certains de ses disciples devaient jouer un rôle important (Dupont de Nemours, Le Mercier de la Rivière, V. de Mirabeau). Ce fut un homme remarquable qui excellait aussi bien en chirurgie que dans sa discipline élective : l'économie. Tenons-nous en à l'essentiel : « *Le tableau économique* » de 1758, puis 1766. Quesnay systématise l'idée d'un « *ordre naturel* » établi sur une division de la société en *classes* et qui s'exprime à travers des *lois économiques*. On trouve là une conception fondamentale, car elle va être reprise par tous les classiques : ces lois s'imposent à tous, même au souverain, en

---

[56] Op. cit., p. 13. Cf. également P. Vidonne, « *La formation de la pensée économique* ». Economica, Paris, 1985, chap. II.

[57] Pléiade, T. 2, p. 730. Sauf autre mention nous citons les Oeuvres de K. Marx à partir de l'Edition de la Pléiade (M. Rubel) NRF. Gallimard, Paris. En indiquand P1 pour le tome I (*Oeuvres. Economie,* 1965) et P2 pour le tome II (1968). Quant au nom de physiocrate il provient de l'ouvrage de Pierre Samuel Dupont (de Nemours) : *Physiocratie, ou Constitution naturelle du gouvernement le plus avantageux du genre humain,* (1767). L'oeuvre essentielle de F. Quesnay a été rééditée avec une préface de M. Lutfalla : *Le tableau économique des physiocrates* (1758). Calmann-Levy. Paris. 19€^

raison même de leur fondement naturel : « tout est assujetti ici-bas aux lois de la nature ».

1. Relations économiques entre classes et théorie de la circulation

Les principes de la mécanique économique

Selon Quesnay *trois principes* commandent la mécanique économique, que l'on peut énoncer dans l'ordre : 1 - « les dépenses donnent vie à la production » ; 2 - la production crée des revenus ; 3 - les revenus alimentent les dépenses.

Ceci nous donne le circuit simple suivant, forme la plus abstraite du circuit économique global.

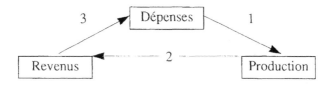

L'idée originale est que toute l'activité économique est entretenue par le mouvement du revenu.

Les catégories d'agents dans le « royaume agricole »

Le principe de circulation s'articule sur une *véritable théorie physiocratique de la répartition*. En effet, la société est divisée logiquement par rapport à la conception de la valeur de Quesnay en trois classes :

1 - La classe productive. Les *fermiers* constituent la seule *classe productive* ; elle comprend en fait tous ceux qui, en extrayant les ressources du sol, tirent de la terre le revenu brut (ou « *don gratuit* »). Du revenu brut est déduit la rémunération de la classe productive ; le « produit net » est remis aux propriétaires.

2 - La classe des propriétaires fonciers. Souverains et possesseurs de terre vivent du produit net perçu comme fermage.

3 - La « classe stérile »[58] est « formée de tous les citoyens occupés à d'autres services et à d'autres travaux que ceux de l'agriculture ». Ce sont principalement les artisans qui fabriquent des produits manufacturés. Ils transforment par leur travail une partie du produit net en d'autres biens.

---

[58] Ce terme devait attirer les critiques de A. Smith. Turgot employait le terme également ambigu de « classe stipendiée ».

Cette répartition en trois classes, correspondant à un « ordre naturel » pour Quesnay, nécessite quelques observations : a) *stérile ne signifie pas inutile* pour Quesnay ; b) le critère de « productivité » ou de « stérilité » ne se réfère pas à l'existence ou non d'une production matérielle. « Agriculteurs » et citoyens stériles consacrent tous deux leur activité à la production de biens, dont les uns sont qualifiés de « produits agricoles » et les autres « d'ouvrages » ; c) la distinction entre les deux classes *ne résulte pas non plus du caractère marchand de leur production.* Aussi bien les « produits agricoles » que les « ouvrages » sont destinés en partie à la vente et ont nécessité au départ de leur production des achats de produits de l'autre classe.

Il apparaît donc que les relations entre les classes sont considérées par Quesnay comme des *rapports économiques,* du fait qu'ils consistent soit en achats ou en ventes de marchandises, soit en paiements de revenu. On a un système d'économie politique, du fait que *la société est analysée en termes de circulation de richesses.* Plus que cela, Quesnay systématise l'idée d'un « ordre naturel » établi sur cette division de la société en classes. Ces rapports économiques ne sont pas seulement spécifiques : *ils conditionnent l'existence de la société elle-même,* parce qu'ils correspondent à l'ordre naturel qui assure sa prospérité.

La circulation des richesses entre les classes

Quesnay commence par représenter ces rapports entre classes à travers les *dépenses* qu'effectuent leurs membres. Il analyse ainsi la *circulation des flux monétaires* entre les trois classes à partir d'un exemple chiffré dans le « *Tableau Economique* » , pour une période annuelle correspondant au cycle normal de reconstitution agricole. Quesnay a fourni en fait plusieurs versions de son tableau qui ont donné lieu à des présentations aménagées[59].

En 1758, puis 1766 dans le « *Tableau Economique* », Quesnay représente *le mouvement de reproduction dans le temps du produit net* . C'est le « zig-zag », première illustration chiffrée d'un « circuit conceptualisé qui explique comment se reproduisent de phase en phase des cycles de production renouvelés et similaires aux cycles antérieurs. Nous retenons le schéma de circulation établi à partir du « Tableau » de 1766 (cf. Fig. 1).

Les flèches représentent des flux monétaires correspondant à :
achat ayant pour contrepartie un bien
opération de transfert ou de mise en réserve sans contrepartie

---

[59] Pour une présentation formalisée, cf. J. Cartelier, op. cit., p. 64-66 ; F. Poulon : *Economie générale*, Dunod, Paris, 1982, p. 55 ; pour une présentation comptable en partie double succinte cf. E. Schneider. *Einführung in die Wirtschaftstheorie,* IV. Teil.J.C.B. Mohr, Tübingen, 1962, p. 19.

Une *remarque préliminaire,* car on va se demander immédiatement comment le mouvement s'enclenche : *le Tableau* de Quesnay comporte *un décalage d'une période dans la dépense du revenu :* a) les propriétaires dépensent, disons en t_1 la rente de la période précédente, (soit t_0) ; b) les artisans conservent 1 M sur leurs recettes antérieures pour les dépenses de la période suivante (soit en t_1).

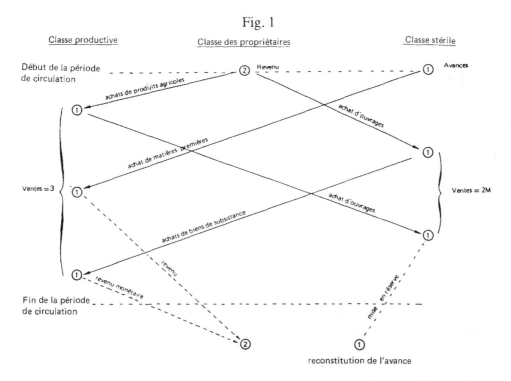

Fig. 1

1) En début de période, les propriétaires disposent d'un revenu de 2 M, et la classe stérile de 1 M qu'elle avance à la production (on précise la notion d'« avance » par la suite);

2) les *propriétaires* consacrent la moitié de leur revenu à l'achat d'ouvrages fabriqués par la classe stérile ;

3) la *classe stérile* consacre 1 M d'avance à l'achat de matières premières nécessaires à sa production, + 1 M qu'elle a reçu des propriétaires à l'achat de biens de subsistance consommés dans la période ;

4) la *classe productive* consacre 1 M reçu des propriétaires à l'achat d'ouvrages fabriqués par la classe stérile ;

5) avec ce dernier paiement la classe stérile reconstitue son avance ; c'est un revenu monétaire mis en réserve ;

6) avec le produit des ventes à la classe stérile (matières premières et biens de subsistance) la classe productive peut payer un revenu de 2 M aux propriétaires.

Ce schéma appelle deux remarques. a) il constitue un *circuit parfait* : les positions des différentes classes sont reconstituées en fin de circulation et un autre circuit peut s'enclencher. b) les propriétaires terriens ont le rôle privilégié de réaliser les avances à la classe productive ce qui est à l'origine de la demande finale de produits agricoles et manufacturiers. Ces dépenses conditionnent le « *bouclage* » du circuit : si elles sont réalisées dans une proportion différente, la classe productive ne pourra pas assurer le paiement du revenu et la classe stérile la restitution de son avance.

2. La reproduction des richesses et la formation du produit net

Quesnay a pour objectif de décrire comment se réalise la reproduction des richesses par le jeu des relations économiques entre classes. Dans cette perspective la notion d'avance est déterminante. Il faut en préciser la nature et les différentes composantes.

La Notion d'avance

Quesnay est à *l'origine de la tradition qui envisage le capital comme une série d' « avances ».* Elles se répartissent en trois catégories (et nous allons utiliser avec un anachronisme pédagogique les termes introduits par la suite : capital fixe et circulant)

1 - Les *avances « primitives »* : ce sont les dépenses d'équipement assumées par le propriétaire : *bétail, bâtiment, outils* (dont les intérêts à raison de 10 % sont intégrés dans le tableau comme dépréciation·)

2 - Les *avances « foncières »* : ce sont les dépenses initiales assurées également par le propriétaire pour l'aménagement du terrain : déboisement, asséchement , clôture,... etc (non intégrées comme telles dans le tableau). Ces deux catégories d'avances constituent ce qu'on appellerait le *capital fixe.*

3 - Les *« avances annuelles »*. Ce sont les dépenses courantes de main-d'oeuvre, et de subsistance, semences et autres coûts annuels réguliers. Elles sont à la charge du fermier. Ceci constituerait le *capital circulant.*

La situation des classes au regard de la reproduction

Le premier schéma considéré retrace la circulation exclusivement monétaire correspondant à des achats de biens, mais il reste à se demander comment ces biens sont produits pour un montant de 3 M de produits agricoles et 2 M de produits manufacturés. Quelle est la situation de chaque classe au regard de la reproduction et du revenu qui en résulte ?

1 - *La reproduction de la classe stérile et sa valeur.* Comme nous l'avons vu les avances annuelles de la classe stérile (artisans) soit 1 M, sont utilisées à l'achat de matières premières à la classe productive. De son côté, la classe stérile reçoit 1 M des propriétaires en paiement de la fourniture des biens manufacturés et reverse 1 M d'autre part à la classe productive en paiement des achats de produits alimentaires. Par ailleurs, elle reçoit 1 M de la classe productive en paiement de ses ventes de produits manufacturés : ils sont destinés à la reconstitution des avances de la classe stérile pour la période suivante. Ainsi la production totale de cette classe est de 2 M qui correspondent exactement aux recettes provenant des deux autres classes et qui sont respectivement consacrées à l'achat de matières premières et d'aliments. *La valeur du produit de la classe stérile correspond à ses dépenses, donc à ses coûts.* La classe stérile produit des marchandises, mais elle n'ajoute rien à ce qu'elles ont coûté, ce qui exprime la « stérilité » de cette classe.

2 - *La reproduction dans l'agriculture et la classe productive.* Selon la démarche de Quesnay, la production se réalise de toute autre façon dans l'agriculture. Cette reproduction nécessite des « *avances annuelles* » qui correspondent pour l'essentiel, comme nous l'avons dit, aux subsistances consommées par les producteurs agricoles. Elles ne figurent pas dans la fig. 1 parce qu'elles ne donnent lieu à aucun flux monétaire : elles correspondent à des biens produits et autoconsommés par la classe productive. La grande différence avec l'industrie pour Quesnay, c'est que les avances annuelles de la classe productive (estimée à 2 M) ne sont pas absorbées par la seule consommation : *elles reproduisent une valeur totale supérieure,* (soit 5 M). En effet, sur la base de 2 M d'avances annuelles, l'agriculture reproduit 5 M de produit. La valeur brute ajoutée, dirait-on, est de 5 M, dont 3 vendus aux autres classes et 2 mis en réserve pour reconstitution des avances annuelles (qui n'apparaissent pas comme flux monétaires). Comment se présentent finalement les opérations de la classe productive ?

a) elle *avance* 2 M (pour sa subsistance propre) + 1 M, achat de produits manufacturés ;

b) elle reproduit 5 M ;

c) la différence, le surplus ou produit net, soit 2 M, est versé comme revenu ou rente au propriétaire.

3 - *La classe des propriétaires et le produit net.* Les fermiers ne reçoivent que des *salaires d'organisation.* Selon Quesnay, c'est la terre qui est productive et non le travail. Son produit net revient donc au propriétaire de la terre. Nous aboutissons là à un problème qui demeure passionnant par delà deux siècles : Quesnay analyse très précisément à la faveur de quelle circulation entre les différentes classes sociales se réalise la reproduction et s'obtient le surplus net. En choisissant au plan théorique d'affirmer que seule l'agriculture fournit un produit net, il fonde du même coup le droit du propriétaire à prélever le surplus comme revenu ou rente.

A ce sujet les deux interprétations que l'on peut envisager à partir de l'oeuvre de Quesnay constituent un *postulat* et manifeste donc une rupture de niveau dans l'analyse. Première interprétation : la productivité exclusive de l'agriculture correspond à un *don de la nature* provenant de l'utilisation de la terre, mais alors comment expliquer que cette « générosité » de la terre ne revienne pas à ceux qui la cultivent ? Seconde interprétation : le produit net est *l'expression économique de la propriété foncière.* On aurait alors une relation du type suivant[60] : l'existence de la classe des propriétaires, qui n'a rien à vendre, n'est concevable que si elle perçoit un revenu. Ce revenu ne peut être justifié que par l'attribut particulier de cette classe, que lui confère le droit naturel[61] : la propriété de la terre ». A l'appui de son interprétation citons cette phrase de Quesnay : « c'est la nécessité des dépenses que les propriétaires seuls peuvent faire pour l'accroissement de leurs richesses et pour le bien général de la société, qui fait que la *sûreté de la propriété foncière est une condition de l'ordre naturel* du gouvernement des empires »[62]. Avec Quesnay le produit net est « l'expression économique d'une conception de la société dont la justification est ailleurs : dans *l'ordre naturel* ».

Fig. 2

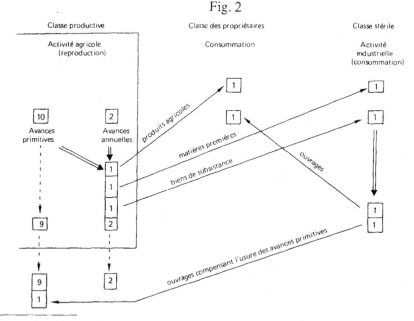

---

[60] Cf. G. Deleplace. Op. cit. P. 99.

[61] Par *Droit naturel* on entend la conception que l'homme se fait du droit en fonction de sa morale et de son idée de la justice. Ce serait le droit commun à tous les hommes ayant pour fondement la raison divine. L'interrogation sur les fondements du droit naturel et les limites du pouvoir royal était déjà au centre du second livre de la *"République "* de J. Bodin. (cf. note 37), qui avait d'ailleurs théoriquement explicité le concept de *"Souveraineté"*, base de l'Etat moderne.

[62] *Tableau,* p. 63. Notons aussi le titre significatif de l'ouvrage de physiocrate P. Lemercier de la Rivière : *L'Ordre naturel et essentiel des sociétés politiques,* (1767)

Signification des flèches :

Flux de biens correspondant à une vente (dont la contrepartie est le flux de monnaie dans la fig. 1)

Mise en réserve de biens : reconstitution d'avances

opération technique de production de biens à l'aide d'autres biens

Avances primitives et avances annuelles dans l'agriculture assurent une reproduction de 5 M de produits (3 vendus + 2 reconstitutions d'avances annuelles) ; l'achat d'ouvrages à la classe stérile pour un montant égal aux intérêts des avances primitives (1M) assure la reconstitution de ces avances.

Les avances primitives et foncières ne figuraient pas dans la fig. 1. Elles sont censées être, en termes de stocks, de 10 M soit 5 fois supérieures aux avances annuelles de la classe productive (soit 2 M). Ceci veut dire qu'en termes de flux, les avances primitives rapportent un produit suffisant pour les reconstituer et pour procurer en plus un produit net d'égale valeur. La fig. 2 veut précisément illustrer à la faveur de quelle circulation entre les différentes classes s'obtient ce surplus net constituant le revenu de la classe des propriétaires.

Pour la représentation sur la fig. 2 les avances primitives, après usure dans le circuit productif au cours de la période, sont traitées comme un produit de la période (9 M) de la même façon que la valeur reproduite (5 M).

3. Théories et idéologies sous-jacentes au Tableau

Nous avons quelque peu insisté sur la théorie physiocratique, parce qu'elle permet de repérer à plusieurs niveaux les implications de toute grande théorie économique d'ensemble.

1) *Par son objectif,* par analogie avec les sciences de la nature, Quesnay veut découvrir les lois gouvernant les activités économiques, et de valeur universelle. La science doit être le moyen par excellence pour comprendre *la règle de la nature* (physiocratie). On constate que la méthode a, comme caractéristique propre, d'être *réaliste ;* la nouveauté c'est même que l'objectif est avant tout de rendre compte de la réalité. Quesnay s'est ainsi soucié que les chiffres du « *Tableau* » soient en rapport avec la réalité, en quoi il apparaît comme un précurseur de l'économétrie à certains comme J. Schumpeter et E. Schneider.

2) Quesnay s'est naturellement trompé sur ce qui représente le fondement de la valeur en donnant la primauté à la terre, et plus que cela en soutenant que l'agriculture est la seule activité productive. Mais il a plusieurs intuitions fondamentalement exactes. Ce sont : a) *La monnaie n'est utile qu'à régler les transactions d'une classe à l'autre.* Dans le zig-zag un certain montant de monnaie s'écoule dans le sens de la pente des lignes. Un flux réel de sens inverse correspond à chaque flux monétaire entre deux classes. Une seule exception : la classe productive verse en monnaie aux

propriétaires 2 M au titre de rente résultant du produit net (c'est la valeur du « *don gratuit* » de la Nature). En fait, on s'aperçoit qu'une encaisse monétaire de 3 M est suffisante pour assurer le circuit ; b) « *L'argent n'est pas la véritable richesse d'une nation,* la richesse qui se consomme ou qui renaît continuellement, car l'argent n'engendre que l'argent. Un écu bien employé peut à la vérité faire naître une richesse de deux écus, mais c'est la production et non pas l'argent qui est multipliée, ainsi l'argent ne doit pas séjourner dans des mains stériles ». Il démontre de façon plus précise une idée déjà exposée par Boisguilbert qui soulignait l'interdépendance entre les producteurs du fait que les dépenses des uns forment les recettes des autres. Quesnay montre que le pouvoir d'achat des consommateurs naît de la dépense du capital et de la réalisation du produit net ; c) Avant Quesnay, le capital est encore généralement considéré comme un *concept comptable,* c'est-à-dire le principal d'un prêt par opposition à l'intérêt sur ce prêt, et par extension comme un *concept moné-taire.* Avec la notion d'avance, Quesnay développe une théorie réelle du capital. Il voit qu'il faut partir du capital pour comprendre le déroulement des activités écono-miques. Le problème essentiel à résoudre est la reconstitution du capital avancé en vue de la production.

3) Quesnay met en évidence le problème essentiel de la répartition du pro-duit national entre les classes sociales, « acteurs de la pièce économique » (Schumpeter). En fait, sa notion de classe demeure ambiguë parce que correspondant à une triple fonction :[63].

– *logique :* classe « vide », où passe un flux de revenu que les agents n'ont pas produit.

– *économique :* classe « distributive » qui réalise la répartition des revenus.

– *sociale :* la classe des propriétaires est « souveraine ».

4) L'approche comporte une *philosophie de référence* (que nous qualifie-rons de transition) qui est tout à la fois matérialiste et déiste. Quesnay est bien un homme du Siècle des Lumières même s'il ne fait pas siennes les idées de J.-C. de la Mettrie, médecin également, qui a écrit en 1746 « *L'homme-machine* », pamphlet dans lequel il assimile l'animal à une pure machine, poussant à l'extrême le principe mécanique de Descartes. La démarche de Quesnay est *matérialiste au sens où il estime que la connaissance des choses, même celle de Dieu, exige d'en avoir une perception physique.* Elle est matérialiste aussi parce que la production matérielle commande le fonctionnement de la société. « Le fondement de la société est la subsistance des hommes et des richesses nécessaires à la force qui doit les défendre, ainsi il n'y aurait que l'ignorance qui pût, par exemple favoriser l'introduction de lois positives contrai-res à l'ordre de la reproduction et de la distribution régulière et annuelle des richesses des territoires d'un royaume ». Quesnay n'est pourtant pas en rupture avec la tradition scolastique du Moyen Age : pour lui, la perception des choses pose *l'expérience indi-viduelle à la base de toute connaissance ,* mais cette perception ne rencontre que la

---

[63] cf. J. Weiller, G. Desrousilles. *op. cit.* p. 195-196.

« cause occasionnelle », qui révèle la « *cause motrice* », c'est-à-dire l'« Intelligence Suprême » qu'est Dieu. Les aspects contradictoires de cette démarche sont rendus compatibles par la croyance en un « *ordre naturel* » des choses que la raison peut atteindre.

5) - *Les bases d'une idéologie*. La théorie physiocratique représente les bases d'une idéologie ou même d'une « théologie économique » . En effet, dans la mesure où le système économique apparaît aux physiocrates comme « l'expression d'une raison transcendante », le « reflet social de l'ordre naturel », il convient pour les gouvernants de ne pas intervenir dans cet ordre, de « laissez faire ». Concrètement le « *Tableau économique* » de Quesnay se présente comme un système fermé de flux et de reflux entre différentes classes sociales qui assument des fonctions particulières ; d'une manière générale les physiocrates lient l'économique et le social.

a) - L'ensemble fonctionnant selon ses propres règles, *l'Etat ne doit pas intervenir.*

b) - Les propriétaires accomplissant le rôle capital de réalisation des « avances foncières », *la propriété privée est justifiée comme fondement* de tout ordre social. Les propriétaires fonciers, donc les nobles, apparaissent comme une classe sociale nécessaire à la prospérité.

c) - Au plan concret les physiocrates réclamaient des dispositions qui correspondent aux intérêts de la classe privilégiée des propriétaires terriens : un *bon prix du blé* qui accroît le produit net (« abondance avec cherté est opulence ») ; la *libre circulation* qui doit élargir les débouchés ; le *développement des techniques de « grande culture »* pour obtenir des gains de productivité.

Le rôle privilégié conféré à l'agriculture et aux propriétaires terriens par les physiocrates, est susceptible de différentes interprétations [64]. Des lectures « ex post » dégagent en quelques sortes la richesse de la vision physiocratique, mais aussi *l'ambiguïté du statut de l'Economie Politique dès son origine*. Ainsi la primauté de l'agriculture et des propriétaires terriens peut résulter de plusieurs facteurs :

a) d'une *conformité par rapport à une situation historique donnée*. Dans la France rurale du XVIIIe l'essentiel du revenu national provient de l'agriculture et la révolution industrielle est encore loin ; b) d'une *conception philosophique*. « Le culte de la nature rurale » procède d'un « culte de la nature divine » d'où la physiocratie a pu être qualifiée de « théologie économique », donnant d'ailleurs lieu à des querelles dogmatiques ; c) d'un *rapport de force*. Dans une société pour partie de subsistance et très inégalitaire, seule la classe privilégiée des propriétaires terriens peut se faire attribuer un surplus ; d) d'une *analyse théorique* de la situation de la concurrence effective entre les artisans et une classe nobiliaire.

---

[64] Cf. J. Cartelier, op. cit. Chap. 3 et V. Levy-Garboua, B. Weymuller, op. cit., p. 8.

Plusieurs auteurs à des titres divers ont reconnu l'intérêt de la méthode d'analyse de Quesnay, même si elle se réfère selon les uns « à une conception précapitaliste de l'économie », ou selon d'autres, à la phase du « capitalisme agraire »[65].

Retenons que les physiocrates ont élaboré les notions de surproduit ou produit net, de reproduction ou reconstitution des avances, et surtout de circuit. Notons enfin, sans commenter, que les physiocrates ne concevaient pas l'économie comme science autonome ; ils considéraient que leur système constituait une science sociale universelle. En fait selon un auteur américain (Ronald W. Dickey) leurs idées conservent de l'audience auprès de certaines « communautés agricoles, chez les écologistes, et dans les économies orientées vers les ressources naturelles ».

---

[65] Pour apprécier la signification historique de la pensée de Quesnay, il est intéressant de mentionner l'interprétation de Marx (qui a redécouvert les physiocrates au milieu du XIXe) : « le système des physiocrates est le premier à analyser la production capitaliste et à présenter comme d'éternelles lois naturelles de la production les conditions dans lesquelles du capital est produit et dans lesquelles le capital produit. Mais il fait par ailleurs au contraire, *l'effet d'une réplique bourgeoise du système féodal,* de la domination foncière... Dans cette façon de présenter les choses, le propriétaire foncier apparaît en conséquence comme le véritable capitaliste, celui qui s'approprie le surtravail. *La féodalité se trouve ainsi reproduite et expliquée sous la forme de la production bourgeoise,* tandis que l'agriculture apparaît comme la branche de production où la production capitaliste - c'est-à-dire la production de plus-value - se manifeste exclusivement. Tandis que la féodalité acquiert de la sorte un aspect bourgeois, la société bourgeoise prend des allures féodales ». *Théories sur la plus-value,* cité par J. Cartelier, op. cit., p. 78.

Chapitre II
L'économie politique classique

I – Points communs et diversité de l'école classique

Au sens étroit du terme, il n'y a pas eu d'école classique ; les travaux des auteurs concernés s'étendent sur trois quarts de siècle et ils manifestent de nombreuses divergences. Mais nous avons deux grandes oeuvres repères : à l'origine, si l'on peut dire, la *« Richesse des Nations »* (1776) d'Adam Smith qui constitue une présentation systématique des connaissances économiques, et au centre l'exposé rigoureusement théorique de David Ricardo *« Les principes de l'économie politique et de l'impôt »* (1817).

Evoquons le contexte général d'une époque marquée par le passage de l'artisanat à la grande manufacture, la naissance de l'industrie, le début du capitalisme.

Trois phénomènes sont marquants :

a) le fait nouveau de *l'accroissement de la population européenne à partir du début du XVIII*. Il est dû pour l'essentiel aux progrès de l'agriculture et à l'amélioration des conditions d'hygiène, alors que depuis le Moyen Age la natalité ne compensait pas les effets des guerres, des épidémies et des disettes sur la mortalité.Cette croissance nouvelle de la population,particulièrement en Angleterre, provoque une croissance de la demande des biens essentiels : la nourriture et les vêtements ;

b) la croissance démographique exige une transformation de l'agriculture féodale. C'est ce qui justifie le mouvement des « *enclosures* » qui consiste en une obligation légale de clôturer les champs individuels et communaux en Angleterre. Seuls les riches peuvent satisfaire cette obligation . Les pauvres sont contraints de céder leurs terres, d'où le mouvement d'exode rural qui alimente « ce prolétariat sans feu ni lieu qui va fournir aux manufactures naissantes l'armée industrielle de réserve dont elles avaient besoin » (Cf. K. Marx, titre III). Il résulte de ce remembrement à la fois une transformation sociale de la campagne et une augmentation de la productivité sur de grandes exploitations cultivées de façon moderne ;

c) *les manufactures s'organisent de façon efficace* en utilisant une série d'innovations technologiques comme la navette volante, et surtout la machine à vapeur qui va entraîner l'expansion de l'industrie sidérurgique et des transports.

Le champ d'observation des économistes classiques est donc *une économie en transformation*. Leurs théories pour l'essentiel visent à défendre les conditions de développement du capitalisme industriel.

Le débat est plus actuel que jamais pour situer l'école classique dans l'évolution de cette science sociale. Ce débat n'est pas du tout formel : il constitue pour ainsi dire le centre de la réflexion concernant le statut de l'économie, d'autant que la pensée classique a été un corpus théorique à la fois structuré et évolutif à la faveur de vraies controverses scientifiques.

Les conceptions englobantes ou distinctives de l'école classique

La position de deux auteurs dans ce contexte délimite le débat :

1 - La position englobante de Keynes.

Pour lui l'école classique est celle qui, au moment où il écrit (1936), « gouverne dans la présente génération la pensée économique des milieux dirigeants et universitaires, comme elle l'a gouvernée au cours des cent dernières années... nous nous sommes accoutumés à ranger dans l'école classique les successeurs de Ricardo »[65]. Cette conception englobante est généralement acceptée pour *justifier l'idée d'une « continuité analytique »* [66] de A. Smith jusqu'à la théorie dite néo-classique. Ceci correspond à la démarche logique qui consiste à marquer une unité de l'économie politique pour en affirmer et en imposer la scientificité ». Dans une telle optique, A. Smith, Ricardo peuvent être présentés par rapport à la théorie moderne *soit comme des pionniers* dont les erreurs sont excusables, *soit comme des précurseurs* de génie. Dans les deux cas l'originalité de la théorie classique est gommée. Pour Keynes, en fait, c'est l'hypothèse de l'épargne systématiquement investie qui permet de situer « les classiques » de Ricardo à A. Marshall, ce qui le conduit à ranger à part un « hétérodoxe » tel que Malthus (cf. infra p. 71-72).

2 - *La position de K. Marx* est essentielle, puisque celui-ci opère une double distinction par rapport aux classiques qui doit permettre de le situer lui-même. Tout d'abord *c'est Marx qui forge le terme « d'économie politique classique » pour désigner Ricardo et les auteurs qui l'ont précédé* par opposition à « *l'économie vulgaire* » : « Je fais remarquer une fois pour toutes que j'entends par économie politique classique toute économie qui, à partir de William Petty cherche à pénétrer l'ensemble réel et intime des rapports de production dans la société bourgeoise, par opposition à l'économie vulgaire qui se contente des apparences... et se borne à ériger pédantesquement en système et à proclamer comme vérités éternelles les illusions dont le bourgeois aime à peupler son monde à lui, le meilleur des mondes possibles »[67].

---

[65] *Théorie générale,* Payot, op. cit p. 25.
[66] G. Deleplace, op. cit, p. 88.
[67] *Le capital,* Livre I, Pléiade I, p.604, note.

En fait, l'«économie politique vulgaire » c'est, pour Marx, ce qui sera qualifié plus tard de théorie néo-classique. *La seconde distinction essentielle sera donc celle de Marx lui-même par rapport à la théorie classique* qui est l'objet de sa critique fondamentale. Nous reviendrons sur ce point au titre III. On pourrait classer Marx parmi les classiques (mais il le refusait) ou considérer les « classiques comme les ancêtres bourgeois de Marx » (c'est ce qu'il croyait)[68].

Les idées fondamentales

Bien que l'école classique ne soit jamais définie comme telle, J. Robinson dégage quatre idées fondamentales qui permettent de caractériser la démarche classique. Elle part de la constatation suivante : « la montée de l'industrie rendit désuète la vision des physiocrates ; néanmoins leurs successeurs - l'école classique - qui cherchaient à analyser la dynamique de la nouvelle société industrielle leur empruntèrent la conception d'un fonctionnement de l'économie fondé sur *l'organisation en classes sociales* »[69]. Ces quatre idées sont les suivantes, que nous ne faisons qu'évoquer.

1 - Une analyse en termes de classes sociales

Les concepts fondamentaux de l'économie politique classique proviennent des « caractéristiques économiques des classes sociales » Quesnay a fourni une première structure avec son *«Tableau »* qui comprend trois catégories axées sur le produit de la terre. Adam Smith définit une structure plus réaliste des *travailleurs, des capitalistes* et des *propriétaires terriens.* Ces trois classes sont situées l'une par rapport à l'autre en fonction de leur situation par rapport au revenu : les travailleurs sont à un niveau de consommation proche du minimum de subsistance ; les capitalistes ont pour fonction propre d'accumuler : la consommation des propriétaires terriens provient d'un prélèvement sur le surplus disponible pour l'accumulation. *L'idée-clé c'est que le développement de l'économie est commandé par des modalités de partage du produit total entre les trois classes.* Ceci conduit Ricardo à énoncer très brièvement : « déterminer les lois qui régissent cette répartition, voilà le principal problème de l'économie politique »[70].

Quelques observations de A. Smith manifestent bien la perception que cet auteur a pour la réalité des incidences de la position sociale : « dès que la terre d'un pays est devenue propriété privée, les propriétaires qui, comme tous les hommes, aiment moissonner ce qu'ils n'ont pas semé, exigent un fermage, même sur le produit naturel de la terre »[71]. Par ailleurs, il décrit très directement la situation inégalitaire des maîtres

---

[68] G. Deleplace, op. cit., p. 89.

[69] Op.cit., p. 17.

[70] *Principes.* Ed. Calmann-Lévy, op. cit. p. 9. Cf. infra note 127, p. 72.

et des ouvriers au regard des « coalitions » pour agir sur les prix : « les maîtres sont en tout temps et partout dans une sorte de ligue tacite, mais constante et uniforme, pour ne pas élever les salaires au-dessus du taux actuel. Violer cette règle est partout une action de faux-frère ... A la vérité nous n'entendons jamais parler de cette ligue, parce qu'elle est l'état habituel, et on peut dire l'état naturel de la chose, et que personne n'y fait attention[72] ». La prise en compte de classes sociales ne comporte pourtant chez les classiques aucune idée révolutionnaire de lutte de classes. La répartition du revenu s'opère de manière conflictuelle entre les trois classes, mais Ricardo souligne la communauté d'intérêts des capitalistes et des travailleurs, en quelque sorte solidaires contre les propriétaires fonciers ;

2 - Le capital défini comme une avance monétaire

Avec les précurseurs, Quesnay en particulier, nous avons déjà trouvé la préoccupation de définir un facteur de production fondamental. La prééminence est donnée à la terre. Pour les classiques, comme nous l'analyserons, c'est le travail. En contrepoint, mais en opposition avec la démarche de Quesnay, *seul le travail humain crée de la richesse.* La mise en oeuvre du travail dans un processus de production nécessite des « avances », du fait que le salaire doit être versé au travailleur avant que le produit ne soit achevé. L'avance de salaires pour la fabrication d'articles permet d'augmenter la productivité du travail. On a trois caractéristiques du capital : *c'est une avance d' argent* : l'ensemble de ces avances constitue *un fonds de salaire* ; par la maîtrise de ces ressources les capitalistes sont *les maîtres effectifs du travail.* Les classiques considèrent la masse salariale, ou fonds de salaire, comme une constante. Ce capital correspond à des ressources épargnées en salaires. Cette masse de capital-argent constitue la demande de travail des employeurs que sont les capitalistes.

3 - Une analyse statique centrée sur la formation de la valeur et des prix.

Nous avons déjà abordé cette question avec les précédents auteurs, c'est pourquoi nous les avions qualifiés de précurseurs. Cette analyse est généralement conduite de façon très abstraite et hors du temps. Une exception. A. Smith est celui qui conserve volontairement le plus de contact avec la réalité ; Ricardo suit une démarche parfaitement théorique. A ce niveau on trouve ce qui pour beaucoup fournit un critère de distinction de l'économie politique classique centrée sur des concepts fondamentaux. Pour ce qui concerne la valeur, les classiques distinguent une *valeur naturelle,* proportionnée au coût de production autour de laquelle évolue la *valeur courante.* Celle-ci ne peut s'écarter de la première, car des forces correctrices interviennent pour les

---

[71] *Richesses,* chap. VI, Idées, Gallimard, op. cit. p.75 et ci-dessous p. 56.
[72] Idem p. 91.

rapprocher. Pour les classiques anglais, *le coût de production se ramène au seul travail.*

Il y a la reconnaissance d'un *surplus,* ou surproduit physique : c'est la différence entre le volume total des biens produits et le volume nécessaire à l'entretien des travailleurs. A partir de la reconnaissance de ce surplus, *l'économie politique classique se pose la question de sa répartition par un système de prix.* La théorie des prix se double donc d'une théorie de la *répartition* qui tente d'expliquer la *rente ,* le *salaire,* le *profit.* Ceci correspond sensiblement à la démarche caractérisée par Marx : « L'économie classique s'efforce de ramener par l'analyse les diverses formes de la richesse à leur unité intérieure et à les dépouiller de la forme où elles voisinent indifférentes les unes des autres. Elle essaie de comprendre la connexion intime en la distrayant de la multiciplicité des phénomènes purement extérieurs. Elle réduit la rente au surprofit ; la rente cesse donc d'avoir une existence propre et se détache de sa source apparente, la terre. Elle dépouille également l'intérêt de sa forme personnelle et en fait une partie du profit. Elle a de la sorte réduit à la seule forme du profit toutes les formes du revenu et tous les titres auxquels le non-travailleur a une part dans la valeur des marchandises »[73].

4 - Une perspective d'ensemble de l'évolution de l'économie.

On doit souligner que l'analyse classique est *dynamique du fait que la préoccupation de ses auteurs est de découvrir par analogie aux « lois du mouvement »* de Newton (1642-1727) en physique, les « lois du mouvement des économies capitalistes ». Cette perspective d'ensemble qualifiée de « dynamique grandiose » par W. Baumol, s'articule sur trois principes essentiels sur lesquels nous reviendrons : a) *le principe de population* énoncé par Malthus, selon lequel en l'absence de toute contrainte, la population tend à croître selon une progression géométrique, tandis que les subsistances tendent à s'accroître selon une progression arithmétique ;   b) *l'évolution des rendements* ou *loi des rendements décroissants de Ricardo :* ceci signifie uniquement que l'expansion de la culture ne peut se réaliser que sur des terres de moins en moins bonnes. Ceci se fonde sur l'opinion que le nombre de bonnes terres cultivables est de plus en plus réduit ; c) *le principe d'accumulation* selon lequel l'investissement qui augmente le capital de la communauté et permet un développement de la production, dépend du niveau du profit. Les profits élevés incitent à l'investissement et constituent en même temps une source de revenu et donc d'épargne. Les classiques analysent l'enchaînement des actes de production, de répartition dans le long terme où s'imposent les « lois de gravitation » correspondant aux ajustements du marché. Dans la figure ci-dessous on représente sommairement l'articulation des actes économiques essentiels dans la construction classique.

---

[73] *Histoire des doctrines,* VIII, cité par J. Cartelier, op. cit., p. 12-13.

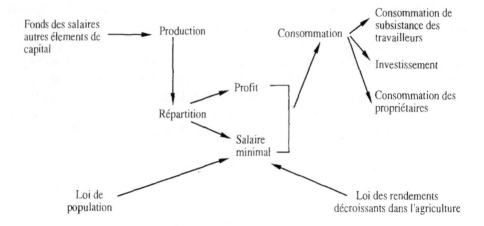

L'opposition entre « pessimistes » et « optimistes »

Comment se situent les uns par rapport aux autres ces auteurs pour lesquels nous avons voulu grossièrement dégager les concepts communs ? Ont-ils tous contribué à donner raison à T. Carlyle qui traite l'économie politique de « science lugubre » (dismal science), parce qu'indifférente aux caractères avantageux ou désastreux de ses conséquences jugées inévitables ?

En fait, les principaux disciples anglais d'A. Smith ont déjà pu observer que la révolution industrielle était accompagnée de chômage et de misère pour les travailleurs. Tout ne va pas pour le mieux et, sur le long terme, l'économie arrivera forcément à un « état stationnaire ». Voilà qui justifie encore le terme de « science lugubre ».

On distingue de façon un peu discutable :

1 - l'école anglaise des pessimistes

Le qualificatif de pessimiste est traditionnel. Il ne convient pourtant pas au fondateur A. Smith (1723-1790), auteur de *« Recherches sur la nature et les causes de la Richesse des Nations »* (1776)), dont l'influence sera décisive ; il est en effet soucieux du problème de la croissance en termes modernes.

Robert Malthus (1766-1834), pasteur, célèbre par son *« Essai sur le principe de population »* (1798) et ses *« Principes de l'économie politique »* (1820), dans lesquels Keynes puisera une partie de son inspiration. Il s'oppose à Ricardo sur les théories de la valeur et analyse des mécanismes qui peuvent susciter un sous-emploi durable.

David Ricardo (1772-1823), banquier. Il infléchit la pensée économique vers les problèmes plus humains de la répartition, mais il les déshumanise par sa démarche exclusivement abstraite. Il construit ses « *Principes de l'économie politique et de l'impôt* » (1817) à partir d'une critique de la « *Richesse des Nations* ». Par déduction logique à partir d'axiomes, il définit un ensemble d'outils d'analyse à usage général, mais il avait déjà auparavant rédigé une étude fortement inspirée par un problème de grande actualité pour l'époque : « *Essai sur l'influence du bas prix du blé* » (1815).

2 - *le courant français dit optimiste.*

Jean-Baptiste Say (1767-1832), vulgarisateur d'Adam Smith et le premier professeur en France d'Economie Politique. Chef d'entreprise, doctrinaire, il veut prouver les bienfaits du libre échange par la *loi des débouchés*. Il faut noter que les socialistes, révoltés par les conséquences du régime libéral, ont cherché à utiliser contre lui les conclusions pessimistes des classiques anglais.

D'une génération ultérieure, John Stuart Mill (1806-1873), philosophe, publie ses « *Principes d'Economie Politique* » en 1848. Il cherche à assurer une double synthèse entre, d'une part le pessimisme de Ricardo et l'« optimisme » de Say, et d'autre part la rigueur libérale et les aspirations sociales. Ceci le conduit à distinguer les *lois de production* de caractère physique et donc universelles, et les *lois de répartition* de caractère social et donc relatives.

II – Adam Smith (1723-1790)

Adam Smith, contemporain des physiocrates, est considéré comme le premier des classiques. Il se situe après les mercantilistes, à une période où l'Angleterre a déjà réalisé une accumulation notable de richesses, mais avant que la révolution industrielle n'ait entraîné de véritables bouleversements technologiques et sociaux. Il commence à étudier la théologie, mais abandonne sa vocation religieuse en découvrant la pensée rationaliste. Il devient professeur d'Université en Ecosse d'où il observe les débuts de la révolution industrielle. Comme précepteur d'un duc, il voyage en France de 1764 à 1766 où il fait la connaissance des physiocrates. Il consacre 25 ans de sa vie à la rédaction d'un grand traité qui paraît en 1776, sous le titre de « *Recherches sur la nature et les causes de la Richesse des Nations* »[74]. Cet ouvrage devint rapidement célèbre. Il traite plutôt des causes de l'*enrichissement des nations*, soit en termes

---

[74] Comme nous l'avons déjà fait, nous donnerons autant que possible les références à partir de l'édition abrégée de *Recherches sur la nature et les causes de la richesse des Nations*, Paris, Gallimard, Idées, 1976.

modernes, de la croissance du revenu national. A. Smith illustre bien l'appréciation selon laquelle « les pères fondateurs de l'économie s'assignaient une vocation universelle »[75]. En effet, l'oeuvre de Smith est vaste ; nous n'en étudierons que deux thèmes essentiels : la division du travail ; la théorie de la valeur et de la répartition. Rares sont les ouvrages qui ont eu autant d'importance que la « Richesse des Nations » ; « positivement ou négativement aucune théorie n'apparaît pendant plus d'un siècle qui n'ait pu trouver ses fondements dans cet ouvrage fondamental ». A ne pas oublier non plus que Smith avait dans son *Traité de sentiments moraux* commencé par rechercher une « issue économique à la loi du plus fort ».

1. La division du travail

L'augmentation de la production et de l'opulence par la division du travail

La démarche de Smith doit être située dans son contexte ; la « *Richesse des Nations* » marque *une rupture avec l'analyse mercantiliste* qui recommande l'extension du marché par les débouchés extérieurs et même les conquêtes coloniales. La division du travail, déclare Smith dès le début de son ouvrage, peut assurer l'opulence générale ; c'est elle qui est responsable de « la grande multiplication des produits des différents arts et métiers » que l'on constate (*Chap. I, p. 46*).

Le livre I « contient le coeur de la théorie » d'Adam Smith concernant la valeur et la répartition. Dès l'introduction se pose en effet la question de l'origine des biens consommés par les individus dans une nation, et il énonce un postulat de départ : « Le travail annuel d'une nation est le fonds primitif qui fournit à sa consommation annuelle toutes les choses nécessaires et commodes à la vie ; et ces choses sont toujours, ou le produit immédiat de ce travail, ou achetées des autres nations avec ce produit »[76]. Il s'en déduit qu'étudier les moyens d'augmenter ces « choses nécessaires à la vie », c'est rechercher « les causes qui ont perfectionné les facultés productives du travail », selon les termes mêmes du titre du Livre I. *L'originalité de A. Smith est de donner une importance primordiale à la division du travail,* comprise comme spécialisation des tâches : « Les plus grandes améliorations dans la puissance productive du travail, et la plus grande partie de l'habileté, de l'adresse et de l'intelligence avec laquelle il est dirigé ou appliqué sont dues à la division du travail »[77].

A. Smith donne ensuite un exemple devenu fameux, celui de la *fabrique d'épingles,* où il distingue dix-huit opérations distinctes pour faire une épingle. Alors qu'un

---

[75] A. Minc, *L'après-crise est commencée.* Idées, Gallimard, Paris, 1982, p. 25.

[76] *Richesses,* p. 33, introduction.

[77] Idem p. 37, début chap. I intitulé : « Des causes qui ont perfectionné les facultés productives du travail et de l'ordre suivant lequel ses produits se distribuent naturellement dans les différentes classes du peuple. » Pour une analyse stimulante d'A. Smith comme « premier théoricien du travail », cf. Fontanel J., « Adam Smith, économiste du travail », A.B. N° 11. *Cahiers de l'ISMEA,* janv. 1980, p. 145-178. et L. Dumont. op. cit. p. 110 et ss.

ouvrier seul, réalisant toutes les opérations, fabriquerait une épingle par jour, la répartition des opérations entre dix ouvriers permet une production journalière par ouvrier de 4 800 épingles. La division du travail permet donc d'accroître énormément la quantité de biens produite par ouvrier. D'où provient ce gain de productivité ? Smith distingue trois raisons à la supériorité de la division du travail : 1 - *l'accroissement d'habileté de chaque travailleur* pris isolément ; 2 - *le gain de temps* sur le passage d'une activité à une autre : 3 - l'« invention d'un *grand nombre de machines qui facilitent et abrègent le travail* ». Ainsi il apparaît que la division du travail est comprise de façon très large ; c'est le *fondement du progrès technique, des innovations, du machinisme.* De plus la division du travail ne joue pas exclusivement à l'intérieur des entreprises, mais entre les entreprises, entre les branches. Elle est à la base d'activités spécialisées. Elle transforme le monde en un vaste atelier où chacun utilise ses compétences et sa spécialisation pour accroître sa production destinée à la vente.

Le capital comme condition de la division du travail

On connaît bien l'exemple de la manufacture d'épingles, mais il faut aussi mettre en évidence son analyse des conditions de développement de cette division. « L'accumulation d'un capital est un préalable nécessaire à la division du travail ; le travail ne peut recevoir de subdivisions ultérieures qu'en proportion de l'accumulation progressive des capitaux. » (*Livre II, introduction p. 126*). Le travail ne peut accroître sa puissance productive sans accumulation du capital et donc sans la constitution d'un surplus antérieur.

a) A. Smith distingue trois parties dans le fonds accumulé :

– La partie réservée à la *consommation immédiate* ; elle ne rapporte aucun profit.

– le *capital fixe* qui comprend les machines, les bâtiments, les améliorations de terre, le savoir acquis. « Leur caractère distinctif est de rapporter un revenu sans changer de maître. »

– le *capital circulant* qui comprend l'argent, les moyens de subsistance à vendre, le fonds des matières premières. Historiquement, A. Smith estime que le premier surplus est agricole. Cette question demeure discutée, mais il apparaît bien que c'est l'innovation dans l'organisation de la culture qui permet l'apparition d'un surplus.[78]

---

[78] Des études récentes sur la formation du capital en Angleterre pendant la révolution industrielle, il apparaît que les produits du grand commerce colonial, les revenus fonciers passent loin derrière la place de « l'industrie elle-même qui a fourni l'essentiel des fonds pour sa propre transformation ». (F. Crouzet. (éd.) *De la supériorité de l'Angleterre sur la France. L'Economique et l'imaginaire.* XVIIe-XXe siècle. Perrin, Paris 1986. série de contributions importante sur la révolution industrielle.

b) Il existe un effet de retour (on dirait en termes modernes « feed back ») entre accumulation des capitaux et division du travail. Ceci représente la dynamique des sociétés en expansion. La manière dont sont utilisés les capitaux influe sur le produit national.

« Ainsi toute augmentation dans la masse des capitaux tend naturellement à augmenter ... réellement la somme de l'industrie, le nombre de gens productifs et par conséquent la valeur échangeable du produit annuel des terres et du travail du pays, la richesse et le revenu réel de tous les habitants » . (*Livre II, chap. 3*)

c) Il s'en déduit, si l'on veut résumer quelques propositions-clefs d'A. Smith :

– une économie en expansion augmente sa capacité d'emploi

– la récession conduit à la concurrence entre les ouvriers et à un chômage d'adaptation.

– il y a communauté d'intérêt entre les salaires et l'intérêt général, car plus les salaires sont élevés et plus le produit national augmente.. Dans les pays à taux de croissance élevé, le travail est bien rémunéré.

– le chômage ne peut être que conjoncturel ; c'est le coût à payer pour l'ajustement des salaires sous les effets contradictoires de l'offre et de la demande de travail.

Conséquences de la division du travail

De ce principe et de l'exemple fameux qui en est donné, Adam Smith déduit des conséquences qui vont représenter des caractéristiques durables des démarches classiques et même néo-classiques, et constituer les fondements du taylorisme et de la parcellisation des tâches.

1 - *L'industrie* est le lieu par excellence où la division du travail entraîne des gains, parce que la décomposition en opérations élémentaires est possible. Par opposition à l'industrie, l'agriculture serait caractérisée par les rendements décroissants.

2 - La division du travail dépend de la taille du *marché :* « si le marché est très petit, personne ne sera encouragé à s'adonner entièrement à une seule occupation ; faute de pouvoir trouver à échanger tout le surplus du produit ». (*Chap. III, p.52*). Il s'agit là d'une relation de base, car cela signifie que les *gains de productivité, ou progrès technique, dépendent du chiffres d'affaires d'un ensemble d'entreprises sur un même marché.* Ainsi l'importance du marché devient essentielle pour l'école classique et pour la démarche libérale qu'elle a suscitée. Très logiquement, au-delà

des marchés nationaux, cette logique de l'organisation débouche sur la notion de « division internationale du travail » qui doit profiter à toutes les nations.

3 - La formation de *capital* est en même temps condition et conséquence de la division du travail : « de même que le travail ne peut acquérir cette grande extension et puissance productive sans une accumulation préalable de capitaux, de même l'accumulation de capitaux amène naturellement cette extension ». (*Introduction, Livre II, p. 127*). On voit qu'à la différence du schéma de circuit stationnaire de Quesnay, A. Smith, avec la division du travail, va raisonner dans la perspective d'une économie en croissance.

Eléments critiques sur la notion de division du travail

L'exposé de A. Smith ne peut demeurer sans critiques, qui ont été avancées par S. Marglin en particulier[79] : à l'origine, la division du travail n'entraîne pas d'augmentation de la production à facteurs constants. *Le renforcement de la spécialisation ne comporte pas de soi une supériorité technique.*

Reprenons les trois arguments avancés par A. Smith : 1 - l'argument du gain de temps tombe : l'artisan solitaire fabricant d'aiguilles pourrait dérouler du fil le premier jour, consacrer un autre jour à le redresser, un autre à le couper et ainsi de suite ; 2 - l'argument de dextérité ne tient pas plus quand les compétences sont faciles à acquérir, comme c'est le cas dans l'exemple de la manufacture d'épingles où le travail est tellement parcellisé que l'habileté n'a plus d'importance. Dans la réalité, au début du travail à la chaîne, beaucoup de travaux pouvaient ainsi être confiés à des enfants ; 3 – enfin, quant à la propension à innover, on peut en douter, Smith lui-même devait déclarer : « l'homme dont la vie se passe à exécuter quelques opérations simples, dont les effets sont peut-être toujours les mêmes, ou presque les mêmes, n'a jamais l'occasion d'utiliser son intelligence ou d'exercer son imagination pour tourner des difficultés qui ne se présentent jamais ».

Dès lors, si l'augmentation de l'efficacité technique n'est pas le résultat obligé du renforcement de la spécialisation, on est conduit à une autre interprétation : *le marchand-manufacturier cherche à diviser pour régner.* De fait, le fractionnement du métier prive l'ouvrier du pouvoir sur la machine. A. Smith ne se préoccupait pas tant des résultats économiques que du contrôle de l'organisation du processus de production. Avant même l'introduction d'un investissement lourd en machines, *la spécialisation des travailleurs nécessitait l'organisation du travail.* Ainsi, le capitalisme devait avoir un rôle dominant pour assurer et accélérer l'accumulation du capital par

[79] Cf. S. Marglin : «Origine et fonctions de la parcellisation des tâches », dans *Critique de la division du travail,* Le Seuil, 1973, cité par P. Dockes *L'Internationale du capital »,* PUF. Paris, 1975, P.229.

l'extraction du surplus. Le souci de l'efficacité technique n'a prévalu que par la suite. Cependant la position d'Adam Smith, attentif aux effets technologiques de l'accumulation, est demeurée originale par rapport aux autres classiques principalement soucieux de ce qui détermine le taux d'accumulation, c'est-à-dire la part de la production totale obtenue par la classe capitaliste.

Division du travail, échange et société commerçante

Une double relation s'établit chez A. Smith entre division du travail et échange.

1 - D'une part, *le principe qui est à la base et qui donne lieu à la division du travail est l'échange.* Pourquoi en est-il ainsi ? « Cette division du travail ... est la conséquence nécessaire ...d'un certain penchant naturel à tous les hommes :...c'est le penchant qui les porte à trafiquer, à faire des trocs et des échanges d'une chose pour une autre richesse »[80]. *Ce penchant résulte du seul jeu de l'intérêt ;* la philosophie, selon Smith, en est très simple : « l'homme a presque continuellement besoin du secours de ses semblables, et c'est en vain qu'il l'attendrait de leur seule bienveillance. Il sera bien sûr de réussir s'il s'adresse à leur intérêt personnel et s'il les persuade que leur propre avantage leur commande de faire ce qu'il souhaite d'eux. C'est ce que fait celui qui propose à un autre un marché quelconque ; le sens de sa proposition est ceci : *donnez-moi ce dont j'ai besoin,* et vous aurez de moi ce dont vous avez besoin vous-même ». Ainsi, la division du travail est la résultante logique de l'échange qui établit des rapports entre les hommes où ils satisfont leur intérêt. L'affirmation du principe général de la recherche de l'intérêt sera à l'origine de la naissance de l' «homo-oeconomicus » concept qu'utilisera à l'extrême V. Pareto.

2 - La division du travail, produit de l'échange, *élargit à son tour le taux de l'échange, c'est-à-dire concrétement l'étendue du marché.* Elle engendre ainsi une société fondée sur l'échange, une *« société commerçante »* dans laquelle « chaque homme subsiste ou devient une espèce de marchand et la société elle-même est proprement une société commerçante »[81].

Dans cette société le perfectionnement d'une technique joue un rôle déterminant, c'est *la monnaie* . A. Smith consacre un long développement[82] au rôle de la monnaie qui a l'avantage de briser le troc dans le temps et dans l'espace, comme on a dit plus tard. *La monnaie est à la base d'un « système de troc généralisé »*[83]. « La monnaie est

---

[80] *Richesses,* Livres I, chap. 2, p.47.

[81] Idem, p. 55.

[82] Idem, p. 55 à 60. Chap. IV. De l'origine et de l'usage de la monnaie.

[83] Nous verrons assez en détail au titre III, que Marx propose une génèse de la monnaie où celle-ci joue un rôle non moins déterminant, et même primordial dans l'ordre logique, *celui de condition de la marchandise, et non de conséquence de l'échange de marchandises.*

devenue chez tous les peuples civilisés l'instrument universel du commerce, et les marchandises de toute espèce se vendent et s'achètent, ou bien s'échangent l'une contre l'autre, par son intervention »[84]. En définitive, il ressort de cette analyse de l'importance de la division du travail, deux implications caractéristiques de la démarche classique : a) pour Adam Smith, et ceux de sa descendance, *l'analyse de la société se ramène pour l'économie politique à expliquer le fonctionnement de l'échange* ; b) dès lors que l'échange est le niveau où s'établissent les rapports entre les hommes, les biens ne sont plus considérés par rapport à la consommation, c'est-à-dire comme des biens qui satisfont des besoins, mais comme des produits qui par l'échange permettent d'obtenir d'autres produits.

La division du travail n'a pas cessé d'être un principe controversé quant à ses conséquences. L'idée la plus ancienne est que la « cohésion de la société civile » provient du réseau de relations et d'obligations mutuelles » que suscite un marché en expansion. Cette expansion elle-même provient de la division du travail.

Ainsi le sociologue Emile Dürkheim (1858-1917), dans son grand ouvrage *« De la division de travail social »* (1893), cherche à montrer que le développement de l'individu comporte une dépendance de plus en plus étroite envers la société. Selon lui, la division du travail, qui caractérise les économies modernes, a pour fonction de se substituer à la *« conscience commune »* qui liait si efficacement les sociétés primitives. « C'est principalement la division du travail qui fait tenir ensemble les agrégats sociaux de type supérieur »[85]. Dürkheim précise d'ailleurs comment la division du travail n'entraîne pas d'elle-même cette substitution, mais à travers les relations, en partie non voulues, qui se nouent entre les participants aux transactions et aux engagements commerciaux. « Si la division du travail produit de la solidarité, ce n'est pas seulement parce qu'elle fait de chaque individu un échangiste, comme disent les économistes. C'est qu'elle crée entre les hommes tout un système de droits et de devoirs qui les lient les uns aux autres de manière durable »[86].

En fait, depuis qu'elle a été analysée par A. Smith, on impute à la division du travail deux ordres de conséquences contradictoires : 1 - elle est indirectement facteur d'intégration sociale par les échanges ; 2 - mais elle suscite le contraire d'une société « solidaire », ce qu'on dénonce comme « l'atomisme de la société de marché »[87].

Quoi qu'il en soit, les idées d'A. Smith furent très généralement appliquées : la Grande-Bretagne devint le prototype d'une économie libérale où les individus inspirés par leur intérêt particulier contribuent au bien-être général, mais dès la première moitié du XIXᵉ on assiste à l'éclatement de conflits sociaux.

---

[84] *Richesses,* p. 60.
[85] *De la division du travail social,* édit. 1802, p. 148 ; cité par A. O. Hirschman, op. cit., p. 23.
[86] E. Dürkheim, op. cit., p. 402-403.
[87] A.O. Hirschman, op. cit., p. 23.

L'analyse critique mettra alors en évidence la notion de division socio-technique, conférant à la classe ouvrière à la fois son unité et ses divisions.

2. Théorie de la valeur-travail commandé

Le problème de la valeur est une question fondamentale pour les classiques. Leur approche se caractérise par une explication et une mesure de la valeur fondées sur des caractères objectifs, d'où le terme de *théorie objective de la valeur,* pour la pensée économique anglaise qui est dominante à la fin du XVIII[e][88]. A. Smith et Ricardo ont en commun de considérer tous deux le travail comme fondement de la valeur, mais Smith fait une analyse en terme de *« travail commandé »* à quoi s'opposera l'analyse de Ricardo en terme de *travail incorporé.* On peut privilégier dans l'exposé de Smith sur la valeur quatre distinctions : valeur d'usage / valeur d'échange ; prix réel/ prix nominal ; travail commandé / travail incorporé ; prix naturel / prix de marché. « Dans ses comportements économiques naturels, l'individu des classiques est avant tout un échangeur »[89]; nous introduirons ces distinctions selon une logique d'ensemble simplifiée.

Valeur d'usage / valeur d'échange [90]

« Il faut observer que le mot valeur a deux significations différentes. Quelquefois il signifie *l'utilité d'un objet,* et quelquefois il signifie *la faculté que donne la possession de cet objet d'en acheter d'autres marchandises.* On peut appeler l'une valeur en usage, et l'autre valeur en échange »[91].

La valeur d'usage est la propriété de satisfaire un besoin ou un désir : elle est particulière à un objet et dépend de l'appréciation individuelle ; elle est donc essentiellement variable. C'est un concept proche de celui de Turgot et de celui que retiendront

---

[88] En opposition avec *l'approche subjective* de Condillac qui publie un ouvrage : *Le commerce et le gouvernement considérés relativement l'un à l'autre* la même année que Smith et 10 ans après *Réflexions sur la formation et la distribution des richesses.* (1766), premier ouvrage didactique en économie, de Robert Turgot, considéré par beaucoup comme le grand économiste du XVIIIe, « découvreur de concepts ». En fait la théorie subjective de la valeur (cf. infra. p. 141) a constamment prévalu avant A. Smith, et même après lui sur le continent de Galiani à J. B. Say. Pour Turgot (1727-1781) la valeur d'un bien découle de son utilité pour chaque individu en particulier. Sur le marché se détermine une « valeur appréciative » ou estimative, en fait son prix, qui réalise l'équilibre entre les estimations individuelles. cf. C. Bordes et J. Morange : *Turgot , économiste et administrateur ;* PUF, Paris, 1982.

[89] J.F. Faure-Soulet. *De Malthus à Marx,* Gauthier-Villars, Paris, 1970, p. 38

[90] *Richesses,* Livre I, chap. 4.

[91] *Richesses,* p.60. Cette question, le « paradoxe de la valeur », est déjà clairement posée par les italiens Davanzati (1588), Galiani (1751).

les néo-classiques… Pour Smith, l'économie politique ne paraît concernée que par la valeur d'échange ; ainsi, pendant des générations va être consacrée la séparation de la valeur et de l'utilité. *C'est ce qui distingue radicalement classiques et néo-classiques :* « Des choses qui ont la plus grande valeur en usage n'ont souvent que peu ou point de valeur en échange ; et au contraire, celles qui ont la plus grande valeur en échange n'ont souvent que peu ou point de valeur en usage. Il n'y a rien de plus utile que l'eau, mais elle ne peut presque rien acheter ; à peine y a-t-il moyen de rien avoir en échange. Un diamant, au contraire, n'a presque aucune valeur quant à l'usage, mais on trouvera fréquemment à l'échanger contre une très grande quantité d'autres marchandises »[91]. Qu'est-ce qui détermine la valeur d'échange, si ce n'est pas son utilité ? Ainsi les classiques, dès A. Smith, sont conduits à rechercher une définition absolue de la valeur à la fois pour reconnaître la cause des variations du rapport d'échange entre les marchandises et pour déterminer un moyen de mesurer la valeur.

Le travail commandé ou «la richesse comme pouvoir sur le travail d'autrui »

L'analyse de la valeur d'échange d'A. Smith peut paraître confuse. En simplifiant, disons que deux interprétations paraissent coexister. Retenons celle qui serait propre à A. Smith et qui comporte une conception de la richesse.

1 - Nous avons vu quelle étroite relation s'établit entre la division du travail et l'échange. Il en résulte logiquement que la richesse *consiste à acheter* ou, comme dit A. Smith, à *« commander »* le travail *des autres,* à travers la capacité d'acheter des marchandises produites par d'autres. Reprenons une citation déjà introduite au paragraphe précédent. « Un homme est riche ou pauvre, suivant les moyens qu'il a de se procurer les besoins, les commodités et les agréments de la vie. Mais la division une fois établie dans toutes les branches du travail, il n'y a qu'une partie extrêmement petite de toutes ces choses qu'un homme puisse obtenir directement par son travail, c'est du travail d'autrui qu'il lui faut attendre la plus grande partie de toutes ces jouissances ; ainsi il sera riche ou pauvre *selon la quantité de travail qu'il pourra commander* ou qu'il sera en état d'acheter »[92].

Cette conception du travail commandé comme fondement de la valeur d'échange mérite au moins deux remarques : a) elle comporte une révolution par rapport aux conceptions antérieures de la richesse à quoi elle s'oppose : détention de monnaie pour les mercantilistes, propriété de terre pour les physiocrates. Pour A. Smith, le travail commandé représente à la fois un pouvoir d'achat *concret* sur les objets et un pouvoir de type *général* sur les hommes ; b) cette conception de la richesse comporte aussi une *révolution dans la conception du pouvoir.* Dans la société décrite et interprétée

---

[92] *Richesses,* p. 61.

par A. Smith, *le pouvoir prend obligatoirement une « expression marchande »*.
« Richesse, c'est pouvoir, a dit Thomas Hobbes ; mais celui qui acquiert une grande
fortune ou qui l'a reçue par héritage n'acquiert par là nécessairement aucun pouvoir
politique, soit civil, soit militaire. Peut-être sa fortune pourra-t-elle lui fournir les
moyens d'acquérir l'un ou l'autre de ces pouvoirs, mais la simple possession de cette
fortune ne les lui transmet pas nécessairement. Le genre de pouvoir que cette
possession lui transmet immédiatement ou directement, c'est le pouvoir d'acheter :
c'est un droit de commandement sur tout le travail d'autrui, ou sur tout le produit de
ce travail existant alors au marché »[93].

Smith assimile donc richesse et pouvoir et il apparaît que cette confusion ne
peut se réaliser que dans l'échange. La détermination de la valeur d'échange des
marchandises n'est pas de type technique. Elle ne se ramène pas à une question
comme : pourquoi le prix du beurre a-t-il augmenté depuis hier ? L'analyse de Smith
renvoie à une interrogation située à un tout autre niveau, celui du rapport entre les
hommes dans la société. « La valeur échangeable d'une chose quelconque doit nécessairement toujours être précisément égale à la quantité de cette sorte de pouvoir qu'elle
transmet à celui qui la possède »[94]. Ainsi, *la théorie de la valeur d'échange se transforme en une théorie générale de la société* , du fait que l'échange est considéré
comme un « penchant » éternel et universel des hommes. A son tour l'économie
politique, comprise comme science de la valeur d'échange , s'érige chez A.Smith en
théorie générale de la société.En ce qui concerne *la valeur d'échange, il apparaît
logiquement qu'elle est fondée sur le «travail commandé »*.

La mesure de la valeur d'échange : prix réel/prix nominal

Les classiques ont prêté une grande attention au problème de la mesure de la
valeur : peut-on découvrir un étalon invariable des valeurs ° La question répondait à
une préoccupation très pragmatique : comment peut-on comparer et donc mesurer les
richesses réelles de deux pays différents ? Tous les classiques se sont heurtés à la même
difficulté. C'était d'ailleurs l'époque où au niveau des sciences physiques on se préoccupait de définir des étalons universels invariables (mètre déposé au pavillon de
Breteuil en 1799). En l'occurence, la difficulté provient du fait que si l'on considère
les marchandises seulement dans l'échange, il faut rendre compte de leur valeur
d'échange. Ceci conduit A. Smith au raisonnement suivant[95] que nous résumons en
trois propositions :

---

[93] *Richesses,* p. 62.
[94] *Richesses,* p.62.
[95] Cf. *Richesses,* Chap. V, p. 61-71.

1 - *La valeur d'échange prend dans la réalité une forme quantitative*

Même si l'on sait abstraitement que la valeur provient de la quantité de travail commandé, dans la pratique la *mesure de la valeur passe par la monnaie :* soit « un kilo de pain vaut x francs ». On procède ainsi parce que la valeur d'échange ne peut être mesurée par une valeur d'échange.

2 - Est-ce qu'on dispose vraiment d'une marchandise présentant une valeur d'échange déterminée et fixe qui puisse servir d'étalon ? A. *Smith estime que la monnaie ne peut assurer correctement cette fonction d'étalon de la valeur d'échange.* Qu'elle soit une marchandise produite comme l'or, ou qu'elle soit la représentation d'une marchandise produite comme la monnaie papier, la *monnaie a une valeur variable.* C'est là un fait dont nous sommes maintenant tous assez avertis, parce que nous vivons quotidiennement l'inflation. Il est intéressant de rappeler comment A. Smith faisait cette constatation et à quelle distinction cela le conduit : « l'or et l'argent, comme toute autre marchandise, varient dans leur valeur ; ils sont tantôt plus chers et tantôt à meilleur marché ; ils sont quelquefois plus faciles à acheter, quelquefois plus difficiles »... puis A. Smith poursuit par une remarque qui est implicitement une théorie quantitative de l'inflation : « la quantité de travail que peut acheter ou commander une certaine quantité de ces métaux, ou bien la quantité d'autres marchandises qu'elle peut obtenir en échange, dépend toujours de la fécondité ou de la stérilité des mines exploitées dans le temps où se font ces échanges »[96].

L'expression de la valeur d'échange en termes monétaires, ou *prix nominal* (prix monétaire), établit donc un rapport incertain : est-ce la quantité de monnaie qui mesure la valeur de la marchandise ou est-ce la quantité de marchandise qui mesure la valeur de la monnaie ? Le dilemme est toujours aussi inévitable quand on établit un rapport entre un baril de pétrole et une quantité x de dollars.

3 - *Smith conclut donc que seul le travail constitue la mesure objective et rigoureuse de la valeur des marchandises :* « Des quantités égales de travail doivent être dans tous les temps et dans tous les lieux, d'une valeur égale pour le travailleur. Dans son état habituel de santé, de force et d'activité, et d'après le degré ordinaire d'habileté ou de dextérité qu'il peut avoir, il faut toujours qu'il sacrifie la même portion de son repos, de sa liberté, de son bonheur »[97]. La détermination de la valeur nécessite donc de se reférer à travers le travail à son *prix réel.* « Ainsi, le travail ne variant jamais dans sa valeur propre est la seule mesure réelle et définitive qui puisse servir, dans tous les temps et dans tous le lieux, à apprécier et à comparer la valeur de toutes les marchandises. Il est leur *prix réel,* l'argent n'est que leur *prix nominal* »[98].

---

[96] *Richesses,* p.64.
[97] *Richesses,* p. 65.
[98] Idem, p.65

3. Détermination de la valeur d'échange et théorie de la répartition chez A. Smith

Nous n'allons naturellement pas analyser, dans une pure perspective d'histoire de la pensée, les théories de la répartition de tous les auteurs. Par contre, nous pouvons suivre successivement les démarches théoriques exemplaires de A. Smith, puis Ricardo, comme caractéristiques de l'approche classique. Celle-ci relie les problèmes de la valeur, de la répartition et du coût de production. «Salaire, profit et rente sont les trois sources primitives de tout revenu aussi bien que de toute valeur échangeable.»

Distinction entre un état primitif et un état avancé de la société.

Après avoir retenu le travail comme fondement et mesure de la valeur réelle, A. Smith envisage deux hypothèses successives pour analyser comment se détermine la valeur d'échange.

1 - *Hypothèse d'un premier état primitif* de la société où l'homme vit de la chasse et de la pêche. Dans ce cas, la valeur d'échange se détermine aisément : *le travailleur obtient la totalité de ce qu'il produit.* Retenons l'exemple imagé de A. Smith : « dans ce premier état primitif et informe de la société, qui précède l'accumulation des capitaux et l'appropriation du sol, la seule circonstance qui puisse fournir quelque règle pour les échanges, c'est la quantité de travail nécessaire pour acquérir les différents objets d'échange. Par exemple, chez un peuple de chasseurs, s'il en coûte habituellement deux fois plus de peine pour tuer un castor que pour tuer un daim, naturellement un castor s'échangera contre deux daims et vaudra deux daims »[99]. On peut établir la série d'équivalence : valeurs de 2 daims = valeur d'un castor = 1 journée de travail ».

2 - *Hypothèse d'un état avancé de la société* où certains individus « accumulent les capitaux », et détiennent donc « des subsistances et des matériaux », dont ils font l'avance à d'autres travailleurs. Ces avances peuvent consister en nourriture fournie par le maître au chasseur qui devra la reconstituer et assurer, de plus, une rémunération pour cette avance. « Dans cet état de chose, le produit du travail n'appartient pas toujours tout entier à l'ouvrier. Il faut, le plus souvent que celui-ci le partage avec le « propriétaire du capital » qui le fait travailler. Ce n'est plus alors la quantitié de travail communément dépensée pour acquérir ou pour produire une marchandise, qui est la seule circonstance sur laquelle on doive régler la quantité de travail, que cette marchandise pourra communément acheter, commander ou obtenir en échange. Il est clair qu'il sera encore dû une quantité additionnelle pour le profit du capital qui a avancé les salaires de ce travail et qui en a fourni les matériaux »[100]. On peut établir l'équivalence : valeur d'un daim = 1 journée de travail commandé. Cette

---

[99] *Richesses*, p. 72, Livre I, début chap. VI, Des parties constituantes du prix des marchandises.

équivalence comporte une implication : la valeur d'échange du daim a doublé, car elle comprend la rémunération du maître en plus de la rémunération du travailleur.

Si l'on élargit l'exemple en retenant l'hypothèse d'un propriétaire de la terre de chasse, qui exige également une rémunération, on trouve, selon la même démarche, l'analyse de la rente : « Aussitôt que la terre devient propriété privée, le propriétaire demande pour sa part presque tout le produit que le travailleur peut y faire croître ou y recueillir. Sa rente est la première déduction que souffre le produit du travail appliqué à la terre » [101].

Finalement, on parvient à l'interprétation suivante des déterminants ou composants de la valeur réelle (exprimée comme prix réel) :

Prix réel de la marchandise (= quantité de travail qu'elle commande)

= salaire (prix du travail) + profit (rémunération du capital) + rente (loyer de la terre)

Dans toute société, *le prix de chaque marchandise se résout définitivement en quelqu'une de ces trois parties ou en toutes trois,* et dans les sociétés civilisées, ces parties entrent toutes trois, plus ou moins, dans le prix de la plupart des marchandises, comme parties constituantes de ce prix[102]. Ainsi, avec A. Smith, la théorie du prix est fondée sur la théorie de la répartition des revenus.

La distinction entre deux prix selon leur mode de détermination.

A. Smith distingue à un moment et en un lieu donnés, deux taux, ou prix.

a) *Le prix naturel* : « Lorsque le prix d'une marchandise n'est ni plus ni moins ce qu'il faut payer, suivant leur taux naturel, et le fermage de la terre, et les salaires du travail et les profits du capital employé à produire cette denrée, la préparer et la conduire au marché, alors cette marchandise est vendue ce qu'on peut appeler son prix naturel »[103].

A. Smith inclut donc bien le profit dans le prix de revient ; il précise et théorise une conception dont la logique avait été déjà introduite avec *la valeur intrinsèque* de Cantillon, et la *valeur fondamentale* des physiocrates. « La marchandise est alors vendue précisément ce qu'elle vaut ou ce qu'elle coûte réellement à celui qui la porte au marché »[104].

---

[100] *Richesses,* p. 74-75.
[101] *Richesses,* p. 89.
[102] Idem, p. 75.
[103] *Richesses ,* p. 79.

b) A. Smith appelle *prix de marché,* « le prix effectif auquel une marchandise se vend communément... ». Il peut se situer au-dessus ou au-dessous du prix naturel. Il est commandé par la *concurrence* qui s'établit sur le marché en raison de la quantité de la marchandise existant sur le marché et la demande effective au prix naturel. Ainsi, rien n'assure qu'à tout moment le prix du marché soit égal au prix naturel, car l'offre peut être inférieure ou supérieure à la demande effective.

Le prix naturel constitue la réalité de fond. On ne peut mieux dire que A. Smith au terme d'une démonstration assez poussée[105] : « le prix naturel est donc, pour ainsi dire, le point central vers lequel gravitent continuellement les prix de toutes les marchandises. Différentes circonstances accidentelles peuvent quelquefois les tenir un certain temps élevés au-dessus, et quelquefois les forcer à descendre un peu au-dessous de ce prix. Mais, quels que soient les obstacles qui les empêchent de se fixer dans ce centre de repos et de permanence, ils ne tendent pas moins constamment vers lui »[106]. Ce retour à ce point central résulte de ce que tout écart entre la demande effective et la quantité réellement offerte tend à être comblé par la réaction compensatrice des détenteurs de facteurs de production, c'est-à-dire de terre, de travail et de capitaux. *La théorie de la valeur et de la répartition sont donc bien étroitement reliées par le prix.*

Avant de présenter encore quelques commentaires sur ce point et de préciser la théorie de la répartition, donnons une représentation simple du prix naturel et du prix du marché tout en sachant que des auteurs critiques mènent actuellement une discussion très approfondie sur le problème dit de la « gravitation ».

Fig. 3

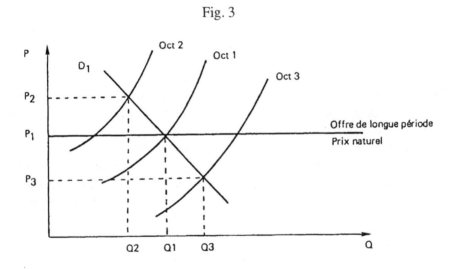

---

[104] Idem.   p

[105] Idem, p. 80-83.

[106] Idem, p. 83.

Soit les prix P en ordonnées, les quantités Q en abscisses :

– la droite horizontale, de niveau P 1, correspond aux coûts moyens (ici constants) de longue période. Elle constitue dans notre hypothèse la courbe d'offre de longue période.

– O^{ct1}, O^{ct2}, O^{ct3}, D1, représentent respectivement des courbes de l'offre et une de demande de courte période

Les trois situations sont possibles :

– offre effective = demande effective, donc prix du marché = prix naturel ; O^{ct1} intersecte D1 au niveau P1

– en O^{ct2}, offre effective < demande effective, donc prix du marché > prix naturel ; O^{ct2} intersecte D1 au niveau P2

– en O^{ct3}, offre effective > demande effective, donc prix du marché < prix naturel ; O^{ct3} intersecte D1 au niveau P3.

Pour expliquer comment la quantité offerte s'adapte à la demande efffective, *A. Smith produit une analyse de la concurrence.* Elle préfigure les conditions de concurrence pure et parfaite qui constitueront la référence de l'analyse néo-classique. Précisons cependant : *c'est le jeu de la concurrence qui fait graviter le prix autour du prix naturel,* mais *la loi de l'offre et de la demande gouverne uniquement le prix du marché.* Point essentiel à bien noter : *le prix naturel ne dépend pas du tout du marché, mais de la valeur des services des facteurs de production.* On a donc bien une théorie de la valeur déterminée par le coût de production[107]. Sur la base de la distinction prix naturel, prix de marché, A. Smith a donc élaboré une théorie liée de la détermination de la valeur et des prix qui va caractériser l'ensemble de l'école classique jusqu'à Alfred Marshall. On peut la résumer ainsi : la demande influe sur le prix seulement à court terme ; à long terme le prix est déterminé par le coût.

Théorie de la répartition et difficulté de définir le profit

Selon l'approche de A. Smith, *la valeur d'échange suppose la détermination préalable de ses parties constituantes, donc du même coup du taux naturel des revenus :* « Salaires, profit et rente sont les trois sources primitives de tout revenu, aussi bien que de toute valeur échangeable. Tout autre revenu dérive en dernière analyse, de l'une ou l'autre de ces trois sources »[108]. Chacune de ces rémunérations comporte un taux naturel et un taux de marché. Smith consacre un chapitre à chacune d'elles.

---

[107] Ce prix naturel sera conçu comme « prix nécessaire » par Stuart Mill, comme valeur normale de longue période par A. Marshall.

[108] *Richesses,* op. cit., p. 70.

1 - Le taux naturel de salaire

La théorie des salaires est simple et effrayante à la fois. *Le taux de salaire réel est le prix réel d'une unité de travail,* par exemple une journée. Ainsi est définie une mesure du salaire qui se déduit de la théorie de la valeur (mesure commune pour tous les prix en quantité de travail commandé). *L'homme est traité comme une marchandise.* Est-ce qu'il s'en déduit un principe de détermination du taux naturel et du taux de marché du salaire ?

a) Il se forme, comme pour toute marchandise, un *prix courant du travail,* ou prix du marché par confrontation de l'offre et de la demande sur un marché où les partenaires sont dans une situation inégalitaires, comme le note fortement Adam Smith : « c'est par la convention qui se fait habituellement entre l'ouvrier et le propriétaire du capital, que se détermine le taux commun des salaires. Les ouvriers désirent gagner le plus possible, les maîtres donner le moins qu'ils peuvent »[109]. Smith ajoute d'une manière particulièrement réaliste : « Il n'est pas difficile de prévoir lequel des deux partis, dans toutes les circonstances ordinaires, doit avoir l'avantage dans le débat, et imposer forcément à l'autre toutes ses conditions. Les maîtres, étant en moindre nombre, peuvent se concerter plus aisément ; et de plus la loi les autorise à se concerter entre eux, ou au moins ne leur interdit pas, tandis qu'elle l'interdit aux ouvriers »[110].

b) Est-ce qu'il existe cependant un butoir, un plancher dans cette tractation ? Oui, *c'est le minimum de subsistance pour l'ouvrier et sa famille* [111] : « Il y a un certain taux au-dessous duquel il est impossible de réduire, pour un temps un peu considérable, les salaires ordinaires, même de la plus basse espèce de travail. Il faut de toute nécessité qu'un homme vive de son travail, et que son salaire suffise au moins à sa subsistance »[112]. On retrouve alors la distinction opérée précédemment à propos de la simple marchandise : en courte période, le taux de salaire résulte de l'offre, soit du volume actuel de la population des travailleurs, et de la demande déterminée par les fonds destinés à payer les salaires, c'est-à-dire par « l'excédent du revenu sur les besoins » d'une part, et l'excédent du capital nécessaire pour tenir occupés les maîtres du travail d'autre part »[113].

N'omettons pas l'occasion de remarquer que cette analyse extrêmement réaliste permet à Smith d'aboutir à des vues qui demeurent singulièrement modernes : l'emploi et le taux de salaire dépendent moins de l'état des richesses que du taux de croissance de l'économie. « Lorsque, dans un pays, la demande de ceux qui vivent de salaires...

---

[109] *Richesses,* Chap. VIII. « Des salaires du travail », p. 90.
[110] Idem, p. 90.   m
[111] Nous verrons le rôle du principe de population de Malthus pour étayer cette conception.
[112] *Richesses,* p. 92. Cf. sur ce point Fontanel J., op. cit., p. 164-165.
[113] *Richesses,* p. 85. 86

va continuellement en augmentant ; lorsque chaque année fournit de l'emploi pour un nombre plus grand que celui qui a été employé l'année précédente... la rareté des bras occasionne une concurrence parmi les maîtres qui mettent à l'enchère l'un sur l'autre pour avoir des ouvriers, et rompent ainsi volontairement ,la ligue naturelle des maîtres contre l'élévation des salaires...». Pour conclure sur cette première catégorie de la répartition du revenu, on voit que dès la formation de l'économie politique classique A. Smith a perçu :

- *le taux naturel du salaire* comme *niveau de subsistance*, ce qui va conduire à un ajustement de la population à ce niveau ;

- *la dépendance des salaires par rapport à la croissance du capital* et du revenu.

2 - La rente de la terre (rente foncière)

Nous passerons plus rapidement sur cette composante du prix naturel. En effet, chez A. Smith elle ne résulte pas d'une détermination économique. La rente est envisagée comme *un surplus au-delà des coûts nécessaires*, ce qui demeure conforme à la démarche physiocratique où le fermage est l'accaparement du produit net. L'environnement idéologique est différent : « la rente du sol considérée comme le prix payé pour l'usage de la terre, est donc naturellement *un prix de monopole*. Il n'est nullement en proportion des améliorations que le propriétaire peut avoir faites sur sa terre, ou de ce qu'il lui suffirait de prendre pour ne pas perdre, mais bien de ce que le fermier peut consentir à donner » [114]. La rente dépend du rapport de force qui prévaut entre le propriétaire foncier et le fermier capitaliste. La situation de ce rapport de force dépend à son tour du niveau du prix des produits agricoles [115]. La rente demeure donc indéterminée, ce qui n'a pas d'inconvénient pour la théorie du prix, car la rente est un effet, et non une cause du prix, comme nous le verrons avec Ricardo.

3 - Le profit

Le salaire étant connu, la rente n'entrant pas dans la détermination du prix naturel d'une marchandise, la théorie de la valeur d'échange de Smith nécessite une théorie du profit. Il est intéressant d'analyser celle-ci pour détecter à quelles difficultés se heurte la démarche classique pour expliquer cette catégorie essentielle de la répartition dans une économie capitaliste;

a) *La division de la société en classes sociales*. Comme le font remarquer beaucoup de commentateurs, la théorie de A. Smith sur ce point comporte des flottements dans la suite même des différents chapitres. Evoquons-la cependant parce

---

[114] Cf. chap. XI, « De la rente de la terre » p. 116-117.

[115] Ou dans des cas particuliers du prix du poisson pour les terres en bord de mer.

qu'elle prend en compte de façon originale la division en classes sociales. *Tout revenu peut être considéré, en effet, à deux niveaux analytiques :* soit comme élément constitutif du prix d'une marchandise ; soit comme revenu revenant à une catégorie particulière d'agent.

Smith engage d'emblée une démarche qui doit permettre de prendre en compte ces deux points de vue. « La masse totale du produit annuel de la terre et du travail d'un pays, ou, ce qui revient au même, la somme totale du prix de ce produit annuel, se divise naturellement en trois parties : la rente de la terre, les salaires du travail et les profits des capitaux, et elle constitue un revenu à trois différentes classes du peuple : à ceux qui vivent de rentes, à ceux qui vivent de salaires et à ceux qui vivent de profit. Ces trois grandes classes sont des classes primitives et constituantes de toute société civilisée, du revenu desquelles toute autre classe tire en dernier résultat le sien »[116]. Cette citation provient de la conclusion du dernier chapitre du Livre I de la « *Richesse des Nations* ». De la construction des onze chapitres précédents, il ressort trois observations concernant la société répartie en classes. Tout d'abord, *chaque homme est lié à la société de deux façons :* par l'échange en tant qu'individu et par la répartition comme individu percevant une catégorie particulière de revenu. *Les intérêts des classes sociales sont antagoniques,* car la répartition du produit de la société commande et manifeste leurs rapports. « C'est par la convention qui se fait habituellement entre ces deux personnes, dont l'intérêt n'est nullement le même, que se détermine le taux commun des salaires. Les ouvriers désirent gagner le plus possible ; les maîtres donner le moins qu'ils peuvent, les premiers sont disposés à se concerter pour élever les salaires, les seconds pour les abaisser »[117]. Comme nous l'avons déjà mentionné, cette relation antagonique s'établit dès que l'homme a dépassé « l'état rude et primitif » pour accumuler des capitaux et accaparer privativement des terres. Notons qu'il s'agit là d'une perspective toute particulière des classiques à quoi s'opposent d'une part la critique de Marx qui analyse l'opposition entre classes comme une caractéristique du mode de production capitaliste, et d'autre part la démarche néoclassique qui analyse les lois commandant les comportements économiques d'individus tous identiques ; c'est alors l'invention de l' « homo-oeconomicus » déjà mentionnée.

Enfin, la rente jouant un rôle second, à la différence de ce qui était le cas chez les physiocrates, *la société est essentiellement traversée par la distinction et l'opposition entre capitalistes et salariés.*

b) *La difficulté de A. Smith pour spécifier le profit par rapport aux autres revenus.* Au-delà de la correspondance entre une catégorie de revenu (le profit) et une classe sociale (les capitalistes), quelle est la nature spécifique du profit chez Smith ?

---

[116] *Richesses* , p. 119-120.
[117] *Richesses* , p. 90.

Tout d'abord, le profit se distingue à la fois du salaire et de la rente. « Ces profits, dira-t-on peut être, ne sont autre chose qu'un nom différent donné aux salaires d'une espèce particulière du travail, le travail d'inspection et de direction. Ils sont cependant d'une nature absolument différente des salaires ; ils se règlent sur des principes entièrement différents, et ne sont nullement en rapport avec la quantité et la nature de ce prétendu travail d'inspection et de direction » [118].

Le profit n'est pas non plus un revenu de monopole, sans lien avec la production, comme la rente. A. Smith *définit le profit positivement comme le revenu d'un capital avancé et qui est proportionnel au montant du capital.* « Ainsi, la valeur que les ouvriers ajoutent à la matière se résout alors en deux parties, dont l'une paie leurs salaires, et l'autre les profits que fait l'entrepreneur sur la somme des fonds qui lui ont servi à avancer ces salaires et la matière à travailler. Il n'aurait pas d'intérêt à employer ces ouvriers, s'il n'attendait pas de la vente de leur ouvrage quelque chose de plus que le remplacement de son capital, et il n'aurait pas d'intérêt à employer un grand capital plutôt qu'un petit, si ses profits n'étaient pas en rapport avec l'étendue du capital employé »[119]. En définitive, A. Smith retient bien que la production nécessite l'avance d'un capital. A la différence de la perspective des physiocrates, cette avance est assurée d'un retour, *dans tous les secteurs* de production, avec une augmentation qui est le profit. *Le profit est donc le prix du produit net.* On peut en avoir une appréciation en terme relatif en rapportant le prix du produit net au prix des moyens de production, c'est le *taux de profit* .

A. Smith ne parvient pourtant pas à achever son analyse, c'est-à-dire à déterminer le « niveau naturel » du profit comme pour les autres catégories de revenu. La théorie de la valeur travail commandé de A. Smith aboutit, après sa forte avancée par rapport aux physiocrates, à un *raisonnement circulaire :* en effet, le profit étant une partie constitutive du prix de la marchandise, il faut connaître le profit pour déterminer ce prix. Par ailleurs, pour connaître le profit il faut connaître auparavant le prix qui commande le profit. Ce problème a été très clairement délimité par Marx : apprécier le prix d'une marchandise dans l'échange avec toute autres marchandise au moyen de son prix dans l'échange particulier avec le travail, ne fait que repousser le problème du prix. *En se cantonnant dans l'échange, A. Smith est condamné au raisonnement circulaire* [120.] Malgré cela, la démarche de Smith fournit avec la notion de prix naturel un instrument analytique bien approprié à l'étude d'une société de classes caractérisée par l'échange.

[118] *Richesses,* p. 73

[119] Idem. m

[120] « C'est un cercle vicieux que de prendre la valeur d'échange (du travail) comme mesure de la valeur d'échange, car la valeur d'échange qu'on prend pour mesure aura besoin à son tour d'une mesures ». K. Marx : *Critique de l'économie politique* (1859), Pléiade 1, p. 315.

En guise de conclusion sur le premier tracé classique d'A. Smith à partir d'une analyse du seul Livre I de son ouvrage fondamental, il nous faut mentionner au moins une des dimensions idéologiques essentielles qui s'en déduit. Rien ne pourrait être de plus grande actualité. « *La Richesse des Nations* » comportait en effet un double objectif fondamental : prouver d'abord que *l'échange est l'origine du bien être des individus et de la richesse des nations,* mais prouver aussi que *l'échange parvient à ce but par lui-même.* Nous y avons déjà fait allusion dans l'introduction ; nous ne pouvons faire mieux que commenter la parabole célèbre de la « main invisible » : en dégageant les principales conclusions et leur enchaînement.

– Pemière proposition : l'échange oriente les activités individuelles de la manière la plus efficace possible . « Par conséquent, puisque chaque individu tâche, le plus qu'il peut : 1/ d'employer son capital à faire valoir l'industrie nationale ; et 2/ de diriger cette industrie de manière à lui faire produire la plus grande valeur possible, chaque individu travaille nécessairement à rendre aussi grand que possible le revenu annuel de la société ».

– Seconde proposition : loin de porter atteinte à la liberté des individus, *l'échange utilise cette liberté en faveur du bien commun.* « A la vérité, son intention en général n'est pas en cela de servir l'intérêt public, et il ne sait même pas jusqu'à quel point il peut être utile à la société. En préférant le succès de l'industrie nationale à celui de l'industrie étrangère, il ne pense qu'à se donner personnellement une plus grande sûreté ; et en dirigeant cette industrie de manière que son produit ait le plus de valeur possible, il ne pense qu'à son propre gain ».[121]

– Troisième proposition : *ce jeu bienfaisant de l'échange agit sans directivité apparente.* « En cela, comme dans beaucoup d'autres cas, il (chaque individu) est conduit par *une main invisible* à remplir une fin qui n'entre nullement dans ses intentions ». [122]

La liberté de l'individu, qui est privilégiée implicitement, est celle d'employer son capital. Avec A. Smith, deux concepts sont étroitement reliés : la « société marchande capitaliste » est la société de liberté par excellence, et elle est pour cela, du même coup, la société efficace par excellence.

L'oeuvre de A. Smith a fourni à la fois un apport « psycho-social » et un enchaînement logique de principes qui devaient constituer la base du *libéralisme.* A. Smith entend d'ailleurs prouver la supériorité de l'économie, résultant des décisions libres des individus ; il est contre l'intervention de l'Etat. « Quant à la question de savoir quelle est l'espèce d'industrie nationale que son capital peut mettre en oeuvre, et de

---

[121] *Richesses*, p 256. Livre IV, chap. 1. « Du principe sur lequel se fonde le système mercantile.»

[122] Idem. Pour une analyse critique de la structure logique des théories économiques libérales qui impliquent de réintroduire une notion de justice sociale. Cf. J.-P. Dupuy, *Le sacrifice et l'envie,* Calmann-Lévy, 1991.

laquelle le produit promet de valoir davantage, il est évident que chaque individu, dans sa position particulière, est beaucoup mieux à même d'en juger qu'aucun homme d'Etat ou législateur ne pourra le faire pour lui. L'homme d'Etat qui chercherait à diriger les particuliers dans la route qu'ils ont à tenir pour l'emploi de leurs capitaux, non seulement s'embarrasserait du soin le plus inutile, mais encore il s'arrogerait une autorité qu'il ne serait pas sage de confier, je ne dis pas à un individu, mais à un Conseil ou à un Sénat, quel qu'il pût être »[123]. L'oeuvre de A. Smith a eu une influence considérable pour la diffusion de l'idéologie libérale. « Il est un monarque aussi puissant que Napoléon, c'est A. Smith », se serait exclamé en 1810 un auteur allemand[124].

III – Population, rendements décroissants et rente

Ricardo est l'auteur classique qui a construit le système le plus logique et le plus cohérent à l'appui de positions précises sur les problèmes concrets de son temps. Il est deux domaines où Ricardo a élaboré son système à partir des théories d'un autre fondateur classique célèbre, son ami Thomas Robert Malthus : la théorie de la population et de la rente. Il apparaît dès lors normal de suivre une logique d'exposition qui donne une priorité à la présentation de ces théories. Notre objectif est en effet de saisir quelle a été la progression effective de concepts fondamentaux pour l'économie. Nous présenterons succinctement Ricardo au moment où nous exposerons sa théorie de la valeur.

1. La théorie de la population de Malthus

Malthus n'a pas été le premier auteur à s'intéresser aux problèmes de population ; mais il est le premier à élaborer une théorie de la croissance de la population qui constitue « la pierre angulaire de toute pensée classique sur l'économie politique »[125].

---

[123] *Richesses,* 256-257. Pour préciser l'apport de A. Smith aux idées libérales cf. P. Manent . op. cit. note 40.

[124] Cf. A. Piettre, op. cit., p.67. Le thème de « l'efficacité de la liberté » demeure toujours central pour l'approche libérale depuis le XVIIIᵉ où il était révolutionnaire. Cf. S. Kolm : *Le libéralisme moderne,* P.U.F, Paris, 1984, p. 49 et ss. L'influence de A. Smith sur la démarche libérale est toujours assez vivante pour que G. Sorman intitule son enquête sur les politiques des pays du Tiers Monde : « *La nouvelle richesse des Nations.* » Fayard. Paris . 1987. « A. Smith. écrivait dans une Europe qui ressemblait à bien des égards au Tiers-Monde d'aujourd'hui ». p. 25.

[125] H. Blaug, op. cit., p. 76 Le principe de population a été parfaitement exprimé dès 1589 par Giovanni Botero qui, le premier, en tire des conclusions pessimistes, tandis que B. Franklin (1751) et V. de Mirabeau (1756), qui disait : « les hommes se multiplient comme des souris dans une grange, s'ils ont les moyens de subsister sans limitations », sont populationnistes.

Le contexte historique et l'analyse de Malthus

Rappelons dans quel contexte se situe la contribution de Malthus. Il ne s'agissait pas de préoccupations démographiques de type scientifique, mais de discussions sur l'embryon de législation sociale en vigueur. L'Angleterre disposait depuis 1562 d'un système d'assistance aux pauvres comportant la distribution de secours par les paroisses aux individus dans l'incapacité de travailler ou au chômage[126]. Le financement de ces secours provenait d'un impôt, *la taxe des pauvres*[127]. Au XVIIᵉ, les paroisses peuvent créer des maisons de travail ou « workhouses ». Ces deux systèmes se révèlent coûteux ; ils fonctionnent souvent comme des sortes de bagnes, tandis que le secours à domicile attache le pauvre à sa paroisse. W. Godwin, R. Owen revendiquaient de leur côté une généralisation de l'assistance aux pauvres, affirmant qu'il était possible d'améliorer la société humaine par la législation sociale[128]. La définition d'un droit à l'assistance était contraire aux thèses de A. Smith : il empêchait le déplacement de la main-d'oeuvre et suscitait des inégalités de salaire. Malthus entendait compléter cette critique en portant l'argumentation sur un autre plan.

Thomas Robert Malthus (1766-1834), occupe la première chaire d'économie politique fondée en Angleterre ; ami de Ricardo il entretient une correspondance importante avec lui. Il n'est encore que jeune pasteur en 1795, quand il prend la charge d'une paroisse de campagne. Il publie en 1798 en réaction contre W.Godwin et une nouvelle législation *« l'Essai sur le principe de population »*. Cet ouvrage connaît une très large diffusion. La version définitive est publiée en 1803,avec un nouveau titre significatif : « *Aperçus sur les effets passés et présents relativement au bonheur de l'humanité »*.[129]

Le principe de Malthus se résume à opposer la capacité biologique de reproduction commandée par les instincts naturels aux obstacles qui limitent cette capacité. La théorie se réduit à trois propositions : 1) La capacité biologique de reproduction de l'homme suit une *progression géométrique* et doit donc dépasser les possibilités physiques d'augmentation selon une progression arithmétique de l'offre de produits alimentaires. « Le pouvoir de production de la terre apparaît comme parfaitement

---

[126] H. Denis : *Histoire de la pensée,* op cit. p. 281.

[127] Il est notable que Ricardo consacre un chapitre XVIII de ses Principes à la « taxe des pauvres », p. 203-210. Nous citons toujours les *Principes de l'Economie Politique et de l'Impôt,* à partir de l'édition Calmann-Lévy, Paris, 1970, préface C. Schmidt.

[128] Cf. Godwin : *Recherches sur la justice politique* (1793). Comme l'indique le titre complet de « *l'Essai* » , Malthus critique les croyances optimistes de Godwin et de Condorcet en l'esprit, la raison et le progrès, qui ont été caractéristiques de l'esprit du XVIIIᵉ·

[129] On dispose d'une traduction française récente du pamphlet de 1798 : « *Essai sur le principe de population en tant qu'il influe sur le progrès futur de la société, avec des remarques sur les théories de M. Godwin, de M. Condorcet.* » par E.Vilquin. Ined. Paris. 1980. L'édition de 1803 est un ouvrage beaucoup plus développé, une sorte de traité nourri d'observations et de lectures, qui en font une oeuvre complètement nouvelle.

capable de répondre à toute demande potentielle de subsistance par l'homme. Mais ce serait une erreur d'en déduire que population et subsistance croissent toujours réellement au même rythme... l'un croît par multiplication et l'autre par addition ». (1795, trad. Vilquin. p. 59) ; 2) L'expansion de la population se heurte *constamment* à deux ordres d'obstacles : *les obstacles préventifs :* vice et contrainte morale (ou contention) ; les *obstacles destructifs :* guerre, ou misère. 3) En toutes hypothèses la limitation de l'offre de moyens de subsistance constitue l'obstacle dernier à la capacité de reproduction. C'est le dernier au sens où les autres sont déjà des manifestations de la rareté des moyens de subsistance. Il est remarquable que Malthus ne voyait aucun autre mobile que la crainte de la faim pour limiter les naissances. « La famine paraît être l'ultime et le plus atroce expédient de la nature » (p. 70).

Malthus n'apportait guère de preuve à l'appui de son principe. Confondant fécondité et immigration, il remarquait seulement que la population des Etats-Unis avait doublé en vingt ans. Quant à la limitation des subsistances elle était fondée sur le principe théorique des rendements décroissants en agriculture, à partir de la seconde édition de *l'Essai* (il y en eut six jusqu'à 1826). Il est curieux qu'un premier recensement décennal intervint trois ans après la publication de *l'Essai* et montra que la population anglaise croissait. En fait, Malthus lui-même n'eut pas conscience que *la fin du XVIIIe était une période d'explosion démographique en Europe.* Il prétendait raisonner en termes généraux ; d'ailleurs actuellement encore la controverse n'a pas déterminé si cette explosion démographique a résulté de la révolution industrielle accompagnée par un fort taux de natalité, ou si l'amélioration des conditions générales a réduit le taux de mortalité.

Conséquences et validité du principe de population

Au niveau de la politique économique le principe de Malthus débouchait sur une condamnation des politiques d'assistance aux pauvres. A terme la misère était un garant de réduction de ses causes.

Au niveau de l'analyse économique le principe de Malthus confirmait pour les classiques le principe théorique déjà retenu par A. Smith selon lequel *le taux de salaire réel se situe à un niveau proche du taux de subsistance*[130]. Au risque de simplifier on veut retenir surtout de Ricardo cette affirmation : « il n'est pas de point mieux établi que celui selon lequel le nombre des travailleurs finira toujours par se proportionner aux moyens de les faire vivre...si grandes sont les joies de la famille qu'en pratique on constate invariablement qu'un accroissement de la population suit toute amélioration de la condition des travailleurs...». Mais citons aussi de lui : « l'ouvrier anglais regarderait son salaire comme au-dessous du taux naturel, et in-

---

[130] Il est intéressant de lire les réactions de Marx sur l'Essai de Malthus. Cf. *Le Capital*, Livre I, Sect. 7, Pléiade I, p. 1125-1126 et 1151 ;et naturellement celles de Ricardo, *Principes*, p. 77-80 et de J.M. Keynes, *Essays in biography*, Londres, Mac Millan 1933.

suffisant pour maintenir sa famille, s'il ne lui permettait d'acheter d'autre nourriture que des pommes de terre, et d'avoir pour demeure qu'une misérable hutte de terre »[131].

Ricardo a donc très clairement énoncé *une conception élargie de la notion de minimum nécessaire,* ce qui retirait déjà beaucoup de sa signification au principe de Malthus. Par ailleurs, il était déjà capable de relativiser le dilemme dans lequel ce principe prétendait enfermer l'homme en le contraignant à choisir entre restriction des naissances et misère. Au chapitre V consacré aux salaires, il déclare en effet : « Mais dans ces contrées pauvres, où existent d'immenses moyens de production, enfouis dans les terres fertiles et incultes, l'augmentation du capital est le seul moyen efficace et sûr de combattre le mal, car il en résultera dans la situation de toutes les classes de la société une amélioration sensible ». Et il ajoute comme en conclusion « Tous les amis de l'humanité doivent désirer que les classes laborieuses cherchent partout le bien-être, les jouissances légitimes, et soient poussées, par tous les moyens légaux, à les acquérir. On ne saurait opposer un meilleur frein à une population exubérante ».

Au delà de l'analyse de la spécificité de la démarche classique, l'analyse de Malthus a toujours l'originalité d'être une lointaine référence pour les réflexions sur la population[132]. Dans son affirmation de base Malthus ne fait que rappeler l'impossibilité incontestable d'une croissance infinie de la population. Son approche est moderne au sens où pour lui les mécanismes de population constituent *« un système nécessairement régulé ».* Au début du XIXe Malthus s'en tient aux facteurs limitatifs naturels ; il n'a pas le pressentiment du rôle des facteurs purement sociaux. Quelles sont les principales critiques qu'on lui adresse ? Evoquons d'abord les critiques internes à l'énoncé de Malthus :

1 - L'expérience n'a jamais fourni le cas d'une population qui ait augmenté au taux biologique sur une longue période : nous voulons dire une population effectivement observée avec des séries statistiques : 2 - L'accroissement de la population, déjà à l'époque de Malthus résultait au moins autant de la chute du taux de mortalité que de la hausse du taux de natalité ; 3 - Malthus a méconnu les gains de productivité agricole qui pouvaient permettre le progrès technique. Il était en effet, convaincu de la loi des rendements décroissants dans son interprétation historique ; 4 - La loi de Malthus plus généralement est invérifiable dans l'énoncé même de son auteur ; en effet, le taux de *croissance naturel correspond à une situation hypothétique* par définition, puisque les obstacles à la croissance ne cessent pas de jouer : misère, vice, mais aussi contrainte morale.

---

[131] *Principes,* op. cit., p. 70.

[132] L'hypothèse malthusienne pose toujours question. Il s'agit par exemple de savoir si la poussée démographique de l'après-guerre a empêché la croissance du niveau de vie ou si elle s'est accompagnée d'un progrès économique. Cf. J. Chesnais : *Progrès économique et transition démographique dans les pays pauvres : trente ans d'expérience* (1950-1980). INED. Population, janvier 1985 ; cf. aussi sur l'actualité de Malthus, l'essai de J.-C. Barreau : *« Que vive la France. Des vérités cachées sur l'histoire et l'actualité »,* A. Michel, Paris, 1985, p. 80-81.

Malthus *s'est contenté d'une généralisation invérifiable en opposant deux taux naturels hypothétiques de la population et des subsistances.* Ceci l'a écarté de fournir une théorie du comportement humain de procréation. Deux cas extrêmes montrent la nécessité d'un telle étude. Le cas de pays comme l'Inde à « démographie galopante » : l'explication malthusienne ne fournit qu'une explication apparente. L'augmentation de la population et la stagnation du revenu par tête résulte encore de la coexistence d'un taux de natalité de pays agricole sous-développé et d'un taux de mortalité de pays développé.

Cependant Malthus et Ricardo ont eu le mérite de percevoir l'importance des contraintes d'une donnée de structure . *La structure démographique* d'un pays définit assez exactement un potentiel humain et les contraintes de nutrition qui s'imposent à lui, ce qui conduit à distinguer la situation démographique en fonction du développement.

Le taux de croissance démographique, résultant des taux de natalité et de mortalité, est inférieur à 1 % dans les pays anciennement industrialisés, mais de plus de 3 % dans certains pays en voie de développement, ce qui comporte un doublement de la population en 24 ans. Le cas de l'Inde avec ses 735 millions d'habitants demeure le problème de référence. D'un côté l'Inde d'Indira Gandhi en 1984 est la 10e puissance industrielle du monde ; elle maîtrise l'atome civil et militaire. Elle a mis sur orbite, avec ses propres fusées ses propres satellites. Sa dette extérieure n'est que de 12 % du PNB; mais 300 millions d'Indiens vivent encore au-dessous du seuil de pauvreté, avec un revenu mensuel de 35 F. Au rythme actuel les Indiens seront 1 milliard en l'an 2000 et à nouveau ils devront consommer plus qu'ils ne produisent. Où en est le principe de Malthus quand on sait le nombre d'enfants physiquement anormaux à la naissance, le nombre de mendiants dans ce pays, et qu'Indira Gandhi est allée jusqu'à contraindre à la castration les pères de plus de 4 enfants pour renforcer les programmes de planification des naissances ?

Par contre le cas des Pays industrialisés développés infirme totalement le principe de Malthus : l'abondance des moyens de subsistance s'accompagne d'une forte baisse du taux de natalité. En fait c'est le *« néo-malthusianisme »* qui ne cesse d'être actuel dans les pays occidentaux. On méconnaît trop souvent que la France doit à la présence de nombreux immigrés de n'être pas au dernier rang des nations européennes pour le classement de la natalité. L'Europe représentait encore 16 % de la population mondiale en 1850, mais seulement 11 % en 1984. Sans modification de sa natalité, il suffirait de 3 siècles pour que l'Allemagne disparaisse.

On voit bien que ce n'est pas la loi de Malthus qui joue, mais un certain malthusianisme dans les nations nanties à contre-sens de toute logique purement économique. Une *théorie complexe du comportement* est à mettre en oeuvre, pour comprendre l'évolution de cette donnée de structure dont Mercantilistes et Classiques ont saisi l'importance.

2. La théorie de la rente

Nous introduisons maintenant le débat sur la rente[133] parce qu'il est de fait inter-venu chronologiquement à un moment où s'élaborait l'essentiel de la théorie classi-que, parce qu'il s'agit d'une question où se lient de façon exemplaire les implications théoriques et celles de politique économique, parce qu'à partir de la démarche classi-que visant à rendre compte du prix d'un bien considéré comme un don gratuit et indes-tructible de la nature, on mesure le chemin parcouru jusqu'aux préoccupations les plus contemporaines concernant le milieu naturel.

Les circonstances du débat et les fondements de la rente

Chez Ricardo, on trouve la première analyse théorique de la rente dans « *L'Essai sur le bas prix du blé* » (1815) qui répond à un double niveau de préoccupations. - Au *niveau politique* les débats (1813-1814) concernant les droits de douane sur les impor-tations de grains aboutiront à l'adoption des « *Corn laws* » de 1815. Le blocus napo-léonien avait provoqué la hausse des prix du blé ; avec la paix ce prix chute (soit de 52 Shillings en 1812 à 41 Shillings en 1822 pour un quart de blé). Certains estimaient que les cours du blé devaient être soutenus par des mesures de restriction aux im-portations de blé, ce à quoi Ricardo était opposé, et Malthus favorable. - Au *niveau théorique* ces débats posaient la question de l'articulation entre taux de profit, rente foncière et prix du blé. Rares sont les cas où les préoccupations politiques et théoriques ont été si évidemment liées.

Quatre auteurs rapportent devant le Parlement en 1815 : E. West, R. Torrens, R. Malthus («*L'Essai sur la rente* ») et D. Ricardo (« *Essai sur l'influence des bas prix des grains sur les profits du capital* ») ; chacun parvient de façon autonome à une théorie de la rente différentielle. Ricardo renvoie explicitement à Malthus, mais il tire de son analyse de la rente des conclusions très différentes de celles de Malthus en matière de répartition des revenus et de politique des revenus. En fait comme le note R. Tortajada dans son analyse des « *Principes* » : « L'Essai ne vise pas tant à une théorie de la rente qu'à fournir une description des principes qui régissent le mouvement de la société »[134]. Ricardo s'exprime cependant de la façon la plus explicite : « la nécessité

---

[133] Il faut savoir que le mot anglais « rent » signifie également loyer. La rente c'est en premier lieu le revenu payé par le fermier au propriétaire du sol qu'il cultive. Les auteurs qui précèdent Ricardo confondaient rente et loyer. La question des « *Corn Laws* » est ancienne. Dès 1777, James Anderson (1739-1808) avait analysé leurs conséquences sur le prix du blé et pour la rente. En 1815, ces lois viennent à échéance et leur renouvellement est l'objet de débats dans une Angleterre en pleine transformation. Sur ces deux points, cf. P. Vidonne, op. cit., titre II, chap. V ; et pour apprécier l'éton-nante continuité d'un débat théorique, cf. J. Guigou : *La rente foncière*, Economica, Paris, 1982.

[134] Cf. R. Tortajada. *Histoire de la pensée économique. David Ricardo*. U.E.R. de Sciences Economiques de Grenoble. 1984. tome 2, p.15.

d'avoirs recours à des terres inférieures à celles déjà exploitées, ou de cultiver la même terre plus intensément, tend à rendre le travail dans l'agriculture moins productif au fur et à mesure du développement...(ce qui) fait plus que contrebalancer les effets du machinisme et de la division du travail en agriculture ». Suivons la démarche un peu plus dans son détail.

Ricardo part de la constatation que les terres de culture dans un pays donné assurent des rendements inégaux, en raison de la diversité de leur fertilité naturelle, de leur éloignement variable des marchés qui servent de débouchés aux produits. Son analyse de la rente foncière repose sur la prise en compte des hypothèses suivantes :

1 - *Loi des rendements décroissants*

« En agriculture, chaque quantité additionnelle égale de travail procure un rendement décroissant, tandis qu'une quantité égale de travail permet toujours de fabriquer la même quantité de biens manufacturés » [135].

a) Ricardo, comme Malthus et E. West font, comme on dit depuis les néoclassiques, (et en faisant un anchronisme dans l'exposé d'un principe dégagé par les auteurs classiques) un raisonnement à la marge, dans la mesure où ils considèrent le supplément de produit apporté par chaque unité supplémentaire [136]; b) ils restreignent la constatation des rendements décroissants à l'agriculture ; c) ils envisagent une succession de doses de travail et de capital combinées suivant une proportion fixe et appliquée à un facteur fixe : la terre. Sur la base de ces hypothèses l'affirmation de rendements décroissants constitue une constatation empirique.

2 - *l'ordre historique des culture.*

L'accumulation, la croissance de la population rendent nécessaire une augmentation de la production. Ricardo considère que lors de la mise en valeur d'un pays, progressivement on met en culture des terres de moindre qualité ou de plus en plus éloignées. Ceci entraîne une augmentation du coût unitaire de production des produits agricoles ; il en résulte une situation de coûts de production différenciés selon les terres d'où proviennent les blés.

---

[135] Citation de E. West, par M. Blaug. op. cit, p. 88-89. Sur la différence des visions de Malthus et Ricardo concernant le principe de population, les rendements décroissants et l'accumulation du capital cf. P. Lantz. *Valeur et Richesse*. Anthropos, Paris, 1987. Les conséquences politiques qu'en tirent ces deux auteurs "sont absolument opposées". (p. 135 et suivantes)

[136] Si l'on veut être rigoureux du point de vue histoire de la pensée, il faudrait distinguer la première expression des Classiques de la tendance aux rendements décroissants par rapport à l'expression moderne qui considère ce qui arrive si l'on accroît la quantité utilisée d'un facteur, en maintenant les autres constants. Précisons que chez les Classiques les rendements sont l'expression des classements des terres. De plus alors que les marginalistes supposent les facteurs de production homogènes, Ricardo estime que a) dans l'industrie il y a des rendements constants ; b) dans l'agriculture c'est l'hétérogénéité des sols qui suscite les rendements décroissants.

3 - *La loi d'unicité du prix sur le marché.*

Elle assure l'augmentation des rentes résultant de l'extension des cultures. En raison de la concurrence, sur un marché donné, à un instant et pour un produit donnés, *il ne peut prévaloir qu'un seul prix. Ce prix ne peut être inférieur au coût de production des terres les moins fertiles,* si la production réalisée sur ces terres est nécessaire à la satisfaction de la demande sur le marché. Du même coup apparaît la possibilié pour les terres les plus fertiles, ou sur une terre pour les parties les plus fertiles, de dégager un surplus par rapport aux coûts engagés. Ce surplus est qualifié de *rente différentielle,* parce que cette rente n'entre pas dans le prix, elle résulte seulement d'une différence. *La terre qui détermine le prix ne bénéficie pas de rente.*

En fait, si l'on veut être rigoureux du point de vue histoire de la pensée, il faut noter que Ricardo établit au départ (1815) sa théorie de la rente sans se référer explicitement à une théorie des prix.. Les calculs sont menés sur le seul secteur agricole où l'on peut calculer l'évolution du taux de profit en comparant les « inputs » aux « outputs » indépendamment d'une théorie des prix. Ricardo construira cette théorie ensuite dans ses « *Principes* ».

On peut facilement représenter arithmétiquement les conséquences pour la rente d'une mise en valeur progressive de terre de moindre qualité.

Terres	1	2	3	4	5	6
Coût de production (en unités monétaires)	100	100	100	100	100	100
Production en qx	10	9	8	7	6	5
Coût de production unitaire	$\frac{100}{10}=10$	$\frac{100}{9}=11,2$	$\frac{100}{8}=12,5$	$\frac{100}{7}=14,2$	$\frac{100}{6}=16,6$	$\frac{100}{5}=20$

Soit l'hypothèse de doses constantes en salaires, semences, instruments de travail, pour une valeur de 100 livres affectées progressivement à 6 terres de fertilité de plus en plus faible. Cette mise en culture est par hypothèse indispensable pour satisfaire la demande de blé.

Sur la terre 1 on obtient 10 quintaux pour 100 livres, soit un coût de production unitaire de 100/10 = 10 livres qui détermine le prix de vente du quintal de blé. Dans ce prix n'intervient aucune rente différentielle. L'affectation de doses homogènes de 100 livres à d'autres terres de moindre fertilité permet d'obtenir des quantités décroissantes de blé, d'où un prix unitaire du quintal qui passe à 11,2 ; 12,5 ; 14,2 ; 16,6 ; puis 20. A chaque affectation nouvelle les propriétaires des terres mises les premières en valeur bénéficient d'une rente différentielle qui augmente :

Rente du propriétaire   n° 1 : 20 - 10 = 10

n° 2 : 20 - 11,2 = 8,8

n° 3 : 20 - 12,5 = 7,5 et ainsi de suite

Le propriétaire de la terre n° 6 ne bénéficie d'aucun rente, puisqu'il vend à son coût de production unitaire. En termes généraux dans le cas d'une ressource rare et hétérogène, les conditions de production les plus défavorables déterminent le prix. Il apparaît que la *rente en valeur* est égale à la *rente en nature* multipliée par le prix du blé qui prévaut sur le marché pour chaque niveau de production.

L'exemple ci-dessus, conforme au raisonnement de Ricardo, correspond à une hypothèse de *rente extensive,* car le prix augmente avec l'extension des cultures.

La rente comme élément du coût de production

La rente différentielle analysée par Ricardo est une notion restrictive. a) c'est une *rente agricole ;* la rente urbaine est ignorée, ou disons plutôt elle n'a pas sa place dans la construction de Ricardo [137]; b) *c'est une rente de caractère général ;* une seule alternative est considérée : la terre est exploitée ou elle demeure oisive sans rapporter de rente. Aucune spécialisation du sol selon le produit n'est prise en compte ; c) Ricardo en conclut que la rente est déterminée par le prix du produit ; elle est donc une *résultante passive.* « Le blé ne renchérit pas, parce qu'on paie une rente, mais c'est au contraire parce que le blé est cher que l'on paie une rente »[138] , et il ajoute « et l'on a remarqué, avec raison, que le blé ne baisserait pas, lors même que les propriétaires feraient l'entier abandon de leurs rentes ».[139]. Là aussi il y a une évolution de l'analyse de Ricardo : dans l'« *Essai sur le bas prix du blé* », la rente résulte du processus d'égalisation des taux de profit ; dans les « *Principes* » , la rente résulte de l'ajustement des prix. Qu'est donc la rente pour les classiques, si l'on entend mesurer la distance parcourue depuis les physiocrates ?

a) C'est le paiement « pour avoir le *droit d'exploiter les facultés productives originelles et impérissables du sol* » [140]. C'est donc une *rente pure* dans la mesure où elle n'englobe aucun intérêt pour aménagements divers réalisés par le propriétaire. Pourquoi paye-t-on une rente ? *Parce que la terre qui est productive est en quantité limitée.* « Si la terre jouissait partout des mêmes propriétés, si son étendue était sans bornes, et sa qualité uniforme, on ne pourrait rien exiger pour le droit de la cultiver »[141].

---

[137] Le raisonnement est de même nature dans l'hypothèse où le producteur compare les rendements alternatifs obtenus par accroissement des investissemnts sur une même terre (main d'oeuvre, machine... etc.), c'est-à-dire par une culture plus *intensive* . L'analyse de la *rente urbaine* du propriétaire en ville relève de cette démarche.

[138] *Principes,* Chap. II. De la rente de la terre, p. 51.

[139] Idem.

[140] *Principes,* p. 45.

[141] *Principes,* p. 47

b) La rente représente un simple transfert monétaire en faveur du propriétaire, et non un élément de coût « Le blé ne renchérit pas, parce qu'on paie une rente ; mais c'est au contraire *parce que le blé est cher que l'on paie une rente ;* et l'on a remarqué avec raison, que le blé ne baisserait pas, lors même que les propriétaires feraient l'entier abandon de leur rente. Cela n'aurait d'autre effet que de mettre quelques fermiers dans le cas de vivre en seigneurs ».

C'est là un point qui est essentiel dans l'argumentation de Ricardo pour deux raisons qui se situent aux deux niveaux de préoccupation signalés au début. Au niveau théorique, comme nous le verrons plus loin, *l'objectif analytique est de déterminer comment se fixe et évolue la répartition du produit entre les propriétaires, les capitalistes et les travailleurs.* Par sa théorie de la rente, Ricardo élimine cette catégorie de revenu de la formation des prix « en raisonnant sur le gain produit avec la dernière dose de capital employé ». Dans cette hypothèse en effet, le produit est entièrement absorbé par le capital et le travail. Le problème se ramène à celui de la répartition entre capitalistes et travailleurs. Au niveau politique, Ricardo parvient à des conclusions bien différentes des physiocrates. Si la rente n'est pas un élément du coût, elle représente un simple paiement de transfert en faveur du propriétaire et non la rétribution d'un service productif. *L'intérêt de la société ne se confond pas avec l'intérêt privé des propriétaires* pour qui un prix élevé du blé assure une rente élevée. Tout au contraire, la rente pourrait être confisquée sans inconvénient pour la société, mais Ricardo n'envisage pas cette perspective [142].

Un prix élevé du blé en effet, et c'est là qu'on perçoit l'*idéologie du système ricardien,* correspond à une augmentation du coût des subsistances, et donc à une élévation de la part des salaires au détriment des profits du capital. Or, c'est le taux de profit du capital qui commande l'accumulation du capital et la croissance économique comme nous le commentons par la suite. *L'intérêt national est donc que le prix du blé soit peu élevé,* ce que l'on obtient par un abaissement des droits à l'importation.

Evolution de la théorie de la rente

L'extension de la théorie de la rente s'est réalisée sur la base de la critique de Ricardo. Au risque de ralentir l'exposé, essayons de prolonger nos considérations sur la rente ricardienne. Il s'agit en fait d'une question d'intérêt actuel dont nous résumons l'évolution en deux étapes.

Le raisonnement ricardien, appliqué au domaine foncier *a permis un dépassement de la théorie primitive du produit net.* L'innovation serait le raisonnement à la marge : le surplus provient uniquement du fait que l'agriculture est soumise à la loi

---

[142] Ricardo indique que le mode d'appropriation de la rente n'entrave pas ses effets économiques.

des rendements décroissants, tandis que l'industrie travaillerait à rendements constants. Il s'en déduisait que la rente provenait non pas de la générosité, mais de l'avarice de la nature.

L'étape suivante est une rupture réalisée lentement et de façon assez complexe. Ainsi pour P. Wiksteed il s'agit de généraliser à tous les facteurs les conclusions sur la rente. Il en tire la fonction de production et la théorie de la répartition. Pour Marshall il s'agit de fonder la notion de rendements décroissants dans l'industrie, ainsi que la forme de la courbe d'offre (cf. titre II). Si l'on veut s'en tenir à une simplification, on peut dire que l'évolution a consisté à *reconnaître la validité générale de la loi des rendements décroissants*. Avec des auteurs comme P. Wicksteed[143] et A. Marshall la rente foncière est devenue un exemple parmi d'autres de l'existence de *surplus économiques* dont peuvent bénéficier tous les facteurs de production. Si tout facteur, qui n'est pas caractérisé par la fixité comme la terre, peut dans certaines conditions ou circonstances bénéficier d'une rente, c'est qu'il faut préciser d'autres dimensions de formation de la rente. Ceci a conduit à prendre en *compte le critère de temps* d'une part, et le coût de maintien des facteurs dits libres ou naturels d'autre part.

La prise en compte du temps débouche sur la notion de « *quasi-rente* » : la rente résulte de l'inélasticité de l'offre d'un facteur par rapport à son prix. Si cette rigidité de l'offre est durable, par exemple dans le cas de la terre ou d'aptitudes naturelles d'individus, il s'établit des *quasi-rentes de structure*. Si cette inélasticité résulte d'inadaptations de courte période, plus ou moins circonstancielles (manque de travailleurs qualifiés pour un emploi précis ou dans une région donnée), ou artificiellement organisées, (monopole d'un brevet, limitations entretenues par de grandes firmes), on parlera de « *quasi-rente de conjoncture* ».

Enfin, les économistes contemporains remettent en cause le traitement des facteurs naturels comme facteur de production ne comportant pas de coût pour la société[144]. En effet, la terre elle-même, le « paysage rural », a été « façonné par la main de l'homme », c'est un facteur gagné ou aménagé qu'il faut entretenir. Le sol est destructible ; l'érosion et la pollution peuvent être irréversibles ; l'air, l'eau, le silence sont des biens rares. A mesure que « l'économie rejoint le vivant », il lui faut approfondir les catégories les plus anciennement définies, comme la rente différentielle. Ainsi il faut réintégrer comme élément de coût le maintien en bon état des facteurs naturels qui sont à la base de transferts monétaires indus.

---

[143] Cf. *Common sense of Political Economy,* 1910, ouvrage où la théorie marginale est compliquée à l'extrême à l'encontre du titre trompeur ; et pour A. Marshall. Cf. J. Guigou, op. cit., p. 365-405.

[144] On peut consulter à ce sujet *l'Economique et le vivant,* op. cit., où R. Passet combat la vision tronquée qui « n'accorde de prix qu'aux biens et services rares ..., qui veut que l'on compte pour rien les ressources humaines ou naturelles qui paraissent surabondantes ».

IV – Valeur et profit chez Ricardo

A. Smith a dégagé les outils d'analyse et orienté les problématiques pour près d'un siècle. Ricardo fournit une présentation théorique et déductive en conservant beaucoup d'apports de Smith. *Il ne se fonde pas sur une conception des phénomènes sociaux de nature philosophique* comme Quesnay ou Smith. Il entend fournir des réponses aux problèmes les plus actuels de son temps comme la monnaie, l'inflation, le commerce international, la fiscalité... Son intérêt central va pourtant à l'analyse de la *répartition des revenus* qui représente pour lui l'essentiel de l'économie politique. *L'Angleterre de son temps est le lieu d'une véritable mutation sociale:* le mouvement des « enclosures » aux dépens de l'exploitation coopérative des terres accélère l'exode des campagnes au profit des villes[145]. Pouvoirs et rapports sociaux sont redistribués sur les bases qui caractérisent le développement du capitalisme.

Né en 1772, d'une famille de banquiers et agent de change (broker), il reçoit une éducation religieuse israélite rigoureuse ; il fait l'expérience dès 14 ans du travail à la Bourse de Londres avec son père. A 21 ans il s'établit à son compte et se convertit au protestantisme unitarien. Spécialisé dans les transactions sur les valeurs de l'Etat, il amasse une fortune considérable sans spéculation douteuse. Il se retire en 1815, à 42 ans, et convertit sa fortune mobilière en propriétés foncières. En 1819, il entre au Parlement et vote avec l'opposition libérale. Il meurt en 1823. Son intérêt pour l'économie politique naît avec la lecture de Smith vers 1800 ; il se manifeste d'abord par des écrits sur les questions monétaires (bullion controversy). Retenons plus particulièrement ses oeuvres majeures :

1815 « *Essai sur l'influence du bas prix du blé sur les profits du capital* » ;
1817 *Principes de l'économie politique et de l'impôt* ;
Texte posthume : « *Valeur absolue et valeur d'échange* », publié par P. Sraffa.

L'oeuvre de Ricardo a eu une destinée étonnante permettant une pluralité de lectures. Ainsi, Keynes voit une continuité de Ricardo jusqu'à A. Marshall : une victoire aussi décisive que celle de Ricardo a quelque chose de singulier et mystérieux. Elle ne peut s'expliquer que par un ensemble de sympathies entre sa doctrine et le milieu où elle a été lancée ...»[146].

On sait aussi que Marx s'est initié à l'économie à la lecture de Ricardo, contre l'oeuvre de qui il édifia « *Le Capital* ». « Enfin, Ricardo vint... le fondement, le point de départ de la physiologie du sytème bourgeois, de la compréhension de son orga-

---

[145] P. Mantoux *La révolution industrielle au XVIIIᵉ* Genin, Paris, 1959, p. 133 et ss.
[146] J.-M. Keynes *Théorie générale,* Petite collection Payot, p. 56. R. Tortajada fait remarquer que l'affirmation de Keynes demeure sujette à caution. Si elle est pertinente pour l'hypothèse que l'épargne était systématiquement investie pour sa totalité, cette affirmation ne serait pas pertinente pour le problème de la valeur.

nisme intime et de son procès vital, c'est la détermination de la valeur par le temps de travail. Ricardo part de là et force la science à renoncer à sa vieille routine... Ricardo a découvert l'opposition économique des classes, telle que la révèle la connexion intime. Il a pénétré jusqu'à la racine de la lutte historique de l'économie et de son procès de développement »[147]. Actuellement, « l'économie politique ricardienne » apparaît essentielle à beaucoup d'auteurs critiques comme une référence pour la critique des néo-classiques, pour une interprétation de Marx, et pour l'analyse des implications de la loi des coûts comparatifs.

1. La valeur chez Ricardo

Quand Ricardo conçoit sa théorie de la valeur, *la révolution industrielle est déjà très engagée.* La population, comme nous l'avons vu, s'accroît rapidement ; l'extension des villes où se multiplient les usines, nécessite des approvisionnements croissants, à quoi répond dans un premier temps une agriculture britannique très moderne. La révolution agricole a été préalable à la révolution industrielle, mais l'offre de céréales et de viande suit difficilement la demande. Grâce aux « enclosures », puis à la réglementation douanière protectrice, les profits d'exploitations agricoles modernisées peuvent atteindre dans l'année 50 % des capitaux investis, d'où l'antagonisme entre l'intérêt des propriétaires fonciers et celui des capitalistes qui sont obligés d'accepter des salaires en hausse en fonction de l'augmentation du prix des biens primaires comme le blé.

A. Smith avait débuté sa recherche sur la *« Richesse des Nations »* par la division du travail, ainsi que nous l'avons vu ; Ricardo commence ses *« Principes »* par un long premier chapitre en sept sections sur la valeur [148].

La notion de travail incorporé.

Ricardo reprend la distinction entre valeur d'usage et valeur d'échange, en ajoutant en plus que *l'utilité est une condition essentielle de l'existence d'une valeur d'échange* [149], mais il ne pousse pas son analyse à partir de cette notion d'utilité. Parallèlement à cette distinction Ricardo établit cependant une distinction désormais très nette entre : la *richesse* qui représente ce qui est nécessaire, utile, agréable. La recherche de la richesse commande la demande, et d'autre part la *valeur* qui est la quantité de travail nécessaire à la fabrication de biens reproductibles.

---

[147] *Histoire des doctrines économiques,* III, p. 8-9, cité par J. Cartelier, op. cit., p. 170-171.
[148] Op. cit., p. 13-45.
[149] Les biens qui possèdent une valeur d'usage élevée en raison de leur rareté, comme les oeuvres d'art ne représentent qu'une très faible partie des biens échangés.

Ricardo rejette la théorie du travail commandé pour proposer une théorie dite du *travail incorporé*. « La valeur d'une marchandises, ou la quantité de toute autre marchandise contre laquelle elle s'échange, dépend de la quantité relative de travail nécessaire pour la produire, et non de la rémunération plus ou moins forte accordée à l'ouvrier »[150].

Ricardo étaye cette proposition en *définissant la marchandise plus précisément* que ne l'a fait A. Smith : « Quand donc nous parlons de marchandise, de leur valeur échangeable, et des principes qui règlent leur prix relatif, nous n'avons en vue que celles de ces marchandises dont la quantité peut s'accroître par l'industrie de l'homme, dont la production est encouragée par une concurrence libre de toute entrave »[151]. Cette définition écarte du champ la théorie des objets non reproductibles, dont la valeur dépend « de la fortune, des goûts et du caprice », et les objets produits à partir d'une situation de monopole. *Ces cas exceptés, la majorité des objets ont de la valeur à proportion du travail incorporé.*

La valeur de tous les biens reproductibles dépend de la plus ou moins grande difficulté à les produire, donc de la quantité de travail nécessaire à leur production.

a) *Comment expliquer cette relation essentielle valeur/travail.* Ricardo est le contraire d'un philosophe. Il se contente d'un raisonnement simpliste, et d'autant plus imparable : «toutes les marchandises sont le produit du travail et n'auraient aucune valeur sans le travail dépensé à les produire ». En résumé : *aucun produit ne peut exister sans travail qui leur confère de la valeur.*

b) Pourquoi les produits du travail sont-ils devenus des biens vendus sur un marché, c'est-à-dire des marchandises. Ricardo ignore totalement cette préoccupation qui sera essentielle pour Marx. D'une façon générale, Ricardo n'avance aucune question qui risquerait d'aller à l'encontre des intérêts de la nouvelle classe des capitalistes industriels. Par contre ses raisonnements théoriques vont objectivement à l'encontre des intérêts des propriétaires fonciers. Il se convaincra d'ailleurs tellement du fonctionnement inégalitaire des lois prises par le Parlement en faveur de cette catégorie qu'il abandonnera la spéculation boursière pour devenir un riche propriétaire foncier.

c) Au plan strictement théorique, Ricardo refuse la théorie du travail commandé, car il voit bien que le travail considéré comme une marchandise a un prix variable de même que l'or (ne serait-ce qu'en raison de la variabilité du prix des biens de subsistance dont dépend le salaire du point de vue de Ricardo). La proposition de

---

[150] Première proposition du Chap. 1 des *Principes,* p. 13.

[151] *Principes,* p. 14. On pourrait dire que cela écarte les biens dont l'offre n'est pas élastique par rapport au prix pour utiliser une terminologie que nous introduirons au titre II.

départ de Ricardo a l'intérêt essentiel d'éviter la définition circulaire de Smith : c'est la quantité de travail utilisée pour la reproduction des marchandises, ou travail incorporé, qui détermine leur valeur d'échange. *La valeur ne dépend pas d'un échange particulier, mais d'une caractéristique de production*[152].

Pour que ces distinctions ne paraissent pas seulement comme des finesses à quoi se complairaient les économistes par trop théoriciens, il convient de préciser tout de suite l'interrogation fondamentale de Ricardo dans les *« Principes »*, c'est la liaison entre le taux de profit et l'accumulation du capital [153].

La distinction entre le travail direct et indirect :

Ricardo *généralise* le principe de la valeur avec la distinction entre travail direct et indirect.

Cette distinction est établie dans la section III du chapitre sur la valeur. Ricardo veut montrer que A. Smith avait tort de limiter la détermination de la valeur par la quantité au seul « état rude et primitif ». Même dans cet état il faut tenir compte du *travail direct* du chasseur et du *travail indirect* incorporé dans les armes. Il s'exprime ainsi à ce sujet : « Le chasseur a besoin d'un capital quelconque, créé et accumulé peut-être par lui-même, et qui lui permette de tirer le gibier. S'il n'avait aucune arme, comment tuerait-il un castor ou un daim ? La valeur de ces animaux se composerait donc d'abord du temps et du travail employé à leur destruction, et ensuite du temps et du travail nécessaires au chasseur pour acquérir son capital, c'est-à-dire l'arme dont il s'est servi » [154]. Ceci permet à Ricardo de ramener le capital au travail que nécessite sa production. *Le capital apparaît donc comme du travail passé, emmagasiné.* Il en résulte que la valeur d'échange d'une marchandise est proportionnée à la quantité de travail directement et indirectement incorporée dans ce bien. Ceci *généralise le principe de détermination de la valeur par le travail incorporé.*

Selon cette démarche, le capital est analysé sans référence au profit, il est assimilé à une certaine quantité de moyens de production : il paraît assimilé à des choses. Ceci comporte des simplifications notables et qui seront durables.[155] Signalons les principales d'entre elles.

a) *Le capital est le produit d'un travail passé.* Il s'en déduit deux interprétations possibles sur l'origine du capital. Ceci explique que les partisans d'idéologie opposées s'y réfèrent : pour les uns, en effet, les capitalistes possèdent actuellement

---

[152] Cf. G. Deleplace, op. cit., p. 129.

[153] Cf. J. Cartelier, op. cit., p. 183.

[154] *Principes*, p. 23.

[155] Pour une présentation résumée de l'évolution des analyses du capital, cf. M. Chatelus. *Production et structure du capital,* Cujas, Paris, 1967, p. 6 à 15.

le capital parce qu'ils l'ont produit précédemment ; pour les autres, la possession du capital provient d'une spoliation de ses producteurs effectifs, mais cette idée se trouverait plus chez A. Smith que chez Ricardo. Dans l'un et l'autre cas, le capital apparaît comme une condition de la production aussi naturelle que le travail, puisqu'il a été produit par le travail. On perçoit la richesse de lectures du discours ricardien.

b) *Le capital est défini sans aucune liaison avec un revenu spécifique comme le profit.* Il n'établit pas un rapport social entre des individus de classes différentes.

c) Dans la mesure où le salaire est analysé comme le prix d'un certaine quantité de biens de subsistance, *on ne peut pas établir une distinction entre l'avance en moyens de production et l'avance en salaire.* Tous deux sont des biens que le capitaliste avance à la production. La production est analysée comme la résultante de cette double avance (et non comme la résultante de l'engagement d'un capital dans l'emploi de travail salarié). En fait le capital pour Ricardo ce sont les avances plus que l'identification à des moyens de production.

L'intervention du capital dans la determination de la valeur (ou l'echec de la théorie du travail incorporé)

Les catégories d'avances des physiocrates ont été remplacées par la distinction établie par A. Smith entre capital fixe et capital circulant. (*Chap. 1, Livre II. op. cit. p. 129-130*). Le capital fixe correspond à l'ensemble des biens d'équipement qui servent pendant plusieurs cycles de production ; le capital circulant est utilisé au cours d'un seul cycle (salaires, matières premières... etc). Ricardo voit en quoi ce dualisme du capital interfère avec l'application de sa théorie de la valeur fondée sur la quantité de travail incorporée : les prix ne peuvent pas être strictement proportionnels aux quantités de travail incorporé ; dès que Ricardo a exposé son principe il le remet en cause dans deux sections IV et V qui commencent respectivement par les deux propositions suivantes :

« L'emploi des machines et des capitaux fixes et persistants modifie considérablement le principe qui veut que la quantité de travail consacrée à la production des marchandises détermine leur valeur relative »[156]

« Le principe qui veut que la valeur ne varie pas avec la hausse ou la baisse des salaires se trouve encore modifié par la durée du capital et par la rapidité plus ou moins grande avec laquelle il retourne à celui qui l'a engagé dans la production[157] ».

Résumons la démarche, ce qu'il s'agit de faire apparaître c'est qu'en se situant

---

[156] Début section IV, chap. I, p. 28.
[157] Début section V, p. 34.

dans le cadre même de l'analyse de Ricardo *la théorie de la valeur fondée sur le travail incorporée ne fournit pas une théorie de la société capitaliste.*

1 - A propos de ce problème Ricardo reprend la distinction de bon sens entre le *capital fixe et le capital circulant,* « suivant que le capital disparaît rapidement et exige un renouvellement fréquent, ou qu'il se consomme lentement »[158].

Dans l'analyse de Ricardo elle intervient comme un élément qui impose *la prise en compte du profit dans la détermination de la valeur d'échange* et l'élaboration d'une théorie des *prix de production.*

Ricardo reprend aussi la définition du profit de A. Smith, selon laquelle ce revenu est proportionnel à la valeur du capital avancé dans la production. Pour que le capitaliste puisse recevoir effectivement un profit au taux naturel, *la marchandise doit être vendue à un prix qui englobe la valeur du capital consommé dans la production plus un profit proportionnel au capital avancé.*

Prenons d'abord l'hypothèse simple (modèle à un seul facteur) où le capital avancé comprend seulement les salaires qui paient le travail direct. Soit deux marchandises A et B qui nécessitent chacune a_i quantité de travail direct pendant un an, rémunérée au taux w_i (salaire naturel) ; les coûts de production (ou prix de longue période) s'établissent ainsi :

$$P_1 = w_1 a_1$$
$$P_2 = w_2 a_2$$

En situation de concurrence et avec l'hypothèse d'un travail homogène $w_1 = w_2$ les prix relatifs sont déterminés par le *contenu respectif de travail sans considération de la demande .*

$$\frac{P_1}{P_2} = \frac{a_1}{a_2}$$

La part des coûts salariaux fournit dans ce cas le moyen de déterminer la valeur relative.

2 - La prise en compte du taux de profit entraîne des conséquences pour le calcul des prix relatifs. Le seul recours à la valeur travail incorporé ne donnera plus un résultat exact.

Envisageons l'hypothèse du seul *capital circulant* comme il est défini par Ricardo à la section IV des *Principes,* soit les salaires avancés au travailleur pour vivre avant l'achèvement de la production. D'un côté l'ouvrier ne peut attendre la fin du processus de production, de l'autre le capitaliste entend prélever un intérêt sur les

---

[158] Idem, p. 29.

revenus, ou profit. Cela signifie que la *valeur d'échange des biens achevés sera supérieure au montant des salaires avancés* d'un pourcentage égal au taux de profit, et donc que les *prix relatifs ne seront pas exclusivement déterminés par le travail incorporé, mais aussi par la durée du processus de production.* Cette durée correspond au temps pendant lequel du capital circulant (salaires) est avancé aux travailleurs.

Soit un exemple : deux marchandises A et B. Pour produire A il faut une semaine à un travailleur ; pour produire B il faut une semaine à deux travailleurs. Dans ces conditions le prix de B est double de celui de A. Ceci signifie que si A et B sont produits en des périodes inégales t_1 et t_2, telles que $t_1 > t_2$, et si r est le taux de profit de longue période, les prix de longue période, ou *prix de production* sont déterminés de la façon suivante :

$$P_1 = wa_1 (1 + r)^{t1}$$

$$P_2 = wa_2 (1 + r)^{t2}$$

et le prix relatif $\dfrac{P_1}{P_2} = \dfrac{a_1}{a_2} (1 + r)^{t1 - t2}$

On voit que les seuls coefficients du travail ne permettent de prévoir les prix relatifs que dans l'hypothèse où $t_1 = t_2$, c'est-à-dire que $(1 + r)$ tombe. Cette présentation est conforme à l'intuition que Ricardo a lui-même du problème : toutes les difficultés qu'il évoque *sont liées au problème du temps à travers les différentes « proportions de capital fixe et circulant »,* la durée inégale de capital fixe.

3 - Si l'on prend en compte du *capital fixe,* soit des machines, il en résulte des problèmes spécifiques parce que les machines diffèrent les unes des autres par leur durée d'usage, par leur coût de fabrication, donc par les taux de salaire et de profit des périodes précédentes. La valeur des capitaux fixes exprimée en travail peut correspondre à des données financières différentes. *Pendant leur fabrication,* dont la durée dépend du type d'équipement, *le prix du travail (le salaire) peut varier.* Ce phénomène est renforcé ensuite en fonction de la *durée variable d'utilisation* et donc d'*amortissement.* Certes on peut retenir *la loi théorique d'égalisation du taux de profit* par le jeu de la concurrence qui pousse les capitaux à s'investir dans les branches où les profits sont les plus élevés, en sorte que l'offre augmente et les prix baissent. Même si cette tendance peut être globalement vérifiée, il faut des profits effectifs différents si l'on réalise des durées d'amortissement différentes. En d'autres termes, *la relation entre prix et quantité de travail n'est pas étroite.*

Dans les *« Principes »*, Ricardo minimise l'incidence de ces variations : « les variations qui surviennent dans le taux des profits agissent faiblement sur le prix relatif des choses »[159]. Il n'en demeure pas moins que dans la théorie du travail incorporé, *la valeur d'échange ne dépend plus uniquement des quantités de travail* : le taux de profit rentre dans la structure des rapports d'échange, sauf dans le cas où r = o, mais alors on n'est plus dans une société capitaliste. D'ailleurs, Ricardo lui-même devait évoluer sur cette question : « Je pense quelquefois que si j'avais à réécrire le chapitre sur la valeur qui figure dans mon ouvrage, je devrais reconnaître que la valeur relative des marchandises est déterminée par deux causes et non une, à savoir, par la quantité comparée de travail nécessaire à la production des marchandises considérées, et par le taux de profit pour le temps durant lequel le capital est demeuré engagé et jusqu'à ce que les marchandises soient portées au marché[160] ». Après avoir montré comment Ricardo analyse les facteurs de production, la description de leur évolution dans le temps permet de situer leur fonction comme source de la croissance dans un schéma général.

2. Les déterminants de l'évolution du système économique chez les Classiques

Pour résumer et en prenant le risque de schématiser à l'extrême, on peut représenter le système économique classique tel qu'il a été principalement élaboré par Ricardo à partir d'une série de caractéristiques, ou « triple triade »[161] : trois classes en opposition d'intérêt ; trois lois ; trois principes de détermination des revenus.

Trois classes en opposition d'intérêt

A. Smith distinguait déjà trois classes sociales : ouvriers, capitalistes et propriétaires. Il indiquait la spécificité du produit par rapport au salaire et à la rente. Ricardo analyse de façon plus précise ce qui commande la part qui revient à chacune d'elle.

1) - La classe des *propriétaires fonciers* reçoit la rente foncière payée par le fermier à proportion de la surface occupée ; c'est un loyer qui dépend de la qualité de la terre. Ceci nous renvoie à la loi qui détermine la rente précédemment analysée.

2) - La classe des travailleurs perçoit des salaires, payés en nature ou en monnaie.

---

[159] *Principes,* p. 39.

[160] Lettre à McCulloch, 1820, cf. George J. Stigler, « Ricardo and the 93 per cent labor theory of value », *The American Economic Review*, repris (chap. 12) dans l'ensemble d'études du même auteur : *Essays in the history of economics* , Chicago University Press, 1965.

[161] Cf. Abraham-Frois, *Economie politique,* Economica, Paris, 1982, p. 42.

3) - La classe des *capitalistes* perçoit le profit [162] qui est calculé par rapport au montant des avances réalisées sous forme monétaire ou de capitaux investis dans les opérations de production pour l'achat de matières premières, machines, etc. L'analyse de Ricardo à la suite de celle de A. Smith montre que les intérêts de ces trois classes sont antagoniques.

Les trois lois.

Dans le système classique les trois lois dégagées par Malthus et Ricardo conditionnent à plusieurs niveaux l'évolution du système économique.

1 - *Le principe de population* de Malthus est considéré comme une loi naturelle. Elle est articulée sur la seconde loi qui commande la progression des subsistances.Précisons que chez les classiques le malheur des salariés ne provient pas des capitalistes, mais de la propension à avoir des enfants au taux naturel de reproduction. La limitation de l'offre de moyens de subsistance représente l'obstacle ultime à la capacité de reproduction.

2 - *La loi des rendements décroissants* a une incidence sur le prix de la nourriture. Ce prix dépend de la quantité de travail : plus précisément de la quantité nécessaire pour exploiter les terres les moins fertiles. En effet, si l'on est contraint de mettre en culture des terres de moins en moins bonnes, une augmentation du travail et du capital affectés n'entraînent pas un augmentation proportionnelle des rendements. La rentabilité est décroissante.

3 - *La loi qui commande l'accumulation* se trouve chez tous les classiques, de manière plus ou moins explicite. Les classiques et K. Marx utilisent le terme « accumulation » pour désigner l'investissement. Précisons l'expression de cette loi chez Ricardo.

---

[162]La notion de profit est très générale. Il faut distinguer en fait entre : a) le *taux de profit* qui est un pourcentage résultant du rapport de la somme d'argent perçue par les capitalistes à l'ensemble des capitaux mobilisés pour la production. Ceci correspond à un taux de rentabilité.

b) la *masse des profits,* c'est l'ensemble des profits P perçus par les capitalistes considérés comme une classe. Si on définit K comme la masse d'avances monétaires immobilisées, le rapport P/K définit la notion théorique de *taux de profit moyen* r, qui est différent des taux effectivement perçus dans chaque branche.

c) *La part des taux de profit dans le revenu national :* soit Y le revenu national composé des rentes + profits + salaires, on peut définir un rapport P/Y

$$P/Y = (P/K) \ (K/Y) = r \ K/Y$$

a) *La relation entre emploi et accumulation.* Dans les« *Principes* » Ricardo définit le capital de façon large : le capital est la partie de la richesse d'un pays qui est employée dans la production; il est constitué par la nourriture, les vêtements; les outils, les matières premières, les machines ». Le capital comprend donc à la fois le capital fixe et le capital circulant. Ricardo estime qu'en augmentant, le capital circulant demeure en proportion stable par rapport au capital fixe. *La demande de travail est donc strictement commandée par la croissance du stock total de capital,* c'est-à-dire par l'accumulation[163].

b) *Comment se réalise cette accumulation ?* Ricardo dit : « Il y a deux façons d'accumuler du capital ; on peut épargner, soit grâce à un revenu accru, soit grâce à une consommation diminuée ». Pour les classiques, tout ce qui est épargné est investi, « car personne n'accumule sinon en vue de rendre productive cette accumulation ».

c) *Qu'est-ce qui commande le taux d'accumulation du capital ?* Ricardo distingue deux facteurs. D'une part *la capacité d'épargne* qui dépend du *surplus* par rapport au produit indispensable pour assurer le niveau de subsistance de la main d'oeuvre. Ce surplus comprenant le profit et la rente représente le revenu net. *La capacité d'épargner dépend de l'importance du surplus :* « sur deux pains, je peux en épargner un ; sur quatre pains je peux en épargner trois ». Cependant pour les capitalistes qui disposent du surplus le niveau de consommation est commandé par la volonté d'épargner. Le taux d'accumulation dépend donc de *la volonté d'épargner.* Nous trouvons à ce niveau la loi qui régit l'accumulation : la volonté d'épargner est commandée par le taux de profit. « Tant que les profits du capital seront élevés, les hommes auront un motif pour accumuler. Ces motifs diminueront chaque fois que ce taux diminuera, et il cessera lorsque les profits seront si bas qu'ils ne leur offriront plus de compensation adéquate pour le mal qu'ils se donnent, et pour les risques auxquels ils doivent nécessairement s'exposer en employant leur capital productivement »[164].

En résumé, *l'investissement est réalisé par les capitalistes ; il permet l'augmentation du capital productif de la nation ; il dépend du taux de profit attendu,* des perspectives de profit en termes absolus. Ricardo veut justifier le travail des industriels et la fonction des capitalistes-entrepreneurs, non la lutte des travailleurs. La réalité du prolétariat n'est pas encore généralisée ; sa constitution , à peine quelques décennies plus tard, inspirera à Marx une analyse théorique de la lutte des classes.

---

[163] Dans la dernière édition des *Principes* (1821) Ricardo évolue sur ce point et considère que la substitution des machines au travail humain, c'est-à-dire le progrès technique, qui est favorable aux entrepreneurs, se fait souvent aux détriments des travailleurs. « Les mêmes causes qui peuvent augmenter le revenu net dans un pays peuvent en même temps rendre sa population excessive ». cf. Chap. XXXI. Des machines. p. 313-314.

[164] *Principes,* p. 92.

*Les trois principes de détermination des revenus et les antagonismes
fondamentaux.*

Pour Ricardo comme pour A. Smith le jeu de l'offre et de la demande n'a de sens
que pour le court terme. Ce qui est essentiel, ce sont les *prix naturels,* ou prix de longue
période. *Rechercher les déterminants de ces prix naturels revient à élaborer une
théorie des coûts de production et de leurs éléments composants.* Or, ces éléments
composants, ce sont le profit, le salaire, la rente. La théorie de la répartition peut se
résumer encore une fois ainsi :

1) *La rente foncière :* nous avons déjà largement étudié son principe de
détermination, c'est la loi des rendements décroissants à partir de l'hypothèse de terres
de fertilité différente et surtout de superficie limitée. La rente est de nature différentielle, elle n'entre pas dans la valeur des marchandises ; elle *dépend du prix du produit
de la dernière terre mise en culture.* Elle est égale à la différence entre le produit
effectif de la terre considérée et le produit du travail sur la terre la moins fertile mise
en exploitation. Notons que salaire et rente sont indirectement reliés à travers le prix
des moyens de subsistance. Dans le cas exemplaire du blé, le hausse du prix du blé
accroît la rente et du même coup le coût des salaires pour les capitalistes.

2) *Le salaire,* ou *prix courant* du travail, déterminé par l'offre et la demande, tend à s'ajuster à son *prix naturel.* Pour ce dernier, Ricardo reprend le principe
de détermination des salaires de A. Smith, dans le cadre précisé par la loi de population
de Malthus. « Le prix naturel du travail est celui qui fournit aux ouvriers les moyens
de subsister et de perpétuer leur espèce sans accroissement ni diminution »[165]. D'une
manière plus large, c'est tout ce qui est indispensable à l'entretien et à la reconstitution
du stock de main d'oeuvre. Cette conception sera retenue par Marx. Comme nous
l'avons déjà indiqué, Ricardo a une conception large et relativisée de ce minimum
indispensable. « On aurait tort de croire que le prix naturel des salaires est absolument
fixe et constant, même en les estimant en vivres et autres articles de première nécessité ; il varie à différentes époques dans un même pays, et il est très différent dans des
pays différents »[166]. Il ajoute même plus loin, ce qui manifeste la force d'analyse de
Ricardo : « les progrès de la société faisant toujours baisser le prix des articles manufacturés, et hausser celui des matières, il s'opère à la longue une telle disproportion
dans leur valeur relative que, dans les pays riches, un ouvrier peut , moyennant le
sacrifice d'une petite quantité de sa nourriture, satisfaire amplement tous ses autres
besoins[167].»

---

[165] Ricardo, *Principes,* p. 67.
[166] Idem, p. 70
[167] Idem.

3) *Le profit* : le principe de détermination des profits est simple : *c'est un revenu de nature résiduelle* ; c'est ce qui reste du produit net après le paiement par le capitaliste des salaires et de la rente. A ce niveau, on comprend quel objectif poursuivait Ricardo en élaborant la théorie du travail incorporé et en la conservant dans les « *Principes* », malgré les limites qu'il perçoit lui-même comme nous l'avons analysé. Il veut « *déterminer les lois qui règlent la distribution* » *des revenus* [168]. Or la théorie de la valeur incorporée a l'avantage de démontrer que la valeur des marchandises résultant du travail direct et indirect se décompose en deux éléments exclusivement : les salaires et les profits.

Pour les auteurs classiques, à la différence des néoclassiques, les principes qui président à la détermination des revenus sont porteurs d'antagonismes fondamentaux. Aussi bien du point de vue statique que dynamique, il y a des antagonismes entre les trois catégories de co-partageants de la production :

a) *Les intérêts du capitaliste et du travailleur sont opposés pour le partage de la valeur créée,* car salaires et profits sont dans un rapport inversement proportionnel. La part de l'un ne peut augmenter que dans la mesure où la part de l'autre diminue. Le salaire ne peut augmenter qu'aux dépens du profit et inversement. Cette relation inverse entre le salaire et profit correspond en définitive à la conception ricardienne de la société composée de capitalistes et de travailleurs dont les intérêts sont antagoniques.

b) Contrairement à la conception « irénique » d'A. Smith, il y a pour Ricardo *une rigoureuse opposition entre les intérêts des propriétaires terriens d'une part, et ceux des capitalistes et de l'ensemble des consommateurs, d'autre part.* « L'intérêt du propriétaire foncier est toujours en opposition avec celui du consommateur et du manufacturier... Il est de l'intérêt du propriétaire foncier que les frais de production du blé augmentent. Ce n'est pourtant pas là l'intérêt du consommateur qui voudrait que le blé fût toujours à bas prix (...). Il n'est pas non plus de l'intérêt du manufacturier que le blé soit cher, car la cherté du blé amène celle des salaires, sans amener celle des marchandises »[169]. Ricardo note cependant fortement que la hausse du prix est *une résultante de l'accumulation et de la croissance démographique.* Les propriétaires fonciers ne peuvent pas agir sur ce prix : ils en sont les bénéficiaires passifs.

---

[168] Idem, p.9.
[169] *Principes,* Chap. VI, p. 85 et ss.

La distinction entre *trois classes*, les effets combinés de *trois lois* et la théorie de la répartition[170] fondée sur *trois principes* de détermination du revenu permet à Ricardo d'esquisser une théorie de l'évolution économique. Il nous paraît indispensable pour saisir l'originalité et l'amplitude de la démarche classique d'évoquer la principale conclusion à laquelle parvient Ricardo en ce qui concerne la croissance économique : c'est la vision de *« l'état stationnaire »* ou croissance zéro.

3. Vers l'état stationnaire : éléments pour une théorie de l'évolution économique

Pour Ricardo l'évolution économique conduit obligatoirement à une réduction des profits des capitalistes, c'est une loi naturelle. Cette chute des profits provoque à son tour un ralentissement, puis un arrêt du processus d'accumulation. Ricardo ramène donc à une condition unique les éléments de la croissance. En résumé son raisonnement est le suivant :

Des deux parts en quoi se décompose la valeur du produit, la part des salaires est déterminée la première. Elle dépend en effet des quantités de biens de subsistance consommés par les salaires, et des prix de ces biens. Dans l'ordre chronologique de causalité *les profits varient donc en raison inverse du prix des produits achetés par les salaires*. «Dans tout le cours de cet ouvrage, j'ai cherché à prouver que le taux des profits ne peut jamais hausser qu'en raison d'une baisse des salaires, et que cette baisse ne peut être permanente qu'autant qu'il y aura une diminution dans le prix des denrées que l'ouvrier achète avec ses gages » [171]. Comme le prix des biens liés au salaire sont conditionnés par les difficultés de production, il en résulte que la difficulté de production de ces biens conditionne les profits.

– *Cette analyse est fondée sur la reconnaissance de l'avarice de la nature,* la rareté des ressources naturelles. En effet, la démonstration s'articule à la fois sur les théorie de la rente et de la répartition : (1) l'augmentation de la population oblige à mettre en culture des terres de moins en moins bonnes ; (2) il en résulte une augmentation des rentes prélevées par les propriétaires fonciers, une hausse du prix du blé et donc du coût salarial pour les capitalistes dont le profit, de caractère résiduel, est laminé jusqu'à être annulé. « En supposant que le blé et les objets manufacturés se vendent toujours au même prix, les profits seront toujours élevés ou réduits, selon la hausse ou la baisse des salaires. Mais si le prix du blé hausse, parce que sa production exige plus de travail, cette cause ne fera point hausser les prix des objets manufacturés

---

[170] Nous laissons naturellement à des ouvrages d'histoire de la pensée le soin d'étudier en détail le schéma complet de répartition chez Ricardo, d'autant plus qu'il a évolué si l'on passe de *l'Essai sur l'influence du bas prix des blés,* 1815, aux *Principes,* 1817.

[171] *Principes*, p. 100, cf. l'étude de M. Lutfalla : *L'État stationnaire*, Gauthier-Villars, Paris, 1964.

dont la fabrication n'exige point de travail additionnel. Dans ce cas, si les salaires restent les mêmes, les profits ne changeront pas ; mais comme il est indubitable que les salaires montent par la hausse du blé, les profits doivent nécessairement baisser »[172].

    – Les innovations techniques peuvent retarder cette tendance à la baisse des taux de profit ainsi que « les découvertes agronomiques », et tous les moyens d'épargner le travail ; mais ils ne peuvent renverser une tendance considérée comme inévitable. Comme le taux de profit représente le motif de l'accumulation du capital, sa baisse au-dessous d'un certain niveau provoquera l'arrêt de l'accumulation, par manque de rentabilité de l'investissement. L'analyse de Ricardo débouche sur des *recommandations politiques :* les propriétaires fonciers étant des parasites, l'accumulation pouvant seule éviter « l'ennui, la mélancolie du déclin » de l'état stationnaire, il faut favoriser les gains de productivité dans l'agriculture et faciliter les importations pour obtenir des biens de subsistance à meilleur prix. C'est pourquoi au terme d'un raisonnement d'ensemble impressionnant Ricardo est favorable à l'abrogation des « Corn laws ».

V – La loi des débouchés et sa contradiction avec le principe de demande effective

    Le Français J. B. Say (1767-1832) connaît bien les théoriciens anglais, en particulier les ouvrages d'A. Smith et Ricardo, avec qui il entretient une correspondance à la fois sur des problèmes d'économie politique et à propos d'opérations de spéculation sur les grains. Cependant le contexte français diffère de celui de l'Angleterre. Le processus d'industrialisation a débuté avec retard et entraîne moins d'excès défavorables aux travailleurs. D'ailleurs, la population ne connaît pas une forte croissance comme en Grande-Bretagne.

    L'originalité de J.B. Say est de réaliser une certaine synthèse entre les idées de la Révolution française et le libéralisme économique d'A. Smith. C'est le champion par excellence de l'industrie, de la propriété privée et de la libre concurrence, ce qui lui vaut d'être plus connu aux Etats-Unis qu'en Europe.

    On pourrait rappeler, comme l'indique M. Lutfalla, « que Say est le lien entre les lumières françaises du XVIIIe, qui , avec Condillac notamment, tenaient déjà pour la valeur-utilité, et les néo-classiques. On lui doit aussi d'avoir perçu au début du XIXe la distinction déterminante entre les agents économiques, celle qui commande le niveau de vie général et la croissance : l'opposition entre les *productifs* et les *improductifs.*»

---

[172] Cf. Chap. VI, Des profits, p. 81-82. cf. Y. Breton et M. Lutfalla, *L'Economie politique en France au XIXe*, Economica, Paris, 1991, qui replace Say dans une tradition de «science morale»

Au plan théorique de la formulation de la loi des débouchés, il a été le premier à systématiser la notion d'équilibre qui deviendra fondamentale chez les néo-classiques.

La « *loi des débouchés* » ou « *loi des Marchés* » est l'expression la plus directe de *la conception réelle de l'économie des classiques,* et à leur suite des néo-classiques. Elle a prévalu à un point tel que Keynes privilégie la critique de ce principe, quand il veut combattre en 1936 la conception classique du fonctionnement général de l'économie. Cependant dès le début du XIXᵉ Malthus oppose à la loi des débouchés un principe de « demande effective » et Marx de « demande solvable », pour expliquer la possibilité de crises générales de surproduction.

1. Le principe de la loi des débouchés

J. B. Say est parvenu à une expression progressive de cette loi ; il en donne le meilleur exposé dans le « *Cours d'économie politique* », deuxième édition, en 1840, c'est-à-dire bien après la première édition de 1803 du « *Traité d'Economie Politique* »[173]. Ne nous attardons pas à présenter la spécificité de cet auteur, car ce n'est pas déterminant pour notre démarche introductive. L'essentiel de cette loi a été en effet repris et interprétée par les grands classiques et néo-classiques, Ricardo en particulier, John Stuart Mill, Léon Walras, O. Lange.

Ce sont les critiques de Malthus et de Sismondi qui ont forcé J.B. Say à préciser les implications logiques de son raisonnement. Il est d'ailleurs remarquable que chaque auteur a retenu une interprétation particulière de la loi des débouchés et que le court, mais fameux, chapitre XV du «*Traité* » est assez imprécis pour que chacun puisse en tirer des citations à l'appui de son interprétation.

A l'origine de l'énoncé de la loi des débouchés il y a un problème, toujours très actuel, d'économie internationale. En effet, l'objectif initial de Say était de prouver que les difficultés d'exportation ne provenaient pas de l'excessive abondance de produits anglais, mais de la pauvreté des nations clientes. L'Angleterre ne produit pas trop, c'est le Brésil qui ne produit pas assez, car c'est la production qui crée « le fonds d'où provient la demande de produit ».

« On ne gagne rien avec des peuples qui n'ont rien à vous donner » *(p. 144)*. Les exportations et les importations sont en fait payées les unes par les autres. La démarche de Say consiste à généraliser cette constatation au niveau du commerce intérieur.

Le principe paraît simple : dans une économie où règne la division du travail, c'est-à-dire où il y a échange interne de marchandises, le moyen courant d'obtenir des biens et services est de produire des biens et services pour une valeur équivalente . *La production augmente non seulement l'offre de biens, mais crée également la demande*

---

[173] Nous citons cependant pour l'essentiel, parce que plus accessible, le *Traité d'Economie Politique* dans sa réédition récente, préface de G. Tapinos, Calmann-Levy, Paris. 1972.

en raison du paiement des facteurs de production. « C'est la production qui crée une demande pour les produits ...Un produit créé offre, dès cet instant, un débouché à d'autres produits pour tout le montant de sa valeur ... le fait seul de la formation d'un produit ouvre, dès l'instant même, un débouché à d'autres produits » *(p.140-141).* Ceci est valable tant pour le commerce intérieur que pour le commerce extérieur.

L'énoncé de cette loi a suscité, et même encore de nos jours, une longue contro-verse parce qu'elle opère un clivage entre deux conceptions à la fois sur le rôle de la monnaie et sur la possibilité d'une crise de surproduction. Son intérêt est aussi, signa-lons -le, d'introduire une *perspective macro-économique,* c'est-à-dire une prise en considération des phénomènes économiques à un niveau global. Say distingue en effet le niveau de l'analyse partielle, celui d'un marché particulier où il est possible de produire trop d'un bien particulier, et le niveau général (ou macro-économique cf. infra p. 416) où il est impossible, selon lui, de produire trop de tous les biens.

Enfin dans l'optique de Say, le capitalisme étant analysé comme un système économique fondé sur la production de biens pour le marché, il est assuré d'une « dy-namique illimitée » par la production qui crée son débouché.

2. Les implications essentielles de la loi des débouchés

A un niveau d'introduction dégageons seulement les principales applications logiques du principe de Say dans ses interprétations les plus courantes.

Interprétation du principe comme simple identité comptable.

Le principe de Say peut être interprété restrictivement comme simple équilibre comptable au niveau global. Ceci consiste à dire que la valeur (taux d'échange en termes réels) des biens produits est identiquement égale à la valeur des rémunérations des services producteurs, qui est elle-même égale au montant total des biens et services achetés. L'acte de production accroît parallèlement le montant des biens et service, et le pouvoir d'achat. Il y a « identité comptable entre l'agrégat produit, l'agrégat revenu et l'agrégat dépense». (Tapinos). Cette interprétation n'apporte rien de plus par rap-port au circuit de Quesnay.

Interprétation du principe comme égalité nécessaire.

Le principe de Say a son intérêt et suscite la critique, lorsqu'il est interprété comme principe théorique commandant la tendance à l'équilibre de longue période du système capitaliste. Il y aurait une égalité nécessaire du produit, de la dépense et du revenu qui serait obtenue à l'équilibre sur le long terme. Le système économique serait ramené à l'équilibre par le jeu de forces qui sont plutôt des « *conduites rationnelles* » que des mécanismes chez J.B. Say.

Des hypothèses particulières sont retenues [174] :

—*la monnaie est neutre* ; marchandise comme les autres, elle est demandée uniquement comme instrument de transaction.

—*la thésaurisation est exclue* ; la monnaie n'est pas demandée pour elle-même, d'où il y a identité entre l'épargne et l'investissement.

—*la concurrence* régit tous les marchés, en particulier le marché du travail.

—*le progrès technique a des effets favorables* à la fois sur la production, sur l'emploi et sur la consommation. (baisse des prix)

—*le consommateur est souverain* : «La nature des produits se conforme toujours naturellement aux besoins de la société». *(p.153)*

—*l'entrepreneur* est un agent économique rationnel.

Dans le cadre de ces hypothèses, on dégage des mécanismes de réajustement associés à la loi des débouchés, qui ont été très tôt l'objet des critiques de Malthus, Sismondi et Marx :

—aucunes ressources économiques ne demeurent oisives car toute l'épargne est investie.

—dans une économie de libre concurrence, les déséquilibres partiels se corrigent d'eux-mêmes par réallocation des ressources entre secteurs déficitaires et excédentaires.

—le progrès technique augmente les revenus de tous les agents économiques[175] « en sorte que la vision de Say est fondamentalement optimiste : « Je ne vois pas d'impossibilité à ce que dans le courant du siècle prochain, une population double de la nôtre ne consomme quatre fois plus de produits que nous n'en consommons actuellement.» *(Sur la balance)*.

En fait quand J.B. Say affirme l'impossibilité de « *l'engorgement général* », il pense plutôt comme les classiques à la stagnation séculaire qu'à des crises périodiques. Or les critiques les plus acerbes ont été précisément nourries par le démenti des faits : crises de 1810, 1815, 1818, 1825, puis 1836, 1839, 1849 pour ne citer que celles qui ont eu lieu du vivant de J. B. Say et peu après sa mort (1832).

Pour demeurer dans les limites d'une introduction aux problèmes théoriques essentiels, nous ne mentionnons que deux ordres de développement : a) Say a *négligé la fonction de réserve* de la monnaie ; dans une économie monétaire, un excès général de l'offre de marchandise est possible : cela signifie demande excédentaire de monnaie. b) Say n'a pas étudié quelles pouvaient être les conséquences d'une réduction générale des dépenses sous forme de consommation, ou d'investissement, parce qu'il suppose l'épargne obligatoirement dépensée.

---

[174] Cf. G. Tapinos préface au *Traité d'Economie Politique* op. cit, p. XXVI et ss.

[175] Sur les effets du progrès technique la plupart des économistes du XIXᵉ ont une opinion contraire. Pour Sismondi le manufacturier en est le bénéficiaire exclusif : il réduit sa demande du travail et avec une production constante, il obtient un profit plus élevé. Cf. M. Lutfalla. *Aux origines de la pensée économique ;* chap. XVIII. p. 147 et ss. «Sismondi critique de la loi des débouchés». (cf. également P. Lantz, op. cit. p. 271-275.)

3. Reformulation de la loi de Say :

Un excédent d'offre de biens est un excédent de demande de monnaie

La contrepartie d'un montant donné de production exprimé en valeur monétaire, c'est la somme des paiements effectués en faveur des facteurs de production. Toute production engendre une somme de revenu d'égale valeur monétaire. Examinons successivement les implications de ce principe selon que l'on se place, soit dans une économie de troc ou réelle, soit dans une économie monétarisée.

1) Soit l'hypothèse d'une économie de troc pure.

Dans une telle économie, il y a une impossibilité logique à ce qu'apparaisse une « surproduction générale », tout facteur de production étant directement rémunéré par l'échange d'un bien contre un autre bien ou service. Quand deux individus réalisent un troc, chacun d'eux est en même temps un vendeur et un acheteur. *Aucune vente ne peut intervenir sans achat.*

2) Soit l'hypothèse *d'une économie monétarisée où la monnaie n'a qu'une fonction d'unité de compte,* c'est-à-dire d'instrument de mesure et de transaction exprimant les valeurs d'échange en une unité commune. Dans ce cas, la fonction de la monnaie se réduit à séparer en deux l'opération unique qui réalise le troc. La monnaie permet la rupture du troc dans le temps et dans l'espace, mais la monnaie n'est pas désirée pour elle-même[176].

Soit une économie comprenant n biens. On peut choisir l'un de ces biens comme *« numéraire »* (ou marchandise étalon, équivalent général) en prenant son prix comme égal à 1 par l'hypothèse. Tous les autres prix sont exprimés par rapport à lui, ce qui permet d'exprimer une série de rapports d'échange ou *prix relatifs* monétaires. Dans un tel système, ce numéraire posé comme égal à l'unité par convention ne représente qu'une *unité de compte abstraite.* Cette monnaie abstraite ne sert qu'à rendre commensurable une diversité de biens à échanger. C'est ainsi que les classiques conçoivent la monnaie. Ce n'est pas une monnaie qui est recherchée pour elle-même ; elle n'a qu'un rôle d'intermédiaire des échanges. *Dans une économie monétaire de ce type, la valeur totale de l'ensemble des biens demandés est obligatoirement (identiquement) égale à la valeur de tous les biens offerts.* Si l'on additionne l'ensemble des n biens, y compris le bien numéraire, on a l'identité suivante formulée par O. Lange (1942) :

$$\sum_{i=1}^{n} p_i D_i \equiv \sum_{i=1}^{n} p_i O_i$$

---

[176] Nous préférons réserver une analyse plus détaillée de la monnaie à l'occasion de l'étude de la génèse de l'équivalent général et du capital chez Marx, et de son introduction au niveau macro-économique dans le modèle keynésien.

Cette identité, qualifiée couramment de *loi de Walras*, exprime l'impossibilité logique d'une surproduction générale aussi bien dans une économie à monnaie de compte que dans une économie de troc. (Si l'on se satisfait des taux d'échange, c'est-à-dire si l'offre des uns est égale, pour tous les taux d'échange, à ce que les autres désirent recevoir à ces mêmes taux, ce qui est une hypothèse presque absurde.)

3) On parvient à une nouvelle expression de ce que l'on appelle « l'identité de Say» si l'on introduit *l'hypothèse que le bien retenu comme unité de compte peut aussi être demandé comme réserve de valeur.* La quantité demandée des n - 1 marchandises peut égaler la valeur des n - 1 marchandises offertes *uniquement si la demande de monnaie égale l'offre de monnaie.* A la place de l'identité précédente, on a alors l'égalité :

$$\sum_{i=1}^{n-1} p_i D_i \equiv \sum_{i=1}^{n-1} p_i O_i$$

Elle est vérifiée seulement si $D_n = O_n$. Ceci résulte du fait que la *demande totale de monnaie,* soit D_n, correspond à la valeur de l'ensemble des marchandises offertes en échange de monnaie.

$$D_n = p_1 O_1 + p_2 O_2 + \dots p_{n-1} O_{n-1} = \sum_{i=1}^{n-1} p_i O_i$$

Par ailleurs, *l'offre totale de monnaie,* soit O_n, correspond à la valeur totale des marchandises demandées avec de la monnaie

$$O_n = p_1 D_1 + p_2 D_2 + \dots p_{n-1} D_{n-1} = \sum_{i=1}^{n-1} p_i D_i$$

Donc au cours d'une phase d'échange particulière, toute différence entre la demande et l'offre des marchandises se traduit par un solde positif ou négatif de la demande de monnaie (soit $D_n > O_n$; soit $D_n < O_n$). *Une offre excédentaire de toutes les marchandises signifie qu'il existe une demande excédentaire de monnaie* au titre de réserve de valeur.

Soit ED_i la demande excédentaire de marchandises

EO_{n-1} l'offre excédentaire de marchandises

ED_n la demande excédentaire de monnaie

On a :

$$\sum_{i=1}^{n-1} p_i D_i - \sum_{i=1}^{n-1} p_i O_i \equiv \sum_{i=1}^{n-1} ED_i \equiv EO_{n-1} \equiv ED_n$$

Dans ce cadre, on entend par demande excédentaire de monnaie le fait que les individus veulent accroître le montant de monnaie qu'il détiennent. Ceci n'est possible que par une demande de produits inférieure à ce qui est produit.

En définitive, *on aboutit à une expression extrême de «l'identité de Say »* : *affirmer qu'une situation de surproduction générale est impossible, c'est poser l'hypothèse que* $ED_n = 0$. Ceci signifie que quels que soient les prix, les agents économiques n'affectent le revenu monétaire reçu dans la période en échange de marchandises offertes qu'à une demande immédiate d'autres marchandises, quelle que soit la période considérée, en sorte que le marché monétaire est toujours en équilibre.

Cette hypothèse implique à la fois qu'une variation de prix n'affecte pas les relations entre marchés des marchandises et marché de la monnaie, et qu'une variation du niveau général des prix ne provoque aucune substitution entre les biens. En d'autres termes, cette hypothèse correspond à une économie monétaire qui fonctionnerait comme une économie de troc. La monnaie est artificiellement introduite, puisqu'on lui retire sa fonction de réserve au prix de cet artifice. La surproduction générale est supposée impossible, du fait qu'il n'y a pas de constitution d'encaisses monétaires.

Pour que l'identité soit vérifiée, la reformulation de l'identité de Say montre bien que l'on suppose la monnaie nécessairement neutre ou que l'on soit dans une « économie a-monétaire au sens de sans moyen de paiement stockable ».

L'épargne est non monétaire et la monnaie n'est qu'un voile

L'affirmation selon laquelle « ce sont des biens qui constituent le moyen de paiement de biens » correspond à une conception de l'épargne telle que « épargner c'est dépenser ». *L'épargne est obligatoirement dépensée.* C'est la conception que l'on trouve déjà chez A. Smith et qui sera seulement précisée par le néo-classique A. Marshall.

L'épargne n'est qu'une forme différente de dépenser son revenu ; il n'y a pas de fuite de pouvoir d'achat hors du circuit du fait que *les agents n'épargnent que pour investir.* On peut retenir une définition de A. Marshall qui rompt la continuité chronologique, mais qui exprime fidèlement la conception classique : « Lorsque quelqu'un cherche à obtenir une satisfaction immédiate au moyen des marchandises et des services qu'il achète, on dit qu'il dépense. Lorsqu'il fait affecter le travail et les marchandises qu'il achète à la production de biens dont il espère tirer le moyen de pourvoir ultérieurement à ses satisfactions, on dit qu'il épargne ». Ainsi *ce qui est épargné est forcément investi.* Rien n'est retiré à la demande globale ; d'autres agents dépensent ce qui est épargné. A. Smith avait déjà cette conception. « Ce qui est annuellement épargné est aussi régulièrement consommé que ce qui est annuellement dépensé, et il l'est aussi presque dans le même temps, mais il est consommé par une autre classe de gens[177].

---

[177] A. Smith, *Richesses,* livre II, p. 168.

L'identité de Say correspond bien à la première conception de l'égalité de l'épargne et de l'investissement. « C'est l'accumulation des épargnes qui forme les capitaux ». *La conception particulière des classiques est d'assimiler pouvoir et volonté d'acheter.* Toute épargne est en même temps une « non consommation » et un achat de biens d'équipement. Renoncer à consommer, c'est nécessairement investir ; l'épargne est toujours égale à l'investissement. Le schéma classique tel qu'il est posé avec *l'identité de Say ignore donc l'épargne monétaire, la thésaurisation.* L'épargne constitue un phénomène réel que la monnaie n'influence pas. C'est là sans doute la principale implication de la loi des débouchés. *Dans cette conception la monnaie n'est qu'un voile,* ainsi que Say l'affirmait dès 1803. Son rôle est totalement passif.

A ce niveau se situe l'attaque la plus essentielle adressée par ce que S.C. Kolm appelle « la critique walraso-keyneso–marxiste » : une partie des revenus perçus, supposés forcément payés avant la vente, peut être conservée en monnaie, c'est-à-dire *thésaurisée*. C'est ce que Marx devait déjà très bien analyser avant Keynes. « A un moment donné l'offre de toutes les marchandises peut excéder la demande pour toutes les marchandises parce que la demande pour la marchandise générale, la monnaie, la valeur d'échange, est plus grande que la demande pour toutes les marchandises particulières »[178].

Représentation du circuit selon la loi des débouchés et selon Keynes.

On peut dès maintenant marquer la différence essentielle qui distingue la conception classique de la conception présentée beaucoup plus tard par Keynes.

1 - Le circuit selon la loi des débouchés

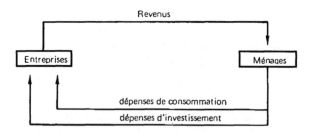

Ce schéma représente un circuit simplifié qui ne comporte que des *entrepreneurs-capitalistes d'un côté* décidant de la production et de l'investissement, et des *travailleurs-consommateurs d'un autre côté* recevant et dépensant les revenus qui

---

[178] Cf. *Théories sur la plus-value* (Livre IV du Capital) Edit. sociales. Paris. 1974. chap. 17. p. 602. Marx critique J.B. Say à partir de Ricardo qui a repris la loi des débouchés, p. 589 et ss.

rémunèrent leur travail. Etat et secteur extérieurs ne sont pas pris en compte. Le système bancaire ne joue qu'un rôle d'intermédiaire, puisque la monnaie n'est qu'un instrument de transaction. Comme l'épargne n'est qu'une modalité de dépense de revenu, tout le flux de revenu introduit dans le circuit par les entreprises est réinjecté dans le circuit par les ménages.

Dans ces conditions une crise générale de surproduction est impossible ; il ne peut y avoir que des surproductions partielles. « Il peut être produit une trop grande quantité d'une certaine denrée et il peut en résulter une surabondance telle dans le marché qu'on ne puisse en retirer ce qu'elle a coûté ; mais ce trop plein ne saurait avoir lieu pour toutes les denrées »[179]

L'égalité renvoie alors à la nécessité d'une correspondance dans la structure respective de l'offre et de la demande. Ainsi, pour Ricardo la production excédentaire de certains biens est forcément transitoire, pendant le délai nécessaire à la demande pour se reporter d'un bien sur l'autre.

Enfin, notons qu'au niveau le plus global, dans sa version classique, *la loi de Say n'implique pas la réalisation du plein-emploi.* Elle dit seulement que offre et demande globales sont identiques : *le niveau absolu du produit total dépend du fonds de salaire, c'est-à-dire du montant global de capital disponible pour employer des travailleurs.*

2- Le circuit selon Keynes.

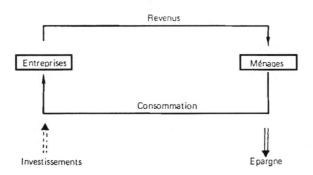

Pour Keynes la totalité du revenu de départ ne retourne pas automatiquement vers les entreprises, *l'épargne constitue une non-dépense, donc une fuite hors du circuit.* Le rééquilibrage ne peut intervenir que par les investissements dont le montant n'est pas forcément égal. Pour Keynes la décision d'épargne n'est pas assimilable à une décision d'investissement. Quand on épargne, il y a placement, c'est-à-dire demande de monnaie, demande d'actifs financiers (dépôts en banque, caisse d'épargne, actions, obligations, etc.). Par contre, l'investissement correspond à une demande d'actifs

[179]Ricardo, *Principes,* chap. XXI, p. 232. Signalons l'analyse remarquable des interprétations de la loi des débouchés par J. Schumpeter. *Histoire de l'Analyse économique,* Gallimard, Paris, 1983 ; tome 2, p. 322-335.

réels, de biens et de services physiques (machines,moyens de transport...). *Chez Keynes, la monnaie peut être demandée et détenue pour elle-même,* donc une demande de monnaie peut ne pas correspondre à une demande de biens, d'où possibilité de crise générale de surproduction si tous les revenus monétaires ne sont pas entièrement dépensés. La loi des débouchés représente une étape dans l'analyse économique ; elle annonce et permet une théorie de l'équilibre général, mais c'est la critique de Keynes qui lui a conféré une importance hors de proportion avec sa place effective chez les néo-classiques.

3. Le principe de demande effective de Malthus et la possibilité de crise

La loi de J. B. Say, acceptée par Ricardo (cf. *Principes* chap.XXI) a été simultanément attaquée par Sismondi (1819, cf. infra p. 304) et par Malthus (1820) suivi par Thomas Chalmers (1832), mais la lignée des hétérodoxes jusqu'à Keynes sera peu nombreuse, K. Marx mis à part naturellement. Chronologiquement, Malthus ébauche en même temps que J. B. Say, les éléments d'une explication des crises de consommation fondée sur le principe de la *« demande effective »*. Les *« Principes d'Economie Politique »* de Malthus sont publiés en 1820, mais Malthus mène une controverse avec J. B. Say et Ricardo de 1820 à 1830 ; minoritaire de son temps, Malthus s'est révélé en fait un précurseur. Nous présentons brièvement les points originaux de sa théorie de la *surabondance générale de l'offre* ou *engorgement général* («general gluts »)[180].

Pour Malthus la tendance à l'enrichissement des sociétés peut comporter des fluctuations importantes de l'activité. La génération de Malthus se situe à la charnière du long mouvement de hausse des prix, qui marque les guerres de la Révolution et de l'Empire, et celui de baisse qui se poursuit avec la paix jusqu'au milieu de XIXe. Malthus perçoit que la baisse des prix est défavorable ; les premières crises sont intervenues en 1810, puis en 1815 et 1820. Il apparaît bien que les *Principes* visent à expliquer « la détresse que les classes ouvrières ont éprouvé depuis 1815 » ce qui est le titre même de la Section X et dernière de cet ouvrage[181]. Alors que Say place la production au départ comme agent moteur de l'économie, Malthus privilégie *le consommateur.* « La première chose dont on ait besoin avant même tout accroissement

---

[180] Nous citons pour l'essentiel *Les Principes d'Economie Politique* à partir de la réédition française de 1969. Collection des Fondateurs de l'Economie, Calmann-Lévy, Paris, Préface de Faure-Soulet : « Le mot engorgement, précise Malthus est évidemment général et non partiel . » (*Principes* p. 257) Sur les positions comparées de Marx, Walras et Keynes concernant la possibilité d'une crise générale. cf. S. C. Kolm. *Philosophie de l'économie.* op. cit. P. 169 et ss.

[181] A. Paquet explique par une différence de génération l'opposition entre les « optimistes », Ricardo et J.B. Say frappés par les évènements d'avant 1815, et les « pessimistes » Malthus et Sismondi impressionnés par la grande déflation qui sévit après Waterloo. *Le conflit historique entre la loi des débouchés et le principe de la demande effective.* A. Colin, Paris, 1953.

de capital et de production, c'est une *demande effective* de produits, c'est-à-dire une demande faite par ceux qui ont les moyens et la volonté d'en donner un prix suffisant *(p. 230).* Ce terme de demande effective devait être repris par Keynes dans sa démarche critique à l'égard des néo-classiques, mais dans un sens correspondant à la spécificité de son approche. En effet même si Keynes dans un de ses *Essais de Biographie* a voulu se reconnaître une filiation avec le Malthus des *Principes,* la théorie malthusienne n'est pas une théorie de la sous-consommation due à un investissement trop faible par rapport au montant de l'épargne, comme chez Keynes. Pour Malthus il peut y avoir excès d'investissement. Son analyse est difficile, parce qu'il ignore toutes les explications de nature monétaire et parce qu'il retient la conception de A. Smith selon laquelle l'épargne est identique à l'accumulation, ce qui le met forcément en difficulté.

Les facteurs possibles de crise

1 - La loi des débouchés est en contradiction avec les principes qui commandent l'offre et la demande. Il peut intervenir des *surproductions temporaires qui provoquent une baisse des prix,* et donc une contraction des revenus, ce qui interdit aux producteurs de racheter toute leur production. « Il n'est pas du tout vrai, dans les faits, que des produits soient toujours échangés contre d'autres produits. La plus grande partie des produits s'échange directement contre du travail productif ou des services personnels ; et il est clair que cette masse de produits, comparée au travail contre lequel elle doit être échangée, peut baisser de valeur par l'effet de sa surabondance »[182.]

2 - *La production peut ne pas correspondre aux besoins réels.* Or l'approche de Say ne fait aucune distinction : « Ils ont considéré les produits comme s'ils étaient autant de chiffres ou de signes algébriques dont il s'agirait de comparer ensemble les rapports au lieu de les regarder comme des articles de consommation... dans leurs rapports avec le nombre et les besoins des consommateurs »[183].

3 - Les capitalistes ne savent pas limiter leur désir d'investir à ce qui est nécessaire. L'excès de la dépense en travail productif (c'est-à-dire en dépenses d'investissement) doit provoquer nécessairement une insuffisance de la demande effective. C'est le principal argument de Malthus. *« Parce que les travailleurs reçoivent moins qu'ils ne produisent,* la consommation et la demande suscitée par les gens qui sont employés à des tâches productives ne peuvent jamais être à elles seules un moteur de l'accumulation et de l'utilisation du capital ».*(p. 257)* Et Malthus introduit la considération de seuils et de rythmes : « La transformation du revenu du capital, poussée au-delà d'un certain point, doit, en diminuant la demande effective pour les produits, laisser les classes ouvrières sans ouvrage ».[184]

---

[182] Idem, p. 257.
[183] Idem, p. 257.
[184] Idem, p. 265.

4 - *Cet écart n'est pas comblé par la demande des capitalistes* car ils ont tendance à un excès d'épargne. « Quant aux capitalistes... ils ont certainement le pouvoir de consommer leurs profits ou leur revenu... Mais une telle consommation est incompatible avec les habitudes actuelles de la plupart des capitalistes. Le but principal de leur vie, c'est de parvenir à amasser une fortune à force d'économie ...(en sorte que) ils ne peuvent pas s'offrir les uns aux autres un débouché suffisant pour l'échange de leurs différents produits ».

Les conseils de Malthus et leurs limites

Malthus en vient logiquement à conseiller de *réduire* l'accumulation du capital en faveur de la *« consommation improductive »*. « Il faut qu'il y ait une classe nombreuse d'individus ayant à la fois la volonté et la faculté de consommer plus qu'ils ne produisent pour que les classes mercantiles puissent continuer à étendre leur commerce et à réaliser leurs profits ». Un tel conseil comporte implicitement un renforcement de l'inégalité de consommation du travailleur productif et celle des possédants, et même des catégories non productives oisives[184]. Malthus perçoit bien quelques conséquences et dangers aussi bien de l'excès d'accumulation que de l'excès de consommation improductive au niveau de l'économie générale.

1- Les dangers *de l'excès d'épargne pour l'emploi :* Si dans un système d'épargne tout ce qui serait perdu par le capitaliste était gagné par le travailleur, l'obstacle à l'accroissement de la richesse ne serait que temporaire... Mais si la transformation du revenu en capital , poussée au-delà d'un certain point, doit en diminuant la demande effective pour les produits, laisser la classe ouvrière sans ouvrages... les habitudes de parcimonie peuvent causer un déclin sensible et permanent dans la richesse et la population » *(Principes p.265).*

2- *Les dangers de l'ajustement en baisse de la production.* : « Mais si, pour mettre d'accord la demande avec l'offre, c'est une diminution permanente de production qui a lieu et non une augmentation de consommation, la somme de la richesse nationale, qui se compose de ce qui est produit et consommé, et non de l'excédent des produits par-delà les consommations, doit se trouver décidément diminuée »[185]. Malthus semble bien avoir eu l'intuition des effets défavorables des politiques de restriction.

Finalement, une des faiblesses de l'analyse de Malthus est de ne pas s'être préoccupée au préalable de la justification des dépenses d'investissement. Est-ce que la production des biens d'équipement répond à un développement suffisant de la con-

---

[185] Idem, p. 330.

sommation ? [186]. Cependant, *il eut l'intuition exacte que l'augmentation de la production en économie capitaliste doit répondre à un accroissement préalable de la demande.* Keynes, plus d'un siècle plus tard, lors de la crise de 1929, devait construire une analyse d'ensemble sur le thème déjà si bien dégagé par le précurseur qu'a été Malthus, lorsqu'il déclarait : « Quand les profits sont faibles et incertains, quand les capitalistes ne savent comment employer avec sûreté leurs capitaux, et lorsque par ces motifs les fonds passent à l'étranger, en un mot, lorsque toutes les circonstances démontrent qu'il n'y a point une demande effective de capitaux dans le pays, n'est-ce-pas contrevenir en vain et en pure perte au premier, au plus important et universel de tous les principes d'économie politique, celui de la demande et de l'offre, que de conseiller l'épargne et la conversion en capital d'une plus grande somme de revenus ? »[187]. Finalement parmi les classiques, Malthus apparaît comme un « hétérodoxe » : il accorde une place essentielle à la population, il conçoit des facteurs de crise ; il défend les propriétaires fonciers à la grande différence de son ami Ricardo.

VI – Les classiques et l'échange extérieur

1. Innovation et continuité de la démarche

1 - *Le renversement par rapport au mercantilisme*

Nous avons vu comment les mercantilistes estimaient que les nations devaient régir leur commerce. On a pu caractériser doublement leur position : le commerce extérieur, comme le commerce intérieur, *n'assure de gain à l'un des partenaires que par une perte pour l'autre partenaire.* Le commerce international est le lieu d'un affrontement. L'objectif des échanges est d'accumuler des métaux précieux : le maintien d'une balance excédentaire est le moyen privilégié d'une « *guerre d'argent* ». Sur ces deux points la démarche classique opère un total renversement de démarche.

Au niveau économique *l'échange est profitable pour les deux parties*. Dès la fin du XVIIIe la conception libre-échangiste et « irénique » se fait jour. Un penseur aussi indépendant que Montesquieu avait même exposé dès le milieu de ce même siècle l'idée de la prospérité des nations fondée sur les avantages réciproques qu'elles se concèdent. « L'effet naturel du commerce est de porter à la paix ... »[188]. Ce principe est totalement adopté par les économistes classiques cinquante ans plus tard. Au niveau monétaire *ils refusent la recherche d'une balance commerciale systématiquement équilibrée*. L'équilibre tend à s'établir de lui-même, le déficit peut même être favorable.

---

[186] H. Denis, op. cit., p. 326.
[187] Malthus, *Principes,* p. 344.
[188] Cf. *L'Esprit des lois;* Livre XX, et J. Dedieu, *Montesquieu,* op.cit. , p. 255.

Les classiques vont donc formuler les propositions fondamentales du « discours libéral » qui sera progressivement affiné. Pour résoudre le problème de la meilleure politique commerciale, il fallait en effet élaborer *une théorie des causes qui commandent les flux d'échange*. En première approche, on pouvait se contenter de justifier l'échange par le profit privé, mais fallait-il encore savoir *si les profits des uns n'étaient pas, au niveau de la nation, annulés par les pertes des autres*.

2 - *Continuité de la démarche des classiques aux néo-classiques*.

Dans ce domaine les démarches classiques, puis néo-classiques, sont en *stricte continuité*. Il faut dès le départ bien réaliser qu'il y a élaboration progressive d'une vision d'ensemble d'un discours libéral qui comporte « cinq strates »[189] : A. Smith met en évidence *l'opportunité de l'échange* international quand il y a un *avantage de coût* ; Ricardo définit les conditions exactes d'un *commerce international avantageux* à partir de la notion de *coûts comparatifs* ; J. Stuart Mill précise le *rapport d'échange* (ou termes d'échange) international qui fixe l'avantage retiré par chaque partenaire de l'échange. Ces analyses élaborées en terme de valeur-travail sont reformulées par les néo-classiques au moyen de courbes d'indifférence et d'iso-produit se référant à *la valeur-utilité*. Le raisonnement et les conclusions de base ne sont guère modifiées. E. Heckscher, Paul A. Samuelson poussent à l'extrême l'analyse des implications théoriques du discours libéral. Ils ne formulent aucune théorie nouvelle de l'échange international, mais dégagent un axiome premier : « En économie ouverte tout pays tend à se spécialiser dans les productions en vue desquelles la proportion des facteurs dont il dispose est la plus favorable ». D'une manière générale, la théorie de l'échange classique, puis néo-classique, se développe sur la base d'adjonctions successives d'hypothèses qui élargissent l'écart entre le cadre de l'analyse et l'évolution réelle de l'économie internationale.

3 - *La spécificité de l'analyse de l'échange international*.

On peut se demander si l'on peut distinguer l'analyse théorique de l'échange international de l'analyse de l'échange interne. Dès l'origine les auteurs font une distinction de ce type en accentuant les différences. Classiques et néo-classiques se fondent tous sur une représentation du monde structuré à partir de la *notion politique de frontières*. L'existence d'Etats, séparés par des frontières, crée la différence essen-

---

[189] Cf. M. Rudloff, *Economie internationale : itinéraire et enjeux*, Paris, Cujas, 1982, p. 48. Sur l'évolution du concept de nation cf. J. Weiller, G. Desroussiles. op. cit. Chap. VI p. 141-169. L. Stoleru, dans « *L'ambition internationale* », Seuil. Paris, 1987 passe en revue les principes essentiels qui ont commandé la politique économique, dont la spécialisation internationale (p. 63-87), pour en marquer les limites aux regards des exigences actuelles.

tielle. Au plan théorique, la réalité des nations est spécifiée par la *relative immobilité des facteurs de production (capital, travail, terre)*. Pour Ricardo les nations sont des ensembles de sols de fertilité différente ; pour les néo-classiques les nations seront des « blocs » de dotations de facteurs différents. La démarche classique est à l'origine du modèle de base du commerce international fondé sur l'hypothèse d'immobilité internationale des facteurs de production. Par contre, la démarche classique, qui entend fournir une justification théorique du libre-échangisme, retient une hypothèse de mobilité totale des produits.

2. Les avantages de la DIT et la spécialisation selon les aptitudes naturelles

Le terme de « division internationale du travail », ou DIT, provient de l'anglais R. Torrens[190], et non d'A. Smith qui célèbre pourtant au début de son livre les bienfaits de la division du travail entre les individus. *A. Smith s'oppose nettement à ce qui est encore l'orthodoxie mercantiliste*[191]; on trouve dans son oeuvre deux ordres d'argumentation en faveur de l'échange international, dont on ne cite souvent que le second.

Le commerce extérieur comme débouché pour le surplus de la nation.

« L'importation de l'or et de l'argent n'est pas le principal bénéfice et encore bien moins le seul qu'une nation retire de son commerce étranger. Quels que soient les pays entre lesquels s'établit un tel commerce, il procure à chacun de ces pays deux avantages distincts »[192]. A. Smith présente alors deux propositions qui se réfèrent à la division du travail :

1 - Le commerce extérieur comme moyen de valorisation supplémentaire. « Il (le commerce) emporte ce superflu du produit de leur terre et de leur travail pour lequel il n'y a pas de demande chez eux, et à la place il rapporte en retour quelque chose qui est en demande. *Il donne une valeur à ce qui leur est inutile*, en l'échangeant contre quelque chose qui peut satisfaire une partie de leurs besoins ou ajouter à leurs jouissances ».

2 - *Le commerce extérieur comme moyen d'intensifier la division du travail.* Avec l'exemple de la manufacture d'épingles, A. Smith avait montré que la division

---

[190] R. Torrens, *Essai sur le commerce extérieur du blé*, (1815) a dégagé en même temps que Ricardo la notion d'avantage comparatif. (Cf. L. Robbins : *Robert Torrens*, Mac Millan, Londres, 1958).

[191] Cf. *Richesses*, Livre IV, Chap I «Du principe sur lequel se fonde le système mercantile», op. cit., p. 234 et ss, (Coll. iIdées).

[192]*Richesses*, Edit Guillaumin, vol. 2, p. 25, cité par C. Palloix *L'Economie mondiale capitaliste*, p. 150

du travail permet d'augmenter la productivité du travail humain dans l'industrie. Dans la mesure où cette division est limitée par le marché, on peut en déduire en sens inverse que *l'échange extérieur permet un accroissement de la productivité en améliorant la division du travail*[193]. A. Smith poursuit ainsi : « Par lui, *les bornes étroites* du marché intérieur n'empêchent plus que la division du travail *soit portée au plus haut point de perfection* dans toutes les branches particulières de l'art ou des manufactures[194]. A ce niveau la pensée de Smith devient difficile à interpréter tant ce précurseur aborde la question de façon novatrice, en particulier la *relation ville-campagne* dans la formation du marché intérieur. Ainsi il se demande quel secteur est à l'origine du surplus (entendu comme « ce qui excède la subsistance des cultivateurs »). Est-ce le secteur traditionnel de l'agriculture ? Est-ce le secteur manufacturier qui a tiré le meilleur avantage de sa spécialisation ?

Ceci conduit A. Smith à une position nuancée sur le commerce extérieur : *il constitue un débouché possible pour le secteur manufacturier limité par l'étroitesse du marché intérieur agricole*. L'échange international permet le développement du secteur industriel en assurant l'approfondissement de la division du travail : « En ouvrant un marché plus étendu pour tout le produit du travail qui excède la consommation intérieure, il encourage la société à perfectionner le travail, à en augmenter la puissance productive, à en grossir le produit annuel et à multiplier par là les richesses et le revenu national »[195].

L'accroissement de la valeur échangeable en raison d'un avantage de coût

1 - La notion d'avantage absolu : à un second niveau d'argumentation Smith dégage la notion *d'avantage absolu par comparaison des coûts absolus en travail entre partenaires à l'échange.* Son argumentation est micro-économique dirait-on, puisqu'il compare les nations à des ménages : « La maxime de tout chef de famille prudent est de ne jamais essayer de faire chez soi la chose qui lui coûtera moins cher à acheter qu'à faire... Si un pays étranger peut nous fournir une marchandise à meilleur marché que nous ne sommes en l'état de l'établir nous-mêmes, il vaut mieux que nous la lui achetions avec quelque partie du produit de notre industrie, employée dans le genre dans lequel nous avons quelques avantages »[196].

A. Smith soutient ainsi qu'il serait déraisonnable de produire du vin en Ecosse au lieu de s'en procurer à moindre coût à l'étranger. *Le coût absolu d'un bien dans un pays est égal à la quantité de travail nécessaire pour produire une unité de ce bien.* S'il faut 70 heures de travail pour produire 20 litres de vin en Angleterre, alors qu'avec

---

[193] Pour une discussion de cette interprétation, cf. C. Palloix, op. cit., p. 152-153.
[194] *Richesses,* idem.
[195] *Richesses,* idem, p. 26.
[196] *Richesses,* collection Idées, p. 257-258.

le même temps de travail on peut en produire 40 au Portugal, les coûts absolus respectifs des deux pays s'établissent ainsi :

$$\frac{70}{20} = 3,5 \text{ h par litre} \qquad et \qquad \frac{70}{40} = 1,75 \text{ par litre}$$

Le Portugal a un avantage absolu de coût sur l'Angleterre de 3,5 - 1,75 = 1,75 h ; son coût en travail pour la production de vin est deux fois moins élevé. On dira donc qu'un pays A bénéficie d'un *avantage absolu* sur un pays B pour un produit donné, si le coût absolu de ce produit est inférieur dans le pays A par rapport au coût dans le pays B. Ceci conduit à une comparaison des coûts absolus produit par produit. Il s'en déduit *le principe que chaque pays doit se spécialiser dans les productions ou les travaux pour lesquels il jouit d'une supériorité absolue* envers les autres pays.

2 - Ce principe comporte deux corollaires. Un pays a intérêt à importer tout produit dont la production domestique exige un coût de production supérieur. Un pays ne bénéficiant d'aucune supériorité dans aucun domaine de production est théoriquement exclu de l'échange international et destiné à l'autarcie. En fait, A. Smith admet que l'avantage absolu dépend à la fois *d'aptitudes naturelles et d'aptitudes acquises* : un pays pourrait protéger la production de biens déterminés pour obtenir des coûts absolus peu élevés. En ce sens, A. Smith ébauche une théorie du « *protectionnisme éducateur* » en même temps qu'une première expression de la théorie de la spécialisation internationale. Au moment où l'industrie anglaise va se développer *l'opportunité de l'échange est fondée sur la division internationale du travail.*

3 - Ce principe de spécialisation selon l'avantage absolu est d'ailleurs aussi étayé par un raisonnement de caractère global qui s'articule ainsi à propos de l'analyse des « entraves à l'importation »[197] : a) l'activité économique d'une nation « ne peut augmenter qu'autant que son capital augmente » ; b) le capital ne peut augmenter qu'à proportion de ce qui peut être épargné sur le revenu ; c) c'est donc « la balance de la production et de la consommation » (ce qui est différent de la balance commerciale) qui est la grandeur à considérer. « Si la valeur échangeable du produit annuel excède celle de la consommation annuelle, le capital doit nécessairement grossir annuellement en proportion de cet excédent »[198].

3. La théorie des coûts comparatifs : la loi providentielle de Ricardo

En formulant le principe de spécialisation suivant les coûts de production relatifs, Ricardo fut pratiquement le premier à élaborer une théorie particulière au commerce

---

[197] *Richesses*, Livre IV, chap. 2, p. 259.
[198] *Richesses,* p. 262.

international, c'est-à-dire distincte du commerce interne. Rappelons dans quel contexte théorique et historique s'insère la théorie des coûts comparatifs. Au niveau politique : il s'agit toujours pour Ricardo de *savoir s'il faut continuer de protéger l'agriculture anglaise* développée pendant le blocus continental napoléonien, ou s'ouvrir aux importations et s'industrialiser. Il choisit le libre-échange, même s'il faut payer plus cher le blé importé, si l'industrialisation assure un avantage comparatif sur d'autres produits. Au niveau théorique, l'analyse de l'échange international de Ricardo est reliée à sa théorie générale de l'évolution de la société : *l'échange est le moyen de ralentir ou de compenser la tendance à la baisse du taux de profit.*

Hypothèses de base et notion de coût comparatif

1 - Les hypothèses. L'analyse de Ricardo est fondée sur des hypothèses qui demeureront caractéristiques de l'approche classique, à savoir : a) la circulation internationale des marchandises est libre ; b) les facteurs de production travail et capital sont immobiles. Seuls des biens finals font l'objet d'échange entre pays ; c) dans le cadre de l'économie nationale les échanges de marchandises se réalisent « à quantité égale de travail ». Ricardo exprime clairement, à la différence de A. Smith, que dans le commerce international *les quantités de travail échangées, c'est-à-dire les coûts, peuvent être inégaux.*

2 - La notion de coût comparatif : Ricardo reprend et complète l'exemple de Smith ; il raisonne sur deux pays, le Portugal et l'Angleterre, qui produisent deux biens : le vin et le drap. On peut exprimer en heures de travail, et non en nombre d'ouvriers pour une production comme Ricardo, *la matrice des coûts unitaires de production* (heures de travail pour un tonneau de vin, une mesure de drap) ce qui nous donne le tableau suivant :

	vin	*drap*
Portugal	80 (al)	90 (bl)
Angleterre	120 (a2)	100 (b2)

On calcule le *coût comparatif* du vin par rapport au drap en faisant le rapport du nombre d'heures de travail nécessaire à la production d'une unité de vin (bien A) sur le nombre d'heures de travail nécessaire à la production d'une unité de drap (bien B), et cela dans chacun des pays. Ainsi dans chaque pays *le taux d'échange interne, ou coût comparatif,* du vin par rapport au drap s'exprime par le rapport du nombre d'heures de travail :

$$\frac{\text{Coût absolu de A}}{\text{Coût absolu de B}} = \frac{\text{travail pour une unité de vin domestique}}{\text{travail pour une unité de drap domestique}}$$

soit

Coût comparatifs vin/drap $= \dfrac{a1}{b1} = \dfrac{80}{90} = \dfrac{89}{100}$
au Portugal

Coût comparatifs vin/drap $= \dfrac{a2}{b2} = \dfrac{120}{100}$
en Angleterre

On voit que le pays 1 a un avantage absolu à la fois pour a et b (soit a1 < a2 et b1 < b2).

$$\frac{a1}{a2} \quad < \quad \frac{a1}{a2} < 1$$

Dans cette hypothèse de structure des coûts, le Portugal dispose d'une productivité supérieure pour les deux produits[199]. Au Portugal, en autarcie on échange une unité de vin contre 0,89 unité de drap (80/90). En Angleterre, on échange une unité de vin contre 1,20 unité de drap (120/100) puisque les produits s'échangent entre eux à l'intérieur des nations, sur la base de leur valeur respective, c'est-à-dire selon les quantités de travail respectives qu'il incorporent. On voit que le coût de production de vin portugais représente 66 % du coût anglais, tandis que pour le drap le coût portugais représente 90 % du coût anglais

Si les vignerons portugais vendent leur vin sur le marché anglais ils peuvent obtenir dans le cas le plus favorable 1,20 unité de drap anglais, tandis qu'ils n'en n'obtiendraient que 0,89 unité sur le marché intérieur portugais. Symétriquement, si les drapiers anglais exportent leur drap sur le marché portugais, ils peuvent obtenir 1,12 unité de vin contre 0,83 seulement sur le marché intérieur. Ainsi, malgré l'hypothèse de double supériorité de productivité portugaise, *les deux pays peuvent bénéficier de l'échange international.* Ceci nous conduit à un énoncé simple du premier théorème de Ricardo : *chaque pays a intérêt à se spécialiser dans la production pour laquelle il dispose du plus grand avantage de coût relatif, ou du plus faible désavantage relatif.* En d'autres termes chaque pays doit se spécialiser dans la production où le rendement de l'heure de travail domestique est le plus élevé, et il importe le bien pour lequel le partenaire dispose de la plus forte productivité. Les termes de l'échange doivent s'établir entre *une limite inférieure,* 1 vin = 0,89 drap pour laquelle l'Angleterre serait seule à bénéficier de l'échange, et une limite supérieure 1 vin = 1,2 drap pour laquelle le Portugal serait seul à bénéficier de l'échange. On peut représenter graphiquement *la zone ricardienne des échanges avantageuses* (cf. fig. 4)

---

[199] Ricardo, *Principes,* p. 103.

Fig. 4

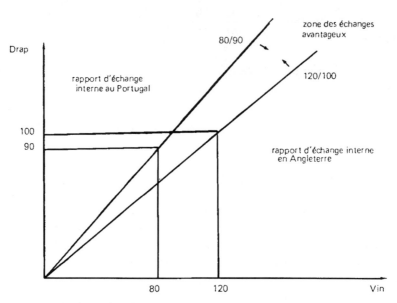

Conséquences de la spécialisation au niveau de la DIT

Au niveau d'introduction aux démarches fondamentales où nous sommes, retenons les conséquences les plus générales de la spécialisation selon Ricardo.

1 - L'optimalité de la DIT selon les coûts comparatifs. Il s'agit du principe essentiel des classiques pour établir la supériorité du libre-échange. Il se ramène à deux proposition : a) l'échange selon les avantages comparatifs permet *à chaque partenaire d'augmenter les quantités de produits consommables pour une dépense productive égale*. Ceci n'a pas besoin d'une nouvelle démonstration, c'est la conséquence immédiate de différences dans les coûts comparatifs ; b) la spécialisation ricardienne comporte un avantage au niveau mondial qui correspond à la somme des avantages nationaux.. Si l'on retient la même structure de coûts unitaires que précédemment pour produire en commun 2 unités de chacun des produits concernés, on obtient en effet une économie de 390-360 = 30 heures.

Avant spécialisation
(coût en heures de travail)

	Portugal	Angleterre	Total
Vin	80	120	200
Drap	90	100	190
			390

Après spécialisation

	Portugal	Angleterre	Total
Vin	160	-	160
Drap	-	200	200
			360

En conséquence toute restriction quantitative imposée par les partenaires à l'échange correspond à une entrave à la division internationale du travail. Elle bloque le *mécanisme de réallocation interne* à chaque pays avant spécialisation complète des deux partenaires selon leurs avantages comparatifs. Il doit en résulter une moindre efficience au niveau mondial par rapport au libre-échange. Dès Ricardo on perçoit quelques implications de ce critère de l'optimum libéral.

La spécialisation selon les coûts comparatifs ne constitue qu'un objectif optimal de second rang. Dans l'hypothèse d'un double avantage comparatif au Portugal, l'optimum absolu serait que les Anglais investissent leurs capitaux au Portugal pour produire vin et drap. « Dans la supposition que nous venons de faire, les capitalistes de l'Angleterre et les consommateurs des deux pays gagneraient sans doute à ce que le vin et le drap fussent l'un et l'autre faits au Portugal, le capital et l'industrie anglais passant par conséquent, à cet effet, de l'Angleterre au Portugal »[200]. *Ainsi Ricardo imaginait déjà un optimum mondial de concurrence complète.* Il est notable que Ricardo avance des considérations politiques et affectives contre un tel transfert de capitaux : le risque pour le capital, la patrie, la répugnance à aller se confier à un gouvernement étranger, etc.[201]. On ne trouvera plus de telles considérations chez les néo-classiques.

L'optimum décrit concerne des *« êtres collectifs nationaux »*, soit l'ensemble des producteurs-consommateurs constituant la nation.

Les avantages comparatifs déterminent l'allocation optimale des facteurs, mais ils ne précisent rien sur la *répartition effective* du surplus distribuable obtenu grâce au commerce. C'est là une lacune très grave.

2 - Les conséquences les plus optimistes de l'ouverture à l'échange extérieur selon les avantages comparatifs résultent précisément des *disparités de structures productives* entre pays participant au commerce mondial. *L'échange international est d'autant plus bénéfique qu'il concerne des nations à structures naturelles différentes* ou à niveau différent (diversité historique). « L'asymétrie des structures nationales » par les complémentarités qu'elle engendre constitue la seule condition, à la fois

---

[200] *Principes,* p. 103.
[201] *Principes,* p. 104.

nécessaire et suffisante, pour réaliser des échanges et élargir la division internationale du travail . En raison de l'avantage comparatif, même des pays à structures inégalement productives peuvent participer au commerce mondial.

Pourtant *Ricardo analyse peu l'origine de ces disparités :* elles résultent du climat, de l'inégale fertilité des terres... mais aussi « d'avantages artificiels » qui peuvent être acquis, comme « les perfectionnements dans les arts et dans les machines... qui exercent une influence constante sur le cours naturel du commerce »[202]. Ricardo a aussi conscience des avantages des nations pauvres qui ont une supériorité relative pour la fabrication de produits à forte utilisation de travail «parce que dans de tels pays on peut se procurer avec le plus de facilité la nourriture et les choses nécessaires pour une population croissante. Dans les pays riches, au contraire, où la nourriture est chère les capitaux se porteront, si le commerce est libre, vers ce genre d'industries qui exigent l'emploi du plus petit nombre d'ouvriers »[203].

L'inégalité des dimensions : dans le cas de pays à dimensions très inégales, à capacités de production et marché interne respectivement larges et étroits, on constate ceci : la production d'un seul bien par le petit pays (le Portugal) ne peut couvrir la consommation des deux partenaires. Le pays à forte dimension doit produire les deux biens, donc seul le petit pays peut bénéficier de tous les avantages de la spécialisation. Cette analyse sera approfondie par J. Stuart Mill.

L'échange international et la résolution des antagonismes sociaux

Etant donné l'actualité du problème des échanges entre pays industrialisés et le Tiers-monde, il est utile de présenter ce que l'on appelle le *« 2 ᵉ théorème de Ricardo ».* La théorie du commerce international est étroitement reliée chez Ricardo au problème fondamental pour lui de la répartition du revenu entre les trois classes de la société. La lecture des *« Principes »* de Ricardo interdit de séparer ces deux champs d'analyse.

1 - Le commerce international repousse l'horizon de l'« état stationnaire ». On se souvient que le produit social se répartit entre : a) *la rente*, égale à la différence entre le produit effectif de la terre considérée et le produit marginal sur la terre la moins fertile ; b) *le salaire,* ou prix courant du travail qui tend à s'ajuster sur le coût des subsistances indispensables à son entretien et sa reproduction ; c) *les profits,*fraction résiduelle du produit. A travers le coût des moyens de subsistance qui commande le taux de salaire, les intérêts des propriétaires fonciers et des capitalistes manufacturiers sont antagoniques.

Par ailleurs, la poursuite de l'accumulation du capital et la croissance de la population provoque une hausse du coût de production du blé, donc du taux de salaire

---

[202] Idem, p. 100
[203] Idem, p. 108.

naturel, d'où une tendane à la baisse du taux de profit C'est la marche vers l'état stationnaire. *Le commerce international repousse l'horizon de l'état stationnaire* et cela à deux niveaux selon la structure des échanges de la nation considérée. On peut représenter le modèle selon le shéma simple suivant :

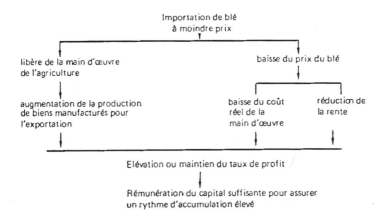

Ricardo parvient ainsi à rattacher le commerce extérieur à la répartition et à l'accumulation. On retrouve bien la continuité de sa préoccupation[204]. « Dans tout le cours de cet ouvrage, j'ai cherché à prouver que le taux des profits ne peut jamais hausser qu'en raison d'une baisse des salaires, et que cette baisse ne peut être permanente qu'autant qu'il y aura une diminution dans le prix des denrées que l'ouvrier achète avec ses gages. Si, *par l'accroissement du commerce étranger,* ou par des perfectionnements dans les machines, on peut fournir aux travailleurs la nourriture et les autres objets de première nécessité à plus bas prix, les profits hausseront. Si, au lieu de récolter du blé chez nous, et de fabriquer nous-mêmes l'habillement et les objets nécessaires pour la consommation de l'ouvrier, *nous découvrons un nouveau marché où nous puissions nous procurer ces objets à meilleur compte,* les salaires devront baisser et les profits s'accroître »[205].

2 - Le commerce international facteur de paix. Alors que Ricardo analyse les conditions objectives d'un antagonisme entre classe sociale pour la répartition du

---

[204] Les successeurs de Ricardo poursuivront le même combat, mais il est notable que le principe du libre-échange n'a prévalu qu'en 1846 à la suite de la campagne de R. Cobden qui s'appuyait sur la classe ouvrière en faisant valoir le bas prix des produits importés, le travail abondant qu'assurait l'expansion des exportations de produits manufacturés. Ainsi, le libre-échange devait permettre tout à la fois la croissance des profits capitalistes et la domination de la Grande-Bretagne dans le seconde moitié du XIXe.

[205] *Principes,* p. 100.

revenu, il a une vision totalement optimiste des effets du commerce international. « Il lie entre elles toutes les nations du monde civilisé par des nœuds communs de l'intérêt, par des relations amicales et en fait une seule et grande société »[206]. Il rejoint ainsi l'école française. Ricardo va même plus loin en affirmant que le commerce est « avantageux pour tous les membres de la société car tous sont des consommateurs[207]». L'analyse de Ricardo fournit donc les bases théoriques essentielles de ce qui va constituer l'idéologie libérale.

Il faut cependant remarquer que la convergence des intérêts entre classes sociales en économie ouverte est seulement partielle, car elle suppose le sacrifice de la classe des propriétaires fonciers des pays riches au profit des capitalistes manufacturiers. Par ailleurs le rapport d'échange international demeure indéterminé ; il reste à savoir comment se partage le gain de l'échange entre partenaires.L'analyse ricardienne nous indique seulement que les termes de l'échange sont compris dans l'intervalle des coûts relatifs.

4. La fixation des termes de l'échange selon Stuart Mill

La comparaison des coûts unitaires de production fournit chez Ricardo les déterminants de l'échange et indique le sens de l'échange. La théorie des avantages comparatifs définit *la zone des échanges internationaux avantageux,* mais ne donne aucune indication sur les termes effectifs de l'échange. C'est John Stuart Mill qui présente une solution au problème non résolu par Ricardo, en exposant la *théorie des valeurs internationales* dans ses *« Principes d'Economie Politique »* de 1848[208], théorie qui s'imposera jusque dans les années 1920, mais c'est Torrens qui avait utilisé le premier le terme de *Demande Réciproque* pour qualifier le mécanisme de détermination des termes de l'échange en condition de concurrence.

---

[206] Idem, p. 102. Ainsi F. Bastiat (1801-1850), fervent défenseur du libre échangisme pour la France, s'écriait : « l'Angleterre ouvre tous ses ports ; elle a renversé toutes les barrières qui la séparaient des nations ; elle avait cinquante colonies, elle n'en a plus qu'une et c'est l'univers...» *Cobden et la ligue.* 1846, cité par Beaud. M. *Histoire du capitalisme. 1500-1980.* Seuil. Paris. 1981. p. 135.

[207] Idem, p. 101.

[208] Chap. 17 et 18 du livre III, mais l'ouvrage est peu aisé à consulter aussi bien en anglais qu'en français après avoir été le manuel de base de l'enseignement universitaire anglo-saxon au moins jusqu'en 1900 et avoir eu, selon J. Schumpeter (op. cit., p. 213), un succès beaucoup plus large que les *Principes* de Ricardo. cf. S. Hollander *The Economics of J. S. Mill.* Blackwell, Londres, 1985.

Pour lever l'indétermination du théorème de Ricardo, il faut prendre en considération la demande des pays échangistes et non pas seulement les conditions de coût. La théorie de Stuart Mill peut se résumer à deux propositions[209].

a) le taux de l'échange effectif (termes de l'échange) est déterminé par les conditions de la demande réciproque ;

b) la forme de la courbe de demande réciproque dépend de son élasticité (Stuart Mill disait « extensibilité »).

La détermination du taux de l'échange international par la demande réciproque

L'analyse est fondée sur les hypothèses caractéristiques de la démarche classique : en *faisant abstraction de la monnaie* l'échange est analysé comme un *troc*. Un pays n'exporte que s'il a besoin d'importer ; à toute demande de marchandise étrangère correspond nécessairement une offre d'exportation, ce qui est conforme à la loi des débouchés.

En d'autres termes dans le commerce international, l'offre d'une marchandise est faite en fonction de la demande du partenaire à l'échange. Soit le cas de deux pays I et II et deux marchandises A et B ; on peut représenter les dispositions à l'échange de chaque partenaire au moyen d'un « barème » ou *« courbe mixte »,* qui indique la quantité de biens que le partenaire considéré accepte de céder contre un volume donné du bien qu'il importe. On a donc deux demandes réciproques :

- la demande réciproque de I pour le bien B (qui est en même temps l'offre corrélative de I pour le bien A.

- la demande réciproque [210] de II pour le bien A (qui est en même temps l'offre corrélative de II pour le bien B.

---

[209] Pour exposer la théorie de J. Stuart Mill nous allons retenir la représentation géométrique qu'en a donnée A. Marshall à la fin de la décennie 1870, ce qui a le double intérêt à notre sens de marquer la position de transition du dernier grand défenseur de la démarche classique et le caractère souvent formel des néo-classiques. Cf. A. Marshall, *The Pure Theory of Foreign Trade.* 1879. Ces courbes d'offre demande ont été perfectionnées par F.Y. Edgeworth (1894) qui les représente sur un même graphique avec les droites représentatives des taux d'échange internes. Edgeworth considérait que ces courbes cachaient plus qu'elles ne révélaient ; il comparait un déplacement le long de ces courbes au mouvement considérable et non apparent du mécanisme d'une horloge accompagnant le déplacement des aiguilles. Viner (1937) montre qu'une partie de ces courbes se confond avec des droites d'échange interne en raison de la consommation intérieure.

[210] Ces courbes de demandes réciproques sont strictement définies pour la démonstration de Stuart Mill ; il ne faut pas les confondre avec : a) *courbe de demande ordinaire* : quantité demandée en fonction des prix b) *courbe de demande d'importation ou d'exportation* : quantités demandées par rapport aux prix étrangers. c) *courbes d'offre ou de demande totales d'exportation* ou importation, combinant à la fois volume et prix moyens.

Les demandes réciproques sont envisagées dans la *perspective d'un équilibre des balances*. J.S. Mill déclare : « Le produit d'un pays s'échange contre le produit des autres pays à des valeurs telles que l'ensemble de ses exportations puisse exactement payer l'ensemble de ses importation…L'offre de l'un constitue sa demande pour ce qu'apporte l'autre. De sorte que l'offre et la demande ne sont qu'une manière de demande réciproque et dire que la valeur se fixera de manière à égaliser la demande et l'offre, c'est dire, en fait, qu'elle se fixera de manière à égaliser la demande d'une partie et la demande de l'autre partie ». La théorie millienne des valeurs internationales postule donc l'équilibre entre valeurs importées et valeurs exportées.

On retient traditionnellement la représentation graphique suivante des termes de l'échange :

Fig. 5

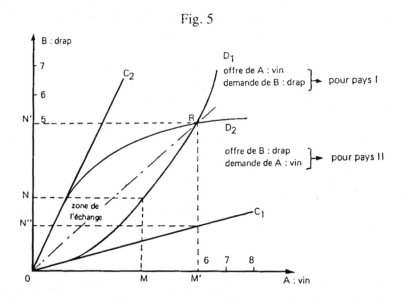

Soient deux pays I (Portugal) et II (Angleterre) et deux produits vin et drap. Les droites de prix OC_1 et OC_2 représentent les taux d'échange internes, c'est-à-dire les conditions dans lesquelles on obtient respectivement du drap et du vin dans chacun des pays contre du vin et du drap. Ce sont des droites, car les coûts sont supposés constants. Par contre, chacun des points des courbes de demande réciproques (soit OD_1 et OD_2) correspond à la quantité minimum du produit demandé que le pays considéré est prêt à accepter en échange du produit qu'il offre. Ainsi, la courbe OD_1 montre qu'en échange d'une quantité OM de vin, le pays I est prêt à accepter au minimum une quantité ON de drap.

Etant donnée une situation de l'offre et de la demande, tous les points possibles d'échange se situent sur les courbes ou entre les courbes. Les quantités de drap et de vin qui seront échangées à l'équilibre sont données par les coordonnées de *R*, *point d'intersection des deux courbes*. *Au point R, le rapport d'échange,* ou termes de l'échange, (dans ce cas à l'équilibre), est représenté par la pente de la droite OR, soit RM' / OM' ; dans le cas présent 5B / 6A.

Toute variation de la demande entraîne un déplacement de l'une ou l'autre des courbes, et donc une modification des termes de l'échange d'équilibre. Les coûts comparatifs déterminent l'espace dans lequel peut évoluer ce rapport.

Quelle est la nature des déterminants des courbes de demande réciproque ? Nous avons volontairement exposé, dans cette dernière section du Titre I consacré à la démarche classique, la présentation géométrique que fait A. Marshall de la théorie classique de Stuart Mill. Elle constitue une transition et prépare une transposition dans le cadre de *la valeur utilité : les termes de l'échange sont exprimés en termes réels correspondant à des quantités de travail,* mais cette analyse *débouche sur la valeur utilité.* En effet la forme des courbes de demande est commandée non seulement par les besoins et les revenus, mais aussi par la décroissance de l'utilité des unités supplémentaires de biens obtenues par l'échange. De plus quand deux pays échangent deux marchandises, la valeur respective d'échange des marchandises s'adapte aux goûts et aux besoins des consommateurs de l'un et l'autres pays, de façon à ce que la quantité de marchandises, demandées par un pays paye exactement la quantité de marchandises payée par l'autre. En résumé la *considération de l'offre* (coûts de production en unités de *travail*) définit les limites de l'échange ; la *considération de la demande* débouche sur la valeur *utilité.*

L'élasticité de la demande et le gain à l'échange

Le principe fondamental qui définit l'échange avantageux peut être formulé de façon plus précise ; *un pays gagne d'autant plus à l'échange international que les termes de l'échange international sont différents des rapports d'échange autarcique*[211]. Les gains réalisés dans l'échange par chaque co-échangistes apparaît clairement : le Portugal en offrant sur le marché international OM' unités de vin recevra ON' unités de drap anglais au lieu de ON'' selon le rapport d'échange d'autarcie. On constate donc pour une structure donnée des coûts comparatifs, le prix d'équilibre international et les gains des deux partenaires dépendent de la forme des courbes de demande réciproque. Selon Stuart Mill, celle-ci dépend à la fois du *montant* ou de

---

[211] En ce qui concerne la représentation géométrique, la forme de la courbe est variable selon les hypothèses retenues pour les coûts de production marginaux et l'utilité collective de chaque bien. Si l'utilité marginale est décroissante pour des coûts marginaux croissants, les DR seront concaves vers l'intérieur : plus les quantités échangées augmentent, plus l'utilité des biens obtenus décroît relativement à l'utilité des biens cédés. Ces notions seront présentées dans le titre II.

« l'intensité » des demandes réciproques d'une part, de *l'élasticité de prix* de la demande d'importation et de l'offre d'exportation de chaque pays[212] d'autre part.

Pour introduire progressivement cette forme de raisonnement dans un cadre théorique précis, supposons qu'intervienne un *perfectionnement technique* sur l'une des marchandises échangées, dont seule l'Angleterre puisse bénéficier. Il en résulte une modification du prix d'échange international. Le drap devient moins cher en termes de vin. Logiquement le Portugal devrait demander plus de drap ; en fait, plusieurs cas peuvent se présenter.

Soit un cas d'*élasticité = 1,* c'est-à-dire la variation de la demande de drap est proportionnelle à l'abaissement de son prix. La dépense totale du Portugal demeure inchangée, mais il obtient une quantité supérieure de drap pour une même quantité de vin : *l'avantage est obtenu par le pays importateur* dans l'échange avec le pays réalisant le progrès technique.

Soit un cas d'*élasticité > 1,* c'est-à-dire la demande portugaise augmente plus que porportionnellement à la baisse du prix du drap. La dépense portugaise totale augmente, d'où *l'avantage est partagé par les deux partenaires.*

Soit un cas d'*élasticité < 1,* c'est-à-dire la demande portugaise augmente moins que proportionnellement à la baisse du prix. La dépense portugaise totale diminue. Les termes de l'échange diminuent pour l'Angleterre qui doit fournir plus de drap pour obtenir la même quantité de vin. *Le gain revient encore au Portugal.*

Contenu normatif et idéologique de la théorie des valeurs internationales

J. Stuart Mill, dans la ligne d'A. Smith et Ricardo, renforce encore au plan idéologique la perspective optimiste des classiques. Ainsi, dans les trois hypothèses d'élasticité de la demande évoquée, *l'innovation anglaise est toujours profitable au Portugal.* Le progrès technique conduit à une détérioration des termes de l'échange anglais. Sous la pression de la concurrence l'importateur bénéficie seul dans deux cas sur trois des gains réalisés par l'exportateur. Ainsi, *selon la théorie classique, l'industrialisation de l'Angleterre se serait effectuée pour le plus grand bien du reste du monde,* y compris les nations procurant les matières premières indispensables à son développement. Il y aurait eu diffusion spontanément harmonisée des avantages du progrès technique.

La prise en considération des dimensions respectives des marchés internes à travers le montant absolu de la demande conduit à affirmer que *plus la demande d'un pays est forte par rapport à la demande de son partenaire, plus ce dernier disposera d'une position favorable* pour la détermination du taux d'échange effectif. On par-

[212] Stuart Mill emploie le terme « d'extensibilité » de la demande pour qualifier une notion qui est très près de celle d'élasticité. cf. Titre II sur ce point.

vient alors à ce que l'on a appelé : le *«paradoxe de Stuart Mill »* attribuant des vertus correctrices au commerce international. Pour l'essentiel, il peut s'énoncer ainsi : dans leurs échanges avec les pays pauvres, les pays riches à forte demande d'importation obtiennent un gain unitaire inférieur, ce qui tendrait à égaliser ces situation. Par contre les gains globaux sont plus élevés pour les pays riches du fait que leur commerce porte sur un volume plus important ; les pays riches récupèrent sur la quantité ce qu'ils perdent sur chaque article. Plus que tout autre le principe des avantages comparatifs, prolongé par la théorie des valeurs internationales, manifeste que toute théorie économique comporte un contenu idéologique fort.

Mentionnons en effet une évidence : si l'analyse de Stuart Mill était vérifiée, il ne devrait pas y avoir de pays sous-développés, ou plus précisément « maintenus dans le sous-développement ». L'analyse même de Ricardo peut fournir une base de réponse : *le gain à l'échange pour les pays qui se conforment aux avantages comparatifs est obtenu au niveau apparent de l'échange de valeurs d'usage.* Les partenaires obtiennent effectivement plus de marchandises qu'ils n'en fabriqueraient par une production interne.

Ces résultats sont différents si on déplace l'analyse en passant des échanges de marchandises à la comparaison des quantités de travail échangées. Il apparaîtra que le pays à faible niveau de développement, et donc à faible productivité, est exploité au niveau des quantités de travail échangées. A cela on pourrait répondre que le souhait d'établir une équivalence de principe entre le travail d'un Japonais et d'un Sénégalais s'impose sur le plan de la morale, mais peut ignorer que les productivités de travail diffèrent d'un pays à l'autre pour de nombreuses raisons.

ELEMENTS DE BIBLIOGRAPHIE
POUR UN APPROFONDISSEMENT

De l'Antiquité aux mercantilistes

DEYON P., *Le Mercantilisme*, Flammarion, Paris 1969.

GORDON B.J., *Economic Analysis before A. Smith. Hesiod to Lessius*, 1975.

HECKSCHER E., *Mercantilism*, Allen and Unwin. Londres-New York. 1955.

PIETTRE A., *Trois Ages de l'Economie*, Fayard, Paris 1964.

WOLFF J., *De Xenophon à Adam Smith*, Cujas, Paris, 1973.

L'Ecole physiocratique

LUTFALLA M., *Aux origines de la pensée économique*, Economica, Paris, 1981.

QUESNAY F., *Quesnay et la physiocratie*, (sous la direction de A. Sauvy), INED, Paris, 1958.

QUESNAY F., *Tableau économique des physiocrates*, Préf. M. Lutfalla, Calman-Lévy, Paris, 1969.

WEULERSSE G., *Le Mouvement physiocratique en France 1756-1770*, Mouton, Paris, Réédition 1968.

Adam Smith

BLAUG M., *La pensée économique*, Chap. 2 comprenant un guide pour la lecture de la « Richesse des Nations ». Economica, Paris, 1981.

CARTELIER J., *Surproduit et reproduction : la formation de l'économie politique classique*, Maspero/ PUG, Paris, 1976.

DUMONT. L. *Homo aequalis. Génèse et épanouissement de l'idéologie économique.* Gallimard. Paris. 1977.

FONTANEL J., « Présentation thématique et formalisée de la Richesse des Nations », dans : *Revue Economique*, Mai 1978, pp. 538-563.

SMITH A., *Recherche sur la nature et les causes de la richesse des nations.* Les grands thèmes, édit. par G. Mairet, Gallimard (Idées n° 318), Paris, 1978.

T.R. Malthus

FAUVE–CHAMOUX, A. *Malthus. Hier et aujourd'hui*, Edit. CNRS, Paris 1984.

MALTHUS T.R., *Essai sur le principe de population*, Ined, Paris, 1980.

PETERSEN W., *Malthus*, (trad. franç.) Dunod, Paris, 1980.

POURSIN J., DUPUY G., *Malthus*, Seuil, Paris, 1972.

SAUVY A., *Malthus et les deux Marx*, Gonthier, Paris, 1966.

David Ricardo

BLAUG M., *La pensée économique,* Chap. 4 : le système de Ricardo, p. 102-170 comporte un guide de lecture des « Principes ». Economica, Paris, 1981.

HOLLANDER S., *The Economics of D. Ricardo,* University of Toronto (Studies in Classical Political Economy), Toronto, 1979.

RICARDO D., *Principes de l'économie politique.* Préface de C. Schmidt, Collection Perspectives de l'Economie, Calmann-Lévy, Paris, 1970 (c'est l'édition que nous citons).

SCHMIDT C., *Essai sur l'économie ricardienne,* Economica, Paris, 1984.

VIDONNE P., *La formation de la pensée économique,* Economica, Paris, 1985.

La théorie classique du commerce international

BYE M., DESTANNE DE BERNIS G., *Relations économiques internationales,* Précis Dalloz, Paris, 1987.

LASSUDRIE-DUCHENE B., *Echange international et croissance* (articles de B. Balassa, G. Mac Dougall), Economica, Paris, 1972.

MUCCHIELLI J.L., SOLLOGOUB M., *L'Echange international.* Economica, Paris, 1980.

PALLOIX C. *L'économie mondiale capitaliste,* Tome I, Maspéro, Paris, 1971.

SANDRETTO R., *Inégalités transnationles.* Edition du CNRS, Paris, 1978.

Sur les courants de la pensée économique : en général signalons l'édition en cours, sous la direction de M. BLAUG des séries *Schools of Thought in Economics,* 12 volumes, 23 tomes, Edward Elgar Publishing Limited, Gower House, 1988-1989. Les économistes sont divisés en grands courants, mais de façon assez facilement identifiable : microéconomie néo-classique, économie autrichienne, monétarisme, héritage keynésien, économie des comportements, économie expérimentale, économie institutionnelle, économie post-keynésienne, économie de Sraffa, économie politique radicale, économie marxienne.

Cette œuvre suit la publication du *Palgrave Dictionary* sous les auspices de l'Ecole de Cambridge.

Sur la méthodologie du point de vue de l'histoire de la pensée : Cf. R. EKELUND, R. HEBERT, *A History of Economic theory and method,* Mc Graw-Hill, New-York.

Titre II

La démarche néo-classique

Chapitre III
Caractéres généraux de la démarche néo-classique

La décennie 1871 marque un tournant dans le développement de la science économique. On assiste à une rupture par rapport aux enseignements dominants de l'école classique anglaise. Le *jalonnement chronologique* est possible par l'étrange convergence des recherches de trois auteurs qui ont développé de nouveaux concepts de base dans l'ignorance les uns des autres : Stanley Jevons, Léon Walras, Carl Menger. On attribue pour simplifier :

– *La version utilitariste du marginalisme* à S. Jevons qui conserve les fondements utilitaristes de l'économie (cf. James Mill qui déclarait : « l'achat du plaisir à un coût en terme de peine le plus faible possible » est la base du comportement économique.)

– *La version mathématique du marginalisme* à L. Walras pour qui l'utilité marginale représente l'instrument nécessaire pour transformer l'économie en mathématique appliquée.

– *La version psychologique du marginalisme* à C. Menger qui élabore à partir de l'observation et de l'expérience « des concepts hypothétiques abstraits » selon le mode de raisonnement de E. Kant. Les motivations psychologiques du comportement humain sont à la base de l'appréciation de l'utilité des biens.

Mentionnons cependant que le terme « néo-classique » est l'un des plus utilisés dans les controverses concernant la science économique, en particulier pour tout ce qui touche la dépendance à une idéologie. Il en résulte une forte schématisation. Les polémiques les plus extrêmes opposent « marxiste » à « néo-classique » au risque de priver ce dernier terme de toute précision.

1. L'objet principal d'analyse et d'innovation méthodologique

L'économie comme science des choix efficaces

Nous avons déjà abordé cette question dans l'introduction et l'on peut se référer aux définitions néo-classiques de l'objet de l'économie qui ont été citées.

Nous reprenons la formule condensée : « l'économique étant définie par un certain champ sémantique où s'articulent : la *rareté,* le *besoin,* les *fins* et les *moyens,* l'objet de la science économique est de déterminer les lois de l'allocation optimale des moyens rares à usage alternatif ». Les néo-classiques partent généralement de l'hypothèse d'une offre donnée de *facteurs de production.* Nous préciserons tout de suite après ce qu'ils définissent ainsi. Ils analysent comment les agents économiques peuvent réaliser la meilleure utilisation du facteur considéré dont la disponibilité est limitée. Cette démarche, selon la nature de l'agent, vise à expliquer comment un *consommateur,* disposant d'un budget donné, peut faire pour obtenir la satisfaction maximale ? Comment un *producteur* doit procéder pour obtenir le profit maximun d'un budget donné ? *La rareté devient ainsi, avec l'utilité, un concept économique fondamental.*

Dans sa forme la plus épurée, la démarche néo-classique s'éloigne délibérément de la description de la réalité pour déterminer les bases du calcul économique rationnel qui doit guider les producteurs ou les consommateurs, les entreprises ou les ménages.[1]

Le raisonnement à la marge comme méthode

Le centrage de l'analyse économique sur la détermination des lois de l'allocation optimale des moyens rares est étroitement liée à une innovation méthodologique dont l'emploi est généralisé par les néo-classiques : *Le raisonnement à la marge,* ou marginal. Il est fondé sur l'hypothèse de la continuité dans l'évolution des phénomènes économiques. On peut ainsi, par une démarche intellectuelle abstraite, décomposer le mouvement économique en petites variations successives, et même en variations infinitésimales si l'on introduit les concepts mathématiques . Nous reviendrons dès notre prochain chapitre sur ce point. Signalons seulement que beaucoup d'auteurs mettent cette innovation au premier plan en la qualifiant de « *révolution marginaliste* »[2] , ce qui tend à privilégier la méthode sur le contenu de l'approche néo-classique.

---

[1] Pour une analyse suggestive des origines historiques du calcul économique. Cf. C. Schmidt. *La sémantique économique en question.* Calmann-Levy, Paris, 1985, p. 85 et ss. et A. O. Hirschmann. *Les passions et les intérêts.* PUF, Paris,1980. p. 33 à 42.

[2] M. Blaug présente des remarques très précises sur le débat concernant la légitimité du concept de révolution appliqué à l'émergence du marginalisme. Op. cit., p. 356-360. Cf aussi M. Dobb, *Theories of value and distribution since Adam Smith*, Cambridge University Press, 1979, Chap. 7.

En fait cette innovation méthodologique ne caractérise pas l'essentiel de la démarche, comme le précise J. Schumpeter[3] : « On en vient bientôt à considérer que le marginalisme était le trait distinctif d'une école particulière : mieux encore on lui prêta une connotation politique... En bonne logique, il n'y a rien qui justifie cette interprétation. Le principe marginal est, en soi, un outil d'analyse ; on ne peut éviter de l'utiliser dès lors qu'advient l'époque de l'utiliser. Marx y aurait eu recours sans la moindre hésitation s'il était né cinquante ans plus tard. Il ne peut pas plus servir à caractériser une école d'économistes que l'usage du calcul ne permet de caractériser une école ou un groupe de savants en mathématiques ou en physique ». Nous ne suivrons pas le débat sur cette controverse, mais chercherons plutôt à préciser quelques caractéristiques plus essentielles, même si L. Walras déclarait : « L'introduction de la mathématique dans l'économie politique et sociale est une révolution scientifique... » (lettre à E. de Fages, 3 mai 1891).

2. Les grands points d'opposition entre classiques et néo-classiques

En économie l'usage du préfixe « néo » affecté aux classiques est un des plus trompeurs qui soit, si l'on entend ainsi exprimer un renouvellement sur les mêmes bases. Si l'on est rigoureux, on ne trouve guère que deux principes généraux communs aux deux approches : l'analyse dichotomique distinguant le réel et le monétaire, et la croyance dans le jeu de la « main invisible ».

Déjà par l'objet assigné à l'analyse, les néo-classiques sont en rupture par rapport aux classiques. Pour tenter de prendre dès le départ un certain recul, précisons quelques points essentiels d'opposition, au risque d'être arbitraire et de schématiser.

Le principe unificateur de la valeur utilité

Les économistes contemporains marquent souvent de la réticence à se référer à la notion de valeur, parce qu'elle comporte forcément un contenu philosophique. Ils se contentent alors d'une *théorie des prix* suffisante, apparemment, pour fournir les bases de l'économie politique ; ils s'interdisent du même coup de saisir les différences fondamentales entre les démarches ou « discours économiques ». Pour une première reconnaissance, il est préférable de se donner immédiatement un critère de différenciation des démarches. Aussi reprendra-t-on la distinction à partir de la valeur. « Les deux approches fondamentales du phénomène économique qu'on peut caractériser par leur logique (logique de l'équilibre ou de

---

[3] J. Schumpeter, *Histoire de l'analyse économique*, Paris, Gallimard, 1983, Tome 3, p. 169-170. Marx a déjà utilisé le signe différence ; ses traducteurs retiennent le mot « additionnel » pour marginal à propos du capital additionnel. Cf. A. Alcouffe : *Les manuscrits mathématiques de Marx*, Economica, Paris, 1985.

l'échange pour les néo-classiques, logique de la production et de la reproduction pour les classiques), reposent en fin de compte sur deux théories opposées de la valeur : *une théorie subjectiviste* et une *théorie objectiviste* »[4].

Chez les classiques le travail est le fondement même de la valeur. Cette théorie dite objective découle de l'analyse des conditions de production. Les néo-classiques ont une conception subjective de la valeur. Ils définissent au départ la notion de *bien économique*[5] : toute chose ayant une utilité reconnue par l'homme. Trois conditions à cela : a) l'existence d'un *besoin* chez l'individu ; b) la possibilité pour l'individu de consacrer l'objet à la *satisfaction* de son besoin ; c) la *limitation* des quantités disponibles par rapport à la demande.

Reprenons les termes de C. Menger qui relie de façon essentielle utilité et valeur, en affirmant : « L'utilité est la capacité que possède une chose de servir à la satisfaction des besoins humains » (...). « La valeur est donc l'importance que des biens particuliers, ou des quantités de biens revêtent pour nous, parce que nous sommes conscients de dépendre de la disposition que nous en avons pour la satisfaction de nos besoins »[6]. En se référant exclusivement à l'utilité des biens dans un contexte de rareté de ces biens, les néo-classiques réalisent *l'unification des deux éléments de la valeur séparés chez les classiques : la valeur d'usage et la valeur d'échange*. Du même coup tombe la distinction entre les biens reproductibles et les biens non reproductibles.

Les premiers auteurs néo-classiques ont nettement insisté sur le caractère subjectif de la valeur. Selon eux, la *valeur provient de la conscience que l'homme a de la rareté*. « Ainsi, la valeur n'est pas inhérente aux biens, elle n'en est pas une propriété ; elle n'est pas une chose indépendante qui existe en soi. C'est un jugement que les sujets économiques portent sur l'importance des biens dont ils peuvent disposer pour maintenir leur vie et leur bien-être. Il en résulte que la valeur n'existe pas hors de la conscience des hommes »[7]. L'utilité paraît cependant envisagée comme une sorte de « *concept métaphysique* »[8], puisque l'utilité se définit par rapport à elle-même. « L'utilité est la caractéristique des biens qui fait que les individus veulent les acheter, et les individus achètent ces biens pour jouir de l'utilité procurée par leur consommation »[9]. La référence à l'utilité comme fondement de la valeur permet aux agents

---

[4] S. Latouche, op. cit., p. 12.

[5] La plupart des manuels traditionnels débutent par des définitions de ce type. Cf. R. Barre, *Economie politique*, Tome 1, p. 12-13.

[6] *Grundsätze der Volkswirtschaftslehre* (1871), cité par G. Deleplace, op. cit., p. 40-41.

[7] C. Menger, cité par G. Deleplace, op. cit., p. 41.

[8] J. Robinson-Eatwell, op. cit., p. 47.

[9] Idem. Ainsi Rembrandt, refusant les critères de coût et de temps passé à la réalisation d'une œuvre, a été le premier peintre à évaluer ses tableaux en fonction d'une « valeur représentationnelle » déterminée par le marché. Cf. S. Alpers, *L'atelier de Rembrandt. La liberté, la peinture et l'argent*, Gallimard NRF Essais, 1991.

économiques d'effectuer des calculs hédonistes[10] beaucoup plus homogènes. Ces biens de consommation n'ont de valeur d'échange qu'en fonction de l'utilité qu'ils comportent pour ceux qui les achètent. Quant à la valeur des biens de production ou des « *facteurs de production* », elle provient uniquement du fait qu'ils contribuent, directement ou non, à la production de biens de consommation. Ainsi la théorie néo-classique explique, à la différences des classiques, *qu'il y a échange à cause de l'inégalité des valeurs* attribuées subjectivement par les partenaires.

L'individu comme base du raisonnement néo-classique

Les classiques ont une vision « macroscopique » de l'économie, le comportement individuel n'est guère l'objet d'un intérêt spécifique ; seules des catégories d'agent sont ainsi retenues dans l'analyse d'ensemble de la répartition du revenu. Avec les néo-classiques l'analyse en termes de classes sociales est remplacée par une analyse du comportement de l'individu, « agent souverain », à la fois auto-déterminé et déterminant de l'univers économique.

Du point de vue méthode, la démarche néo-classique est dite *micro-économique,* à la différence de la plupart des écoles de la pensée économique qui précèdent. Cela signifie qu'elle analyse les caractéristiques et le comportement des *agents économiques élémentaires :* les individus et les entreprises. Cette démarche comporte une conception de la société. Elle est simple : la société est assimilée « à une vaste machine dont les individus seraient les rouages »[11]. L'ensemble de ces individus, ou agents économiques, compose la société, qui n'a pas d'autonomie propre par elle-même.

Les individus détiennent une certaine quantité de « *facteurs de production* » ou « *services productifs* » : travail, capital, ressources naturelles. Les individus vendent ou louent ces services aux entreprises et obtiennent un revenu. Ce revenu leur permet d'acheter des biens de consommation. Etant donné le système de prix, ce choix de con-

---

[10] Cf. définition du Petit Robert : par hédonisme on entend « une conception de l'économie selon laquelle toute activité économique repose sur la poursuite du maximum de satisfactions ». Il est caractéristique que le terme ait été introduit en français en 1877 ; cf. J. Schumpeter, op. cit., vol. 1, p. 185-188 ; vol. 3, p. 194 et 396.

[11] L'« homo-oeconomicus », à l'origine image née de l'introspection (Smith, Bentham), évolue jusqu'à être le fondement de « l'individualisme méthodologique » et d'une économie-fiction » (selon le titre d'un ouvrage de W. Andreff et alii, Paris, 1982), cf. L. d'Ursel : « Impérialisme de la Science Economique et néo-libéralisme », Cahiers de l'I.S.M.E.A., PE n°2, 1984, p. 34 et ss. Deux portraits donnent la mesure de cette fiction : « C'est un calculateur général de plaisirs et de peine qui comme une sorte de globule homogène, fait de désir de bonheur, oscille sous l'impulsion de stimulants qui le promène un peu partout sans le déformer. Il n'a ni passé, ni avenir... » Pour T. Veblen, économiste américain, partisan d'une approche socioéconomique, cette caricature est cependant maintenue par toute une approche de l'économie parce que « l'homo oeconomicus » est un squelette, mais c'est précisément ce squelette qui permet à la science économique comme à l'être organisé de se tenir debout et de marcher ». (C. Rist).

sommation s'effectue de façon à obtenir la maximum de satisfaction individuelle. *L'entrepreneur* combine les facteurs de production, sur la base de techniques de production données et du système de prix, de manière à réaliser le profit maximum. *Chaque catégorie d'agent économique est homogène dans ses règles de comportement et sa fonction économique.* Ainsi les entrepreneurs ne sont qu'une catégorie d'individus remplissant une fonction spécifique dans la production, mais qui est assimilable aux autres pour le reste.

La recherche de l'équilibre remplace la vision dynamique d'ensemble

La préoccupation essentielle des classiques était l'accumulation du capital et les lois qui commandent son évolution ; ils pensaient en termes de *reproduction* et de *croissance* : ils avaient une vision *dynamique* et *historique*. Les néo-classiques pensent en termes d'*équilibre*, dans un cadre *statique :* ils ont une *vision a-temporelle* et *a-historique*. Certains auteurs vont même jusqu'à qualifier « les néo-classiques d'équilibristes de la pensée économique »[12].

La notion d'équilibre est liée logiquement à la conception du système économique comme « juxtaposition d'agents individuels ». Ces agents ont par hypothèses les caractéristiques suivantes : a) nombreux et de taille comparable, ils n'exercent aucune influence sensible sur les marchés (prix et quantités) ; b) ils sont entièrement *indépendants* les uns des autres ; c) ils ont une *information parfaite* sur la situation des marchés des différents biens.

Dans ces conditions, l'équilibre peut être défini à plusieurs niveaux :

– au niveau *partiel,* qui correspond au niveau d'analyse privilégié par A. Marshall, il existe toujours un prix d'équilibre pour lequel l'offre en quantité égale la demande.

– au niveau *général* (ou « équilibre walrasien ») l'équilibre correspond à un état où les quantités produites et les prix de tous les biens sont fixés après marchandage sur le marché. L. Walras imaginait que les acheteurs et les vendeurs procédaient par échange à la criée comme à la Bourse. A l'équilibre, les consommateurs obtiennent la satisfaction maximale, les producteurs le profit maximum. Enfin, sur tous les marchés l'offre égale la demande.

---

[12] J. Robinson-Eatwell, op. cit., p. 49, note 2. Notons pourtant que de 1759 à 1770 Turgot a évoqué à six reprises la notion d'équilibre économique : « Dans une nation où le commerce et l'industrie sont libres… il s'établit une espèce d'équilibre entre la valeur de toutes les productions de la terre, la consommation des différentes espèces de denrées, les différents genres d'ouvrage, le nombre d'hommes qui y sont occupés et le prix de leurs salaires ». Lettre à Hume du 25 mars 1767.

Conception de la société et répartition du revenu global

La prise en compte exclusive d'agents économiques élémentaires, individus ou catégories homogènes d'agents économiques telles qu'entrepreneurs, épargnants... etc., *interdit toute référence à des classes sociales* définies à partir de leur position dans l'organisation de la production ou selon la nature de leur revenu. Pour les classiques les capitalistes, les salariés et les propriétaires fonciers sont en position antagonique pour la répartition du surplus. La perspective néo-classique est totalement différente : *l'approche en termes de facteurs de production (terre, travail, capital) évite de raisonner en termes de classe sociale.* A ce niveau on évoque déjà forcément ce que l'approche néo-classique peut avoir d'idéologique en voulant précisément conduire une analyse indépendante des réalités sociales.

Quelle est la société de référence implicite des néo-classiques ? Une société sans classes et sans affrontement.*La nation est constituée de consommateurs et de producteurs* et non de classes aux intérêts opposés. Il y a bien une séparation entre les fournisseurs de capitaux et les fournisseurs de travail, mais ces catégories d'agents coopèrent dans le cadre de l'entreprise grâce à l'entrepreneur. En anticipant, précisons dès maintenant le cadre analytique qui permet de présenter une répartition annuelle du produit : la terre, le travail, le capital sont des *facteurs de production.* Le facteur est un « existant concret à un moment donné », soit respectivement une surface de terre, un nombre de travailleurs à spécialité précise, des machines par exemple. L'entrepreneur est l'agent qui combine des facteurs de production pour effectuer une production. Il se définit par une fonction, tandis que les propriétaires fonciers, les travailleurs, les capitalistes sont les propriétaires des facteurs. Tous les facteurs sont considérés comme « libres et égaux sur le marché ». *Le prix d'un facteur correspond à la rémunération que paye l'entrepreneur* pour son utilisation au propriétaire de ce facteur. Le principe de détermination du prix de chaque facteur est identique : le *salaire,* ou prix du service du travail, est la rémunération du travailleur ; la *rente* ou prix du service de la terre, la rémunération des propriétaires fonciers ; *l'intérêt,* ou prix du service du capital, la rémunération du capitaliste[13]. Le prix des facteurs, comme celui des marchandises, est déterminé sur leur marché respectif.

Cette approche en termes de facteurs de production débouche sur le *principe que chacun reçoit une part du produit selon sa participation.* Il y aurait répartition « naturelle » du produit et donc conclusion idéologique de la théorie néo-classique favorable au rentier-propriétaire, du moins chez A. Marshall. Il s'agira de montrer que les facteurs de production, essentiellement le travail et le capital, sont payés pour ce qu'ils

---

[13] Chez A. Marshall le rentier-propriétaire est sensé prêter son capital à l'entrepreneur et tirer son revenu de l'intérêt de ses prêts. Le profit est ainsi assimilé à l'intérêt. Cf. J. Robinson-Eatwell, op. cit., p. 51. C'est sans doute ce type d'analyse qui est à la base de l'analyse de N. Boukharine que nous mentionnons plus loin.

apportent, c'est-à-dire pour leur *productivité marginale,* en situation de concurrence pure et parfaite. A l'équilibre il n'y a pas de surplus : chaque facteur obtient en paiement ce qu'il a apporté à la production.

3 – Les raisons de la révolution marginaliste

Peut-on fournir quelques explication de l'apparition en des lieux différents, à travers des auteurs au contexte culturel et intellectuel très contrasté, d'un courant et d'une méthode de pensée économique nouvelle que l'on a qualifiée de néo-classique. Cette recherche conduit à plusieurs niveaux d'interrogation[14]. Il vaut la peine de les évoquer, ne serait-ce que pour indiquer à quel point une telle recherche permet une pluralité de perspectives.

Le marginalisme néo-classique résultat du développement propre de la pensée économique

C'est l'explication la plus couramment proposée, car elle est tout normalement produite par les historiens de la pensée, qui disposent souvent d'un schéma théorique implicite. Nous rentrons un peu dans le détail de ce point pour montrer combien les cheminements de la réflexion théorique en sciences sociales peuvent souvent être parallèles et s'ignorer, si une démarche est déjà fortement dominante. On observe, d'une part, une sorte de *désintégration de l'économie politique classique* dans la décennie 1850-1860 ; cela se traduit par l'abandon de fondements théoriques de base, telle que la théorie de la valeur travail rejetée par J. Stuart Mill dans ses *« Principes »*. La théorie de la valeur n'était d'ailleurs pas unique, puisqu'on privilégiait la valeur d'échange sur la valeur d'usage. La théorie de la répartition se référait de son côté *à trois principes explicatifs distincts,* ce qui correspondait à une mauvaise articulation avec la théorie de la valeur. J. Stuart Mill abandonne donc aussi la théorie du fonds de salaire. D'autres auteurs anglais commencent vers 1870 à tracer des courbes d'offre et de demande pour rendre compte du fonctionnement du marché du travail.

Ce genre d'explication peut tenir pour l'économie politique anglo-saxonne ; on reconnaît l'itinéraire qui va jusqu'à S. Jevons (1835-1882)[15].Il cherche à utiliser les idées de J. Bentham pour résoudre des problèmes de fixation des tarifs de chemins de

---

[14]Cf. M. Blaug, op. cit., p. 350-354 et R. Collinson Black, et autres, *The Marginal Revolution in Economics.* Duke University Press, Durham, 1973. Sur la signification idéologique de la révoluton marginaliste Cf. M. Dobb. *Theorie of Value and Distribution since Adam Smith.* Cambridge University Press. 1973.

[15] Cf. H. Denis, op. cit., p. 470-484.

fer. Pour cela il critique la théorie ricardienne de la valeur. « C'est un fait, écrit-il, que le travail, une fois qu'il a été dépensé, n'a pas d'influence sur la valeur future d'un objet : il a disparu et est perdu pour toujours. Dans le commerce, ce qui a disparu est disparu pour toujours : nous devons toujours partir à zéro à chaque moment, et payer les valeurs des choses en considérant leur utilité future »[16]. Il est notable que la première édition en 1871 de « *The Theory of Political Economy* »[17] fut loin d'entraîner un accord unanime. Pendant vingt ans encore, on publie côte à côte des travaux qui se réfèrent à l'ancienne théorie classique (J.E. Cairnes, H. Sidgwick) et d'autres qui constituent la transition au moment où, par ailleurs, prévaut de 1870 à 1880 *le mouvement critique de l'école historique*[18]. C'est l'oeuvre de compromis au sens noble du terme d'Alfred Marshall, qui assure le dépassement de l'économie politique classique, d'autant plus efficacement que A. Marshall assurait aussi une certaine survie à la conception classique fondamentale selon laquelle l'accumulation du capital et l'augmentation de la population conditionnent le bien-être économique autant que l'efficacité de l'allocation des ressources.

Cette explication par l'évolution endogène de la discipline économique résiste pourtant aux faits et à la chronologie. L'itinéraire de C. Menger et de L. Walras leur a été forcément particulier. Ils n'étaient pas plongés dans les controverses suscitées en opposition à des idées classiques défendues avec vigueur comme en Angleterre. L. Walras, à travers son père Auguste Walras, a connaissance d'idées émises dès 1838 par Auguste Cournot (1801-1877), esprit universel qui fut entre autre recteur de l'Université de Grenoble, et qui, dans ses « *Recherches sur les principes mathéma-*

---

[16] S. Jevons, *The theory of political economy*, cité par H. Denis, op. cit. p. 470-471. Ceci s'exprime dans l'aphorisme « bygones are forever bygones ». S. Jevons s'écarte de J. Bentham sur une difficulté fondamentale de la micro-économie : on ne peut comparer les utilités d'un individu à l'autre. Il disait : « Tout esprit est impénétrable pour tout autre esprit et aucun dénominateur commun de sensation ne semble concevable ».

[17] Cette oeuvre paraît la même année que *Grundsätze der Volkswirtschaftslehre* de Car Menger, et trois ans avant les *Eléments d'économie politique pure* de Léon Walras.

[18] Pour l'histoire des idées l'école historique mérite mention puisqu'elle trouve son origine dans la réaction antilibérale d'un philosophe connu T. Carlyle (1795-1881), ou de J. Ruskin, mais il s'agit beaucoup plus d'un phénomène typiquement allemand, au moment où l'Allemagne est encore sous-développée par rapport à l'économie anglaise. Ces auteurs ont en commun de vouloir réagir à l'abstraction des raisonnements menés selon la méthode déductive qui tend à déformer la réalité. La principale critique qui justifie que nous ne rangions pas cette réaction historique parmi les démarches essentielles, est qu'elle aboutit à une négation de la théorie économique abstraite. En ce sens nous retenons l'opinion de A. Marshall, déclarant dans sa leçon inaugurale de Cambridge, que la théorie n'est pas la vérité universelle, mais « un mécanisme d'application universelle pour découvrir une certaine classe de vérité ». *The Present Position of Economics*, Mac Millan, Londres, 1885. Sur les enjeux doctrinaux de la querelle des méthodes : historisme et marginalisme, cf J. Lajugie. *Les doctrines économiques*. Que Sais-je ? n°386, 14è édit. 1987. p. 55 et ss.

tiques de la théorie des richesses » développe une théorie du comportement sur le marché . Quant à C. Menger, il n'a pas connaissance de l'ouvrage resté sans écho de Heinrich Gossen (1810-1858) qui avait déjà dégagé, dès 1854, les principes de la maximisation de l'utilité individuelle.

L'influence de l'environnement philosophique et religieux

Différents auteurs veulent mettre en rapport l'émergence de nouvelles hypothèses explicatives du comportement économique avec un mouvement de « retour à l'introspection et aux sensations » au niveau philosophique. La théorie marginaliste à la base de la démarche néo-classique correspondrait à un remplacement des théories objectives de la valeur par une *théorie subjective* correspondant à un « *retour au sujet* ». Ce mouvement résultant de la *renaissance du kantisme* en Allemagne vers 1880 s'était étendu à l'ensemble de l'Europe. L'idée est attrayante, mais C. Menger n'apparaît pas influencé par un courant philosophique particulier ; L. Walras, d'esprit plutôt cartésien, n'a manifesté aucun intérêt pour les débats philosophiques. Quant à S. Jevons, il était naturellement ouvert à la philosophie utilitariste qui était dominante en Angleterre[19].

Nous citons pour mémoire la référence au *facteur religieux,* présenté en particulier par E. Kauder[20] pour qui la théorie subjective de la valeur correspondrait plutôt à une culture catholique, tandis que les théories fondées sur le travail et le coût de production se rattacheraient à une tradition protestante. « Le protestantisme, résume M. Blaug, place le travail au centre de la théologie, tandis que la philosophie catholique est supposée exalter la recherche modérée du plaisir au lieu du travail, et la recherche du gain »[21]. On ne peut aller très loin avec de telles généralités.

Le rôle des modifications du contexte économique

Les néo-classiques assignent une place centrale aux décisions individuelles des agents économiques, ce qui donne lieu à la construction d'une psychologie schématique pour l'individu de référence selon qu'il consomme ou qu'il produit. Le penseur

---

[19] Cf. M. Dobb, op. cit., p. 166-167. Signalons le brillant essai biographique que J.M. Keynes a consacré à S. Jevons : « *Centenary allocution on W.S. Jevons* », Journal of the Royal Statistical Society, 1936, repris dans « *Essays in Biography* » (ed. Geoffrey Keynes), 1951, chap. 4.

[20] *A history of marginal utility theory,* Princeton University Press, 1965. Pour ce qui concerne W. Coats, D. Goodwin (eds) : « *The Marginal Revolution in Economics*, Interpretation and Evaluation », op. cit.. Sur l'environnement intellectuel et la préoccupation centrale de L. Walras, cf. R. Di Ruzza, *Essai sur l'histoire de la théorie de l'équilibre général.* Thèse, Grenoble, 1976, p. 97 et ss.

[21] Op. cit., p. 351-352.

bolchevique Nicolas Boukharine (1888-1938)[22] s'est efforcé d'expliquer l'apparition du nouveau courant marginaliste en liaison avec les modifications du contexte économique, dans un livre traduit en anglais en 1927. *« La théorie économique de la classe oisive »*[23]. Son explication de type relativiste est fondée sur deux propositions : a) la psychologie du consommateur qui est celle du sujet analysé par la théorie marginaliste, est typiquement une « psychologie caractéristique du rentier » consommateur, individualiste et conservateur ; b) *la théorie de l'utilité marginale correspond à l'idéologie d'une bourgeoisie qui a déjà été éliminée du processus de production.* Il y a rupture entre la propriété et la gestion des moyens de production.

Il y a là une brillante généralisation, qui s'accorde imparfaitement à l'examen des faits, mais qui contenait une intuition exacte sur une évolution en cours : le personnage central de l'économie néo-classique n'est pas tant le capitaliste manufacturier que le consommateur. Désormais sous le thème de capitaliste il faut distinguer entre celui qui avance le capital et celui qui emploie le travail ; le gestionnaire, l'entrepreneur et le rentier-investisseur correspondent à autant de fonctions et d'agents économiques distincts. L'épargne des ménages constituerait la principale source de capital, et non celle des entreprises. Cette vision généralisatrice ne manque pas d'attrait, mais il n'est pas du tout évident que les différents « inventeurs » du marginalisme aient eu conscience de ces mutations profondes dans les structures socio-économiques, sans compter qu'elles n'intervinrent pas parallèlement en Angleterre, en Autriche et en France.

Le marginalisme néo-classique comme réponse bourgeoise au marxisme

C'est un point de vue souvent avancé ; Johan Robinson paraît l'adopter. Elle estime que la primauté des classiques n'a pas été remise en cause en raison de faiblesses théoriques, mais par suite de changements politiques. La démarche classique, dès Smith comme nous l'avons vu, mais de façon bien plus explicite chez Ricardo, mettait en évidence l'opposition entre capitalistes manufacturiers et propriétaires fonciers. Dans le dernier tiers du XIXe, l'antagonisme essentiel, et du coup *le centre des conflits sociaux, s'établit entre les travailleurs et capitalistes*. « La peur et même l'horreur suscitées par l'oeuvre de Marx furent exacerbées dans toute

---

[22] N. Boukharine fut lui-même victime comme droitiste d'une purge stalinienne. Il est également connu pour ses analyses sur l'impérialisme *(L'économie mondiale et l'impérialisme*, Paris, 1928.)

[23] La première publication en russe est de 1919, en français, Paris, EDI, 1972. R. Di Ruzza précise : « A notre connaissance, c'est Boukharine qui le premier, a ressenti de manière explicite la nécessité et l'utilité de faire une critique interne de l'école marginaliste », op. cit., p. 46-48. Cf. également R. Gallissot (éd.) *Les aventures du marxisme.* Syros, Paris, 1984, p. 143-156.

l'Europe par l'impact de la Commune de Paris (1871). *Les doctrines qui suggéraient l'existence de conflits furent dès lors indésirables.* Les théories qui éloignaient l'attention de l'antagonisme entre classes sociales reçurent un accueil prédisposé »[24]. Au sens strict cette hypothèse ne tient pas.

La première génération des néo-classiques ne connaît pas Marx, ni même les idées socialistes. Le premier Livre du « *Capital* » , paru en 1867, n'est traduit en anglais qu'en 1887. S. Jevons, « un des économistes les plus authentiquement originaux qui aient existé », avait exposé l'essentiel de la théorie de l'utilité marginale en 1862[25]. A. Marshall a commencé ses travaux en 1867 ; C. Menger et L. Walras ne connaissaient pas Marx. L. Walras a connu par contre les idées de Proudhon. Il écrit en 1860 un ouvrage contre les idées de cet auteur. L. Walras a bien pour objectif de reconstruire l'économie sur de nouveaux fondements pour combattre les idées socialistes. Très préoccupé de justice sociale, il estime que la libre concurrence peut très bien susciter la réalisation de la *justice sociale* . Celle-ci est subordonnée à la recherche de *l'efficacité sociale* . On lui doit une distinction souvent évoquée : « Il faut édifier une doctrine capable de concilier le libéralisme qui assure l'expansion de la production, avec le socialisme qui veut réaliser la justice. Cela est possible en distinguant dans l'activité humaine, d'un côté ce qui relève de la science, d'un autre côté ce qui relève de la morale » (*Eléments d'Economie politique pure.* 1874)

Il y eut par contre une seconde génération de néo-classiques (F.v. Wieser, E. Böhm-Bawerk, V. Pareto) *qui se sont appuyés sur la nouvelle démarche théorique pour combattre le marxisme*[26]. Avant d'avoir exposé, même très succintement, cette démarche, il serait prématuré de se demander si les instruments d'analyse néo-classiques étaient particulièrement adaptés pour défendre une conception conserva-trice de l'ordre social, mais on peut garder cette préoccupation à l'esprit. Au niveau des faits on sait que L. Walras était plutôt à gauche, ou du moins réformiste[27] ; V. Pareto n'adhérait guère au capitalisme ; A. Marshall et A. C.Pigou se préoccupèrent d'utiliser leurs instruments d'analyse pour mettre en évidence les inégalités résultant du

[24] J. Robinson-Eatwell, op. cit., p. 46.

[25] Cf. J. Schumpeter, « La date qui établit ses droits d'inventeur sur le concept de degré final d'utilité est celle de 1862, l'année où il fit un exposé intitulé « Notice of a general mathematical theory of political economy » au congrès de Cambridge ». *Histoire de l'analyse économique*, Tome 3, traduction française, Gallimard, 1983, p. 109. Cf. également M. Dobb, op. cit., p. 166-167.

[26] E.V. Böhm-Baweek critique déjà Marx en 1884 (*Kapital und Kapitalzins*), c'est à dire quand Engels ne fait que publier le livre II du Capital (1885). Le livre III est publié en 1894, donc après *Die natürliche Wert* de Wieser qui comporte de nombreuses critiques de la théorie de la valeur-travail. Dans l'autre sens on ne connaît qu'une allusion à la théorie de Jevons et Menger de Engels dans la *Préface* du Livre III du *Capital*.

[27] Cf. D. Demoustier. « L. Walras, théoricien de la libre concurrence et défenseur des associations populaires et de l'intervention étatique ». *Revue de l'Economie Sociale,* mars 1987.

fonctionnement du marché. Ces auteurs tout au moins n'ont pas eu le souci premier de défendre le capitalisme. Pour conclure sur ce point, il faut cependant bien voir que le *développement de la démarche néo-classique correspond à l'apogée du système capitaliste,* ou du mode de production capitaliste pour introduire déjà un concept d'analyse marxiste. Au niveau interne, la classe des capitalistes manufacturiers s'est définitivement débarassée de la domination de la classe aristocratique des propriétaires terriens. Elle a déjà réprimé les premiers mouvements ouvriers. Au niveau externe, les principales puissances capitalistes industrialisées étendent de 1870 à 1914 leur domination économique et politique à l'ensemble du monde : c'est la période des conquêtes coloniales. *L'analyse néo-classique ne peut être dissociée de ce contexte historique :* objectivement elle vise à démontrer que l'économie de marché assure à la fois l'efficacité maximale et la convergence des intérêts individuels, mais en retenant ce dernier point de vue, et c'est bien là le signe de la difficulté à définir cette approche, on contribue à « l'histoire malsaine du mot néo-classique en Economie », comme dit J.C. Kolm. (*Philosophe de l'Economie* . p. 147)

4 – Unité et diversité des néo-classiques

Nous avons déjà largement mentionné certains auteurs. Pour faciliter dès le départ un certain repérage, ordonnons les principaux courants de l'ensemble néo-classique, ainsi qu'ils sont couramment distingués car leurs préoccupations n'étaient pas entièrement centrées sur le même paradigme. Nos généralisations introductives risquent de masquer la diversité des néo-classiques que nous ne suivons pas dans leur évolution et leurs particularités.

Les précurseurs de la micro-économie et du calcul économique

Même si historiquement on n'observe pas une évolution continue et consciente vers la démarche néo-classique, des auteurs aux intuitions souvent puissamment originales, ont été des précurseurs de la micro-économie, des pionniers du calcul économique.

Pour les précurseurs de la théorie subjective de la valeur, après R. Turgot (1727-1781) et Etienne Bonnot de Condillac (1714-1780) déjà mentionnés (cf. supra. p.58), il faut citer Jules Dupuit (1804-1866), ingénieur qui utilise le premier l'approche marginale pour analyser la démarche du consommateur de façon très claire.

Augustin Cournot (1801-1877), philosophe et mathématicien, précise la relation entre demande et prix en définissant la *« loi de la demande »* à partir d'une fonction du prix de la denrée considérée. Il analyse de façon systématique la situation de concurrence parfaite en définissant au préalable le monopole et le duopole. Ses théories sont reprises par L. Walras.

Deux auteurs allemands méritent mention, même si l'intérêt de leurs travaux ne fut pas immédiatement remarqué. J. Heinrich von Thünen (1783-1850) est le génial précurseur de la théorie micro-économique de la production et de l'équilibre général. A partir de la préoccupation concrète de l'efficacité de son exploitation agricole, il analyse les combinaisons productives en fonction des prix. Pour cela il élabore un schéma abstrait, un « *Etat isolé* », (traduction du titre de son ouvrage : « *Der isolerte Staat in Beziehung auf Landwirtschaft und Nationalökonomie* ». 1842) pour lequel il s'efforce de préciser et d'intégrer les diverses forces en action.

Heinrich Gossen (1810-1855) est le précurseur le plus direct et le plus reconnu de l'expression marginaliste de la théorie de la valeur-utilité, en sorte que son nom a été par la suite associé à deux grandes « lois » : le principe de *l'utilité décroissante* et le principe de la *maximisation des besoins* qui définit le « comportement économique rationnel. »

Il apparaît qu'au niveau des précurseurs, l'analyse de l'utilité marginale a ses origines dans trois domaines apparemment éloignés : *la philosophie utilitariste, le calcul des probabilités et l'introspection*. Chez les grands fondateurs on retrouve des différences d'approche liées à leur formation de base. Ceci explique que leurs théories furent élaborées de façon indépendante et que l'on distingue trois écoles dont les tendances demeurèrent longtemps distinctes.

L'école de Vienne et la théorie de l'utilité marginale.

Elle se développe à partir de 1870 autour des travaux de C. Menger (1840-1921) qui présente en 1871 la théorie de l'utilité marginale, sans avoir réellement conscience d'être novateur dans ses « *Grundsätze der Volkswirtschaftslehre* ». Nous allons reprendre plus loin sa présentation. Deux auteurs se réclament de lui comme membre de l'école autrichienne : E. Böhm-Bawerk (1851-1914) avec en 1884 « *Capital et intérêt* » ; E.v. Wieser (1851-1926), avec en 1889, « *La valeur naturelle* ». La troisième génération, ou seconde école de Vienne, va diffuser le *néo-marginalisme*, qui développe en même temps la théorie du calcul économique et fait l'apologie du système libéral[28].

L'école de Vienne demeure liée à *l'individualisme méthodologique* pour qui le marché concurrentiel assure de manière décentralisée l'optimum social. Il y a bien continuité de C. Menger à F. Hayek pour soutenir le primat de l'individu sur le corps social.

---

[28] Cf. F. von Hayek, né en 1899, ancien professeur à Fribourg/Br, H. Mayer, O. Morgenstern. Cf. les études éditées par J. Hicks et W. Weber, *Carl Menger and the austrian school of Economics.* Oxford University Press, 1973.

L'école de Lausanne : la théorie de l'équilibre général

Professeur à Lausanne, le français Léon Walras (1834-1910) publie en 1874-1877 ses « *Eléments d'économie politique* ». Vilfredo Pareto (1848-1923) lui succède dans sa chaire. L. Walras a également présenté la théorie de l'utilité marginale dans ses « *Eléments* » de 1874, mais la préoccupation de ces auteurs est la définition d'un schéma *d'interdépendance générale* des marchés de produits et des marchés de facteurs de production. La liaison est assurée par le rôle de *l'entrepreneur* (distingué de celui du capitaliste) qui achète des facteurs de production et vend des produits. Dans les hypothèses caractéristiques de la démarche néo-classique, en concurrence pure et à l'équilibre, *le prix de vente doit égaler le prix de revient,* du fait que le coût de production inclue la rémunération aux taux normal de tous les facteurs de production. La préoccupation centrale de ces auteurs est la définition des conditions de l'équilibre général. Ainsi L. Walras déclarait[29] : « La production sur un marché régi par la libre concurrence est une opération par laquelle les services peuvent se combiner en les produits de la nature et de la quantité propre à donner la plus grande satisfaction possible des besoins dans les limites de cette double condition que chaque service comme chaque produit n'ait qu'un seul prix sur le marché, celui auquel l'offre et la demande sont égales, et que le prix de vente des produits soit égal à leur prix de revient en services ».

L'école de Cambridge et la théorie de l'équilibre partiel

Dans le cas d'Alfred Marshall (1842- 1924) il y eut, au plein sens du terme, constitution autour de lui d'une « école dont les membres étaient unis par l'usage dans leurs raisonnements économiques, d'un organon bien défini »[30]. Son oeuvre essentielle, « *Les principes d'économie politique* », paraît en première édition en 1890. A. Marshall raisonne de préférence en termes d'équilibre partiel sur *des firmes représentatives :* il s'agit de firmes de dimensions moyennes n'ayant pas une importance relative assez grande pour que leur activité influence les agrégats globaux par des variations du niveau de leurs produits, de leurs prix ou de leur demande de facteurs. Ceci lui permet de considérer comme des données tout ce qui se produit en dehors de tels secteurs. A. Marshall apparaît donc « comme le maître de l'analyse partielle; l'enseignement courant de l'économie lui doit toute une série de concepts

---

[29] L. Walras. *Eléments d'économie politique pure.* LGDS, Paris, 1976, p. 231.

[30] Cf. J. Schumpeter : « Marshall et son école », dans op. cit., p. 118-128. Une thès a été conscrée à cet auteur par B. Gerbier, « A. Marshall », Grenoble, 1976. Deux études anglaises importantes : D. Reisman, *The Economics of A. Marshall*, Macmillan, Londres, 1976, et J.W. Whitaker (ed), *Centenary essays on A. Marshall*, Cambridge Unibversity Press, 1990.

de base ». Il généralise la notion de *surplus du consommateur*[31], il distingue *longue et courte périodes;* il démontre que les coûts de production se modifient avec le temps et avec l'augmentation de la dimension d'une entreprise ; ce sont les *« économies d'échelle » ;* il dégage la réalité des *économies ou déséconomies externes »* qui apparaissent chaque fois que la fonction de production d'une firme contient des variables qui sont les effets des activités d'autres firmes.

L'Ecole de Cambridge a été illustrée par A.C. Pigou, initiateur de l'économie de bien-être ; O.H. Robertson et enfin Keynes, malgré ses critiques, s'y rattache encore par ses origines. La théorie néo-classique est présente dans presque toutes les analyses économiques contemporaines. Elle constitue la base de « l'idéologie dominante de la société industrielle ». Il apparaît même qu'elle inspire encore le marginalisme soviétique. Terminons par une réflexion que nous ne pourrons pas développer, mais qui est riche d'interrogations essentielles. G de Bernis constate : « Les Economistes néo-classiques ont abordé de manière indirecte, et en tout cas paradoxale, la question de l'économie socialiste »[32]. En effet, l'équilibre général correspond à la détermination tout à la fois des quantités produites et échangées, et des prix auxquels s'effectuent les échanges. Cette « construction théorique » en économie concurrentielle n'implique pas pour L. Walras la « morphologie d'un système ». Ainsi F. Wieser, V. Pareto, E. Barone ont interprété ce schéma comme la *« théorie pure du socialisme ».* De façon inattendue la démarche néo-classique peut renvoyer à un ensemble de discussions sur l'interprétation théorique du fondement des économies socialistes.

---

[31] M. Blaug, op. cit., p. 417 et ss : l'ouvrage de Blaug contient un guide du lecteur des *Principes d'économie* qui reprend la présentation des principaux concepts.

[32] Destanne de Bernis G. « La théorie économique du socialisme », article de l'« Encyclopedia Universalis ». Paris, 1985. Vol. 16. p. 1018.

Chapitre IV

Les équilibres d'agents :
théorie du comportement des agents essentiels

L'approche micro-économique des néo-classiques a pour objet l'analyse des décisions des unités économiques élémentaires : le consommateur et le producteur. On a ainsi une théorie du consommateur et une théorie du producteur qui sont parallèles à plusieurs niveaux.

1 - L'objet d'étude est le *processus logique de décision* qui assure à l'agent économique considéré l'obtention de l'avantage maximum à partir du revenu dont il dispose.

2 - Les deux démarches correspondent donc à un *processus de maximisation sous contrainte :* a) le consommateur a pour objectif de maximiser l'utilité de son revenu : b) le producteur a pour objectif de déterminer le volume de production qui *maximise son profit.*

3 - Il y a *parallélisme dans les situations ;* a) consommateur et producteur disposent d'un *revenu limité,* d'un montant de ressources fixe au moment où ils prennent leur décision ; b) les prix des biens de consommation, de même que celui des facteurs de production, sont déterminés de façon exogène ; c) les agents économiques sont *rationnels* par hypothèse dans le sens où ils ont une *fonction objectif* et une *information parfaite* respectivement sur les prix des biens et sur les prix des facteurs de production. Dans le cas du consommateur, pour être rationnel il doit disposer d'une *échelle de préférence,* c'est-à-dire il doit spécifier la *relation binaire* (dite de *préordre, c'est-à-dire réflexive et transitive)* qu'il établit entre toutes les quantités et toutes les combinaisons de biens. L'hypothèse de rationalité se réduit pour l'essentiel à une hypothèse de *transitivité des choix,* ce qui revient à dire que s'il préfère la combinaison A à la combinaison B, et la combinaison B à la combinaison C, il préfèrera nécessairement la combinaison A à la combinaison C.

4 - *Une différence insurmontable* entre les deux démarches au niveau de la mesure : il existe toujours une mesure pour les unités physiques de produits, tandis que pour le consommateur individuel, l'utilité pose immédiatement un problème de mesure en une unité spécifique, d'où une *théorie ordinale de l'utilité* préférée à la *théorie cardinale* qui est traditionnelle.

COMPARAISON DES THÉORIES DU CONSOMMATEUR ET DU PRODUCTEUR

	Théorie du consommateur	Théorie du producteur
Instruments d'analyse	Fonction	
	d'utilité U = U(x, y)	de production Q = Q(x, y)
	Courbes	
	d'iso-utilité (ou d'indifférence)	d'iso-produit (isoquantes)
	Décroissantes Convexes Non-sécantes	
	Utilité marginale positive et décroissante	Productivité marginale positive et décroissante
Objectifs	Maximisation	
	du niveau d'utilité sous contrainte budgetaire	du niveau de profit sous contrainte de la fonction de production
Construction	de la fonction de demande	de la fonction d'offre

I – Calcul économique du consommateur

Confronté au phénomène fondamental de la rareté, le consommateur est obligé de procéder à des choix. Le problème est de déterminer sur quelles bases théoriques ces choix s'effectuent.

1 – La notion économique de l'utilité

Analyse en termes d'utilité cardinale

Dans sa présentation originelle, C. Menger suppose que l'utilité est susceptible d'uné évaluation cardinale, c'est-à-dire que l'on peut exprimer par un nombre la quantité d'utilité procurée par un montant de consommation donné. Cette hypothèse implique que l'on peut établir une *hiérarchie entre les niveaux d'utilité :* si l'utilité de la consommation d'une quantité qa d'un bien A est 10 et si celle obtenue avec qb est 5, cela signifie que l'utilité de qa est deux fois celle de qb. On évoquera ensuite quelles difficultés pose cette approche.

K. E. Boulding a retenu ainsi une *unité fictive :* « l'util ». La réalité d'une telle mesure est naturellement hypothétique, mais l'approche de la théorie de l'utilité cardinale permet de mettre en évidence deux principes : a) le « principe » de l'utilité marginale décroissante ; b) le « principe » de l'égalisation des utilités marginales.

1 - La décroissance de l'utilité marginale

On distingue deux composantes de l'utilité : a) une dimension *extensive,* soit *l'utilité totale* qui correspond au niveau de satisfaction obtenu par la consommation d'une quantité donnée d'un bien ; b) une dimension *intensive,* soit *l'utilité marginale,* ou degré d'utilité finale, qui correspond à l'intensité de la satisfaction procurée par la dernière unité consommée d'un bien. L'utilité marginale d'un bien pour un consommateur, c'est donc *l'utilité procurée par chaque dose ou unité supplémentaire de ce bien.*

Supposons qu'un individu considère les différents besoins qu'il entend satisfaire et les classe par ordre d'importance décroissante. Pour cela il représente par un nombre la valeur ou l'utilité que lui procurent trois unités d'un même bien :

1e unité 10
2e unité 9
3e unité 8

Ces trois chiffres expriment les utilités marginales respectives des trois doses du bien A successivement consommées. On peut alors définir l'utilité marginale comme *la différence entre deux niveaux successifs d'utilité totale.*

Quantité consommée du bien A	Utilité totale	Utilité marginale
0	0	—
1	10	10
2	19	9
3	27	8

La théorie micro-économique néo-classique retient comme hypothèse de base que l'utilité marginale procurée par chaque dose supplémentaire d'un bien consommé va en diminuant et devient nulle à partir d'un certain seuil appelé « *point de satiété* ». Au-delà de ce point l'utilité marginale de doses supplémentaires peut devenir négative et se transformer en *désutitilité*. Ce postulat a été formulé la première fois par le psychologue allemand Heinrich Gossen (1810-1858) en 1854 dans l'ouvrage longtemps méconnu, « *Exposition des lois de l'échange* ». La loi dite de Gossen[33] peut s'énoncer ainsi : *l'intensité d'un plaisir qui se prolonge diminue et finit par disparaître quand l'individu parvient à satiété*. On peut donner une illustration arithmétique et graphique simple de cette loi :

Quantités consommées d'un bien	Utilité marginale (UM)	Utilité totale (UT)
1	30	30
2	20	50
3	10	60
4	5	65
5	0	65
6	-5	60

[33] A propos de la loi de Gossen, J. Schumpeter remarque : « Nous ne devons pas oublier que les constructions intellectuelles les plus imposantes reposent sur des banalités tout à fait dénuées d'intérêt. Que peut-il y avoir de plus banal que l'idée qu'un corps immobile restera immobile à moins que quelque chose (une force) agisse pour le mettre en mouvement ? (Première loi de Newton). » J. Schumpeter, op. cit., tome 3, p. 222. S. Jevons et L. Walras ont reconnu l'importance de l'apport de Gossen quelques 20 ans après la parution de son ouvrage. Cf Léon Walras : Un économiste inconnu : H. Gossen ». *Journal des Economistes*, avril-mai 1885 ; reproduit dans E. Schneider op. cit. IV. Teil. p. 389-406.

Ceci nous donne le graphique suivant :

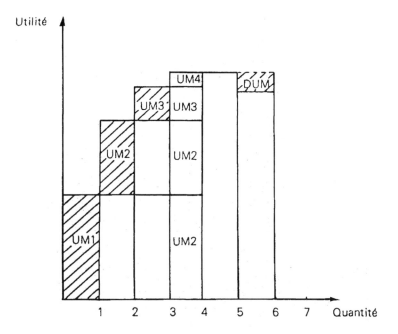

Ce graphique montre que :

- *l'utilité marginale* (représentée dans les rectangles hachurés) a une valeur qui diminue progressivement avec l'augmentation des quantités consommées, jusqu'à devenir négative (DUM : désutilité marginale) au-delà de la cinquième unité qui représente le seuil de satiété.

- *l'utilité totale,* à un niveau donné de consommation, est la somme des utilités marginales procurées par la série des unités successivement consommées

$$UT\,4 = UM\,1 + UM\,2 + UM\,3 + UM\,4$$

Dans l'hypothèse d'une parfaite divisibilité en doses infinitésimales du bien x, on peut recourir à la présentation algébrique d'une fonction d'utilité totale continue et dérivable U(x). On définit l'utilité marginale Um comme le supplément d'utilité totale résultant de la consommation d'une dose supplémentaire du bien considéré

$$Um = \frac{dU}{dx} = U'x = \lim_{\Delta x \to 0} \frac{\Delta U}{\Delta x}$$

L'utilité marginale est la dérivée de la fonction d'utilité totale : elle est approximée par le taux de variation de l'utilité totale

Fig. 6

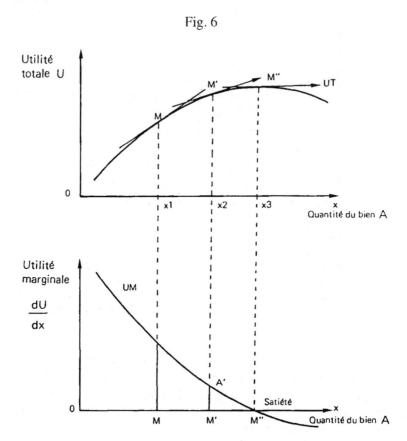

2- La loi d'égalisation des utilités marginales pondérées par les prix

Une fois définies les tendances naturelles du consommateur, il faut étudier sa stratégie de choix. Le consommateur doit confronter ses désirs à la réalité du marché. *Son revenu est limité.* Il doit donc affecter un budget déterminé à plusieurs dépenses alternatives en fonction du prix des différents biens (prix fixés de façon exogène). *L'objectif est la maximisation de l'utilité dans le cadre d'une contrainte financière.* Le consommateur peut être dit « rationné ».

Nous allons d'abord suivre de près la présentation de C. Menger : celui-ci en effet à la différence de Cournot, de S. Jevons et de L. Walras, n'assigne pas une place centrale à l'échange et aux prix. L'essentiel pour lui est l'individu recherchant à satisfaire ses besoins par l'utilisation judicieuse de biens rares. L'échange est seulement une des activités qui permettent une satisfaction plus complète des besoins. Ainsi C. Menger part d'un système de désirs d'emploi représenté par une *« table dite de Menger »*[34] Soit donc un consommateur qui souhaite pour satisfaire ses besoins (qui sont supposés divisibles, comparables et satiables) employer les biens A, B, C, et D. Le bien A est considéré comme le plus utile ; sa première dose procure au consommateur une utilité évaluée arbitrairement à 10 utils ; les doses supplémentaires prennent une utilité décroissante (9, 8, 7,...). Le bien B, considéré comme moins utile, ne procure par sa première dose que 9 utils : le bien C, 8 seulement, et ainsi de suite. On peut établir le tableau suivant :

Doses	Bien A	B	C	D
1	10			
2	9	9		
3	8	8	8	
4	7	7	7	7
5	6	6	6	6
6	5	5	5	5

Ces ressources sont limitées par la *contrainte budgétaire,* soit à 10 F dans l'exemple, et le prix des doses de chaque bien est supposé, selon une première hypothèse, égal à 1 F. Ces hypothèses simples ont l'avantage de montrer immédiatement que pour obtenir le maximum d'utilité pour 10 FF, il faut acheter 4 unités de A, 3 unités de B, 2 unités de C, 1 unité de D. L'utilité totale est alors de :

$$
\begin{array}{ll}
\text{– pour le bien A} & 10 + 9 + 8 + 7 = 34 \\
\text{– pour le bien B} & 9 + 8 + 7 = 24 \\
\text{– pour le bien C} & 8 + 7 = 15 \\
\text{– pour le bien D} & 7 = \underline{7} \\
& 80 \text{ utils}
\end{array}
$$

Toute autre structure de dépense provoquerait une réduction de l'utilité totale. Pour la structure de dépenses fournissant l'utilité totale la plus élevée, on remarque que les utilités marginales des 4 biens sont égales ; on en conclut que le *consommateur maximise son utilité, s'il sélectionne une quantité de chaque bien telle que les utilités marginales des différents biens soient égales.*

On peut introduire l'hypothèse de prix différents pour les divers biens, de façon à obtenir une formulation de caractère plus général. On supposera, par exemple, que chaque dose de A coûte 1,20 F et chaque dose de B 1 FF. Un franc ne permet donc plus que d'obtenir les $\frac{10}{12}$ d'une dose de A, donc les $\frac{10}{12}$ de l'utilité de cette dose. Afin que

[34] Parmi de nombreuses présentations, on peut se référer à celle de l'ouvrage critique de G. Deleplace, op. cit., p. 42-45. Cf. également E. Kauder, *A History of Marginal Utility theory,* Princeton University Press, 1965. Pour la présentation originale, C. Menger : *Grundsätze der Volkswirtschaftlehre,* W. Braumüller, Vienne, 1871, p. 93 et ss. Menger aborde l'économie avec une interrogation philosophique fondamentaliste. A l'opposé de Marx, pour lui l'individu, à la fois sujet et fin de l'activité économique, est considéré comme un Robinson Crusoé, maître de son destin.

les utilités des doses successives de A et B soient comparables, il faut faire une correction par le facteur prix en divisant les « utils » de A par 1,2 le reste du tableau demeurant inchangé. Ceci nécessite l'établissement d'une nouvelle table qui *représente pour chaque bien le quotient de l'utilité de chaque dose par le prix de celle–ci.*

Doses	A	B
1	8,3	9
2	7,5	8
3	6,7	7

... etc.

L'utilité marginale divisée par le prix représente l'utilité marginale pondérée par les prix. *Le consommateur obtient le maximum d'utilité totale, si le dernier franc employé pour consommer A ou B lui apporte la même utilité* (ou à peu près la même dans le cas où les doses ont une dimension, c'est-à-dire ne peuvent pas être consommées à dose infinitésimale). La condition d'équilibre pour obtenir le maximum d'utilité s'énonce alors :

$$\frac{\text{Um du bien A}}{\text{Prix du bien A}} = \frac{\text{Um de B}}{\text{Prix de B}} = \frac{\text{Um du bien N}}{\text{Prix du bien N}}$$

Nous verrons que l'analyse marginaliste parvient à un principe parallèle pour le producteur.

On peut exprimer la condition de maximisation sous la forme d'un rapport d'utilités marginales. Nous avons déjà indiqué dans l'introduction du titre II que l'approche néo-classique se caractérisait par sa référence à la valeur utilité. Ceci conduit à rechercher l'origine de la valeur d'échange (ou le prix) des biens dans une telle perspective. Un échange consiste à fournir une quantité donnée d'un bien A contre une quantité d'un bien B. *Le rapport entre ces deux quantités constitue la valeur d'échange ou le prix d'un bien en termes de l'autre.*

Deux principes commandent cette valeur d'échange : a)bien que les individus utilisent de la monnaie, la valeur d'échange est déterminée en dehors d'elle, comme si chaque bien s'échangeait directemen t en termes réels contre chaque autre. *« On est dans une société de troc généralisé » ;* c'est ce qui caractérise l'approche dite « dichotomique » (séparant réel et monétaire) commune aux classique et néo-classiques ; b) on peut analyser le rapport d'échange d'un ensemble d'individus constituant la société à partir du comportement représentatif d'un individu.

Ceci conduit à situer l'origine de la valeur d'échange, ou des prix, dans la valeur d'usage. L'échange ne peut s'effectuer que si,pour les deux partenaire à l'échange, le supplément de satisfaction obtenu grâce à l'échange est supérieur ou égal à sa diminution due au fait de la cession d'un bien. Deux individus ne peuvent échanger que si la valeur attribuée à une dose de A est égale à la valeur attribuée *à une dose de B qui en est le prix.* Le prix d'une dose a de A (soit la quantité b de B contre laquelle elle s'échange) est donc égal au rapport des valeurs (= utilités marginales) de A et B pour ceux qui les détiennent:

$$\frac{Pa}{b} = \frac{UmA}{UmB}$$

Si pA est le prix de A en termes d'un *numéraire* déterminé arbitrairement, et pB le prix de B dans ce même numéraire. Pa/b devient $\frac{pA}{pB}$.

$$\frac{pA}{pB} = \frac{Uma}{UmB} \qquad \text{ou} \qquad \frac{UmA}{pA} = \frac{UmB}{pB}$$

L'équilibre de l'échange est obtenu quand les utilités marginales rapportées à leur prix sont égales, conclusion à laquelle on était déjà parvenu. On peut généraliser ce résultat à n biens : le prix d'équilibre est donné par le principe d'égalisation des utilités marginales pondérées par leur prix.

$$\frac{UmA}{pA} = \frac{UmB}{pB} = \frac{UmC}{pC} = \frac{UmN}{pN}$$

Cette détermination marginaliste des prix met en évidence deux caractéristiques de l'approche marginaliste : a) *les prix des biens sont commandés* par deux éléments à la fois : *l'appréciation* de l'individu sur ses besoins et donc sur l'utilité des biens, et la disponibilité de ces biens, c'est-à-dire leur *rareté.* Les prix sont influencés conjointement par ces deux éléments; b) il y a une relation entre le prix d'un bien et la quantité disponible de ce bien qui permet d'envisager *le prix relatif de ce bien comme un indicateur de rareté* par rapport aux autres biens.

Le recours au concept d'utilité marginale permet de résoudre *le paradoxe de la valeur* qu'Adam Smith énonçait ainsi : Comment se fait-il que l'eau, élément si utile, ait un prix si bas, alors que les diamants, objets parfaitement inutiles, atteignent des prix si élevés ? ». Ricardo, à la suite de A. Smith, avait également perçu le paradoxe de la valeur d'échange élevée de biens de peu d'utilité. L'appareil d'analyse néoclassique permet de dépasser les contradictions apparentes : *la valeur dépend en même temps de l'utilité et de la rareté.* Or les classiques ne faisaient pas une distinction entre *utilité totale et utilité marginale.* En fait, le diamant ne pouvant être obtenu qu'en petite quantité, a une utilité marginale élevée, mais une utilité totale faible. En sens inverse dans les pays et aux époques où l'eau est disponible en abondance, l'eau a une utilité marginale faible, mais une utilité totale énorme. Dans le cas d'échange selon la règle des utilités marginales pondérées par les prix, on comprend qu'il faille payer un prix très élevé pour le diamant. Le graphique ci-dessous peut être suggestif à cet égard.

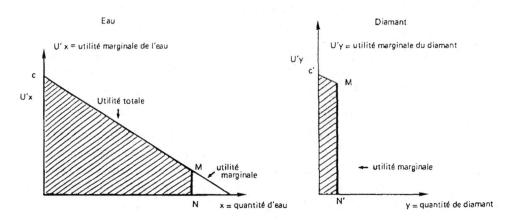

3 - Difficultés de l'analyse en termes d'utilité cardinale.

La comparaison interpersonnelle de l'utilité des différents biens est impossible.
Elle ne peut être envisagée que dans un système normatif, c'est-à-dire dans le cadre
de règles homogènes et générales d'assouvissement des satisfactions. Les hommes
seraient alors soumis à des *normes,* et non pas soucieux de dégager des préférences
individuelles. A. Marshall a voulu résoudre le problème à partir d'une hypothèse
extrême : *la constance de l'utilité marginale de la monnaie.* Cela signifie que le
problème est simplement repoussé : l'utilité serait mesurable par la quantité de
monnaie qu'un individu est prêt à payer pour une quantité donnée d'un bien[35]. Il reste
à savoir qu'est-ce qui fonde l'utilité marginale de la monnaie, dont on ne voit pas
pourquoi elle serait constante.

Enfin nous avons considéré jusqu'ici le cas simple où il s'agit d'établir la fonction
d'utilité d'un bien particulier, artificiellement isolé. En fait, *l'utilité d'un bien dépend*
de la disponibilité d'autres biens : soit la dépendance technique évidente entre l'utilité
d'une automobile et la quantité d'essence que l'on peut acheter à un prix donné. En
période de pénurie les plus coûteuses voitures à grosse cylindrée perdent le plus de leur
utilité. Il n'est pas possible d'établir une échelle cardinale de l'utilité dès que l'utilité
d'un bien est liée à celle d'autres biens. L'utilité d'un couteau sans lame est nulle,
comme celle d'un couteau sans manche. Conceptuellement, on peut construire des

---

[35] A. Marshall soutenait que l'utilité marginale de la monnaie était approximativement constante.
En fait, une variation de prix qui ne modifierait pas Mv supposait une fonction d'utilité marginale
de la monnaie dont l'élasticité serait égale à 1 dans l'intervalle considéré : si une baisse de prix de
1 % accroît la quantité demandée de 1 %, les dépenses totales consacrées à x ne seraient pas
modifiées par la baisse du prix. Cf. M. Blaug, op. cit., p. 398-399.

fonctions d'utilité généralisée [36], soit des fonctions à plusieurs variables

$$U = U(x^1, x^2 .. x^n)$$

Ceci demeure fictif car généralement il n'y a aucune raison à ce que :

$$U(x_1, x_2 ... x_n) = U(x_1) + U(x_2) ... U(x_n)$$

Ceci conduit à la présentation en termes d'utilité ordinale qui peut seule résoudre la difficulté fondamentale de la mesure de l'utilité comme l'avaient engagée C. Menger, S. Jevons, L. Walras.

Analyse en termes d'utilité ordinale

La nouvelle école marginaliste du XXᵉ, V.Pareto et J. Hicks en particulier, ont voulu dépasser l'hypothèse encombrante de la mesure cardinale de l'utilité. Ils partent de *l'hypothèse que le consommateur sait classer les biens par ordre de préférence* sans recourir à une mesure d'utilité absolue. Il suffit que l'utilité soit comparable, comme dans le cas physique de la température, où l'on peut mesurer l'ordre des températures avec une diversité d'échelles arbitraires (Celsius, Fahrenheit, Réaumur, Kelvin) sans évaluation en termes absolus.

La démarche comporte :

a) une représentation du système de désirs d'emploi du consommateur sous la forme *de courbes d'indifférence ;* b) une présentation de la limitation des ressources du sujet ou contrainte budgétaire sous la forme d'une *ligne de budget ;*

c) la combinaison de ces deux instruments permet de déterminer la *position d'équilibre* du consommateur. Une démarche parallèle sera suivie pour le calcul du producteur.

1 - La représentation des goûts du consommateur : les courbes d'indifférence.

V. Pareto a introduit la technique des courbes d'indifférence dans l'analyse économique[37] (ou courbes d'indifférence des « isophélimes ») en considérant uniquement des ordres de préférence du consommateur. *Le principe est le suivant* : une courbe d'indifférence représente *les différentes combinaisons de deux biens A et B qui*

---

[36] C'est F. Edgeworth qui a introduit l'idée de fonction d'utilité généralisée dans « *Mathematical Psychics* », Kegan Paul, Londres, 1881.

[37] Les courbes d'indifférences ont été imaginées par F. Edgeworth et formulées à nouveau par V. Pareto. Cf. chap. III du *Manuel d'Economique politique* de V. Pareto (1906 et 1909), *Œuvres complètes*, éd. Busino, tome 7, réédition Droz, Genève, 1966.

procurent au consommateur une utilité totale identique, c'est-à-dire un même degré de satisfaction. Soit donc un consommateur confronté au choix entre deux biens A et B (on peut mathématiquement généraliser à n biens, mais alors la représentation graphique n'est plus possible), dont les quantités consommées sont représentées par x et y. La fonction d'utilité du consommateur s'écrit :

$$U = f(x, y)$$

On la suppose *continue* et dérivable. Plusieurs combinaisons des deux biens peuvent procurer à un consommateur déterminé une satisfaction d'une importance donnée U_0. En effet, si le consommateur peut faire varier les quantités x et y qu'il consomme en même temps, on peut déterminer les combinaisons de x et y qui procurent une utilité identique. Ceci revient à déterminer les *couples* de x et y qui satisfont la condition :

$$f(x, y) = U_0 \quad (U_0 \text{ constante})$$

Entre chaque couple de x et y qui procure une utilité identique, le consommateur est supposé par hypothèse indifférent, d'où le terme de courbes d'indifférence. Une infinité de combinaisons de A et B satisfont cette expression, du fait que par hypothèse la fonction d'utilité est continue. Une courbe d'indifférence relie tous les paniers de biens considérés comme équivalents.

L'expression graphique à partir de deux biens est particulièrement pratique pour soutenir le raisonnement. Exposons d'abord la méthode dans son principe le plus simple : soit un consommateur qui doit choisir entre des « menus » ou des « paniers de provisions » comprenant des quantités différentes de deux biens A et B qui peuvent être partiellement remplacés l'un par l'autre avec une utilité équivalente (ces biens sont dits alors « substituables ») ou encore des proportions différentes de deux ensembles de biens (nourriture et habits, nourriture et logement). Le consommateur peut connaître les combinaisons des deux biens qu'il préfère et celles qui lui sont indifférentes :

      – les *paniers préférés* assurent une utilité totale supérieure, sans qu'il soit besoin de l'évaluer en chiffres absolus

      – les ensembles de *biens indifférents* procurent une utilité totale égale, sans avoir à mesurer ce niveau d'utilité

Représentons dans un tableau et regroupons sous I_1, les quantités de A et B qui procurent une satisfaction globale identique et qui sont indifférentes. On regroupe sous I_2 d'autres quantités de ces biens également indifférentes entre elles, mais qui sont préférées aux précédentes (par exemple : soit A du pain, et B des haricots dont les quantités sont exprimées en kilos consommés pendant la période considérée).

Carte d'indifférence d'un consommateur

Quantité de A	Quantité de B	Points correspondants sur la carte d'indifférence	
1	10	point A	Courbe
2	6	point B	d'indifférence
8	2	point C	(A, B, C)

Quantité de A	Quantité de B	Points correspondants sur la carte d'indifférence	
2,5	10	point D	Courbe
4	6	point E	d'indifférence
8	4	point F	(D, E, F)

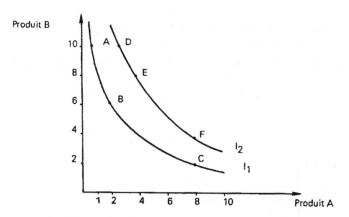

2 - Caractéristiques des courbes d'indifférence

Les caractéristiques de ces courbes résultent des postulats retenus sur le comportement du consommateur. a) *Le « postulat de non saturation » : le consommateur préfère toujours une quantité plus importante d'un bien à une quantité moindre de ce bien.* En termes cardinaux, cela signifie que l'utilité marginale d'un bien est toujours positive, jamais nulle, ce qui signifierait la saturation du besoin. Dans l'analyse ordinale, on suppose que l'utilité marginale, bien que décroissante, demeure aussi pourtant toujours positive.

Soit $U = f(x,y)$, en appliquant le procédé de la dérivation on a :[38]

---

[38] En supposant successivement la fixité des 2 variables, on définit les dérivées partielles de U par rapport à x, puis par rapport à y : elles correspondent aux utilités marginales des 2 biens considérés.

$$U'x = f'x\,(x, y) = \frac{\partial U}{\partial x} > 0 \qquad et \qquad \frac{\partial^2 U}{\partial x^2} < 0$$

$$U'y = f'y\,(x, y) = \frac{\partial U}{\partial y} > 0 \qquad et \qquad \frac{\partial^2 U}{\partial y^2} < 0$$

Utilités marginales positives	Utilités marginales décroissantes

Aussi une *courbe d'indifférence située au-dessus d'une autre correspond obligatoirement à des combinaisons préférées,* car en chaque point elle comporte une quantité plus importante d'un des biens, l'autre étant identique. On peut le vérifier pour les points D et A qui ont une même ordonnée, ou pour les points C et F qui ont une même abscisse. b) *Les courbes d'indifférence ne peuvent pas se couper* pour un individu rationnel. Ceci résulte du postulat de *transitivité* des préférences, c'est-à-dire que : A>B et B>C ⇒ A>C où > indique la préférence.

En raisonnant par l'absurde, si deux courbes se coupaient, cela signifierait pour le point d'intersection que deux combinaisons de biens identiques procureraient deux degrés différents de satisfaction, l'un correspondant à I[1] et l'autre à I[2].

Fig. 9

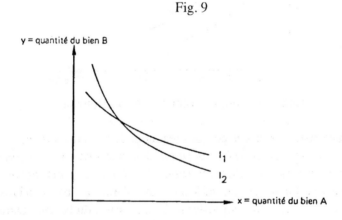

c) Normalement une courbe d'indifférence est décroissante. Elle a une *inclinaison négative :* elle descend de la gauche vers la droite, ce qui traduit l'hypothèse qu'une grande quantité de A et une petite quantité de B procurent une satisfaction identique à une grande quantité de B et une petite quantité de A. Cette forme résulte du *postulat de non-satiété :* l'obtention de quantités plus importantes d'au moins l'un des deux biens entraînerait une utilité totale plus grande, le postulat ne serait donc pas respecté si les courbes d'indifférence étaient croissantes.

Fig. 10

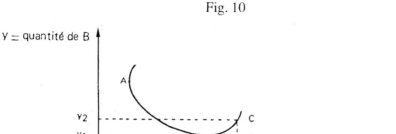

Les combinaisons situées avant A ou après B ne sont pas possibles, car si l'on compare B et C, on voit que $x_2 > x_1$ et $y_2 > y_1$, d'où logiquement C>B ; B et C ne peuvent donc être sur la même courbe, puisqu'on obtiendrait des quantités supérieures à la fois des biens A et B. Des quantités supérieures sont en effet toujours préférées selon le postulat de non satiété.

3 - Le taux marginal de substitution entre biens (TMS)

a) Le taux marginal de substitution de A à B (soit en abrégé TMS A / B mesure le rapport suivant lequel se fait l'échange entre deux biens , échange grâce auquel est maintenu un degré de satisfaction identique. Plus précisément le *TMS mesure la quantité du bien B à laquelle doit renoncer le consommateur en contrepartie d'une quantité supplémentaire du bien A* de façon à conserver une utilité totale identique. Considérons le TMS de *A à B* c'est-à-dire celui qui concerne des combinaisons comportant de plus en plus du bien A : le TMS décrit les conditions du déplacement le long d'une courbe d'indifférence.

Voyons d'abord la représentation graphique. Pour passer de la combinaison M à la combinaison N le consommateur cède y du bien B en échange d'une quantité supplémentaire x du bien A. Le TMS est égal au rapport de ces deux variations. Comme y<0 et x>0, on écrit le rapport précédé du signe (-) ou en valeurs absolues.

$$\text{TMS} = -\frac{\Delta y}{\Delta x} = \left| \frac{\Delta y}{\Delta x} \right|$$

Fig. 11

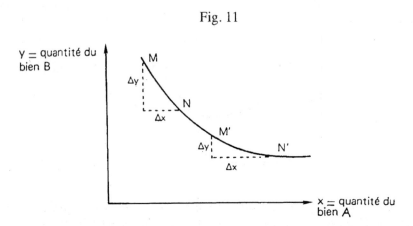

Ce rapport est différent en d'autres points de la courbe. Le TMS de A à B est décroissant avec x car $\left|\dfrac{\Delta y}{\Delta x}\right|$ diminue quand x augmente, ce qui est logique car le consommateur exige des quantités croissantes d'un bien à mesure qu'il en cède un autre[39]. Cette propriété explique la *convexité* des courbes d'indifférence[40] par rapport à l'origine des axes.

En termes algébriques, en un point de la courbe d'indifférence considérée, au point N par exemple, *la pente de la tangente à la courbe en ce point exprime la limite du rapport.*

$$\frac{\Delta y}{\Delta x} = \frac{LM}{MN'} \text{ quand } \Delta x \text{ tend vers zéro}$$

Donc TMS $= -\dfrac{dy}{dx}$, $\dfrac{\Delta y}{\Delta x}$ est en effet assimilable à $\dfrac{dy}{dx}$ quand les variations sont infinitésimales, c'est-à-dire quand x $\longrightarrow$ 0.

---

[39] Ceci est aussi conforme aux principes de l'école sensualiste. Le philosophe grenoblois E. de Condillac (1715-1780) disait déjà : « Dans l'abondance on sent moins le besoin ». *Le commerce et le gouvernement considérés respectivement l'un à l'autre* dans *Œuvres philosophiques de Condillac*, tome 2, PUF, Paris, 1948, p. 245. Il est notable que ce philosophe allie empirisme et souci de logique. Son ouvrage économique commence par une analyse du fonctionnement naturel de l'économie, ce qui le conduit à réfléchir sur la valeur, les prix, la concurrence. Son adage est célèbre : « Une chose n'a pas une valeur, parce qu'elle coûte ; mais elle coûte, parce qu'elle a une valeur », op. cit., p. 246.

[40] Cf. H. Krier, J. Lebourva, op. cit., p. 365. Algébriquement la convexité d'une courbe correspond à une dérivée seconde positive de la fonction ; la réduction de l'angle α correspond à une croissance de la valeur algébrique toujours négative de la pente, donc à une décroissance de la valeur absolue de la pente (soit du TMS).

Le TMS est l'expression en valeur absolue de la pente de la droite passant par deux points d'équilibre. Il est d'autant plus précis que ces points sont rapprochés et tendent à se confondre. A la limite il mesure la pente de la tangente en un point de la courbe d'indifférence.

Ainsi, sur une courbe d'indifférence le TMS en un point donné est la dérivée en ce point de la fonction : *quantité de bien cédé = f (quantité de bien obtenu).*

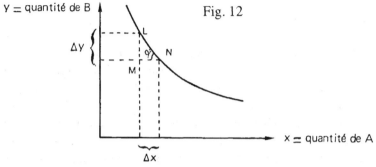

Le TMS est égal au rapport des utilités marginales. En effet sur une courbe d'indifférence dU = o

$$\text{Or} \qquad dU = \frac{\partial U}{\partial x} dx + \frac{\partial U}{\partial y} dy$$

$$\text{d'où} \qquad -\frac{dy}{dx} = \frac{\partial U}{\partial x} \bigg/ \frac{\partial U}{\partial y} = \text{TMS}$$

On a là un exemple du cas où le raisonnement théorique a permis de dégager un outil mathématique. En effet, on peut établir une typologie des biens selon les différentes hypothèses de relation entre deux biens qui font l'objet d'un choix. Il en résulte des formes particulières de courbe d'indifférence que nous ne faisons que mentionner :

a) *biens totalement substituables :* toutes les combinaisons linéaires des deux biens sont indifférentes. Dans ce cas les biens sont interchangeables (essence Total ou Antar) TMS = 1 ;

b) *biens totalement complémentaires :* l'utilité de deux biens est liée. En cas de totale complémentarité, une seule combinaison de x et y est possible. La satisfaction ne peut croître que par l'augmentation des quantités des deux selon la même proportion fixe et simultanée ;

c) *tendance à la complémentarité ou à la substituabilité.* Le TMS est toujours décroissant si les deux biens considérés ne sont pas totalement substituables. Cependant il décroît d'autant plus vite que les deux biens sont fortement complémentaires.

2. L'équilibre du consommateur dans la théorie de l'utilité ordinale

L'objectif du consommateur est de maximiser l'utilité du revenu donné dont il dispose. Pour cela il confronte son échelle de préférence entre les biens (représentée graphiquement par l'ensemble des courbes d'indifférence) et le montant de ses ressources que représente sa contrainte budgétaire .

La ligne des prix ou droite de budget

Pour présenter toutes les combinaisons possibles des deux biens que le consommateur peut acquérir avec les ressources dont il dispose, il faut connaître le revenu du consommateur et le prix des deux biens. Soit donc un revenu initial de 400 F. Le prix unitaire PB du bien B est de 20 F ; PA celui du bien A de 40 F. Si le consommateur consacre tout son revenu à l'achat du bien B, il achètera une quantité de 400/20 = 20 (soit le point B). Si le consommateur consacre tout son revenu à l'achat du bien A, il achètera une quantité de 400/40 = 10 (soit le point A). En traçant la droite AB, on obtient *le lieu géométrique de toutes les combinaisons de x et y qui satisfont la contrainte budgétaire, c'est-à-dire épuise le revenu.*

Fig.13

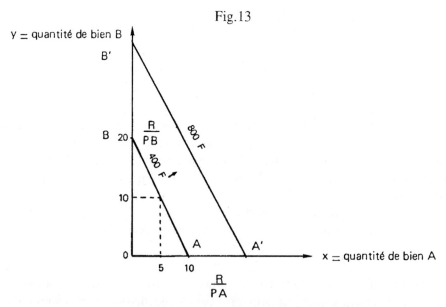

Le consommateur ne peut acheter des combinaison xy situées à droite de la ligne AB, car la dépense serait supérieure au revenu ; ni des combinaisons dont le point représentatif serait à gauche de AB, car il n'épuiserait pas la totalité de son revenu. La droite AB est appelée *ligne des possibilités de transformation du bien B en bien A.*

Si l'on dispose d'un budget différent, on obtient une autre droite de budget, qui est parallèle à la première (à condition que les prix ne changent pas). A un budget plus élevé correspond une droite plus haute A' B' et inversement à un budget plus réduit correspond une droite plus basse. On voit qu'en chaque point de cette droite le rapport entre la quantité cédée de B et la quantité obtenue de A est *constant*.

$$\frac{\Delta y}{\Delta x} = \frac{\text{quantité cédée}}{\text{quantité obtenue}} = \frac{20}{10} = 2$$

C'est une notion marginale du fait que le rapport est vérifiée en chaque point de la droite. Dans ce cas il est *indifférent de considérer le taux moyen* (- y/ x) ou le taux marginal (-dy/dx), puisque le taux est constant pour tous les points de la droite[41]. On constate aussi que le rapport $-\frac{\Delta y}{\Delta x}$ est égal au rapport du prix du bien obtenu sur le prix du bien cédé. On a :

$$\frac{\text{quantité cédée}}{\text{quantité obtenue}} = -\frac{dy}{dx} = \frac{pA}{pB} = \frac{40}{20} = 2$$

Algébriquement, soit R le revenu, PA le prix du bien A, PB le prix du bien B supposés constants. Tout le revenu devant être dépensé en biens A (dépense = xPA) et en bien B (dépense = yPB). L'équation de la droite de budget est :

R = PAx + PBy

Pour trouver la pente, on peut lui donner la forme de y = ax + b

PB.y + PA. x = R

PB.y = - PA.x + R

$$y = -\frac{PA}{PB} x + \frac{R}{PB} = ax + b \text{ avec } a = -\frac{PA}{PB}$$

$$b = R/PB$$

La pente de la droite d'équation y = ax + b est la dérivée de y par rapport à x, c'est-à-dire a

D'où $\qquad -\dfrac{dy}{dx} = a = -\dfrac{PA}{PB}$

---

[41] Un rapport traduit l'incidence du dénominateur sur le numérateur « De combien varie le numérateur quand on a fait varier le dénominateur ? » Le rapport $-\frac{dy}{dx}$ signifie : « De combien varie la quantité cédée de B quand on obtient un peu plus de A ? ».
La pente de la droite de budget, c'est-à-dire la dérivée de la fonction y = f(x) = ax + b (a et b étant les paramètres) mesure le rapport entre quantités cédées et obtenues compte tenu de la contrainte budgétaire. *Cette pente constante est égale à son coefficient directeur a.*

Représentation de l'équilibre du consommateur

Avec la courbe d'indifférence qui exprime les préférences des consommateurs et la ligne de budget qui montre ses possibilités, on peut déterminer la position d'équilibre du consommateur, c'est-à-dire le point où il obtient la maximum de satisfaction. *La recherche du point optimal exige que le consommateur rapproche une courbe d'indifférence de la droite des possibilités de consommation*. Construisons donc sur le même graphique, la droite de budget et la carte d'indifférence ($I_4 > I_3 > I_2 > I_1$), cf. Fig. 14.

Fig. 14

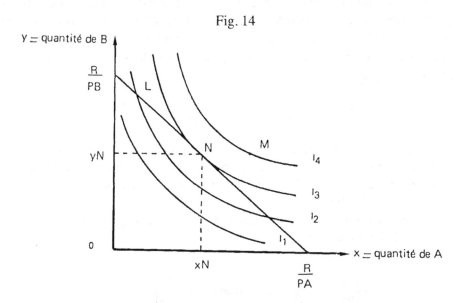

Pour obtenir la meilleure combinaison possible de A et B, le consommateur doit se placer sur la courbe d'indifférence la plus haute possible compatible avec sa contrainte budgétaire. Examinons plusieurs situations possibles. La combinaison représentée en M est supérieure à L et N, mais le consommateur dispose d'un revenu insuffisant pour l'atteindre. L et N sont financièrement possibles du fait qu'ils sont en contact avec la droite de budget, mais N est préférable à L, parce que situé sur une courbe d'indifférence plus élevée. *La combinaison qui assure l'optimum du consommateur est celle située au point de tangence de la droite de budget avec une courbe d'indifférence.* Pour cette combinaison, la consommation optimale est de :

OxN du bien A et

OyN du bien B

Il apparaît qu'à l'optimum *la pente de la tangente à la courbe d'indifférence $\dfrac{dy}{dx}$ est égale à la pente de la droite de budget*, c'est-à-dire au rapport des prix, soit $-\dfrac{PA}{PB}$

Du fait que $-\dfrac{dy}{dx}$ est l'expression du taux marginal de substitution, on obtient à l'optimum :

$$TMS\ A/B = -\frac{dy}{dx} = \left|\frac{dy}{dx}\right| = \left|\frac{PA}{PB}\right|$$

On a démontré que le TMS était égal au rapport des utilités marginales

$$\left(TMS = \frac{\partial U}{\partial x}\Big/\frac{\partial U}{\partial y}\right)$$

Or à l'optimum :

$$TMS = \frac{Px}{Py}$$

d'où : $\quad\dfrac{\frac{\partial U}{\partial x}}{Px} = \dfrac{\frac{\partial U}{\partial y}}{Py}\quad$, c'est à dire qu'à l'optimum les utilités marginales pondérées par les prix des 2 biens sont égales, résultat déjà obtenu par l'approche en termes d'utilité cardinale.

Les conditions relatives à l'optimum du consommateur peuvent être résumées ainsi :

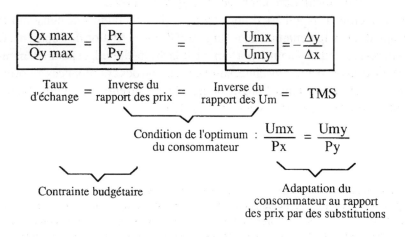

Le raisonnement fondé sur l'utilité ordinale comporte des avantages : a) *Les hypothèses relatives au comportement du consommateur sont moins restrictives :* on suppose seulement que le consommateur peut classer les différents biens par ordre de préférence ; b) il est possible d'analyser des décisions qui portent sur les quantités utilisées de différents biens. *Dans la réalité ce sont des combinaisons différentes de plusieurs biens qui assurent la satisfaction d'un bien.* Les choix entre plusieurs combinaisons nécessitent des comparaisons entre éléments alternatifs ou substituables[42] ; c) La courbe d'"indifférence est une méthode de *présentation formalisée des choix qui peut être utilisée non seulement pour la consommation, mais aussi pour la fonction de production ,* la représentation des *avantages de l' échange international.* Au plan le plus théorique, il y a peu d'importance à ce que l'utilité marginale puisse être mesurée de façon ordinale seulement et que l'on construise des courbes d'indifférence collective sur cette base. Ceci ne remet pas en cause l'essentiel de la théorie symétrique de la valeur déterminée par l'offre et la demande.

Modification des paramètres : l' équilibre du consommateur en dynamique

Jusqu'à présent budgets et prix sont considérés comme fixes : le schéma de base de l'équilibre du consommateur peut être complété en décomposant en deux effets la variation de l'optimum du consommateur qui intervient en réponse à une variation de prix relatif : l'effet de substitution et l'effet du revenu.

On entend par *prix relatif* le rapport entre les prix absolus ou nominaux ; ils sont indépendants de l'unité monétaire (ou numéraire utilisé).

1.— Distinction entre effet de revenu et effet de substitution.

a) l'augmentation du budget et *l'effet du revenu.*

Considérons l'hypothèse d'une augmentation du budget de consommation en raison soit d'une augmentation du revenu, soit d'une réduction de l'épargne. Graphiquement cela se traduit par un déplacement de la droite de budget parallèlement à elle-même vers le haut (pente constante, simple variation des coordonnées à l'origine) : si les prix demeurent constants, l'augmentation du revenu entraîne une augmentation de la quantité consommée des 2 biens. (cf. fig. 16)

---

[42] Dans une brillante étude sur le phénomène de déception, Albert Hirschman est conduit à remarquer : «... il est exclu presque par définition que l'on puisse découvrir ses préférences réelles dans l'acte même de consommation et modifier en conséquences ses préférences antérieures...» ; par ailleurs « une bonne part de nos arrangements sociaux sont faits pour empêcher cette égalisation à la marge des satisfactions apportées par nos activités, qui constitue le nœud du modèle économique ». *Bonheur privé, action publique,* Fayard, Paris, 1983, p. 36 et 42.

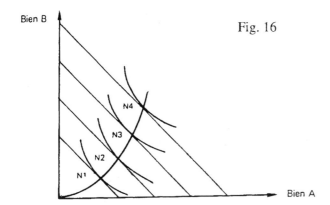

Fig. 16

La réunion de points de tangence N¹, N², N³, N⁴ représentant les différents optimums successifs constitue la courbe de *consommation-revenu* ou *de niveau de vie* (dite aussi « courbe de Engel »). Elle indique comment se modifie la structure de la consommation des biens A et B lorsque le revenu augmente. Si la courbe est une droite, la structure ne se modifie pas et les deux biens sont dits *complémentaires*. Si la consommation d'un bien diminue quand le revenu augmente, ce bien est dit inférieur. (ex.pommes de terre).

b) changement des prix relatifs et « *effet de substitution* ». Dans ce cas la pente de la droite de budget change puisqu'elle est égale au rapport des prix. Quand le prix d'un bien A diminue par rapport au prix du bien B, *le revenu demeurant constant,* la consommation de A est augmentée aux dépens de celles de B. En reliant les différents optimums on obtient la *courbe prix consommation* (cf. infra. fig. 18) que nous allons utiliser pour construire la courbe de demande du consommateur.

2.— Effet global induit par une variation de prix (*Relation de Slutsky*) [43].

E. Slutsky a mis en évidence que la variation de la demande relativement à celle du prix d'un bien se décompose en un effet de substitution (dit « pur », car à niveau d'utilité inchangé) et un effet de revenu.

Soit donc une baisse de moitié de P_A (P_B et R demeurant constants) : le changement du prix relatif provoque un déplacement de la droite de budget traduisant l'augmentation du pouvoir d'achat du consommateur.

a) on appelle *effet de substitution* la part de la modification de la structure de consommation qui n'affecte pas le niveau d'utilité obtenu antérieurement. Pour l'isoler on peut se demander ce qui se passe si une compensation de la variation du prix est réalisée par un transfert de pouvoir d'achat qui maintient le consommateur sur sa

---

[43] L'économiste russe E. Slutsky dépasse l'hypothèse du revenu fixe de A. Marshall pour mettre en évidence les modifications résultant de le substitution d'un bien à un autre. En fait il veut éliminer le fondement psychologique de l'analyse de l'utilité marginale : le consommateur maximise ses fonctions de demande. Le marginalisme se transforme en théorie d'actes de choix abstraits entre des alternatives possibles.

même courbe d'indifférence. C'est la méthode dite de *variation compensée* (Hicks).
Ainsi analysé l'effet de substitution correspond à la nouvelle répartition des achats
qui assure le maintien constant de l'utilité totale.

b) on reconnaît comme *effet de revenu* la part de changement de structure
de consommation provoquée par la seule modification du pouvoir d'achat qui résulte
du nouveau prix relatif des deux biens.

Les deux effets se conjuguent pour modifier la combinaison optimale des
deux biens. Leur dissociation analytique permet de mieux distinguer les 3 cas de
figures théoriques :
- effet de substitution nul : les biens sont *complémentaires*.
- les 2 effets positifs : cas normal
- effet de revenu négatif : un des biens est dit *inférieur*

Ces développement de l'analyse néo-classique ont l'intérêt de la rapprocher de
la réalité autant qu'il est possible . Ils permettent entre autre d'étudier l'équilibre du
travailleur en construisant des *courbes d'indifférence revenu-loisir* et de suivre par
exemple les effets d'une hausse de l'impôt sur la répartition travail-loisir.

Signalons aussi la théorie des *préférences révélées* par laquelle Paul-Anthony
Samuelson tente de réconcilier faits et théories en renversant la perspective : un
consommateur achète une collection particulière de biens, soit parce qu'ils les
préfèrent, soit parce qu'ils sont moins chers. Si l'information concrète sur les prix ne
permet pas de choisir en raison d'une différence de coût, alors le choix effectif pour
tel bien révèle sa préférence. C'est là un exemple de développements auquel conduit
l'analyse marginaliste du consommateur. (cf. M. Blaug. *Méthodologie ...* op. cit.
p.140-141).

3 – L'équilibre du travailleur

Le raisonnement marginaliste est applicable à l'étude de *l'offre individuelle de
travail*. C'est ici l'occasion de citer Stanley Jevons (1835-1882), le premier à faire une
analyse néo-classique des *fondements micro-économiques de l'offre de travail*[44]. Cela

---

[44] Il définissait lui-même sa théorie comme « un mécanisme d'utilité et d'intérêt personnel » ;
négligeant volontairement toute référence aux dimensions morales et sociales, son originalité est de
donner une expression mathématique au calcul hédonistique. L'économie est selon lui, « un calcul
des plaisirs et des peines » (ce qui rappelle le « felicific calculus » de J. Bentham). Ainsi dans *Theory
of Political Economy* (1871) il désigne déjà par $\frac{dU}{dx}$ l'intensité du dernier besoin satisfait par une
quantité donnée d'une marchandise consommée. (cf. p. 256 et ss. de l'édition française Giard et
Brière, Paris. 1909).
Sur l'originalité de l'approche de J. Jevons par rapport à L. Walras et C. Menger. Cf. C. Schmidt. *La
sémantique économique en question.* Calmann-Levy, Paris, 1985, p. 67 et ss.

était logique de la part du néo-classique de la première génération qui conserve le plus de fondements utilitaristes à l'économie et dont la démarche relevait de la déduction abstraite. S. Jevons était d'ailleurs économiste et logicien.

Nous retenons une présentation qui se raccorde à la théorie du consommateur déjà exposée, avec des outils d'analyse qui ne sont pas ceux de Jevons.

La théorie de l'optimum du consommateur considère le revenu comme une donnée. En fait pour disposer d'un revenu le consommateur doit avoir préalablement décidé de consacrer du temps à l'obtention d'un revenu. Puisque l'utilité de ce revenu vient de la satisfaction qu'on retire de sa consommation, logiquement l'offre de travail nécessite un *arbitrage antérieur* entre la satisfaction procurée par le loisir et la satisfaction liée à la consommation du revenu obtenu en contrepartie du temps de travail.

On suppose que l'agent économique, avant d'être un consommateur, a dû opérer un choix entre deux biens : le revenu R retiré du temps de travail (L) d'une part et le loisir (H) d'autre part, sur la base d'une fonction d'utilité du type u = u (x,y). Le temps de loisir est par définition celui qui n'est pas consacré à une activité salariée. Un niveau similaire de satisfaction globale peut être obtenu par hypothèse avec de multiples combinaisons de L et H, car on passe de L à R par simple prise en compte du taux de salaire réel (R = w.l, où w est est le taux de salaire).

La prise de décision du travailleur-consommateur peut s'analyser graphiquement

a) une *courbe d'indifférence revenu-loisir*, représente l'ensemble des combinaisons de L et H apportant la même satisfaction : aux différents niveaux de w correspondent des courbes d'indifférence entre L et R, notées U_0, U_1, U_2.

La pente d'une telle courbe évaluée en un point représente un « *prix relatif subjectif* » : le montant du revenu que l'agent est prêt à céder pour une unité supplémentaire de loisir en conservant le même niveau de satisfaction. Temps de travail et de loisir sont exprimés en heures ; au cours d'un jour, si l'on ignore la nécessité de la reconstitution physique par le sommeil, le temps total théorique L + H ne peut excéder 24 heures. ; les courbes d'indifférence sont donc tronquées par la limite H = 24 heures.

b) la *contrainte budgétaire* : les combinaisons possibles de R et H sont limitées par la droite de budget : R = (24 - H). w

Soit le segment NM sur la figure ci-dessous.

Pour tracer la contrainte budgétaire, on obtient le point N, d'ordonnée R = 24w dans l'hypothèse limite où l'agent consacre toute sa journée à travailler ; le point M, d'ordonnée R = 0 correspond à un temps de travail nul, soit H = 24, second point de la contrainte budgétaire.

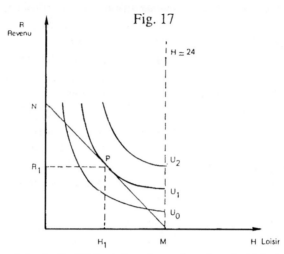

Fig. 17

La pente de la droite NM est donnée par le prix relatif du temps de loisir en termes de revenu réel.

c) *l'optimum du travailleur* selon le principe déjà dégagé, la satisfaction maximale est obtenue au point de tangence de la courbe d'indifférence et de la droite de budget soit en P, avec les coordonnées R_1 et H_1. L'offre de travail correspondant au taux de salaire w est déterminée par $L_1 = 24 - H_1$

Pour tracer la courbe d'offre de travail, on envisage des valeurs croissantes de w, soit une modification de la contrainte budgétaire permettant d'atteindre des courbes d'indifférence revenu-loisir plus élevées. La liaison des points successifs de tangence engendre *la courbe d'offre de travail.* (avec L en abscisses et w en ordonnées).Cette présentation peut permettre d'illustrer plusieurs cas de figure selon le sens des variations de H en réponse à des variations de w : à la suite de E. Slutsky et de J.R. Hicks (1949) on analyse l'importance relative des effets de substitution et du revenu. (Cf. supra. p.167)

L'effet de substitution consiste en ce que la demande se déplace vers le bien qui devient relativement meilleur marché au détriment du bien plus cher.

L'effet de revenu résulte de la hausse du revenu provoquée par la hausse du salaire : normalement il se traduit par une augmentation de la demande de tous les biens, sauf des « biens dits inférieurs ».

A la suite de S. Jevons les néo-classiques retiennent que l'effet de substitution l'emporte sur l'effet du revenu, c'est-à-dire que *l'offre de travail est une fonction croissante du salaire réel.*

« Lorsque le travail donne plus de produit, il y a plus de rémunération et par suite plus d'incitation au travail. » *(op. cit. p. 260)*, mais le problème est complexe ; des hypothèses empiriques se surajoutent aux hypothèses théoriques de base : prédominance de l'effet de substitution pour les bas salaires ; prédominance de l'effet de revenu quand le taux de salaire continue d'augmenter.

Concluons cette analyse en notant que la démarche néo-classique en ce domaine a substitué une *théorie économique fondée sur les choix rationnels* d'un agent représentatif à la *théorie démographique* de l'offre de travail des classiques principalement reliée au principe de population de Malthus. S. Jevons voyait cependant bien qu'« il n'est pas toujours possible de graduer le travail comme le voudrait l'ouvrier ; dans certaines entreprises l'homme qui insisterait pour ne travailler que quelques heures par jour, n'aurait bientôt plus de travail ». *(op. cit. chap.V. Théorie de travail p. 262)*, mais ce n'est là qu'un aspect mineur du caractère irréel de cette analyse.

II — La fonction de demande

La demande d'un bien peut être considérée à plusieurs niveaux. Pour un produit A donné on peut analyser :

- la *demande individuelle* de A provenant d'un consommateur (ou d'une entreprises)

- la *demande totale ou collective* du produit A à la branche, à l'industrie ou à un marché. Elle provient de l'ensemble des utilisateurs du produit A et s'obtient par addition des demandes individuelles des utilisateurs de A. Demande individuelle et demande totale peuvent être analysées en même temps. Nous ne ferons donc pas une distinction particulière.

- *la demande du produit A à une firme déterminée :* elle concerne directement le vendeur, du fait qu'elle indique quelle production il peut vendre pour les différents prix possibles. Ceci conduit à la notion de recette.

1 – Construction de la courbe de demande

La demande individuelle d'un bien A dépend des déterminants suivants : *le prix* de A, soit pA ; l'existence et le *prix de produits N substituables* à A soit pN ; *le revenu du consommateur* soit R ; *ses goûts* soit g ; les *conditions de crédit, ses anticipations,* etc. En plus de ces déterminants individuels, il faudrait tenir compte de facteurs collectifs comme les mouvements de population, la répartition du revenu, etc. *La demande de A pourrait donc s'exprimer dans une fonction à plusieurs variables :* en mettant en relation la quantité demandée (x^j_i) par le consommateur (j) et le prix (pA) de ce bien, ainsi que les autres facteurs évoqués.

$$x^j_i = f\ (pA,\ pN,\ R,\ g,...)$$

Pour réduire la difficulté d'une analyse prenant en compte une multiplicité de variables[45], on va considérer surtout la *relation prix-quantité* qui a été la première privilégiées par la théorie micro-économique.

La relation prix-quantités

On considère une hypothèse telle que les prix de tous les autres biens sont fixes et que le revenu du consommateur ne se modifie pas. Dans ces conditions *on admet généralement que la* demande du consommateur pour un bien donné est une fonction *décroissante du prix*. Cette relation décroissante prix-quantité demandée résulte du comportement même du consommateur dont l'objectif est, par hypothèse, la maximisation de l'utilité obtenue pour une dépense donnée. On qualifie parfois cette hypothèse de *loi de la demande*. Nous allons présenter la dérivation de la courbe de demande à partir de courbes d'indifférence[46].

1 — La courbe prix-consommation

Pour expliquer la fonction de demande au moyen de courbes d'indifférence, on représente *les différents points d'équilibre du consommateur* en cas de variations du prix d'un des biens consommés. Supposons donc que le prix du bien A varie, tandis que celui du bien B demeure fixe[47]. *La ligne du revenu* (ou droite de budget) *qui exprime les différentes répartitions possibles du revenu entre les achats des deux biens doit se déplacer*. Son point de fixation sur l'axe des y ne bouge pas (soit P), car le revenu fixe permet d'acheter toujours une quantité identique de B au prix inchangé. Par contre, si le prix de A varie, la droite de budget pivote autour du point P fixe et sa pente se modifie, puisqu'elle représente le rapport des prix PA/PB. La baisse du prix de A entraîne une réduction de ce rapport et en conséquence la droite de budget PL prend une pente moins accentuée en se déplaçant vers la droite (la figure 18 illustre l'hypothèse inverse d'une hausse du prix de A.)

Chaque position de la droite de budget détermine un nouveau point d'équilibre correspondant au prix plus bas (ou plus élevé selon l'hypothèse envisagée) de A. Il se situe chaque fois au point de tangence de la droite de budget avec une courbe d'indifférence. Du fait que la carte d'indifférence ne se modifie pas, mais que la droite

---

[45] Nous avons conscience que cette manière d'exposition, simplificative au plan pédagogique, est critiquable ; on ne peut disjoindre complètement les effets prix et revenus.

[46] Marshall est à l'origine de l'étude de la consommation avec la fonction de demande. Le prix de demande est fonction des quantités disponibles. Chaque agent doit déterminer le prix unitaire maximal qu'il entend payer pour une quantité donnée d'un bien. Pour Marshall, la demande est dérivée directement de la fonction d'utilité dont elle est l'expression.

[47] On peut naturellement faire aussi l'hypothèse inverse de la fixité de x.

de budget se déplace, *il est logique que le point d' équilibre optimum se déplace aussi.*
La variation de la demande du bien A résulte des effets suivants :

variation du prix de A

↓

déplacement de la droite de budget

↓

déplacement du point optimum

↓

variation de la demande de A

On voit sur la figure ci-dessous que la hausse du prix de A a pour effet de réduire la quantité achetée de A qui passe de x_1, x_2, x_3, à x_4.*Prix et quantité varient donc en sens inverses* [48].

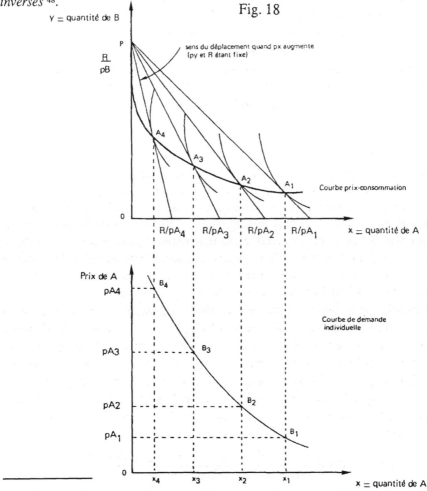

Fig. 18

[48] Pour certaines catégories de produit on peut observer une augmentation des quantités demandées d'autant plus forte que le prix est élevé. Il y a alors « effet de démonstration » ou « snob effect », ou, dans un tout autre contexte de revenu, *paradoxe de Giffen* pour les « biens inférieurs ».

Si les variations de A sont continues, une *courbe de prix-consommation* (A_1, A_2, A_3, A_4) est engendrée par le déplacement du point d'équilibre. Cette courbe indique comment varient les quantités de chaque bien achetées par le consommateur quand le prix d'un des deux biens est le seul à varier.

2 — La courbe individuelle de demande

De la lecture du premier graphique ci-dessus, d'où est déduite la courbe de prix-consommation, il apparaît qu'à chaque valeur successive de pA correspond une autre quantité demandée de A :

au prix pA_1 correspond l'optimum A_1 et donc x_1

au prix pA_2 correspond l'optimum A_2 et donc x_2

au prix pA_3 correspond l'optimum A_3 et donc x_3

au prix pA_4 correspond l'optimum A_4 et donc x_4

quand le prix x est infiniment grand, x –>0,

En représentant le prix correspondant à chaque quantité (ou inversement), on obtient donc *la courbe de demande individuelle pour le bien A.*

$PA_4 > PA_3 > PA_2 > PA_1$ conduit à $x_4 < x_3 < x_2 < x_1$

La notion d'élasticité

Dans le cas le plus courant, la demande d'un bien dépend à la fois du revenu et des prix. C'est Marshall qui a défini l'élasticité-prix de la demande. Comme nous l'avons déjà annoncé, nous privilégions au niveau de présentation de la démarche néo-classique ce qui lui est le plus caractéristique : *l'évolution de la demande par rapport au prix.* Il faut pourtant préciser dès maintenant que les notions d'élasticité ont été dégagées pour analyser de façon précise et quantifiable comment la demande (ou la consommation) d'un bien est affectée par la variation du revenu ou celles du prix du bien considéré ou du prix des autres biens[49].

L'élasticité de la demande mesure la *sensibilité de réaction de la quantité demandée d'un bien (réponse) à une variation du prix de ce bien (appel).* Pour que l'élasticité puisse être mesurée par un coefficient indépendant de l'influence des unités retenues pour exprimer les prix et les quantités, on raisonne sur des *variations relatives.* On compare ainsi le pourcentage de réduction de la demande au pourcentage de hausse de prix qui l'a provoquée. De façon plus précise, l'élasticité de la demande par rapport au prix, est *le rapport entre la variation relative de la quantité demandée et la variation relative du prix qui en est la cause.*

$$ex/px = \frac{\text{variation en \% de quantité demandée du bien A}}{\text{variation en \% du prix du bien A}}$$

---

[49] Pour avoir une idée de l'ampleur des applications de la notion d'élasticité pour la théorie et l'investigation statistique, on peut consulter Derycke P.H., « *Elasticité et analyse économique* », Paris, Cujas, 1984 ; cf. également H. Krier, J. Lebourva, op. cit., p. 385-402 et 246-251.

Le coefficient d'élasticité directe exprime donc un *rapport de rapports* :

$$e_{x/px} = \frac{\dfrac{\Delta x}{x}}{\dfrac{\Delta pA}{pA}}$$

Une élasticité de - 2 signifie qu'une hausse des prix de 1 % provoque une baisse de la quantité demandée de 2 %.

On peut écrire aussi avec l'hypothèse de parfaite divisibilité :

$$ep = \frac{\dfrac{dq}{q}}{\dfrac{dp}{p}} \quad \text{d'où :}$$

$$ep = \frac{dq}{q} \times \frac{p}{dp} = \frac{dq}{dp} \times \frac{p}{q}$$

On distingue traditionnellement plusieurs cas-références d'élasticité-prix :

1 – les cas dits de demande « *isoélastique* »

L'élasticité varie en règle générale selon les points de la courbe de demande.

Elle peut cependant être constante, notamment dans trois cas remarquables :

a) demande *parfaitement rigide* : la quantité demandée demeure fixe quel que soit le prix, $ep = 0$,

b) demande *parfaitement élastique* : les entreprises peuvent vendre toutes les marchandises qu'elles veulent au prix du marché. L'élasticité est infinie pour ce prix donné, $ep = -\infty$

c) demande *d'élasticité unitaire* : prix et demande varient proportionnellement, mais naturellement en sens opposé. Une hausse de prix de 1 % entraîne une réduction de la consommation de 1 %. Dans ce cas les dépenses totales sont constantes malgré la variation du prix. La courbe de demande a la forme d'une hyperbole équilatère, $ep = -1$.

2 – Cas de demande *d'élasticité variable*

a) demande *relativement élastique* : la quantité demandée varie plus que proportionnellement à la variation du prix. Dans ce cas le coefficient est compris entre -1 et $-\infty$ Par exemple si $ep = -2$, cela signifie que si le prix varie de 1 %, la demande varie en sens inverse de 2 % ($-\infty < ep < -1$),

b) demande *relativement inélastique* : la quantité demandée varie moins que proportionnellement à la variation du prix. Ce coefficient est compris entre 0 et -1 ($-1 < ep < 0$).

3 – Cas *d'élasticité anormale* : une variation du prix entraîne une variation de même sens des quantités demandées ; la courbe de demande est croissante avec le prix. Dans ce cas, le coefficient d'élasticité est supérieur à l'unité.

2 – Demande à la firme et différentes notions de recette.

Définitions

Nous avons considéré jusqu'ici la demande individuelle, puis par simple sommation la demande collective d'un bien à une branche ou à une industrie. La courbe de demande à la firme intéresse aussi la firme qui vend le produit considéré, car cette courbe indique *quelles sont les quantités de ce produit qui peuvent être vendues sur un marché à chaque prix possible.* Il y a donc inversion de la relation précédente, les quantités demandées deviennent la variable indépendante. On a la fonction : $P = f(Q)$. Cette modification de perspective conduit à *la notion de recette*. En effet, la courbe de dépense globale nous donne l'évolution du produit des quantités vendues par le prix

$$D = P \times Q$$

Or, si l'on ne tient pas compte des coûts, *l'ensemble des dépenses du consommateur constitue la recette brute du producteur.* On distingue trois types de recettes : (pour un produit A)

– La *recette totale* (RT) qui est le produit du prix (PA) par la quantité vendue à ce prix (QA) :

$$RT = pA. QA$$

– La *recette moyenne,* ou unitaire, c'est le rapport de la recette totale par le nombre d'unités vendues :

$$RM = \frac{RT}{QA}$$

Ce quotient représente donc le *prix unitaire.*

– la *recette marginale* est l'accroissement de la recette entraînée par la vente d'une unité supplémentaire :

$$Rm = \frac{\Delta RT}{\Delta QA}$$

De façon plus précise, c'est la limite du rapport entre l'accroissement de la recette totale et l'augmentation de la quantité vendue quand celle-ci tend vers zéro. *La recette marginale est la dérivée de la recette totale par rapport à la quantité vendue* :

$$R' = \frac{dRT}{dQA}$$

Ces notions seront utilisées lors de l'étude de l'équilibre sur les différents types de marché. Nous les retrouverons au prochain chapitre.

Représentation

On peut représenter la fonction linéaire de demande en portant en abscisses les quantités demandées q et en ordonnées le prix p. Dans ce cas les quantités demandées sont considérées comme la variable indépendante et les variations de la recette totale (RT) sont étudiées par rapport à elle. On a : $p = f(q)$

Cette perspective répondra aux besoins de l'analyse de la firme telle que nous l'étudions aux prochains chapitres. A part le cas de concurrence parfaite où la firme individuelle peut augmenter les quantités vendues sans provoquer de baisse de prix, la firme détermine le volume de production en considération du bénéfice obtenu. Ce bénéfice dépend alors à la fois de la recette et du coût qui varient tous deux en fonction des quantités vendues.

Quand la fonction est linéaire, du type $p = -aq + b$, les variations de RT sont représentées par une *parabole* d'équation :

$$RT = p.\, q = (-aq + b)\, q = -a\, q^2 + bq$$

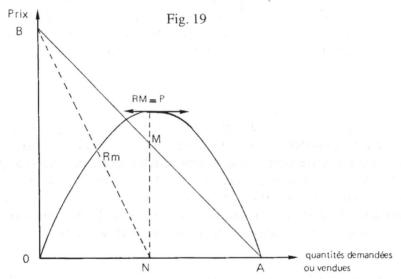

Fig. 19

La recette RT est nulle en O (aucun achat) et en A (intersection de la courbe de demande avec l'axe des quantités) où le prix et donc la recette sont nuls.

Elle passe par un maximum pour $q = ON$ qui est situé au milieu du segment OA et qui correspond au point M de la courbe de demande.

La notion de *recette marginale* (Rm) permet de préciser l'analyse de la fonction de recette totale, car il est équivalent d'écrire que RT est maximum ou que Rm s'annule : les variations de Rm sont représentées par une fonction qui est la dérivée de RT. Pour la fonction de demande $p = f(q)$

on a : $RT = p.q = q.\, fq$

et par dérivation d'un produit :

$$Rm = p + q.p'$$

p' est la dérivée de p par rapport à q, donc l'inverse de la dérivée de q par rapport à p qui apparaît dans la formule de l'élasticité prix de la demande. (cf. supra p. 159).

Dans l'hypothèse particulière de linéarité de la fonction de demande, r m est également une fonction linéaire de q ; sa fonction est dérivée de la fonction de recette totale :

$$Rm = \frac{dRT}{dQ} = -2aq + b$$

Cette droite est à comparer à la droite de demande (p = - aq + b) qui représente la *recette unitaire.* (RM) pour chaque quantité q vendue. La droite (pointillée) r m part du point B comme la droite de demande (q = 0 , r m = b et p = b prix maximum) ; elle s'annule en N situé au milieu du segment OA, car en ON, q = $\frac{b}{a}$,valeur pour laquelle p = 0 et r m s'annule pour q = - $\frac{b}{2a}$,donc une abscisse égale à la moitié de celle de OA. Au delà r m prend une valeur négative, parce que *l'effet de la baisse du prix l'emporte sur l'augmentation de la quantité vendue* (–a et –2a sont bien les pentes respectives des droites Rm et r m) . Géométriquement Rm est la médiane du triangle formé par les axes des coordonnées et de la droite de recette moyenne.

La fonction de demande a pu être établie à partir des équilibres auxquels parviennent les différents consommateurs qui exercent leur choix sur un bien particulier. L'analyse marginaliste détermine selon un même schéma analytique la *fonction d'offre du producteur qui rend compte des possibilités de production pour différents prix d'un bien.* De la confrontation de la demande et de l'offre doit résulter la formation des prix sur le marché, en même temps que la réalisation des équilibres de marché. C'est ce que nous verrons au chapitre 5 de ce titre II.

Appréciation sur la théorie du consommateur et de la demande individuelle

L'analyse néo-classique du consommateur est tout à fait réductrice, même s'il n'est pas interdit d'examiner comment la quantité demandée varie en fonction de différents facteurs (niveau et répartition du revenu, selon les catégories d'agent et du produit...etc). Le développement de la *théorie des choix* (Von Neuman et G. Morgenstern, 1944), celle des *« préférences révélées »* (P.A. Samuelson, 1938 ; H.S. Houthakker, 1950) introduisent des formalisations mathématiques supplémentaires et tentent de supprimer certains présupposés idéologiques.

Les critiques se situent à différents niveaux :

a) critiques d'ordre empirique et statistique concernant le comportement effectivement observé.

L'inadéquation au réel de « l'homo-œconomicus » a été particulièrement soulignée par F. Perroux : « le calcul économique individuel présenté sous sa forme habituelle, ne résiste pas à l'observation aigüe des sociétés marchandes ». (*Economies et Sociétés*. PUF 1963). L'observation des comportements réels fait apparaître des intransitivités correspondant en particulier à des irrationalités. Il serait d'ailleurs impossible de considérer une période assez brève pour éliminer la simple évolution dans le temps des préférences.

b) critiques liées à l'apparition de phénomènes nouveaux, tels que l'importance des « *biens et services collectifs* » qui traduisent une socialisation croissante de la consommation ignorée par la théorie néo-classique ou traitée sur le mode des consommations individuelles. (cf. P. Grevet : *Besoins populaires et financement public*. Edit. sociales. Paris, 1976)

c) critiques sociologiques du principe individualiste de la théorie engagée dès 1899 par Th. Veblen *(Théorie de la classe de loisir.* trad. Gallimard. Paris 1970) et développées par un courant dit « *différencialiste* » mettant en évidence la signification sociale de la consommation (cf. titre IV. p. 419-421)

d) critiques du « principe de souveraineté du consommateur » qui mettent en évidence le caractère « conditionné » du consommateur comme J.K. Galbraith. dans le *Nouvel Etat industriel.* Gallimard, Paris 1967).

Le conditionnement devient un phénomène déterminant ; il est le fait de ceux qui détiennent le pouvoir dans l'entreprise. (la « technostructure ») et qui agissent par la publicité, le marketing, l'action directe sur la demande. Ces critiques, influencées par l'approche keynésienne, ne produisent pourtant pas une théorie de substitution.

Malgré ces critiques l'analyse néoclassique du consommateur est utilisée comme une *référence de nature normative* pour élaborer des politiques économiques visant à rétablir la souveraineté du consommateur. Une approche critique plus fondamentale vise tout au contraire à replacer les comportements individuels dans *l'ensemble des rapports sociaux,* à rechercher comment se forment les systèmes de choix, de façon à expliquer le caractère social des *besoins* . « La théorie du consommateur n'est en aucune façon une théorie de la consommation »,[50] plus particulièrement de la consommation des valeurs d'usage.

---

[50] Pour une approche critique de la théorie micro-économique du point de vue du psychologue et du sociologue : cf. G. Palmade, *L'Economique et les sciences humaines*, Dunod, Paris, 1967. Beaucoup plus fondamentale est l'analyse critique du sociologue Norbert Elias, qui entend mettre en évidence la nature intégralement sociale de l'homme. « Le comportement qu'adoptent les individus est toujours déterminé par les relations anciennes ou présentes avec les autres ».*La société des individus*, Fayard, Paris, 1991, p. 56.

III — Calcul économique du producteur

L'analyse néo-classique assimile le producteur à l'entreprise. Il est admis comme hypothèse de départ que le producteur a *pour objectif de maximiser son profit*, même si d'autres objectifs pourraient être envisagés tels que l'obtention du volume de production maximum.

1) Les hypothèses suivantes sont retenues qui caractérisent la logique néo-classique :

a) *Toutes les techniques de production sont connues de l'entreprise* pour la fabrication d'un produit donné, ainsi que les quantités obtenues par ces techniques supposées nombreuses, en sorte que le rapport K/L peut varier de façon continue.

b) *Les facteurs de production capital et travail sont achetés sur leur marché respectif.* (Le capital est analysé comme un ensemble de machines, matières premières, terre... etc). L'entrepreneur n'est pas propriétaire de ces facteurs de production : il paie un *salaire* au travailleur, un *profit au capital.* Sa rémunération propre s'appelle *profit d'entreprise* distincte du profit du capital.

c) l'entrepreneur maximise le profit par ses choix, qui correspondent aux deux niveaux de l'analyse de la production.

2) Les niveaux de choix de l'entrepreneur :

– le *niveau technique des méthodes ou procédés de fabrication.* Comment produire ? Cette question relève de l'ingénieur du bureau des méthodes dans les grandes entreprises. Il peut n'y avoir qu'une seule méthode de production ; généralement il y a plusieurs procédés techniques pour un même produit, et le choix de l'un d'entre eux nécessite souvent la considération de raisons économiques à travers l'examen de leurs coûts respectifs. L'entrepreneur choisit la combinaison des facteurs de production la plus efficiente.

– le *niveau en volume de la production..* Combien produire ? Avec quelle intensité utiliser les équipements ? Ceci comporte une décision sur le volume du programme de fabrication. Dans la réalité l'entreprise travaille souvent sur commande ou en sous-traitance, ce qui lui retire la maîtrise du volume de production. Au niveau théorique où nous sommes, le producteur sera supposé libre de décider du volume de production : il fixe le niveau de production de l'entreprise qui assure le profit maximum.

En résumé, deux questions sont à étudier : a) *la combinaison technique :* les études d'ingénieurs ont pour objet de définir ce qu'on appelle la *fonction de production.* En première approximation on appelle fonction de production la relation qui associe une certaine quantité produite (y) à toute combinaison des facteurs $(x_1... x_n)$. Comme on retient l'hypothèse d'efficacité maximale et l'élimination du gaspillage, cette production y est la plus élevée que l'on puisse obtenir avec la combinaison considérée. b) la *détermination du volume de production optimale* en tenant compte à la fois des contraintes économiques et techniques, c'est-à-dire du prix du produit sur le marché et des coûts de production.

1. La fonction de production en courte période : (productivité et variation de la proportion des facteurs)

La théorie marginaliste néo-classique retient comme information concernant la technologie seulement la relation entre, d'une part, les *quantités de facteurs de production utilisés* (matières premières, main-d'oeuvre, outillages qui constituent les « inputs ») et, d'autre part, le *volume de produit obtenu* (ce sont les « outputs »). Cette relation est une fonction de production. Considérons donc une entreprise qui fabrique un produit A au moyen de deux facteurs variables K et L. On établit une relation entre les quantités utilisées de K et L et la quantité produite de A. Soit x la quantité fabriquée du bien A., et soient k et l les quantités utilisées de de K et L ; l'expression :

$$x = f(k, l)$$

représente *la fonction de courte période.*

Cette fonction relie toutes les combinaisons techniques possibles et tous les résultats imaginables au niveau de la production : elle peut être qualifiée de *fonction de transformation de ressources* [51]. Naturellement cette fonction n'a de sens, et ne peut donc être définie, que pour les valeurs positives de x, k, et l. Pour des raisons de pure facilité mathématique, on suppose généralement que la fonction de production est *continue* et *différenciable* même s'il est techniquement absurde d'envisager la combinaison d'une demi-presse, d'un demi-ouvrier. Ainsi, on peut considérer que le nombre des combinaisons possibles est infini. Ceci permet de définir les notions de productivité physique des facteurs de production et d' « iso-produits ». Après avoir défini les différentes notions de productivité (ou produit), nous étudierons la loi des rendements non-proportionnels et nous dégagerons la notion de courbe d'iso-produit.

Les notions de productivité

1 – L'hypothèse de courte période

Depuis que la distinction a été introduite par A. Marshall, on oppose habituellement la courte et la longue période. La courte période est définie « *comme*

[51] J. Henderson-R. Quandt, op. cit. p. 43-44. La théorie néo-classique suppose la *substituabilité* des facteurs, c'est-à-dire qu'ils sont à la fois techniquement *divisibles*. (ex. matières premières, énergie) et *adaptables* (terre), en sorte que l'on peut compenser la diminution de l'un par une augmentation de l'autre dans la combinaison productive.

une période suffisamment brève pour que la capacité de production installée de l'entreprise soit considérée comme une donnée ». Nous analysons la notion de productivité en courte période, ce qui comporte les hypothèses suivantes : a) *l'état de la technologie ne change pas ;* b) *la fixité du facteur capital* (ko) : ce facteur fixe n'est pas divisible, ceci signifie que l'on ne peut pas répartir ce capital en différentes parts utilisées successivement ; par contre le capital est adaptable, car le montant fixe de capital peut être utilisé avec n'importe quelle quantité de travail ; c) *homogénéité du facteur variable* (le travail) : toutes les unités du travail sont équivalentes et interchangeables.

2 – définition des notions de productivité du travail

Trois notions de productivité peuvent être exprimées au moyen de la fonction de production :

a) *la productivité physique totale* (ou produit total) du facteur L (soit le travail) se définit comme la quantité produite (x) du bien A qui résulte de la combinaison d'une quantité variable de travail avec une quantité constante K_0 d'un facteur K (soit le capital). Dans ce cas la fonction de production devient :

$$x = f(l, k_0)$$

b) *la productivité physique moyenne du facteur travail* est le rapport de sa productivité totale à sa quantité utilisée

$$\frac{x}{l} = f\frac{(l, k_0)}{l}$$

c) *la productivité marginale* du facteur travail exprime la variation de la productivité totale x résultant d'une variation de la quantité du facteur variable L. Du fait que les deux facteurs contribuent à la production, on l'exprime par la dérivée partielle de x par rapport à L

$$\frac{\delta x}{\delta l} = f_L(l, k_0)$$

On peut donner des illustrations arithmétiques et géométriques de ces définitions.

3 – Exemple chiffré de la loi des rendements décroissants

Soit donc, un processus de production très simplifiée : une surface *donnée* de terre cultivable (1 hectare) sur lequel on utilise un nombre variable de travailleurs pour produire du blé. On a les combinaisons virtuelles suivantes :

Nombre d'hommes au travail l	Produit total (quintaux) x	Productivité moyenne par homme $\dfrac{x}{L}$	Productivité marginale (1) de L $\dfrac{\delta x}{\delta l}$
0	0	non définie	non définie
1	8	8	8
2	18	9	10
3	30	10	12
4	39	9,8	9
5	45	9	6
6	47	7,5	2
7	47	6,7	0
8	46	5,8	-1

(1) On approxime $\dfrac{\delta x}{\delta l}$ par le taux de variation $\dfrac{\Delta P}{\Delta L}$

Ces chiffres n'ont qu'une valeur d'illustration. Ils expriment une hypothèse d'augmentation plus que proportionnelle de la production avec l'augmentation de la quantité du facteur travail, d'où une productivité marginale physique croissante jusqu'au troisième homme. A ce niveau est atteint un maximum après lequel l'augmentation du nombre de travailleurs procure un accroissement moins que proportionnel de la production, d'où une productivité marginale du facteur travail décroissante. Cette hypothèse représente une application du principe classique déjà introduit sous le nom de *« loi des rendements décroissants »*. Chez Ricardo la notion de rendements décroissants est concrétisée par la mise en culture de terres de moins en moins fertiles. Dans le cadre de la démarche néo-classique on qualifiera ce phénomène de loi de la *productivité marginale décroissante*, même si dans une première phase la productivité marginale peut être croissante (dans notre exemple pour les trois premiers seulement).

On peut exprimer ces résultats dans un système de coordonnées rectangulaires. Les quantités croissantes du facteur variable, le travail, sont notées en abscisses, et le résultat du processus productif apparaît en ordonnées : productivité totale sur le graphique 20a, moyenne et marginale sur le graphique 20b ci-dessous. La productivité totale (ou produit total) croît plus que proportionnellement à la quantité du facteur variable jusqu'au point C ; elle augmente moins que proportionnellement au-delà de ce *point* et atteint un maximum au point R pour décroître ensuite (en R la courbe PT a pour tangente une droite de pente nulle).

La productivité moyenne du travail $\dfrac{x}{l}$ est mesurée sur la courbe de productivité totale (PT) par la pente de la droite partant de O et joignant un point sur la courbe PT (pente égale à la tangente de l'angle β). Le plus grand écartement possible de β est observé pour une quantité de travail égale à OB ; OO' est alors tangente à P en C.

4 – Elasticité de la production et détermination de zones de production.

Les propriétés des relations entre les courbes permettent de définir trois zones de production. Pour obtenir une signification économique de ces relations on peut, comme dans le cas de la demande du consommateur, définir une élasticité de la production du bien A par rapport au facteur de production L. C'est « *l'élasticité de productivité* ». Elle correspond *au rapport de la variation en pourcentage de la production à une faible variation en pourcentage de la quantité du facteur considéré* :

$$ep = \frac{\Delta x/x}{\Delta l/l} = \frac{\Delta x/\Delta l}{x/l}$$

à la limite cette expression correspond au rapport :

$$\frac{Pm}{PM} = \frac{\text{productivité marginale}}{\text{productivité moyenne}} \text{ du facteur L}$$

La valeur de ep résulte donc des valeurs respectives des productivités marginale et moyenne de L. Selon la valeur de ce rapport, on distingue trois zones caractéristiques de production :

a) *première zone de production* [52]. Pm est supérieure à PM, d'où ep > 1. Sur la figure 20b, ceci correspond à la zone située à gauche du point d'intersection C'. Dans cette zone *la productivité moyenne est croissante*. Selon l'hypothèse de courte période retenue, soit la fixité du facteur K (les machines), les combinaisons de L et K sont techniquement efficientes, mais le nombre de travailleurs utilisés (facteur L) est trop faible par rapport à la quantité fixe de machines ou ce qui revient au même, *la quantité de capital technique est trop élevée pour la quantité de travail*.

b) *seconde zone de production*, représentée par la partie centrale comprise entre C' et I', Pm devient inférieure à PM, mais toutes les deux demeurent positives, d'où 0 < ep < 1 : l'accroissement de x n'est pas proportionnel à celui de l. Cependant *les combinaisons de L et K réalisées dans cette zone sont efficientes*. La quantité de L n'est pas excessive par rapport à K, puisque x augmente quand on augmente la quantité utilisée de L. Par ailleurs, *il n'y a pas utilisation excessive de K, puisque la productivité moyenne de L diminue*.

c) *troisième zone de production*, soit la partie du graphique située à droite de R, Pm devient négative, d'où ep < o. Les combinaisons techniques ne sont plus efficientes, du fait que l'augmentation de L provoque une diminution de la production totale.

Une politique de production qui se veut rationnelle devrait forcément retenir seulement les combinaisons productives correspondant à la seconde zone [52]. A l'intérieur de cette zone ce sont les prix respectifs des facteurs de production L et K, ainsi que le prix de vente du produit final A, qui commandent la productivité optimale, ainsi que nous allons le voir.

---

[52] Selon la proportion existant entre deux facteurs L/K_o dont l'un est fixe, on dit qu'il y a une utilisation de plus en plus intensive du facteur fixe.

$$\text{Intensité d'utilisation du facteur fixe} = \frac{\text{quantité de facteur variable}}{\text{quantité de facteur fixe}} = \frac{L}{K_0}$$

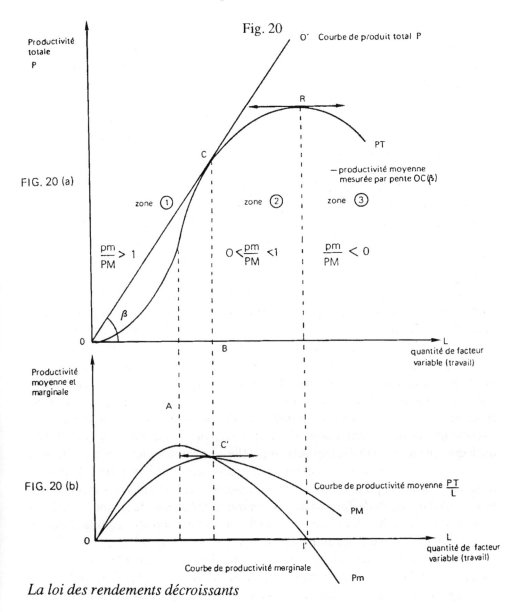

Fig. 20

FIG. 20 (a)

FIG. 20 (b)

La loi des rendements décroissants

Le terme rendement est synonyme de productivité. Les rendements sont dits *factoriels,* quand ils résultent de la propriété de substitution des facteurs.

L'hypothèse que nous avons privilégiée pour la présentation des trois notions de productivité est celle qui correspond en fait à la *loi des rendements décroissants*[53]. Son

---

[53] Sur l'évolution de l'interprétation de cette loi chez Ricardo, Malthus, Stuart-Mill, Marshall, cf. M. Blaug, op. cit. p. 88-91 et 469-480.

fondement à l'origine était assez facile à dégager : un homme qui travaille seul sur un hectare de terre ne peut exploiter au mieux les ressources productives du sol. En augmentant le nombre d'hommes affectés à l'exploitation de cet hectare, la terre produit davantage jusqu'à un point où tout ouvrier additionnel constitue une gêne pour les autres travailleurs. En d'autres termes, *la terre et le travail étant des facteurs imparfaitement substituables l'un à l'autre, il existe une production définie de ces deux facteurs qui procure, pour un état donné de la technique, l'efficience physique maximale de la combinaison productive.*

Définie au XVIIIᵉ par Turgot pour la production agricole, cette loi a paru longtemps inapplicable à l'industrie. En fait, elle peut être d'une portée générale et les économistes retiennent souvent l'hypothèse de décroissance des rendements pour l'industrie, sur la base d'un énoncé très général [54]. « Si des quantités croissantes d'un facteur variable sont combinées à une quantité donnée de facteurs fixes, il arrivera une situation où la productivité marginale et la productivité moyenne finiront par décroître ».

Au niveau d'exposition générale où nous sommes, précisons que la loi des rendements non proportionnels ne s'applique que sous des conditions précises ; ceci signifie que cette loi n'est pas systématiquement vérifiée ; d'autres cas peuvent être envisagés.

Les conditions d'application retenues sont les suivantes : a) on ajoute des quantités variables d'un facteur à une quantité constante d'un autre facteur. La loi décrit donc les incidences d'une modification dans la proportion des facteurs qui se traduisent par une variation des *rendements de substitution* qu'on ne doit pas confondre avec les *rendements d'échelle* qui dépendent de l'échelle de production ; b) elle implique des *facteurs de production homogènes :* un homme en vaut un autre quels que soient ses qualités et ses défauts ; c) elle *n'est valable que pour un état donné des techniques,* comme nous l'avons déjà précisé dans nos exemples. Une amélioration de la technique peut retarder le fléchissement de la productivité marginale du travail ; d) *il n'y a pas de discontinuité technique* et la quantité du facteur travail peut varier à doses infinitésimales. Ceci est loin d'être toujours possible dans la réalité, ce qui conduit à mentionner les autres cas observables sans les analyser.

Signalons seulement les hypothèses alternatives concernant les productivités marginales : *a) l'hypothèse de rendements factoriels constants :* ceci n'est possible que sur « une plage donnée d'utilisation ». Mais sur cette plage le raisonnement margi-

---

[54] Du point de vue terminologique, on emploie aussi les termes de loi des *rendements* physiques décroissants, ou de la *productivité* marginale physique décroissante, ou du *produit* marginal physique décroissant. Il est remarquable que le grand économiste et ministre Turgot ait écrit en 1766 son ouvrage essentiel (cf. supra, p. 58, note 88) pour deux Chinois qui retournèrent ainsi dans leur pays, études faites, en connaissant la théorie novatrice des rendements décroissants. Cf. R. Turgot. *Questions sur la Chine adressées à deux chinois,* dans *Œuvres,* publiées par Schelle, Paris, 1914, t. II, p. 523 et ss. et p. 645.

naliste est mis en échec ; ce sera le cas chaque fois qu'un stock donné de machines exige une quantité de travail bien déterminé ; dans ce cas on a une fonction de production *linéaire par morceaux;* b) *le cas des produits joints :* c'est le cas où deux produits x et y sont obtenus à l'aide d'un seul facteur.

Courbe d'iso-produit (ou isoquante) et le TMST

Nous avons supposé jusqu'ici qu'un seul facteur, le facteur travail, était variable ; on a pu définir ainsi la notion de *productivité* d'un facteur. On peut maintenant étudier les conséquences d'une modification dans la *proportion* des deux facteurs employés : les quantités de travail et de capital deviennent simultanément variables. Cette hypothèse permet de prendre en compte les problèmes de longue période, mais pour l'instant au niveau des définitions préalables *rien ne nous interdit de demeurer dans le cadre de la courte période.*

On retient de plus les hypothèses : a) de rendements factoriels décroissants ; b) d'une fonction de production continue et dérivable en tous points.

1 – Définition de l'isoquante

L'hypothèse de production avec deux facteurs variables permet de définir les courbes d'*iso-produit* ou « isoquantes » [55] ; la représentation de ces modifications est semblable à celle des courbes d'indifférence. Une courbe d'iso-produit indique les *combinaisons de quantités l et k des facteurs L et K qui permettent, pour un état donné de la technique, d'obtenir une quantité constante du bien A.* Une courbe isoquante est le lieu des points représentant toutes les combinaisons des deux facteurs qui procurent la même quantité [56] de production de A (x_0, x_1, x_2).

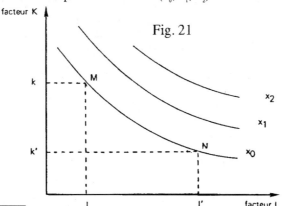

Fig. 21

[55] Du grec « isos » qui signifie égal. Une isoquante est une « courbe d'*égale* production ».La courbe d'indifférence du consommateur peut-être dite parallèlement «*courbe d'iso-utilité*»

[56] La grande différence entre courbe d'indifférence du consommateur et du producteur est qu'on peut toujours chiffrer le volume de production, tandis qu'on ne peut mesurer cardinalement la satisfaction.

La quantité du facteur L est indiquée en abscisses : la quantité k du facteur K en ordonnées[57] ; le même volume de production (x) peut résulter de la combinaison (k,l) (point M) ou de la combinaison (k', l') (point N). Comme une augmentation des quantités l et k permet d'obtenir une production plus importante, plus une isoquante est éloignée de l'origine des coordonnées, plus le volume de production auquel il correspond est élevé : $x_2 > x_1 > x_0$.

On peut concevoir une *infinité d'isoquantes,* chaque courbe d'une carte d'indifférence correspondant à un niveau de production donné. Quand on se déplace sur la carte d'indifférence vers le Nord-Est du graphique, on coupe des isoquantes représentant des niveaux de production de plus en plus élevés. Comme pour les courbes d'indifférence du consommateur, les *isoquantes ne peuvent se couper* ; cela signifierait en effet que deux combinaisons différentes de facteurs, l'une contenant davantage d'un facteur et autant de l'autre, permettraient d'obtenir un volume de production identique. C'est le même principe que la carte géographique où un point donné ne peut se situer à deux courbes de niveau différentes.

2 – Le taux marginal de substitution technique : TMST (ou taux marginal de substitution entre facteurs)

Les courbes isoquantes étant construites sur les mêmes hypothèses que celles retenues pour des courbes d'indifférence du consommateur, on peut de manière analogue calculer un taux de substitution. *Le TMST entre L et K mesure le nombre d'unités de travail à substituer à une unité de capital pour que la production demeure constante .* En termes mathématiques, si l'on suppose des facteurs de production homogènes et divisibles, le TMST de L à K est le rapport entre la quantité infime k du facteur K qu'on peut abandonner et la quantité infime l du facteur L qu'on peut lui substituer pour maintenir constant le niveau de production.

$$\text{TMST} = \text{Lim} \; \frac{\Delta k}{\Delta l} \qquad\qquad \text{quand } \Delta l \longrightarrow 0$$

Avec $\Delta k > 0$

$\Delta l > 0$ et niveau de production x constant.

Géométriquement on définit le TMST à partir de deux combinaisons de facteurs très proches sur une même isoquante (soit M et N). Si k = g (l) est l'équation de l'isoquante où se trouvent les deux combinaisons M et N, par définition le TMST = l'opposé de la dérivée dk/dl de la fonction g (l)

$$\text{TMST} = -\frac{dk}{dl} = \left| \frac{dk}{dl} \right|$$

---

[57] Les isoquantes ont normalement une pente négative, car un accroissement de la quantité d'un facteur implique, quand le produit demeure constant, que la quantité de l'autre facteur diminue.

Fig. 22

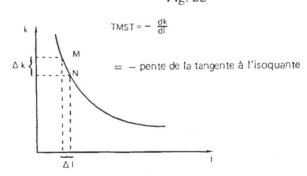

On utilise généralement la démonstration suivante qui établit le TMST comme rapport des productivités marginales des facteurs. Soit la fonction de production x = f (l,k). Formons la *la différentielle totale* ; elle s'écrit

$$dx = \frac{\delta x}{\delta l}\, dl + \frac{\delta x}{\delta k}\, dk,$$

dans laquelle :
la dérivée partielle $\dfrac{\delta x}{\delta l}$ = productivité marginale physique du facteur L

la dérivée partielle $\dfrac{\delta x}{\delta k}$ = productivité marginale physique du facteur K

Par définition le long d'une isoquante le volume de production du bien A demeure constant, donc la différentielle totale est nulle, dx = 0
D'où :

$$\frac{\delta x}{\delta l}\, dl + \frac{\delta x}{\delta k}\, dk = 0$$

$$\frac{\dfrac{\delta x}{\delta l}}{\dfrac{\delta x}{\delta k}} = -\frac{dk}{dl}$$

$$\boxed{TMST = \frac{\text{productivité physique marginale de L}}{\text{productivité physique marginale de K}}}$$

Si l'on retient de plus que la théorie néo-classique aboutit à égaliser productivités marginales et prix des facteurs (cf. infra pour la démonstration) le TMST peut être défini comme le prix relatif des facteurs de production.

$$TMST = \frac{f\,L}{f\,K} = \frac{w}{r} = \frac{\text{prix du travail}}{\text{prix du capital}}$$

2. La fonction de production en longue période : (productivité et échelle de production)

En bon analyste de la réalité de son époque, ainsi que le prouvent ses ouvrages *The Economics of Industry* (1879) et *Industry and Trade* (1919), A. Marshall a compris que l'intense industrialisation comportait un accroissement du produit global de l'économie et de la dimension des firmes qui s'accompagnait d'une réduction des coûts unitaires en longue période alors qu'ils s'élèvent en courte période.

Nous avons déjà signalé qu'il fallait bien distinguer l'étude des rendements de substitution de celle des *« rendements d'échelle »* (returns to scale). Nous allons maintenant évoquer brièvement *ce qui se passe quand les quantités utilisées de tous les facteurs varient en même temps et dans la même proportion.* Dans ce cas « l'échelle de production » se modifie. Cette hypothèse correspond normalement à la perspective de long terme qui permet d'envisager une variation effective de l'ensemble des facteurs

Les trois types du rendement d'échelle

Supposons que les quantités l et k des facteurs L et K soient multipliées toutes les deux par un même coefficient m. Il peut en résulter trois types de rendements d'échelle. Ceci revient à se demander : que devient le rendement de l'entreprise si elle augmente d'échelle ou de taille ?

1 – le volume de production x augmente du même coefficient m : les *rendements sont constants,* c'est le cas le plus simple et le plus rare : celui du salon de coiffure.

2 – le volume de production x augmente d'un coefficient supérieur à m : les *rendements sont croissants.* Dans ce cas l'augmentation de l'échelle de la production, de la taille de la firme, permet d'obtenir des économies d'échelle ; la production est plus efficiente.

3 – la production x est multipliée par un coefficient inférieur à m : les rendements d'échelle sont décroissants. Il y a dans ce cas *« déséconomies »* ou *pertes d'échelle.* Au-delà d'une limite donnée, l'augmentation des capacités de production rend celle-ci moins efficiente. La taille de la firme est trop importante pour une gestion efficiente.

D'une manière générale, quand les prix des facteurs de production sont donnés, des rendements constants comportent des coûts constants, *des rendements croissants signifient des coûts moyens ou unitaires décroissants,* et inversement pour des rendements décroissants.

Les fonctions de production homogènes [58]

La fonction homogène permet de présenter de façon plus systématique la distinction précédente : une fonction est dite homogène de degré k, si, en multipliant les variables indépendantes (dans notre cas A et B) par une constante m, la fonction est multipliée par m^k. Ainsi la fonction de production

$$x = f(a,b)$$

est homogène du degré k si

$$f (ma, mb) = m^k f (a,b) = m^k x$$

La constante m signifie que l'on augmente les deux facteurs dans les mêmes proportions. Par exemple si m = 2, a et b sont doublés.

On voit que selon la valeur retenue pour k, on va pouvoir retrouver les trois cas de rendement que nous avons déjà évoqués.

Supposons d'abord une fonction de production homogène de degré 1 (k = 1)

$$f (ma, mb) = m^1 f (a, b) = m.f (a, b) = m x$$

Si nous doublons A et B (m = 2), on a : f (2a, 2b) = 2 x ; si nous triplons A et B (m = 3), on a : f (3a, 3b) = 3 x. *Dans ce cas l'augmentation de la production est proportionnelle* à l'augmentation des facteurs A et B, *les rendements d'échelle sont constants.*

On peut généraliser :

k = 1	F (ma, mb) = mQ	rendements *constants*
k > 1	F (ma, mb) = m^kQ > mQ	rendements *croissants*
k < 1	F (ma, mb) = m^kQ < mQ	rendements *décroissants*

Les fonctions de production homogènes sont fréquemment utilisées dans la théorie économique néo-classique depuis 1928. Elles présentent en effet deux propriétés dont nous soulignons seulement l'intérêt pour l'économiste, vous renvoyant aux enseignements de mathématiques pour leur analyse.

Une formulation très utilisée proposée par C. W. Cobb, P.-H. Douglas s'écrit :

$$P = b. K^a L^j$$

dans laquelle P représente la production, K le capital, L le travail, b une constante de dimension, a et j des exposants mesurant l'élasticité de la production respective-

---

[58] Sur les fonctions de production homogènes on peut se référer à R. Passet, *Mathématiques de l'analyse économique*, Cujas, 1970, tome 2, p. 52 et ss ; tome 3, p. 90 et ss. Pour sa part, A. Cotta estime qu'avec cette fonction C. Cobb et P. Douglas ont donné « à l'analyse néo-classique son outil à la fois le plus pédagogique et le plus concurrentiel de ceux de l'analyse keynésienne ». Le produit national se trouve en effet expliqué par « l'évolution du capital et de la force de travail ». *Réflexions sur la grande transition.* PUF, Paris, 1979, p. 27.

ment par rapport au capital et au travail (paramètres de distribution du produit). *Comme les auteurs posent la condition que la fonction soit homogène de degré 1,* la somme des exposants a + j est égale à l'unité, d'où l'expression :

$$P = bK.^a L^{1-a}$$

Ainsi, a indique de quel pourcentage P s'accroît quand la quantité de capital augmente de 1 % [59].

Cette fonction a les avantages suivants : 1 – *les dérivés partielles sont, en raison même de la définition de la dérivée, homogènes de degré zéro,* c'est-à-dire qu'elles ne sont pas modifiées si les quantités de facteurs utilisées varient dans les mêmes proportions. Or, les dérivées partielles sont l'expression formalisée des productivités marginales physiques des facteurs. *Il en résulte que le taux de substitution technique (TMST) qui est le rapport des productivités marginales, est constant.* 2 – Pour l'analyse de la répartition, dont nous présentons les principes généraux au prochain chapitre, nous disposons avec la fonction de production homogène *d'un instrument très pratique pour donner une expression raccourcie de l'interprétation néoclassique de la répartition des revenus.* Pour cela on fait appel à l'identité d'Euler, dont il ne nous revient pas de faire l'étude. Il s'agit alors d'illustrer la théorie néo-classique selon laquelle en régime de concurrence, chaque facteur de production reçoit une rémunération égale à sa productivité marginale en valeur.

3. Le choix du producteur : la combinaison optimale

Jusqu'à présent, le raisonnement a été mené en termes techniques : quantités de facteurs de production et quantités de produits obtenues par leur combinaison. L'entrepreneur dispose des données nécessaires pour savoir, par exemple, de combien augmente la production par l'emploi d'un ouvrier additionnel.

Au plan économique pour déterminer s'il est ou non avantageux d'utiliser un travailleur en plus, l'entrepreneur doit connaître des éléments d'ordre économique : *le prix des facteurs,* c'est-à-dire le coût des ouvriers et des machines, ainsi que le prix des produits, c'est-à-dire ce que rapporte la vente des produits. L'entrepreneur pourra alors calculer *l'excédent de ses recettes sur ses coûts.* Dans un premier temps, comme dans le cas du consommateur, on suppose que l'entreprise ne peut pas modifier le prix qui s'établit sur les marchés. Pl, Pk et Px sont des constantes quel que soit le volume de la demande de facteurs et quel que soit le volume de la production. Ces hypothèses correspondent par définition *au régime de concurrence parfaite.* Cette hypothèse première ou de référence , qui est à la base de la démarche néo-classique, débouche sur une recherche simplifiée des principes fondamentaux commandant le choix du

---

[59] La fonction est bien homogène car L et K ayant un taux d'accroissement identique, l'accroissement de P se monte à [(a) + (1 - a)] fois ce taux d'accroissement. Elle est du premier degré car la somme des exposants est égale à 1 dans l'hypothèse retenue par Cobb et Douglas.

producteur. L'entrepreneur se situe dans ce cadre pour évaluer son coût total et maximiser sa production ou son profit.

La contrainte budgétaire : droite d'isocoût

Pour décider du niveau et de la méthode de production à utiliser, *il faut connaître le montant des ressources budgétaires,* c'est-à-dire la contrainte budgétaire qui s'impose au producteur.

La droite de budget du producteur est le lieu des points représentants des combinaisons productives dont le coût total est égal à R (ou CT). *La droite de budget* du producteur est appelée *droite d'isocoût.* Le producteur utilise des quantités k et l de chacun des deux facteurs. Dans l'hypothèse où l'on n'utilise que deux facteurs de production, *le coût total de production est obligatoirement égal à la somme pondérée par les prix (supposés connus) de ces deux facteurs* pK et pL, soit kpK + lpL.

Si le producteur dispose d'un montant de ressources total de R francs qu'il dépense entièrement pour l'achat de ces deux facteurs, on a nécessairement un coût total de :

R = C total = lpL + kpK qui représente *l'équation de budget*

Dans l'équation de budget R, pL et pK sont des constantes, l et k des variables.

On peut écrire k en fonction de l. La construction de la droite d'isocoût est la même que pour la droite de budget d'un consommateur :

$$pK.k + pL.l = R$$
$$pK.k = -pL.l + R$$
$$K = -\frac{pL}{pK}l + \frac{R}{pK}$$

$$= al + b. \text{ avec } a = -\frac{pL}{pK} \text{ et } b = \frac{R}{pK}$$

La pente de la droite d'équation k = al + b est la dérivée de k par rapport à l, c'est-à-dire a. D'où :

$$\frac{dk}{dl} = a \text{ et } -\frac{dk}{dl} = \frac{pK}{pL}$$

En valeur absolue la pente d'une droite d'isocoût est égale au rapport des prix $\frac{pL}{pK}$

Sur la figure 23 on porte la quantité k du facteur K en ordonnées et la quantité l du facteur L en abscisses.

Pour la construction graphique les points d'intersection sont faciles à définir :

l = 0   k = R/pK
k = 0   l = R/pL

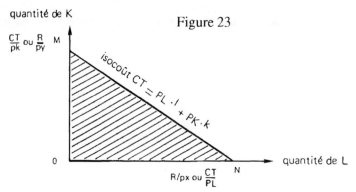

Figure 23

Le domaine de choix du producteur est représenté par le triangle hachuré OMN, c'est-à-dire l'intersection de la droite d'isocoût et de l'orthant positif. La pente $\frac{dy}{dx}$ ou $\frac{dk}{dl}$ exprime la subtitution entre les facteurs Y et X (ou K et L), c'est-à-dire quelle est la variation du capital qui accompagne une variation de la quantité de travail.

Si on exprime par K et L les deux facteurs capital et travail pour parvenir à une notation distincte de la *droite d'isocoût* du producteur, on écrit : CT = pL.l + pK.k

$$k = -\frac{pL.}{pK} \, 1 + \frac{CT}{pK} = f(1)$$

La valeur absolue de la pente d'un isocoût k = f (l) est égale au rapport des prix $\frac{pL}{pK}$

Diversité des contraintes et optimum du producteur

L'objectif du producteur-entrepreneur est d'obtenir le profit maximum. Cette recherche peut prendre 3 formes différentes selon le type de contraintes qui s'imposent à lui :

a) le *coût total est fixé* : l'entrepreneur doit maximiser la quantité produite.

b) *la production est donnée* : l'entrepreneur doit minimiser le coût de cette production.

c) *le coût et la production varient librement* : la maximisation se réalise sans contrainte interne à la firme.

Examinons d'abord le premier cas

Optimum du producteur sous contrainte financière : maximisation de la production.

1 – Tangence entre droite d'isocoût et l'une des isoquantes

L'objectif du producteur est supposé être par hypothèse d'obtenir la production la plus élevée possible pour une dépense totale égale à R (ou CT). Graphiquement la combinaison productive optimale peut s'obtenir par *la confrontation de la droite d'isocoût et de la carte des isoquantes*. En effet, la solution est fournie par le point de tangence A : étant situé sur l'isoquante la plus élevée, ses coordonnées représentent le nombre d'unités physiques des facteurs X et Y (ou L et K) dont la combinaison permet d'obtenir la quantité de produit la plus élevée possible ($Q_2 > Q_1$). Cette combinaison vérifie la contrainte budgétaire, puisqu'elle est située sur la ligne d'isocoût correspondant à R (ou CT), la partie hachurée représentant le domaine des choix possibles.

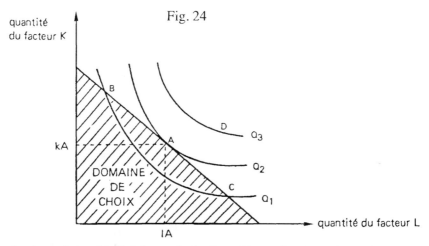

Fig. 24

Au point A on obtient à la fois la maximisation de la production et la minimisation des coûts. Les points B et C correspondent à des combinaisons techniquement possibles, mais Q_1 représenterait un niveau de production inférieur. Le point D par contre correspond à une combinaison qui n'est pas accessible, parce qu'elle excède la contrainte budgétaire.

2 – Caractéristique de la combinaison optimale : le théorème de l'égalisation des productivités marginales en valeur des facteurs

On observe qu'au point de tangence de la droite d'isocoût et de la courbe isoquante, leurs pentes sont égales.

Or, *la pente de l'isocoût* $= - px/py$ ou $- pL/pK$
      la pente de l'isoquante $= - dy/dx$ ou $- dk/dl$

Comme l'expression $-\dfrac{dk}{dl}$ définit le taux marginal de substitution technique (TMST) et que ce taux est lui-même égal au rapport des productivités marginales des facteurs au point considéré, on a : (en retenant la valeur absolue)

$$\text{TMST} = \left|\frac{dk}{dl}\right| = \frac{\text{productivité marginale de L}}{\text{productivité marginale de K}} = \frac{pL}{pK}$$

Au point de tangence A, le rapport des productivités marginales physiques des facteurs est égal au rapport de leurs prix. Ceci conduit au principe suivant : *quand un producteur maximise sa production physique pour un coût total donné et minimum, la combinaison productive optimale est atteinte lorsque le TMST entre les facteurs est égal au rapport du prix des facteurs.* Les rapports de prix sont alors égaux aux rapports de productivité :

On peut aussi écrire :

$$\frac{\text{productivité marginale de L}}{pL} = \frac{\text{productivité marginale de K}}{pK}$$

En d'autres termes la combinaison productive est optimale quand le produit marginal par unité monétaire de revenu dépensé est le même pour chaque facteur.

La modification des paramètres

Jusqu'à présent le budget et les prix des facteurs ont été supposés fixes. Envisageons leur variation.

1 – Hypothèse d'augmentation du budget.

On peut retenir une hypothèse de modification des ressources, ce qui conduit à la notion de *sentier d'expansion de l'entreprise.* Pour cela on considère une série de budgets de production de plus en plus élevés représentés par une série de droites de budget parallèles R_1, R_2, R_3. Pour chacune de ces droites on peut déterminer une solution optimale au point de tangence avec une isoquante, soit P_1, P_2, P_3. En joignant ces différents points on obtient *le sentier d'expansion de l'entreprise.* La courbe OS indique la mesure dans laquelle les quantités utilisées des facteurs K et L augmentent quand la production augmente, c'est-à-dire quand l'activité de l'entreprise s'effectue à une échelle de plus en plus élevée. Quand la fonction de production est homogène et que les prix des facteurs sont fixes, le sentier d'expansion devient une droite. *Cette notion correspond plutôt à la longue période,* hypothèse dans laquelle les quantités utilisées de tous les facteurs sont variables.

Fig 25

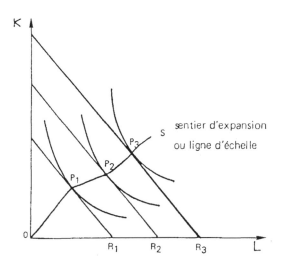

2 – Hypothèse de changement des prix des facteurs.

Une modification des prix relatifs des facteurs provoquent les mêmes effets que ceux mis en évidence pour la théorie du consommateur (relation de Slutsky). Graphiquement la droite d'isocoût pivote autour de son point d'ordonnée à l'origine si le prix de L baisse. On constate un effet de substitution nécessairement positif et un effet de revenu qui peut être positif ou négatif.

Optimum du producteur dans le cas de contrainte de production donnée : la minimisation du coût

Examinons l'hypothèse où la production Qo et le prix des facteurs sont des données pour l'entrepreneur, mais il n'est pas soumis à une contrainte de coût. L'optimum du producteur est alors de minimiser le coût.

La production qui peut être écoulée sur le marché est connue : elle est limitée et égale à Qo. Dans ce cas une seule courbe d'isoproduit doit être considérée (telle que Q = Qo), tandis qu'une multiplicité de droites d'isocoût peut être envisagée.

Fig. 26

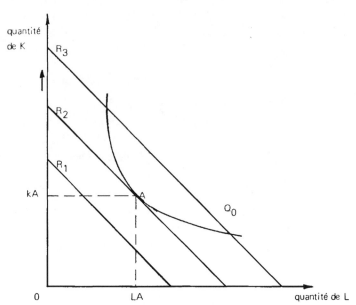

Graphiquement l'optimum est obtenu au point de tangence de la courbe d'isoproduit Qo avec l'une des droites d'isocoût.

Mathématiquement on recherche l'extremum de l'expression

$V = kpK + lpL + \lambda [Q^o - f (K, L)]$ où $kpK + lpL$ représente le coût total à minimiser et $Qo = f (K,L)$ la contrainte d'une production déterminée.

Il nous faut maintenant analyser la structure du coût de production pour examiner la troisième forme d'optimum du producteur : la maximisation du profit sans contraintes internes à la firme.

IV — Passage du coût de production à l'offre de production

La théorie de la combinaison optimale a été présentée plus haut dans le but d'en faire apparaître l'analogie avec celle du consommateur, comme visant à maximiser la production sous contrainte de coût total. Il est bien évident que ce problème est formellement équivalent à celui de la minimisation du coût total sous contrainte de la fonction de production. Une fois résolu le problème technique de la combinaison optimale des facteurs, *on peut considérer le coût de production*, c'est-à-dire l'ensemble des dépenses nécessaires pour un volume de production donné. Le coût de production représente la totalité des dépenses nécessaires pour un volume de production donné (énergie, équipement, demi-produit, etc.). Ce coût de production doit être relié aux quantités produites dans des conditions techniques optimales. On appelle *fonction de coût la relation entre chaque niveau de production et le coût minimum correspondant.*

L'objectif de l'entrepreneur rationnel caractéristique de l'approche néo-classique n'est pas de maximiser la production à n'importe quel coût, mais de déterminer le niveau de production qui assure le profit maximum. On aboutit ainsi à une *fonction d'offre qui associe une offre de l'entreprise à tout niveau du prix du produit.* La fonction d'offre peut être construite selon deux catégories d'hypothèses bien distinctes selon que tous les facteurs sont ou non variables.

L'hypothèse de courte période : celle-ci est définie comme la période au cours de laquelle la production ne peut être accrue que dans le cadre des capacités de production existantes. La fixité des équipements caractérise donc la courte période ; la production ne peut varier que par des modifications de la quantité de travail et de matières premières.

L'hypothèse de longue période : l'échelle de la production et le niveau des équipements peuvent être modifiés ; en conséquence tous les coûts sont variables. *Dans la théorie des coûts de production, ces deux catégories de période sont donc de nature fonctionelle* ; elles ne sont pas mesurables en unités de temps. Cette distinction a été établie par A. Marshall.

1. Les coûts de production

Les différentes catégories de coût en courte période

Le coût de production, comme la productivité et comme la recette du producteur, peut s'exprimer sous trois formes :

1 – le coût total

En courte période le coût total d'une entreprise comporte deux catégories de dépenses. a) *Les coûts fixes* (CF) ; ces coûts sont invariables, indépendants du volume de la production. Ils comprennent par exemple le remboursement d'emprunt, les loyers, les assurances, l'entretien des bâtiments, une partie des frais généraux qui doivent tous être supportés quelle que soit l'intensité de l'activité de production. b) *Les coûts variables* (soit CV) dont le montant est fonction des quantités produites. On peut donc écrire CV = f (Q). Parmi ces coûts certains sont dit *variables proportionnels*, parce qu'ils varient en stricte proportionnalité avec le montant de la production : c'est le cas par exemple de la consommation de matières première, *le coefficient technique de production*, c'est-à-dire le rapport de la consommation intermédiaire à la production totale, demeure constant. D'autres coûts sont dits *variables non proportionnels* en raison par exemple de la loi des rendements non proportionnels des facteurs. Des raisons techniques peuvent intervenir : la consommation de carburant d'un véhicule n'est pas fonction linéaire de la vitesse.

Le coût total est représenté par l'addition du coût fixe (CF) et du coût variable (CV) ; on a donc :

$$CT = CF + CV$$

Comme CV varie avec le volume de la production, il peut s'écrire :

$$CV = f(Q)$$

et le coût total est alors exprimé par l'équation :

$$CT = CF + f(Q)$$

Les variations du coût total traduisant donc les variations de la courbe de coût variable, *le coût apparaît comme fonction explicite de la production.* Graphiquement la courbe CT a la forme indiquée sur la figure 27. Son ordonnée à l'origine est le point A ; *la distance OA représente le coût fixe* qui est à supporter pout tout niveau de production, même nul. La courbe s'élève ensuite avec la production, mais à taux décroissant tant que le travail ajouté au capital met en jeu les rendements croissants. En décalant la courbe CT vers le bas d'une distance OA, on élimine l'incidence des coûts fixe, ce qui fait apparaître l'évolution du *coût variable total* (CV). En B la courbe s'infléchit. Au-delà de ce point l'accroissement de la production se réalise à rendements décroissants.

Le point B correspond bien au point de tangence de la courbe CV et de la droite passant par l'origine : le coût variable moyen est alors minimum.

Le tracé traditionnel que nous avons retenu est naturellement tout à fait hypothétique ; on pourrait envisager d'autres hypothèses.

Fig 27

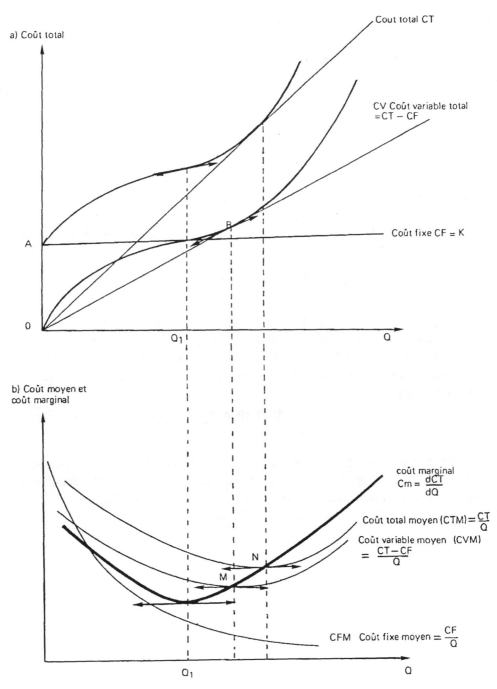

a) Coût total

Cout total CT

CV Coût variable total
= CT − CF

Coût fixe CF = K

A

B

O

Q_1

Q

b) Coût moyen et
coût marginal

coût marginal
$Cm = \dfrac{dCT}{dQ}$

Coût total moyen $(CTM) = \dfrac{CT}{Q}$

Coût variable moyen (CVM)
$= \dfrac{CT - CF}{Q}$

N

M

CFM Coût fixe moyen $= \dfrac{CF}{Q}$

Q_1

Q

2 – Les coûts moyens ou coûts unitaires

Ils représentent les *coûts globaux par unité produite*. En distinguant les trois types de coûts globaux déjà retenus, on obtient donc trois types de coûts moyens en divisant les coûts précédents par le nombre d'unités produites.

a) *le coût fixe moyen* (CFM) est le quotient des coûts fixes par le nombre d'unités du bien produites.

$$CFM = \frac{CF}{Q} = \frac{K}{Q}$$

puisque K représente les coûts fixes.

La courbe CFM décroît à mesure que la production augmente, puisqu'un coût constant est réparti sur des unités plus nombreuses. La production de masse assure un étalement des coûts fixes, d'où la forme d'une branche d'hyperbole équilatère.

b) *le coût variable moyen* (CVM) est le quotient du coût variable total par le nombre d'unités du bien produites.

$$CVM = \frac{CV}{Q} = \frac{f(Q)}{Q}$$

La forme de la courbe CVM est conditionnée par l'existence de deux sortes de coûts variables : les coûts proportionnels et les coûts non proportionnels. Il en résulte une forme U évasé de CVM. Les premiers varient proportionnellement au volume de la production (ex : matières premières). Ils sont commandés par le coefficient technique, soit le rapport :

$$\frac{Production \quad totale}{Consommation \quad intermédiaire}$$

Celui-ci reste constant en courte période. CVPM et CVPm sont donc identiques et indépendants de la production réalisé. Les coûts fixes (K) étant indépendants de la production et les coûts variables proportionnels étant linéaires, l'influence décisive est exercée par les coûts variables non proportionnels.

Fig. 28

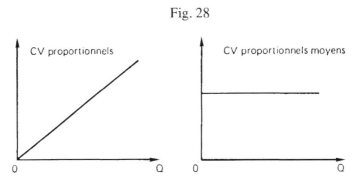

Les coûts variables non proportionnels (comme le facteur travail) provoquent un abaissement de CV qui passe par un minimum, puis se relève en raison de la loi des rendements décroissants ; le capital fixe est en effet trop restreint par rapport aux quantités accrues de main d'œuvre.

c) *le coût total moyen* (CTM) est le quotient du coût total par le nombre d'unités produites

$$CTM = \frac{CT}{Q} = \frac{CF + CV}{Q} = \frac{CF}{Q} + \frac{f(Q)}{Q}$$

La courbe CTM s'obtient en additionnant les ordonnées des deux courbes précédentes. Elle prend la forme d'un U décalé vers la droite par rapport à CVM et aplati par l'effet de la courbe représentative CFM. Quand la production augmente, la courbe de coût variable moyen (CVM) se rapproche de celle du coût global moyen (CTM), car celle-ci comprend des quantités décroissantes de coût fixe moyen.

3 – *Le coût marginal* (Cm) se définit comme le supplément de coût nécessaire à la production d'une unité supplémentaire (unité dite supplémentaire). Plus précisément il exprime la variation du coût total pour une variation de la production tendant vers zéro.

$$Cm = \text{limite} \ \ de \ \frac{\Delta CT}{\Delta Q} \ \text{quand } \Delta Q \text{ tend vers zéro}$$

Le coût marginal est donc égal à *la dérivée du coût total par rapport à la quantité produite*.

$$Cm \ ou \ C' = \frac{dCT}{dQ} = f'(Q)$$

De plus, comme le coût fixe est indépendant du volume de production, *le coût marginal est aussi indépendant du coût fixe*.

$$Cm = \lim \frac{\Delta CV}{\Delta Q} \ \text{puisque } \Delta CF \equiv 0$$

donc le *coût marginal est aussi obtenu par dérivation de la fonction de coût variable total*. La courbe représentative de Cm commence par baisser en demeurant au-dessous de la courbe CTM, puisqu'elle ne comprend pas de coûts fixes. Puis à partir du moment où les rendements marginaux sont décroissants elle remonte. La courbe Cm coupe les courbes de coût variable moyen et de coût total moyen à leur minimum respectif : point M et N[60]. La position respective de CTM et de Cm s'explique ainsi : aussi longtemps que la production d'unités marginales coûte moins que les unités produites précédemment, le coût marginal est forcément inférieur au coût moyen.

Cm = CTM quand celui-ci est minimal

Cm > CTM quand celui-ci augmente

L'analyse des coûts de production conclut à l'existence, dans l'intervalle de production possible, d'un volume de production pour lequel le coût moyen est minimal. C'est *l'optimum de production du point de vue des coûts à court terme*.

En longue période, par définition, la capacité de production des entreprises est variable, d'où la nécessité de définir de nouvelles courbes de coût. La taille de l'entreprise peut être modifiée ; *les coûts fixes sont retirés de l'analyse*.

L'entrepreneur adapte son échelle de production aux conditions du marché ; pour cela il fait varier un ensemble de facteurs divers que l'on qualifie brièvement *d'équipement* ou de *capital*. Soit donc une entreprise qui désire augmenter sa production pour satisfaire une demande en hausse. Un ajustement de grande ampleur peut comporter une forte augmentation du coût moyen avec un niveau donné de production. *L'entrepreneur est donc conduit à établir pour chaque augmentation de taille d'équipement (modification d'échelle de production) la combinaison optimale des facteurs variables*. En procédant de la sorte, on obtient pour chaque niveau accru de production autant de valeurs différentes du coût total que de tailles possibles de l'équipement. On peut ainsi construire une série de courbes de courte période. Jacob Viner (1931) a pour la première fois représenté une courbe des coûts moyens de longue période qui enveloppe des courbes de courte période. L'ensemble des positions

---

[60] Qand le coût est minimum, il est égal au coût marginal. En effet, la condition nécessaire pour que le coût moyen soit minimum est que sa dérivée par rapport à la quantité produite soit nulle. Soit M le coût moyen. Sa dérivée M' s'annule (règle de dérivation d'un quotient) quand :

$$\frac{qC' - CT}{q^2} = 0 \quad \text{c'est-à-dire quand } qC' - CT = O, \text{ d'où } qC' = CT$$

$$C' \frac{CT}{q} = M \text{ ou } Cm = CTM \text{ avec nos notations}$$

optimales, c'est-à-dire celles qui procurent le moindre coût pour chaque volume de production, se situe sur une *courbe-enveloppe* qui est tangente à toutes les courbes de courte période et qui représente ainsi la *courbe de coût moyen en longue période* (CML). Cette courbe a la forme en U caractéristique des courbes de courte période, mais sa forme plus aplatie traduit le fait que *la variabilité de tous les facteurs atténue le phénomène de décroissance des rendements.*

De cette courbe de coût moyen on peut déduire *une courbe de coût marginal de longue période* qui coupe CML à son minimum. Notons bien que la similitude des formes de courbes de coût de courte et longue périodes correspond à des phénomènes de rendement différents pour lesquels nous avons déjà marqué la distinction : a) en courte période il s'agit de rendements non proportionnels, ou *rendements de substitution* ; b) en longue période il s'agit *du phénomène des rendements d'échelle,* car l'augmentation de la taille de l'entreprise permet des économies d'échelle.

Fig. 29.

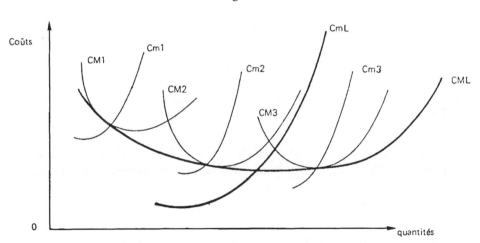

2. De la fonction de coût à la fonction d'offre

Puisqu'il s'agit de comprendre l'essentiel de la démarche néo-classique, nous nous limiterons à la perspective de court terme.

L'optimum du producteur : (maximisation du profit dans le court terme sans contrainte interne à la firme).

Quand l'entrepreneur est libre de choisir en même temps le niveau de sa production et celui de son coût total, la maximisation de son profit est recherchée sans contrainte interne à la firme. Par contre les *contraintes externes* continuent de s'imposer :

le producteur (l'entreprise) n'est pas en mesure d'avoir une influence sur le prix. Les prix des facteurs de production et les prix des produits sont des données. *Les prix sont imposés par le marché[61]*.

L'objectif du producteur est de réaliser le profit le plus élevé possible. La détermination de l'optimum consiste donc à rechercher le moyen le plus profitable de s'adapter aux contraintes du marché. Il faut considérer à ce niveau la notion de recette présentée plus haut (Cf. p.176).

Le principe de base est simple : les recettes de l'entreprise sont, comme ses coûts, une fonction de la quantité produite : les recettes résultent de la multiplication des unités produites et vendues par le prix unitaire. Si le prix de vente est fixe, la vente d'une unité supplémentaire rapporte la même recette que chacune des unités précédentes. Dans ce cas *la recette marginale est égale à la recette moyenne, qui est égale au prix*.

Dans ces conditions on doit envisager les différents cas possibles au regard de l'objectif de profit. Raisonnons d'abord en termes purement logiques. Le profit se définit ainsi :

Profit = recette totale - coût total

Le problème de l'optimum du producteur est donc de déterminer quelle quantité produire pour obtenir le profit total maximum connaissant les coûts de production et le prix de vente du produit (qui est aussi un prix d'écoulement du produit). On peut considérer trois cas (cf. fig. 30) :

a) Premier cas : *le prix du marché (soit p_1) est inférieur au minimum du coût variable moyen* (CVM). Dans ce cas pour tout niveau de production les recettes totales sont inférieures aux coût totaux, donc les frais fixes ne sont pas couverts: l'entreprise produit à perte (soit BC cette perte pour une production Q_1).

b) Second cas : *le prix du marché (soit p_2) est inférieur au minimum du coût total moyen* (CTM) mais supérieur au minimum de CVM. Dans ce cas pour tout niveau de production les recettes totales sont toujours inférieures au coût total, *mais les frais variables peuvent être couverts.* En produisant Q_2 par exemple, l'entreprise n'amortit pas ses frais fixes : elle limite seulement les pertes.

c) *Cas de possibilité de profit* : pour le prix du marché P_0 situé au-dessus de CTM, il existe un niveau de production qui assure un profit. Le principe général est alors le suivant : l'entrepreneur a intérêt à accroître sa production aussi longtemps qu'une unité

---

[61] Les modalités de détermination du prix seront évoquées au prochain chapitre. Dans l'hypothèse retenue, le producteur n'est qu'un *price-taker*. C'est le cas référence à partir duquel les autres seront définis.

supplémentaire lui rapporte plus qu'elle ne lui coûte, c'est-à-dire aussi longtemps que la recette marginale (Rm) est supérieure ou égale au coût marginal (Cm). En d'autres termes, *le volume de production est optimal quand le profit obtenu par la dernière unité produite est nul* (Rm - Cm = O), c'est-à-dire pour le volume QM.

On a alors la relation :

> Recette marginale = recette moyenne = prix

L'entrepreneur fixe sa production au niveau qui vérifie l'égalité :

> Coût marginal = recette marginale, c'est-à-dire prix de vente

La quantité produite optimale doit procurer un profit marginal nul.

Cette règle définissant la situation optimale de l'entreprise est absolue ; elle est valable pour toute structure du marché considéré[62]

Fig. 30.

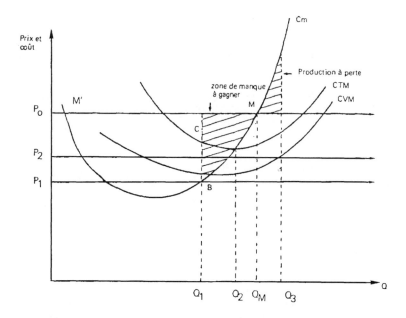

---

[62] La maximisation du profit P obtenu sur la vente à un prix px d'une quantité x d'un produit donné répond aux conditions du calcul différentiel. Il faut maximiser la différence entre la recette totale provenant de la vente et le coût total correspondant. (suite page suivante)

- le prix indépendant du volume produit est représenté par une parallèle d'ordonnée P_0 (ou pour des prix inférieurs P_1 et P_2).

- le niveau de production correspondant au profit maximum est QM, abscisse de M, point d'intersection de Cm et de la droite du prix P_0.
Dans l'hypothèse où le prix serait égal à P_0.

a) - pour $Q = Q_1 < QM$, le prix de vente P_0 est supérieur à Cm ; il est donc possible d'augmenter le profit total, car toute vente supplémentaire procure une recette égale au prix unitaire qui est supérieure à Cm. On a indiqué en tirets une *zone de manque à gagner* définie par toute production telle que $Q < QM$.

b) - pour $Q = Q_3 > QM$, on a Cm $> P_0$, la production d'une unité supplémentaire coûte plus qu'elle ne rapporte. Toute production telle que $Q > QM$ définit une *zone de production à perte* (par exemple Q_3 sur la fig. 30).

Fonction d'offre du producteur

La relation entre les différents prix possibles d'un produit et les quantités offertes pour chacun de ces prix est qualifiée de *fonction d'offre*, ou tout simplement *d'offre*. On suppose jusqu'ici que l'entreprise n'a aucune action sur les prix, mais comme nous

---

a) *Condition de 1ᵉʳ ordre : la dérivée première de P par rapport à x (dP/dx) doit être nulle* or,

RT = px.x
CT = CV + CF = f(x) + K
donc le profit P = RT - CT = Px.x - f(x) - K
Si la dérivée de P par rapport à x est annulée :

$$\frac{dP}{dx} = px - f'(x) = 0$$

d'où px = f'x
or, px = R' (prix de vente de x = recette marginale)
f'x = C' (coût marginal)
Pour maximiser le profit il faut produire une quantité telle que C' = R' ou Cma = Rma
Ceci signifie que la quantité produite optimale doit procurer un profit marginal nul.
b) *condition de 2ᵉ ordre* : la dérivée seconde de P par rapport à x doit être négative.

$$\frac{d^2p}{dx^2} = -C'' < 0, \text{ d'où } C'' > 0$$

ce qui signifie que le coût marginal C' correspondant au volume de production qui maximise le profit doit être croissant (ce qui permet d'exclure le point M' de la fig. 30).

·

le verrons au chapitre suivant le prix peut être fixé à différents niveaux en raison des conditions d'équilibre du marché. Cependant, avant d'aborder la théorie des prix, conservons l'hypothèse d'un prix donné et précisons comment l'entrepreneur-producteur s'ajuste aux différents niveaux de prix possibles.

La présentation géométrique est particulièrement suggestive et s'articule sur le principe de maximisation déjà engagé. On reprend donc la figure précédente et l'on représente ce qui se passe si le prix prend d'autres valeurs que P_0.

Fig. 31

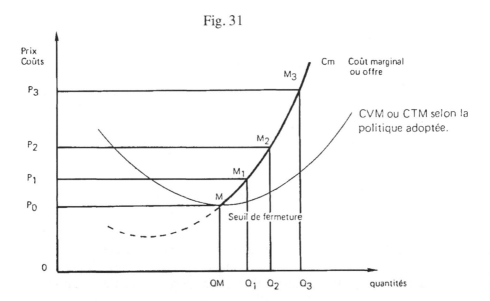

La quantité offerte par l'entrepreneur-producteur dépend de Cm, CM et du prix de vente. Il apparaît que le niveau de production assurant la maximation du profit est différent pour des niveaux de prix différents, soit P_1, P_2, P_3. Pour chacun de ces nouveaux prix de vente, le même principe de maximation permet de déterminer un nouveau point d'offre optimale. On voit qu'*il est possible d'assimiler la courbe du coût marginal à la courbe d'offre de la firme*, car toutes les quantités offertes pour les différents prix représentent des points successifs de la courbe de coût marginal, soit M_1, M_2, M_3 à quoi correspond les quantités offertes Q_1, Q_2, Q_3.

Cette présentation appelle trois précisions ; a) *l'identité offre-coût marginal n'est vérifiée que pour la portion ascendante du coût marginal* au-dessus de la courbe de coûts variables moyens (CVM). (La courbe d'offre est représentée en trait gras) ; b) *le point M représente le seuil de fermeture* pour l'entreprise ; en dessous de P_0 elle produirait à perte ; c) on peut retenir le principe que $Q = Q(p)$ avec $Q'(p) > 0$, c'est-à-dire *l'offre du producteur rationnel est fonction du prix*. Dans la figure ci-dessus la présentation traditionnelle de la fonction est inversée[63] dans la mesure où la fonction est portée sur les abscisses.

La fonction d'offre s'identifie à la courbe Cm à *court terme comme à long terme*, mais la portion croissante de Cm concernée diffère un peu selon l'horizon de l'entrepreneur.

- *à court terme* CTM et CVM sont distincts en raison des coûts fixes. Temporairement un prix du produit (c'est-à-dire une recette unitaire) couvrant les coûts variables unitaires conditionne le fonctionnement de l'entreprise. Dans ce cas le minimum est le *seuil de fermeture* (cas de la fig. 30).

- *à long terme* les coûts fixes disparaissent : seuils de rentabilité et de fermeture se confondent.

On constate bien qu'il y a *parallélisme entre les analyses de l'offre et de la demande* : l'utilité marginale constitue le fondement de la courbe de demande comme le coût marginal celui de la courbe d'offre. La courbe d'offre globale peut s'obtenir aisément en additionnant les courbes d'offre de chacune des entreprises concernées. Graphiquement il en résulte une courbe globale qui se déplace horizontalement sur la droite.

Comme la demande, l'offre est donc une fonction du prix ; soit O = Q (p), *mais c'est une fonction croissante du prix* : $Q'(p) = \dfrac{dQ}{dp} > 0$[64].

Elle peut donner lieu à l'application des notions d'élasticité et d'intensité.

a) L'élasticité de l'offre par rapport aux prix est mesurée par le rapport des variations relatives des quantités offertes aux variations relatives du prix.

$$Cm \ offre = \frac{\dfrac{\Delta O}{O}}{\dfrac{\Delta P}{P}} = \frac{\Delta O}{\Delta P} \times \frac{P}{O}$$

Du fait que l'offre varie dans le même sens que le prix, l'élasticité de l'offre est positive. L'offre est d'autant plus inélastique que Cm croît rapidement. A la limite l'offre devient parfaitement rigide si le coût marginal tend vers la verticale ; on atteint alors la limite de la capacité de production.

b) *La notion d'intensité de l'offre* correspond à celle d'intensité de la demande. On dit que l'intensité augmente quand, pour tous les prix possibles, l'offre devient plus importante. Ceci se traduit généralement par un déplacement vers la droite en cas d'augmentation de l'intensité.

---

[63] Comme vous savez, on porte généralement la fonction (y) sur l'axe des ordonnées et la variable (x) sur l'axe des abscisses.

[64] L'analyse spécifie des cas particuliers de courbes d'offre « anormales » ou coudées.

Chapitre V

Les équilibres de marché : la théorie des prix

Au terme de cette première étape de l'analyse micro-économique élaborée par les néo-classiques, nous disposons d'une fonction de demande et d'une fonction d'offre. L'étude de l'équilibre du consommateur et du producteur a permis, sur la base des critères de maximisation respectivement de l'utilité et du profit, d'identifier les intentions des acheteurs et des vendeurs sur un marché donné. Jusqu'à ce point pour le consommateur ou le producteur individuel les prix des biens et des facteurs ont été considérés comme des données. *Le fonctionnement du marché doit indiquer maintenant comment la confrontation des décisions de consommation et de production détermine le prix de l'échange* quand l'une d'elles est effective. Les concepts d'achat et de vente remplacent alors ceux de demande et d'offre.

La notion de marché est fondamentale dans l'approche théorique néo-classique. Il faut le préciser car elle demeure très vague, bien que très utilisée par le public. L'acheteur courant n'a aucun sentiment d'être un acteur de ce marché. L'approche néo-classique retient la définition théorique suivante : *le marché d'un bien est le lieu de rencontre à un instant donné de la volonté des consommateurs exprimée par leur demande et des désirs des producteurs exprimés par leur offr*e. Cette confrontation est censée aboutir à la formation d'un prix et à la détermination des quantités du bien faisant l'objet d'échange. Cette définition exige des précisions :

a) *La notion de marché n'a de sens que par la prise en compte d'un bien particulier*. Il faut que le produit offert soit homogène ou, du moins, exactement caractérisé. Par convention, tous les biens échangés sur un même marché ont des caractéristiques identiques (intrinsèques ou extrinsèques). Ainsi l'étude du « marché des biens et services » exclue la prise en compte des actifs monétaires. Si une caractéristique change, on a affaire à un autre bien.

b) *Il existe autant de marchés d'un produit donné qu'il y a de lieux et de périodes distinctes où l'on peut l'échanger*. Ainsi, distingue-t-on un marché *mondial* (du pétrole, par exemple…), *national, régional, local*… Les différences de prix du m² habitable selon les villes de France illustrent bien la spécificité d'un marché ; les variations du prix des locations sur la Côte d'Azur de l'été à l'automne.

c) Il faut distinguer *les marchés des produits naturels* et *des produits arti-ficiels*. Les premiers concernant surtout les produits agricoles, ils se caractérisent par le fait que les producteurs ne peuvent diversifier leur activité rapidement, ce qui leur interdit de jouer sur les quantités produites. Le coût de production demeure incertain, ce qui impose l'objectif de maximation de la recette totale plutôt que la maximation du profit. Par contre en théorie, dans le cadre des contraintes techniques et financières, les marchés des produits artificiels sont compatibles avec une politique de détermina-tion des quantités produites en fonction du profit escompté.

Une typologie des marchés peut être établie selon les conditions dans lesquelles s'effectue la confrontation entre offre et demande. L'analyse néo-classique retient trois critères : *le nombre des intervenants, l'homogénéité du produit, le comportement des offreurs*. Ceci permet d'aboutir à une représentation schématique de la réalité. Men-tionnons plus particulièrement les différents types de marchés selon le critère du nombre, ne serait-ce que pour comprendre des termes grecs qui sont couramment employés en économie. Ce tableau est inspiré de H. Stackelberg.

Offre Demande	Grand nombre	Petit nombre	Unicité
Grand nombre	Concurrence parfaite	Oligopole	Monopole
Petit nombre	Oligopsone	Oligopole bilatéral	Monopole contrarié
Unité	Monopsone	Monopsone contrarié	Monopole bilatéral

Dans ce tableau schématique, la situation de concurrence n'apparaît qu'une seule fois. Au niveau de la théorie néo-classique, il s'agit effectivement d'un type de marché de caractère bien particulier, puisqu'il constitue le cadre de référence par rapport à quoi sont situés les autres types de marché en fonction du critère englobant de concurrence.

I —Le cadre théorique de référence : la concurrence pure et parfaite

(marché souverain et adaptation par les quantités)

La théorie néo-classique veut démontrer que pour des fonctions d'utilité et de production respectant les propriétés définies dans le chapitre précédent et dans certai-nes conditions de fonctionnement de l'économie (la concurrence pure et parfaite), *ce système engendre une situation d'équilibre qui représente un optimum.* Ainsi, *l'hypo-thèse de « concurrence pure et parfaite » apparaît comme le cadre privilégié de l'ana-lyse néo-classique.* Dans ses « *Eléments* » de 1874, L. Walras définit une démarche qui est devenue caractéristique : « Nous supposerons toujours un marché parfaitement organisé sous le rapport de la concurrence, comme en mécanique on suppose d'abord les machines sans frottement ». Une fois définies les hypothèses de concurrence parfaite, la démarche néo-classique consiste à définir *la notion de prix d'équilibre.* C'est le prix qui s'impose à l'entreprise individuelle.

1. Définition de la concurrence pure et parfaite et la notion d'équilibre partiel

Le marché de concurrence parfaite est un schéma simplifié qui a au moins l'avan-tage de poser le problème de la formation des prix dans un cadre très simple qui constitue une référence théorique fondamentale pour la démarche néo-classique, mais aussi pour caractériser des formes de marché plus réelles comme nous l'avons déjà mentionné, ou pour juger, dans une perspective normative de type libéral, de l'effica-cité de la règlementation des prix.

Les hypothèses

Les néo-classiques définissent en quelque sorte des *axiomes* de la concurrence pure et parfaite *qui concernent à la fois l'offre et la demande.* On distingue tradition-nellement trois groupes de deux axiomes :

1 - Les axiomes d'un marché parfait.

La concurrence est dite parfaite quand sont obtenues simultanément les deux conditions suivantes : a) *parfaite transparence du marché* : tous les intervenants sont parfaitement informés de ce qui se passe sur le marché, d'où il résulte qu'il ne peut y avoir qu'un seul prix. C'est la *loi de l'unicité du prix* pour un même bien en un même lieu ; b) *parfaite mobilité des facteurs de production* : capital et travail peuvent être transférés sans obstacle et sans délai d'une unité ou d'une branche à l'autre.

2 – Les axiomes de concurrence pure.

La concurrence pure se caractérise à un triple niveau : a) *atomicité du marché* : un très grand nombre d'agents économiques identiques participent à l'offre et à la demande du produit ; b) *homogénéité du produit* : acheteurs et vendeurs n'établissent aucune différence entre les unités d'un même bien ; c) *libre entrée dans la branche ou l'industrie* : aucune barrière ne vient limiter l'entrée de nouveaux producteurs concurrents à l'intérieur de la branche. Nous évoquerons plus loin la diversité des barrières qui peuvent se rencontrer.

3 – Les axiomes de comportement.

Ils ont déjà été largement introduits. Ce sont : a) l'existence d'une fonction d'utilité pour le consommateur ; b) objectif de maximisation du profit pour le producteur.

La loi de l'offre et de la demande et le prix d'équilibre

L'étude de la formation du prix d'équilibre sur un marché représente une analyse d'équilibre partiel. Elle se distingue des analyses d'équilibre général en ce qu'elle postule des marchés indépendants.

A. Marshall a défini l'équilibre partiel et la forme de la courbe d'offre ; elle relève depuis du fonds commun de la micro-économie pour l'essentiel[65].

Si l'on reprend les courbes d'offre et de demande globales qui ont déjà été construites et que nous ne commentons pas, on peut représenter graphiquement la réalisation de l'équilibre de l'offre et de la demande pour un bien donné et pour un prix donné.

Fig. 32.

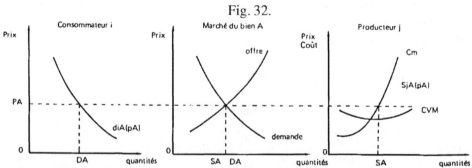

Après les développements que nous avons déjà consacrés à la construction des courbes d'offre et de demande respectivement du producteur et du consommateur, nous serons succinct sur ce point. L'offre totale du bien considéré est constituée par l'addition des offres des producteurs, et la demande totale par l'addition des demandes

---

[65] Pour une présentation critique, cf. G. Deleplace, op. cit., p. 50 et ss, et P. Sraffa, *Écrits d'économie politique*, Economica, Paris, 1975, p. 1-49 et 51-68. Sur la courbe de demande marschallienne, cf. M. Blaug, op. cit., p. 410-412.

particulières. Le prix d'équilibre se fixe sur le marché à l'intersection des courbes représentatives. Sous réserve de cas particuliers que nous n'examinerons pas[66], ce *prix est unique* et il assure le maximum de transactions possibles. *On dit qu'il y a équilibre du marché quand l'offre globale et la demande globale sont à la fois satisfaites* $O(p) = D(p)$, *d'où détermination simultanée d'un prix et d'une quantité.*

Il ne suffit pas d'affirmer l'existence d'un prix d'équilibre ; il faut encore indiquer comment cet équilibre se réalise dans la pratique de la concurrence. Il ne s'agit pas seulement d'une question d'intersection des courbes, mais des hypothèses de comportement qui expliquent comment l'équilibre se réalise. On retient deux interprétations théoriques : l'ajustement *marshallien par les quantités* et l'ajustement *walrasien par les prix*, dont plusieurs éléments sont combinés dans l'interprétation courante de la réalisation de l'équilibre.

Nous résumons en quelques propositions les principes de base de ce que l'on a appelé « la théorie symétrique de la valeur » en équilibre partiel.

a) *La valeur est déterminée par le jeu symétrique de deux forces : l'offre et la demande.* A. Mashall dit : la valeur normale de toute chose (…) se trouve, comme la clé de voûte d'un arc, en équilibre par rapport aux forces opposées agissant sur ses deux côtes » ;

b) *la valeur d'un bien est déterminée en même temps que la quantité échangée.* L'offre prend donc en compte une variation possible de la quantité produite ; selon l'hypothèse retenue pour le comportement des agents on distingue :

- l'ajustement par les *quantités* de A. Marshall : les prix sont des variables dépendantes des quantités offertes et demandées. Soit PD le prix de demande désignant la quantité achetable à ce prix, PO le prix d'offre pour la quantité vendable à ce prix. Le prix d'équilibre ou de *demande nette* : PE = PD - PO. Selon Marshall les producteurs augmentent leur production si PE > O et la réduisent dans le cas inverse.

- l'ajustement par les *prix* de L. Walras : les quantités offertes et demandées sont des variables dépendantes du prix. On définit la *demande nette* au prix P comme la différence entre la demande et l'offre à ce prix. Un marché vérifie l'hypothèse de Walras si les acheteurs font monter les prix quand Ep > 0 et si les vendeurs les font baisser si Ep < 0.

c) cette détermination de la valeur et de la quantité échangée *s'effectue pour chaque bien sur son marché propre.* Il s'agit donc *d'équilibre partiel.* Une conséquence de ce raisonnement en équilibre partiel est que le point d'intersection des courbes d'offre et demande ne doit pas correspondre à une situation de hasard, mais « *résulter de l'interaction effective des deux courbes* ». Pour cela, il faut d'une part que chacune des

---

[66] Cf. cas des biens Giffen ou snobisme déjà évoqués ci-dessus. Dans les cas particuliers où le prix ne varie pas avec les quantités, on sort de l'hypothèse néo-classique de base : le prix cesse d'être un indicateur de rareté.

courbes soient « significatives » et donc que le jeu de la concurrence entraîne à offrir plus, quand la volonté des demandeurs d'obtenir une quantité suffisante de biens suscite une hausse du prix. Il faut d'autre part que l'écart du prix par rapport au point d'équilibre n'ait pas d'incidence à l'extérieur du marché. D'où la clause habituelle pour caractériser l'équilibre partiel : « toutes choses par ailleurs étant égales » (ceteris paribus) ;

d) pour qu'un tel type d'ajustement s'effectue, il faut supposer l'intervention du « commissaire-priseur » ; c'est la fiction introduite par L. Walras d'un meneur de jeu sur un marché d'enchères où s'engage un processus de *tâtonnement* entièrement fictif. En effet, les fonctions d'offre et de demande sont connues par définition, mais non leur niveau. Pour qu'il y ait existence et unicité d'un point d'équilibre, on retient donc la double hypothèse de *contrats successivement passés et rompus*, (l'échange effectif ne se réalisant qu'à l'équilibre), ainsi que *l'intervention du commissaire-priseur* qui modifie les prix et autorise l'exécution des contrats. C'est le secrétaire du marché ou « crieur de prix ». Offreurs et demandeurs sont en effet des preneurs de prix (price-takers) et non des faiseurs de prix (price-makers). La *fiction du commissaire-priseur* est indispensable au fonctionnement du modèle de concurrence parfaite. Un tel modèle n'existe que dans le cas de « *concurrence organisée* » comme les bourses de valeurs ou marchés de gros. A ce niveau on perçoit bien que la démarche marginaliste n'est pas qu'une modalité formelle d'analyse du comportement de l'agent micro-économique ; elle conditionne la détermination du prix en équilibre partiel.

En fait cette analyse conduit à un paradoxe. Le commissaire-priseur assume à la fois une *fonction de calcul* de la demande excédentaire totale ignorée de chaque agent individuel, une *fonction d'information* de l'état général du marché et *il annonce le nouveau prix* d'enchères. Du coup la théorie micro-économique des néo-classiques décrit un *système complètement centralisé*, alors que l'analyse porte sur un système supposé complètement décentralisé. Dans ces conditions on peut se demander quelle est la signification de la « main-invisible » pour reprendre l'expression d'A. Smith, qui est censée assurer l'équilibre en situation de concurrence pure et parfaite.

Le surplus du consommateur et le surplus du producteur

Depuis la présentation de A. Marshall, la détermination du prix d'équilibre permet de dégager deux notions connexes : le surplus du producteur ou du consommateur. Définissons seulement de quoi il est question, bien que ces notions aient été développées dans le cadre de « l'économie du bien-être ».

1) Soit un équilibre du marché réalisé pour q unités vendues au prix p. On voit que les producteurs, à considérer leur courbe d'offre globale, auraient accepté de vendre les q - 1 premières unités à un prix inférieur à p, soit par exemple q^1 au prix de p^1. Quand

ils vendent la totalité de la quantité q au prix p, ils bénéficient d'une opération avantageuse du point de vue subjectif. *Le surplus du producteur est défini comme le gain dont les offreurs ont le sentiment de bénéficier en vendant l'ensemble de leur production au prix d'équilibre.*

2) Parallèlement on peut définir un *surplus du consommateur*. A. Marshall le définissait comme « l'excédent du prix que le consommateur accepterait de payer plutôt que de s'en aller sans l'objet, par rapport à ce qu'il paie réellement »[67].

Pour représenter graphiquement ces deux surplus, il faut connaître le prix au-dessous duquel l'offre du producteur devient nulle, soit p⁰S sur la figure suivante, et celui au-dessus duquel la demande du consommateur devient nulle, soit p⁰D. Les surfaces hachurées représentent les surplus (ou rente) du consommateur et du producteur.

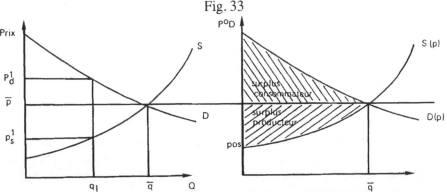

Fig. 33

Dans la théorie de l'économie de bien-être, ces notions permettent de montrer que si une taxe spécifique est levée sur les ventes, le montant des deux surplus est réduit du produit de la taxe (recettes de l'Etat), mais amputé d'une perte de satisfaction totale qui n'est pas récupérable pour l'Etat.

Les prix d'équilibre comme système de signaux

Dans le modèle néo-classique de concurrence parfaite, tous les prix sont déterminés selon le même schéma sur les marchés respectifs par la rencontre de l'offre et de la demande. *Les prix d'équilibre ont pour fonction d'assurer l'information et la régulation des activités des différentes catégories d'agent.* Le prix d'équilibre est en effet un indicateur de rareté, comme nous l'avons déjà vu, dans son principe. Pour les consommateurs le prix de marché obtenu à travers l'égalisation des utilités marginales doit

---

[67] Pour une analyse détaillée, à partir du texte de A. Marshall, cf. M. Blaug, op. cit., p. 417-431. Marshall avait repris cette notion à l'ingénieur français A.-J. Dupuis ; il parlait d'ailleurs indifféremment du «surplus» ou de la «rente» du consommateur.

traduire la valeur que ces agents accordent aux différents biens concernés. Pour le producteur le prix de marché traduit les difficultés de production, puisque la courbe d'offre dépend du coût marginal de chaque producteur. Il en résulte bien évidemment que des variations du niveau des prix doivent affecter les décisions de consommation et de production. Les producteurs augmentent ou réduisent leur production en fonction de la hausse ou de la baisse du prix de vente par rapport à leur prix de revient. Indirectement *la structure des prix relatifs des facteurs de production commande le choix des techniques de production*. Pour partie également le consommateur révise sa structure de consommation en fonction de l'évolution du prix des différents biens.

D'une façon générale le système des prix d'équilibre, correspondant à la situation référence de concurrence parfaite, est interprété dans l'approche néo-classique comme *« un système de signaux »*, qui procure aux agents économiques les informations sur l'état du marché. Le marché est aussi l'instrument de la « circulation des informations sur les choix de chacun ». Toute variation de l'intensité du signal que constitue la variation du niveau d'un prix entraîne des actions en retour de la part de tous les agents économiques. L'idéologie libérale, à la suite de l'analyse néo-classique, se caractérise par la conviction que ces actions en retour incitent aux productions les plus utiles et aux consommations les plus avantageuses. Ainsi, la hausse d'un prix signale, à travers le marché, qu'un bien considéré tend à devenir plus rare. On peut en conclure qu'il faut en réduire la consommation ce qui est une adaptation par les quantités, ou entreprendre d'en accroître la production dans une perspective de long terme.

D'une telle interprétation du rôle du marché en hypothèse de concurrence parfaite, les néo-classiques déduisent au niveau théorique que *l'État ne doit pas intervenir*, puisque l'équilibre est automatiquement repérable ; au niveau pratique ils déduisent aussi l'objectif de supprimer les obstacles à la concurrence pour assurer l'efficience du système économique et l'utilisation optimale des ressources. Cette confiance accordée au marché est généralement considérée comme le prolongement logique des analyses d'Adam Smith : « pour les smithiens, disent J.M. Albertini - A. Silem, ce modèle n'a pas pour objectif de décrire exactement ce qui existe ; il doit permettre de juger ce qu'il est nécessaire de modifier pour assurer un meilleur fonctionnement de l'économie de marché ». C'est toujours là un des problèmes fondamentaux de la théorie et de la politique économiques.

2. Extension de la démarche au marché des facteurs de production
(principes de la théorie néo-classique de la répartition)

Dans le modèle néo-classique élémentaire, la théorie de la répartition est traitée comme une extension naturelle de la théorie des prix en concurrence pure et parfaite. L'importance des développements et des discussions auxquels elle donne lieu nécessite d'en exposer brièvement les principes essentiels.

La théorie néo-classique de la répartition représente pour ses auteurs un double effort de dépassement et de rupture : par rapport à la construction classique d'abord qui fondait la répartition sur une théorie de la production privilégiant le rôle des rendements décroissants[68] ; à l'encontre, également de l'analyse marxiste de l'exploitation fondée sur les notions de force de travail et de cycle du capital. (cf. infra. titre III).

La théorie de la répartition s'insère dans le cadre analytique de la théorie de la valeur-utilité développée par l'Ecole de Vienne plus particulièrement à partir de 1870. Autre caractéristique, pour les néo-classiques *production et répartition ne sont que deux aspects d'une même réalité* ; l'une dépend de l'autre. Il en résulte l'abandon complet d'une analyse de la répartition entre classes sociales en faveur d'une analyse du partage du revenu entre ceux qui participent à la production. Il s'agit de *déterminer la valeur des contributions respectives des «facteurs de production» au produit total.* En ce sens la théorie de la répartition est un prolongement de la théorie de *l'imputation* dont nous allons définir la problématique.

Nous présentons succintement l'approche néo-classique courante à deux niveaux :
- comment est déterminée la rémunération du facteur de production, comme prix d'équilibre, à partir du principe exclusif de la productivité marginale
- comment est établie la liaison production/répartition dans une perspective d'ensemble ou directement macro-économique.

Les notions de productivité marginale et d'imputation

En appliquant le raisonnement à la marge l'approche néoclassique entend expliquer la rémunération des facteurs de production en se référant au principe unique de leur productivité marginale dans une combinaison donnée. Ceci nécessite de préciser à nouveau les notions théoriques introduites par les néoclassiques.

1) Tout d'abord les biens sont fabriqués au moyen de facteurs de production (cf. supra p. 180). Avec l'Ecole de Vienne a été introduite la distinction entre :
- les biens de consommation (*biens de premier rang*), dont la valeur est fonction de leur utilité marginale ;
- les *biens de rang supérieur*, soit les biens de production, le capital et le travail, qui ne satisfont pas immédiatement les besoins. « Ces biens n'ont pas une utilité en eux-même mais une utilité indirecte comme facteurs de production. La valeur de ces biens est toujours déterminée par la valeur anticipée des biens de rang moins élevés à la production desquels ils servent ». (C. Menger, *Grundsätze der Volkswirtschaftslehre.* 1871, p. 124) Leur valeur dépend de leur productivité marginale.

---

[68] Pour les théoriciens anglais du marginalisme, « l'homme à abattre, c'est Ricardo et non Marx ». S. Jevons estimait que Ricardo « a dévié la locomotive de la science économique sur une mauvaise voie ». Cf. Dostaler. G. *Valeur et prix* PUG-Montréal 1978 p. 16 et 17.

La productivité de l'unité marginale d'un facteur résulte à la fois de :

- sa *productivité physique propre* qui détermine la quantité de biens produits.

- la *valeur unitaire du produit*, dont dépend la valeur globale des unités produites.

La production marginale en valeur d'un facteur de production correspond donc au produit du nombre de biens de consommation qu'il permet de fabriquer par la valeur unitaire de ces biens.

2) Ceci pose immédiatement le problème complexe dit de l'*imputation* : comment évaluer la productivité spécifique d'un facteur nécessairement utilisé en combinaison avec d'autres facteurs ?

Le niveau de productivité marginale d'un facteur ne résulte pas du degré d'efficacité propre ou *intrinsèque* de la dernière unité employée de ce facteur, Il est fonction de la proportion dans laquelle il est combiné à d'autres facteurs.

Les néo-classiques ont proposé plusieurs principes d'explication pour passer du produit en valeur d'une combinaison productive à celui d'un facteur[69]. Tous demeurent très théoriques. C. Menger imaginait d'apprécier la productivité marginale *par soustraction* en évaluant la réduction du produit total provoquée par le retrait d'une unité d'un facteur donné dans une combinaison productive. F. Von Wieser (*Der natürliche Werte.* 1889) proposait de mesurer la contribution positive en construisant un système d'équations simultanées traduisant les proportions des facteurs utilisés.

On retient généralement le procédé de la *variation* de Hans Mayer : on recherche la *combinaison optimale des facteurs par variations successives de leurs proportions* de façon à apprécier « les rapports entre l'efficacité des facteurs dans leur emploi marginal ». En fait l'imputation, au delà de l'interprétation théorique toujours critiquable, correspond à un acte réel de l'entrepreneur qui évalue l'emploi d'un facteur à partir de ses prévisions ou c'est le simple constat d'un prix relatif attribué par le marché au facteur de production[70].

La théorie micro-économique de la répartition comme prolongement de la théorie des prix

Dans l'approche néo-classique courante, la théorie de la répartition n'est qu'un prolongement de la théorie des prix en concurrence parfaite. Cela signifie que la répartition des revenus est supposée déterminée par la rémunération des facteurs de production. Cette rémunération est elle-même fixée sur la base des prix d'équilibre qui s'établissent sur les marchés respectifs des différents facteurs de production.

---

[69] Cf. E. Kauder. *L'utilité marginale*. Repère, Mame, Paris, 1973 et E. Blaug *op. cit.* p. 504-505.

[70] La programmation linéaire permet d'étudier pratiquement le cas d'une substitution de facteurs discontinue et donc de lever l'hypothèse de régularité et de continuité des fonctions de production. Du même coup l'analyse marginale devient applicable aux cas concrets de la production des firmes.

Selon la théorie de la productivité marginale, à l'équilibre sur chacun de ces marchés, chaque facteur de production est rémunéré selon sa productivité marginale (appréciée comme l'effet de l'addition ou du retrait d'une unité de ce facteur sur le produit total, la quantité utilisée des autres facteurs demeurant constante).

1) Pour obtenir le prix d'équilibre des facteurs de production il faut appliquer le raisonnement marginaliste aussi bien à l'offre qu'à la demande des facteurs, selon des principes généraux déjà présentés dans l'analyse des choix du consommateur et du producteur.

En ce qui concerne l'offre qui pose problème, on peut retenir une distinction pratique entre :

- *l'offre des facteurs produits*, c'est-à-dire provenant eux-même de la transformation de facteurs de production (ex : biens d'équipement, ressources naturelles élaborées) ; elle est traitée comme l'offre de tous les biens produits.

- *l'offre des facteurs non produits* : on distingue le cas des ressources productives à l'état naturel, dont l'offre est supposée indépendante ou « exogène », et le cas du travail dont l'offre par le travailleur résulte d'un arbitrage entre loisir et revenu (cf. supra. p. 168-169)

2) Cette distinction entre facteurs de production permet d'étudier l'application du même principe d'optimisation sur deux types de marché :

- *les marchés des facteurs réels* où le prix d'équilibre est déterminé par la rencontre de l'offre et de la demande. Rappelons seulement que la demande des facteurs réels est une *demande dérivée* pour un produit donné. Deux cas méritent mention : le *marché du travail*, où se fixe le *salaire* d'équilibre, est traité comme le marché d'un bien. Sur les *marchés des ressources naturelles* (dont la terre) l'offre est considérée comme une donnée, d'où le prix d'équilibre, déterminé par la seule demande, peut être analysé comme la source d'une *rente* pour le propriétaire.

- *Le marché de l'épargne* (ou du capital financier) où se fixe le taux d'intérêt d'équilibre comme résultante d'une offre et d'une demande dérivées de choix intertemporel (cf. infra. p.262-263).

3) En situation de concurrence, un facteur de production est demandé tant que son prix est inférieur ou égal à sa productivité marginale en valeur. Symétriquement un facteur de production est offert tant que son prix sur le marché est supérieur ou égal à sa désutilité marginale. Précisons *ce principe général d'optimisation sur les marchés de facteurs de production* à partir de la demande de l'entrepreneur. En concurrence parfaite celui-ci pousse sa production jusqu'au point où le coût marginal égale le prix, c'est-à-dire la recette marginale. Ainsi l'entrepreneur est demandeur de travail (ou offreur d'emploi) et de capital jusqu'au moment où respectivement le salaire et

l'intérêt égalent les productivités marginales du travail et du capital. En concurrence parfaite l'entrepreneur tend donc à combiner les facteurs de production jusqu'à ce que soit obtenue l'égalité suivante :

> Prix de vente = coût marginal = somme des rémunérations des facteurs marginaux = somme des productivités marginales en valeur.

Le raisonnement marginaliste s'applique également à *l'offre* des facteurs de production. En effet l'offre intervient jusqu'au moment où *la désutilité marginale* entraînée par l'affectation d'une unité de facteur supplémentaire n'est plus compensée par la rémunération obtenue en contrepartie. Le principe général d'équilibre entre l'offre et la demande d'un facteur s'exprime alors ainsi :

> Productivité marginale du facteur = rémunération du facteur = désutilité marginale pour le facteur.

Pour favoriser le plus possible, au niveau introductif, une compréhension d'ensemble de la démarche néo-classique nous présentons l'essentiel de l'analyse du marché des facteurs de production dans le prochain chapitre consacré à la version macro-économique de l'équilibre général (cf. p. 255 et ss.)

Prolongements et difficultés de l'approche néo-classique : l'exploitation et le « capital confiture »

La démarche néoclassique que nous venons de décrire permet des prolongements et pose des problèmes. Nous en privilégions deux :

1) Prolongement notable, et qui n'est pas neutre, la *théorie marginaliste de l'exploitation*. Théoriquement en concurrence parfaite et à l'équilibre, si le travail et le capital sont rémunérés à leur productivité marginale respective, chaque agent maximise sa satisfaction et obtient à la fois la rémunération correspondant à son apport dans la combinaison productive. A partir de cette proposition théorique A.C. Pigou[71] a utilisé le terme d'exploitation pour qualifier la situation du travailleur qui n'obtient pas un

---

[71] A.C. Pigou (1877-1959), disciple de A. Marshall à Cambridge, a élaboré le théorie économique de l'optimum social. (*The Economics of Welfare*). Pour lui le produit national net est à son maximum et les ressources sont utilisées au mieux, quand leurs productivités marginales sociales sont égales dans toutes leurs affectations.

salaire égal à la valeur de son produit marginal physique. Il ne s'agit pas d'un problème de justice sociale. L'exploitation résulte dans l'optique néo-classique de l'imperfection du marché : dans le cas *d'exploitation monopolistique* le salaire est aligné sur la recette marginale, soit le prix de vente, inférieure à la valeur du produit marginal, pour que l'entreprise ne subisse pas une perte. Il peut y avoir aussi « *exploitation monopsonique* » quand l'entreprise influence le taux de salaire en manipulant son offre de travail. Pigou prétend montrer que dans ces cas l'efficacité n'est pas maximale aux dépens de la collectivité en raison d'une déviation par rapport à la concurrence parfaite. C. Benetti remarque que l'exploitation ainsi interprétée devient un « phénomène volontaire ou involontaire, et en tout cas parfaitement réversible » (*Valeur* et *répartition* op. cit. p. 43). Pour Marx au contraire (cf. titre III) l'exploitation intervient même si la concurrence est parfaite sur le marché du travail parce que le capitaliste achète la force de travail et s'approprie la plus-value contrepartie du « surtravail ». Les différences d'analyse théorique correspondent à des interprétations tout à fait antagoniques de la réalité des rapports sociaux.

2) A un autre niveau les notions de biens capitaux et de *capital* comportent une difficulté majeure. Une entreprise déterminée est demandeur d'une diversité de biens de production (fraiseuses, laminoirs, etc) ; on peut agréger les demandes individuelles de ces différents biens de production, mais pour faire une théorie de la répartition, c'est-à-dire montrer comment le revenu se répartit entre le capital et le travail, il faut considérer le marché du capital dans son ensemble.

Ceci conduit à considérer le capital comme un facteur homogène. Comme ce n'est pas possible au niveau des biens physiques, on homogénéise les facteurs de production par le raisonnement en valeur ; on considère la productivité marginale en valeur du capital dans son ensemble. Du même coup *le capital concret devient une notion abstraite tout à fait insaisissable.* La difficulté que cela pose est d'autant plus évidente qu'une partie du bien produit doit servir à remplacer le capital usé, ce qui implique que capital et produit soient de même nature. Ceci a suscité l'hypothèse extrême, et du même coup absurde, du *capital-confiture* (« capital jelly »R.M. Solow. 1956) pour qualifier la substance unique dont le capital total et le produit total sont composés. Il apparaît finalement que le passage de l'optimum *du* producteur à l'optimum *des* producteurs n'est pas évident. Il devient impossible de concevoir dans un système économique réel ce que représentent concrètement l'offre et la demande de capital.

Fonction de production et répartition

Les néo-classiques ont introduit très tôt avec P.H. Wicksteed la fonction de production macro-économique dans leurs analyses où elle tient toujours une grande place. Comme nous l'avons vu au niveau micro-économique, la fonction de production permet de préciser quelle est la combinaison productive de nature technique qui est optimale pour l'entrepreneur. On peut raisonner au niveau global pour l'ensemble des entrepreneurs ; on a alors : $Y = f(K,L)$.

Les néo-classiques privilégient la fonction de production homogène de degré 1, dont nous avons exposé l'intérêt pour exprimer les différents cas de rendements à l'échelle (cf. supra. p. 199).

Elle a une propriété mathématique intéressante : on peut lui appliquer le théorème de Euler.

1. Rémunération des facteurs à leur productivité marginale et « épuisement » du revenu

H. von Thünen a exposé le principe de la variabilité des coefficients de fabrication ; L. Walras a introduit la substituabilité des « services producteurs » comme un élément du problème de l'équilibre général (cf. infra. p. 244; P.H. Wicksteed (1844-1929) est le premier à pousser le raisonnement sur ce point en ce qui concerne la classification des facteurs de production. Si le travail, la terre et le capital peuvent se substituer réciproquement à la marge, leur identité spécifique disparaît car seul leur productivité a de l'importance. En d'autres termes les facteurs de production apparaissent comme réductibles en unités de productivité représentant leur caractéristique commune. On peut dès lors apprécier leurs productivités relatives en raisonnant à la marge. « Là où il n'y a pas d'entrepreneur, les coopérateurs doivent déterminer eux-mêmes comment le produit sera partagé », déclare P.H. Wicksteed ; « et c'est à la marge, là où les facteurs qu'ils contrôlent peuvent être substitués les uns aux autres, qu'ils trouveront la mesure commune et qu'ils doivent s'accorder »[72].

Le problème de l'imputation supposé résolu, P.H. Wicksteed définit l'approche de la répartition par la fonction de production. « Nous pouvons exprimer les contributions de différents facteurs au résultat, en une seule et même unité, et si nous divisons la valeur produite par la somme de ces unités nous aurons déterminé la part qui revient à chacune ». (op. cit. idem) P.H. Wicksteed en conclue le principe qui demeure à la base de la théorie néo-classique de la répartition : si chaque facteur reçoit une rémunération égale à son produit marginal, le produit total est totalement *épuisé*, en sorte qu'il n'y a pas de résidu.

---

[72] *The Common Sense of Political Economy* (1910). Londre 2e éd. rev.1933, p. 369. Le titre de cet ouvrage est une antiphrase ; il s'agit de l'exposé non mathématique le plus complet des complications de la théorie marginaliste. M. Blaug (op. cit. p. 571-581) en donne un guide détaillé. P.H. Wicksteed, grand érudit, clerc unitarien, voulait reformuler l'économie politique, en toute indépendance par rapport aux classiques et en privilégiant les analyses de S. Jevons. Il énonça explicitement la fonction de production en vue d'expliquer la part attribuée (« *distributive share* ») à chaque facteur.

2. Signification économique du théorème de Euler

Le fondement de la liaison production-répartition a acquis une apparente rigueur avec l'application d'une propriété mathématique (le théorème de Euler) par A.W. Flux (Economic Journal, 1894) à une fonction de production globale supposée homogène de degré 1[75]/

Si le produit Y est fonction des facteurs L (travail) et K (capital), *la somme des productivités marginales (dérivées partielles respectives) par les quantités utilisées de chaque facteur est égale au produit total.*

$$Y = L \frac{\partial Y}{\partial L} + K \frac{\partial Y}{\partial K}$$

En fait supposer les fonctions de production linéaires et homogènes, c'est retenir l'hypothèse de constance des rendements à l'échelle et donc ignorer la loi des rendements décroissants. Les critiques de L. Walras, E. Barone, Y. Edgeworth ont conduit à introduire d'autres hypothèses que nous n'explicitons pas.

L'importance de l'identité de Euler apparaît quant on passe d'une expression physique à une expression en valeur en remplaçant les productivités marginales par le prix des facteurs de production : on constate que la rémunération totale des facteurs absorbe tout le produit.

Après paiement des travailleurs (L. f'_L = wl = salaires totaux) et rémunération du capital (K. f'_k = rk = profit total), la production est épuisée. Ceci est conforme au principe néo-classique de la rémunération du profit en concurrence pure. Le *« super-profit »* (défini comme la valeur de la production - coûts de production) est nul.

Pour maximiser son profit l'entrepreneur doit en effet égaliser les productivités marginales du travail et du capital respectivement au taux de salaire (w) et au taux de profit (ou d'intérêt) r.

Soit p le profit total
    f (K,L) la valeur de la production
    r et w les prix, donnés pour une entreprise, de K et L

p = f (K,L) − (wL + rK)
    recettes − coûts

Le profit est maximum quand les dérivées premières partielles sont nulles

---

[75] Pour une présentation de la fonction de production chez les néo-classiques en liaison avec la répartition. cf. R.G.D. Allen. *Théorie macro-économique.* A. Colin. Paris. 1969, p. 54 et ss. ; M. Blaug op. cit. chap. 11 ; pour une analyse critique : C. Benetti *Valeur et répartition* op. cit. chap. 2. P. Salama. *Sur la valeur.* Maspero. Paris 1982, p. 57 et ss. ; Grellet G. (ed) *Nouvelle critique de l'économie politique.* Paris 1976. ; M. Lavoie, (op. cit. infra p. 467) p. 113

p Max quand $\qquad \dfrac{\partial P}{\partial L} = f\, L\,(K,L) - w = 0$

soit quant f'L = 0

et quand $\qquad \dfrac{\partial P}{\partial K} = f\, K\,(K,L) - r = 0$

soit quand f'K = 0

L'application du théorème de Euler au niveau macro-économique, où les productivités marginales sont alors données, mais où le prix des facteurs demeure à déterminer traduit bien l'objectif néo-classique d'expliquer en même temps la production et la répartition, de montrer surtout que la répartition du revenu résulte de données techniques. C'est l'aspect doctrinal de l'approche, particulièrement net chez J. Bates Clarke (1867-1947) qui se voulait anti-ricardien sur la base de considérations éthiques. Ainsi qu'il le déclarait dans la préface de son ouvrage caractéristique de l'aspect normatif que peut prendre la théorie néo-classique, *The distribution of Wealth* (1899), son objectif était de montrer que la répartition du revenu est « régie par une loi naturelle et que celle-ci en l'absence de friction donnera à chaque agent de production le montant de richesse qu'il aura créé » (p. 3).

Cet aspect doctrinal a suscité de nombreuses critiques à des niveaux différents. J. Robinson en particulier refuse l'hypothèse simplificatrice d'une homogénéité du capital. La mesure en valeur exige de connaître le taux de profit r, alors qu'on s'attend à ce qu'elle soit fixée par la fonction de production. Le raisonnement est circulaire puisqu'on ne peut mesurer en valeur le capital sans connaître le taux de profit.

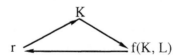

Pour évaluer l'agrégat capital en valeur, il faut connaître à la fois la quantité utilisée de chaque moyen de production et son prix (soit r) ; la détermination du prix d'un bien suppose connue son offre ; il faut donc connaître la quantité de capital pour étudier son rendement ; or le montant de l'agrégat capital dépend de la détermination du prix des moyens de production. Cette indétermination résulte, comme dit P. Sraffa, de l'impossibilité d'élaborer « aucune conception du capital comme quantité mesurable indépendamment de la distribution et des prix » (*Production de marchandises par des marchandises*. Dunod, Paris, 1970, p. 49).

Une théorie de la répartition au sens propre du terme doit fournir des indications sur la répartition personnelle des revenus, tout au moins entre les salaires, les profits et les rentes. La théorie de la productivité marginale est en fait une théorie des prix des facteurs, et non de la répartition des parts relatives.

Comme théorie des prix des facteurs, elle n'est pas complète : elle définit les éléments qui déterminent la demande, mais elle n'enseigne rien de précis en ce qui concerne l'offre des facteurs. Elle explique les taux de salaire et de l'intérêt seulement par la technologie et les préférences des consommateurs, les offres de facteurs étant considérées comme données, d'où la faiblesse des applications pratiques.

A ce niveau de préoccupation, concluons sur une question posée depuis longtemps par J. Robinson : « Comment déterminer une productivité propre aux biens capitaux ? ... l'intérêt n'est pas payé aux machines, mais aux possesseurs de richesse qui ont prêté de l'argent aux entrepreneurs. Quelle est la relation entre les prêts en monnaie et la supposée « fonction productive des » « biens-capitaux» ». (l'*Economique moderne* op. cit. p. 55). A la suite du débat engagé en 1960 par l'ouvrage de P. Sraffa (*« Production de Marchandises par les Marchandises »*), les Cambridgiens se sont efforcés de démontrer que si le capital est une substance malléable indifférenciée, le taux de l'intérêt ne pouvait être analysé comme la rémunération du capitaliste, parce qu'il n'est plus déterminé par une offre et une demande de capital.

II— Les marchés de concurrence imparfaite

Il s'agit des marchés où intervient une fixation simultanée des prix et des quantités. La prise en compte de situations de concurrence imparfaite constitue déjà par elle-même une critique, ou une volonté de dépassement, qui se situe par rapport à l'analyse néo-classique. Nous présentons ces marchés théoriques sur la base de deux préoccupations :

1 — Du point de vue de *la description des mécanismes économiques,* l'appareil théorique de base néo-classique fournit des définitions et une terminologie utiles pour l'appréhension du réel et sa critique. La concurrence pure et parfaite n'est que l'hypothèse de référence pour les néo-classiques, assurément la plus irréaliste et porteuse d'idéologie. Par opposition à elle, on distingue une diversité de *cas où le prix de la marchandise, considérée sur un marché particulier,* (hypothèse d'équilibre partiel) *n'est pas fixé hors de l'action de l'entreprise* (c'est-à-dire de manière exogène), *mais au contraire sous l'action de l'entreprise.*

2 — du point de vue du fonctionnement du système économique général, la théorie néo-classique retient pour l'essentiel deux grands types de déséquilibre : a) les *perturbations exogènes* qui ont un caractère accidentel ; elles ont tendance à se résorber quand le système respecte le propriétés de stabilité de l'équilibre général. Ceci relève d'une analyse de la croissanc et des fluctuations ; b) les *perturbations durables* qui proviennent du non-respect d'hypothèses fondamentales, qui se traduisent en particulier par des imperfections de la concurrence et des prix.

1. Les situations de monopole

Il s'agit de *mono-situations* caractérisées par le fait que l'offre et la demande, ou chacune d'elles, est assurée par un seul agent. On parlera donc selon le cas, de souveraineté du producteur ou de l'acheteur.

Le monopole unilatéral : souveraineté d'un producteur

En principe il y a monopole quand un offreur est seul à pouvoir fournir un produit donné. Comme la concurrence pure, le monopole pur est encore un *cas limite* : il suppose l'existence d'un seul offreur, sans concurrent dans toute la branche, face à une infinité d'acheteurs. Comme on ne peut exclure la notion de bien substituable, il faut spécifier le monopole comme la situation où *il n'y a qu'un producteur pour un bien* ne comportant pas de substituts étroits ; c'est-à-dire un bien dont la demande a une élasticité croisée très faible par rapport aux prix de tous les autres produits.

Comme la concurrence parfaite, le monopole représente une *situation-repère* qui permet de comprendre des cas concrets caractérisés par des conditions particulières : a) dans le cas de plusieurs firmes sur un marché (cas objectif d'oligopole) *un ensemble de producteurs peuvent se concerter pour agir collectivement en monopoleur* ; b) la *dimension géographique* que peut assurer une situation de monopole dans une aire définie (ex. le tabac ou la pharmacie du quartier, la grande surface de la banlieue Nord d'une ville) ; c) la *dimension temporelle* : sur la base d'une innovation technologique ou commerciale une entreprise peut disposer pour un temps d'un monopole sur un produit nouveau (ex. : vidéo-disque, magnétoscope). La recherche-développement, l'innovation visent à bénéficier des avantages du monopole ; d) des *dispositions institutionnelles* particulières à tel pays peuvent être génératrices de situations non concurrentielles. Le succès de l'ouvrage *Toujours plus* de F. de Closets vint peut-être d'avoir décrit certains cas mal connus ; e) le monopole peut être réalisé au niveau de la *marque* et non du produit. Les véritables situations de monopole sont difficiles à cerner. Citons quelques cas exemplaires ; Alcoa pour le monopole du marché de l'aluminium aux Etats-Unis, la situation de Pechiney-Ugine en France, Montecatini-Edison en Italie, Imperial Chimical Industries en Grande-Bretagne.

1 – Le monopole simple ou parfait

En concurrence pure le producteur adapte sa politique aux conditions du marché ; en monopole la courbe de la demande au monopoleur se confond avec la demande à la branche ; logiquement elle apparaît comme une fonction décroissante du prix. A la différence du marché concurrentiel (où $Rm = p = RM$), la recette moyenne ne se confond plus en monopole avec la recette marginale (Rm). En concurrence parfaite la firme choisit seulement la quantité à produire : elle est « price taker ». Le monopoleur n'est pourtant pas le maître absolu du marché : c'est l'élasticité de la fonction de demande qui détermine le prix à pratiquer pour vendre une quantité de produit déterminée. En conséquence le *prix possible varie avec le montant de l'offre* ; il n'y a pas de courbe d'offre du monopoleur qui a le choix de maximiser son profit en faisant varier sa production ou son prix.

La position d'équilibre, c'est-à-dire la détermination du couple prix-quantité qui assure le profit maximum, est obtenue par le rapprochement de la courbe de recette marginale et de la courbe de coût marginal. *Le monopole obtient le profit maximum pour un volume de production tel que recette marginale = coût marginal.* On retrouve le principe d'application général, mais dans le cas du monopole la recette moyenne (ou prix) diffère de la recette marginale, dont la pente est double en valeur absolue : la vente d'une unité supplémentaire provoque une baisse de prix qui se répercute sur toutes les quantités vendues et qui abaisse donc la recette moyenne.[75]

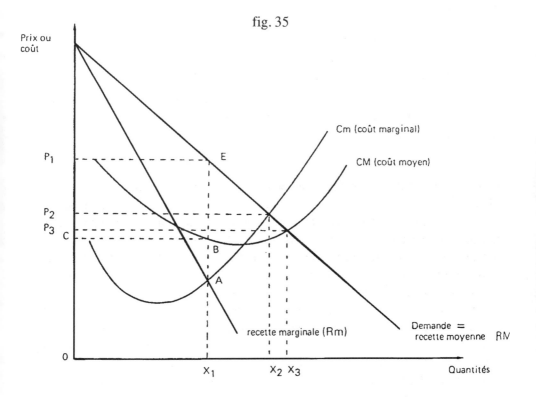

fig. 35

___

[75] Une formule relie la valeur de la recette marginale à celle du prix (ou recette moyenne) par l'intermédiaire de l'élasticité de la demande. $Rm = p \left(1 + \dfrac{1}{ep}\right)$.

Pour les courbes de demande normales, ep étant négatif Rm est inférieur au prix, soit à RM.

Soit la courbe de demande RM retraçant la fonction de demande s'imposant au monopoleur ; soit la courbe de recette marginale Rm qui se déduit de RM.(cf. p. 177)

Le coût marginal égale la recette marginale au point A, à quoi correspond un volume de production X_1. Pour une quantité X_1 offerte sur le marché, la fonction de demande indique un prix[76] P_1 pour un coût moyen C. La différence entre le prix et le coût moyen (soit CP_1 = BE) représente *le profit unitaire*. Le *profit total* est le produit CP_1 par OX_1 soit l'aire du rectangle $CBEP_1$. Algébriquement, ce résultat peut être obtenu en recherchant le maximum de la fonction de profit P = R - C. La condition de premier ordre est que R' (recette marginale) soit égale à C' (coût marginal), c'est-à-dire que la dérivée première du profit par rapport à Q soit nulle :

$$\frac{dP}{dQ} = P' = R' - C' = 0 \quad \text{d'où} \quad R' = C'$$

La condition de second ordre est que la dérivée seconde du profit par rapport à la production soit négative,

$$\frac{d_2 p}{dQ_2} = P'' = R'' - C'' < 0, \qquad \text{d'où} \quad R'' < C''$$

ce qui signifie que le taux d'augmentation de Rm doit être plus faible que celui de Cm.

Ceci conduit à préciser les points suivants : a) on peut évaluer l'intensité du *pouvoir de monopole* d'une firme, ou son « *degré de monopole* » avec la formule suivante proposée par A.P. Lerner :

$$m = \frac{P - C'}{P}$$

où m est l'indice du pouvoir de monopole et C' le coût marginal. Si P - C' devient tellement élevée que C' devient infinitésimale, m tend vers l'unité. La valeur de m est dans une relation inverse avec l'élasticité de la demande au point d'équilibre. En concurrence parfaite, l'élasticité de la demande à la firme étant infinie, m s'annule. Si la demande devient rigide au point d'équilibre le monopole peut élargir la différence entre son prix et son coût marginal. b) En fixant sa production à un niveau qui comporte un prix de vente élevé, le monopoleur risque de susciter l'entrée de concurrents dans la branche ou des mesures de contrôle de l'État contre un abus de position dominante, d'où *le monopoleur peut ne pas rechercher systématiquement le profit maximum* : il produira par exemple OX_2, qui sera vendu à un prix inférieur, soit P_2. Dans ce cas il y a gestion ou *tarification au coût marginal*. L'égalisation du prix de vente au coût marginal (p = RM = Cm) a l'avantage, pour une entreprise publique par exemple de faire apparaître le coût véritable d'obtention d'un bien pour la collectivité. c) Le monopoleur qui veut empêcher l'apparition de concurrents peut maximiser le chiffre

---

[76] Il faut éviter l'erreur de déterminer le prix d'équilibre en projetant directement le point d'équilibre A sur l'axe des ordonnées au lieu de le projeter sur la droite de demande en E.

d'affaire : la recette totale est maximum quand Rm s'annule. d) On parle de « *gestion à l'équilibre* », si le prix retenu est celui qui égalise coût moyen et recette moyenne (soit P_3) ; dans ce cas la quantité X_3 vendue au prix unitaire P_3 couvre exactement les coûts et procure donc un profit nul ; e) si l'équilibre du monopole se situe en un point où le coût moyen est encore décroissant, on peut logiquement affirmer que la production en monopole est moins efficiente qu'en concurrence parfaite. On aurait un « *équilibre de gaspillage* », ou un « *équilibre de restriction* » en raison de la différence entre coût marginal et prix.

De fait, l'analyse théorique montre que le passage pour une industrie d'une situation de concurrence parfaite à une situation de *monopole entraîne à la fois une hausse du prix de vente, une réduction de la production, et le prélèvement de surprofits*. C'est bien ce qui apparaissait sur la figure 35 : en concurrence pure l'équilibre serait obtenu au point d'intersection des courbes d'offre (Cm) et de demande (RM), d'où le couple (X_2, P_2) ; tandis qu'en situation de monopole (si les conditions de production et de demande ne sont pas modifiées) l'équilibre est défini par l'intersection de Cm et Rm qui nous donne le couple (X_1, p_1) comme nous venons de le voir[77]. Cet équilibre pourrait être qualifié de « *malthusien* »*parce qu'à un prix* $p_1 > p_2$ correspond une quantité $X_1 < X_2$.

A cela, on peut répondre que le *monopoleur obtient des économies d'échelle* qui ne seraient pas réalisées par une multiplicité de firmes de petite taille. Par ailleurs, comme l'a indiqué J.A. Schumpeter, les profits du monopoleur lui permettent de financer des dépenses de recherche-développement qui sont à l'origine des « innovations ».

J.A. Schumpeter déclarait : « On ne saurait se borner à soutenir que, la concurrence étant irréalisable dans les conditions industrielles modernes (…) on doit considérer la grande entreprise comme un mal nécessaire inséparable du progrès économique (…) Il faut aller plus loin. Nous sommes obligés de reconnaître que l'entreprise géante est finalement devenue le moteur le plus puissant de ce progrès, et en particulier de l'expansion à long terme de la production totale. Or, ces résultats ont été acquis, nous ne dirons pas malgré, mais, dans une mesure considérable, par cette stratégie dont l'aspect est malthusien quand on l'observe dans un cas particulier et à un moment donné. A cet égard, la concurrence parfaite est non seulement irréalisable, mais encore inférieure et elle n'a aucun titre à être représentée comme un modèle idéal d'efficacité »[78]. Le débat engagé par J.A Schumpeter demeure toujours ouvert. La situation de monopole n'exclue pas par principe l'efficience et même la concurrence. On mettrait plutôt en cause les *abus de monopole*, mais le problème est alors de définir à partir de quoi il y a abus. La concurrence ne peut constituer une véritable alternative au monopole. L'objectif est plutôt, selon l'évolution du système économique que l'on privilégie, de

---

[77] Le montant du superprofit unitaire est le montant du prix supérieur au coût moyen (segment BE). Du fait de la situation de monopole ce superprofit peut être stable, tandis qu'en concurrence il serait éliminé à long terme par l'entrée de nouveaux producteurs dans l'industrie.

[78] « *Capitalisme, socialisme et démocratie* ». Petite bibliothèque Payot, n° 55, p. 162 et 195.

contrôler les monopoles, d'intégrer leur politique de firme dans le cadre d'une politique économique nationale, et même de les *nationaliser* pour s'assurer la conformité de leurs objectifs avec ceux de l'Etat. Dans certaines conditions les pouvoirs publics peuvent être conduits à favoriser la concentration[79].

2– Le monopole discriminant

On a supposé jusqu'ici que le monopoleur vend son produit à un prix unique. Ceci permet à certains acheteurs de bénéficier d'un surplus ou *rente de consommation*, s'ils avaient accepté de payer un prix plus élevé que le prix d'équilibre. Le monopoleur peut donc augmenter son profit en « confisquant » la rente de ces catégories de consommateurs. Il exploite parfaitement le marché en vendant le même produit à des prix différents selon les différentes clientèles. *Le monopoleur joue alors sur les différences d'élasticité de la demande* de chacune de ses clientèles. Il s'agit d'une politique de *discrimination par les prix*. Pour le monopoleur, cette discrimination a l'avantage de restreindre la réduction du prix aux dernières unités sans baisser le prix sur les premières unités.

Une telle politique nécessite que les produits soient vendus sur des *marchés séparés* et *non communiquants*. On distinguera : a) des *conditions temporelles* de discrimination (ex. : cinéma du lundi, tarif jour/nuit pour l'électricité) ; b) des *conditions géographiques* : mauvaise communication entre les marchés nationaux en raison du change, des coûts de transport, des droits de douane, de l'information, d'où possibilité de dumping sur les marchés extérieurs ou inversement ; c) des *conditions socioéconomiques* ou *personnelles* : tarification différenciée fondée sur le revenu et l'intensité du désir d'emploi d'un bien. Il n'y a discrimination au sens strict que s'il s'agit du même produit. La discrimination peut être renforcée par la création de *marques* et de *sous-marques* pour des produits identiques. *D'une façon générale une firme peut augmenter son profit par la discrimination si les élasticités prix pour un même produit diffèrent d'un marché à l'autre.*

On peut donner une présentation géométrique du principe de maximisation du profit, mais l'expression algébrique est beaucoup plus raccourcie. Soit une firme vendant un produit identique sur deux marchés séparés où elle jouit d'un monopole. Soit q_1 et q_2 les quantités à vendre qu'il faut déterminer pour chaque marché, et $R_1(q_1)$ et $R_2(q_2)$ les recettes totales obtenues sur chacun des marchés. *Le coût total* de production est fonction du volume de l'offre totale, soit $C = C(q_1 + q_2)$. Le *profit total* de la firme, soit P, résulte de la différence suivante :

---

[79] La *tarification au coût marginal* peut être retenue par un monopole public pour annuler les superprofits tout en évitant d'accroître la charge pour les finances publiques. En effet, dans le cas de gestion à l'équilibre (CM = RM), le prix de vente ne signale plus la rareté et incite à une consommation excessive d'un bien dont le coût marginal est supérieur. Une gestion rationnelle nécessite de tarifer au coût marginal, ce qui rejoint le modèle de concurrence parfaite.

$$P = R_1(q_1) + R_2(q_2) - C(q_1 + q_2)$$

Le maximum est obtenu par annulation des dérivées partielles

$$\frac{\delta P}{\delta q1} = R'_1 - Cm = 0 \qquad\qquad \frac{\delta P}{\delta q2} = R'_2 - Cm = 0$$

et avec $Q = q_1 + q_2$ $\qquad\qquad \frac{\delta P}{dQ} = R' - Cm = 0$

Comme une seule firme fournit toute la production :

$$\delta C/dq_1 = \delta C/dq_2 = Cm$$

L'égalité Rm = Cm indique le niveau de production globale optimal.

La *répartition optimale* de l'offre entre les marchés est obtenue ainsi que la hiérarchie des prix $\left(\frac{p_1}{p_2}\right)$, quand les deux recettes marginales sont égales. On a alors :

$$\boxed{R^1m = R^2m = Rm = Cm}$$

Nous avons développé quelque peu l'analyse de ces cas de monopole pour indiquer à quels genres d'analyse théorique donnent lieu les différents types de marché. Nous ne ferons que mentionner les autres cas qui ont aussi l'avantage de prendre en compte des « *phénomènes de conflit* ».

Le monopsone, ou acheteur unique.

C'est la monosituation symétrique de celle du monopoleur. Elle peut être institutionnalisée comme dans le cas de la Seita qui était jusqu'à 1975 le seul acheteur du tabac pour toute la France. Les cas qui peuvent mériter étude sont ceux de firmes multinationales acheteur unique d'une matière première telle que le café, le cacao, le caoutchouc dans une région ou un pays donné. Le monopole s'analyse la plupart du temps en un monopole de collecte et de commercialisation[80]. Au niveau d'une région une firme peut souvent être l'unique employeur à acheter de la force de travail.

Monopole bilatéral

Cette forme de marché caractérise la situation où un *seul vendeur a en face de lui un acheteur unique*. Ce cas est rare, il faut imaginer un comptoir de vente qui comprend

---

[80] On peut consulter plusieurs études de l'ouvrage collectif C. Mouton -P. Chalmin. « *Matières premières et échanges internationaux* », Economica , Paris, 1980. Signalons aussi que la théorie de la concurrence monopolistique est considérée comme une reformulation de la théorie du monopole, et plus encore de la théorie de la concurrence, cf. C. Geffroy et B.J. Loasby. *Concurrence monopolistique, Concurrence imparfaite*, Repères, Mame, Paris, 1972.

tous les producteurs confrontés à un comptoir d'achat qui centralise les demandes.

Le montant des *quantités* échangées est facilement déterminé, si les deux partenaires monopoleurs s'entendent pour maximiser le profit total, c'est *la somme de leurs profits individuels*. Il n'en va pas de même pour le prix.

Le prix doit se fixer en fonction de la force contractuelle comparée des deux partenaires. On distingue généralement trois types de facteurs conditionnant cette force : a) les *facteurs techniques* : la force du vendeur dépend des possibilités de stocker le produit ; b) les *facteurs financiers* : la menace de ne pas vendre dépend des ressources financières qui permettent à la firme de tourner sans entrées de fonds. La menace de ne pas acheter dépend des stocks réalisés antérieurement donc également des capacités financières ; c) les *facteurs psychologiques* : du point de vue stratégique les partenaires chercheront à cacher leur situation financière réelle.

Deux types de solution peuvent se concevoir. Soit l'une des parties est plus puissante que l'autre et dicte ses conditions : le marché sera alors selon le cas dominé par le monopoleur ou le monopsoneur. La situation économique générale peut d'ailleurs favoriser la suprématie de l'un ou de l'autre. Soit les deux parties s'accordent pour déterminer à la fois un prix et une quantité ; à l'extrême deux firmes en concurrence, sur une telle base d'interdépendance par l'offre ou la demande, peuvent choisir la solution de l'*intégration verticale*.

Concurrence monopolistique

La caractérisation de cette forme de marché est récente, puisqu'elle est due à E.H. Chamberlin (1933). Elle représente *une situation intermédiaire entre les deux formes extrêmes de marché* : la concurrence et le monopole. Son intérêt est de définir un cadre d'analyse plus proche de la réalité économique : *le produit est offert par une pluralité de producteurs, mais il n'est pas homogène*. C'est le cas le plus répandu.

La concurrence monopolistique se caractérise d'abord par *la différenciation des produits*. Elle résulte du côté des acheteurs d'une préférence à s'approvisionner auprès d'un producteur particulier, en raison de facteurs divers comme une *localisation avantageuse* ; du côté des vendeurs, elle résulte d'une politique délibérée fondée sur *la promotion d'une marque*. La firme s'efforce d'attirer la clientèle en lui donnant l'impression que son produit est unique (M. Porter). Cette différenciation peut être bien souvent partiellement ou totalement factice. La firme cherche à entretenir une illusion pour s'attacher une « *clientèle* », notion qui n'a pas de signification en concurrence parfaite.

Il résulte de cette double caractéristique que les *offreurs en concurrence ont deux niveaux d'action pour accroître leur chiffre d'affaires et leur profit : une politique de prix* ou une *politique de vente* ;

a) Le principe de la politique de prix est simple à définir : le prix du produit n'étant pas imposé par le marché, le producteur de concurrence monopolistique « manœuvre » son prix et les quantités vendues en modifiant le volume de sa production ;

b) *La politique des ventes* : le producteur de concurrence parfaite ne pratique logiquement pas de promotion des ventes, puisque par hypothèse au prix de marché il peut vendre le montant qu'il désire. Par contre, en concurrence monopolistique, la courbe de demande à la firme est inclinée sur les abscisses. Le producteur *cherche normalement à vendre davantage en augmentant sa clientèle*, ce qui se traduit par un déplacement de la courbe de demande vers la droite. La forme la plus évidente de politique des ventes est la publicité. Cette publicité joue sur les éléments de différenciation. Ainsi la concurrence monopolistique apparaît pour l'essentiel comme une *concurrence par les produits* : dans l'ordre logique l'étape essentielle est la définition d'un produit bien différencié ; la seconde étape est la *constitution d'une clientèle pour ce produit en jouant à la fois sur les facteurs de différenciation, le prix et la quantité.*Cette politique liée de différenciation et de création d'une clientèle est fondée sur des facteurs aussi bien subjectifs qu'objectifs : particularités de conditionnement ou d'emballage, de marques déposées, conditions de crédit, service après vente, etc. La concurrence par les produits l'emporte sur la concurrence par les prix. On démontre généralement que dans un régime de ce type, le *prix tend à être fixé à un niveau plus élevé que celui qui s'établirait dans une situation de concurrence pure.*

2. Les régimes de marché de petits nombres : les oligopoles

La situation intermédiaire des marchés, où sont confrontés une multitude d'acheteurs et un petit nombre de vendeurs, sont dites situations d'oligopole, actuellement les plus fréquentes (ou de duopole[81] dans le cas où il n'y a que deux vendeurs).

---

[81] L'hypothèse du duopole a été formalisé dès 1838 par A. Cournot et à sa suite par F. Edgeworth et H. Stackelberg. Leur préoccupation est de dégager une *« fonction de réaction »* d'une firme donnée aux décisions de sa concurrente. Ceci a conduit à distinguer plusieurs cas de figure selon que les deux partenaires adoptent à la fois ou seulement un des deux comportements possibles : *« comportement de dépendance »* ou *« comportement de maîtrise »*. Le duopole est l'exemple type du problème théorique « qui jouera un rôle essentiel dans le développement des doctrines néo-classiques ». A. Cournot aboutit à une solution parfaitement abstraite par déduction mathématique. Cf. l'étude de C. Ménard au titre significatif : *« La formation d'une rationalité économique : A. Cournot ».* Flammarion, Paris, 1978, p. 33 et ss. Sur les limites de l'analyse des marchés de petits nombres, cf. M. Glais. *La notion de demande de l'entreprise*, Repères, Mame, Paris, 1972, p. 92 et ss.

Caractéristique essentielle

La caractéristique essentielle n'est pas le nombre, mais *le fait que chaque producteur sait que sa stratégie peut modifier les conditions de marché* et donc susciter une réaction de ses concurrents. Il en résulte une nouvelle dimension pour les politiques de prix et de production des différents concurrents. On dit alors que les partenaires sont dans une situation « *d'interdépendance conjecturale* », chacun devant anticiper les réactions de ses concurrents. R. Dorfman écrit ainsi : « chaque firme observe ses rivaux et sait que ceux-ci l'observent. Au lieu de s'intéresser à leurs courbes de coût et de demande, les oligopoleurs se préoccupent de stratégie sur le marché. Techniques de vente, points de vente, actions et réactions des rivaux deviennent des questions de première importance. L'analyse fondée sur les courbes de recette et de coût, qui suffisait pour expliquer le comportement des marchés atomistiques ou monopolistiques, n'est plus ici appropriée ». On constate ainsi la limite des instruments d'analyse néoclassiques pour rendre compte des situations de marché qui deviennent les plus fréquentes. En effet, *c'est par sa taille que l'entreprise entend bénéficier d'économies d'échelle d'une part, et exercer de plus des effets de domination.* On est renvoyé à l'analyse de la logique profonde des processus de concentration[82], ce qui est plus décisif que la simple étude empirique du fonctionnement de certains oligopoles.

Pour rendre compte du fonctionnement du secteur oligopolistique, on retient l'objectif de *maximisation du profit joint* comme l'hypothèse théorique de référence : ceci suppose que l'ensemble des firmes d'un tel secteur se comportent collectivement en monopole, c'est-à-dire définissent un prix et une politique de production assurant la maximisation des « *profits joints* »[83]. Cette hypothèse référence ne peut naturellement pas correspondre au comportement réel puisque, l'oligopole n'étant pas le monopole, *son objectif est la maximisation du profit propre.* Il y a cependant alternative entre des combinaisons diverses d'action concertée avec les concurrents et une stratégie individuelle. L'hypothèse de profits joints peut être vérifiée lorsque deux conditions lui sont favorables : a) *l'existence d'un produit homogène,* par exemple savon et détergents. Aux U.S.A. Procter and Gamble, Colgate-Palmolive, Lever Brothers tendent à se répartir 80% du marché ; b) *l'existence de produits peu différenciables* ; c'est le cas des matières premières, ce qui explique que les stratégies communes sont plus fréquentes pour le pétrole, le café, les céréales, les textiles.

---

[82] La démarche critique marxiste s'attache à dégager une telle logique dans le cadre du mode de production capitaliste.

[83] Cf. R. Lipsey - P. Steiner, « *Analyse économique* », Cujas, Paris, 1980, p. 307 et ss.

Les cas types de situation oligopolistique

On distingue généralement quatre cas types, *selon que l'emporte l'une des deux tendances de base* : la recherche du maximum de profit combiné ou la recherche de la part de profit maximum.

1 - La coordination parfaite par entente ou cartel

Dans le cas extrême, le comportement des producteurs est organisé sur une base commune de manière à obtenir le profit combiné maximal. L'organisme commun peut être un *cartel qui fixe pour chaque membre le prix de vente du produit, le quota de production*. La branche a tendance à fonctionner comme un monopole ; mais en deçà de ce cas extrême, le cartel peut se contenter d'harmoniser les conditions de vente, fixer les prix, mais non les quantités. Au plan purement théorique la production totale du cartel doit être telle que le coût marginal de chaque entreprise soit égal à la recette marginale du groupe, ce qui correspond bien au principe du monopoleur. Un tel comportement, selon R.G. Lipsey, aura des chances de prévaloir si le nombre des producteurs est peu élevé, si les conditions de productions sont proches, si le produit est homogène.

2 – La collusion

Il n'y a pas constitution d'un cartel, mais simple accord informel sur les prix. Le prix effectif est le résultat *d'un compromis*, les conditions générales sont moins contraignantes. Elles peuvent comporter une répartition du marché, des clauses de non-agression, une répartition par types de produits.

3 – La firme pilote ou situation de prix directeurs

Il s'agit d'une collustion particulière : le prix est en fait déterminé par une firme. Il y a « *price-leadership* » pour une firme dominante qui contrôle une part notable du marché et à laquelle les petits producteurs ne peuvent pas s'opposer. La firme pilote fixe son prix de manière à maximiser son profit, mais en prenant plus ou moins en considération les intérêts des concurrents. Pour les concurrents le prix apparaît comme une donnée, ce qui les mets dans une situation comparable à celle du producteur de concurrence parfaite. Ce prix peut être celui de la firme la plus efficiente, comme c'est le cas de Alcoa pour le secteur de l'aluminium aux Etats-Unis ; ce prix peut être celui de la firme qui est jugée avoir la meilleurs connaissance du marché, même si elle n'a pas les coûts les plus faibles. On parle alors de *firme barométrique*. Il en a été ainsi pour Dunlop en Grande-Bretagne, pour Chevrolet à une certaine période.

4 – L'oligopole incoordonné

C'est le cas de l'oligopole où les firmes ne concertent pas leur action. Chacune d'elles ignore les réactions des partenaires de la branche. Un certain prix tend à prévaloir que les partenaires ne veulent pas courir le risque de faire monter unilatéralement. Cette situation est représentée par le schéma dit de la *courbe de demande coudée* (attribuée à P. Sweezy) qui n'explique pas la tendance à ce que le prix se maintienne à son niveau initial. Il ne paraît pas indispensable d'entrer dans le détail de la discussion.

Les principales stratégies sur les marchés oligopolistiques

1 – La primauté de l'objectif de maximisation des ventes

Nous citons ces stratégies des firmes du secteur oligopolistique uniquement parce qu'elles manifestent le caractère explicatif limité du concept théorique de base de l'analyse néo-classique : *la maximisation du profit*. Ce concept apparaît tout à fait directeur, et donc explicatif, seulement pour les deux formes de marché extrêmes et symétriques : la concurrence parfaite et le monopole. L'horizon de l'oligopoleur peut le conduire à réagir par rapport aux profits réalisés par ses concurrents, à leur croissance et aux perspectives de dépendance que cela comporte. Plus que le profit à court terme, la référence de base devient alors « *la part du marché* » dont dépendent tous les autres éléments. Cette part du marché s'apprécie par rapport au chiffre d'affaires, d'où la prédominance d'une politique de *maximisation des ventes*, qui constitue la base de toute discussion pour le partage du marché, pour les tractations financières avec les banques, pour tout investissement assurant des économies d'échelle[84]. Dans ces conditions les entreprises oligopolistiques tendent à mener des stratégies diverses de protection de leur marché.

---

[84] Certains auteurs relient cette évolution dans la pratique du secteur oligopolistique à l'évolution de la firme. J.K. Galbraith, initiateur d'une approche sociopolitique, a en effet émis une théorie célèbre de la « *techno-structure* ». Les dirigeants des grandes entreprises sont des salariés et de moins en moins des *entrepreneurs capitalistes* pour lesquels la maximisation du profit représente un comportement spécifique. Les dirigeants salariés auraient tendance à privilégier, au contraire, la croissance de l'entreprise appréciée à travers sa production de « cash-flow » (capacité d'autofinancement). C'est dans le « *Nouvel Etat Industriel* » (1967) que J.K. Galbraith, à la suite de T. Veblen, J. Burnham et A. Berle, développe la théorie d'une transformation du capitalisme en une technostructure capable d'imposer sa loi au consommateur. Il y a donc inversion de la logique. Cette technostructure tend à défendre sa survie comme une fin en soi. Ceci conduit J.K. Galbraith à proposer une solution socialiste dans « *La science économique et l'intérêt général* ».

2 – Diversité des stratégies de protection

a) *Stratégie de surinvestissement des entreprises installées.* Les firmes déjà installées disposent d'un avantage de coûts absolu en élevant, du fait de leurs investissements réalisés, *le seuil de production* minimale à atteindre par un éventuel concurrent. *Le gonflement des coûts fixes se transforme alors d'un inconvénient à court terme en un obstacle pour le concurrent potentiel.* Les entreprises dites « abritées » par leurs capacités de production excédentaires peuvent bénéficier de surprofits. Notons pourtant qu'en période de crise la capacité excédentaire représente un piège à la *sortie de la branche.* Ainsi, les secteurs de la sidérurgie, de la construction navale sont obligés de produire à perte et de survivre au moyen de subventions publiques, parce que la concurrence étrangère, des nouveaux pays industrialisés en particulier (Corée, Espagne, etc.), devient trop vive. Dans un tel contexte on retient le principe que dans un secteur oligopolistique caractérisé par une taille minimale des firmes et « l'existence de capacités excédentaires de production, l'augmentation de la *demande est satisfaite à coûts et prix constants* ». Il en résulte que toute contraction de la demande entraîne une élévation des coûts unitaires et une hausse des prix. On a là une des caractéristiques de la crise subie actuellement en France par certains secteurs où il y a augmentation du chômage, des coûts et des prix.

b) *Mise en place de prix limites.* C'est le procédé du monopole qui consiste à pratiquer un prix inférieur à celui qui maximise le profit.

c) *Les stratégies commerciales.* Là encore ce sont les techniques déjà évoquées dans le cas de concurrence monopolistique telle que *la multiplication des marques.* R. Lipsey cite la manœuvre de trois producteurs de cigarettes se partageant le marché en vendant chacun une seule marque ; il reste 30% des fumeurs qui choisissent leur marque au hasard. Dans ce cas de figure, un concurrent potentiel peut espérer attirer 25% des fumeurs versatiles en proposant une quatrième marque. Pour parer à cette éventualité les trois oligopoleurs installés peuvent l'en empêcher en offrant chacun cinq marques différentes, ce qui réduit à 2% la perspective de marché à conquérir pour une nouvelle marque introduite par un nouveau concurrent. *La publicité* peut également ment constituer un élément stratégique, car une forte publicité agit comme un obstacle à l'entrée en élevant le coût unitaire pour le nouveau concurrent.

Il est difficile d'apprécier en conclusion les résultats de l'oligopole. Il y a avantage à ce que la production ne soit pas émiettée entre un nombre excessif d'entreprises utilisant des techniques artisanales, mais les oligopoleurs administrent en fait les prix en fonction de leur seul profit et font supporter le poids de leurs dépenses de publicité. L'étude, même très superficielle, de la théorie des marchés débouche sur *une remise en cause du principe de base de l'analyse néo-classique* à savoir la maximisation du profit comme fonction objectif dans les secteurs oligopolistiques.

Il est de plus indispensable de prendre en compte la réalité de l'économie mondiale, où la stratégie des firmes multinationales est à interpréter par rapport à la logique de l'internationalisation du capital.

L'équilibre général

1. Walras et la notion d'équilibre général

L'interdépendance des choix et des marchés

Les résultats obtenus par S. Jevons, C. Menger et A. Marshall peuvent se mesurer pour l'essentiel à ceci qui constitue les bases de la théorie néo-classique de l'échange :

– les consommateurs, disposant d'un revenu donné et pour les prix du marché, maximisent leur satisfaction en égalisant les utilités marginales pondérées par les prix des biens achetés.

– les producteurs maximisent leur profit, le prix des facteurs et des produits étant donné par le marché, en employant des quantités de chaque facteur de production telles qu'ils procurent la même productivité marginale en valeur par franc dépensé.

Les néo-classiques de l'école autrichienne, et même A. Cournot dès 1838, comprennent que la question se pose de savoir comment et dans quel ordre les différents prix et quantités sont fixés sur les marchés respectifs des produits et des facteurs de production. Dans le cas d'un producteur par exemple le risque du *cercle vicieux* apparaît dès qu'on se demande comment les prix des facteurs de production sont déterminés avant que les entrepreneurs n'aient fixé leur niveau de production, ce qui renvoie à la connaissance des prix des produits eux-mêmes dépendants des revenus des consommateurs.

En fait tous ces choix et tous ces marchés sont fondamentalement interdépendants (comme tous les phénomènes économiques, pense L. Walras) et *interdépendants par les prix*. Il faut donc envisager la formation des prix sur l'ensemble des marchés et envisager une analyse d'équilibre général. Ceci conduit à des questions multiples et complexes comme : est-ce que l'équilibre sur le marché des produits est obligatoirement compatible avec celui du marché des facteurs ? Est ce que le marché assure forcément une convergence vers un équilibre général stable ?

Environnement et objectif de L.Walras

Il est étonnant que le dépassement de la théorie symétrique de la valeur en équilibre partiel ait été élaboré avant que celle-ci ne fut émise, par le français Léon Walras (1834-1910) en 1874 dans ses « *Eléments d'Economie Politique pure ou théorie de la richesse sociale* ».

Léon Walras devait déjà à son père Auguste Walras, ami de Cournot, son initiation à l'économie et plus encore son ambition d'édifier une science sociale rigoureuse en utilisant l'instrument mathématique[85].

Tenons nous en à mentionner que la carrière de L. Walras fut un échec, tant au concours de Polytechnique qu'en divers emplois jusqu'en 1870 où il obtient à Lausanne une chaire d'économie conservée jusqu'à 1892. Il publie la première partie de son œuvre essentielle, les *Eléments d'Economie pure*, en 1874, soit trois ans après les travaux de C. Menger et de S. Jevons, dont il ignorait les résultats. La seconde partie des *Eléments* est publiée en 1877 : elle porte sur la théorie de l'équilibre général et la théorie de la capitalisation et du crédit[86]. Il n'est pas sans intérêt de rappeler que, partisan de la libre concurrence L.Walras avait publié dès 1860, un ouvrage contre Proudhon. C'est pour contrebattre les arguments des socialistes qu'il va construire sa théorie générale. Cependant, « *humanitaire philanthrope* », Walras a l'originalité d'être à la fois un partisan de l'entreprise privée et de la libre concurrence, ainsi qu'un défenseur de la justice sociale : il entend concilier des doctrines sociales opposées.

Pour cela, il distingue les «*faits humanitaires*» qui relèvent de la morale et les «*faits naturels*» qui relèvent de la science[87] Et même, écologiste avant la lettre il déclare : «De droit naturel, la terre est propriété de l'Etat.»

Les *Eléments d'Economie Politique pure* représentent le « cadre de référence » de la théorie néo-classique à son niveau le plus éminent ; J. Schumpeter déclare quant à lui : « en ce qui concerne la théorie pure, Walras m'apparaît comme le plus grand économiste » (op. cit. Tome III. p. 110). Le terme d'économie pure est de Walras, qui définit ainsi l'économie tout à fait dans la ligne de la « révolution marginaliste » : « l'économie politique pure est essentiellement la théorie de la détermination des prix

---

[85] Auguste Walras avait été frappé par les critiques des socialistes à la propriété privée. Il remarquait que celle-ci ne portait que sur des objets qui ont une valeur et caractérisés par leur rareté par rapport aux besoins. cf. H. Dumez. *L'économiste, la science et le pouvoir : le cas Walras.* Paris 1985. p. 140-142. Cette étude de type sociologique replace dans son contexte intellectuel et social la vie de Walras en rapport avec son œuvre.

[86] L'édition définitive (4e édit. 1900, L.G.D.J. Pichon et Durand-Auzias. Paris) est complétée d'une théorie de l'épargne et de la monnaie. Nous citons d'après cette édition définitive qui a fait l'objet d'un nouveau tirage en 1976. Autres œuvres : *Etudes d'Economie appliquée* (1898), *Etudes d'Economie sociale* (1896). Une édition compare les différentes éditions des *Eléments d'Economie Pure* (avec une note de W. Joffre) tome VII. Economica 1988.

[87] cf. F. Di Ruzza. *Essai sur l'histoire de la théorie de l'équilibre économique général.* Thèse Grenoble 2, août 1976, p. 60 et ss. ; D. Demoustier. « L. Walras, théoricien de la libre concurrence et défenseur des associations populaires et de l'intervention étatique». *Revue de l'Economie Sociale,* mars 1987.

sous un régime hypothétique de libre concurrence absolue. L'ensemble de toutes les choses, matérielles ou immatérielles, qui sont susceptibles d'avoir un prix parce qu'elles sont rares, c'est-à-dire à la fois utiles et limitées en quantité, forme la richesse sociale. C'est pourquoi l'économie politique pure est aussi la théorie de la richesse sociale »[88].

L'originalité et la gloire de L. Walras est d'avoir construit une théorie de l'équilibre général. Son objet central est d'analyser simultanément les différents équilibres partiels et de vérifier ainsi la cohérence d'ensemble des optimisations individuelles. Cette démarche demeure *essentiellement micro-économique en ce qui concerne les moyens*, c'est-à-dire les concepts de base utilisés. Elle est *macro-économique par contre au niveau de ses objectifs*, puisqu'elle opère par agrégation et intégration successives pour aboutir à une appréciation de l'équilibre de l'ensemble social. Ainsi L. Walras part des comportements d'agents individuels pour aboutir aux *conditions nécessaires* d'un équilibre général qui détermine à la fois les variables relatives à l'échange, à la production et à l'emploi de capitaux fixes.

Sans autre commentaire et pour la situer seulement mentionnons que l'approche moderne de l'équilibre général, celle de Gérard Débreu (1956), est dite *axiomatique*. Une fois choisis les axiomes de base, elle est une pure construction de logique. De caractère normatif, elle cherche à définir les conditions suffisantes de l'équilibre sur les bases du positivisme logique.

2. Le modèle d'équilibre général

La spécificité de L. Walras est de se situer au départ dans le cadre d'un marché concurrentiel précisément défini pour étudier l'échange (A. Cournot l'analysait à partir du *monopole*, C. Menger à partir d'un *consommateur particulier*, J. Jevons à partir d'*entités d'échange* à structure indéterminée).

Les 16 premières leçons des *Eléments* sont ainsi consacrées à une économie d'échange pur où Walras retrouve de façon indépendante les résultats de J. Jevons et C. Menger. Nous ne développons pas cette phase de l'analyse : les prix apparaissent comme proportionnels aux utilités marginales.

---

[88]   L. Walras. *Eléments* op. cit. préface 4e édit. p. XI. F. Oulès a pu recenser jusqu'à six définitions de l'économie chez Walras ; à vrai dire elles se complètent. cf. F. Di Ruzza. op. cit p. 101. Signalons aussi que le terme « *pur* » est employé par analogie avec l'expression « *mécanique pure* » au sens de mécanique sans frottement. En l'occurrence il signifie que Walras se situe au niveau abstrait des relations fondamentales.

Les capitaux et leur service

Walras considère ensuite une économie de production en prenant en compte les facteurs de production nécessaires à la fabrication des produits (Walras dit : « *services producteurs* » et c'est le terme que nous utiliserons à partir de là) afin de déterminer leur prix mathématiquement.

Walras définit précisément les concepts qu'il utilise en distinguant les capitaux de leur « *service* ».

Il introduit n biens finis et il suppose m services producteurs provenant de 3 séries de capitaux :

- *capitaux fonciers* dont le service productif (T) est la *terre.*

- *capitaux personnels* dont le service productif (P) est le *travail*

- *capitaux mobiliers* (ou capitaux proprements dits) dont le service (K) est le *profit.*

Il s'agit de trois catégories de capitaux vendus sur le marché où leur prix respectif est déterminé par la loi de l'offre et de la demande : c'est respectivement le fermage, le salaire et l'intérêt. Walras définit le *capital* « *comme tout bien durable qui ne se consomme qu'à la longue*, toute utilité limitée en quantité qui survit au premier usage qu'on en fait »; et il définit le *capitaliste* comme « le détenteur de capitaux proprement dit »… et, ajoute-t-il, « appelons *entrepreneur* un quatrième personnage entièrement distinct des précédents dont le rôle est … d'associer dans l'agriculture, l'industrie ou le commerce, les trois services producteurs ». (*Eléments op cit* p. 177 et p. 191).

Les équations de l'équilibre général

Soit m produits finis notés de 1 à m ; soit n services producteurs notés de 1 à n, et leurs prix respectifs notés p1, p2, pm et v1, v2, vm

Il faut expliquer :

a) comment se fixent les m quantités de produits vendues

b) comment se fixent les prix relatifs (ou rapport d'échange) de ces produits. On verra que l'un des produits pouvant servir d'unité de comptes (ou de *numéraire*), son prix est par définition égal à 1. Il n'y a donc que m - 1 prix des produits exprimés en l'un de ceux-ci qui soient inconnus (ceci est expliqué ci-dessous p. 247-248)

c) comment se déterminent les n quantités de services producteurs utilisées et les n prix de ces services producteurs. Le nombre des travailleurs, des machines et des hectares sont supposés donnés, mais l'offre des services producteurs de P, K et T est variable, même à court terme.

d) il faut expliquer les méthodes de fabrication utilisées, c'est-à-dire les quantités des différents services producteurs utilisés pour la fabrication des produits. Ce sont les *coefficients techniques de fabrication*, soit aij représentant les quantités i des n services producteurs nécessaires pour produire m produits finis. Leur nombre est égal à mn ;

en effet pour m produits finis A, B, C il y a n colonnes et m lignes :

(at, ap, ak…)
(bt, bp, bk…)
(ct, cp, ck…)

Il va falloir au total $2m + 2n + mn - 1$ équations indépendantes pour déterminer $2m + 2n + mn - 1$ inconnues. Pour résoudre ce problème on part des conditions nécessaires pour que l'équilibre soit réalisé sur l'ensemble des marchés. On a un ensemble d'équations se divisant en 5 systèmes, où $x_1, x_2, x_3…x_m$ désignent les quantités des m produits finis et y_1, y_2, y_n les quantités des n services producteurs.

Système I : *m - 1 équations de la demande de produits finis*[89]

$$x_2 = f_2(p_2, p_3… pm ; v_1, v_2…vn$$

$$x_m = f_m(p_m, p_2… p_{m-1}; v_1, v_2…v_n$$

Ces équations expriment l'équilibre des agents en tant que consommateurs. La quantité produite et offerte de chaque produit est égale à la quantité demandée, celle-ci étant à la fois fonction des prix des autres produits, ainsi que des prix des services producteurs (ceux-ci déterminant les revenus des agents)

Système II : m équations des coûts (égalité du prix et du coût unitaire des m produits finis)

$$1 = a_{1,1}. v_1 + a_{1,2} . v_2…+ a_{1,n}. v_n$$

$$p_2 = a_{2,1}.v_1 + a_{2,2}. v_2…+ a_{2,n}. v_n$$

$$p_m = a_{m,1}.v_1 + a_{m,2} . v_2…+ a_{m,n}. v_n$$

L'égalité entre quantité échangée et quantité offerte représente l'équilibre des agents comme *entrepreneurs*. Il est obtenu quand l'entrepreneur ne fait ni bénéfice (le « *profit pur* » est éliminé par la concurrence) ni perte, car la production n'est pas engagée dans ce cas. Cette égalité peut donc être remplacée par l'égalité du prix de vente et du coût unitaire (ou prix de revient).

---

[89] Notons qu'au niveau de ce premier groupe d'équations on prend en compte le fait qu'un des produits soit m - 1, est utilisé pour exprimer le prix des autres produits. Ceci est expliqué ci-dessous et résulte de l'identité de Walras déjà exposée ; on suppose à ce niveau que les échanges s'effectuent tous en unités de compte et que les fonctions d'offre et de demande sont homogènes de degré zéro par rapport aux prix absolus.

« Dans l'état idéal et non réel » d'équilibre de la production, estime L. Walras, … « si dans certaines entreprises le prix de vente des produits est supérieur à leur prix de revient en services producteurs, ce qui constitue un bénéfice, les entrepreneurs affluent ou développent leur production, ce qui augmente la quantité des produits, en fait baisser le prix et réduit l'écart ». (*Eléments*. op. cit. p. 194).[90]

Système III. *n équations des quantités demandées de services producteurs.*

$$y_1 = a_{1,1} . x_1 + a_{2,1} . x_2 … + a_{m1} . x_m$$
$$...$$
$$y_n = a_{1,n} . x_1 + a_{2,n} . x_2 … + a_{m,n} . x_m$$

Ce système d'équations exprime l'équilibre des agents en tant que producteurs. Ils doivent obtenir chaque service producteur en quantité exigée pour produire les produits finis dans leurs quantités d'équilibre.

Système IV. *n équations de l'offre des services producteurs*

$$y_1 = f (v_1, v_2 … v_n ; p_2 … p_m)$$

$$y_2 = f (v_1, v_2 … v_n ; p_2 … p_m)$$
$$...$$
$$y_n = f (v_1, v_2 … v_n ; p_2 … p_m)$$

Ce système exprime l'équilibre des agents comme *possesseur de capitaux* et donc offreurs de services producteurs. Il est soumis au même principe que le système I.

Système V. *mn équations de substitution technique*

$$a_{1,1} = f (v_1, v_2 … v_n)$$

$$a_{1,2} = f (v_1, v_2 … v_n)$$
$$...$$
$$a_{mn} = f (v_1, v_2 … v_n)$$

Les coefficients techniques de fabrication sont fonctions des prix des services producteurs. Dans un premier temps Walras les avait supposés fixés ; en 1896 il

---

[90] Une autre citation paraît indispensable pour comprendre comment L. Walras conçoit la situation de *l'entrepreneur*. « Ainsi à l'état d'équilibre de la production, les entrepreneurs ne font ni bénéfice, ni perte. Ils subsistent alors non comme entrepreneurs, mais comme propriétaires fonciers, travailleurs ou capitalistes dans leurs propres entreprises ou dans d'autres ». *Eléments* op. cit. p. 195.

abandonne cette hypothèse et adopte la théorie générale de la répartition fondée sur la productivité marginale (cf. supra. p. 218-222), mais en conservant les hypothèses de rendements d'échelle constants et de fonctions de coût identiques pour les entreprises, d'où *nm équations supplémentaires*.

En récapitulant on trouve donc bien un nombre d'équations $2m + 2n + mn - 1$ qui correspond au nombre des inconnues. Le problème peut être théoriquement résolu comme un problème de mécanique, puisque le modèle est déterminé. On peut déduire n'importe quelle équation de toutes les autres.

L'équilibre général est obtenu quand l'offre égale la demande pour chaque bien et service producteur. Prix et quantités sont obtenus selon Walras par le « *tâtonnement* » : aucune transaction n'est effectivement conclue avant que le prix « *crié* » par un commissaire-priseur théorique (cf. supra. p.216) ne fasse s'équilibrer l'offre et la demande sur chaque marché. Le *tâtonnement est neutre* ; cela signifie qu'à chaque prix crié ne doit pas correspondre une décision effective de production avant l'obtention de l'équilibre. L. Walras imagine la *fiction très irréaliste de l'échange de bons* détruits en fin de tâtonnement (cf. *Eléments* op. cit. p. 215). On peut alors se demander comment en concurrence le marché conduit nécessairement à l'équilibre, comme le fait P. Garegnani (cf. *Economie et Société*; série BA, N° 5, nov. 1967).

3. La place de la monnaie dans le système d'équilibre général walrasien : la loi de Walras.

Nous avons déjà introduit cette question à propos de la loi des débouchés de J.B. Say, en raison d'une interprétation retroactive de cette loi à partir du modèle de Walras (cf. supra. p. 100). Elle trouve en fait tout son intérêt dans le cadre de ce modèle, puisqu'elle résulte d'une caractéristique fondamentale de la démarche néo-classique : la dichotomie réel/monétaire et l'indétermination du niveau absolu des prix.

La loi de Walras

La loi de Walras consiste à reconnaître que dans l'expression de l'équilibre général walrasien en termes réels, il y a *redondance du n - 1 bien,* ou plus simplement « qu'il y a une condition d'équilibre en trop ». En fait nous en avons déjà tenu compte, en ne retenant que $2m + 2n + mn - 1$ équations. Il convient maintenant de l'expliquer plus précisément en démontrant que « s'il y a n marchés dans l'économie, la réalisation de l'équilibre sur (n - 1) de ces marchés entraîne nécessairement l'équilibre sur le $n^{ème}$ marché ».

Si l'on suppose que consommateurs et producteurs dépensent la totalité de leur revenu dans la période considérée, la valeur des produits achetés est égale à la valeur des produis vendus, *et cela quel que soit le système de prix*. On retrouve l'identité comptable déjà exposée :

$$\sum_{i=1}^{n} p_i \, O_i = \sum_{i=1}^{n} p_i \, D_i \tag{1}$$

Ces résultats peut s'écrire encore

$$\sum_{i=1}^{n} p_i \, D_i - \sum_{i-1}^{n} p_i \, O_1 = 0 \tag{2}$$

Où

$$\sum_{i=1}^{n} p_i \, E_i = 0 \tag{3}$$

Du fait qu'à l'équilibre l'excès de la demande, soit E_i (et du même coup la valeur de cet excès) doit être nul sur chaque marché, il découle que si n - 1 marchés sont en équilibre, on doit avoir :

$$\sum_{i=1}^{n-1} p_i \, E_i = 0 \tag{4}$$

Si l'on soustrait (4) de (3) on obtient :

$$\sum_{i=1}^{n} p_i \, E_i - \sum_{i=1}^{n-1} p_i \, E_i = p_n E_n = 0$$

L'équilibre général est bien décrit par n - 1 équations. Une équation d'équilibre est en trop quand on écrit autant d'équations que de marchés : la $n^{ème}$ n'apporte aucun supplément d'information.

L'obtention des prix relatifs est analysée dans la 11e leçon des *Eléments* de L. Walras. Comme nous l'avons déjà fait dans notre exposé du modèle d'équilibre général, on peut réduire le nombre des inconnus à n - 1 en divisant les n prix par le prix d'un des n biens choisi comme unité de compte (ou *numéraire*) et en décidant que son prix est égal à 1. (le prix du bien choisi divisé par lui-même donne d'ailleurs forcément l'unité quelque soit le nombre entier retenu pour ce prix).

Si nous retenons le prix p_1 pour le produit 1 les équations d'équilibre prennent la forme :

$$E_i = E_i \left(1, \frac{p^2}{p^1} \dots \frac{p^n}{p^1} \right)$$

Le système de (n - 1) équations indépendantes permet de déterminer les rapports d'échange des produits et des facteurs, c'est-à-dire leur *prix relatif*, mais *il ne donne aucune indication sur le niveau absolu des prix.*

L'analyse dichotomique et le rôle du numéraire

On qualifie de dichotomique une analyse qui considère indépendamment les phénomènes réels et les phénomènes monétaires. Ainsi dans le modèle de Walras tout niveau absolu de prix correspondant à l'équilibre des rapports d'échange représente une solution d'équilibre. *Une variation du niveau absolu (ou moyen) des prix n'a aucune incidence sur les échanges* du fait qu'elle ne modifie pas les prix relatifs. Les quantités échangées sont indépendantes du niveau général des prix.

On peut illustrer cela facilement (cf. M. Blaug. *op. cit.* p. 192). Supposons trois biens : x_1 le blé, x_2 les pommes, x_3 les oranges. Si 2 pommes s'échangent contre 1 unité de blé ($x_2/x_1 = 2$) et 1 orange contre 2 unités de blé ($x_3/x_1 = 1/2$), on en déduit que les prix relatifs sont l'inverse de ces rapports $p_2/p_1 = 1/2$ et $p_3/p_1 = 2$. Il en résulte que 4 pommes s'échangent contre 1 orange ($p_3/p_2 = 4$).

Dans ce système à 3 biens, l'ensemble des prix relatifs est automatiquement donné par la connaissance des 2 prix relatifs et par le choix du numéraire. *Ce numéraire est une unité de compte abstraite.*

On peut concevoir que le modèle walrasien soit en quelque sorte « monétarisé ». Tout numéraire peut remplir une des fonctions de la monnaie : celle d'instrument de mesure des valeurs, y compris naturellement l'or, les billets d'un Institut d'émission... etc. Pour obtenir le niveau des prix absolus, les néo-classiques se réfèrent à la *théorie quantitative de la monnaie* dont nous exposons le principe au prochain chapitre.

Le prix de la monnaie n'a pas d'incidence sur l'équilibre général et, inversement, la monnaie est indifférente à l'équilibre général. Les prix déterminés par la résolution du système d'équation sont des *prix réels* (ou relatifs) égaux aux *rapports des prix monétaires.* (cf. supra. p.153)

$$P_{A/B} = \frac{PA}{PB}$$

c'est à dire que pour 2 biens A et B, le prix relatif de A en B (PA/B) est égal au rapport des prix monétaires de A et B.

Ceci consacre le *dichotomie entre les secteurs réel et monétaire.* Cette approche théorique demeure du coup sujette à des critiques importantes. Elle a suscité les attaques de Keynes en particulier qui a tenté une *analyse intégrée* des phénomènes réels et monétaires. (cf. titre IV). Comme nous l'avons déjà évoqué à propos de la critique de la loi des débouchés de J.B Say, la monnaie peut-être demandée pour elle-même, pour des *motifs* de *précaution* et de *spéculation,* ce qui introduit la notion perturbatrice de *thésaurisation.*

Des auteurs néo-classiques comme Don Patinkin ont développé l'analyse en introduisant un *effet d'encaisse réelle.* Les agents économiques sont sensibles aux variations de pouvoir d'achat dues aux variations du niveau général des prix ; les variations des prix monétaires peuvent provoquer une redistribution des revenus et des actifs. Par ailleurs des monétaristes contemporains comme M. Friedman cherchent à renouer avec l'approche néo-classique : ils admettent que la monnaie puisse être demandée pour elle-même, mais ils essaient de démontrer que la demande de monnaie est stable, en sorte que toute modification de l'offre de monnaie modifie l'équilibre initial des agents et exerce par ce biais une action sur la production.

Eléments de critique

La théorie de l'équilibre général suscite autant de critiques que d'efforts pour proposer de nouvelles constructions (celle de G. Debreu étant la plus ambitieuse et la plus formalisée) ou des « *modèles-relais* ».

Les démarches critiques de trois auteurs, à partir de prémisses théoriques différentes, manifestent l'ampleur du problème.

Janos Kornai (*Anti-Equilibrium,* North Holland, Amsterdam, 1971) a l'originalité d'être un spécialiste de la théorie qu'il critique. Il attaque non par tant sa logique, que son utilité pour représenter le fonctionnement de l'économie. Elle est trop schématique pour rendre compte de la réalité ; sa faiblesse est due aux interrogations retenues, aux hypothèses, ainsi qu'aux concepts utilisés. Le système des prix, qui est au centre de cette théorie, n'est qu'un élément dans un « système complexe de direction et d'information ». Pour J. Kornai c'est le déséquilibre qui est l'élément déterminant de l'économie : « pression » et « succion » provoquent la tension qui crée les conditions favorables aux évolutions souhaitables.

Nicholas Kaldor accuse également la théorie de l'équilibre général d'être une représentation fausse de l'économie, et même d'avoir provoqué un recul par rapport à la science économique du XIXe . Ceci est dû, selon lui, à la théorie de la valeur qui conduit à privilégier la fonction d'affectation du marché au détriment « *de la fonction créative du marché* en tant qu'instrument de transmission des impulsions ». Pour N. Kaldor les économies modernes sont caractérisées par *l'accroissement des rendements d'échelles* : plus la croissance de production est importante, plus les coûts moyens diminuent et plus l'accumulation de capital s'accélère.

L'intégration de l'économique et du politique est surtout le fait de F. Perroux[91]. Il

---

[91] cf. *L'Economie du XXe* siècle. PUF, Paris, 3e édit. 1969 ; *Pouvoir et Economie*, Dunod, Paris, 1973.

reproche à la théorie générale d'ignorer les relations externes au marché comme le pouvoir et le rôle des groupes. La réalité est délibérement méconnue plutôt que simplifiée. En fait les agents de l'économie appartiennent à des groupes soumis à des relations de pouvoir et de lutte politique. Or la relation de pouvoir est « *asymétrique* » ; c'est une « relation non compensée ».

C'est spécialement le cas pour les grandes firmes, pour les groupes financiers. En raison de la mise en œuvre d'efforts de puissance, intérêt privé et intérêt général ne coïncident que dans des cas extrêmes.

Admettre l'existence de pouvoir exige donc de mener l'analyse d'une façon totalement différente. « Les prix ne résulteraient plus de préférences d'agents dépersonnalisés, mais des forces et des pouvoirs respectifs dont disposeraient les centres de décision insérés dans les structures socio-économiques données ».[92] Or chez L. Walras l'équilibre général est interprété exclusivement comme un *équilibre par l'intermédiaire du prix*. Ceci implique que le prix résulte de la confrontation de toutes les situations d'offre et de demande. Le prix « récapitule » toutes les exigences des agents ; pour cela il faudrait que tous les prix soient effectivement flexibles ; en fait plusieurs agents provoquent des *rigidités* comme les monopoles ou « oligopoles concentrés » qui limitent les quantités et contrôlent les prix. De plus producteurs et consommateurs se référant aussi à d'autres informations que les prix, il faudrait tenir compte des « *phénomènes dits hors marché* » comme les *biens publics*, les *effets externes* de production qui concernent la gestion des ressources naturelles.

Le niveau d'analyse restreint à celui de la firme exclue au moins deux niveaux essentiels de regroupement des firmes. Le niveau de « *l'industrie* » tout d'abord ; pour L. Walras toutes les firmes entrent directement et immédiatement en concurrence entre elles. Ceci suppose que pour la consommation tous les biens sont substituables les uns aux autres.Même si ce peut être le cas dans le cadre « d'espaces de substitutions » (R. Borelly) particuliers, ce phénomène est limité par le principe « *d'irréductibilité des besoins* ». Par contre les biens de production sont sûrement peu substituables. Il y a donc à tenir compte de la diversité des industries, de la réalité d'« industries motrices » par exemple.

L'équilibre général ne prend pas non plus en compte la *nation* ; il suppose la compatibilité des conduites de l'ensemble des firmes au niveau national et international, à l'encontre de toute réalité, de celle du *sous-développement* en particulier dont il ne peut pas être rendu compte.

D'une manière plus générale cette théorie exclue de prendre en compte toutes les catégories de conflit, toutes « luttes-concours » (Perroux).

D'ailleurs l'égalité à zéro de tous les profits manifeste l'absence de pouvoir pour les centres de décision en présence. Si le profit doit être nul à l'équilibre, on ne peut

---

[92] G. Destanne de Bernis. Les limites de l'analyse en termes d'équilibre économique général. *Revue Economique*, janv. 1975.

logiquement pas concevoir de conflit entre des capitalistes et des travailleurs, et cela d'autant moins qu'ils vendent des biens différents (leurs services producteurs spécifiques) sur des marchés différents. Ainsi l'approche néo-classique ignore la réalité d'entrepreneurs-propriétaires ou emprunteurs de leurs capitaux qui achètent de la « force de travail » et des moyens de production en vue de réaliser un profit. Il est en effet dans la logique néo-classique de s'attacher à une théorie « irénique » de la répartition qui exclue l'opposition ricardienne salaires-profits.

A un autre niveau de réflexion théorique les épistémologues peuvent se demander, à la suite des travaux de K. Popper, si les théories économiques sont réfutables. De ce point de vue on peut estimer, comme H. Brochier, que l'Equilibre Général fait partie de ces théories qui ne sont ni vraies, ni fausses. Elles « portent sur des situations délibérément idéalisées et en tant.que telles ne comportent aucune conclusion empirique ». (*Economies et Sociétés*, PE. 8, N° 10/1987. p. 113).

Cette appréciation n'est pas loin de celle d'auteurs comme Hahn pour qui l'Equilibre Général est utilisable « pour réfuter toute sorte de points de vue politiques mal fondés... », mais « devrait certainement renoncer à la prétention de fournir des descriptions nécessaires de l'état final des processus économiques ». Enfin, même si l'on admet (C. Ménard) que cette théorie permet de reconnaître des problèmes centraux tels que la nature et le rôle de l'information, la nature et les caractéristiques des processus et des instances de décision, la place des régulations fondamentales comme la monnaie, il y a encore lieu de se demander si elle représente « un point de départ pertinent ».

Chapitre VII
La détermination du niveau de la production globale et des prix absolus

Introduction — La problèmatique et les hypothèses spécifiques

Après avoir analysé ce qui constitue une des spécificités de la démarche néo-classique, les équilibres d'agent et de marchés, nous présentons un aperçu sur la détermination du niveau de la production globale et des prix absolus.

1 – Il s'agit de ce qu'on a pu appeler la *version macro-économique du modèle classique*[93]. Ceci appelle tout de suite une première précision puisque nous sommes toujours dans un titre consacré aux néo-classiques. *Nous entendons ici « classique » au sens très large* « des économistes qui ignorent la Théorie Générale et le principe de la demande effective, ce qui est par définition le cas de tous ceux qui précèdent Keynes ». Cet ensemble d'économistes est traversé par une *« coupure majeure »* : l'objet de tout ce qui précède a été d'en faire saisir la logique essentielle. Les auteurs classiques au sens strict du terme adoptent la théorie de la valeur travail et privilégient une perspective d'ensemble de l'évolution de l'économie. Les auteurs dits néo-classiques se fondent sur la théorie de la valeur utilité, s'attachant surtout au problème de la répartition optimale d'un ensemble de ressources rares sur la base de préférences et de techniques données.

Nous abandonnons maintenant délibérément la préoccupation d'histoire des théories pour résumer le premier schéma de théorie macro-économique commun aux auteurs essentiels qui ont précédé Keynes (Marx naturellement mis à part), aussi bien classiques que néo-classiques. La question est la suivante : *à quel niveau s'établissent la production, l'emploi, la consommation, à un moment donné et pour un montant donné de travailleurs et de capitaux.*

---

[93] Plusieurs auteurs ont fourni une interprétation macro-économique du modèle classique par comparaison avec la structure du modèle keynésien. On peut se référer pour l'essentiel aux ouvrages suivants : L. Stoleru, *« L'équilibre et la croissance économique »*, Dunod, 1967, chap. III ; J.P. Vesperini, *« Economie politique »*, *Théories et modèles de l'économie contemporaine*, Economica, 1981, chap. 1 ; P. Pascallon, *Théorie monétaire*, Edit. de l'Epargne, Paris, 1985. G. Kebabdjian. *Les modèles théoriques de la macroéconomie*. Dunod, Paris, 1987. chap. 3.

2 – Ce schéma simplifié est établi sur les hypothèses restrictives suivantes :
a) *une économie individualiste fermée*, c'est-à-dire pas de commerce extérieur ;
b) un *stock de capital* et un niveau de technologie donné ;
c) le *travail est un facteur homogène ;*
d) la production nationale se répartit entre dépenses de consommation et d'investissement ;
e) une situation de *concurrence parfaite* sur tous les marchés.

Ces hypothèses définissent une préoccupation *d'équilibre statique.*

3 – Aussi bien pour les classiques que les néo-classiques le modèle repose sur trois principes fondamentaux que nous avons déjà partiellement évoqués :
a) *la loi des débouchés* affirme que tout produit offre un débouché à un autre produit en sorte qu'une surproduction générale de biens est impossible. Comme nous l'avons expliqué ceci est fondé en même temps sur une *identité* et sur une hypothèse de comportement : il y a *identité définitionnelle* entre la valeur de la production et celle des revenus créés en contrepartie. L'affirmation que toute offre de produit signifie une demande d'un autre produit est évidente en économie de troc. Par contre, ceci est vérifié dans une économie monétaire seulement si l'on suppose que tout agent, disposant d'un revenu à la suite d'une activité productive, dépense effectivement la totalité de ce revenu, soit une hypothèse de comportement particulière.
b) *la théorie quantitative de la monnaie*, que nous devons exposer. Elle est fondée sur le principe que la monnaie n'est détenue que pour réaliser des transactions ; le niveau général des prix est lié à la masse monétaire.
c) *la flexibilité des prix et des salaires*. En situation de concurrence, prix et salaires sont flexibles à la hausse comme à la baisse. C'est un point essentiel pour arriver à affirmer qu'il doit y avoir retour à l'équilibre.

4 – Le modèle macro-économique classique est contruit sur une séparation (on la qualifie souvent de dichotomie) entre *les variables dites « réelles »* (soit la production, l'emploi, le taux de salaire, le taux d'intérêt) dont le niveau est entièrement déterminé dans le secteur réel ; et d'un autre côté les *variables dites monétaires* (soit le niveau absolu des prix, le niveau du salaire monétaire) déterminées dans le secteur monétaire. *On dit qu'il y a intégration de la monnaie dans l'économie par simple juxtaposition.* Chez les classiques et néo-classiques « la monnaie, selon l'image de B. Schmitt, est un habile coursier qui donne tout ce qu'elle reçoit et reçoit tout ce qu'elle donne sans participer elle-même, ni à la production, ni à la consommation ». Il est donc pratique pour présenter la logique générale du modèle classique de lui consacrer deux sections : l'une pour décrire l'obtention de l'équilibre du secteur réel et l'autre pour décrire l'obtention de l'équilibre du secteur monétaire. Ainsi, on saisit bien ce caractère essentiellement dichotomique du modèle classique.

I – Le secteur réel

Ce secteur comprend le marché du travail et le marché des biens et des services.

1. Le marché du travail : production et emploi

Dans l'approche néo-classique, le *travail* est *traité comme un facteur de production* qui fait l'objet d'une offre et d'une demande sur le marché. Nous allons donc considérer successivement les composantes de ce marché : la demande de travail par les entreprises, l'offre de travail du travailleur et l'équilibre sur ce marché[94].

La demande de travail par les entreprises

La demande de travail de l'entreprise dépend en même temps : du salaire, des quantités produites par l'ouvrier et du prix de vente du produit.

1 – La fonction de production

Dans une première phase du raisonnement, on relie le niveau de production aux facteurs de production. Nous connaissons déjà la notion de fonction de production : elle traduit précisément sous une forme générale la relation technologique entre les quantités de produits obtenues (« outputs » ou « extrants ») et les quantités de facteurs de production utilisées pour la fabrication de ces produits (« inputs » ou « intrants »). On raisonne en équilibre statique, c'est-à-dire que le potentiel de production des entreprises est considéré comme une donnée qui ne peut être modifiée dans le court terme. A tant de travailleurs N, à tant de machines K et pour un état de la technologie A, correspond une certaine production Y. On peut écrire :

$$Y = Y (N, K, A)$$

---

[94] Beaucoup d'auteurs, pour une présentation similaire dans son fondement, considèrent une demande individuelle de travail et une offre de travail par les entreprises. Au niveau de ce marché, il y a une ambiguïté sur les termes « *offre* » et « *demande* » de travail. L'hypothèse d'offre de travail du salarié « soulève de nombreuses objections dès que l'on se situe dans une économie salariale où l'offreur individuel est dans la condition d'un travailleur salarié n'ayant d'autre choix que celui d'offrir son travail pour se procurer un revenu ». G. Kebabdjian *op. cit.* p. 33 et 56-59.

Par définition dans un modèle d'équilibre de *courte période*, K et A sont donnés. La fonction de production ne dépend plus que d'une variable unique : le nombre de travailleurs effectivement employés ; d'où :

$$Y = Y (N)$$

Cette fonction a deux caractéristiques notables : elle est *croissante avec N,* c'est-à-dire que plus on emploie de travailleurs, plus la production augmente [Y' (N) > 0] ; elle est *concave,* c'est-à-dire que l'on retient l'hypothèse selon laquelle la variation de la production obtenue par l'embauche d'un nouvel ouvrier est positive dans une première phase, et qu'elle décroît ensuite à mesure que l'on emploie de nouveaux ouvriers. On dit que la *productivité marginale du travail est décroissante* [Y" (N) < 0]

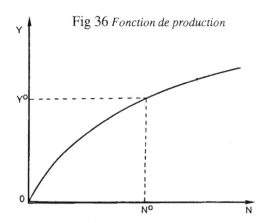

Fig 36 *Fonction de production*

2 – L'établissement de la courbe de demande de travail

Une fois précisée la relation technique entre niveau de production et facteur de production, *il faut examiner à quel niveau se fixe l'emploi,* soit la demande de travail de l'entreprise, en fonction des salaires w et des prix p. Conformément à la logique de la démarche néo-classique, l'entreprise compare la désutilité des dépenses de salaires qu'elle supporte avec le supplément de production (dY) que lui assure un accroissement d'emploi (dN). Ceci correspond à la *productivité marginale du travail.* Il faut que :

$$p [d Y (N)] > w. dN$$
Recette   > Coût de production

Pour un entrepreneur rationnel la maximisation de la demande de travail est obtenue selon le principe général de l'égalisation de la recette et du coût, *soit l'égalisation* de la productivité marginale du travail et du salaire réel.

$$p \cdot dY = w \cdot dN$$

$$\frac{dY}{dN} = \frac{w}{p}$$

En situation de concurrence parfaite, pour maximiser son profit l'entreprise doit embaucher des travailleurs *jusqu'au point où le produit marginal du travail est égal au prix de ce facteur, c'est-à-dire le salaire réel*. Cette condition de maximisation permet de déduire la définition d'une fonction de demande de l'entreprise :

$$N \text{ demandé} = N^d\left(\frac{w}{p}\right)$$

Fig. 37 *Demande de travail*

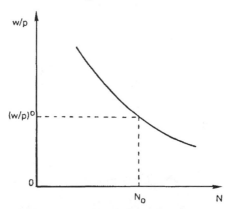

La demande de travail apparaît comme une fonction du taux de salaire réel : la demande de l'entreprise croît quand le salaire réel baisse.

L'offre de travail par les salariés

Nous avons déjà présenté au chapitre précédent l'offre de travail comme un aspect particulier du problème général de l'optimum du consommateur. En étudiant l'équilibre du consommateur on a considéré, avec la droite de budget, le revenu artificiellement comme une donnée. En fait, pour disposer d'un revenu, l'agent économique a dû d'abord consacrer un temps de travail à l'obtention de ce revenu. Comme l'utilité du revenu résulte de la satisfaction que comporte sa consommation, on voit *en bonne logique néo-classique que l'offre de travail par le salarié nécessite un arbitrage entre deux satisfactions : celle procurée par le loisir et celle procurée par la consommation du revenu de son temps de travail.*

En termes encore plus abstraits le travailleur s'efforce d'égaliser l'utilité de son travail et la pénibilité de ce travail. En concurrence parfaite, *la maximisation de l'utilité est obtenue quand le rapport de la désutilité marginale du travail* $\dfrac{\delta U}{\delta N}$ *à l'utilité marginale de la consommation* $\dfrac{\delta U}{\delta x}$ (c'est-à-dire le T.M.S. de la consommation au travail) *est égal au taux de salaire réel,* soit quand :

$$\frac{\dfrac{\delta U}{\delta N}}{\dfrac{\delta U}{\delta x}} = \frac{w}{p}$$

En termes courants, car la désutilité ne peut être l'objet d'une mesure cardinale, *l'offre de travail du salarié dépend du niveau de vie que le salaire correspondant lui permet d'atteindre.* Notons que le travailleur n'est pas trompé par l'inflation ; il est sensible au salaire réel $\dfrac{w}{p}$ qui conditionne son pouvoir d'achat effectif et non au salaire nominal w. On en déduit *la fonction d'offre de travail* conforme à la condition de maximisation néo-classique ; elle s'écrit :

$$\boxed{N^{s} = N^{s}\!\left(\frac{w}{p}\right)}$$

On retient donc généralement le principe que l'offre de travail augmente quand le salaire augmente.

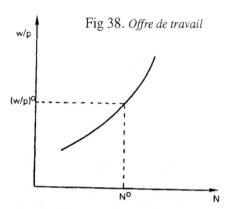

Fig 38. *Offre de travail*

L'équilibre du marché du travail

Formellement cet équilibre se définit par l'égalité de l'offre et de la demande de travail :

N offert = N demandé

Les implications de cet équilibre se représentent aisément sur un graphique :

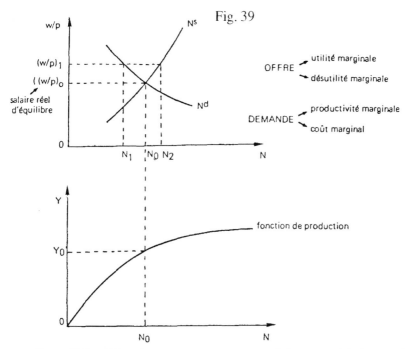

Fig. 39

Dans l'hypothèse de concurrence pure et parfaite caractéristique de la démarche néo-classique, si l'offre de travail est supérieure à la demande, il s'établit une concurrence entre travailleurs qui provoque la baisse du salaire. La lecture du graphique ci-dessus, devenu traditionnel, indique l'équilibre :

$$N \text{ offert} = N \text{ demandé}$$

Il détermine à lui seul trois grandeurs :

1) le *niveau du salaire réel* $(w/p)_0$
2) le *niveau ou volume de l'emploi* N_0. Ce volume d'emploi tend en concurrence parfaite à être celui de plein-emploi, à des conditions qu'il nous faudra encore préciser ;

3) le *niveau de production Y_0.*

Cette présentation montre de manière quasiment caricaturale que selon l'approche néo-classique le marché du travail détermine la production, à la différence d'une autre approche, principalement keynésienne[95]. *Il est dans la logique d'un tel schéma expli-*

---

[95] Celle-ci privilégie le rôle de la répartition consommation-épargne, taux d'intérêt , prix et salaires nominaux, masse monétaire, comme nous le verrons au prochain titre.

catif d'ensemble de déboucher sur un modèle qui privilégie l'offre, comme élément moteur de l'économie .

Marché du travail et plein-emploi

Il faut bien voir aussi que les trois grandeurs déterminées par l'équilibre sur le marché du travail sont des grandeurs correspondant à *un équilibre de plein-emploi.* Selon cette approche, pour les libéraux néo-classiques, *tout équilibre doit être remplacé par un équilibre de plein-emploi, s'il y a variation du salaire réel.* Le raisonnement est alors le suivant : soit l'hypothèse d'un salaire $(w/p)_1$ supérieur au salaire d'équilibre $(w/p)_0$, ce qui entraîne une demande de travail $N_1 < N_0$ et une offre de travail $N_2 > N_0$ (cf. fig. 39). Il en résulte un chômage du fait que l'offre de travail N_2 excède la demande de travail N_1 qui va effectivement se réaliser, l'embauche supposant l'accord des travailleurs et des entrepreneurs. Ce type de chômage est qualifié de « *chômage frictionnel* », à quoi on oppose le «*chômage volontaire*»[96]. Ce chômage volontaire mis à part, le chômage frictionnel ne peut persister : en raison de l'offre excédentaire de travail, les travailleurs au chômage exercent une concurrence qui a pour effet d'abaisser le prix du travail, c'est-à-dire le salaire nominal.

Cette baisse du salaire nominal n'incite les entreprises à embaucher que dans certaines conditions de prix : a) Si les prix baissent proportionnellement ou même plus que proportionnellement à la baisse des salaires nominaux, il n'en résulte aucune incitation à l'augmentation de la production et donc de l'emploi : en effet le rapport $\frac{w}{p}$, soit le salaire réel, demeure constant ; b) *Pour les classiques le plein emploi doit être rétabli si les prix baissent moins que les salaires ou demeurent stables*, ce qui correspond à une baisse du salaire réel, donc à une compression des coûts de l'entrepreneur[97].

---

[96] La notion de chômage volontaire a une signification théorique précise chez les néo-classiques, mais elle peut devenir très large. Elle comprend tous les agents qui refusent un emploi qu'on leur propose. Le *chômage involontaire* n'existerait que dans deux cas limites : une entreprise met ses ouvriers au chômage parce qu'elle ne peut produire autant qu'elle le veut par suite de *pénurie physique* ; autre cas : les salariés accepteraient de travailler à moindre salaire, mais les *ajustements* généraux de prix, de demande et de salaire n'interviennent pas assez vite, en sorte que « la formation d'un nouvel équilibre est gagné de vitesse par la récession ». La distinction de chômage volontaire/ involontaire est « essentiellement rhétorique et teintée d'idéologie ». Cf. G. Standing, Notion de chômage volontaire. Revue intern. du travail oct. 1981, et M. Aglietta, *Panorama sur les théories de l'emploi.* Revue Economique, Janvier 1978.

[97] Cette séquence logique sera fortement critiquée par Keynes. L'explication classique du chômage a été encore soutenue récemment par des auteurs comme J. Rueff, G. Haberler, F.A. Hayek.

La production étant réalisée au niveau de plein-emploi, il reste à voir si la demande s'établit à un niveau suffisant pour acheter tous les biens et services.

2. Le marché des produits : théorie classique de l'épargne, de l'investissement et de l'intérêt

La démarche néo-classique continue de se fonder sur le principe essentiel des classiques : la loi de Say[98]. Le produit étant assimilé à l'offre et la dépense à la demande, le problème de *l'équilibre s'interprète comme l'égalité entre l'offre globale O et la demande globale D*, c'est-à-dire l'égalité entre le produit Y et la dépense D.

$$\text{Soit } O = D \text{ ou } Y = D$$

Cette première expression de l'équilibre suppose pour que le circuit soit équilibré, et donc fermé, que tout revenu non dépensé sous forme d'achat de biens de consommation alimente une épargne dépensée indirectement en achats de biens d'investissements. En d'autres termes la seconde expression de l'équilibre classique est que :

$$I = S$$

Nous étions déjà parvenus à ce résultat, mais il restait à savoir *par le jeu de quelle variable un tel équilibre peut être réalisé.* En effet, avec l'égalité de Say, nous avons une théorie encore simpliste : l'épargne et l'investissement sont égaux, parce qu'ils se confondent, parce qu'ils sont indifférenciés. Cette interprétation de la condition de base de l'équilibre sur le marché des biens demeure peu satisfaisante. Pour dégager un principe explicatif de l'égalisation, *il faut considérer l'épargne et l'investissement comme deux opérations spécifiques et distinctes* réalisées par des agents différents, avec des mobiles différents. Ceci conduit à considérer successivement l'offre d'épargne, la demande d'épargne ou demande d'investissement. Le raisonnement de la théorie classique est complété par l'introduction du jeu du taux de l'intérêt comme variable égalisant l'offre et la demande d'épargne.[99]

---

[98] Nous ne revenons pas en détail sur ce point déjà largement exposé ; Cf. supra titre I, p. 96 - 102.

[99] Les classiques se référaient, de façon vague, à des forces réelles du marché expliquant le taux de l'intérêt comme un phénomène réel. Faisons une brève référence à l'histoire de la théorie pour marquer dans quel état d'esprit elle se développe.

Nassau Senior, cet économiste classique, qualifiée par C. Gide et C. Rist de « nouvel Euclide », avait la prétention de dégager l'Economie Politique de toute compromission avec les systèmes et les réformes sociales » *(Histoire des doctrines politiques*, Sirey, 1947, p. 391). Il distingue offre et

L'offre épargne

Le raisonnement est simple : la seule motivation pour un agent économique d'épargner est de faire fructifier son capital. *Il épargne en fonction de la rentabilité du placement offert.* Le caractère avantageux du placement est apprécié à travers le taux d'intérêt. L'épargne est une fonction croissante de i

$$S = S\ (i) \qquad S' \geq o$$

Fig. 40 *L'offre d'épargne*

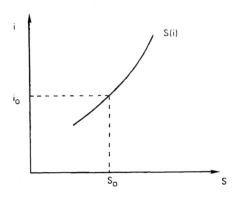

Les paramètres de cette fonction sont conditionnés par *l'arbitrage entre consommation immédiate et consommation future.* Il faut noter que cette interprétation des

---

(suite de la note[99])

demande de capital pour la première fois dans « An Outline of Political Economy », Encyclopédie britannique, 1836. Cette approche est complétée par le néo-classique Alfred Marshall dans ses « *Principles of Economics* », 3ᵉ éd. 1885 : « So the higher the rate of interest the greater the saving as a rule (p. 216). The rate of interest is determined in the long run by the two sets of forces of supply and demand respectively... Thus then interest, being the price paid for the use of capital in any market, tends towards an equilibrium level such that the aggregate demand for capital in that market, at that rate of interest, is equal to the agregate stock forth-coming there at that rate » (op. cit. p. 600). En 1930, Irving Fischer aurait porté à son comble de perfection, selon J. Schumpeter, l'expression de la théorie néo-classique du taux de l'intérêt après une suite d'études sur cette question (Op. cit., Vol. III, 1983, p. 246). Pour suivre l'évolution des théories néo-classiques et keynésiennes du taux de l'intérêt. Cf. P. Llau : *La détermination des taux d'intérêt*, Cujas, Paris, 1962.

comportements économiques est bien particulières au regard des comportements observables. Du fait que le montant Y des revenus est déterminé sur le marché du travail, *cette interprétation signifie que l'agent économique commence par fixer son épargne et consomme ce qui lui reste*[100] Comme nous le verrons la démarche keynésienne renverse cette relation logique entre épargne et investissement. Il n'y a pas lieu ici de rentrer dans le détail de la théorie du taux de l'intérêt. Indiquons seulement que pour le néo-classique autrichien E. Böhm-Bawerk l'intérêt apparaît au niveau micro-économique *« au cours d'opérations qui consistent à prêter un revenu présent contre la promesse d'un revenu futur »*. Il dégage trois motifs à ce que cela justifie le paiement d'intérêt : 1) Raison psychologique : un échelonnement différent des besoins et des ressources présents et futurs, consommer aujourd'hui est plus agréable que de pratiquer l'abstinence et attendre demain, ce que reprendra Keynes ; 2) Raison économique : une sous-estimation du futur ; 3) Raison technique : investir c'est accroître l'efficacité du travail futur en réalisant un détour de production.[101]

I. Fischer, G. Cassel, A. Marshall retiennent des explications très comparables insistant sur « l'impatience humaine », l'attente (waiting). Nous ne faison allusion à ces concepts que pour contribuer à les ordonner.

Signalons aussi que les hypothèses classiques concernant l'épargne sont fragiles. L'effet d'une hausse du taux de l'intérêt sur l'offre d'épargne est incertain : *pour être positif il faut que l'effet de substitution l'emporte sur l'effet de revenu* (sur ces 2 types d'effets cf. supra. p. 166-167)

La demande d'épargne

L'analyse marginaliste de la fonction d'investissement a été reprise par Keynes et représente pour ainsi dire un élément commun de la théorie économique. Nous n'en esquissons que le principe. A l'offre d'épargne est confrontée une demande d'investissement. On se place alors du point de vue de l'entrepreneur-emprunteur. Cette demande est commandée par la *rentabilité*. L'emprunt de capital exige de payer un intérêt. Pour les classiques *l'emprunteur paye un intérêt, parce que comme capital*

---

[100] L. Stoléru, op. cit. p. 51, caricature ainsi le processus : « On imagine un étudiant qui, ayant projeté de sortir au cinéma, renonce à son projet en lisant dans son journal que le taux d'intérêt d'émission des emprunts d'Etat vient d'augmenter ! » Quant à Marx, il ironisait sur les capitalistes considérés comme des « pénitents ».

[101] Après cela on peut remonter de l'intérêt du capital (apprécié subjectivement en aval) au capital lui-même conçu dans une dimension intertemporelle. On subit au départ une perte de temps dont l'utilité sera un gain futur à la fois en temps et en valeur. La perte initiale assure ainsi un *«détour de production»*. Le processus productif est allongé, les biens intermédiaires sont multipliés, ce qui accroît la productivité des facteurs originels.

l'épargne est productive. La productivité représente donc le second élément du taux d'intérêt ; c'est elle qui explique le capital[102].

1 – L'application du principe marginaliste

La théorie de la demande d'investissement recourt au raisonnement marginaliste : elle retient le principe que le *capital est utilisé pour un montant déterminé par la comparaison entre la productivité marginale du capital et le taux d'intérêt*. L'emprunteur de capital cherche à égaliser l'utilité que représente l'obtention de capital et la désutilité d'avoir à payer un intérêt. Il résulte, selon le principe maintenant bien connu de maximisation, que l'entrepreneur utilise du capital jusqu'à égaliser la productivité marginale du capital et le prix du capital, c'est-à-dire le taux d'intérêt. A ce niveau il faut bien faire attention que différents auteurs ont employé des termes divers pour des concepts quasiment similaires : I. Fischer parle ainsi de « *taux marginal du rendement par rapport au coût* » et Keynes « *d'efficacité marginale du capital* ». Il faut comprendre la notion une fois pour toutes, même s'il y a deux méthodes principales d'apprécier l'opportunité d'un investissement[103].

2 – Appréciation du rendement futur de I par la valeur actualisée du bénéfice

Nous ne décrivons que l'essentiel du principe en l'insérant dans une problématique macro-économique. Presque tous les critères de choix d'investissement se fondent sur un échéancier[104] de recettes et sur le principe de l'actualisation. Soit donc à comparer la dépense d'investissement I qui permet de produire un bien pendant n années et le

---

[102] A la suite de l'école de Vienne et de la théorisation de E. Bœhm-Bawerk, le capital est souvent défini comme « un ensemble de ressources *hétérogènes et reproductibles*, dont l'emploi permet, par un *détour de production d'accroître la productivité* du travail humain ».
Ces ressources sont exprimables en monnaie, mais ne peuvent se confondre avec leur équivalent monétaire. Ceci a fait dire à F. Perroux : « Tant qu'on n'aura pas administré la preuve qu'une liasse de billets est un métier à tisser, qu'un compte en banque est un marteau-pilon ; il faudra se résigner à préférer l'abstraction des écoles de Vienne à l'abstraction comptable ». (*Les Comptes de la Nation*, PUF, Paris, 1949, p. 117). L'analyse marxiste est fondamentalement antagonique à une telle conception. Le capital est situé dans l'évolution même de l'économie marchande comme un rapport social qui s'établit entre le capitaliste et le travailleur, ainsi que nous l'étudions au titre III.

[103] Méthode par la « valeur actualisée du bénéfice » (calcul du rendement en valeur absolue) et méthode par le « taux interne de rendement » (calcul du rendement en pourcentage). F. Poulon, op. cit., p. 264-265. Notons ici que le concept keynésien d'efficacité de l'investissement, que l'on retrouvera au titre IV (infra), demeure imprécis dans la traduction usuelle française. Cf. sur ce point G. Duménil, « *Marx et Keynes face à la crise* ». Economica, Paris, 1977, p. 181 à 208 pour une analyse approfondie de cette question.

[104] Au sens strict l'échéancier est le registre des effets, ou traites, à payer ou à *recevoir* inscrits à la date de leur échéance. Pour une analyse des critères financiers d'investissement et la détermination du taux d'actualisation du point de vue de l'entreprise, cf. B. Colasse. *Gestion financière de l'entreprise*, 2éme éd. PUF, Paris, 1987.

bénéfice obtenu grâce à I. Concrètement, l'entrepreneur compare le coût de l'équipement I à effectuer et l'échéancier des bénéfices R escomptés. Cette opération consiste à faire un *bilan actualisé* de l'opération. Pour cela, il faut *calculer les valeurs actuelles* des rendements futurs de ces investissements, c'est-à-dire capitaliser les rendements attendus au taux d'intérêt courant. En d'autres termes évaluer le montant à quoi correspond l'ensemble des rendements attendus, si l'on applique le taux d'intérêt courant.

Pour exprimer la valeur actualisée, étant donné un taux d'intérêt, il faut escompter la somme future à ce taux d'intérêt sur le nombre d'années considérées. Prenons un exemple immédiat pour aboutir à une formule. Soit un épargnant qui prête 100 F au taux d'intérêt annuel de 5 %. Au terme de l'année le prêteur récupère ses 100 F plus les intérêts soit :

$$100 + (100 \times 0{,}05) \text{ ou } 100\ (1 + 0{,}05) = 105\ F$$

En généralisant à toute somme Po, et pour tout intérêt i, on obtient la formule :

$$P_1 = Po\ (1 + i)$$

Si i est le taux d'intérêt, 1 F vaut :

$1 + i$ dans 1 an
$(1 + i)\ (1 + i) = (1 + i)^2$ dans deux ans
$(1 + i)^n$, dans n années

La formule générale est la suivante :

$$Pt = Po\ (1 + i)^t$$

$$\boxed{\text{Valeur future} = (\text{somme disponible actuellement}) \times (1 + i)^n}$$

où i = taux d'intérêt constant pendant toutes les annuités
   n = nombre d'annuités

On peut maintenant inverser les termes de la question de départ en se demandant : si un prêteur obtient Pn francs dans n années, quelle est la valeur actuelle de sa créance ? Si l'on reprend l'équation générale de départ, la réponse est au terme d'une année :

$$Po = \frac{P_1}{(1 + i)} = \frac{105}{1{,}05} = 100\ F$$

En inversant donc, 1 F dans n années peut être obtenu à partir d'une somme égale aujourd'hui à :

$$\frac{1}{(1 + i)^n}$$

En d'autres termes, 1 F dans n années a une valeur actuelle de :

$$\frac{1}{(1 + i)^n} \quad F$$

Il s'en déduit l'expression :

$$\boxed{\text{Valeur actualisée} = \frac{\text{Somme future}}{(1 + i)^n}}$$

On a là une application d'une progression géométrique[105].

A partir de là comment déduire le bénéfice actualisé ? Soit donc à comparer d'un côté la dépense d'un investissement de coût initial I permettant de produire un bien pendant n années au bénéfice brut B obtenu grâce à I d'un autre côté. La valeur actualisée des n annuités R est égale à :

$$V = \frac{R_1}{1 + i} + \frac{R_2}{(1 + i)\,(1 + i)} + \dots \frac{Rn}{(1 + i)^n}$$

ou encore :

$$V = \sum_{t=1}^{n} \frac{R_t}{(1 + i)^t}$$

On obtient l'actualisation de la somme des revenus successifs R_1, R_2... Rn. Ceci permet de décider de l'opportunité de l'investissement.

$$B = -I + \sum_{t=1}^{n} \frac{R_t}{(1 + i)^t}$$

Il apparaît donc qu'un investissement n'est pas opportun en soi, mais rentable pour certaines valeurs du taux d'intérêt du marché[106] qui rendent B > o. La décision de principe d'investir est prise si V > I.

---

[105] Pour une présentation des progressions géométriques et des exemples chiffrés, cf. R. Passet, « *Mathématiques de l'analyse économique* », tome 2, Cujas, 1970, p. 122 et suivantes : P.J. Lancry, « *Mathéco* », Economica, 1982, p. 35-38.

[106] On l'appelle aussi pour cela « *taux externe* », par opposition au « taux interne de rendement » d'une autre nature (cf. présentation keynésienne).

La notion de rentabilité découle de la notion d'actualisation du fait que le taux de rentabilité est défini comme le taux d'actualisation qui annule le bénéfice total actualisé, donc pour lequel on a :

$$0 = -I + \sum_{1}^{n} \frac{R^{t}}{(1+i)_{t}}$$

Le *taux de rentabilité (r)* apparaît comme le taux d'intérêt pour lequel l'investissement se révèlerait une opération blanche. Il y a opportunité d'investissement si r (taux de rentabilité *interne*) est au moins égal ou supérieur à i (taux de rentabilité *externe*), donc si r ≥ i. Selon cette démarche explicative les entreprises établissent pour différentes valeurs du taux d'intérêt la liste des investissements qui se révèlent rentables. Cette liste se raccourcit jusqu'à se vider avec l'augmentation du taux d'intérêt. *L'investissement n'est plus possible quand l'argent devient trop cher.* On a donc bien une demande de capitaux fonction uniquement du taux d'intérêt :

$$I = I(i)$$

Cette fonction est décroissante de i.

Fig. 41 *Demande de capital*

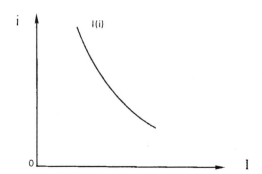

3 – L'équilibre du marché

L'équilibre du marché est obtenu par l'égalisation des deux composantes du taux de l'intérêt. Pour que les épargnants veuillent épargner et pour que les entrepreneurs puissent obtenir des capitaux à emprunter, le taux d'intérêt doit se fixer à un niveau tel que :

$$I(i) = S(i)$$

L'intérêt est donc analysé comme le prix qui assure l'ajustement entre épargne et investissement[107].

Fig. 42 *Equilibre de l'épargne et de l'investissement.*

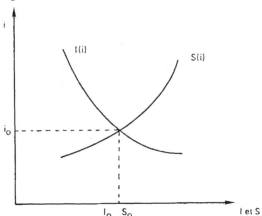

Au niveau macro-économique, on voit que le marché des capitaux détermine en même temps la valeur du taux de l'intérêt, l'épargne et l'investissement. *La consommation est considérée comme une variable résiduelle* : on consomme la partie de la production qui n'a pas été engagée dans l'investissement :

$$C_0 = Y_0 - S_0$$

Selon cette interprétation des interrelations économiques fondamentales, *il y a toujours un taux d'intérêt qui égalise l'épargne et l'investissement,et qui par cette action ajuste la production à la consommation.* On peut envisager deux cas successifs pour illustrer comment l'adaptation peut se réaliser sur l'une ou l'autre des composantes fondamentales :

a) Dans le cas d'un accroissement de la demande d'investissement, la courbe représentative de cette demande passe de I à I_1, d'où une hausse du taux de l'intérêt en i_1, ce qui doit provoquer une augmentation du volume de l'épargne. Globalement pour

---

[107] Il est intéressant de lire sur ce point l'analyse critique de Keynes dans la *« Théorie générale »* au chapitre 14 qu'il consacre à la « théorie classique du taux de l'intérêt ». Nous y renvoyons en citant ceci qui pourra être bien compris seulement après l'exposition de l'approche keynésienne : « Dans la théorie classique du taux de l'intérêt les variables indépendantes sont la courbe de la demande de capital et l'influence du taux de l'intérêt sur le montant de l'épargne issue d'un revenu donné... A dire vrai *la théorie classique n'a pas pris conscience du rôle joué par les variations du revenu, ni de la possibilité que le montant du revenu dépende effectivement du flux d'investissement ».* Petite bibliothèque Payot, 1982, p. 190).

que l'épargne augmente, la consommation doit décroître pour un même montant de revenu.

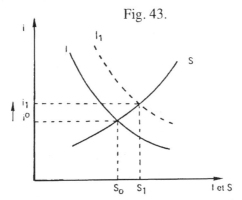

Fig. 43.

b) Dans le cas d'une augmentation de l'épargne, on observerait symétriquement une chute du taux de l'intérêt, et une augmentation de l'investissement.

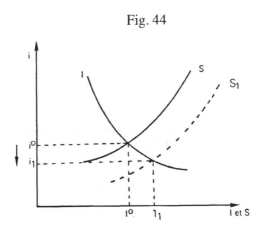

Fig. 44

II — Le secteur monétaire

Ce secteur ne comporte qu'un seul marché : le marché monétaire. Alors que dans le secteur réel on analysait des flux de biens, le secteur monétaire concerne les flux monétaires qui constituent le support des transactions entre biens et services. Le dernier élément du modèle classique est sa théorie de la monnaie et de la détermination du niveau général des prix. Nous analysons donc *l'offre* et *la demande de monnaie* qui sont à la base de la *théorie quantitative de la monnaie*.

L'offre de monnaie

Au niveau macro-économique tout d'abord où nous sommes, le modèle classique considère la monnaie disponible comme une donnée ; en termes théoriques, on dira que la masse monétaire en circulation représente *une donnée exogène*. Cela signifie qu'il *n'y a pas de mécanisme économique direct qui relie l'émission de monnaie et les valeurs prises par les grandeurs réelles*, c'est-à-dire celles du secteur réel. L'offre de monnaie Ms s'écrit donc :

$$\boxed{\text{Ms} = \text{M}}$$

Tous les lecteurs n'ayant pas nécessairement connaissance des mécanismes monétaires élémentaires, nous rappelons quelques définitions techniques premières. Techniquement la monnaie est constituée par l'ensemble des moyens de paiement directement utilisables pour effectuer des règlements sur les marchés des biens et des services[108]. Malgré le caractère abstrait de cette réalité, il est bon d'avoir pour première idée que « *toute monnaie moderne est à la fois un actif, c'est-à-dire une créance sur les banques, et un passif, c'est-à-dire la dette de cette catégorie particulière d'agents*. La simple énumération de ces actifs monétaires fait apparaître que la masse monétaire d'une économie moderne est un *stock de créances* sur les banques détenues par les utilisateurs de monnaie ou son inverse comptable, c'est-à-dire un *stock d'engagements* des banques à l'égard des utilisateurs de monnaie[109]. *La masse monétaire* englobe concrètement : la monnaie divisionnaire, les dépôts chez les comptables du Trésor, les dépôts chèques postaux, les dépôts à vue auprès de banques commerciales, les dépôts auprès de la Banque de France, les billets de la Banque de France.

La demande de monnaie

1 – Les éléments de la formule quantitative de la monnaie

Le principe de la théorie quantitative[110] a été élaboré progressivement. On peut définir ses diverses composantes à partir de l'énoncé d'I. Fischer. *Dans une économie monétaire chaque transaction s'analyse en un flux réel et un flux monétaire, de sens contraire et de valeur identique, qui est sa contrepartie.* « Dans le total de l'ensemble

---

[108] Ceux qui sont déjà très curieux de ces questions peuvent se référer à B. Schmitt : « *L'or, le dollar et la monnaie supranationale* », Calmann-Lévy, Paris, 1977, p. 8.

[109] Cf. A. Chaineau, « *Mécanismes monétaires* », Paris, PUF, 1974, p. 19.

[110] Nous l'avons déjà mentionné à propos des précurseurs ; Cf. supra à propos des mercantilistes, de Boisguilbert, de l'identité de Say.

des échanges d'une année, le total de la monnaie payée a une valeur égale à la valeur totale des biens achetés. Les deux membres de notre équation sont donc relatifs l'un à la monnaie, l'autre aux biens »[111]. On appelle *équation générale des transactions l'identité* suivante :

$$\sum D = \sum p.\, Q$$

où $\sum D$ = somme des dépenses payées en monnaie
$\sum p.\, Q$ = valeur totale des biens achetés

On peut transformer l'identité :

a) l'ensemble $\sum D$ se ramène à la forme MV où

M = la quantité de monnaie en circulation
V = la vitesse de circulation de la monnaie qui est le nombre de fois où la monnaie est utilisée en moyenne dans le circuit des règlements[112].

b) l'ensemble $\sum p.\, Q$ se ramène à la forme PT où

P représente une moyenne pondérée de tous les termes en p, et T une moyenne pondérée de tous les termes en Q.
«P représente alors une grandeur unique : le *niveau général des prix*, et T représente une grandeur unique : le volume global des transactions »[113]. Dans ces conditions, *l'équation générale des transactions appelée aussi équation des échanges* prend la forme explicite :

$$\boxed{MV = PT}$$

---

[111] I. Fischer, « *Le pouvoir d'achat de la monnaie* », (Edition Française), Giard, Paris, 1926, p. 18.

[112] Si on divise les dépenses de l'année soit D, par la quantité moyenne de monnaie en circulation, soit M, on obtient le rapport $\dfrac{\sum D}{M}$ qui est le taux de récupération de la monnaie dans sa fonction de contrepartie, c'est-à-dire la *vitesse de circulation*.

La formule quantitative de la monnaie s'interprète concrètement dans le cas de 3 tours en 1 an, de la façon suivante

M	V	T	P
Monnaie en circulation	Vitesse de circulation	Volume des transactions	Niveau général des prix
200	× 3	= 600	× 1
Milliards de F (billets, comptes courants et chèques)	fois le circuit national dans l'année x	Milliars de F dans l'année x	Indice des prix de base 100 année x/100

I. Fischer distinguait d'ailleurs *monnaie fiduciaire* et monnaie *scripturale* affectée chacune d'une vitesse de rotation spécifique, d'où :

$$MV + M'V' = PT$$

2 – L'approche néo-classique et la demande de monnaie

Les agents économiques ne demandent pas de monnaie pour elle-même. Ils n'en conservent pas à titre de réserve, sous forme d'encaisse spécifique. *La monnaie n'est demandée que pour la réalisation des transactions immédiates.* Elle a pour fonction de faciliter les échanges en rompant le troc, comme nous l'avons déjà vu. Cette position est aussi bien celle du classique J.B. Say que du néo-classique A. Marshall. Ce point mériterait un large exposé de la théorie générale néo-classique, à quoi nous renonçons dans cet ouvrage d'initiation. On peut le résumer ainsi avec B. Schmitt : « Fondée sur le numéraire walrasien, l'économie ne connaît que des forces subjectives. Tous les biens économiques sont offerts et demandés sur les divers marchés, mais ils sont offerts et demandés par la demande et l'offre d'autres biens ; cette interaction circulaire se termine dans les échanges effectifs, qui marquent l'équilibre général. Le « numéraire » ne fait pas exception. Puisque les marchandises s'expriment en lui, toute offre de bien réel est une demande de numéraire et toute offre de numéraire une demande de bien réel. »[114].

Dans la suite d'une notion « d'encaisse désirée » dégagée par L. Walras, A. Marshall définit une *« encaisse transactionnelle »* : c'est le montant de monnaie liquide que chaque individu maintient pour assurer les transactions en tenant compte des décalages entre les dépenses et les recettes. Sur la base de cette notion *l'approche par les transactions comprend une théorie de la demande de monnaie*[115], dite selon

---

[114] Pour une présentation résumée de l'élaboration de la théorie monétaire chez Ricardo, Stuart-Mill, Walras, Fisher, cf. J.P. Vesperini, op. cit., p. 44-64 ; P. Pascallon, *Théorie monétaire*, op. cit. Citation de B. Schmitt, *Monnaie, Salaires et profits*, PUF, Paris, 1966, p. 94. Pour une comparaison entre les approches monétaires. Cf. M. C. Leroy. *La monnaie chez Walras Keynes Perroux*. Ed. de l'épargne. Paris. 1987.

[115] Cf. M. Blaug, op. cit., p. 722-723.

l'approche de Cambridge, où A. Marshall a fondé une école. Elle consiste à considérer que *la demande de monnaie demeure dans une relation constante (soit k) avec la masse des transactions (p X T) ou le volume des dépenses (P X Y)* que l'agent économique veut réaliser dans la courte période. On peut donc exprimer la demande de monnaie[116] :

$$Md = k\,PT \quad ou \quad Md = k\,PY$$

Qu'est-ce que ce coefficient k (correspondant à la présentation de l'Ecole de Cambridge). Si on appelle *vitesse de circulation de la monnaie*, soit V, le nombre de transactions effectuées par chaque unité monétaire au cours d'une période, k n'est rien d'autre que *l'inverse de la vitesse de circulation* : soit $\frac{1}{V}$. En effet, si un billet de banque est utilisé en moyenne trois fois par an, la vitesse de circulation est de trois et le coefficient k = 1/3. L'hypothèse de la constance de k signifie donc que les habitudes de paiements sont considérées comme constantes, d'où une vitesse de circulation constante[117].

L'équilibre sur le marché monétaire

Pour que la masse monétaire suffise à la réalisation des transactions, il faut l'équilibre sur le marché monétaire, soit :

$$\boxed{Ms = kPT \quad ou \quad Ms = kPY}$$

Cette égalité (dite *équation des encaisses*) ne représente qu'une vérité d'évidence, un truisme, car l'expression monétaire du revenu global égale par force la masse monétaire multipliée par le nombre de fois qu'elle a été utilisée. Cette évidence devient une théorie fondamentale de l'approche classique et néo-classique *si l'on affirme qu'en courte période il n'y a que deux grandeurs qui peuvent varier : l'offre de monnaie (Ms) et le niveau général des prix (p)*. La théorie quantitative consiste à affirmer que si M est multiplié par deux, le niveau des prix est multiplié par deux, puisque k est une constante et que le revenu réel Y ne peut varier en courte période. Le sens de la causalité va de l'offre de monnaie vers les prix : l'offre de monnaie détermine le niveau général des prix. *La monnaie n'a aucune influence sur les phénomènes économiques réels*. Secteur réel et secteur monétaire sont séparés. Dans l'interprétation assouplie de la théorie quantitative le niveau des prix varie dans le même sens

---

[116] L'expression Md = kPT serait plus conforme à la présentation traditionnelle d'Irving Fischer.

[117] Une telle interprétation de la monnaie oblige à prendre en compte dans la masse monétaire ce que l'on appelle la « *quasi monnaie* », c'est-à-dire l'épargne liquide, soit différents dépôts et comptes à terme.

que la quantité de monnaie, mais pas obligatoirement dans la même proportion.

Indiquons d'autres implications notables de cette théorie : a) pour une production donnée et une masse monétaire donnée, un seul niveau de prix réalise l'équilibre monétaire ; b) si k est constant et si M est donné, le maintien de l'équilibre monétaire implique que toute augmentation du produit réel Y soit accompagnée par une baisse proportionnelle du niveau général des prix. *Dans ce cas il y a relation inverse entre le revenu réel et le niveau général des prix.* Elle peut être aisément représentée graphiquement par une hyperbole équilatère ; pour une quantité de monnaie M., *toute variation du montant de Y en ordonnées provoque une variation inversement proportionnelle de p. en abscisses.*

Fig. 45

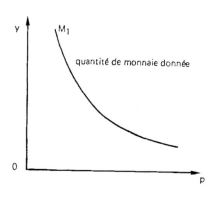

$$M = kPY$$

$$Y = Mk \times \frac{1}{p}$$

$$P = \frac{M}{kY}$$

III – L'équilibre économique d'ensemble : les enchaînements du modèle classique

L'analyse précédente permet une présentation résumée d'un modèle complet d'équilibre économique d'ensemble à partir des différents équilibres analysés.

Les équations descriptives de l'activité

1 – Marché du travail

$Y = Y(N)$ fonction de production

$N^d = N^d\left(\dfrac{w}{p}\right)$ demande de travail

$N^s = N^s\left(\dfrac{w}{p}\right)$ offre de travail

2 – Marché des biens

Le volume du revenu étant connu, on a :

$Y = D = C + I$

ou $I = Y - C = S$

    $S = S(i)$ offre d'épargne

    $I = I(i)$ demande de bien d'équipement

    $S(i) = I(i)$ Equilibre du marché

3 – Le marché monétaire

$Ms = kPY$ théorie quantitative de la monnaie.

On dispose donc d'un modèle à 7 équations qui permet de déterminer le produit Y, l'emploi N, l'épargne S, l'investissement I, le taux d'intérêt i, le niveau général des prix P, le salaire w. Par ailleurs, la consommation C se déduit de $C = Y - S$. Ce système permet de déterminer un équilibre.

Représentation graphique de l' équilibre

Pour présenter l'essentiel du mécanisme de l'équilibre global, on peut laisser de côté le marché des capitaux[118].

Fig. 46.

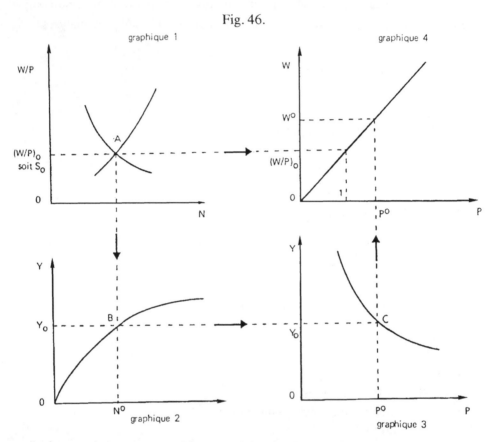

La lecture des quatres graphiques se fait selon le sens des flèches qui relient les quatres graphiques et indiquent l'ordre de causalité théorique.

1 – Le *marché du travail* (graph. 1) s'équilibre en A pour les valeurs N_0 et $(W/P)_0$, soit par convention S_0 : salaire réel.

2 – La fonction de production détermine alors en B *le niveau du produit d'équilibre* Y_0 (graph. 2).

---

[118] Pour une justification cf. P. Pascallon, *Monnaie et équilibre* op. cit. p. 66, note 9.

3 – La courbe du graphique 3 est l'hyperbole $p = \dfrac{M}{kY^\circ}$. La fixation de Y_0 permet de déterminer le revenu monétaire $(p.Y)_0$. Du fait que l'on connaît Y au graphique 2, on peut lire immédiatement, par l'équation quantitative, le *niveau des prix d'équilibre* P_0.

4 – Le graphique 4 permet de connaître le niveau nécessaire du salaire monétaire W[119].

On constate qu'il doit toujours y avoir un revenu d'équilibre en raison des hypothèses sur les courbes d'offre et demande de travail qui assurent l'existence du point d'équilibre A, d'où l'on déduit toutes les autres grandeurs. *Par ailleurs, sur le marché des biens, non représenté ici, il y a toujours un taux d'intérêt positif qui égalise l'épargne désirée et l'investissement désiré.*

Appréciation sur la version macro-économique de la théorie classique

On cite souvent la boutade de P. Valéry : « tout ce qui est simple est faux, mais tout ce qui ne l'est pas est inutilisable ». La version macro-économique de la théorie classique[120] présente des apports à l'évolution des concepts de base que l'on ne peut ignorer, mais appelle aussi des critiques essentielles :

1 – *elle a dégagé la réalité de trois marchés fondamentaux* : celui de l'*emploi*, des *capitaux* et de la *monnaie*.

2 – Conformément à la démarche « équilibriste » classique, une *variable-clef assure la réalisation de l'équilibre sur chacun des marchés : le salaire réel, le taux d'intérêt, le niveau des prix..*

3 – Cette démarche est *extrêmement simplificatrice*, parce que l'interprétation d'ensemble du modèle résulte du jeu isolé de chacune des variables sur chacun des

---

[119] On porte le salaire d'équilibre $(W/P)^\circ$, soit S° par convention déterminé sur le graphique 1, en ordonnée correspondant à une abscisse égale à 1 (artifice mathématique). Ainsi on peut construire un 2ᵉ point par lequel passe la droite représentant la relation entre le salaire monétaire W et le niveau général des prix p.

W° peut se lire comme ordonnée du point de la droite précédemment construite correspondant à une abscisses p_0 déterminée par le graphique 3. Il suffit donc de tracer la verticale d'abscisse p_0 partant du graphique 3 et coupant la droite oblique représentative de la relation entre W et p. La comparaison de A (ordonnée $W/P)_0$ et C (abscisse p_0) donne W_0. Il est fixé par la coordonnée verticale de l'intersection du prix d'équilibre P_0 et de l'angle du salaire $(W/P)_0$.

marchés. *L'apport explicatif de cette théorie est de ce fait restreint aux « effets primaires »* des phénomènes économiques : ainsi le premier effet du chômage est de faire baisser les salaires ; la création monétaire commence par engendrer une hausse des prix.

4 – La distinction (ou dichotomie) entre secteurs réel et monétaire pose un problème majeur. On peut déjà comprendre que pour classiques et néo-classiques, *l'expression « réelle » demeure vague ; réel est plutôt ce qui n'est pas monétaire ;* or ce réel, ce sont toutes les fonctions fondamentales de la production, de la répartition, de la consommation, de l'échange[121].

5 – Il apparaît que la *théorie classique n'a jamais pu expliquer le chômage.* Théoriquement, il proviendrait du simple jeu des salaires réels et des prix ; il serait dû à la rigidité des salaires et au non-ajustement de prix et de demande qui en résulterait. On retrouve là un problème qui, pour être familier depuis Malthus et Ricardo, n'a jamais trouvé sa solution chez les néo-classiques[122].

Précisons ce que nous avons déjà dit à ce propos au § 1 consacré au marché du travail[123] en introduisant le jeu de la théorie quantitative. Dans l'optique classique, que doit-il se passer dans l'hypothèse de chômage ? Il doit en résulter, si l'on se réfère aux graphiques 39 et 46, une tendance à une forte baisse des salaires réels. Celle-ci entraîne, si les prix ne varient pas, une réduction du chômage avec accroissement de la production. *Cette augmentation de la production provoque à son tour une baisse des prix,* du fait que la masse monétaire demeure constante. Si cette baisse est plus forte (ou aussi forte) que la baisse initiale des salaires nominaux, les entreprises arrêtent leur embauche, d'où retour au chômage. Si cette baisse des prix est moins forte que celle des salaires, l'embauche intervient et résorbe le chômage. Dans le court terme cet afflux de main-d'œuvre comporte une baisse du niveau de vie. On pourra expliquer que ceci résulte du fait que de nouveaux travailleurs insérés dans un système productif donné sont forcément consacrés à des tâches moins productives.

---

[120]Dont la présentation s'est surtout banalisée à partir de G. Ackley, « *Macroeconomic theory* », Mac Millan, New York, 1961.

[121] On peut consulter l'étude de P. Pascallon : « *Le problème du dualisme et de l'intégration* ». Réflexion pour une théorie générale de la monnaie. *Revue de Science et de législation financières,* 1972, n° 1, reproduit dans *Théorie monétaire,* 1985, op. cit. p. 1-69.

[122] Ceux qui s'intéressent à la liaison théorie et appréhension actuelle des problèmes peuvent consulter l'article, d'accès facile, « La notion de chômage dans la théorie économique ». *Problèmes Economiques,* Documentation Française, 9 Juin 1982, p. 3 à 11, et surtout J. Freyssinet : *Le chômage,* La Découverte, Paris, 1984 (bibliographie).

[123] Cf. supra p. 260 .

Fig. 47

*Représentation graphique des effets d'un apport de main d'oeuvre
selon la démarche classique.*

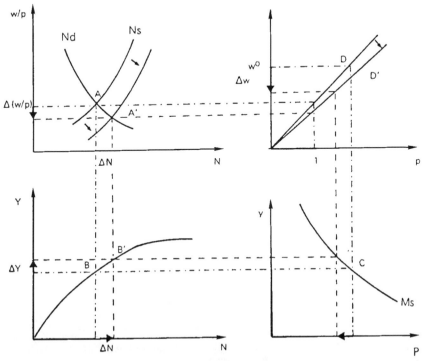

Ce modèle élémentaire illustre bien l'interprétation de l'inflation comme phéno-mène monétaire. On voit que *si la production s'accroît, les prix doivent « mécanique-ment » baisser, si la masse monétaire et la vitesse de circulation restent inchangées.* S'ils augmentent, c'est, par exemple, parce que les autorités monétaires laissent gonfler la masse monétaire à un rythme plus élevé que le produit national.

Si l'on a à l'équilibre :

$M_0 (Y_0, N_0, C_0, S_0, I_0, i_0, w_0, p_0)$

un doublement de la masse monétaire se lit ainsi :

$2 M_0 (Y_0, N_0, C_0, S_0, I_0, i_0, 2 w_0, 2p_0)$

ce qui signifie que seules les variables nominales sont modifiées.

6 – *Les enseignements de la théorie néo-classique pour la politique économique sont réduits.* L'expérience historique devait le prouver et susciter la *révolution keyné-sienne*[124] : jusqu'à la grande crise de 1929 les banques centrales ne se souciaient que d'alimenter l'économie en moyens de paiements suffisants pour assurer les transac-tions ; face au problème du chômage, on pensait qu'une baisse suffisante du salaire réel

et de l'intérêt devait assurer un retour à l'équilibre sur le marché de l'emploi.

Au niveau de la situation relative des démarches fondamentales, cet exposé doit permettre de mieux comprendre l'approche keynésienne construite comme une interprétation antagonique à la conception néo-classique du jeu des variables fondamentales[125]. Elle devrait aussi préparer à comprendre pourquoi la pensée contemporaine cherche à raccorder les domaines réel et monétaire dans une vision dite « intégrationniste ».

---

[124]Le terme de révolution keynésienne est très controversé. Joan Robinson, qui pouvait en parler de façon éminente, critique ce terme dans « *Philosophie économique* », chap. IV, Gallimard, 1967. C'est L.R. Klein qui a popularisé le terme avec son étude « *Keynesian Revolution* », Mac Millan, New-York, 1947.

[125]On s'accorde pourtant à reconnaître un avantage au modèle classique par rapport au modèle keynésien : les relations de comportement macro-économiques sont établies sur des « fondements microéconomiques identifiables », sur des règles de comportement individuel relativement simples et générales, ce qui assure une signification aux relations macroéconomiques.

Chapitre VIII

Développements néo-classiques de la théorie des avantages comparatifs

L'apport des économistes néo-classiques à la théorie de l'échange international se limite à une amélioration de la théorie des valeurs internationales à la suite de Stuart Mill par Alfred Marshall et Edgeworth. Nous en avons exposé l'essentiel au titre I pour marquer la continuité de la problématique à ce niveau.

Depuis les économistes qui prolongent une approche néo-classique ont développé l'argumentation ricardienne de base en utilisant *les instruments de la microéconomie*, ce qui donne lieu à des reformulations logico-mathématiques plus ou moins complexes. Les nations sont toujours considérées comme des *systèmes de prix imparfaitement communiquants*; les dotations nationales de facteurs sont supposées fixes. Par contre le recours à la valeur utilité permet de rejeter la valeur travail ; dès lors prix internes et externes sont commandés par le même principe.

L'analyse néo-classique contemporaine a comporté deux moments essentiels :

1) le développement dans les années 30 d'une analyse utilisant les courbes de substitution de production et les courbes d'indifférence (Haberler, Viner, Meade)[126].

2) à la suite de Heckscher, B. Ohlin et P.A. Samuelson ont situé au niveau des différences dans les dotations de facteurs les causes premières de l'échange ignorées par Ricardo.

- L'échange en coûts variables : la théorie des coûts d'opportunité

L'analyse en termes de coûts d'opportunité a été élaborée à l'origine par aberler pour prendre en compte deux facteurs, ainsi que des rendements non

---

[126]. Cf. Haberler G., *The Theory of International Trade,* 1933, (trad. de l'allemand, Londres, 1950.)

proportionnels. L'originalité de l'approche, inspirée par Pareto, est de vouloir dégager les *conditions d'un optimum à l'échange international.*

La représentation de l'équilibre néo-classique est réalisée par la confrontation des conditions de production et des conditions de consommation. En ce qui concerne la demande on raisonne comme si les échanges internationaux étaient le fait de *collectivités* nationales manifestant des comportements comparables à ceux d'individus[127]. La demande est figurée par des *courbes d'indifférence collectives à la consommation* (CIC) : elles sont sensées représenter les diverses combinaisons de deux biens, ou balles représentatives, procurant à l'ensemble des agents nationaux des satisfactions identiques. La construction de telles courbes suppose des hypothèses très contraignantes car pour comparer des niveaux collectifs d'utilité, il faut que d'une situation à l'autre la répartition ne soit pas modifiée. Dans une vision organiciste de la nation, on doit supposer l'identité des goûts et des revenus des agents, une répartition initiale optimale des deux biens entre les agents et son maintien ultérieur avec les variations des quantités possédées.

Les conditions de l'offre sont représentées par les «*courbes de possibilités de production*» (CPP) de chaque partenaire. Imaginées par Haberler et A. Lerner[128] ces courbes permettent de remplacer la mesure des coûts comparatifs de Ricardo par une interprétation marginaliste en termes de coûts d'opportunité. Elles définissent la combinaison de deux biens qu'un pays peut produire indifféremment en autarcie avec un stock de deux facteurs dont on suppose le plein emploi. Elles sont construites à partir des courbes d'isoproduction, ou isoquantes, de deux produits échangeables pour une certaine dotation en facteurs de production. La courbe CPP est construite à partir des isoquantes particulières à chacun des deux produits; en conséquence rappelons seulement que le long d'une isoquante un optimum technique de production est obtenu. Au niveau de la représentation géométrique c'est Savosnik qui eut l'idée en 1958 de dériver une *frontière de possibilité de production* à partir d'un diagramme en boite d'Edgeworth[129]. Apparemment on pourrait croire qu'il s'agit seulement d'un raffinement géométrique de «la courbe de coûts égaux» proposée par Allyn A. Young (1928) pour représenter l'hypothèse de rendements décroissants. En fait *l'originalité est de*

---

[127]. C'est là une caractéristique du traitement néo-classique de la nation. S. Jevons imaginait un concept abstrait de «*trading body*» pour analyser l'échange entre un couple de partenaires quel qu'il soit. A.C. Pigou recourait à la notion de «*citoyen représentatif*»; celle-ci s'est géométriquement concrétisée dans une courbe d'indifférence chez A.A. Young (1925), Haberler et A.P. Lerner (1934).

[128]. Cf. A.P. Lerner, *Essays in Economic Analysis*. Macmillan, Londres 1953 où sont reproduits deux articles de 1932-1934. Pour une analyse de l'évolution de cette notion, cf. J. Chipman, «A Survey of the Theory of International Trade: Part 2. The Neo-classical Theory». *Econometrica*, n°4, 1965, pp. 680-698.

relier logiquement l'obtention conjointe d'un optimum interne et externe.

Soient deux produits A et B dont la production nécessite l'emploi des facteurs L et K et dont les fonctions de production sont supposées homogènes de degré 1 (rendements à l'échelle constants).

Fig. n°47bis *Courbe de contrat de production du Pays 1 produisant A à moindre coût*

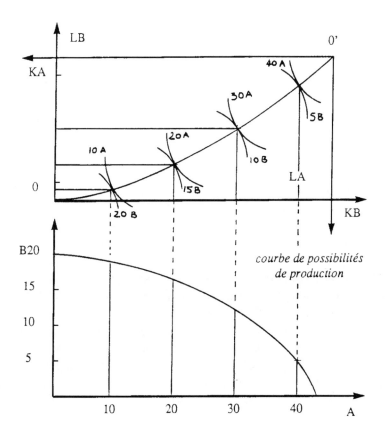

Sur le graphique en boîte (Diagram-box) la longueur du rectangle mesure la dotation en L du pays 1 considéré (soit LA et LB) et la largeur mesure la dotation en K (soit KA et KB). Pour le pays 2 on aura évidemment un second boitier de forme différente proportionné par sa dotation en facteurs. A l'intérieur du rectangle s'inscrivent deux séries d'isoquantes dont l'origine des coordonnées se lisent à partir de O pour le bien A et O' pour le bien B. Les quantités produites se mesurent sur le système des isoquantes ainsi graduées à partir de l'origine. Par construction chaque point de la boîte représente théoriquement une combinaison possible des productions de A et B. Toutes ne sont pourtant pas égales du point de vue de leur efficience, car seules correspondent à une allocation optimale des facteurs les combinaisons situées aux différents points de tangence des deux systèmes d'isoquantes. En reliant ces points on obtient la courbe (OO') de *contrat de production* ou *courbe d'allocation des facteurs*. Par définition elle est le lieu où l'équilibre suivant est réalisé à la fois pour la production de A et de B.

$$\text{TMST} = \frac{dK}{dL} = \frac{\text{productivité physique marginale de L}}{\text{productivité marginale de K}} = \frac{w}{r}$$

On construit une *courbe de possibilité de production* en reportant sur un nouveau système d'axes chaque combinaison de production optimale. (QA en abscisse, QB en ordonnée). Cette seconde courbe constitue la *frontière du bloc de production*.

Symétriquement à la notion de TMS *le coût d'opportunité* est la quantité de production B à laquelle il faut renoncer pour produire une unité supplémentaire de A (taux marginal de substitution des produits - dB/dA). Les courbes CPP peuvent avoir trois formes selon que ce taux de substitution est *constant, croissant* ou *décroissant*.

Le cas de coûts d'opportunité constants correspond à l'hypothèse de Ricardo: pour produire une unité supplémentaire de drap il faut renoncer à une quantité constante de vin, ce qui est très restrictif. Les néo-classiques introduisent plus de réalité en *privilégiant l'hypothèse de coûts d'opportunité croissants et donc de rendements décroissants*. Ceci s'explique par la coexistence de facteurs relativement spécifiques à la production de A ou de B, et par le rendement obligatoirement décroissants des facteurs dits non-spécifiques. La loi des rendements décroissants s'impose par la nécessité du plein emploi de la dotation des facteurs non-spécifiques.

On a alors une courbe CPP concave par rapport à l'origine : la pente par rapport à l'axe des y de la tangente à la courbe augmente quant on substitue une production de A à la production de B.

La tangente commune en P à la courbe d'indifférence collective i1 et à la frontière de possibilité de production BA fournit le rapport d'échange (ou prix réel) en isolement correspondant à une situation d'équilibre où la quantité demandée de chaque bien est égale à la quantité offerte. En ce point de tangence le TMT, ou coût d'opportunité, est égal au taux marginal de substitution (TMS) des consommateurs. La pente de la droite RR' (*dite ligne d'échange en isolement*) détermine le rapport des prix PA/PB. Au point P, les producteurs domestiques produisent les quantités qb_1 de B et qa_1 de A. La valeur de la production nationale et du revenu national est donc égal à :

Qb$_1$ x PB + Qa$_1$ x PA = Y = RN

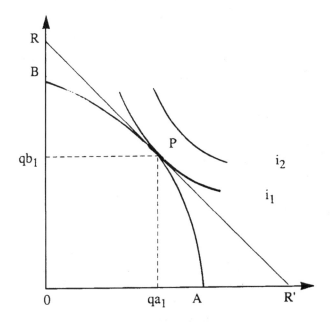

Le prix des produits permet donc de définir l'allocation optimale des facteurs entre deux branches, de calculer les productions effectives de A et B, et donc la valeur du produit national et du revenu national distribué.

L'équilibre en échange international

A l'ouverture à l'échange les prix relatifs internes vont converger vers un seul rapport de prix international tel que PA/PB augmente pour le pays 1 où A était le moins cher, et diminue pour le pays 2 où B était le moins cher. L'échange rend possible deux lignes de prix p° parallèles qui soient tangentes à la courbe de possibilité de production particulière à chaque pays ($A_1 B_1$ et $A_2 B_2$) et à une courbe d'indifférence plus élevée ($I_2 > I_1$), sans qu'il y ait tangence de ces deux courbes entre elles.

Ainsi avec l'échange international l'offre d'un produit n'est plus nécessairement égale à sa demande interne. Chaque pays se spécialise dans la produciton du bien dont le prix relatif en isolement était le moins élevé ; le pays I produit plus de A soit $q^A p_1 - q^A c_1$) ; il produit moins de B soit $q Bp_1$, mais en consomme plus, soit $q B c_1$ en important la différence ($q Bc_1 - q B p_1$) que lui fournit le pays 2. Les ajustements inverses s'opèrent pour le pays 2, en sorte que les exportations de 1 soient égales aux importations de 2, et inversement pour les deux produits. *A la différence de l'hypothèse ricardienne les deux pays sont alors partiellement spécialisés,* ce qui est logique avec une hypothèse de coûts croissants.

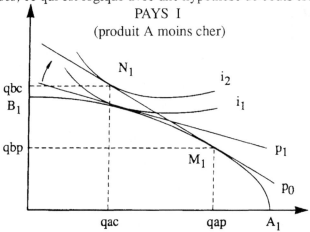

PAYS I
(produit A moins cher)

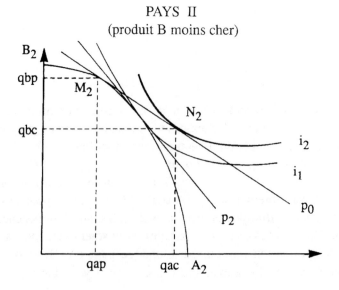

PAYS II
(produit B moins cher)

L'analyse en termes de coûts d'opportunité aboutit à une *apologie renforcée du libre-échange,* puisqu'elle entend démontrer qu'à l'équilibre chaque pays accroît la somme de ses satisfactions, que dans chaque emploi la productivité marginale des facteurs est égalisée, d'où allocation optimale des ressources. Ceci est obtenu en contrepartie d'abstractions et d'hypothèses singulièrement restrictives. La notion de plein emploi collectif des facteurs est illusoire : la courbe CPP ne peut être tracée dans sa totalité, le plein emploi étant une moyenne de sous-emplois partiels et de sur-emplois sectoriels. En ce qui concerne les courbes CIC il y a duplication de l'abstraction à utiliser un outil micro-économique, déjà discutable en soi, qui représente la satisfaction collective et le bien-être national comme l'ont montré Arrow et Nyblen.

La preuve du gain à l'échange n'est pas évidente avec le seul recours aux courbes d'indifférence collectives : pour comparer des niveaux collectifs d'utilité, il faut en effet supposer la constance de la répartition du revenu. Cette hypothèse n'est pas tenable, du fait que les deux biens considérés n'utilisent pas une égale proportion des facteurs (K et L). Si le produit importé est à forte intensité de travail et le produit exporté à forte intensité de capital, la spécialisation modifie la répartition des revenus en faveur des détenteurs de capital (hausse des profits en taux et en masse aux dépens des salaires). *On doit alors recourir à l'hypothèse d'une redistribution du revenu* (principe dit de Hicks-Kaldor) qui compense le transfert induit par la spécialisation. Le libéralisme du libre-échange doit être corrigé par une politique étrangère de redistribution.

Par ailleurs, l'hypothèse de concurrence pure et parfaite contraint *à exclure un régime de coûts décroissants et donc de rendements croissants,* dont la logique serait de susciter la concentration des moyens de production et la constitution d'oligopoles. Ceci conduit à ignorer toutes les économies internes dues à l'organisation, la spécialisation et l'échelle de la production qui permettent à la firme d'abaisser son coût moyen et donc d'influencer le prix de marché jusqu'à obtenir une position dominante. *La relaxation de l'hypothèse de coûts croissants est la plus indispensable,* sauf à ignorer l'existence de firmes transnationales liée en grande partie aux rendements croissants. De plus, ce type de rendements permet seul d'expliquer l'intensification des échanges entre pays d'égal niveau de développement. Dans ces pays les qualifications, les techniques, les dotations en facteurs étant très comparables, l'égalisation des termes de l'échange s'opère déjà en isolement : en fait la décroissance des coûts représente le déterminant central des échanges et d'une spécialisation renforcée, particulièrement pour ce qui concerne le commerce intra-branche.

II - La spécialisation internationale en fonction des facteurs

La seconde voie de la théorie néo-classique de l'échange international est caractérisée par la détermination de la spécialisation en fonction des facteurs. Il y a déplacement d'optique: on analyse ce qui est à l'origine des différences de prix en isolement et donc source d'avantage à l'échange international. On qualifie souvent de théorie HOS un ensemble de trois contributions fondamentales portant sur les facteurs de l'échange et ses effets sur les rémunérations[130]. Eli Heckscher voulut à l'origine déterminer qu'elle est la cause du commerce international, ce qui l'a conduit à en étudier les effets sur la répartition ; il énonce alors un *principe d'égalisation du prix des facteurs* comme conséquence de l'échange des produits.

B. Ohlin nuance ces conclusions en 1933 en ne considérant qu'une simple tendance au nivellement dans *«Interregional and International Trade»* (Harvard 1933, réédit. 1967). Les idées de ces deux auteurs ont été presque unanimement admises jusqu'aux articles de 1948-1949 de Paul Anthony Samuelson qui voulut démontrer le caractère inévitable d'un nivellement absolu des prix des facteurs, pour admettre ensuite que c'était excessif («Ohlin was right» 1972).

1) Le théorème de base d'Heckscher Ohlin (H.O.)

Selon H.O. les différences de dotation sont à la source des avantages comparatifs, ce qui conduit à préciser deux concepts de base d'où se déduit le principe de spécialisation.

Le premier se rapporte à l'importance des facteurs de productions disponibles dans une économie, c'est la notion *d'abondance factorielle*. Elle peut se mesurer en termes réels ou absolus. *L'abondance en termes physiques* est évaluée par la taille de la population active (L) et le stock du capital (K), par exemple le montant des investissements réalisés sur deux décennies. Le rapport K1/L1 traduit l'abondance relative du pays 1 en capital par rapport à son abondance en travail. Considérer un rapport plutôt que des montants absolus est pratique, mais n'élimine pas le problème de l'addition en termes réels de travailleurs à qualifications différentes et de biens capitaux hétérogènes. L'évaluation de l'abondance factorielle à travers le prix des facteurs contourne cette difficulté. Pour le travail ce sera le taux de salaire w ; pour le capital, r le taux d'intérêt. En

---

130. L'intuition théorique originelle est due au suédois Eli Heckscher. «L'effet du commerce international sur la répartition du revenu». traduction abrégée d'un article paru en 1919; reproduite dans : B. Lassudrie-Duchêne, *Echange international et croissance*. Economica. Paris 1972.

se référant au principe de rareté selon lequel tout ce qui est relativement rare est relativement cher, on estimera que si le rapport w/r est élevé, c'est que le travail apparaît comme rare et donc cher. Dans la comparaison des dotations de deux pays, en termes de prix on appelle facteur abondant celui dont le prix relatif national est inférieur à son homologue étranger. Si w1/r1 > w2/r2 le pays 1 est plus abondant en capital et le pays 2 plus abondant en travail. L'appréciation de «*l'abondance* économique à travers le prix des facteurs commandé par l'offre et la demande sur le marché rend inutile de supposer une identité de goûts dans les deux pays.

La seconde condition selon Heckscher pour une différenciation des coûts comparatifs se rapporte à *l'intensité factorielle*. Des produits ont des intensités factorielles différentes s'ils n'incorporent pas des quantités semblables de facteurs de production, donc des proportions identiques de facteurs. Soit Ko/Lo la proportion des facteurs utilisés pour la fabrication d'ordinateurs et Kt/Lt celle correspondant au textile. Si Ko/Lo > Kt/Lt en termes relatifs l'ordinateur est plus intensif en capital.

On suppose que les produits sont banalisés et que les différentes techniques de production sont accessibles aux partenaires. Par contre le théorème H.O. retient l'hypothèse «*d'irréversibilité des facteurs*», c'est-à-dire que quel que soit le rapport w/r, la production d'un bien A demeurera toujours plus intensive en capital par rapport à un bien B plus intensif en travail. Ceci n'interdit pas aux différentes économies de recourir aux techniques de production les plus adaptées à leur propre abondance factorielle et donc au prix relatif de leurs facteurs.

Le théorème H.O. peut s'exprimer par simple déduction logique à partir de ces deux notions d'abondance et d'intensité factorielles, étant entendu que l'on retient les hypothèses néo-classiques de concurrence pure, de rendements d'échelle constants, de plein emploi et de libre échange. Le raisonnement ricardien est ainsi à la fois prolongé et dépassé. La condition fondamentale de l'échange est bien toujours que le pays 1 puisse offrir un produit A à un prix inférieur à celui du pays 2, qui offre le produit B à un prix inférieur. On écarte le double désavantage absolu de l'hypothèse ricardienne en évoquant la nécessaire appréciation du change de la monnaie du pays excédentaire en raison de son double avantage.

Les différences d'abondance factorielle entre les pays, ainsi que d'intensité factorielle entre les industries commandent à la fois les différences entre les niveaux absolus et les structures de prix relatif des produits et cela avant même l'ouverture à l'échange international. *Le bien dont la production nécessite plus du facteur relativement abondant, et donc moins du facteur relativement rare, sera relativement meilleur marché.* Il s'en déduit la logique néo-classique de la spécialisation et du sens de l'échange toujours commandés par une différence de coûts comparatifs.

Si la France abondante en capital produit à prix moins élevé (pmF) les machines intensives en capital par rapport au prix des machines au Portugal (pmP) et si le Portugal abondant en travail produit moins cher les fruits intensifs en travail (paP), les rapports de prix relatifs établissent les inégalités suivantes :

pmF/paF < pmP/paP et donc paF/pmF > paP/pmP

qui représentent les raisons évidentes de l'échange international avantageux pour les consommateurs et les producteurs des deux pays.

Selon le théorème d'Heckscher-Ohlin, l'avantage comparatif d'un pays est fondé sur l'abondance ou la rareté relative des facteurs, d'où l'expression centrale du modèle HOS : *en économie ouverte chaque pays dispose d'un avantage comparatif et a donc intérêt à se spécialiser dans la production et l'exportation des biens dont la fabrication nécessite relativement le plus du (ou des) facteur(s) dont il est relativement le mieux doté.*

Selon une interprétation positive cela signifie que le commerce international s'explique par la *comparaison des stocks de facteurs* et donc des prix relatifs des facteurs de chaque nation d'une part, et par la comparaison des quantités de facteurs nécessitées pour les les différentes productions.

2) L'échange et la répartition interne du revenu

L'échange international modifie la répartition interne du revenu. Cela résulte implicitement du processus de spécialisation avec réallocation des facteurs selon la séquence logique suivante :

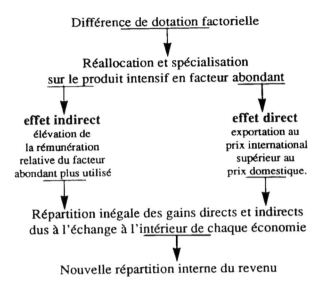

Cette conséquence déjà clairement mise en évidence comme deuxième contribution de Heckscher est qualifiée de *«théorème Stolper-Samuelson»*. Elle peut s'exprimer ainsi : *quand le prix d'un produit augmente, la rémunération du facteur intensif pour sa fabrication augmente et la rémunération de l'autre facteur diminue*. Nous avons déjà vu avec l'approche classique que le commerce international assure un gain au niveau de chaque partenaire en lui permettant d'exploiter les avantages comparatifs. Pourtant à l'intérieur de chaque nation les gains des différentes catégories de revenu sont forcément inégaux, les uns perdant et les autres gagnant à l'échange en fonciton de la raréfaction relative du facteur le plus utilisé. Le théorème de Stolper-Samuelson indique qu'en toute logique la protection élève (et le libre-échange réduit) la rémunération du facteur rare qui est moins demandé dans le cas de spécialisation conforme à l'abondance relative du facteur. *Les détenteurs du facteur rare dont le revenu baisse avec l'échange seront demandeurs de protection. L'inégalité de la répartition interne du revenu crée une demande de protection.*

L'échange doit provoquer une convergence liée des prix des produits et des prix (et donc des revenus) des facteurs. En l'absence de limitations aux échanges, le prix des produits capitalistiques (machines) du pays 1 qui était plus bas s'élève avec l'augmentation des exportations, tandis que celui des produits travaillistiques (agrumes) s'abaisse. Un mouvement inverse s'opère pour les produits du partenaire dont la spécialisation et la structure des exportations sont inverses. Avec l'unification du marché doit prévaloir un prix unique pour chaque produit.

La hausse du prix des machines à forte intensité de K incite le pays 1, abondant en K, à en accroître la production, tandis que la hausse du prix des agrumes à forte intensité de L incite le pays 2, abondant en L, à accroître la production d'agrumes. Comme la production de machines de 1 augmente, le facteur capital est de plus en plus intensément utilisé par rapport au travail. La productivité marginale du capital augmente moins vite que celle du travail, d'où le rapport de la productivité marginale de L par rapport à celle de K augmente. Le taux de salaire w_1 commandé par sa productivité augmente donc par rapport au taux de rémunération du capital r_1, d'où une hausse du rapport $w1/r1$. Par un raisonnement symétrique dans le pays 2, le rapport $w2/r2$ tend à diminuer. *L'échange international de produits aurait donc tendance à égaliser les rémunérations relatives des facteurs entre pays.* Ce résultat est qualifié de *théorème HOS.* Il a été énoncé dès 1919 par Heckscher, nuancé par Ohlin qui retenait une simple tendance, démontré sous treize conditions plus ou moins réalistes par A. Samuelson (1948-1949) qui s'est rallié ensuite à la position de Ohlin (*«Ohlin was right»*, 1977).

Finalement le théorème HOS revient à dire qu'à travers les échanges de produits, les pays s'échangent des facteurs de production, en sorte que l'*échange international des produits serait un substitut à la libre circulation des facteurs.* La France en exportant des produits incorporant beaucoup de capital vers le Portugal accroît chez ce partenaire la proportion de capital présent dans les produits qu'il consomme, et inversement en important des produits portugais incorporant beaucoup de travail portugais la France accroît la proportion de travail présent dans les produits qu'elle consomme.

ELEMENTS DE BIBLIOGRAPHIE
POUR UN APPROFONDISSEMENT

Ouvrages de base, manuels

BÉRAUD A., FACARELLO G., LAPIDUS A. (eds), *Histoire de la pensée économique*, La Découverte, Paris, 1982.

BLACK R., COATS A., GOODWIN D. (eds), *The Marginal Revolution in Economics, Interpretation and Evaluation*, Duke University Press, Durham, 1973.

GUERRIEN B., *La théorie néo-classique*, Economica, Paris, 2e éd. 1986.

HENDERSON J.H. - QUANDT R.E., *Micro-économie*, Dunod, Paris, 1972.

HICKS J.R. *Valeur et capital*, Dunod, Paris, 1956.

JESSUA C., *Histoire de la théorie économique*, PUF, Paris, 1991.

KAUDER E. *L'utilité marginale*. Repère, Mame-Paris 1973.

KEBABDJIAN G. *Les modèles théoriques de la macroéconomie*. Dunod, Paris, 1987.

KRIER H. LEBOURVA J. *Economie Politique* - Tome I, Coll. U, A. Colin, 1968.

PASCALLON P. *Théorie Monétaire*, Edit. de l'Epargne, Paris, 1985.

VATE M. *Leçons d'économie politique*; Economica, Paris 4e éd. 1985.

Ouvrages d'analyse

BACKHOUSE R., *A history of modern economic analysis*, Blackwell, Oxford, 1985.

BENETTI C. *Valeur et répartition* – Chap. III, Maspéro, Paris, 1975.

BENETTI C. BERTHOMIEU J. CARTELIER J. *Economie classique, Economie vulgaire*, Maspéro, Paris, 1975.

Destanne de BERNIS G. Les limites de l'analyse en termes d'équilibre économique général, *Revue économique*, nov. 1975, p. 884-930.

DELEPLACE G. *Théories du capitalisme : une introduction*, Maspéro, Paris, 1981.

DELAUNAY J.C. GADREY J. *Nouveau cours d'Economie Politique*, tome 2, Cujas, Paris, 1984.

FRADIN J. *Les fondements logiques de la théorie néo-classique de l'échange*. Maspéro, Paris, 1976.

MACHLUP F. *Essais de sémantique économique*, Calman-Lévy, Paris, 1971.

ROSA J. AFTALION F. *L'économie retrouvée*, Economica, Paris, 1978.

SALAMA P. *Sur la valeur* Titre I : l'approche néo-classique, Petite Coll. Maspéro, n° 158, Paris, 1982.

SCHMITT B. *Monnaie, salaires et profits*. PUF, Paris, 1966. Réédit. Castella, Albeuve, 1980.

Ouvrages sur des aspects particuliers

CHAMBERLIN H. *La théorie de la concurrence monopolistique*, PUF, Paris, 1953.

DERYCKE P.H. *Elasticité et analyse économique*, Cujas, Paris, 1964.

GALBRAITH J.R. *Le nouvel état industriel*, Gallimard, Paris, 1967.

HOUSSIAUX J. *Le pouvoir de monopole*, Genin, Paris, 1959.

HOLLANDER S. *The market Economy : from micro to meso economics*, Weinfeld, Londres, 1987.

INGRAO B., ISRAEL G., *The invisible hand. Economic Equilibrium in the history of Science*, MIT. Cambridge, Mass., 1987.

STIGLER G.J. *La théorie des prix*, Dunod, 1972.

Titre III

Marx et la contestation
de l'économie politique

Chapitre IX

Le contexte de l'œuvre de Marx

« Marx, en tant qu'économiste est, encore aujourd'hui, vivant et actuel comme aucun des économistes que nous avons considérés jusqu'ici. Il a été reformulé, révisé, réfuté et enterré des milliers de fois, *mais il ne peut être cantonné à l'histoire intellectuelle.* Pour le meilleur ou pour le pire, ses idées constituent pour partie le fond sur lequel nous pensons tous », déclare M. Blaug en introduction à son chapitre sur Marx[1]. Même succincte, l'étude[2] de ses idées, nous oblige à deux remarques préliminaires essentielles.

L'analyse économique marxiste s'intègre dans une perspective et un système de pensée beaucoup plus vastes. Elle n'est qu'un aspect d'une approche matérialiste qui part de « l'aliénation » pour conduire à la libération par le communisme. L'économie de Marx représente l'aspect économique d'une *philosophie de l'histoire*, et non une théorie économique élaborée pour elle-même, et dont les propositions seraient à mettre sur le même plan que celles d'autres courants de pensée.

Dans ce titre III nous situerons d'abord la réflexion de Marx par rapport à la réalité historique qui suscite sa critique, ainsi que les démarches philosophiques et politiques de son époque qu'il entend dépasser. Il convient aussi d'avoir quelques repères dans la vie d'exception du révolutionnaire qu'est avant tout Karl Marx.

I – L'évolution des conditions économiques

Marx écrit ses œuvres essentielles entre *1840* et *1870*, c'est-à-dire en pleine période du développement industriel anglais. Mais il a réfléchi au moins autant sur la période qui précède immédiatement que sur les évènements de l'actualité. Cela recouvre en gros *1815-1871, soit le « point de départ et le point d'arrivée de l'ascension du capitalisme moderne »*[3]. Il peut observer les conditions de travail inhumaines dans les

---

[1] Op. cit., p. 264.

[2] Une distinction est devenue courante entre le *marxiste* qui partage l'ensemble des positions de Marx, le *marxien* qui en partage seulement une partie, le *marxologue* qui n'en partage aucune, mais qui est intéressé par Marx, comme c'est le cas pour J. Schumpeter, B. de Jouvenel.

[3] Cf. J. Calvez, op. cit. p. 132.

usines, la misère en constante progression[4] dans les villes. *Extension du salariat et augmentation du taux d'urbanisation* de la population sont d'ailleurs liés. Le phénomène est général avec la révolution industrielle qui a touché avec quelques décalages l'ensemble de l'Europe occidentale.

Taux d'urbanisation de la population

	1851	1911
Royaume Uni	48%	73%
Allemagne	36%	60%
France	25,5%	44,2%

L'extension du salariat déplace le champ des antagonismes. Avec l'accroissement de leur nombre les ouvriers commencent à s'organiser ; l'opposition essentielle n'est plus celle des propriétaires terriens aux manufacturiers, mais celle des salariés aux capitalistes. Toute l'œuvre de Marx est axée sur cet antagonisme, sur ses formes et sur ses effets.

La seconde révolution industrielle

Vers 1830, on assiste en Angleterre à une seconde révolution industrielle qui va durer une cinquantaine d'années environ. La croissance en extension et en intensification va placer l'Angleterre au premier rang de l'économie mondiale tout en suscitant de profonds bouleversements. Pour l'œuvre de Marx, *1850* constitue une date repère ; évoquons quelques faits économiques essentiels antérieurs et postérieurs à cette date.

La fin des guerres napoléoniennes a entraîné un nécessaire réajustement : les débats sur le *prix du blé* et le *protectionnisme* en sont quelques éléments que nous avons déjà évoqués à propos des classiques. *Le développement économique bénéficie à la fois aux secteurs agricole et industriel.* « Partout, mais en Angleterre plus spectaculairement qu'ailleurs, l'intermezzo libéral accompagna un progrès économique qui, autant que nous pouvons en juger, n'avait pas de précédent, c'est-à-dire tout ce qui s'accomplit au début et au milieu de *l'ère des chemins de fer* »[5].

---

[4] On doit au Dr L. Villermé un document essentiel établi en 1840, *« Tableau de l'état physique et moral des ouvriers dans les fabriques de coton, de laine et de soie »* (réédité en 1979, Edhis) ; à Friedrich Engels un ouvrage saisissant en 1845, « un excellent pré-Zola, mais non romancé » comme dit B. de Jouvenel (op. cit., p. 31) : *« La situation des classes laborieuses en Angleterre »*, réédition Ed. Sociales, 1961. C'est le premier grand ouvrage du marxisme, que Jouvenel compare en importance à celui de C. de Tocqueville sur les Etats-Unis en 1833 pour ce qui est la précision du regard.

[5] J. Schumpeter, op. cit., tome 2, p. 33.

Comme Paul Mantoux[6] l'a noté, *c'est la révolution agricole qui a permis la révolution industrielle*. Après la dépression qui suivit 1815, des facteurs positifs contribuent à des gains de productivité dans ce secteur et à une diminution des coûts : la modification des dispositions d'assistance aux pauvres (1834) ; *les améliorations techniques*, telles que le drainage ; *le regroupement et la concentration* des exploitations agricoles, le processus de clôture se poursuivant de 1816 à 1845 (enclosures acts) ; l'utilisation améliorée des *nouvelles techniques* et engrais.

Par ailleurs, la demande de produits agricoles tend à correspondre aux capacités accrues de production. *La pression démographique* demeure pendant toute la seconde révolution industrielle et jusqu'au début du XXe. La population de la Grande-Bretagne, passe de 14,2 millions d'habitants en 1821 à 18,5 en 1841, à 21 millions en 1850, à 19,7 en 1881[7]. *Le marché agricole s'élargit en raison du développement des moyens de transport*. Ainsi que A. Sauvy l'a fortement souligné, l'accroissement démographique peut devenir une force motrice en créant des besoins et donc des débouchés.

Dans le secteur industriel, des facteurs institutionnels et politiques sont favorables : la réforme électorale de 1832 réalise un renforcement de la représentation des comités industriels et donc des *intérêts de l'industrie* par rapport aux propriétaires fonciers.

Comme facteur favorable à l'industrie il y a surtout la poursuite d'une politique de *libre échange* engagée par le second W. Pitt, reprise par W. Huskisson dans les années 1820, adoptée par Robert Peel en 1846, y compris, notons-le bien, la levée des droits d'entrée sur les grains. On peut faire à ce propos deux remarques : *dans la phase historique particulière où se trouvait la Grande-Bretagne, le libre-échange ne pouvait qu'être avantageux*. En 1850, l'industrie britannique dispose d'une supériorité indiscutable ; elle a intérêt à ce que les prix des matières premières et des produits alimentaires soient bas. Cette politique répondait aux intérêts objectifs de la nation, ce qui explique sans doute qu'un gouvernement conservateur composé de propriétaires terriens ait mené une politique contraire à ses « intérêts économiques de classe ».[8]

Par ailleurs, le *système bancaire* est renforcé et étendu : la Banque d'Angleterre est réorganisée en 1844, d'où une augmentation des possibilités de dépôt et de crédit. Les *innovations* en matière de technique de production se multiplient : l'objectif de mécanisation et de rationalisation répond au coût élevé de la main-d'œuvre. Le réseau

---

[6] *La révolution industrielle au XVIIIe*, Paris, Genin, 1959, et P. Verley, *La révolution industrielle, 1760-1870*, M.A. édit. Paris, 1985, p. 204 et ss.

[7] P. Deane et W. Cole : « *British Economic Growth, 1688-1953* », Cambridge University Press, 1962, et pour une mise en perspective liant aspects techniques, économiques et sociaux, cf. M. Richonnier, *Les métamorphoses de l'Europe de 1769 à 2001*, Flammarion, Paris, 1985, Chap. 2, Le mystère anglais, p. 26 et ss.

[8] Il est un fait que le libéralisme de R. Peel provoque l'éclatement du parti « tory » rebaptisé « conservateur ».

britannique des *chemins de fer* est construit à un rythme accéléré dans les années 1830 et surtout 1840. Il en résulte une *croissance indirecte du secteur de la métallurgie* (en 1850 la fabrication du rail absorbe 20% de la production de fer) et du secteur du *charbon*, dont l'extraction passe de 22 à 50 millions de tonnes de 1830 à 1850. En 1850 *l'industrie textile* emploie toujours les trois quarts de la main-d'œuvre. A cette date l'Angleterre apparaît bien comme l'atelier du monde que la division du travail d'Adam Smith anticipait.

La réalité des crises et les tensions sociales

Nous ne pouvons entrer ici dans le détail des cycles et des crises économiques du XIXᵉ. Limitons-nous à la réalité qu'a connue Marx. On peut dégager tout d'abord *une sorte de schéma de la crise* : au point de départ, il y a généralement une *mauvaise récolte*, qui provoque l'augmentation des prix agricoles et affecte tout de suite le *revenu réel* de l'ouvrier. La *production industrielle diminue,* particulièrement dans les industries textiles et métallurgiques. Il en résulte une généralisation du marasme des affaires ; le chômage augmente et entraîne des troubles qui affectent les anticipations des entrepreneurs. Chaque crise a eu cependant ses particularités.

Dans les années 1830 et 1840 *les crises sont les plus graves, quand elles interviennent à la fois dans les secteurs agricole et industriel.* Crises de 1837, 1839 : contraction des débouchés pour les produits industriels, réduction des constructions de chemins de fer, hausse des prix provoquée par le coût des importations de blé et la spéculation, crises financière, sortie d'or. Cette profonde dépression se poursuit jusqu'à 1842. Après une période de reprise de 3 ans seulement, une très grave crise agricole se conjugue à nouveau avec une crise financière, une baisse de l'activité industrielle, une baisse des prix, des profits et des salaires. Cette crise de 1847-1850 éprouve très durement les classes ouvrières aussi bien en France qu'en Angleterre : alors que la tendance générale des prix était à la baisse depuis 1815, et donc à la déflation, ce mouvement séculaire se renverse à partir de 1851 jusqu'à 1873. Ceci est dû à l'exploitation de nouvelles mines d'or pour partie, ainsi qu'à de nouveaux débouchés et investissements.

L'ensemble de l'économie mondiale connaît une période d'essor de 1852 à 1857, mais elle est suivie d'une nouvelle crise dès 1857, qui va durer jusqu'en 1860, et que Marx observe attentivement. Jusqu'à 1883, année de la mort de Marx, les économies industrielles connaîtront encore deux fortes crises en 1866 et en 1873. Ces crises manifestent déjà une forte *interdépendance de ces économies.* En effet, dès le milieu du XIXᵉ, les économies européennes connaissent un degré élevé d'internationalisation, au sens où elles réagissent aux évènements du reste du monde : *la mévente du blé* américain, la *guerre de Sécession* qui provoque une *pénurie de matières premières* textiles et affecte l'industrie du coton en Europe, le *gonflement excessif du crédit* sur une grande place financière étrangère[9].

Du point de vue social les conditions des ouvriers d'industrie, comprenant aussi des femmes et des enfants, se détériorent par suite de l'*intensification* du travail résultant de l'accélération des cadences, de la *machinisation,* de la réduction du prix du travail à la pièce. Les conditions de logement et d'alimentation sont insuffisantes. Cependant, au cours de la période 1850-1875, les progrès économiques entraînent une certaine hausse des salaires réels (36%) et la durée du travail tombe à 9/10 heures. La consommation augmente, mais moins vite que la production. Etrangement, en Angleterre, où Marx écrit le *Capital*, l'évolution économique et sociale est relativement mieux maîtrisée, tandis que l'émigration vers le Nouveau Monde atténue le chômage. Marx et Engels paraissent aussi être plus attentifs aux mouvements révolutionnaires en Allemagne et en France où la classe ouvrière est écrasée. En Grande-Bretagne, à une bourgeoisie industrielle puissante s'oppose une classe ouvrière puissante, ce qui expliquerait une moindre progression du marxisme dans ce pays.

Si les penseurs socialistes sont nombreux depuis le début du XIXe, c'est Marx, à la fois héritier de l'économie classique et en réaction contre elle, *qui analyse avec rigueur les phénomènes et dégage une interprétation de leur fonctionnement.* Marx consacra d'ailleurs sa vie entière à cet objectif à partir du début des années 1840.

II — Eléments sur la vie et l'œuvre de Marx

1. Les étapes essentielles de la biographie de Marx

Il vaut la peine de mentionner les étapes de cette biographie car « avec Marx, voici le retour des vies hors série de certains des hommes du XVIIe et du XVIIIe. Comme par exemple chez Boisguilbert, action et pensée vont être intimement liées, la certitude d'avoir raison présente et la volonté de dépassement éclatante. Et, en effet, quelle vie remplie d'affrontements, de luttes et de combats, mais aussi parsemée d'épreuves, de déboires et de déceptions et se déroulant suivant un certain nombre de phases bien distinctes »[10]. Nous empruntons au premier chapitre de « *La Pensée de Karl Marx* » de J.Y. Calvez la distinction de grandes étapes pour une chronologie de référence dans la

---

[9] Cf. B. Rosier et P. Dockes, *Rythmes économiques, Crises et changement social, une perspective historique.* La Découverte, Paris, 1983, qui présente un tableau de 12 crises de 1815-1914 (p. 44-45), ainsi qu'une analyse de la « genèse d'une crise » selon l'approche marxiste.

[10] Cf. J. Wolff: « *Les grandes œuvres économiques* », Tome 2, Cujas, Paris, 1976, p. 241.42. «Les débats actuels sur la pertinence ou le caractère dépassé du marxisme exigent que chacun sache ce que Marx avait entrepris de faire et ce qu'il a fait effectivement », déclare P. Fougeyrollas dans une brève monographie : « *Marx* » : Que Sais-je ? N° 2265, Paris, 1985, p. 4.

biographie de Marx. Cette périodisation est déjà naturellement, au départ, la base d'une interprétation de la pensée de cet auteur.

Le milieu familial 1818-1836

Comme on sait « l'homme est conditionné par son milieu et toute adolescence est une révolte ». Marx est né à Trèves le 5 Mai 1818, d'une famille bourgeoise d'origine israélite, mais devenue protestante par nécessité de profession. *Le libéralisme des idées et l'indifférence religieuse* caractérisent son éducation. Karl Marx connaît la libération de « l'aliénation religieuse »[11] dès sa naissance ; il est naturellement athée à la différence de Engels ou Lénine. Il vit d'abord en Rhénanie, région imprégnée des idées révolutionnaires françaises. Il débute des études de droit, mais aussi d'esthétique et de littérature.

Marx se libère de la philosophie et du respect de l'Etat (1836-1845)

A partir de 1837, il poursuit des études de droit à Bonn. Au cours de cette période s'affirment les traits de caractère qui vont commander l'orientation de sa vie. Il fréquente le « *Doktor Club* », groupe réunissant de jeunes hégéliens qui se distançaient du système du maître pour retenir sa méthode à la fois dialectique et critique. La conviction des jeunes hégéliens[12] est que l'émancipation des consciences doit conduire à l'émancipation politique. Plus tard le « Doktor Club » se transformera en « *Club des Amis du Peuple* » et s'orientera vers l'activité politique. Karl Marx milite dès ce moment en faveur du libéralisme politique contre l'Etat Prussien qui représente le pouvoir en place, et qui tente de réaliser l'unité nationale par l'alliance de la bourgeoisie et des propriétaires fonciers. Marx soutient sa thèse de philosophie à Iéna le 15 Avril 1841 : *Différence de la philosophie de la nature chez Démocrite et Epicure*. Il y glorifie Prométhée pour avoir dérobé le feu aux dieux et l'avoir donné aux hommes. Repéré par la police, il abandonne son objectif d'enseigner à l'Université de Bonn.

---

[11] Le terme aliénation est devenu ambigu à force de « surcharge sémantique », c'est-à-dire d'excès de significations diverses. On parle d'aliénation religieuse quand on considère que l'homme est privé de son humanité « au profit d'une figure de Dieu ». (P. Ricœur) Marx, en 1844, dans ses *Manuscrits économico-philosophiques* définit le communisme « en tant que dépassement positif de la propriété privée, donc de l'auto-aliénation humaine ».

[12] Parmi les philosphophes qui cherchent à tirer de la philosophie hégélienne des conséquences révolutionnaires, il y a David Frédéric Strauss (« *Vie de Jésus* », 1835) pour qui ce n'est pas le Christ qui a fondé le christianisme, mais la conscience collective dans son développement ; Bruno Bauer (« *Critique de l'histoire évangélique* », 1840) pour qui le christianisme est un moment historique à dépasser, si l'homme veut se libérer. Ludgwig Feuerbach radicalise cette idée.

[13] Rheinische Zeitung.

A partir de 1842, Marx entre dans une phase de grande activité intellectuelle et militante. Il devient rédacteur en chef de la « *Gazette Rhénane* »[13] fondée à Cologne en Janvier 1842. En fait ce journal est l'organe de la bourgeoisie d'affaires libérale qui est opposée aux propriétaires fonciers et à l'Etat Prussien. Il en élargit l'audience ; il est persuadé que le changement doit d'abord être réalisé dans les esprits. A la demande du Tsar, dont l'absolutisme est attaqué, le journal est interdit ; *Marx décide en Octobre 1843 de s'exiler à Paris* pour continuer la lutte politique en rapprochant la pensée théorique allemande et le mouvement socialiste français. Il fonde les « *Annales franco-allemandes* », qui n'auront qu'un seul numéro parce que jugées subversives en particulier pour l'étude de Marx intitulée : « *contribution à la critique de la philosophie du droit de Hegel*». Il publie un ouvrage « *Sur la question juive* » et collabore au «*Vorwärts*», journal communiste allemand à Paris.

La presse ne lui offre cependant qu'un faible débouché pour la diffusion de ses idées. Engels se rend à Paris : c'est le début « d'une longue marche », comme dit B. de Jouvenel[14], l'un puisant ses convictions de la réalité sociale anglaise, l'autre de l'étude de la philosophie allemande. En France Marx a une expérience directe du monde ouvrier ; *il est influencé par le mouvement ouvrier français,* mais il reconnaît la prédisposition du radicalisme philosophique allemand pour élaborer une démarche de révolution totale[15]. Son ami Engels, qui a connu la situation ouvrière avant la philosophie allemande, le conforte dans cette démarche révolutionnaire. Marx devenu communiste réfléchit alors sur ses principales thèses et entreprend une critique approfondie de l'économie politique.

La théorie rejoint la pratique (1845-1848), le matérialisme historique

Le gouvernement prussien obtient en Février 1845 que Marx soit expulsé de Paris (le journal révolutionnaire « Vorwärts » est introduit clandestinement en Allemagne). Il se réfugie à *Bruxelles* où il s'engage à ne pas publier d'écrits politiques. Il rédige alors en collaboration avec Engels « *l'Idéologie allemande* », achevée en 1846, (mais publiée seulement en 1932). Cette œuvre est importante, parce qu'elle contient la première formulation du *matérialisme historique*, en opposition à la fois au matérialisme de Ludwig Feuerbach et à Hegel. Désormais *le matérialisme historique exprime pour Marx le mouvement effectif du prolétariat en marche vers le communisme.*

Marx s'engage en même temps dans l'action pratique, au sein de « La ligue des justes » de W. Weitling en particulier, qui se transforme en *« Ligue des Communistes »* (1847) avec la nouvelle devise « *Misère de la philosophie* » en réfutation de l'ouvrage de P. Proudhon « *Philosophie de la misère* ».

---

[14] Cf. « *Marx et Engels : La longue marche* », Julliard, Paris, 1983.
[15] Cf. M. Godelier : « *Rationalité et irrationalité en économie* », Maspero, Paris, 1968, p. 106 et ss.

A la demande de la Ligue, il rédige, avec Engels, un programme qui paraît en Février 1848 : « *Le Manifeste du parti communiste* ». Pendant toute l'année 1848, à Cologne, à Vienne, Marx est au centre du mouvement révolutionnaire en lutte contre les gouvernements en place. Il demeure soucieux d'élaborer au plan théorique une méthode qui permette au mouvement ouvrier de ne pas manquer les étapes obligées du développement historique.

Aux côtés du mouvement ouvrier dans sa tâche de libération (1849-1870)

En Août 1849, Marx s'installe définitivement en Grande-Bretagne où il va vivre de façon précaire[16] avec l'appui de Engels en particulier, mais sans cesser d'écrire et de militer. A chaque crise économique, il croit pouvoir annoncer la catastrophe qui doit susciter la révolution. Il est opposé cependant à toute sorte d'anarchisme ; le communisme scientifique correspond au mouvement même de l'histoire : même si les perspectives révolutionnaires s'amenuisent, il faut construire un parti ouvrier pour la révolte future.

A partir de 1853, ce sont vingt années d'étude et de rédaction acharnée. La crise économique de 1856-1857 l'incite à accélérer la rédaction de ses idées. De cette époque datent plusieurs ouvrages économiques. Leur objectif est de faire la critique de l'économie politique analysée comme science du monde bourgeois justifiant des rapports économiques engendrés par le monde bourgeois, ainsi que la critique des rapports économiques concrets du capitalisme. *«L'introduction à la critique de l'économie politique»* est rédigée en 1857, mais demeure inédite jusqu'en 1903. *«Critique de l'économie politique»* paraît en 1859 sans susciter beaucoup d'échos. Il faut attendre 1867 pour l'œuvre maîtresse que représente le livre I du *«Capital»*, le seul à être publié de son vivant, «certainement le plus redoutable missile qui ait été lancé à la tête des bourgeois, y compris les propriétaires fonciers.» Il continue de militer et de polémiquer. Il participe en 1864 à la fondation de la *Première Internationale ouvrière*. Il s'oppose à l'anarchiste russe M. Bakounine qui n'admettait pas l'organisation du mouvement ouvrier par Marx. Son exclusion de l'*Association internationale des travailleurs* (1872) permettra une identification durable entre le marxisme et le mouvement ouvrier.

Fin de l'Internationale et anticipation sur le communisme futur (1871-1883)

Après la défaite française à Sedan, la Commune de Paris est le dernier évènement majeur qui traverse la vie de Marx. Il en tire un ouvrage « *La guerre civile en France* » (1872). D'une part, le Gouvernement de la Commune lui paraît une certaine préfigu-

---

[16] « Je croyais avoir ingurgité de la quintessence de misère, mais non », à Engels, 20 janvier 1857.

ration de la société qui sortirait de la révolution ; mais, d'autre part, l'échec de la Commune renforce sa conviction antérieure que la révolution sociale doit se réaliser par la conquête du pouvoir politique en place par la classe ouvrière. C'était là *l'idée de la dictature du prolétariat.*

A partir de 1873, Marx se retire de la vie politique, Engels se charge de propager ses idées, et c'est lui qui publiera les Livres II et III du Capital respectivement 9 ans et 11 ans après la mort de Marx en 1883. Le Livre IV, *« Théories sur la plus-value »*, sera publié par K. Kautsky en 1905-1910. Les perspectives de révolution s'éloignaient de la France et de l'Angleterre devenue réformiste, mais dès 1879, Marx avait perçu le rôle que pouvait jouer la Russie, soumise à un régime particulièrement réactionnaire, dans la révolte et le triomphe des idées révolutionnaires[17]. Dans la préface de la 2ème édition russe du *« Manifeste »*, il déclare : « Aujourd'hui...la Russie est à l'avant-garde du mouvement révolutionnaire en Europe. »

2. Un classement des principaux écrits

On distingue articifiellement les œuvres de caractère philosophique, économique, politique. Par commodité, au niveau d'introduction où nous sommes, nous suivons aussi la distinction retenue par quelques éditeurs (M. Rubel pour la Pléiade)[18]. En fait ces trois niveaux ne sont absolument pas distincts dans la démarche de Marx, même s'il a été plutôt philosophe et historien avant de devenir économiste.

Ecrits à prépondérance philosophique

On y trouve les fondements du matérialisme historique et dialectique. *« Les manuscrits de 1844 »* qui paraissent après sa mort (autant économiques que philosophiques). *« L'idéologie allemande »* (1846) : qui constitue pour certains auteurs une œuvre maîtresse (écrite avec le concours de Engels, elle ne paraît qu'en 1932 en URSS), elle contient la première formulation du « matérialisme historique ». *« Misère de la philosophie »* (1847), réponse à l'ouvrage de P. Proudhon *« Philosophie de la misère »*. Ces deux œuvres viennent d'être rééditées en France dans un même ouvrage. *« Avant-propos de la Critique de l'Economie Politique »*.

---

[17] « La Russie est le seul pays en Europe où la propriété communale s'est maintenue sur une échelle vaste, nationale, mais simultanément la Russie existe dans un milieu historique moderne, elle est contemporaine d'une culture supérieure, elle se trouve liée à un marché mondial où le production capitaliste prédomine ». Ceci allait à l'encontre d'une conception linéaire de l'évolution des formations sociales ; Marx évoque la perspective d'une transition originale au socialisme.

[18] Ainsi que nous l'avons déjà indiqué, par raison de commoditié nous citons Marx à partir de l'édition des *Œuvres* préparée par M. Rubel dans la collection de « La Pléiade », Gallimard, tome 1, 1963, indiqué par P.1. ; tome 2 (1968), par P.2.

Ecrits à prépondérance économique

« *Travail salarié et capital* » (1849), texte d'une conférence prononcée devant l'Association des ouvriers allemands de Bruxelles. « *Salaires, prix et profits* » (1865). « *Critique de l'économie politique* » (1859), contenu repris dans le livre I du *Capital* publié en 1867. « *Les fondements de la critique de l'économie politique* » souvent désignés par le titre allemand : « Grundrisse », (1857-1858), qui resteront inédits pendant longtemps. « *Le Capital* », Livre I, (1867) ; les deux autres livres sont posthumes, publiés par Engels : Livre II (1885), Livre III (1894). Le livre IV («*Théories sur la plus-value* ») est publié par Kautsky en 1905-1910.

Ecrits à prépondérance politique

« *Le manifeste du parti communiste* » (2 Février 1948)[19] peu lu au moment de sa parution (tiré en 500 ex.), Marx n'en connut pas le renom. Il parvint en Angleterre au moment de la chute en France de Louis-Philippe. « *La critique de la philosophie du droit de Hegel* » (1843). A propos de « *La question juive* » (1844), dont on peut rappeler qu'il s'agit d'une étude de jeunesse à situer parmi certaines analyses courantes à l'époque. « *Les luttes de classe en France* », titre de la réédition en 1895 d'un article intitulé : « La défaite de Juin 1848 » parue dans la Nouvelle Gazette Rhénane, 6 mai 1850. « *Le 18 Brumaire de Louis-Napoléon Bonaparte* » (1850). « *La critique du programme de Gotha* » (publié en 1891) écrit à propos de la fusion des socialiste allemands lassaliens et marxistes au Congrès de Gotha (mai 1875).

Dans les trois grands domaines évoqués, la démarche de Marx a pour constante d'être une remise en question, une critique. Le projet central est l'élaboration de la « *science du mouvement des sociétés humaines* », le matérialisme historique qui doit abolir et dépasser la philosophie de l'histoire de Hegel et l'économie politique ricardienne.

III – La démarche critique et de dépassement face aux courants de l'époque

Lénine a situé la démarche de Marx de manière particulièrement concise dans un article pour l'Encyclopédie Granat de 1913 devenu classique[20], où il écrit : « Marx a

---

[19] La seconde édition allemande (1872) est intitulée « *Le manifeste communiste* », titre souvent retenu par les traductions (cf. Pléiade I, p. 160).

[20] Cf. « Les trois sources et les trois parties constitutives du marxisme, dans « *K. Marx et sa doctrine* », Editions sociales, Paris 1947.

continué et parachevé les trois principaux courants d'idées du XIXᵉ, qui appartiennent aux trois pays les plus avancés de l'humanité : la philosophie classique allemande, l'économie politique classique anglaise et le socialisme français lié aux doctrines révolutionnaires françaises en général ». Ce jugement comporte une imprécision dans le cadre même de la conception marxiste. Plutôt que « continué et parachevé », il faudrait utiliser le verbe-clef de la dialectique hégelienne « aufheben » pour signaler que Marx assume, dépasse et abolit en même temps les trois courants mentionnés par Lénine.

De fait, la réflexion de Marx est très insérée à l'articulation des principaux courants de pensée de la première moitié du XIXᵉ. Sa démarche est critique en un sens qu'il nous faut rapidement préciser à l'égard de :

– La philosophie classique allemande, et surtout de Hegel, qui est en complète rupture avec la conception naturaliste des physiocrates. Il hérite de Hegel une philosophie de l'histoire.

– L'économie politique classique anglaise : Marx refuse « la conception harmonieuse » d'Adam Smith. Il attaque « l'économie vulgaire » qui se contente des apparences… qui se borne à proclamer comme vérités éternelles les illusions dont le bourgeois aime à peupler son monde à lui, le meilleur des mondes possibles ». Plus que cela l'économie politique classique constitue le corps théorique de référence pour sa critique. *De Ricardo il hérite une théorie de la valeur.*

– La tradition socialiste utopique qui est surtout le fait d'auteurs français comme *C. de Saint-Simon* (1760-1825), *C. Fourier* (1772-1837), *P. Proudhon* (1802-1864).

1. Marx et la critique de la philosophie idéaliste allemande

Autour des années 1840, la pensée philosophique allemande est en proie à un *idéalisme* extrême qui va provoquer une réaction tout à fait radicale de la part de Marx. J.Y. Calvez parle de « dévergóndage idéaliste »[21]. De fait, la philosophie de Hegel (1770-1831) représente un des éléments essentiels du *paysage intellectuel*, « Zeitgeist » pour reprendre le terme de J. Schumpeter[22], de la période 1810-1870.

---

[21] Cf. J. Calvez, op. cit., p. 64 et ss. pour une comparaison résumée des dialectiques hégélienne et marxiste. Marx mène des polémiques accerbes contre les philosophes allemands, pour l'essentiel dans « *La Sainte Famille* », « *L'Idéologie Allemande* », « *Les Manuscrits Economico-Philosophiques* ». Ces écrits développent la critique de l'aliénation philosophique.

[22] Op. cit., p. 55.

Le rapport de Marx à Hegel est très discuté[23]. Beaucoup considèrent, même quand leur approche n'est pas essentiellement philosophique, que le « marxisme prend racine dans l'hégélianisme »[24]. On dira plutôt que Marx élabore *les principes essentiels du matérialisme historique en réaction à la philosophie de Hegel.* C'est ce qu'exprime le jugement suivant souvent cité et partagé par Engels (« *Feuerbach et la fin de la philosophie classique allemande* », 1888) : « Hegel défigure la dialectique par le mysticisme, ce n'en est pas moins lui qui en a le premier exposé le mouvement d'ensemble. Chez lui, elle marche sur la tête ; il suffit de la remettre sur les pieds ».

Les discussions sur cette conception ont été nombreuses. Marx lui-même estimait réaliser un *renversement* par rapport à Hegel : en fait, il en est préoccupé pendant toute son existence. A preuve des déclarations qui interviennent dans la seconde partie de sa vie. (cf. préface à la 2ème édit. du Capital, 1877).

La conception idéaliste de l'histoire de Friedrich Hegel

Tenons-nous en à ce qui concerne la vision de l'histoire. L'idée de base de la conception hégélienne est que la réalité sociale, humaine ou historique, est « *réalisation* » ; *Hegel privilégie fondamentalement l'histoire* par rapport à la réalité naturelle. Il en résulte deux conséquences. *La primauté de la conscience sur l'être tout d'abord. L'homme réalise sa propre histoire, il crée sa réalité,* et cela non pas selon le hasard. En faisant son histoire l'homme réalise un *projet.* Au plan le plus abstrait cela signifie que l'Idée, le concept représente l'essence même de l'être. Seconde conséquence, *la réalité sociale est un processus, c'est-à-dire un mouvement.* Ceci va à l'encontre de toute la conception de la connaissance qui a prévalu jusqu'alors : en terme simplifiés A est A et rien d'autre que A[25]. Hegel entend dégager une *science de l'histoire*, ce qui pose le problème du mouvement.

Il y a là une innovation fondamentale. Conformément à la conception dominante de Platon, on estimait jusqu'alors impossible de penser le non-être : de ce qui n'est pas, on ne peut rien dire. *Hegel affirme au contraire que l'être et le non-être font partie de la totalité.* La totalité est l'être du mouvement. Dans la totalité il y a transformation par négation ou contradiction. D'un côté, on constate que tout se transforme, mais c'est un tout qui se transforme. De cette conception du mouvement de l'histoire il résulte que *l'univers sensible est seulement un moment du mouvement de la totalité.* Chacun de

---

[23] Cf. Lucio Colletti. *« Le Marxisme et Hegel »*, Champ libre, Paris 1976, chap. VIII.

[24] J. Schumpeter, op. cit., p. 56. Sur les tendances majeures de la philosophie allemande à l'époque. Cf. A. Cornu, *Marx, L'homme et l'œuvre. De l'hégélianisme au matérialisme historique.* Alcan, Paris, 1934.

[25] Sur le principe de non-contradiction chez Aristote et Kant, ainsi que le concept de « contradiction réelle » hérité de Hegel par le marxisme. Cf. L. Colletti. *Le déclin du marxisme,* PUF. Paris, 1984, chap. 2.

ces moments de l'histoire ne peut être compris que du point de vue de la totalité. Chaque moment de l'histoire est une phase, ou une étape de développement du concept. Ce concept de l'histoire humaine constitue la liberté de l'esprit, mais c'est seulement au terme de l'histoire que l'on pourra connaître le contenu de ce concept.

Ceci conduit Hegel à distinguer des phases au cours desquelles l'humanité prend conscience d'elle-même avec l'apparition des premiers Etats. Hegel retrace ainsi les étapes d'émergence de la liberté de l'esprit : le *despotisme asiatique,* c'est la liberté d'un seul en contrepartie de l'esclavage de tous (Pharaon) ; la *liberté de la cité antique,* c'est la liberté de quelques-uns qui se fonde sur l'esclavage des vaincus ; la *liberté de tous* est d'abord abstraite : c'est la *liberté du philosophe* stoïcien tel Sénèque (même en prison l'homme demeure libre) ; c'est la liberté du chrétien qui est une *liberté en Dieu.* Il en résulte une *liberté de la conscience* qui va être le fondement de la conception de la liberté juridique. Avec le féodalisme, la liberté de conscience entre en contradiction avec la *liberté juridique,* d'où les révolutions. En schématisant, on peut dire que pour Hegel l'univers n'est compréhensible que par rapport à l'*univers intelligible.* L'univers sensible est considéré comme une création de l'esprit, d'où l'on qualifie la démarche de Hegel de *spiritualiste.* Chez Hegel plus que chez tout autre, on a une sorte de «*panthéisme historique.*» (N. Elias)

Le renversement par rapport à Friedrich Hegel[26]

Tout en conservant une partie de la démarche de Hegel, Marx opère un *renversement sur le plan ontologique* ou conception de l'être. On ne peut mieux faire que citer « *l'Avant-propos de la critique de l'économie politique* » (1859) qui est devenu l'exposé « canonique » des principes du matérialisme historique : « Ce n'est pas la conscience des hommes qui détermine leur existence, c'est au contraire leur existence sociale qui détermine leur conscience »[27]. Cette négation de l'autonomie de la conscience fonde le matérialisme historique de Marx. Ceci avait déjà été élaboré dans l'*«Idéologie allemande »* (1846-1847), « La morale, la religion, la métaphysique et toute autre idéologie, ainsi que les formes de conscience qui leur correspondent, ne conservent pas l'apparence de l'autonomie. Elles n'ont pas d'histoire ; elles n'ont pas d'évolution ; *ce sont les hommes qui, en développant la production matérielle et les*

---

[26] Cf. P. Fougeyrollas, « *Sciences sociales et marxisme* », Payot, Paris, 1980, p. 201 et ss, le renversement idéologique, et J.F. Faure-Soulet. *De Malthus à Marx,* Paris, 1970, p. 216 et ss. ; L. Althusser. *Pour Marx,* Malthus, Paris 1965, p. 198-224.

[27] P. 1. p. 273, cf. ci-dessus p. 369 pour l'édition. Marx n'a pu être évidemment que loué par un épistémologue comme K. Popper pour avoir dénoncé « l'hypothèse métaphysique », mais il pêcherait à son tour par « *essentialisme* », quand il s'exprime « comme si seule l'infrastructure économique (matérielle) était « réelle ». Pour Popper l'essentialisme, autre terme pour désigner le « réalisme » dans la querelle des Universaux, qualifie la démarche théorique selon laquelle il faut et l'on peut partir de « propositions autojustificatrices évidentes » qui décrivent la nature réelle du monde sans avoir à être expliquées. (« explications ultimes »). Cf. l'article de Popper (1972) « Le mythe du cadre de référence » publié avec les actes du colloque de Cerisy sur cet auteur, R. Bouveresse, *K. Popper et la science d'aujourd'hui,* Aubier-Montaigne, Paris, 1989.

relations matérielles, transforment en même temps leur propre réalité, leur manière de penser et leurs idées. Ce n'est pas la conscience qui détermine la vie, c'est la vie qui détermine la conscience »[28].

Au *niveau méthodologique*, Marx demeure sur trois points fondamentaux dans la continuité de Hegel[29] :
— l'histoire évolue par étape
— l'anticipation du dépassement des contradictions est nécessaire pour comprendre le mouvement[30],
— chaque mode de production représente une totalité qui rend significatif l'ensemble des éléments dont il est composé : les « *figures* » de Hegel apparaissent bien comme une préfiguration des modes de production asiatique, antique, féodal, capitaliste, socialiste.

La distinction entre les démarches de Hegel et de Marx, nous conduit à introduire tout de suite des notions essentielles forgées par Marx. Elles sont à la base du mouvement dialectique de l'histoire.

Concepts de base marxistes pour l'analyse de l'évolution historique

Selon la conception de l'évolution historique de Marx, l'homme se constitue progressivement à partir de « son affrontement utilitaire à la nature ». Pour analyser ce processus Marx définit quatre concepts de base.

1 – *La production,* ou économique, commande à tout moment l'organisation sociale. C'est la réalité qui mène le monde, même si d'autres facteurs agissent aussi. *L'homme et la société se constituent à l'occasion de leur affrontement matériel à la nature.* « Pour vivre, il faut avant tout boire, manger, se loger, s'habiller et quelques autres choses encore. Le premier fait historique est donc la production des moyens permettant de satisfaire ces besoins, la production de la vie matérielle même, et c'est là vraiment un *fait historique,* une condition fondamentale de toute l'histoire » (« *L'Idéologie Allemande* »). Cependant, la production ou économique, ne correspond pas à un niveau ou une institution déterminés, c'est une fonction qui est commandée par les *rapports de production.*

[28] P. 1. p. 1601.
[29] Pour Hegel « la nécessité, la nature et l'histoire ne sont que des instruments de la révélation de l'Esprit ». Pour Marx « la nature de l'homme est l'histoire ; son travail fait de lui ce qu'il est ».
[30] Chez Hegel tout n'est pas soumis à la dialectique. N'en relève pas, ce qui existe à l'extérieur de la conscience, les vérités mathématiques par exemple. La dialectique de Hegel se rapporte à l'esprit et à la conscience. Pour une étude fouillée des références à Hegel, cf. H. Denis, « *L'Economie de Marx* », PUF, Paris, 1985, p. 41 et ss.

2 – Les *forces productives* représentent les *moyens naturels* utilisables : les hommes eux-mêmes, les *forces productives matérielles* ou moyens de production, les machines, la technique que la société utilise pour vivre.

3 – *Les rapports de production* règlent l'organisation des relations entre les hommes dans la mise en œuvre des forces productives. Ils caractérisent l'organisation sociale de la production : esclavagisme, servage, fermage, salariat. Ils commandent en même temps la répartition des fruits du travail.

Dans la production sociale de leur existence, les hommes nouent des rapports déterminés, nécessaires indépendants de leur volonté ; *ces rapports de production correspondent à un degré donné du développement de leurs forces productives matérielles*. L'ensemble de ces rapports forme la *structure* économique de la société, la fondation réelle sur laquelle s'élève un *édifice* juridique et politique, et à quoi répondent des formes déterminées de la conscience sociale »[31].

4 – Le *mode de production* : la combinaison de l'ensemble des rapports de production qui prévalent dans une société déterminée et l'ensemble des forces productives utilisées constituent le mode de production : ainsi sont distingués, les modes de production capitaliste, féodal, esclavagiste.

Un mode de production se caractérise donc par : a) une *organisation technique particulière* de la production traduisant un certain niveau de développement quantitatif et qualitatif des forces productives ; b) des *relations spécifiques entre les producteurs* ; c) un certain *mode d'articulation* entre les deux types de structure : c'est un degré de cohérence ou de contradiction entre ces trois éléments que naît le mouvement du mode de production.

G. Deleplace représente ces rapports selon le schéma[32] suivant :

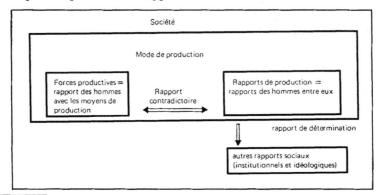

[31] « *Avant-propos de la critique de l'Economie Politique* », 1859, la traduction des éditions sociales (p. 166), retient le terme de « *super structure* » au lieu de « *édifice* » juridique ; cf. P. 1, p. 273.
[32] Cf. G. Deleplace, op. cit., p. 180.

La définition du mode de production a conduit la tradition marxiste *à conférer une attention privilégiée aux moyens de production,* c'est-à-dire aux *éléments matériels* utilisés par les hommes dans la production (ressources naturelles, outils, matières premières, etc.)[33]. Concrètement *la complexité* de l'agencement des outils et des machines définit un degré donné de développement des forces productives. Par ailleurs la *propriété* de ces moyens de production spécifie un type donné de rapports de production. Cette définition a été largement vulgarisée par J. Staline dans *« Le matérialisme dialectique et le matérialisme historique »* (1938).

Tous les auteurs marxistes n'opèrent pas une distinction entre mode de production et formation sociale, ou n'emploient pas une terminologie unique (formation économique et sociale, formation économique sociale, formation sociale). Signalons aussi que selon les auteurs, les notions de formation sociale et mode de production sont tour à tour soit englobantes, soit englobées. Pour H. Lefebvre (Cf *« Le marxisme »*[34]), il faut distinguer trois éléments : *forces productives, mode de production et superstructure.* Pour N. Poulantzas, *« Pouvoir politique et classes sociales »*, (Maspero, 1968), le mode de production comporte tous les niveaux ou « instances » : l'économique, le politique, l'idéologique et le théorique. Une de ces instances peut exercer une fonction dominante par exemple l'idéologique dans sa dimension religieuse pour le mode de production féodal, mais la détermination finale demeure soumise à l'économique.

Avec une notion de mode de production élargie à l'extrême on retrouverait l'idée de mouvement naturel de l'histoire concrétisé par des stades d'évolution. Dans cette perspective le mode de production capitaliste (M.P.C.) se situe à un moment logique et chronologique bien particulier : il constitue une phase obligatoire et à la fois le point d'aboutissement de tous les modes de production qui le précèdent (mode de production féodal, esclavagiste, asiatique)[35]. Pour leur part, G. Destanne de Bernis et R. Borelly notent : « Il ne faut pas nécessairement s'attacher au vocabulaire en en faisant un problème formel. Certains auteurs, F. Perroux en particulier, parlent de *systèmes* et désignent par là des réalités qui recouvrent très sensiblement ce que d'autres appellent « modes de production ».

---

[33] L'étude de G. Deleplace présente une critique théorique de la conception qui privilégie le rôle des forces productives dans le mouvement de l'histoire, op. cit., p. 180 et ss. ; cf. aussi J.P. Lefebvre. Les deux sens de forces productives chez Marx, dans : *« La Pensée »*, oct. 1979.

[34] PUF, Paris, 1950.

[35] Cette conception presque mécaniste du mouvement de l'histoire a été formulée par Staline en particulier comme justification d'une « Théorie des stades », cette thèse extrême déforme la pensée de Marx. Elle fait souvent l'objet de critique : « l'idée que dans toutes les sociétés le développement des forces productives a déterminé les rapports de production, et par suite le politique, le juridique, le religieux, etc... présuppose que dans toutes les sociétés la même articulation des activités humaines existe, que la technique, le droit, la politique, la religion sont toujours nécessairement séparés et séparables, ce qui est extrapoler à l'ensemble de l'histoire la structuration propre à notre société, et qui n'a pas forcément de sens hors d'elle ». Cardan, *Socialisme ou Barbarie*, cité par J. Baudrillart. *Le miroir de la production* Ed. Galilée, Paris, 1985, p. 118.

Les contradictions internes à la base d'une vision téléologique de l'histoire

Marx introduit la dialectique comme Hegel pour expliquer le mouvement de l'histoire, mais en transformant cette notion. Ce sont les oppositions ou contradictions qui existent *d'une part* au sein des rapports de production, *d'autre part* entre ces rapports de production et l'évolution des forces productives, qui expliquent le passage d'un mode de production à l'autre et donc le progrès dialectique de l'histoire.

« A un certain degré de leur développement, *les forces productives* matérielles de la société entrent en collision avec *les rapports de production* existants, ou avec les rapports de propriété au sein desquels elles s'étaient mues jusqu'alors, et qui n'en sont que l'expression juridique... alors commence une ère de révolution sociale »[36]. Ainsi les rapports de production caractérisés par *l'appropriation des biens de production* comportent *l'antagonisme entre capitalistes et classe ouvrière* : ceci est spécifique du mode de production capitaliste. L'appropriation privée des moyens de production permet à la classe des capitalistes d'exploiter la classe ouvrière. Alors que la bourgeoisie représentait la classe révolutionnaire dans le mode de production féodal caractérisé par l'existence d'une classe de propriétaires fonciers, dans le M.P.C., selon Marx, une nouvelle contradiction fondamentale doit susciter le passage au mode de production socialiste. C'est l'évolution des forces productives vers une *socialisation* toujours plus poussée de la production (de l'économie) qui est contradictoire avec l'appropriation privée des biens de production. Précisons que la contradiction n'est pas seulement inhérente ou *interne* à la structure, mais aussi contradiction *externe* entre deux structures, à savoir les rapports de production d'une part, et les forces productives d'autre part. Ainsi la propriété des moyens de production devient progressivement antagonique avec la poursuite de la socialisation de la production (division du travail, allongement des processus de production, augmentation des échanges internationaux). La dialectique de Marx résulte d'une opposition qui se manifeste au niveau du réel, c'est-à-dire de l'évolution sociale effective.

Chez Hegel par contre, la contradiction se situait au niveau des éléments constituants ; elles correspondait à une dialectique de la pensée. Marx dit ainsi : « Ma méthode dialectique ne diffère pas seulement quant au fondement de la méthode hégélienne, elle en est le contraire direct. Pour Hegel, le processus de la pensée dont il fait même sous le nom d'Idée un sujet autonome, est le créateur de la réalité, qui n'en est que le phénomène extérieur. *Pour moi le monde des idées n'est que le monde matériel transposé et traduit dans l'esprit humain* »[37].

Le fonds commun de différents écrits de Marx et d'une tradition marxiste «forte» se résume en cinq points[38] caractérisant la théorie marxiste de l'histoire : 1) toute société

---

[36] « *Avant-propos de la critique de l'Économie Politique* », P. 1, p. 273.

[37] « *Le Capital* », postface à la seconde édition allemande.

[38] Cf. G. Deleplace, op. cit., p. 167.

se définit par ses *rapports de production* qui fondent la totalité des autres rapports entre les hommes dans cette société ; 2) ces rapports de production sont *spécifiques* à chaque société : ils permettent donc d'opérer des distinctions entre elles ; 3) le mode de production, ou ensemble spécifique des rapports de production d'une société représente aussi un mode *d'exploitation* d'une classe sociale par une autre ; 4) le mouvement de l'histoire résulte de la *contradiction* , au sein de chaque société, entre le développement des forces productives matérielles et la nature des rapports de production ; 5) le capitalisme représente dans cette évolution la forme *ultime* des sociétés de classe.

2. Marx et la critique du socialisme utopique

Les précurseurs du socialisme

On qualifie souvent de socialistes utopiques les penseurs prémarxistes[39]. Le terme de *socialisme* lui-même n'apparaît qu'au XIXᵉ entre 1830 et 1840[40]. E. Halevy distingue d'ailleurs les conceptions anciennes et le socialisme moderne qui est, selon lui, une doctrine économique avant tout : « La période des premières années du XIXᵉ à la Révolution de 1848 est celle où le socialisme a été le plus fécond dans l'ordres des idées. Toutes celles qui aujourd'hui encore constituent l'essentiel de la doctrine datent de cette époque »[41].

Mentionnons pourtant rapidement les principales phases du développement de la pensée socialiste qui commence à se faire jour dès l'origine de la pensée philosophique et politique, même si ce n'est que de façon très ponctuelle. Le socialisme utopique depuis Antisthène (444-365 Av. J.C.) « historiquement le père du communisme », et surtout Platon, correspond à plusieurs tentatives jusqu'au milieu du XIXᵉ pour décrire les plans d'une société idéale parfaite. Laissons de côté le *communisme aristrocratique* de Platon (428-348 Av. J.C.) qui préconisait de mettre en commun tous les biens, ainsi que les femmes et les enfants, sans supprimer toutefois l'esclavage.

Par contre, on oublie souvent que la *« Somme théologique »* de saint Thomas d'Aquin (1225-1274) a constitué au XIIIᵉ une œuvre quasi révolutionnaire qui a été interdite. On le considère comme le fondateur de la doctrine sociale de l'Eglise centrée sur le *bien commun*. Il part de la conception d'Aristote selon laquelle « la société est supérieure à l'individu comme le tout est supérieur aux parties ». Thomas d'Aquin ne

---

[39] On a aussi parlé de *« socialisme conceptuel »*, au sens où il est une conception de l'esprit ; cf. Bourgin G., *« Le socialisme »*, Que sais-je, N° 387, p. 6.

[40] Pour l'historique du terme, Cf. E. Halevy : *« Histoire du socialisme européen »*, NRF, Paris 1948, p. 2.

[41] E. Halevy, op. cit, p. 75.

remet pas la propriété en cause ; cependant, l'homme ne doit pas posséder ses biens comme des biens propres, mais comme des biens qui sont à tous.

Deux siècles après saint Thomas d'Aquin, il faut noter que le relais des auteurs de l'Antiquité est assuré seulement au début du mercantilisme par de fortes personnalités religieuses, d'où le terme de « *socialisme épisodique* » pour qualifier des auteurs dont la préoccupation était plutôt morale. Il faut connaître *Thomas More* (1478-1535) : Chancelier d'Henri VIII, il est l'auteur d'*Utopie* (1516) (« non lieu » de l'imaginaire) ; le nom propre de l'ouvrage est devenu usuel pour désigner à la fois une conception imaginaire d'un gouvernement idéal et un projet dont la réalisation est impossible. On y trouve quelques thèses étrangement modernes; ainsi Thomas More *dénonce le chômage provoqué par la politique des « enclosures », l'inégalité de la répartition de la propriété privée*, le comportement des *monopoles*[42] qui organisent la raréfaction des produits, l'argent qui est le grand responsable. « Là où l'on mesure toutes choses d'après l'argent, il est à peu près impossible que la justice et la prospérité règnent dans la chose publique… le seul et unique chemin vers le salut public, à savoir l'égalité, est la disparition totale de la propriété ».

On doit aussi mentionner un penseur original *Tommaso Campanella* (1568-1639)[43] qui écrit dans sa prison la « *Cité du soleil* », où il imagine une société nouvelle sans famille, sans propriété privée, sans monnaie. Décidément, *en complète opposition avec le mercantilisme*, ces auteurs d'exception ont en commun précisément *la condamnation de la richesse et de la monnaie sur quoi va se fonder le capitalisme naissant*.

Le socialisme français du XIXe

Au début du XIXe les théoriciens ou réformateurs socialistes sont nombreux, particulièrement en France entre 1815 et 1848, d'où parfois l'expression de « *socialisme français* ». Marx a une bonne connaissance de ces socialistes aux tendances très diverses[44] mais qui sont tous des personnalités originales hostiles à la propriété privée. Il faut pouvoir situer ces auteurs socialistes, parce que c'est par rapport à eux

---

[42] Thomas More est l'inventeur du terme, cf. *Thomas More ou la sage folie*, Seghers, Paris, 1971. « *Utopie* » a été récemment rééditée par M. Delcourt, Droz, Genève, 1983, tant l'œuvre apparaît vivante et audacieuse, et son héros un précurseur de Rousseau et du socialisme européen.

[43] Il disait : « Je suis la clochette (Campanella) qui annonce la nouvelle aurore ». Existence tourmentée s'il en est, il s'apitoye sur le sort du peuple. Il développe des vues prophétiques sur la pédagogie, l'organisation du travail, l'hygiène, l'urbanisme, le progrès technique.

[44] Dans le « *Manifeste communiste* » pour se situer lui-même, Marx classe les différentes variétés de socialisme (Pléiade I, p. 183 et ss).

1) *Le socialisme réactionnaire*, ainsi qualifié en raison de ses origines sociales et les principes qu'il retient. Il prend trois formes :

- *le socialisme féodal* représenté par l'aristocratie féodale et cléricale qui préconise la suppression de la société bourgeoise ; (suite de la note page suivante)

que Marx va mener son analyse critique de révolutionnaire et aussi parce que ces auteurs ont continué d'avoir une influence en France, même si leur apport à la théorie économique au sens étroit est faible[45].

1 — Simonde de Sismondi (1773-1842) et la première critique de l'économie libérale[46] (crises et justice sociale)

C'est un hétérodoxe difficile à classer ; on en fait le précurseur d'approches diverses. Il eut le mérite de *préciser des termes essentiels du langage économique* qu'il a rendu courants : accumulation capitaliste, concentration des fortunes, surproduction et crise, salaire minimum, « mieux-value », etc. A la fois économiste et historien, il ne veut pas s'enfermer dans une conception étroite de l'économie : ce doit être une science destinée à réaliser le bonheur des hommes vivant en société ; selon ses terme ce doit être une « *théorie de la bienfaisance* », ce qui lui a valu d'être qualifié de « douanier Rousseau de la science économique »[47].

Marx cite[48] souvent Sismondi, et l'on trouve de fait dans ses « *Nouveaux Principes d'Economie Politique* » de 1819 quelques idées majeures. « Ce socialisme, écrit-il, nous a donné une analyse extrêmement pénétrante des contradictions inhérentes au système de production moderne ». Résumons l'argumentation : a) *la libre concurrence a suscité la concentration des fortunes* et non l'harmonie des intérêts, comme l'affirmaient les classiques ; b) *la concentation entraîne la surproduction et les crises.* En

- *le socialisme petit bourgeois* qui perçoit certains malheurs de la classe ouvrière et préconise le retour au système corporatif. Sismondi est considéré comme son chef de file ;

- *le socialisme allemand ou socialisme « vrai »*, de caractère intellectuel et spéculatif parce que sans correspondance avec la situation effective de l'Allemagne sans capitalisme industriel.

2) *Le socialisme bourgeois,* dont Proudhon est l'exemple. Ce sont les réformistes divers, dont Marx dit : « Au vrai le socialisme de la bourgeoisie tient tout entier dans l'affirmation que voici : les bourgeois sont des bourgeois dans l'intérêt de la classe ouvrière… » (*Manifeste,* P. 1, p. 190).

3) *Le socialisme utopique et critique.* Ce sont des socialistes authentiques selon Marx, comme Saint-Simon, Fourier, Owen qui « perçoivent l'antagonisme des classes », mais qui ne décèlent pas le rôle de la lutte des classes comme moyen d'émancipation.

[45] Dans un article du 16 oct. 1842, Marx déclarait déjà : « La Rheinische Zeitung qui ne peut reconnaître aux idées communistes dans leur forme actuelle une réalité théorique, entend les soumettre à une critique approfondie. Mes écrits comme ceux de Leroux, de Considerant et surtout une œuvre aussi pénétrante que celle de Proudhon ne peuvent être critiquées qu'à la suite de longues et sérieuses études », cité par B. de Jouvenel , op. cit., p. 27.

[46] Cf. E. Halevy, op. cit., et C. Bougle, *Les socialismes français. Du socialisme utopique à la démocratie industrielle,* Colin, Paris, 1951 ; M. Lutfalla, *op. cit.,* Chap. XVIII.

[47] Préface de J. Weiller, aux « *Nouveaux principes d'économie politique* », Calman-Lévy, Paris 1971. p.14 en note.

[48] Il le cite même dans le *Manifeste communiste* en le classant comme chef de file du « socialisme petit bourgeois » (Cf. P.1, p. 185). Sur les emprunts de Marx à Sismondi cf. J. Weiller et autres : « Histoire, socialisme et critique de l'Economie politique ». HS 21, n° 6, *Cahiers de l'ISMEA,* 1976, p. 1161-1167.

réduisant le nombre des petits producteurs, il subsiste un nombre peu élevé de riches face à un nombre croissant de salariés. Grâce à la production sur une grande échelle, les ouvriers produisent à travail égal une quantité croissante de produits qui ne peuvent être achetés par les ouvriers ; c) « Plus le commerce s'étend, plus les échanges se multiplient entre les pays éloignés, plus il *devient impossible aux producteurs de mesurer exactement les besoins du marché qu'ils doivent pourvoir* ».

Formellement Sismondi a prévu la *prolétarisation* et la *misère ouvrière* mais, clairvoyant dans l'analyse, Sismondi est plutôt « pauvre en remèdes » ; pour l'essentiel *il préconise le retour au régime de la petite production*, c'est-à-dire le rejet de la croissance économique, ce qui lui vaut les sarcasmes de Marx et de Lénine qui parle à son propos de « socialisme romantique ».

Cependant il est notable que la renommée de Sismondi a augmenté à proportion du retournement de l'opinion en faveur des réformateurs sociaux et des partisans du libre-échange et à l'encontre des ricardiens. En effet, Sismondi considérait le ricardisme comme une « chrématistique » irréaliste ; il préconisait un plus grand *interventionnisme de l'Etat* dans les affaires économiques. De plus, il était nettement favorable au monde du travail ; dans ce domaine on le considère même comme le précurseur de la « Sozialpolitik ». Il recommandait par exemple aux *employeurs de garantir aux travailleurs la sécurité contre le chômage, la maladie, la perte d'emploi* due au vieillissement. Il a même imaginé la notion de « *salaire garanti* »[49]

2 — Le socialisme industrialiste ou technocratique de Claude-Henry de Saint-Simon (1760-1825)

La doctrine de Saint-Simon est considérée comme une des principales sources du *socialisme « industrialiste »*, pour reprendre le terme d'industrialisme inventé par Saint-Simon lui-même. Saint-Simon, aristocrate à « la vie aventureuse et désordonnée », se disait « le dernier des gentilshommes et le premier des socialistes ». Il eut deux remarquables secrétaires : Augustin Thierry de 1814 à 1818 et Auguste Comte de 1818 à 1822, et des disciples qui ont développé ses idées. L'essentiel de sa doctrine est exprimé dans le « *Catéchisme des industriels* » (1823) et le « *Nouveau christianisme* » (1824). La doctrine de Saint-Simon *représente plus un prolongement du libéralisme économique* inspiré par J.B. Say que la résurgence d'anciennes idées socialistes[50]. En fait, il faut distinguer l'industrialisme de Saint-Simon lui-même, la théorie et les activités des disciples comme Enfantin, Bazard et Leroux.

---

[49] Cf. J. Schumpeter, op. cit., tome 3, p. 161. Il est vrai que Sismondi disait déjà : « Le bénéfice d'un entrepreneur de travaux n'est quelquefois pas autre chose qu'une spoliation de l'ouvrier qu'il emploie ; il ne gagne pas parce que son entreprise produit beaucoup plus qu'elle ne coûte, mais parce qu'il ne paie pas tous ce qu'elle coûte, parce qu'il n'accorde pas à l'ouvrier une compensation suffisante pour son travail ». Sismondi, op. cit., p. 113, édition J. Weiller.

[50] Il oppose les producteurs à ceux qui ne créent rien plutôt que les travailleurs aux propriétaires.

Saint-Simon considérait la nation comme une entreprise industrielle, un vaste atelier où disparaissent les différences de naissance, mais où subsistent les *différences de capacités*. La primauté doit revenir aux producteurs associés pour accroître la richesse sociale et rémunérer chacun selon sa « *mise sociale* » comprenant le capital avancé et le travail fourni. Il faut promouvoir le régime industriel, c'est-à-dire *un régime où les producteurs ont repris le pouvoir par rapport aux consommateurs et administrent pour leur compte la société industrielle*. Ainsi les industriels « tendent toujours directement et par leurs propres intérêts à donner le plus d'expansion possible à leur entreprises ». Ceci doit à son tour entraîner « le plus grand accroissement possible de la masse des travaux qui sont effectués par les hommes du peuple ». Le *travail est obligatoire* et organisé de manière à améliorer « l'existence morale et physique de la classe la plus faible ». L'objectif cependant du pouvoir économique est de remplacer l'autorité sur les hommes par l'administration des choses, formule que reprendra Engels : « Au gouvernement des personnes se substitue l'administration des choses et la direction du processus de production. L'Etat n'est pas aboli, il meurt »[51]. Les producteurs sont donc des organisateurs. *La politique doit se transformer pour devenir une science positive* : « la science de la production », c'est-à-dire la science qui a pour objet l'ordre des choses le plus favorable à tous les genres de production. Il était logique qu'un théoricien du libéralisme comme F. von Hayek voit en Saint-Simon un précurseur des sociétés despotiques du XXe, et que d'autre comme A. Cotta constatent seulement : « Saint-Simon avait vu juste. L'industrie est un habitat humain ».

L'influence lointaine de Saint-Simon est toujours vivante. Il suffit de citer quelques économistes d'action ou de pensée comme Alain Minc, directeur des finances de Saint-Gobain et trésorier de la fondation Saint-Simon, « incarnaction du fonctionnariat du capital anonyme » ou Pierre Rosanvallon, penseur de la CFDT, secrétaire de la Fondation Saint-Simon[52].

3 — Le socialisme étatiste de Louis Blanc (1811-1882)

Louis Blanc est important de deux points de vue. Tout d'abord dans sa courte brochure *« l'Organisation du travail»* (1841) il fait une synthèse d'idées sismondistes et saint-simoniennes qui va jouer un rôle important dans les mouvements de l'époque. Il se sépare du saint-simonisme ; sa formule célèbre en matière de distribution est « *de chacun selon sa capacité, à chacun suivant ses besoins* ».

Son point de vue original est que l'Etat constitue un des instruments nécessaires de la réforme sociale. Il préconise la constitution d'un *Ministère du Progrès,* d'une

---

[51] Cité par C. Gide et C. Rist, op. cit., p. 233, cf. également l'étude plus récente de G. Ionescu, *La pensée politique de Saint-Simon,* Aubier-Montaigne, Paris, 1979.

[52] Cf. A. Lipietz : *« L'audace ou l'enlisement »*, La Découverte, Paris, 1984, p. 308 et ss.

Banque Nationale, d'ateliers sociaux dans les principales branches de l'activité économique. Dans l' « atelier social » le capital social est fourni par l'Etat, le salaire est égal pour tous, la hiérarchie est obtenue par élection. L'atelier social est une société ouvrière de production destinée à se développer, selon Louis Blanc, dans la grande industrie. La supériorité économique de l'atelier social devait conduire les ateliers privés à disparaître. Ce devait être la cellule de base, d'où sortirait ensuite toute une société collectiviste. En 1845 les ateliers nationaux furent organisés en dehors de Louis Blanc, et même contre les socialistes[53]. Dans un contexte de crise politique et économique, l'expérience échoua.

4 — Les socialistes anti-étatistes

A la même époque se développent en France des formes de socialisme anti-étatiste. La doctrine de ses protagonistes suscite des expériences et se propage à l'étranger.

Charles Fourier (1772-1837) ou l'extension indéfinie des jouissances variées[54]

Fourier est, avec Saint-Simon, plutôt un théoricien pur, « un grand imaginatif, un maniaque, à traits de génie, un autodidacte qui se plaît à dépeindre un monde de rêve[55] ». Remarquons tout de suite qu'il est discutable de le classer comme socialiste. Et pourtant C. Gide écrit : « Fourier est apparu aux hommes de son temps et encore aujourd'hui à tous ceux qui ne l'ont pas lu... comme un ultra-socialiste, un communiste ». Fourier condamne le capitalisme et préconise de le remplacer par *l'association libre* dans le cadre d'une communauté. C'est le fameux *phalanstère*, terme bizarre construit par Fourier à partir de phalange et la désinence « stère » emprunté à monastère, ce qui est très significatif.[56]

Fourier part de l'idée, bien actuelle par certains aspects que *l'ordre social mutile l'homme et ses désirs*. Dans une analyse de la nature humaine qui a le mérite d'esquisser une psychologie, il distingue ainsi chez l'homme douze passions, dont trois sont fondamentales à ses yeux : la « *papillonne* » ou tendance au changement, « *la composite* » ou tendance à s'associer, la « *cabaliste* » ou tendance à rivaliser. Il s'agit de permettre à l'homme, qui est déjà passé par plusieurs périodes depuis la sauvagerie, de parvenir à l'état de *sécurité* ou de « *garantisme* » qui le conduira à l'harmonie parfaite. Le phalanstère, regroupant dans un établissement commun 1 600 personnes,

---

[53] Ils ont été organisés par Marie, cf. C. Gide et C. Rist, *« Histoire des doctrines économiques »*, Sirey, 1847, p. 287.

[54] H. Desroche, *« La société festive »*, Seuil, Paris, 1975, et M. Leroy, *« Histoire des idées sociales en France »*, Tome 2, Gallimard, Paris, 1951.

[55] E. Halevy, op. cit., p. 65.

[56] Il en décrit les détails dans le *Nouveau Monde industriel et sociétaire* (1829) et dans le journal *La phalange*.

doit représenter l'unité sociale de la société future. Ce devait être une sorte de *coopérative de consommation articulée sur une coopérative de production*. Il devait permettre la solution des conflits sociaux et constituer un modèle tendant à se généraliser[57].

La tradition fouriériste demeure encore vivante en France, même si le vocabulaire dans lequel ses idées ont été exprimées est tout à fait obsolète, « conçu dans le pire style de la spéculation du XVIIIe »[58]. Beaucoup voudraient encore remplacer un régime social où les hommes « se meuvent sur une échelle ascendante de haine et sur une échelle descendante du mépris »[59]. Fourier, à bien des égards, est un *précurseur du souci de convivialité*. Néanmoins, même au plan de la doctrine, *Fourier n'est pas un socialiste, puisque la propriété individuelle n'est pas abolie*. La phalange est constituée sous forme de société par actions. En opposition à R. Owen et aux Saint-Simoniens, Fourier déclarait : « ce sont des monstruosités à faire hausser les épaules que de prêcher au XIXe l'abolition de la propriété et de l'hérédité ». *L'objectif de la communauté c'est l'abolition du salariat par l'acquisition de la propriété associée.* C'est donc l'inverse de la lutte des classes, puisqu'il faut réconcilier les intérêts antagonistes du capitaliste et du travailleur. Pourtant dans le *Manifeste Communiste*[60], Marx cite curieusement le système de Fourier comme authentiquement socialiste, mais il en marque aussitôt les limites. De son côté J. Suart Mill devait aussi accorder une attention particulière au fouriérisme.

Pierre-Joseph Proudhon (1809-1865) et la critique de la propriété

P.J. Proudhon est à classer parmi les réformateurs sociaux comme Louis Blanc. C'est une personnalité attachante et diverse ; à noter que c'est un des très rares auteurs socialistes d'origine populaire ; il voulut rester ouvrier typographe, représentant de « ses frères de travail et de misère ». Pour bien situer Proudhon par rapport aux socialistes utopiques, il faut remarquer *qu' une génération au moins le sépare de Saint-Simon, de Fourier et de Louis Blanc*. Il développe ses idées dans les dix ans qui précèdent la révolution de 1848. « *Qu'est-ce que la propriété ?* », l'ouvrage qui le rend célèbre et qui sera très apprécié de Marx, est de 1840 ; « *Systèmes des contradictions économiques ou philosophie de la misère* » ; « *Organisation du crédit et solution du problème social* » de 1848. Beaucoup du succès de ses écrits est dû à ses qualités de conviction et d'expression, même si ses idées ne sont pas profondément originales[61].

---

[57] Victor Considérant (1808-1893) qui popularisa la notion de « *droit au travail* » en 1847-1848, fonda un phalanstère aux Etats-Unis ; Godin créa le familistère de Guise, sorte de coopérative de production depuis 1880. La colonie de « Brook farm » demeure la réalisation la plus célèbre aux Etats-Unis.

[58] J. Schumpeter, op. cit, 2, p. 111.

[59] Cité par C. Gide, op. cit., p. 274.

[60] P. 1, p. 191.

[61] On trouve une bibliographie détaillée dans C. Labica, *Dictionnaire critique du marxisme* », Paris, PUF, 1982, et P. Haubtmann, *La philosophie sociale de P.J. Proudhon*, PUG, Grenoble, 1980, et du même auteur, *Proudhon*, T1 1849-1855, TII 1855-1865, Ed. Desclée de Brouwer.

Proudhon commence par *attaquer la propriété*, remarquant que les économistes n'en discutent pas et transforment l'économie en un « résumé des routines propriétaires ». On connaît la phrase qu'il lance au début de son mémoire de 1840. « La propriété c'est le vol ». *Proudhon veut dire que c'est la propriété qui rend possible l'exploitation des travailleurs* ; elle permet au propriétaire de percevoir un revenu sans travail. Plus précisément, il attaque le *« droit d'aubaine »* des propriétaires, « qui suivant la circonstance et l'objet, prend tour à tour les noms de rente, fermage, loyers, intérêt de l'argent, bénéfice, agio, escompte, commission, privilège, monopole, prime, cumul, sinécure, pot de vin... ».

« Seul le travail est productif ». La terre et le capital ne peuvent être productifs sans le travail. C'est pourquoi le propriétaire qui exige une aubaine pour prix du service de son instrument, de la force productive de sa terre, suppose un fait radicalement faux à savoir que les capitaux produisent par eux-mêmes quelque chose, et en faisant payer ce produit imaginaire, il reçoit à la lettre quelque chose pour rien »[62]. Comment cette spoliation est-elle possible ? L'explication de Proudhon est bien particulière : entre le patron et l'ouvrier il y a une constante *« erreur de compte »*. Le patron paye à l'ouvrier la valeur de son travail individuel, mais *conserve pour lui le produit de la force collective de tous*. Pour Proudhon le profit ce serait donc l'usage non payé de la force collective du travail[63]. Toute production est nécessairement collective, donc tout capital accumulé est une propriété sociale. On verra que le concept de plus-value chez Marx situe l'origine de l'exploitation à un tout autre niveau.

Malgré cette notion de force collective pour Proudhon cependant *« la propriété, c'est la liberté »*, car elle permet au travailleur de recueillir les fruits de son travail. Proudhon est alors un adversaire des socialistes : il faut rendre la propriété inoffensive en la mettant à la disposition de tous. Il a des termes extrêmement durs pour le communisme : « la communauté est inégalitaire, mais dans le sens inverse de la propriété. La propriété est l'exploitation du faible par le fort, la communauté est l'exploitation du fort par le faible »[64]. Il dira encore : « la communauté, c'est la religion de la misère ». Il voit dans le communisme une forme d'esclavage. En fait, Proudhon est un individualiste qui préfigure l'anarchisme : *« l'anarchie est la condition d'existence des sociétés actuelles*, comme la hiérarchie est la condition des sociétés primitives »[65].

---

[62] *« Propriété »*, 1er Mémoire, p. 131-132.

[63] Idem, p. 94. Sur les propositions de Proudhon pour éliminer le rôle d'instrument de réserve de la monnaie. Cf. P. Pascallon : *Théorie monétaire*. Edit. de l'Epargne, Paris 1985, p. 563-567. Il y a une « filière » des notions de crédit gratuit et de la monnaie fondante (Proudhon - Gsell - Keynes), déjà mise en évidence par C. Rist. « La pensée économique de Proudhon ». *Revue d'histoire économique et sociale* ». 2, 1955.

[64] P. Ansart : *« Naissance de l'anarchisme. Esquisse d'une explication sociologique du proudhonisme »*, Paris, 1970, et *« Proudhon. Textes et débats*, Le Livre de Poche, Paris, 1984. Au sens propre du terme, Proudhon aurait prétendu à tort être anarchiste, même s'il fut le premier à employer le terme d'anarchie au sens de doctrine politique (Cf. C. Labica, op. cit., p. 739).

[65] *« 1er Mémoire »*, p. 204.

On peut évoquer seulement deux aspects spécifiques des propositions de Proudhon. Tout d'abord pour faire disparaître le profit capitaliste analysé comme « droit d'aubaine », il faut instaurer *le crédit gratuit*. Ce devait être l'objectif d'une *« Banque d'échange »* qui devait supprimer l'intérêt du capital. La « Banque du Peuple » qu'il créa en 1849 ne fonctionna pas, mais l'idée de Proudhon contribua à relancer par la suite les projets de Crédit Social. Par ailleurs, dans *« Systèmes des contradictions économiques »*, Proudhon développe le *principe de mutualité*. Le mutualisme de Proudhon, par une sorte d'extension des idées de la Révolution française, est fondé sur *un contrat liant chaque homme à tous les autres*. La notion de contrat, « seul lien moral que puissent accepter des êtres égaux et libres », se substituerait au principe d'autorité. Les unités de production seraient organisées *en associations de travailleurs qui contracteraient librement entre eux*, et qui échangeraient biens et services au *prix de revient* selon la loi d'équivalence.

Le mémoire sur la propriété était très apprécié de K. Marx[66], d'où une certaine influence de Proudhon sur le jeune Karl Marx qui l'initie de son côté à la dialectique de Hegel. Les éléments d'opposition ne devaient que s'exacerber, tant au niveau théorique que de la démarche révolutionnaire. K. Marx consacre un ouvrage en 1847 à critiquer les thèses de Proudhon : au mémoire *« Philosophie de la Misère »* il répond par *« Misère de la Philosophie »*, où il précise en particulier que toute valeur vient du travail, ce que n'admet pas Proudhon (pour lui les produits, et non la valeur des produits proviennent exclusivement du travail). Dans le *« Manifeste Communiste »* de 1848 K. Marx range Proudhon, partisan de la propriété individuelle et de la fusion des classes, parmi *les socialistes conservateurs* ou bourgeois. « Les bourgeois socialistes voudraient conserver les conditions d'existence de la société moderne, mais sans les luttes et les dangers qui en découlent nécessairement... ils veulent la bourgeoisie sans le prolétariat »[67].

Après la publication du *« Capital »* en 1867, l'influence de Marx devient prépondérante au Congrès de Bruxelles (1868) et de Bâle (1869). Le proudhonisme reste, estime C. Labica, l'objet, dans l'ensemble de la tradition marxiste, d'une caractérisation négative et d'une critique permanente. C'est par excellence « l'idéologie petite bourgeoise »[68]. L'histoire du mouvement ouvrier sera dominée par l'opposition entre les *partisans de l'action directe* de la grève, de la révolution (Saint-Simon, Fourier, Marx) et les *partisans de la réforme* progressive de la société, de l'auto-organisation du prolétariat et du mouvement coopératif de Proudhon, qui se disait d'ailleurs « révolutionnaire mais non bousculeur », précisant que « les révolutions durent des siècles ».

---

[66] Dans la *Sainte famille* en particulier.

[67] P. 1, p. 189. P. Haubtmann : *Proudhon, Marx et la pensée allemande*. Presses universitaires de Grenoble, 1981. Notons que L. Walras écrivit aussi un ouvrage contre Proudhon pour démontrer que la libre concurrence procure le maximum de satisfaction, ce qui imposait un objectif préalable à ses déductions logiques, cf. R. Di Ruzza, op. cit., p. 90-91.

[68] Op. cit., p. 739 et la nécrologie publiée par Marx en 1865 dans le *Social Democrat*.

Concluons sur cette évocation des socialistes français par une réflexion d'ordre plus général, celle du philosophe L. Coletti qui estime, cent ans après la mort de Marx, que le caractère le plus original du marxisme « c'est sa projection et sa tension essentielle vers la «réalisation» », entendue comme « l'idée d'un savoir... ou «programme absolu» qui est à traduire dans l'ordre des choses ». En cela, Lénine devait jouer un rôle décisif ; « il a été celui qui a donné réalité au marxisme, qui a accompli sa vocation essentielle ». L. Coletti ajoute ce qui peut servir d'idée-référence : « Et ainsi faisant, il a agi rétrospectivement sur l'œuvre même de Marx, lui conférant ce poids, cette « gravité », cette signification pressante sur le monde que n'eurent pas les écrits d'autres réformateurs ou utopistes sociaux (comme Proudhon, Fourier, Saint-Simon, etc.) et que l'œuvre de Marx elle-même n'aurait pas eu sans la révolution d'Octobre. » (*Le déclin du marxisme*, PUF, Paris, 1984, p. 170-171.)

3. Marx et la critique de l'économie politique

L'objectif de critique de l'économie politique

- L'économie de Marx ne se réduit absolument pas à une théorie économique. Le sous-titre de l'édition originale de l'ouvrage principal de Marx, *« Le Capital »* (Livre I, 1867) est *« Critique de l'Economie Politique »* ; mais dès le début, le projet de Marx dépasse ce champ et « se pose en *théorie de l'histoire, passée ou à faire* ». Marx ne cherchait pas à opposer une théorie à une autre théorie à partir d'hypothèses ou d'objectifs analytiques communs. Son objectif est à la fois de critiquer l'économie politique et la société dont l'économie politique correspond à l'idéologie dominante. En effet, *l'économie politique classique analyse les relations économiques en place comme l'expression d'un « ordre naturel »* qui peut être traduit en lois. Ces lois auraient l'immuabilité des lois physiques , en fait elles ignorent les phénomènes sous-jacents, les fondements et le mouvement véritable de la société capitaliste que Marx entend analyser scientifiquement.

- L'idéologie[69] donne une représentation de la pratique d'une classe sociale. *Le rôle historique de l'économie politique est d'expliquer la pratique de la bourgeoisie.* Précisons un peu à partir du texte de l'« *Idéologie allemande* », déjà commenté, les caractéristiques de cette notion :

---

[69] Le terme « idéologie » forgé en 1796 par A. Destutt de Tracy pour désigner *la science des idées* qu'il se proposait de construire, a eu très vite une connotation péjorative. Le concept est utilisé de façon polémique par Marx, qui l'introduit et le caractérise dans *«l'Idéologie allemande »*.

Chez lui, il est forcément toujours péjoratif, parce que les représentations qui constituent l'idéologie ont une autonomie illusoire et correspondent aux idées de la classe dominante. Certains l'emploient pourtant positivement : « une idéologie, (suite la note page suivante)

Les idées sont déterminées par « la base matérielle » : la production des idées, des représentations et de la conscience est d'abord directement et intimement mêlée à l'activité matérielle et au commerce matériel des hommes... ». De ce fait la morale, la religion, la métaphysique et tout le reste de l'idéologie... perdent toute apparence d'autonomie ».

L'idéologie est une forme particulièrement élaborée de la conscience. « Les individus qui constituent la classe dominante possèdent entre autres choses, également une conscience et en conséquence, ils pensent ; pour autant qu'ils dominent en tant que classe et déterminent une époque historique dans toute son ampleur, il va de soi que ces individus dominent dans tous les sens... leurs idées sont donc les idées dominantes de leur époque »[70]. *L'idéologie s'analyse donc comme une systématisation des idées de la classe dominante.*

– Revenons alors à notre question : pourquoi Marx privilégie l'économie politique parmi les autres idéologies, puisque la « praxis » humaine est en même temps juridique, religieuse, philosophique ? C'est que *l'économie politique a pour rôle d'analyser la manière dont la bourgeoisie produit et reproduit l'aspect le plus important de sa vie concrète, c'est-à-dire sa vie matérielle.* La production et la reproduction de la vie matérielle du bourgeois repose sur la production, la répartition et la consommation de *marchandises.* Ces pratiques elles-mêmes sont fondées sur le salaire, la rente, le profit, l'épargne, l'investissement, le capital. Cette démarche est clairement exposée dans le texte suivant : « Le premier travail entrepris pour la solution des doutes

---

c'est-à-dire une certaine conception de l'homme et de la société capable de s'imposer à un assez grand nombre d'individus pour opérer un consensus minimal et peser sur les destinées de la société ». C. Imbert, *« Ce que je crois »*, Grasset, 1984, p. 307. D'autres se veulent réalistes, comme A. Cotta pour qui l'idéologie « propose un système de valeurs à chacun, mais ne peut manquer d'être spécialement utilisée par les quelques-uns qui exercent ou désirent le pouvoir... Son enjeu est le pouvoir sur les êtres et non sur les choses ». *Le triomphe des corporations,* Grasset, Paris, 1983, p. 124. Quant au sociologue R. Boudon (*L'idéologie,* Fayard Paris, 1986) il enquête sur les ravages de l'idéologie qui « confère à des idées reçues l'autorité de la science ». Il est vrai qu'on peut estimer comme Joan Robinson que l'idéologie ressemble à un éléphant : difficile à définir précisément, mais reconnaissable sans trop de peine quand on en rencontre un », cité par C. Stoffaes. *Fins des Mondes,* Ed. O. Jacob, Paris 1987, p. 246, cf. également H. Rose et S. Rose : *L'idéologie de/dans la science, Seuil, Paris, 1977.*

[70] *« Idéologie allemande »,* édit. Sociales, p. 74-75. Joan Robinson, nous rappelle aussi que « Personne, bien entendu, n'est conscient de sa propre idéologie, pas plus qu'il ne peut se sentir respirer ». *Philosophie économique,* p. 69, op. cit. Cf. également : G. Markus. « Portée et limite des concepts de l'idéologie chez Marx ». *Les temps modernes,* fév. 1984 ; ainsi que l'analyse critique du rapport chez Marx entre pensée économique et idéologie globale de L. Dumont. *Homo-acqualis.* op. cit. chap. 7. Du vœu révolutionnaire à l'Idéologie allemande. p. 137 et ss.

Enfin K. Popper a soutenu la thèse de l'immortalité des idéologies (*Réflexion sur la mort.* Athènes, 1977) après avoir noté « qu'une théorie scientifique peut fonctionner comme une idéologie si elle s'enracine socialement ».

qui m'assaillaient fut une révision critique de la philosophie de l'Etat de Hegel… Mon enquête débouchait sur le résultat que les rapports juridiques comme les formes politiques ne peuvent être compris ni à partir d'eux-mêmes, ni à partir du soi-disant développement universel de l'esprit humain, mais ont leurs racines dans les rapports matériels de la vie, dont Hegel rassemble la totalité d'après l'exemple des Français et des Anglais, sous le vocable de « société bourgeoise », *mais que l'anatomie de la société bourgeoise ne pouvait être trouvée que dans l'économie politique* »[71].

Les lois économiques ne sont pas des lois naturelles

On peut retenir trois caractères principaux de la conception marxiste de loi économique[72].

1) Il existe des lois économiques qui s'imposent aux hommes, indépendamment de leur volonté et de la conscience qu'ils en ont. Ces lois économiques conditionnent l'activité des hommes ; elles expriment les relations que les hommes entretiennent à l'occasion de la production. C'est l'idée contenue dans le texte déjà cité de l'« *Avant-propos à la Critique de l'Economie Politique* » (1859)[73]. « Dans la production sociale de leur existence, les hommes nouent des rapports déterminées, nécessaires, indépendants de leur volonté ; *ces rapports de production correspondent à un degré donné du développement de leurs forces productives matérielles*. L'ensemble de ces rapports forme la structure économique de la société ». Le capitalisme est donc une forme particulière de société régie par des lois économiques nécessaires ».

2) Les lois économiques n'ont rien d'universel, ou de naturel, à l'encontre des affirmations des économistes classiques. On peut les définir seulement pour chaque mode d'organisation sociale de la production, pour chaque période déterminée de l'histoire humaine. Lois historiques signifient donc « *lois historiquement déterminées* ». A ce niveau se situe la critique la plus fondamentale adressée par Marx à l'économie politique : l'affirmation du caractère naturel des lois économiques. Il critique ainsi Benjamin Franklin « qui trouve tout aussi naturel que les choses aient de la valeur, que les corps de la pesanteur »[74].

Dès le « *Manifeste Communiste* » (1848) Marx marque la rupture avec la théorie classique qui présente en fait le capitalisme comme une forme nécessaire d'organisation de la société. « *C'est par intérêt que vous (les bourgeois) érigez en lois éternelles de la nature et de la raison vos rapports de production et de propriété, qui n'ont qu'un caractère historique* et que le cours même de la production fera disparaître : en quoi

---

[71] « *Critique de l'Economie Politique* », P 1, p. 272.

[72] Cf. J.P. Dumenil « *Le concept de loi économique dans le Capital* », (Préface L. Althusser), Maspero, 1978.

[3] P. 1, p. 272.

[74] P. 1, p. 615 note.

vous pensez comme toutes les classes qui ont dominé et qui se sont effondrées »[75]

3) Les lois économiques portent en elles-mêmes les conditions de destruction de la société ; on touche là le problème majeur de la rupture avec le capitalisme. Bien que spécifiques, les lois économiques assurent dans toute société deux rôles : *exprimer les rapports de production* qui définissent une société et *constituer la base* de tous les autres rapports sociaux.

Le mouvement de toute société, de son développement à sa dispariation comme forme dominante d'organisation sociale de la production, est commandé par le jeu de ces lois économiques. La révolution dans les rapports de production se manifeste par l'apparition d'une nouvelle structure économique de la société.

Il en résulte dans une première phase un accroissement de la production matérielle ; mais progressivement cette structure bloque la poursuite de ce développement.

L'histoire de l'économie du point de vue de Marx

A propos des autres auteurs nous avons déjà mentionné quelques positions de Marx, et nous nous répétons ici à beaucoup d'égards, mais volontairement pour situer Marx lui-même. L'économie politique est une discipline jeune : pour qu'elle se développe il fallait que les individus soient des sujets autonomes, c'est-à-dire dans la société bourgeoise, estime Marx. Marx distingue trois écoles principales[76] :

Les mercantilistes ont laïcisé leur discipline, mais ils édifient leur économie comme un ensemble de règles et de préceptes du fait que les individus ne sont pas autonomes. Ils élaborent des règles d'enrichissement pour l'usage du prince qui est le seul véritable sujet économique.

Marx retient trois apports des *physiocrates* que nous avons déjà introduits : l'idée de *lois naturelles* de l'économie ; le *concept de circuit* qu'il reprend dans les schémas de la reproduction ; la notion de *produit net* reprise en termes de « plus-value » et de « surtravail »[77]. Les physiocrates sont les premiers à proposer une théorie générale de la pratique bourgeoise, qui débouche sur la justification du laisser-faire, laisser-passer.

Les classiques sont de véritables économistes, parce que de vrais bourgeois ; ils privilégient le rôle de la monnaie, à quoi va répondre une analyse approfondie de sa fonction dans le mouvement du capital. A. *Smith* est l'économiste de la période de la manufacture, même si la révolution industrielle ne fait que débuter. Il assure *le dépassement de la théorie de la productivité exclusive de la terre*, en faisant du travail le principe créateur de toute richesse. *Malthus* a le mérite de dégager les manifestations

---

[75] P. 1, p. 615 note.

[76] Cf. *Anti Duhring*, P. 1, p. 1495 et ss.

[77] *Capital*, P. 1, p. 784. « C'est aux physiocrates que revient l'honneur d'avoir analysé le capital. Et cela fait d'eux les véritables créateurs de l'économie moderne ». *Histoires des doctrines économiques*. A. Costes, Paris, 1950, tome 1, p. 41, et ss.

de l'aliénation, mais par sa loi de population qui est un plagiat de J. Steuart[78], il démontre *la nécessité de la misère ouvrière*. « Il était naturellement... bien plus conforme aux intérêts des classes régnantes, que Malthus encense en vrai prêtre qu'il est, d'expliquer cette surpopulation par les lois éternelles de la nature que par les lois historiques de la production capitaliste »[79].

Ricardo tient une place de choix dans la critique de Marx. Son œuvre s'impose par sa cohérence interne. Elle codifie la pratique de la bourgeoisie, *elle fait apparaître l'antagonisme des classes*. Ce faisant, il justifie les fondements du mode de production capitaliste, mais il n'a aucune idée du caractère historique du système. Tout au contraire les oppositions de classe, la misère ouvrière lui paraissent inévitables en raison des lois économiques. Marx privilégie donc sa critique à l'égard de l'économie ricardienne. *Il la situe à un niveau scientifique par opposition à « l'économie vulgaire »*.

Pour conclure, citons encore le jugement de Marx qui définit sa préoccupation par rapport à l'économie politique : « Je fais remarquer une fois pour toute que j'entends par économie politique, toute économie qui, à partir de W. Petty, cherche à pénétrer l'ensemble réel et intime des rapports de production dans la société bourgeoise, par opposition à l'économie vulgaire qui se contente des apparences »[80]. Marx disait aussi en termes directs et imagés : « Certes, le langage de Ricardo est on ne peut plus cynique. Mettre sur la même ligne les frais de fabrication des chapeaux et les frais d'entretien de l'homme, c'est transformer l'homme en chapeau. Mais ne crions pas tous au cynisme. Le cynisme est dans les choses et non dans les mots qui expriment les choses. Des écrivains français comme Droz, Blanqui, Rossi et autres, se donnent l'innocente satisfaction de prouver leur supériorité sur les économistes anglais, en cherchant à observer l'étiquette d'un langage «humanitaire» ; s'ils reprochent à Ricardo et à son école leur langage cynique, c'est qu'ils sont vexés de voir exposer les rapports économiques dans toute leur crudité, de voir trahir les mystères de la bourgeoisie »[81].

---

[78] Cf. P. 1, p. 894;

[79] Cf. *Le Capital*, P. 1, p. 1022.

[80] *Le Capital*, p. 1, p. 604.

[81] Marx : *Misère de la Philosophie*, p. 1, p. 26-27. Précisons que Gustave Droz (1773-1850) a été rangé parmi les « économistes sociaux » de l'école française ; il déclarait en particulier qu'il était de l'intérêt des patrons d'élever les salaires, dont il s'affligeait de la modicité. On cite souvent de lui : « En lisant certains économistes, on croirait que les produits ne sont pas faits pour les hommes, mais les hommes pour les produits ». *Economie politique ou principes de la science des richesses*, 1829, 2ᵉ édit., p. 57. Adolphe Blanqui (1798-1854), auteur d'une *Histoire de l'économie politique* (1837) mérite mention pour son action, en collaboration avec le Dr Louis Villermé, en vue d'obtenir la première loi sur le travail des enfants dans les manufactures (1841). Comme c'est souvent le cas, la faiblesse de l'apport théorique de ces auteurs brillants « n'emporte pas nécessairement un jugement sur l'homme ».

L'approche marxiste n'est aucunement réductible à celles qui l'ont précédée et qui ont leur prolongation moderne. Le marxisme se constitue avec K. Marx en « discours critique de l'économie politique» . D'une manière plus générale le matérialisme historique représente une approche particulière de la réalité. La connaissance de la réalité, dont l'économie est un aspect dominant dans le capitalisme, s'opère par la *critique de l'idéologie.* La question de l'idéologie est bien au centre de l'interrogation de Marx, car il entend démontrer la vérité du matérialisme historique et dialectique en démasquant le caractère illusoire des autres discours. Cette vérité devait apparaître comme inscrite dans la «réalité socio-historique» et non comme le résultat d'un jugement de valeur ou d'une déduction purement abstraite.[82]

[82] Cf. G. Deleplace, *théories du capitalisme*, op. cit. pour une introduction du point de vue de l'économiste ; cf.J. Elster, *Une interprétation analytique*, PUF, Paris, 1989, pour une étude qui entend situer Marx dans l'histoire des sciences sociales, qui analyse en particulier l'approche marxiste des idéologies.

Chapitre X
Valeur et prix : notion de marchandise et théorie de la valeur

Dès la première phrase du *Capital*, Marx part de la constatation suivante qui commande l'ordre de son analyse : « La richesse des sociétés dans lesquelles règne le mode de production capitaliste s'annonce comme une immense accumulation de marchandises. L'analyse de la marchandise, forme élémentaire de cette richesse, sera par conséquent le point de départ de nos recherches »[83]. L'analyse de la valeur des marchandises est au centre de l'économie politique marxiste. Pour Marx la marchandise « recèle en germe l'ensemble des contradictions du système capitaliste ». La théorie de la valeur-travail permet en effet à Marx de mettre en évidence l'exploitation des travailleurs et de fournir une justification scientifique de la lutte du prolétariat.

Marx assume également une démarche de caractère fondamentale qui part du postulat simple pour aller au complexe. Le premier aspect de l'exigence scientifique est en effet du domaine de la *définition des principes premiers*. On doit postuler une *entité élémentaire* grâce à quoi il est possible d'expliquer le domaine de la connaissance que l'on veut investir. Selon cette logique Marx commence dès le début du *Capital* à présenter des concepts premiers et des définitions abstraites pour aboutir à la fin au sujet concret. Second aspect de l'impératif scientifique, l'hétérogénéité physique des marchandises, biens ou services divers, rend indispensable un *« numéraire »*, c'est-à-dire *un dénominateur commun pour ramener toutes les marchandises à des entités homogènes*. «Il faut réduire les valeurs d'échange des marchandises à quelque chose qui leur est commun ».

I — Le fondement de la valeur des marchandises

L'économie politique classique considère la marchandise comme une « donnée empirique de fait ». La marchandise est un objet réel dont les propriétés peuvent

---

[83] *« Capital »*, livre 1, Sect. 1, P. 1, p. 561.

satisfaire des besoins[84]. Elle a l'objectivité de la science physique. Elle représente une forme particulière de la richesse. Comme Ricardo, Marx porte son analyse sur les biens produits et reproductibles pour *l'échange*, mais pour Marx « *la notion de marchandise est à construire* »[85]. Un effort d'analyse est nécessaire pour comprendre la nature profonde de la marchandise qui ne peut être saisie empiriquement. L'exposé de Marx part de l'existence de l'échange.

1. Les notions de base concernant la marchandise

Définition de la marchandise

La marchandise… « est un objet extérieur, une chose qui, par ses propriétés, satisfait les besoins humains de n'importe quelle espèce ». La marchandise est tout bien produit en vue d'être vendu sur le marché et susceptible d'être reproduit en grande quantité. De cette définition il se déduit que :

- *Tout produit ou bien n'est pas obligatoirement une marchandise* : l'exemple traditionnel en est l'œuvre d'art, comme la Joconde, qui est un produit en tant que tel, mais non une marchandise. Les copies de ce tableau sont par contre des marchandises parce que reproductibles.

- en sens inverse *les produits qui ne sont pas présentés à la vente* sur un marché ne sont pas des marchandises (exemple : produits autoconsommés).

- au niveau de la démarche d'ensemble de l'économiste, cette notion première de marchandise permet de définir *l'objet de l'Economie Politique* comme « *l'étude des lois de la production, de la reproduction et de la distribution des marchandises* ».

Distinction entre valeur d'usage et valeur d'échange

A ce niveau *Marx suit la tradition classique (Ricardo)* (ce qui peut conduire à des confusions concernant la compréhension de Marx) : il faut distinguer la valeur d'usage de la valeur d'échange. Or, toute marchandise est *en même temps*, et de *manière contradictoire*, valeur d'usage et valeur d'échange. Voyons à quoi correspond cette distinction chez Marx.

---

[84] L'anglais permet de distinguer entre « commodities », les marchandises disposant d'un « substrat matériel », et « goods », les biens, notion correspondant à l'approche néo-classique qui définit le bien de manière essentiellement subjective. Tout ce qui peut satisfaire un besoin et qui est rare est un bien économique. Toute chose, tout service, reproductible et commercialisable, apte à répondre à un besoin est un bien. C'est donc l'appréciation subjective du sujet qui fonde la valeur. Dans l'une et l'autre approche, c'est-à-dire que l'on considère au départ des marchandises ou des biens, ceux-ci n'ont de valeur qu'à proportion de la satisfaction des besoins qu'ils assument.

[85] J. Cartelier, « *Surproduit et reproduction* », op. cit. p. 252.

La marchandise est *valeur d'usage* parce qu'elle… « est d'abord un objet extérieur, une chose qui, par ses propriétés, satisfait des besoins humains de n'importe quelle espèce »[86]. C'est donc la prise en compte de *l'utilité primaire* d'un bien : *une marchandise est une valeur d'usage, parce qu'elle est utile en raison de ses qualités intrinsèques*, de ses caractéristiques propres. Cette utilité s'apprécie à proportion de l'aptitude de la marchandise à satisfaire des besoins réels et particuliers de l'homme. Elle peut donc évoluer, se modifier à proportion de l'évolution, des modifications des besoins ; ce que l'on peut exprimer en notant le *caractère social de ces besoins* qui fondent la valeur d'usage des marchandises.

La valeur d'usage établit un rapport qualitatif entre marchandises ; or, par essence, en raison de leurs caractères propres et spécifiques, les marchandises représentent un ensemble hétérogène. Comme valeurs d'usage les marchandises sont toutes différentes, irréductibles l'une à l'autre, donc non comparables. L'échange de marchandises ne peut en conséquence être analysé comme un échange de valeurs d'usage. L'échange exige une comparaison, donc de pouvoir disposer d'une mesure commune.

La marchandise est aussi une valeur d'échange : « la valeur d'échange apparaît d'abord comme le *rapport quantitatif*, comme la proportion dans laquelle des valeurs d'usage d'espèces différentes s'échangent l'une contre l'autre, rapports qui changent constamment avec le temps et le lieu »[87]. En ce sens la marchandise est *porte-valeur*. *La marchandise est donc dès l'origine l'objet d'une contradiction. « Elle ne peut simultanément être objet d'utilité et porte-valeur*. Elle est soit l'un, soit l'autre. Objet d'utilité, c'est-à-dire valeur d'usage, elle ne peut être porte-valeur, c'est-à-dire valeur d'échange. Porte-valeur elle ne peut être objet d'utilité, puisque précisément elle va servir à l'acquisition d'une autre marchandise qui sera, elle, désirée »[88]. Dès lors, comment peut-on mesurer la valeur ?

Le travail mesure de la valeur

Comment établir une mesure entre les différentes marchandises, comment les rendre *commensurables ?* On butte là sur « le problème premier de l'analyse économique qui est celui de la mesure du produit »[89]. Marx affirme la référence première à l'utilité : pour avoir une valeur d'échange un bien doit avoir satisfait un besoin, mais *« ce n'est pas l'échange qui règle la quantité de valeur d'une marchandise mais au contraire la quantité de valeur de la marchandise qui règle ses rapports d'échange».*

La réponse de Marx au problème de la commensurabilité est la même que celle de Ricardo : les différentes marchandises ont un seul caractère en commun, celui d'être

---

[86]« *Capital* », Livre 1, Sect. 1, Chap. 1, 1.
[87] « *Capital* », Livre 1, Pléiade, Tome 1, p. 563.
[88] Cf. P. Salama, « *Sur la valeur* », Maspéro, Paris, 1982, p. 206.
[89] B. Schmitt. « *La pensée de Karl Marx* », Castella, Albeuve, 1976, p. 9 introduction.

« les produits du travail ». On ne peut mieux faire que citer Marx : « La valeur d'usage des marchandises une fois mise de côté, il ne leur reste plus qu'une qualité, *celle d'être des produits du travail*. Mais déjà le produit du travail lui-même est métamorphosé à notre insu. Si nous faisons abstraction de sa valeur d'usage, tous les éléments matériels et formels qui lui donnaient cette valeur disparaissent à la fois. Ce n'est plus, par exemple, une table ou une maison, ou du fil, ou un objet utile quelconque ; ce n'est pas non plus le produit du travail du tourneur, du maçon, de n'importe quel travail productif déterminé. Avec les caractères utiles particuliers des produits du travail disparaissent en même temps, et le caractère utile des travaux qui y sont contenus, et les formes concrètes diverses qui distinguent une espèce de travail d'une autre espèce... ». « Tous ces objets ne manifestent plus qu'une chose, c'est que dans leur production *une force de travail humaine a été dépensée, que du travail humain y est accumulé*. En tant que cristaux de cette substance sociale commune, ils sont réputés valeurs. Le quelque chose de commun qui se montre dans le rapport d'échange ou dans la valeur d'échange des marchandises est par conséquent leur valeur ; et une valeur d'usage, ou un article quelconque, n'a une valeur qu'autant que du travail humain est matérialisé en lui »[90]

2. Distinction à opérer au niveau de la mesure de la valeur

Une fois déterminée la mesure de la valeur, comment relier travail et valeur ? On se heurte à une série de difficultés résultant de différences et spécificités : différence entre « travaux concrets » et « travail abstrait » ; différences liées aux qualifications et à la complexité du travail réalisé ; différences dans les conditions de production ; différence entre travail direct et indirect. Marx opère à ce niveau une triple «réduction» de la notion de travail.

Travail concret — travail abstrait

Le travail de tel travailleur n'est pas identique à celui de tel autre. Concrètement le travail de l'ajusteur et du peintre sont différents. C'est pourquoi nous employons volontairement le pluriel pour « travaux concrets ». Or, pour mesurer la valeur d'échange, *il faut pouvoir se référer à un travail dépensé qui soit homogène*. Ceci conduit à distinguer :

---

[90] « *Capital* », P.1, p. 565. Sur les difficultés de l'exposé de la théorie de la valeur, cf. H. Denis : *L'Economie de Marx*, p. 140 et ss ; J. Bidet : *Que faire du capital ? Matériaux pour une réfondation*. Klincksieck, Paris, 1985, p. 20 et ss ; par ailleurs on voit bien que Naville a raison de préciser les conditions historiques prévalentes : « la considération quantitative du travail ne pouvait surgir que lorsque celui-ci s'est universalisé dans le courant du XVIIIe siècle européen... auparavant, les différentes formes d'activité n'étaient pas comparables dans toute leur étendue... » *Le nouveau Leviathan* p. 37.

– *le travail « concret »* c'est celui qui a pour objectif de rendre l'objet utile, de façon à satisfaire un besoin humain.

– *le travail « abstrait »* : « la confection des vêtements et le tissage, malgré leur différence, sont tous deux une dépense productive du cerveau, des muscles, des nerfs, de la main de l'homme, et en ce sens du travail humain au même titre » (Capital, P. 1, p. 571-572). Si l'on se maintient au niveau de la réflexion théorique, on perçoit bien que les marchandises comme valeur d'échange représentent « du travail homogène, indifférencié... le travail qui crée la valeur d'échange est du *travail général abstrait* ». Les différences qualitatives entre les travaux concrets disparaissent. « Il ne reste plus que le caractère commun de ces travaux : ils sont tous ramenés au même travail humain, à une dépense de force humaine de travail sans égard à la forme particulière sous laquelle cette force a été dépensée... ».

A ce niveau abstrait, toutes les marchandises sont *« transformées en sublimés identiques, échantillons du même travail indistinct »*. Cette approche théorique peut être renforcée par l'observation de la pratique des techniques de production fondées sur le *taylorisme*. Des ingénieurs spécialisés dans l'organisation du travail décomposent et chronomètrent les gestes des travailleurs pour en éliminer le travail superflu. Ils calculent ainsi pour chaque poste et chaque opération un temps de travail moyen, qui est du coup bien abstrait. Ceci n'est naturellement pas sans poser plusieurs problèmes théoriques ; les qualités particulières sont laissées de côté pour définir la *substance* de la valeur. Notons bien que par rapport à Ricardo l'originalité de Marx sur ce point est d'introduire une différenciation dans le concept de la valeur entre *forme* et *substance*.

Travail simple et travail complexe

Le travail est la substance de la valeur, le temps de travail est la grandeur de cette valeur. Comment se référer au temps de travail comme mesure quand il y a des différences de qualification (travail de manœuvre ou travail d'ingénieur par exemple). On ne peut les additionner purement et simplement ; la différence de qualification doit se traduire par une différence quantitative. Marx distingue le travail simple et le travail complexe.

– Le *travail simple* est une dépense quantitative de force de travail simple, que tout homme ordinaire possède dans son organisme.

– le *travail complexe* « correspond à une quantité plus grande de travail simple »[91]. C'est la dépense d'une forme de travail qui a été préalablement qualifiée. on

---

[91] *« Capital »*, P 1, p. 572. Le travail simple, celui de l'homme ordinaire (der Mensch schlechthin) devient substance, parce que supposé être simple « dépense de force de travail », cf. J. Bidet, op. cit. p. 24.

est ramené à un phénomène de multiplication : une heure de travail qualifié doit être évaluée comme l'équivalent de x heures, suivant le cas, de travail simple.

– Au-delà de l'affirmation théorique se pose le problème ardu de *la réduction* du travail complexe au travail simple. Comment calculer le coefficient de multiplication ? L'œuvre de Marx contient peu d'éléments de réponse à cette question. Notons seulement que Marx refuse que ce coefficient soit calculé à partir des différences de rémunération des travailleurs. La structure des salaires est déterminée en effet sur le marché. Il y aurait contradiction à se référer d'une part au marché pour déterminer les coefficients de pondération qui permettent de passer du travail complexe au travail simple, et à vouloir d'autre part déterminer les éléments constituants de la valeur de façon objective (structure des prix relatifs) au niveau exclusif de la production de la marchandise considérée. Marx paraît indiquer qu'il faut se reporter au *coût de formation*, « travail investi sur du travail », pour mesurer, évaluer les coefficients de réduction du travail qualifié. Les recherches actuelles sont orientées dans cette direction[92]. Ainsi au principe quantitatif de la mesure de la substance, le temps de travail, s'ajoute celui de la *qualité* du travail étalon[93].

Le travail socialement nécessaire

La «*pierre angulaire*» de la loi de la valeur de Marx est la détermination des valeurs des marchandises par le temps de travail socialement nécessaire à leur production. La valeur d'échange d'une marchandise n'est pas déterminée par les conditions individuelles des travailleurs, ni par les conditions particulières de l'entreprise. La valeur est une donnée sociale, définie par les conditions moyennes de production.

L'hypothèse de détermination par les conditions individuelles est clairement écartée par Marx : « On pourrait imaginer que si la valeur d'une marchandise est déterminée par la quantité de travail dépensée pendant sa production, plus un homme est paresseux ou inhabile, plus sa marchandise a de valeur, parce qu'il emploie plus de

---

[92] « Un problème tout à fait secondaire pour Marx, mais qui devient essentiel dans le contexte d'une économie politique marxiste, et que l'économie classique ne peut plus éviter depuis que Marx l'a soulevé, est celui du travail complexe et de sa réduction en travail simple », S. Latouche, op. cit., p. 81. M. Hollard a réalisé une étude approfondie sur les comptabilités sociales en temps de travail « qui ont précisément pour objectif le calcul des temps de travail correspondant au travail direct d'une part, au travail correspondant aux consommations intermédiaires à l'utilisation du capital fixe et aux importations d'autre part ». *Comptabilités sociales en temps de travail*. Presses universitaires de Grenoble, 1978, cf. également Ch. Baudelot, R. Establet, J. Toisier, *Qui travaille pour qui ?* Maspero, Paris, 1979. A. Sauvy a proposé que ces recherches servent à établir des instruments de prévision des différents types d'emploi (matrice de l'emploi), *La machine et le chômage*, Dunod, Paris, 1980.

[93] Signalons cependant qu'au delà du problème reconnu de la réduction du travail complexe, la transformation des qualités en quantités conduit à assimiler travail abstrait et travail simple. On a un problème d'interférence entre la détermination de la *mesure* de la valeur et celle de sa *substance* ».

temps à sa fabrication » (« *Capital* » P 1, p. 566). En fait, il ne faut pas comptabiliser le temps de travail effectivement dépensé, mais « le temps de travail nécessaire en moyenne ou le temps de travail socialement nécessaire, c'est-à-dire *un temps de travail moyen en raison des conditions techniques moyennes de l'époque* (sorte de coefficient technique de production du travail dans une fonction de production) ».

L'hypothèse de différences résultant des conditions particulières de production entre entreprises doit être examinées. Supposons pour produire une même marchandise (automobile), plusieurs entreprises en concurrence dont l'une dispose de machines obsolètes peu efficaces. Il en résulte une différence dans la productivité du travail (production d'un ouvrier pendant une heure). En première approximation les automobiles produites dans des conditions techniques différentes ont des valeurs d'échange différentes. *En fait le marché ne reconnaît pas ces différences de valeur dues à des différences de productivité.* L'entreprise à moindre productivité (en raison de ses techniques de production) est contrainte de vendre son produit à une valeur inférieure à la quantité de travail effectivement dépensée, ce qui correspond à un *gaspillage de travail*. Ce gaspillage comporte nécessairement une réduction du profit de l'entreprise (plus-value du capitaliste), une exploitation accrue des travailleurs, la faillite si aucune modernisation n'intervient. Il faut un tel réajustement à l'échelle sociale pour que joue pleinement la loi de la valeur.

Mentionnons aussi que le progrès technique ou le développement des forces productives comporte une réduction de la valeur dans la mesure où la production d'une marchandise donnée nécessite une moindre quantité de travail. Diffusion de l'innovation et amélioration des procédés de production se traduisent logiquement par des économies de travail qui signifient une réduction de la valeur des marchandises. Marx relève cette évolution contradictoire : « à une masse croissante de richesse matérielle peut correspondre un décroissement simultané de sa valeur ». Cette contradiction résulte du double caractère de la marchandise (valeur d'usage/d'échange) ainsi que du travail qui la produit (travail concret/abstrait). Ceci met en cause le fonctionnement du mode de production capitaliste.

Travail direct et indirect

Le temps de travail nécessaire pour fabriquer une machine ne se limite pas au travail dépensé par les ouvriers ; il faut également des matières premières et des machines. A ce niveau Marx, comme Ricardo, distingue dans le temps de travail nécessaire pour produire un article *le travail direct* (ou vivant) de l'ouvrier et le *travail indirect* (ou mort) incorporé dans les moyens de production. « Le temps de travail qu'il faut pour produire un article comprend aussi le temps de travail qu'il faut pour produire les articles consommés dans l'acte de sa production. En d'autres termes, le temps de travail nécessaire par les moyens de production consommés compte dans le produit nouveau ».

Travail productif, travail improductif

Marx fait également une distinction entre le travail qui est productif de valeur et celui que ne l'est pas. Pour Marx, le travail *productif* est celui qui concourt à la production d'une marchandise et qui crée de la plus-value. Cette définition donne lieu à discussions que nous n'exposons pas.

L'articulation entre la théorie de la valeur[94] et la notion de marchandise peut être représentée schématiquement de la façon suivante[95] :

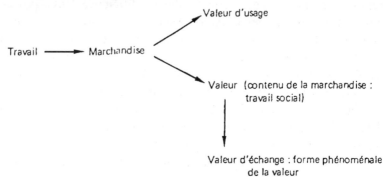

Dans ce schéma il apparaît que la valeur de la marchandise est mesurée par la quantité de travail socialement nécessaire dépensée pour sa production. Mais quelle est la valeur du travail ?

La « *force de travail* » est elle-même une marchandise dans le M.P.C., car celui qui ne possède que sa force de travail est obligé de la vendre pour obtenir ce qui est indispensable pour vivre. Comme marchandise la valeur de la force de travail doit être mesurée par le temps de travail socialement nécessaire pour produire les biens qui sont consacrés à la reconstitution de la force de travail. En fait si Marx part des bases ricardiennes de la théorie du travail, son objectif est beaucoup plus ambitieux. Les concepts abstraits qu'il définit avec précision doivent lui servir à développer *la théorie de l'exploitation du travail.*

On peut aussi illustrer le rôle de la notion de valeur d'échange en se référant à un espace abstrait. La valeur d'échange correspond à une représentation sociale du produit dans un espace particulier : « l'espace unidimensionnel de la marchandise ». Dans

---

[94] Marx reprend un thème important des classiques. Il retient de A. Smith l'idée que le travail productif est celui qui s'échange contre du capital (cf. *Richesses*. Livre II, chap. 3, op. cit. p. 157 et ss), mais refuserait de le limiter au contenu matériel de la production. La difficulté de l'interprétation de la pensée de Marx vient de l'ambiguité de la proposition : « dans le capitalisme n'est productif que ce qui rapporte de la plus-value ». Sur ce débat cf. J. Bidet, *op. cit.* p. 96-117 : A. Berthoud : *Travail productif et productivité du travail chez Marx*. Maspero, Paris 1974.

[95] Le produit du travail devient marchandise du fait qu'il y a marché et société marchande, d'où ses *deux formes sociales* : la valeur d'usage correspondant au travail concret ; la valeur correspondant au travail abstrait. Cf. B. Rosier, op. cit., p. 115.

cet espace particulier au mode de production capitaliste, toutes les valeurs d'usage sont réduites « à quelque chose qui leur est commun et qui est entièrement indépendant de leur nature physique ».

Par ailleurs, il apparaît que le produit du travail devient marchandise seulement parce qu'il y a marché, parce qu'il y a société marchande. Marx n'explique pas seulement comment la valeur d'échange des marchandises est déterminée, mais *comment les produits du travail sont socialement validés* en tant que marchandises.[96] Les marchandises ont une valeur parce que leurs producteurs individuels offrent de se les échanger en tant que telles : «en réputant égaux dans l'échange leurs produits différents, ils établissent par le fait que leurs différents travaux sont égaux. Ils le font sans le savoir.»

II — Le passage de la valeur d'échange au prix monétaire

Après avoir défini la notion de marchandise et les fondements de sa valeur, Marx analyse la mesure de l'échange par la monnaie. En effet les prix courants sont exprimés en quantité de monnaie ; ils représentent une relation d'équivalence entre une marchandise et une somme d'argent.

Marx veut montrer la nécessité de la forme monnaie (ou forme prix), c'est pourquoi il consacre une analyse détaillée aux formes que peut prendre la valeur (la valeur d'échange). Au titre de la connaissance générale, tout autant que celle de la démarche de Marx, nous l'exposons un peu en détail car Marx donne une description logique de la « *genèse de l'échange marchand* » à partir du troc. Son objectif est de montrer que la monnaie n'est pas seulement un intermédiaire qui établit des rapports relatifs entre les marchandises. La monnaie fait apparaître les marchandises comme valeur d'échange. Il est alors possible d'expliquer le renversement qui caractérise le capitalisme : l'objectif de la production n'est pas de créer des valeurs d'usage, mais de mettre en valeur de l'argent.

---

[96] A bien des égards la section 1 du Livre I du « *Capital* » manifeste encore une sorte « *d'imprégnation classique* » qui peut cacher la cohérence de la distinction de Marx entre la forme et la substance de la valeur. Les différences s'affirment pourtant dès le début entre les constructions théoriques de Marx et de Ricardo. 1) Marx déclare dès le départ que *son objet d'analyse est l'économie capitaliste* et que cette analyse doit commencer avec la forme marchande. Ricardo s'en tient à l'étude des déterminants de la grandeur de la valeur ; 2) Marx note *le caractère historique de la distinction entre la valeur d'usage et la valeur d'échange*, ce que ne perçoit pas Ricardo ; 3) Ricardo ne réussit pas à clarifier la distinction entre la forme et la substance de la valeur, ce qui le conduit à ne pas distinguer la valeur d'échange de la valeur, et même à utiliser ces deux termes comme des synonymes en opposition à la valeur d'usage.

Les démarches analytiques concernant la monnaie

Les analyses classique et néo-classique excluent dans un premier temps la monnaie de l'explication des prix. La monnaie est considérée comme un voile qui occulte les phénomènes réels. Les rapports d'échange entre les produits sont déterminés sans relation avec la monnaie. Chez les *classiques ils sont déterminés par la quantité de travail* nécessitée par leur production. Le prix est l'expression du travail intégré aux produits. Chez les néo-classiques ils sont déterminés par l'équilibre général. Le prix est un *rapport entre des utilités*. Quand l'équilibre général est obtenu, il y a équilibre entre toutes les utilités et désutilités. Il faut noter qu'à l'équilibre le profit disparaît et il y a affectation optimale des ressources. L'introduction de l'égalité en termes monétaires, c'est-à-dire exprimée dans le bien spécifique qu'est la monnaie, s'opère par la *théorie quantitative*.

Au-delà de la distinction entre démarche classique et néo-classique, on peut suivre depuis plusieurs siècles l'opposition entre deux conceptions fondamentalement antagoniques relative à la nature de la monnaie. Selon la *théorie nominaliste* : la monnaie est seulement un *signe* qui tient sa valeur de l'autorité du prince. L'État est le véritable créateur de la valeur de la monnaie. Il confère à la monnaie sa valeur juridique (« Geltung » : pouvoir libératoire) ce qui lui attribue du même coup une valeur sociale, fondement de sa valeur économique (« Wert »). Par contre selon la *théorie de la monnaie marchandise* le pouvoir d'achat de la monnaie procède de la marchandise. Cette conception a trouvé une place logique chez les classiques ; « elle correspond mieux à la mythologie sur laquelle s'appuie le discours de l'économie politique classique ».

Marx se situe dans cette tradition, mais son objectif est de montrer *le rôle de la monnaie dans le mouvement du capital*, à la fois comme signe et comme « instrument du processus d'abstraction du travail ».

Les étapes du développement de la monnaie selon Marx

Malgré quelques remarques de nature historique la démarche de Marx à ce niveau (chap. I, 3 du *Capital*, P1, p. 575-604) consiste à définir des catégories, à préciser les conditions théoriques de l'apparition d'une structure marchande. Le problème de la mesure de la valeur est réglée, au niveau essentiel, avec celui de la détermination de sa substance. L'analyse des « formes de la valeur » se réfère au problème de l'expression de la valeur.

Marx distingue quatre étapes qui représentent une véritable histoire, abstraitement reconstituée, du développement de la monnaie et de l'échange.

1 — *L'échange de marchandises les unes contre les autres,* ou *troc primitif,* constitue la forme simple ou accidentelle de la valeur (M - M'). Dans cette opération *la valeur d'une marchandise s'exprime en une autre marchandise,* soit xA s'échange contre yB (par exemple de la toile contre un habit). A et B représentent deux valeurs d'usages différentes ; x et y les quantités échangées de chacun de ces biens. Cette relation se présente sous la forme d'une égalité : 20 mètres de toile = 1 habit. Cette égalité est possible, parce que ces deux produits ont un même élément en commun, une substance commune : le travail. Dans le troc primitif la réalité de la mesure commune de la toile et de l'habit n'est pas perçue par les échangistes. La valeur d'échange d'un bien ne peut être exprimée que par un équivalent. Dans le cas du troc cet équivalent est un autre bien, c'est un *équivalent simple.* La première marchandise a un rôle actif : elle exprime sa valeur qui est exposée comme *valeur relative.* La seconde marchandise joue un rôle passif : elle est matière à expression de la valeur ; elle fonctionne comme *équivalent.*

2 — Dans un second temps vient *la forme valeur totale (ou développée),* où une marchandise est exprimée en plusieurs marchandises et se trouve en rapport avec toutes. La valeur d'échange du blé peut se refléter, non seulement dans le sel, mais dans toute autre marchandise. *On passe alors de l'équivalence simple à une série d'échanges qui manifestent une pluralité d'équivalences.* On aura xA = yB, xA = zC, xA = uD. La valeur d'un bien s'exprime dans une diversité d'autres biens qui sont de pures valeurs d'échange. L'échange (ou troc) ne détermine pas la quantité de valeur d'une marchandise ; au contraire cette valeur règle ses rapports d'échange. *La forme naturelle de chacune des marchandises considérées (B, C, D) est une forme équivalente, particulière parmi d'autres.* Comme la série des termes d'équivalence ne peut être complète, l'expression relative de la valeur demeure inachevée. Le blé reflète sa valeur non seulement dans le vin, mais dans le tissu, les tables ; le travail de l'agriculteur devient ainsi comparable au travail du vigneron, du tisserand, du menuisier…

3 — Troisième étape de la forme générale : *plusieurs marchandises sont exprimées en une seule* ; toutes ont alors une même forme valeur. L'opération est beaucoup plus simple ; il suffit d'inverser la série antérieure pour dégager la relation réciproque.

$$\left.\begin{array}{l} yb \\ zC \\ uD \end{array}\right\} = xA$$

Tous les biens considérés expriment leur valeur d'échange en un seul. Une série de « trocs accidentels » est remplacée par un *système d'échange* grâce auquel la valeur de plusieurs biens s'exprime dans un étalon unique des valeurs. La toile dans notre exemple est érigée en équivalent général. La marchandise qui remplit cette fonction peut être aussi appelée *numéraire. La forme naturelle de la marchandise considérée est alors forme officielle et forme sociale des valeurs.* Théoriquement tout bien peut remplir cette fonction de numéraire, même un bien imaginaire, une réalité statistique abstraite. On trouve là le problème très actuel de l'unité de compte. Historiquement le blé, le sel ont rempli la fonction d'intermédiaire des échanges dans certaines régions à certaines époques, le bétail à Rome (« pecus » : le bétail , « pecunia » : l'argent en latin) le thé au Thibet, le cacao chez les Aztèques, la soie en Chine, le tabac chez les Amériendiens, mais la cigarette aussi dans le microcosme bien particulier des camps de concentration. Le bronze, l'argent, l'or ne se sont imposés que pour des raisons pratiques, ce qui nous conduit directement à la monnaie.

4 — La dernière étape est *celle de la forme monnaie ou argent.* Cette forme diffère de la précédente en ce qu'une marchandise bien particulière, l'or, s'impose par ses qualités : grande valeur pour un faible volume, divisibilité et additivité, inaltérabilité, malléabilité, etc. L'or peut remplir des fonctions fondamentales qui sont précisément celles par quoi on définit la monnaie : numéraire, intermédiaire des échanges, instrument de paiement, réservoir de valeur.

Dans cette dernière étape la marchandise équivalent qu'est l'or prend un caractère *« fétiche »* ; son rôle devient indépendant de sa valeur d'usage. Ce point représente l'essentiel de ce que Marx retire de son analyse de la genèse de l'équivalent général. La monnaie et la marchandise ne sont que deux formes distinctes d'une même valeur : *la monnaie est la forme équivalent, la marchandise est la forme relative.*

Avec la division du travail la monnaie devient l'équivalent général pour toutes les valeurs d'usage. Elle représente *la forme générale de la valeur et l'expression sociale des marchandises.* Dans ces conditions l'échange monétaire ne peut être assimilé à un troc. La monnaie n'est pas un voile. Pour Marx les marchandises ne s'échangent pas contre des marchandises. « Les marchandises sont exprimées en argent avant même que celui-ci les fasse circuler ». *(Théories sur la plus-value).* La genèse de la monnaie doit être comprise comme une forme de manifestation de la valeur et non comme une monétarisation d'un troc comme chez Ricardo.

L'intérêt de l'analyse des formes « équivalents de la valeur »

La construction, car il s'agit bien d'une construction abstraite[97] du concept de monnaie à partir de celui de valeur, n'introduit pas la monnaie à la suite de l'analyse

---

[97]Pour une étude historique de l'origine réelle des pratiques monétaires, rompant avec la « fable » du troc inventée par les économistes, cf. J.M. Servet *Nomisma, Etat et origine de la monnaie.* PUL, Lyon, 1984. Les hypothèses commerciales, financières, culturelles et politiques sont successivement présentées. Et pour une étude de la préhistoire monétaire cf. J. Briard et J. Rivallain. De l'échange à la paléomonnaie en préhistoire européenne dans : *« La monnaie dans tous ses états ».* Cahiers Monnaie et Financement N°17. Université de Lyon II, mars 1987. Cf. également l'analyse particulièrement colorée de la monnaie par Max Weber, *Histoire économique,* Gallimard, Paris, 1991.

de l'échange marchand comme un élément extérieur. *La monnaie n'est pas prise en compte par simple « réalisme empirique »* (la constatation que les marchandises s'échangent en fait contre de la monnaie) ou par connaissance historique (la monnaie a permis la multiplication des échanges). On retrouverait alors la démarche classique et néo-classique. La démarche de Marx vise à saisir le concept de monnaie au niveau essentiel par développement du concept de valeur « en ce qu'il exprime la spécificité de la société présente ».

La logique profonde de la démarche de Marx peut se résumer ainsi : a) la valeur d'une marchandise est sa réalité ; b) cette réalité sociale s'exprime dans l'échange ; c) dans l'échange les produits prennent une valeur distincte de leur réalité physique (utilité spécifique) ; d) par l'échange un rapport de choses entre elles traduit un rapport social déterminé ; e) la monnaie assume la fonction d'équivalent général de la valeur : elle devient forme monétaire de la valeur de la marchandise[98].

« La forme argent voile donc les caractères sociaux des travaux privés et les rapports sociaux des producteurs ». L'introduction de la monnaie cache les rapports entre les personnes. Avec la monnaie l'échange prend l'apparence de rapports entre marchandises. Dans ces conditions la valeur apparaît comme une qualité propre aux marchandises : c'est le *fétichisme de la marchandise*. Les rapports de production, le rapport capital-travail-salaire sont dissimulés par une forme apparente.

« En général, des objets d'utilité ne deviennent des marchandises que parce qu'ils sont les produits de travaux privés… Comme les producteurs n'entrent socialement en contact que par l'échange de leur produits, ce n'est que dans les limites de cet échange que s'affirment d'abord les caractères sociaux de leurs travaux privés… Il en résulte que (pour les producteurs) les rapports de leurs travaux privés *apparaissent* ce qu'ils *sont*, c'est-à-dire non des rapports sociaux immédiats dans leurs travaux même, mais bien plutôt des rapports sociaux entre les choses » (*Capital* P1. p. 606-607).

On constate encore ici l'importance que Marx confère à la *représentation*. Un rapport social n'est pas seulement une réalité objective ; il nécessite un inter-médiaire qui mette les agents en rapport. La monnaie chez Marx permet de *valider* un travail privé offert au marché ; c'est la *réalisation* qui permet de résoudre la contradiction social/privé.

---

[98] L'objectif de Marx est bien de montrer que l'argent représente l'expression de la valeur, ce qui est à distinguer du problème classique de la valeur relative. A ce niveau, Marx se démarque totalement de Ricardo.

Assimiler « forme relative de la valeur » et « valeur relative », c'est banaliser l'analyse du rôle de la monnaie dans le chapitre I du *Capital*. Au niveau de la terminologie trois termes sont à préciser. Le rapport de valeur (*Wertverhältnis*), c'est la valeur relative des marchandises comme rapport entre la valeur (absolue) de chacune d'elle ; « l'expression de valeur » *(Wertausdruck)* est synonyme de *« forme de la valeur »* (Wertform), qu'elle définit en fait : la marchandise a une « forme de valeur » dans la mesure où elle a une expression de sa valeur. Ainsi, avec la marchandise-argent toutes marchandises peuvent se manifester en celle-ci comme valeur, c'est -à-dire comme travail abstrait.

Chapitre XI

Plus-value et exploitation

Dans la démarche de Marx la théorie de la valeur a pour objectif essentiel d'expliquer « *l'exploitation capitaliste* ». Le capitaliste veut en premier lieu produire un article utile qui représente une valeur d'échange, c'est-à-dire un article qui puisse être vendu sur le marché. Cet article sera par définition *une marchandise*. Il s'agit là d'une démarche spécifique au mode de production capitaliste ; dans les modes de production antérieurs les échanges marchands existent, mais ne sont pas la caractéristique de base.

En outre, et c'est fondamental, le capitaliste a un objectif supplémentaire en produisant une marchandise : il veut que la valeur d'échange de cette marchandise soit supérieure à la valeur consacrée à l'achat des marchandises nécessaires pour la produire. En d'autres termes, *la production capitaliste s'analyse comme une production liée de valeurs d'échange et de plus-value*. Dans ce processus l'argent intervient à deux niveaux : comme instrument de l'échange dans la sphère de la circulation ; pour la réalisation de la plus-value dans le cycle du capital.

I — La distinction entre travail et force de travail

1. L'origine de la plus-value : la marchandise force de travail[99]

Citons le passage célèbre où Marx présente la source de la plus-value :«Pour pouvoir tirer une valeur échangeable de la valeur usuelle d'une marchandise, il faudrait que l'homme aux écus ait l'heureuse chance de découvrir au milieu de la circulation, sur le marché même, une marchandise dont la valeur usuelle possédât la vertu particulière d'être source de valeur échangeable, de sorte que la consommer serait réaliser du travail et par conséquent créer de la valeur. Et notre homme trouve effectivement sur le marché une marchandise douée de cette vertu spécifique ; elle s'appelle puissance de travail ou *force de travail* ». (*Capital,* Chap. VI, P1, p. 715).

---

[99] Le concept de force de travail est tard venu dans l'œuvre de Marx, soit en 1857. Il est essentiel pour l'exposition articulée de la théorie de la plus-value. Cf. C. Labica, op. cit., p. 376-377.

La marchandise qui crée plus de valeur qu'elle n'en coûte n'est pas une donnée immédiate de la nature. Elle n'a pas d'existence en soi et pour soit (telles les idées hégéliennes) ; la marchandise ne peut apparaître que dans des conditions historiques bien particulières où elle devient le fondement d'un mode de production.

Pour que la force de travail soit englobée dans la circulation marchande il faut que soient réunies deux conditions préalables : a) Le possesseur de la force de travail doit être *juridiquement libre*. L'individu est libre de disposer à son gré de sa force de travail, de l'aliéner volontairement[100] ; b) Mais cette liberté s'exerce dans le cadre d'une contrainte plus générale : *l'individu n'a rien d'autre à vendre que sa force de travail*. Historiquement il faut donc qu'apparaisse une classe d'hommes « libérés » de l'agriculture et de l'artisanat qui doivent vendre leur force de travail sur le marché, car ils ne disposent d'aucun moyen de production[101]. On définit ainsi une classe, *le prolétariat moderne*.

Il est notable que cette distinction entre détenteurs de moyens de production et offreurs de force de travail n'a pas existé de toute éternité (elle est absente des modes de production antique ou féodal)). Le prolétaire n'en est pas venu spontanément à vendre sa force de travail. « Il devient un vagabond ou un aventurier. Il a fallu toute la violence de la législation sanguinaire pendant la période de l'accumulation dite primitive pour que la force de travail devienne une marchandise »[102].

L'analyse du travail de Marx est profondément novatrice par rapport à celle des classiques ; comme il l'écrit lui-même à Engels en 1867 : « C'est sur cela que repose toute la compréhension des faits ». Selon *l'interprétation classique* le salaire est le prix du travail ; le travail lui-même est « une marchandise comme une autre ». Comme marchandise, les classiques distinguent deux prix pour le salaire : le prix naturel (ou *salaire naturel*) correspond au coût des subsistances nécessaires au travailleur ; le prix courant (ou *salaire courant*) résulte de l'offre des salariés et de la demande des entrepreneurs. Pour les *néo-classiques* le salaire est le prix de location du facteur travail. Les lois du marché commandent sa formation. Celles-ci ont tendance à aligner le salaire

---

[100] « Comme tout rapport de domination moderne, l'usine ne connaît que des libertés ; ni esclave, ni serf, le travailleur dispose du droit de vendre sa force de travail et cet *unique condition historique* recèle tout un monde nouveau... ».

« Comment la plèbe, se sachant libre, peut-elle encore se soumettre aux contraintes d'un gouvernement ? demandaient les autres maîtres penseurs. Voyez l'usine, répond Marx ». A. Glucksmann, *« Les maîtres penseurs »*, Grasset, Paris, 1977, p. 237.

[101] Marx décrit, « la création violente d'un prolétariat sans feu ni lieu » dans le chapitre 27 du livre 1 du *Capital* : « L'expropriation de la population campagnarde » ; et dans le chap. 28 : « Législation sanguinaire contre les expropriations à partir de la fin du XVᵉ : loi sur les salaires ». Ces chapitres historiques, absents des *Principes* de Ricardo, rendent beaucoup plus vivante la lecture du *Capital*, construit pourtant selon une méthode de raisonnement ricardienne.

[102] Marx dit clairement : « Ce qui forme le prolétariat ce n'est pas la pauvreté naturelle existante mais la pauvreté produite artificiellement », cité par B. de Jouvenel, op. cit., p. 159.

sur un salaire d'équilibre déterminé à la fois par la productivité et la rareté du facteur travail. Marx d'un côté se situe dans l'héritage de l'analyse ricardienne, mais de l'autre, Marx élargit de beaucoup le problème de la valeur. En effet, l'interprétation classique : «la valeur du travail est égale à la valeur des subsistances nécessaires à l'entretien et à la production du travail», est transformée par Marx en : «la valeur de la *force de travail* est égale à la valeur des subsistances nécessaires à...». En d'autres termes, le capitaliste n'achète pas le travail de l'ouvrier (qui serait alors un autre capitaliste), ni le travailleur (ce serait de l'esclavagisme), mais *la capacité de travail de l'ouvrier : c'est la force de travail qui est marchandise*[103]. Au-delà de la simple différence comptable entre la production et la consommation des salariés déjà repérée par Sismondi, comme toujours le problème de Marx est le rapport social qui est occulté dans l'échange de travail contre un salaire.

L'évolution de la force de travail

La distinction de Marx entre travail (abstrait)[104] et force de travail doit être précisée. Le capitaliste, propriétaire des moyens de production, met en œuvre la force de travail qu'il achète ; pour cela il réalise les « avances » nécessaires en fournissant les moyens de production aux travailleurs. En effet, ce que le capitaliste achète et rémunère c'est « l'ensemble des facultés physiques et intellectuelles qui existent dans le corps d'un homme, dans sa personnalité vivante, et qu'il doit mettre en mouvement pour produire des choses utiles »[105]

Comment évaluer la force de travail ? Etant une marchandise (bien qu'à la fois source de toute valeur d'échange) il faut en mesurer la valeur, comme pour toute autre marchandise, par « *le temps de travail nécessaire à sa production* ». On est renvoyé à une autre question : comment mesurer celui-ci ? La réponse de Marx est très nette : « le temps nécessaire à la production de la force de travail se résout dans le temps de travail nécessaire à la production de ses moyens de subsistance ». Ces moyens de subsistance ont une dimension historique, c'est-à-dire qu'ils dépendent du temps et du lieu, du « degré de civilisation ». Ils ne se réduisent pas à un minimum physiologique indispensable.

De plus, dans la somme de ces moyens de subsistance il faut englober ceux des remplaçants, les enfants des travailleurs, car il faut compenser la réduction de la force de travail et veiller à ce... « que cette singulière race d'échangistes se perpétue sur le marché »[106]. Pour prendre tous les éléments en compte, il vaut mieux parler du *coût de la « reproduction de la force de travail »*. Dans l'hypothèse où la force de travail ne se nourrit que d'un élément (le blé) de valeur unitaire notée q dont elle consomme

---

[103] L. Althusser, cité par B. Rosier, op. cit., p. 117.

[104] « Le travail est la substance et la mesure des valeurs, mais il n'a lui-même aucune valeur », de même que la pesanteur n'a pas de poids et la chaleur n'a pas de température.

[105] « *Capital* », P. 1, p. 715.

[106] Cf. P. 1, p. 720.

annuellement une quantité Q, la valeur de la force de travail est $v = Qq$. Si, de façon plus réaliste, la consommation porte sur un panier de biens $B = (B1, B2, \ldots Bn)$, la valeur de la force de travail est le contenu en travail de ces moyens de subsistance, soit $v = \ Qi\ Bi$.

2. Les formes salariales

Selon l'approche marxiste, le salaire est *« l'expression monétaire de la valeur de la force de travail, c'est son prix »*. Le salaire représente la quantité de monnaie à la disposition du salarié pour l'achat de marchandises et services de consommation finale. Cette somme monétaire constitue donc une des relations entre les rapports économiques dans la production et dans la consommation. Nous introduisons à ce niveau quelques éléments généraux sur les formes salariales[107]. Le salariat est apparu quand, d'une part, un certain niveau de liberté a été obtenu, tel que chaque individu pouvait disposer de sa force de travail, mais que d'autre part, la majorité des individus n'avaient plus la capacité de subvenir à leurs besoins de manière indépendante.

Les caractéristiques essentielles du salariat moderne ont été définies très tôt : *relation contractuelle* entre employeur et salarié, *nature monétaire* du salaire, *dépendance* du travailleur envers le patron fournisseur d'emploi. L'introduction de machines plus perfectionnées et l'organisation de la division du travail ont provoqué la généralisation du *travail en atelier* et en usine, c'est-à-dire sur un lieu de travail où prévaut une discipline stricte.

Les deux catégories de salaire direct[108]

On peut s'efforcer de dégager des caractéristiques communes aux différentes formes de salaire, ainsi que les principaux problèmes qui leur sont liés.

Le salaire au temps correspond à une rémunération sans référence nécessaire à une production déterminée. Sur une base horaire, journalière, mensuelle, annuelle. Cette modalité a son origine dans l'agriculture où l'on pouvait avoir une idée approximative de la valeur de la force de travail à un niveau de technique peu développé. Elle s'est généralisée dans le secteur industriel, et aussi bien pour la production matérielle que pour les autres activités. La valeur de la force de travail est une catégorie qui tend à disparaître *« dans son image monétaire brisée »* ; en effet plus le temps travaillé

---

[107] Nous rompons volontairement la continuité de l'exposé, pour introduire des distinctions sur le salaire en liaison avec la notion de force de travail. Selon les formes celle-ci est plus ou moins occultée.

[108] Pour des définitions techniques, cf. B. Billaudot, *« Économie descriptive »*, Dunod, Paris, 1984, p. 140 et ss ; J. Lecaillon, *« Les salaires »*, Cujas, Paris, 1973, p. 139 et ss.

pendant un intervalle donné est élargi (an, mois, jour, heure) plus le salaire diverge de la valeur effective de la force de travail. *L'expression monétaire du salaire ne correspond plus à l'usure effective de la force de travail*. Le salaire au temps assure de la souplesse au fonctionnement de l'appareil productif ; celle-ci est d'autant plus élevée que l'unité temporelle de salaire est petite. Par contre, cette forme salariale ne garantit pas à l'entrepreneur le rythme d'utilisation de la force de travail, c'est-à-dire l'intensité du travail.

Le salaire à la quantité (ou aux pièces)[109] : c'est la rémunération avec référence à une production déterminée en quantité et en qualité. Elle permet donc un contrôle de l'intensité et de la productivité du travail. La relation entre quantité produite et salaire correspond à la manifestation quantitative du travail la plus immédiate et la plus simple. Ceci en fait *une forme idéologique privilégiée de représentation du salaire comme prix du travail*. Cependant cette forme n'est pas généralisable, car elle suppose qu'on puisse isoler le résultat du travail. Notons enfin que dans une organisation de la production où des normes de production sont imposées, le choix entre les deux formes salariales devient théoriquement indifférente.

L'évolution des formes de rémunération

Au-delà de l'analyse théorique de la notion de force de travail, il est intéressant d'indiquer l'évolution des formes salariales depuis l'époque où elles ont été observées par Marx jusqu'à la période actuelle.

Dans la période du capitalisme de libre concurrence, la production est à dominante agricole. Le secteur industriel est constitué de petites entreprises employant quelques salariés. Les techniques de production sont simples. La *manufacture royale* utilise surtout le travail à domicile ; les « fabricants » organisent la *manufacture rurale* : ils distribuent la matière première et ils commercialisent le produit. Disposant d'une main-d'œuvre qualifiée capable « d'autonomie professionnelle », les chefs d'entreprise ont principalement le souci d'élargir le marché pour la production qu'ils commercialisent. Le salaire au temps représente une forme efficace pour la petite entreprise, mais avec l'accroissement du capital se développe *la pratique du salaire à la quantité qui correspond bien à la préoccupation de commercialisation*.

Le salaire aux pièces ou à la tâche est au début souvent réalisé à domicile, avec l'intervention d'un « *intermédiaire des tâches* » *(tâcheron, chef d'atelier à domicile à Lyon)* qui salarie les ouvriers à la journée ou répartit le travail à domicile. Ce tâcheron a la responsabilité des opérations de mesure du temps et des normes de rendement. De

---

[109] Marx consacre tout le chapitre 21 du *Capital* au « salaire aux pièces ». Sa lecture est intéressante. Marx veut démontrer que « le salaire aux pièces est la forme de salaire la plus appropriée au mode de production capitaliste » (P. 1, p. 1055).

lui dépend la rationalisation et donc l'intensification du travail. Son objectif premier est d'obtenir le maximum de produit au moindre coût, ce qui conditionne le maximum de gain. C'est pourquoi on l'a qualifié d'acteur du « système de la sueur ». Ce système à la quantité, avec l'intervention ou non d'un intermédiaire, n'assurait pas une augmentation de la productivité du travail, l'amélioration de la qualité des produits. Il était surtout *antagonique avec l'adhésion des travailleurs à la production*, car c'est bien une des contradictions du système capitaliste d'avoir à fonctionner avec une main-d'œuvre libre et d'avoir à faire adhérer les travailleurs à l'objectif de production[110].

Avec le développement des techniques et du volume de la production industrielle le système salarial doit tendre à atténuer, ou occulter, l'antagonisme entre les procès de travail et de production. Ainsi un industriel du Second Empire peut-il déclarer : « N'est-il pas évident, rationnel, que le travail manuel qui donne la vie à tout cet outillage, qui doit assurer l'amortissement des frais fixes, prend d'autant plus d'importance qu'on entre plus avant dans cette voie de progrès et d'approfondissement de l'industrie ? »[111].

Le salaire au rendement se généralise progressivement dans la seconde moitié du XIXᵉ, mais il a l'inconvénient pour l'entreprise de faire dépendre la norme de production d'un marchandage avec les ouvriers, qui peuvent ainsi exercer un certain contrôle sur leurs conditions de travail. Vers 1890 les grandes entreprises sont organisées de façon à conserver le contrôle de la fixation des normes de production. Ceci donne lieu à de nouvelles formes de salaires au rendement, qui coexistent avec le salaire au temps pour les travailleurs qui ne sont pas directement intégrés à la fabrication (charbon, sidérurgie, textiles, chimie, habillement).

Frederick Taylor introduit l'idée de mesurer des temps de production et surtout d'analyser les opérations de production pour connaître *les temps élémentaires* de production, et éliminer ainsi les gestes inutiles. Ce principe aboutit à retirer au travailleur la maîtrise de son rendement et à le spécialiser dans des opérations élémentaires à effectuer en temps imposé. Ainsi le procès de travail est soumis au procès de production.

A cela s'ajoute l'objectif essentiel d'organiser le rendement au niveau de l'entreprise, de l'atelier : le salaire au rendement évitait d'avoir à organiser ; l'idée de Taylor est d'organiser pour pouvoir mieux stimuler, d'aboutir à un « stimulant financier à l'état pur » à quoi correspond un ouvrier uniquement soucieux de gagner de l'argent (l'homme bœuf). F Taylor distingue deux parties dans le salaire : l'une qui correspond à la production inférieure à la norme, l'autre à la production supérieure à la norme qui

---

[110] B. Mottez, *Systèmes de salaires et politiques salariales,* CNRS, Paris, 1966, p. 69.

[111] Sur le salariat comme *rapport antagonique*, cf. l'analyse théorique d'approche marxiste, de B. Drugman : *« Etat, Capital et salariat »*, Université de Grenoble, 1979, p. 287 et ss.

donne lieu au paiement de *primes* élevées. La norme elle-même est calculée sur la base des rendements d'ouvriers habiles. Ce système comporte des contraintes étroites[112] : *contrainte de cadence* au niveau de l'organisation générale, *contrainte individuelle* par norme, *contrainte financière*. Ce système devait se généraliser dans les industries à production de série très mécanisée dont Ford a été le précurseur. De plus en plus la machine va commander le rendement du travailleur individuel.

Cependant le salaire au rendement se heurte lui-même aux limites de la stimulation monétaire. Plus la production est intégrée, moins ce type de rémunération conserve un effet stimulant. Les ouvriers peuvent freiner la production en ne jouant pas le jeu de la prime, s'il n'apparaît pas favorable et comporte des conséquences pour la santé ou la solidarité du groupe de travail. Ceci a conduit à une nouvelle forme salariale : *le travail posté*. C'est la rémunération selon le poste de travail. Le salaire rémunère les nuisances du travail et non plus le rendement individuel ou collectif. A partir des années 60 la primauté de la rémunération au rendement se heurte à une opposition de plus en plus forte des travailleurs, à une véritable crise du salariat. Les mesures visant à l'intégration des salariés aux objectifs de la structure économique l'emportent sur les questions de rémunération. Ce sont en particulier les dispositions « de participation aux fruits de l'expansion », les « contrats de progrès », la négociation par masse salariale, la direction participative par objectif, la mensualisation, « l'enrichissement » et la « recomposition » des tâches. Ces formules qui accroissent la responsabilité des travailleurs dans l'entreprise se heurtent à l'antagonisme, mis en évidence par l'approche marxiste, entre procès de production et procès de travail.

II — La création de plus-value par la force de travail

La spécificité de la force de travail, par rapport à toutes les autres marchandises, est d'être la seule à créer plus de valeur qu'elle n'en coûte. Cette création de valeur intervient dans le cadre d'un cycle bien particulier caractéristique du mode de production capitaliste. Ceci nous conduit à l'analyse des différents schémas fondamentaux selon la sphère : on pose ainsi le problème du capital à partir de ce qui est observable :

---

[112] « On doit à Marx une impartiale et prophétique analyse de la stratégie du pouvoir dans la grande industrie... Plus remarquable encore le tableau anticipé de la *discipline intellectuelle qui deviendra la grande stratégie de l'organisation du travail au XX*. Un demi-siècle avant que Taylor ne «rationalise» la chaîne,... Marx avait souligné cette tendance à la «séparation entre le travail manuel et les puissances intellectuelles que la grande industrie transforme en pouvoir du Capital sur le travail» », A. Glucksmann, op. cit., p. 238. Les plus importants ouvrages de F. Taylor sont de 1891 : *The principles of Scientific Management,* trad. fr. Dunod, 1909 et de 1911 : *Shop management*, trad. fr. Dunod, 1913 ; cf. M. Richonnier, op. cit., p. 57-61, et B. Coriat. *L'atelier et le chronomètre*, C. Bourgeois, Paris, 1979.

la circulation de la marchandise et de l'argent[113]. Comme pour l'analyse de la genèse de l'équivalent général, il ne s'agit pas pour Marx de décrire le processus historique d'apparition du capital, mais d'en dégager le développement dialectique. L'analyse du capital de Marx correspond à une démarche fondamentalement critique par rapport à l'approche prévalente de l'économie classique.

1. La genèse du capital

La circulation des marchandises représente le point de départ du capital. Il s'agit pour Marx de démontrer que l'argent est à la fois le produit final de la circulation et la première forme d'apparition du capital. Cette distinction s'opère au niveau de la forme de circulation des marchandises et de l'argent.

Le schéma de circulation dans un mode de production marchande simple

Dans sa forme la plus primitive, l'échange se réalise sous la *forme du troc*. En l'absence d'équivalent général, on peut résumer le cycle du troc ainsi :

$$M - M'$$

Marchandises contre marchandises

Avec l'extension de la division du travail et l'émergence d'un intermédiaire qui joue le rôle d'équivalent général monétaire, le troc peut être rompu dans le temps et dans l'espace. On a alors le cycle suivant que l'on qualifie de *circulation marchande simple* :

$$M \rightarrow A \rightarrow M$$

Marchandise   Argent   Marchandise

Dans cette opération, *l'objectif des échangistes est de vendre pour acheter.* Si l'on reste dans la sphère de circulation, ce qui est recherché c'est la valeur d'usage. En fin de cycle l'argent est dépensé, l'acheteur a obtenu un bien recherché pour sa valeur d'usage, c'est-à-dire pour son utilité, son aptitude à satisfaire un besoin. Dans l'exemple retenu par Marx un tisserand échange une pièce de toile (M) contre de l'argent (A) et dépense cet argent pour acheter une bible (M). *Il y a simple circulation de marchandises* : on part d'une marchandise pour retrouver une valeur égale dans sa forme

---

[113] Les chapitres 2 et 3 du livre I du *Capital* contiennent la théorie monétaire de Marx, déjà traitée de façon complète dans « *Critique de l'Economie Politique* », 1859.

Les chapitres 4 et 5 de la deuxième section exposent les éléments essentiels de la solution au problème de la plus-value. La lecture des chapitres 6 et 7 sur la force de travail et la plus-value, est recommandée.

marchandise. « La forme argent disparaît au contraire dès que le cours de sa circulation est achevé... Le mouvement imprimé à l'argent par la circulation des marchandises n'est donc pas circulatoire... Son retour (de l'argent) exige le renouvellement ou la répétition du même mouvement circulatoire pour une marchandise nouvelle... Le mouvement que la circulation imprime à l'argent l'éloigne donc constamment de son point de départ pour le faire passer sans relâche d'une main dans l'autre[114] » (*Capital,* P.1, p. 654-655).

Le schéma de circulation commerciale

Par raison de progression logique et pour bien faire apparaître par élimination la nature du capital, évoquons ce que l'on peut appeler le circuit commercial.

Soit le *circuit acheter pour vendre*; c'est l'opération commerciale de base. A côté d'artisans et de propriétaires de marchandises, des commerçants professionnels achètent des marchandises aux producteurs pour les revendre sur un autre marché ou à un autre moment. En bonne logique ils achètent pour vendre avec profit, de façon à ce que le cycle s'écrive :

$$A \rightarrow M \rightarrow A' \quad \text{où} \quad A' = A + \Delta A$$

Par le commerce l'échangiste obtient un supplément de valeur par rapport à la somme engagée au départ. Schématiquement on peut dire que l'objet de l'opération est de *faire de l'argent avec de l'argent.* Mais d'où provient le profit, c'est-à-dire $A' > A$? Dans l'opération envisagée il provient du commerce. Dans les systèmes précapitalistes, usuriers et marchands, des marchands sont allés très tôt acheter auprès de producteurs moins développés, ou dominés, des marchandises à un prix inférieur à leur valeur. Dans cette opération, qui peut encore être d'actualité bien évidemment, le profit ou bénéfice obtenu par le commerçant ne constitue pas un enrichissement global de la société ; il y a uniquement *transfert de richesse.* Avant l'échange la richesse globale de l'ensemble des échangistes considérés était égale à M (marchandises détenues par le producteur) + A (argent détenu par le commerçant) + A' (argent détenu par les acheteurs). Au terme de l'échange, la richesse globale demeure toujours égale à $M + A + A'$. Ceci fait dire à S. Latouche : « les marchands et les usuriers ne se développent qu'au détriment des autres classes de la société et dissolvent les modes de production antérieurs »[115]. Marx considère bien cette hypothèse, c'est à dire qu'il ne pose pas d'emblée le capital comme exploitation des travailleurs dans le procès de production. « Le coton acheté à 100 livres est revendu 100 + 10, soit 110 livres. La forme complète de ce mouvement est donc AMA dans laquelle $A' = A + \Delta A$, c'est à dire égale

---

[114] Nous suivons ici les analyses contenues dans les chapitres 4, 5, 6 et 7 du *Capital* de Marx, Livre premier.

[115] Op. cit., p. 103.

à la somme avancée plus un excédent. Cet excédent ou ce surcroît, je l'appelle *plus value* ». (*Capital* I. P.1, p. 696). Dans ce cas la monnaie universelle (ou « Weltgeld ») étant facilement convertible en marchandises, elle est avancée pour obtenir une plus value sous forme monétaire en tirant avantage des différents niveaux de prix entre différentes sphères de circulation. Sous cette forme du capital la source de la plus value est extérieure au mouvement du capital.

La décomposition de cette opération ne rend pas compte d'un autre processus global d'enrichissement de certaines sociétés intervenu particulièrement en Europe à partir de la fin du Moyen Age. Ricardo n'en voyait pas la possibilité hors du simple accroissement de la productivité du travail dans l'agriculture et l'artisanat.

Le cycle du capital : l'argent comme capital

L'utilisation de l'argent comme capital permet d'obtenir une création de plus-value[116]. En termes théoriques le développement de la forme argent de la valeur permet « *de concevoir le capital comme valeur s'autovalorisant* », ce qui conduit à préciser le cycle du capital.

Le schéma A-M-A' (où A' = A + A) pose un problème spécifique. Donnons un exemple concret pour bien le distinguer du cas précédent. Le marchand peut utiliser son argent A à autre chose qu'à l'achat de biens de consommation destinés à la revente. Il peut passer d'une activité de commerce à une activité de production. Il peut consacrer son argent à la fabrication de toile. Cette activité permet d'obtenir une plus-value au niveau du cycle de production du type A-M-A'. La plus-value n'est pas créée dans la seconde partie de la transaction, car A' est seulement la représentation monétaire de M. L'excédent de valeur est donc apparu dans la première partie ; là encore le gain n'a pu être réalisé sur la valeur d'échange de M, car A le représente exactement. *L'échange d'équivalents ne peut donner lieu à plus-value.* L'explication doit résider dans la valeur d'usage : il y a sur le marché une marchandise dont la propriété est que sa valeur d'usage crée de la valeur d'échange : c'est la force de travail.

On peut représenter ainsi le cycle du capital :

$$A - M \left\{ \begin{array}{l} FT \\ \ldots, P, \ldots M' (M + m) - A' (A + a) \\ M_p \end{array} \right.$$

Le capitaliste industriel qui possède une somme d'argent A, la transforme en un *capital productif* par l'achat de matières premières et machines (soit Mp) et de la force

---

[116] Ou « *survaleur* » terme retenu par des traductions récentes, parce qu'il serait à la fois plus proche du terme allemand « *Mehrwert* » et de la signification du concept économique. Cf. J.P. Lefebvre : « *Plus-value ou survaleur* », in : La Pensée, Paris, 1978.

de travail (soit FT). Il les met en œuvre dans le processus de production P (phase de transformation des valeurs d'usage). Il obtient ainsi un nouveau produit fini M' qui incorpore un supplément de valeur créée (m). La vente de M' permet d'obtenir sur le marché A'. La différence A' > A représente la plus-value *qui a été obtenue cette fois dans le processus de production*. La circulation du capital implique celle du capital argent. Ainsi est dépassée l'économie politique classique fondée sur la loi d'échange des marchandises à leur valeur. En fait, le mode de production marchande simple implique le mode de production capitaliste, dont il faut analyser les « véritables lois » de fonctionnement.

Le capital peut être considéré au sens étroit comme « *capital argent* »[117], « *capital productif* »... mais il faut le concevoir au sens large *comme capital social*. Marx définit ainsi cette notion essentielle pour son approche, en s'opposant à la conception classique prévalente : « le capital n'est pas un objet, mais un rapport social de production déterminé, ce rapport est lié à une structure sociale historique déterminée... le capital, ce n'est pas la somme des moyens de production matériels produits, ce sont les moyens de production convertis en capital »[118]. Le cycle du capital social apparaît comme l'unité des processus de production et de circulation. On décompose ainsi le cycle du capital-argent pour en préciser le fonctionnement :

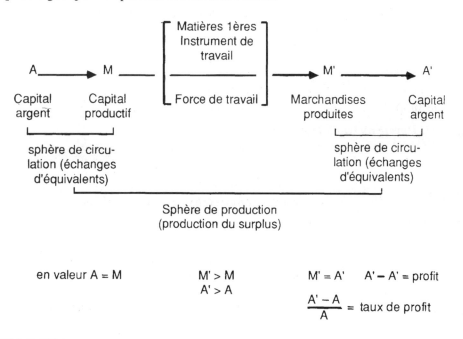

[117] Il est notable que Marx cite des termes employés par Sismondi à propos du capital : « portion fructifiante de la richesse accumulée... valeur permanente, multipliante » (Pléiade 1, p. 701). Le procès de circulation du capital est analysé par Marx dans le livre II du *Capital* en trois temps.

[118] « *Capital* », Livre III, sect. 5.

Le cycle du capital social apparaît comme l'unité du procès de production et du procès de circulation. C'est un procès global au niveau d'une formation sociale donnée. Il résulte de l'interrelation des cycles de capitaux individuels. « Les cycles des capitaux individuels s'entrelacent, se supposent et se conditionnent les uns les autres, et c'est précisément cet enchevêtrement qui constitue le mouvement du capital social »[119].

Ce processus du capital est « la production de lui-même par lui-même, c'est-à-dire le mouvement cyclique d'une totalité »[120]. Il y a métamorphose du capital dans ce mouvement, mais il s'agit du mouvement cyclique d'une totalité qui circule sur elle-même. Marx distingue trois figures de ce procès cyclique, c'est-à-dire trois formes cycliques du capital :

A A' (fig. 1) désigne le cycle du *capital-argent*
P P' (fig. 2) désigne le cycle du *capital-productif*
M M' (fig. 3) désigne le cycle du *capital-marchandise*

Le premier cycle (capital-argent) représente le mouvement du capital commun aux trois cycles, c'est-à-dire *« la mise en valeur »* A… A'.

Décomposons les séquences du cycle du capital social. On distingue :

1)- Le cycle du capital argent

$$A - M \left\{ \begin{matrix} FT \\ Mp \end{matrix} \right\} \quad P - M' - A'$$

A l'origine de ce cycle on trouve le rapport de production fondamental du M.P.C., c'est l'achat de la force de travail.

2)- Le cycle du capital productif

$$P - M' - A' - M' - \left\{ \begin{matrix} FT \\ Mp \end{matrix} \right. …P'$$

Dans ce cycle deux cas sont possibles qui représentent deux types de reproduction du capital. On peut faire apparaître la structure formelle de chacun d'eux :

---

[119] *« Capital »*, Livre II.

[120] M. Godelier, op. cit., p. 157. Sur le schéma ci-dessus, les trois accolades, marquées 1, 2 et 3, indiquent respectivement le début et la fin des trois cycles du capital.

a) de la reproduction simple du capital :

$$P - M' \begin{Bmatrix} M \\ + \\ m \end{Bmatrix} A' \begin{Bmatrix} A \\ + \\ a \end{Bmatrix} \begin{Bmatrix} M... \\ + \\ m \end{Bmatrix} - \begin{Bmatrix} FT \\ + \\ Mp \end{Bmatrix} ... P$$

Dans ce cas : 1) la plus-value « a » est entièrement consacrée à l'achat de biens de consommation « m » : la consommation improductive absorbe toute la plus-value réalisée par les capitalistes. 2) Par contre « A » permet le rachat à l'identique des moyens de production (Mp) et de force de travail FT.

b) de la reproduction élargie du capital :

$$P - M' \begin{Bmatrix} M \\ + \\ m \end{Bmatrix} - A' \begin{Bmatrix} A - M \\ + \\ a - \Delta M \\ \searrow m \end{Bmatrix} \begin{Bmatrix} FT \\ Mp \\ \Delta FT \\ \Delta Mp \end{Bmatrix} ... P'$$

Dans ce cas : 1) « A » permet le rachat à l'identique de moyens de production (Mp) et de la force de travail (FT) ; 2) « a » la plus-value réalisée est consacrée pour partie à l'achat de biens de consommation « m » et pour une autre partie à l'achat d'un supplément de moyens de production (Mp) et d'un supplément de force de travail (FT), d'où un capital productif P' > P en fin de cycle.

Au sujet de ce cycle Marx précise bien : « Dans la mesure où ils (A' et M') représentent de la valeur mise en valeur, du capital mis en œuvre comme capital, ils expriment simplement le résultat de la fonction du capital productif, de la seule fonction où la valeur-capital enfante de la valeur ».

3)– Le cycle du capital marchandise

$$M' - \begin{Bmatrix} M \\ + \\ m \end{Bmatrix} - A' - \begin{Bmatrix} A - M \\ + + \\ a - m \end{Bmatrix} \begin{Bmatrix} FT \\ Mp \end{Bmatrix} ... P - M''$$

Le rapport capitaliste M' représente toujours le point de départ. La consommation, aussi bien productive qu'improductive, conditionne le processus de reproduction. *M' apparaît comme le résultat du processus de production* et non plus de la circulation.

Ces trois cycles représentent les trois formes du procès de circulation totale. Ce processus a une *structure dialectique*. Car M' suppose P, qui suppose A, qui suppose M. *Chaque structure est à la fois condition et effet de l'autre* ; d'autre part le mouvement du capital *nécessite le déroulement du cycle sous toutes ses formes*. Le mouvement du capital doit être conçu comme un mouvement unique. Les différentes formes ne sont isolées que pour des raisons d'analyse. Comme l'indique Marx la distinction entre ces trois formes « se présente comme purement formelle ou même purement subjective : elle n'existe que pour celui qui l'étudie…». Dans la réalité chaque capital industriel, individuel, est engagé dans les trois simultanément »[121].

Le capital constitue la caractéristique fondamentale du mode de production capitaliste. *Ce mode de production permet et implique tout à la fois la généralisation de ce circuit.* Le terme même de mode de production capitaliste signifie qu'il est fondé sur le capital. Il faut noter que :

– *le profit (ou plus-value) n'est pas la simple résultante d'une différence entre prix de vente et d'achat.* La création de plus-value a lieu dans la sphère de production, mais la *réalisation* s'effectue dans la sphère de circulation. En effet, pour que la plus-value soit réalisée, il faut que la marchandise soit échangée contre argent. En cas de vente à perte, la plus-value est bien créée, mais elle n'a pas été réalisée. Le profit peut donc être nul ou ne pas correspondre à la totalité de la plus-value.

– Comme nous l'avons vu *l'achat de la force de travail nécessite que les travailleurs soient des salariés* ; l'extension du régime du salariat conditionne donc logiquement l'existence du capital.

– Le capital-argent A', récupéré en fin de cycle de production, représente la base pour l'engagement d'un nouveau cycle de production plus large (c'est la « *reproduction élargie* »)[122]. Le capital-argent accompagne constamment le mouvement de la production et de la reproduction du capital.

– La plus-value correspond à la forme abstraite de la valeur nouvelle créée ; elles peut prendre trois formes concrètes revenant aux différentes composantes de la bourgeoisie : *profit* pour l'entrepreneur -capitaliste, *intérêt* pour le capitaliste prêteur d'argent, *rente* pour le propriétaire loueur de terre au capitaliste entrepreneur[123].

2. Distinction entre capital constant et capital variable

Les deux formes de capital/travail combinées dans la production

L'analyse de la circulation de la valeur comme capital et l'apparition de la plus-value conduit à une distinction au niveau du capital[124]. Dans le processus de production,

---

[121] Cité par M. Godelier, op. cit., p. 159.

[122] Cf. infra Chap. XI, la réalisation du produit à sa valeur, p. 365-366

[123] Dans le schéma de Marx les intérêts et les rentes sont analysés comme une *répartition au deuxième degré* par prélèvement sur les profits, donc dans la ligne de la théorie classique. Les *intérêts* dépendent uniquement de facteurs monétaires, sans principe spécifique de détermination, qui traduisent les rapports de force entre usuriers et entrepreneurs-capitalistes ; les *rentes* sont expliquées en même temps par la rente différentielle de Ricardo et une « *rente absolue* », même pour les terres les moins fertiles, en raison d'un pouvoir de monopole des propriétaires fonciers.

le travail n'est pas utilisé seul. En plus de l'avance du salaire, le capitaliste fournit matières premières et moyens de production, donc il combine du travail sous deux formes.

Matières premières et instruments de production sont des produits du travail dépensé dans des phases antérieures. Ils représentent du travail incorporé au cours de cycles de production antérieurs ; on le qualifie de *travail mort*.. Ce « *travail indirect* » se retrouve dans le produit, mais il ne transmet qu'une partie de sa valeur sans ajouter une valeur nouvelle. La valeur des moyens de production est seulement conservée par sa transmission au nouveau produit ; on peut dire aussi, en sens inverse, que le nouveau produit absorbe la valeur des moyens de production à proportion de leur perte d'utilité par l'usure progressive. Ce type de capital est qualifié de *constant*, puisqu'il ne peut que transmettre la valeur qu'il contient.

Par contre, l'autre forme du capital, *la force de travail directe* de l'ouvrier, permet une augmentation du capital. En plus de l'équivalent de sa propre valeur, elle dégage un supplément de valeur. L'ouvrier transmet une valeur nouvelle à l'objet sur lequel il travaille On appelle *capital variable* cette partie du capital qui *explique la variation du capital*. Le travail direct comporte donc deux éléments : *le capital variable* (travail nécessaire pour reproduire la force de travail), *le surtravail* (travail non payé). La valeur d'un bien i, soit Bi, se décompose donc ainsi :

$$Bi \quad = \text{travail indirect} \; + \text{travail direct}$$

$$= \text{capital constant} + \text{capital variable} \; + \text{plus-value}$$
$$= \qquad c_i \qquad + \qquad v_i \qquad + \qquad p_i$$

On peut résumer les notions des deux précédents paragraphes selon le schéma suivant :

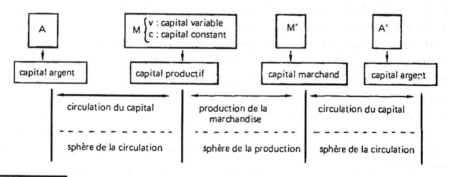

---

[124] Cette distinction existe dans son principe chez Ricardo, mais structure technique et structure en valeur sont confondues chez lui. Dans la conception classique le capital est conçu comme une réalité positive (moyens financiers, instruments de production) et non comme un processus. Les notions de capital constant et variable sont définies au chapitre 8 du Livre 1 du *Capital*.

Rapports quantitatifs se rapportant au capital

La distinction entre capital constant et capital variable conduit à définir des rapports caractéristiques dont Marx est le premier à saisir l'importance :

1) - la composition organique du capital : est le rapport du capital constant au capital variable. On peut en donner une représentation chiffrée, ce qui comporte le risque de l'interpréter comme une structure technique du capital[125].

$$K = \frac{c}{v} = \frac{\text{capital\ \ constant}}{\text{capital\ \ variable}}$$

Cette caractéristique joue un grand rôle dans l'analyse marxiste de la dynamique que nous évoquerons plus loin. A un moment donné elle traduit l'importance du travail mort par rapport au travail vivant, et donc ce peut être une manière de *représenter le degré d'aliénation de la force de travail*. L'accumulation provoque une augmentation à la fois de l'ensemble des instruments de production (capital constant) et du volume de la force de travail utilisé (capital variable), mais cette augmentation n'est pas toujours proportionnelle. Ainsi le progrès technique correspond généralement à une réduction du temps de travail que nécessite une production donnée, d'où le progrès technique tend à accroître la composition organique du capital. Dans la réalité contemporaine le progrès technique fait éclater la catégorie des ouvriers professionnels en accroissant d'une part le nombre des techniciens, mais aussi celui des manœuvre. Dans le court et même le moyen termes l'automation est source de chômage en raison de la difficulté à réaliser la valeur des marchandises (crise).

2) - Le taux de plus-value ou degré d'exploitation[130] : la plus-value résulte de la différence entre la valeur nouvelle créée par la force de travail et la valeur de la force de travail. *Le processus d'extorsion de la plus-value ne résulte pas d'un vol* : la force de travail est payée à sa valeur. Il y a vol dans les cas où la force de travail est payée au-dessous de sa valeur. Même si on peut le rencontrer communément dans certaines formations sociales ou à certaines époques, ce cas ne représente pas la caractéristique fondamentale du M.P.C. Il est le plus couramment vécu dans les secteurs retardataires (textile, extraction de glaise…) ou pour le paiement de main-d'œuvre soumise à un rapport de force défavorable. Il donne lieu à un supplément de plus-value, mais ne rend pas compte de l'ensemble de la plus-value.

L'extorsion de plus-value représente une exploitation de la force de travail. Cette exploitation s'évalue par le rapport du travail non payé pl sur le travail payé nécessaire

---

[125] Si on considère le temps de travail vivant total, la formule complète du rapport devient $\frac{c}{v + pl}$ (pl étant la plus-value) ce qui est transposable au coefficient de capital $\frac{K}{P}$, c représentant les instruments de production et v + pl la valeur du produit net.

[130] Le chapitre 9 du livre I définit « le taux de plus-value » (P. 1, p. 764) en vue de mesurer « le degré d'exploitation de la force de travail ».

à la reproduction de la force de travail, soit v (capital variable). Pour évaluer l'exploitation, Marx définit *le taux de plus-value* qui est « l'expression exacte du degré d'exploitation de la force de travail par le capitaliste. C'est *le rapport de la plus-value au capital variable*, ou encore de façon équivalente, du surtravail au travail nécessaire ».

$$pl' = \frac{pl}{v} = \frac{sur\ travail}{travail\ nécessaire} = \frac{travail\ non\ payé}{travail\ payé} = \frac{plus\ value}{capital\ variable}$$

Il est dans la logique du capitaliste d'accroître ce taux d'exploitation.

3) - Le taux de profit : Dans la réalité de la production, c'est le taux de profit qui est perçu et non pas le taux de plus-value qui, lui, est occulté. Le capitaliste cherche en effet à maximiser son taux de profit, c'est-à-dire le rapport de la plus-value sur le capital total. « Pour ce qui est du capitaliste individuel, la seule chose qui l'intéresse, c'est évidemment le rapport entre la plus-value, ou l'excédent de valeur réalisé dans la vente de ses marchandises, et le capital total avancé pour la production de celle-ci ». Le taux de profit r se mesure donc comme un rapport de valeurs : [131]

$$soit\ r\ (taux\ de\ profit\ moyen) = \frac{pl}{c + v}$$

Si pl représente la plus-value, on peut écrire simplement la *valeur de la marchandise produite* en combinant c et v.

$$soit\ m = c + v + pl$$

où c + v représente le coût de la production, c'est-à-dire ce qui est effectivement dépensé par le capitaliste.

3. Formes d'existence de la plus-value[132]

On distingue trois formes de plus-value : absolue, relative, différentielle. *Cette distinction entre différentes formes de plus-value est de caractère analytique.* Dans la réalité ces formes sont prédominantes dans certaines formations sociales ou à certaines époques. Plus généralement elle se combinent. Elles ont naturellement toutes en

---

[131] J. Ullmo a montré qu'il s'agit d'un « taux de marge ». Cf. « *Sur quelques concepts marxistes* ». Revue Economique, janvier, 1973.

[132] Cf. sur la plus-value, J. Delaunay, J. Gadrey : « *Nouveau cours d'Economie politique* », Tome 1, leçon 13. E. Mandel : « *Le troisième âge du capitalisme* », T.1 UGE 10/18, Paris, 1976.
M. Blaug, op. cit., p. 316-317 pour quelques remarques critiques ainsi que, H. Denis : *l'Economie de Marx*, op. cit., p. 183-187. M. Blaug remarque que Marx a réellement découvert « la distinction walrasienne entre le flux de services du travail et le stock de ressources de travail... distinction particulière aux économies qui ne pratiquent pas l'esclavage. Que cela prouve que les profits ont leur origine dans la plus-value est, bien entendu, une toute autre question ».

commun d'être le résultat de l'exploitation de la force de travail, même si elles correspondent à des réalités différentes.

Il y a trois possibilités pour accroître le taux de plus-value :

($\rightarrow$ 1) - augmenter pl, v demeurant inchangé
($\rightarrow$ 2) - réduire v, pl demeurant inchangé
  - agir à la fois sur pl et v

Ces hypothèses peuvent être représentées sur le schéma suivant :

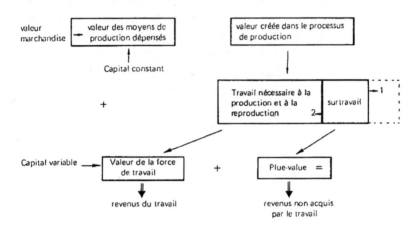

La plus-value absolue[133]

Le capitaliste peut *jouer sur la durée T du travail* en allongeant la journée de travail, c'est le mécanisme de la plus-value absolue. Ceci affecte la valeur du numérateur et donc le taux de la plus-value. Soit PL, la somme totale de la plus-value ; pl : la plus-value quotidienne ; v : le capital variable pour le paiement d'une journée de travail, et V : la valeur totale du capital variable. On a :

$$PL = \frac{pl}{v} \times V$$

Historiquement le développement du capitalisme s'est effectivement traduit par une augmentation du temps de travail. En Angleterre la journée de travail est de 14 h

---

[133] La distinction entre plus-value absolue et relative est traitée au chapitre 12 du Livre I du *Capital* intitulé « La plus-value relative ».

à 15 h au XVIII[e134]. Napoléon 1er se distinguant d'Henri IV, déclarait : « Comme le peuple mange tous les jours, il doit être permis de travailler tous les jours ».

L'accroissement de la plus-value absolue se heurte à une limite physique et sociale : les limites physiques et morales de l'individu, la résistance ouvrière organisée à partir du XIXe. Les luttes ouvrières se heurtent à la résistance des capitalistes à l'encontre de toute réduction de la durée du travail. Notons que de nos jours dans les pays sous-développés, où la main-d'œuvre dispose d'un rapport de force toujours très défavorable, la durée plus longue de la journée de travail représente encore une source de plus-value absolue. D'une manière générale le taux de plus-value absolue traduit le rapport de force qui prévaut à un moment donné dans une société.

Le capitaliste peut augmenter « *l'intensité* » du travail, ce qui relève aussi du mécanisme de la plus-value absolue[135]. Le capitaliste peut obtenir plus de marchandises, et donc plus de valeur, par *accélération des cadences et rationalisation des gestes*. Cela signifie qu'il dépense plus de force de travail par heure ; ainsi est obtenu de l'ouvrier le maximum de surtravail. Pour que le capitaliste obtienne un profit supérieur au profit moyen de la branche, il faut que l'intensification soit localisée et non pas généralisée.

La plus-value relative

Le capitaliste peut accroître la plus-value en augmentant la *productivité* du travail[136]. Donnons tout d'abord une représentation simple : soit porté sur un axe, ae représentant les 24 heures de la journée et ac la durée fixée et non dépassable de la journée de travail.

soit bc la durée du surtravail au-delà de ce qui est nécessaire à la reproduction de la force de travail. Le taux de la plus-value soit $\dfrac{pl}{v}$ (bc/ab) peut être augmenté non plus

---

[134] Selon le rapport Villermé, au milieu du Second Empire dans l'entreprise Dollfus-Mieg de Mulhouse, les femmes travaillent encore 18 h. par jour. Le Chapitre X du *Capital* consacre une longue analyse historique à la « *journée de travail* », particulièrement dans les manufactures anglaises, ce qui conduit Marx à constater : « en dehors des luttes de la classe ouvrière qui, chaque jour se faisait plus menaçante, la règlementation du travail en usine fut dictée par la même nécessité, que celle qui conduit à répandre du guano dans les champs anglais ».

[135] Le chapitre 15 sur la « grande industrie » expose en particulier les réalités du travail qui contribuent à la plus-value : travail des femmes et des enfants, prolongation de la journée de travail (P. 1, p. 492), l'intensification du travail (P.1, p. 949). Il faut sur ce point mentionner aussi le chapitre 10, « *La journée de travail* » qui est déjà un puissant réquisitoire contre les conditions de travail en usine et la réalité du « surtravail ».

[136] Il y a accroissement de la productivité du travail quand le temps de travail socialement nécessaire pour produire un bien diminue, l'intensité du travail n'étant pas modifié par ailleurs.

en jouant sur le numérateur (durée du surtravail), mais sur le dénominateur (durée du travail nécessaire pour la subsistance). *Une réduction de la valeur des subsistances correspond à une réduction de la durée du travail nécessaire à leur obtention.* Sur notre graphique, c étant fixe, cela se traduit par un déplacement de b vers la gauche.

Marx définit ainsi ce mécanisme : « afin de prolonger le surtravail, le travail nécessaire est raccourci par des méthodes qui font produire l'équivalent du salaire en moins de temps. La production de la plus-value absolue n'affecte que la durée de travail ; la production de la plus-value relative en transforme entièrement les procédés techniques et les combinaisons sociales ». (Cf. *Capital* Chap. XII).

La plus-value relative est un mécanisme moins apparent que la plus-value absolue. Elle ne comporte pas en effet de baisse du niveau de vie pour le travailleur en termes absolus. Par contre, au regard d'une amélioration de la situation des capitalistes dans le partage du revenu, il y a baisse du niveau de vie relatif des travailleurs[137]. On parle alors de *« paupérisation relative »*.

Prenons un exemple simple[138]. Soit au départ une situation telle que pour une journée de 8h la valeur produite par chaque ouvrier se décompose ainsi :

$$c + v + pl = 2\,h + 4\,h + 4\,h = 10\,h \text{ (pour 1 journée de 8 h)}$$

Une hausse de productivité (dans les secteurs produisant les biens nécessaires à la reproduction de la force de travail) obtenue grâce à l'emploi de machines plus efficaces réduit la valeur de la force de travail[139], ce qui provoque une nouvelle répartition de la valeur produite par chaque ouvrier en une journée.

$$c + \quad v + pl$$
$$2\,h + 2\,h + 6h = 10\,h$$

En définitive l'augmentation de la productivité du travail fait passer la plus-value du capitaliste de 4 à 6 h, ce qui modifie du même coup la part relative du revenu global qui revient au travailleur et au capitaliste. L'écart relatif entre les deux catégories de revenus s'élargit, même si le revenu du travailleur n'est pas affecté en termes absolus.

La plus-value relative est liée au machinisme[140], c'est-à-dire à une tendance essentielle dans le fonctionnement du système capitaliste : *la tendance à accumuler* et à accroître la productivité par l'utilisation de machines. Nous reviendrons sur la ten-

---

[137] Pour l'apprécier statistiquement on analyse l'évolution de la part des salaires dans le revenu national distribué. Concrètement on compare la masse salariale au revenu national.

[138] P. Salama, op. cit., p. 57.

[139] On suppose dans cet exemple que la valeur de la force de travail passe de 4 h à 2 h.

[140] Marx consacre le chapitre 15, le plus long du livre I du *Capital* , au « Machinisme et grande industrie », ce qui est logique par rapport à l'objectif d'action réelle sur les positions du mouvement ouvrier.

dance à accumuler, mais à ce niveau notons au moins *une différence profonde entre les deux manières de produire de la plus-value :* allonger la durée du surtravail, la durée du travail nécessaire étant donnée, n'a aucune incidence sur le capital constant. Par contre réduire la durée du travail nécessaire, la durée du travail total demeurant fixe, comporte obligatoirement un développement du capital constant.

Dans ce dernier cas l'augmentation de la productivité comporte une contradiction : du fait qu'elle accroît le taux de la plus-value, mais provoque en même temps une réduction du nombre de travailleurs produisant la plus-value. Cette contradiction s'intensifie à mesure que les différentes branches atteignent le même degré d'utilisation de machines, ce qui contraint le capitaliste à tout faire pour augmenter la durée de la journée de travail[141].

La plus-value extra ou plus-value différentielle

Une entreprise particulière, qui améliore par rapport à la norme courante (c'est-à-dire les conditions moyennes prévalentes) l'efficacité du procès de travail qu'elle contrôle, peut en retirer une plus-value différentielle ; son origine s'analyse comme rente différentielle. Cette plus-value n'est pas de la même nature que les autres, du fait qu'elle concerne des *unités élémentaires.* La plus-value extra est différentielle. L'unité élémentaire qui parvient à réduire ses coûts de production par rapport à la norme *(temps de travail localement nécessaire)* peut réussir à vendre la marchandise à une valeur mesurée par le temps du travail socialement nécessaire. Cette plus-value correspond à une variation de plus-value. Elle pourrait être analysée en termes marginalistes ; elle renvoie à une étude du développement de la productivité du travail au niveau de l'entreprise individuelle. De toute manière cette plus-value, obtenue localement par différence, est destinée à disparaître quand les perfectionnements techniques se généralisent.

Les rapports de production

L'exploitation de la force de travail par le capital caractérise les *rapports* qui se nouent dans la production et divise les hommes en deux catégories ou deux *classes* fondamentales :

---

[141] Marx notait cependant que l'accumulation du capital comporte la création de branches industrielles nouvelles, donc la création d'emplois nouveaux, ainsi que la propagation de besoins nouveaux. Dans les *« Théories sur la plus-value »* de 1862/3, il précise que l'accumulation du capital peut augmenter le nombre absolu de salariés, même si la masse des salaires diminue relativement par rapport au capital global, Cf. E. Mandel, op. cit., p. 137-138.

1 — Ceux qui possèdent les moyens de productions constituent la *classe des capitalistes*. Ils détiennent les marchandises ordinaires et constituent le capital-argent avancé dans l'achat de la force de travail. Ce capital-argent leur retourne en fin de cycle accru d'un surplus. Ce mouvement qui caractérise le capital définit aussi le capitaliste : « C'est comme représentant, comme support conscient de ce mouvement que le possesseur d'argent devient capitaliste... Ce n'est qu'autant que l'appropriation toujours croissante de la richesse abstraite est le seul motif déterminant de ses opérations qu'il fonctionne comme capitaliste »...[142].

2 — Ceux qui ne possèdent qu'une seule marchandise, leur propre force de travail, et doivent la vendre constituent la *classe des salariés*.

Ces rapports représentent ce que Marx qualifie de *rapports de production*, définissant ainsi « un système de places assignées aux agents par rapport aux moyens de production »[143]. Il faut bien comprendre les implications de cette démarche analytique : *le rapport d'exploitation qui s'établit entre capitalistes et salariés n'est pas un rapport d'individus, mais un rapport de classes* qui résulte de la détention ou non des moyens de production. Les hommes apparaissent comme exploités ou exploiteurs selon qu'ils possèdent uniquement leur force de travail ou qu'ils détiennent des moyens de production.

Les intérêts de ces deux classes sont par nature opposés, tout en étant complémentaires dans le système. Le rapport d'exploitation du point de vue politique est à la base de la *solidarité de la classe* des salariés comme exploités et des capitalistes comme exploiteurs. Il y a antagonisme entre ces classes : *la lutte des classes* naît du rapport contradictoire entre les classes. « Le développement du concept, qui exprime la spécificité de la société présente, fonde ainsi théoriquement chez Marx l'existence de la lutte des classes (et non l'inverse : ce n'est pas le constat pratique de la lutte des classes qui fonde la théorie de la société présente) ». La lutte de classe s'analyse donc comme une réalité objective dans l'approche marxiste «forte» ; elle comportera de «redoutables connotations téléologiques» comme le note le philosophe A. Comte-Sponville.

Après avoir relié au livre I du Capital les aspects quantitatifs de l'économie à ses rapports sociaux («physiologie de la société bourgeoise»), Marx analyse aux livres II à IV la vie économique capitaliste où l'on calcule en prix et où l'on se bat pour des revenus. On passe ainsi des rapports fondamentaux qui s'expriment en valeur à la sphère externe de la vie pratique qui s'exprime en prix.

---

[142] P. 1, p. 698.

[143] C. Bettelheim, cité par B. Rosier, op. cit., p. 119.

III — Profit et prix de production

Le Problème

Le système des valeurs déjà exposé ne peut établir le rapport d'échange : on a vu que la plus-value est proportionnelle au seul capital variable ; or le capital avancé comprend aussi le capital constant. La plus-value n'est donc pas proportionnelle au capital total.

Marx introduit la théorie des prix de production en analysant « le coût de production et le profit ». (titre chapitre 1 du *Capital*, Livre III). Il tente de considérer les rapports de valeur sous la forme prix de la valeur. Le coût de production est ainsi défini : « Cette partie de la valeur de la marchandise, qui remplace le prix des moyens de production consommés et le prix de la force de travail employée, ne fait que remplacer ce que la marchandise coûte au capitaliste, et, pour lui, elle constitue le coût ». (cf. P. 2, p. 880). Dans le coût de production, les différentes fonctions du capital, constant et variable, dans le processus de production ne sont plus reconnues. En effet « ce qui différencie le mode de production capitaliste de l'économie fondée sur l'esclavage, c'est que la valeur ou le prix de la force de travail s'y présente comme valeur ou prix du travail lui-même, autrement dit, comme salaire ». (p. 2, p. 883). Dès lors « ce ne sont plus le travail et le capital qui s'affrontent, mais d'une part les capitaux entre eux, d'autre part les individus en leur qualité d'acheteurs et de vendeurs ». Il en résulte que le capitaliste considère le coût de production comme « la *véritable valeur intrinsèque de la marchandise* » et le prix comme ce qui est nécessaire pour conserver simplement son capital. A travers les rapports de prix la plus value apparaît au capitaliste comme l'excédent du prix de vente sur le coût de production ; elle provient du capital global avancé, en sorte que le prix de vente semble composé du coût de production et du profit. *La forme prix de la plus value comme profit constitue le fondement du principe capitaliste de la distribution du surproduit*

Avec la notion de *prix de production*, Marx s'efforce d'expliquer comment « une péréquation des taux de profit » s'effectue entre les producteurs. Le problème est le suivant : si les prix étaient directement proportionnés aux valeurs, la plus-value n'ayant pour origine que le capital variable, *le taux de profit apparaîtrait comme inversement proportionnel au capital constant engagé.* Cela voudrait dire qu'à quantité égale de travail direct employé le capitaliste engageant les équipements techniques (capital constant) les plus importants obtiendrait le taux de profit le plus faible. Il y aurait là à la fois un paradoxe et une contradiction par rapport à l'accumulation dont le rôle est central dans l'analyse du MPC. La solution de cette contradiction passe par la transformation des valeurs en prix. *Le passage du système des valeurs au système des prix de production représente le problème de la transformation.* Son interprétation donne lieu à d'abondantes controverses.

Selon une interprétation néo-ricardiene, l'enjeu central du problème est de montrer que « les capitalistes constituent une classe sociale et que de ce fait ils participent à l'exploitation de l'ensemble des travailleurs »[144]. Il s'agit ainsi de comprendre « le mouvement réel du capital, sa répartition et sa réallocation ».

Dans le M.P.C. les valeurs ne déterminent pas directement les rapports d'échange entre les marchandises ; en d'autres termes la loi de la valeur ne se manifeste pas directement. Les rapports d'exploitation ne sont pas apparents du fait que la plus-value n'est pas directement perçue. Les variables observables sont un *taux de profit* et non un taux de plus-value ; *des prix* et non des valeurs. La démarche critique de Marx a pour objectif spécifique de dévoiler le lieu réel des rapports d'exploitation, et en conséquence de préciser pourquoi il y a *transformation de la plus-value en profit et des valeurs en prix de production..*

1. Le taux de profit et la composition organique du capital

Rappelons l'expression du taux de la plus-value, $\dfrac{pl}{v} = pl'$ soit le rapport de la plus-value au capital variable. Dans le fonctionnement général du M.P.C., la plus-value est le surplus qui détermine l'accroissement du capital ; le taux de plus-value mesure l'extorsion de surtravail par le capital.

L'entrepreneur individuel a une vision plus globale de son gain ; sa préoccupation ultime n'est pas le rapport de la plus-value au seul capital variable. Comme le dit Marx : « Pour ce qui est du capitaliste individuel, la seule chose qui l'intéresse, c'est évidemment le rapport entre la plus-value, ou l'excédent de valeur réalisé dans la vente de ses marchandises, et le capital total avancé pour la production de celle-ci ».

Pour le capitaliste, les deux formes de capital sont également indispensables à son gain : *il rapporte donc la plus-value au capital total pour l'évaluation du taux de profit* (ou rémunération moyenne sur les capitaux avancés). Du point de vue formel, l'expression la plus simple du taux de profit est :

$$r = \frac{pl}{c + v}$$

[144] Cf. P. Salama. *Sur la valeur*. op. cit. p. 236 et ss, qui cite *Le Capital*, livre. III, chap. 10 et qui mentionne les interprétations de J. Cartelier et C.Benetti estimant que la théorie des prix de production ne peut exprimer le phénomène de l'exploitation ; cf. également P. Garegnani. « La théorie de la valeur chez Marx et dans la tradition marxiste », dans : B. Chavance (ed). *Marx en perspective*. Ecole des Hautes Etudes en Sciences Sociales. Paris, 1985, p. 323-350. Makoto Itoh estime que la théorie des prix de production n'est pas celle d'un échange inégal de temps de travail « les prix de production n'altèrent pas la loi de la valeur ; ils en montrent plutôt la forme concrète de fonctionnement ». La confusion sur ce point proviendrait de ce que si prévaut une interprétation classique de Marx, la forme prix est considérée comme « une manifestation formelle de la substance de la valeur ». Cf. *La crise mondiale*, EDI, Paris, 1987, p. 92-93.

En additionnant c + v au dénominateur pour mesurer le coût de production total, *l'état des choses réelles*, dit Marx, apparaît à l'envers : en effet, la valeur (ou le prix) de la force de travail se présente comme la valeur ou le prix du travail lui-même ; le coût de production semble être le résultat de la valeur du capital dépensé et la fraction du capital variable investie en force de travail est identifiée au capital constant : « Ainsi est accomplie *la mystification du processus de mise en valeur du capital* ». Dans la mise en rapport $\dfrac{pl}{c+v}$ la plus-value, qui est le second élément de la valeur de la marchandise, est assimilée à un accroissement de la portion du capital avancé dans le procès de mise en valeur ou comme prenant naissance dans toutes les parties du capital utilisé. Pour Marx, le profit n'est donc en fait qu'*une forme mystifiée de la plus-value*, car il apparaît comme « le rejeton imaginaire du capital total avancé ».

Marx définit la *composition organique sociale (ou moyenne) du capital*, soit K, comme le rapport du capital constant total (C) ou capital variable total (V) soit :

$$K = \frac{C}{V} \quad \text{ou} \quad \frac{\sum ci}{\sum vi}$$

Ceci ne doit pas faire oublier que les conditions de production de chaque marchandise sont différentes. A la production de chaque marchandise correspond une composition organique du capital spécifique, soit :

$$Ki \neq Kj \neq K.$$

Compte tenu de la définition du taux de plus-value :

$$pl' = \frac{pl}{v}, \text{il s'en suit que } pl = pl'\,v$$

$$\text{et si le taux de profit } r = \frac{pl}{c+v}$$

$$\text{on a } r = \frac{pl'\,v}{c+v}$$

En divisant par v numérateur et dénominateur de la formule définissant le taux de profit, nous obtenons :

$$r = \frac{pl'}{c/v + 1} \qquad \text{et avec } K = \frac{c}{v}$$

$$r = \frac{pl'}{K + 1}$$

Ceci montre que *le taux de profit est inversement proportionnel à la composition organique du capital* (nous reviendrons sur ce point pour la démonstration de la loi de la baisse tendancielle du taux de profit).

Marx estime que la totalité de la plus-value créée dans l'ensemble de l'économie se répartit entre tous les capitaux à proportion du montant du capital avancé. Toute la difficulté vient de ce que les marchandises ne sont pas échangées seulement en tant que telles, mais en tant que produits de capitaux qui réclament une participation dans la masse totale de la plus-value en proportion de leur grandeur ». (Capital.Liv. III. Chap. 7, P 1. p. 968).

Le taux de profit assure la redistribution de la plus-value en sorte que les rapports d'échange sont établis sur cette redistribution égalitaire de la plus-value. Ces rapports d'échange sont les *prix de production* (p) distincts des valeurs (l) sauf cas particulier. « Le prix ainsi égalisé qui répartit également la plus-value sociale entre les masses de capitaux en proportion de leur grandeur est le prix de production des marchandises le centre autour duquel les prix du marché oscillent ».

Ainsi on a :

$$li = ci + vi + pli$$
$$pi = ci + vi + r (ci + vi) = (1 + r) (ci + vi)$$

Ce taux de profit r tend à s'égaliser de branche à branche.

2. Le schéma de la transformation

Marx considère deux niveaux successifs[145] pour étudier comment dans le M.P.C. la valeur se transforme en prix (correspondance n'étant pas identité) :

- au niveau de chacune des branches que comprend l'économie, Marx veut montrer qu'il y a une tendance à la *concurrence entre tous les producteurs de la branche ;*

- au niveau de l'économie considérée de façon globale, Marx veut montrer que les capitalistes sont en concurrence pour *transférer leurs capitaux vers les branches où le taux de profit est le plus élevé.*

La concurrence des producteurs

Situons-nous en premier lieu au niveau d'une branche quelconque où les producteurs fabriquent un produit identique à partir de processus de production de types

---

[145] Cf. R. Borrelly : *« Disparités sectorielles des taux de profit »*. PUG, 1975, p. 46 et ss ; selon A. Lipietz, la « transformation » est un « problème académique qui a donné naissance à un véritable genre littéraire » (p. 52). Après rappel de diverses critiques et solutions (théorème Seton, Okishio, Morishima en particulier) Lipietz évoque les voies d'une « réappropriation marxiste du marxisme algébrique ». *Le monde enchanté. De la valeur à l'envol inflationniste.* La Découverte, Paris, 1983, p. 74 et ss. Sur l'analyse de la transformation par l'école marxiste japonaise cf. Makoto Itoh, op. cit., p. 89 et ss. Okishio utilise les techniques mathématiques pour une interprétation néo-ricardienne du marxisme, tandis que Morishima veut situer la théorie marxiste dans une perspective néo-classique.

comparables. Pour obtenir une marchandise, chaque producteur peut combiner des quantités différentes de capital constant et de capital variable ; cela signifie qu'au *niveau de la production* une marchandise peut incorporer des quantités différentes de travail selon le processus de production, et donc avoir des valeurs différentes. Par contre au niveau de la *circulation et de l'échange,* une valeur sociale unique, qui peut différer des valeurs particulières, détermine *le prix du marché.*

Marx analyse ainsi cette question : « Supposer que les marchandises des différents secteurs de la production se vendent à leur valeur signifie simplement que leur valeur est le point central autour duquel gravitent leurs prix et s'équilibrent leurs hausses et leurs baisses continuelles. Il faudra donc toujours distinguer, en plus de la valeur individuelle des marchandises particulières... « *une valeur de marché* »[146]. Par rapport à ce prix unique de marché, Marx précise : « c'est seulement dans des conjonctures exceptionnelles que les marchandises produites, soit dans les conditions les plus mauvaises, soit dans les plus favorables, régissent la valeur de marché »[147].

On peut illustrer cette situation avec un exemple simplifié à partir d'hypothèses présentées par Marx[148]. Soit donc trois entreprises E_1, E_2, E_3, produisant une marchandise identique M (soit M_1, M_2, M_3) pour chacune d'entre elles. On suppose que la composition organique du capital diffère pour chaque entreprise, mais que celles-ci réalisent toutes un taux d'extraction de plus-value identique, soit de 100 %. La marchandise produite de différentes manières incorpore des quantités différentes de travail et a donc plusieurs valeurs différentes au niveau de la production. On a donc :

Soit les
(c = capital constant ; v = capital variable ; pl = plus-value créée).

	Capitaux	Valeur du produit	Coût
E_1	80 c + 20 v + 20 pl	$M_1 = 120$	100
E_2	70 c + 30 v + 30 pl	$M_2 = 130$	100
E_3	80 c + 30 v + 30 pl	$M_3 = 140$	110

Supposons que E_2 assure la production de la plus grande partie des marchandises offertes et que le prix du marché se fixe à 130. Dans ce cas M_1 est vendue pour un prix plus élevé que sa valeur particulière et M_3 pour un prix moins élevé que cette valeur.

Dans cette hypothèse :
Le profit E_1 est supérieur à la plus-value créée (30 > 20 pl) ;
Le profit E_2 est égal à la plus-value créée (30 = 30 pl) ;
Le profit E_3 est inférieur à la plus-value créée (20 < 30 pl).

---

[146] *« Le Capital »*, Livre III, P. 2, p. 970-971. A noter : l'édition de la Pléiade modifie le découpage des chapitres et sections des livres III de l'édition de F. Engels.

[147] Idem, p. 971.

[148] Idem, p. 947-948. L'expression 80c + 20v + 20pl signifie que la combinaison de 80 unités de c et de 20 unités de v permet d'obtenir 20 unités de pl. Le modèle arithmétique présenté au chap.6 a pour seul objectif d'illustrer, et non de démontrer comment la plus value sociale se répartit entre les secteurs (branches) en se transformant en profit. Au chapitre suivant Marx veut montrer comment s'effectue cette transformation et quel est son sens.

Le surprofit obtenu par E_2 s'analyse comme une rente différentielle ; elle provient de l'écart de productivité obtenu au niveau du processus de production. On a là une illustration de la notion de « surplus du producteur » ou rente différentielle analysée au titre II.

R. Borelly commente ainsi la procédure sociale décrite par Marx en quoi elle reconnaît le fonctionnement de la concurrence intra-industrielle : « Dans le cas général, lorsque le volume de la marchandise produite correspond approximativement au besoin social et que la grande masse de la production est obtenue dans les entreprises aux conditions de production moyennes, la valeur sociale de la marchandise correspond à la valeur individuelle dans ces entreprises. Les entreprises en conditions inférieures seront pénalisées de leur retard par une valorisation moindre et elles seront donc incitées à se moderniser. Les entreprises en conditions supérieures valoriseront mieux leur capital et attireront ainsi sur leurs techniques les capitaux libérés sous forme argent. Il y a ainsi une confrontation permanente des entreprises obligées de mettre leurs marchandises en marché dans le cadre d'une procédure sociale qui détermine à la fois l'unique quantité de travail dont on comprend mieux qu'il soit qualifié de socialement nécessaire, la valeur marchande de la marchandise distincte des valeurs individuelles… et l'incitation du progrès technique sous le mobile de la valorisation maximale du capital »[149]. Ainsi les *auteurs d'approche marxiste retiennent généralement le rôle égalisateur des conditions moyennes de production d'une marchandise.* De son côté, J.M. Chevalier note que cette explication par les coûts moyens (ou par le rôle directeur du prix d'offre de la firme représentative chez les néo-classiques) a l'inconvénient d'omettre l'analyse de la dynamique intra-industrielle que comporte la lutte entre producteurs.[156] Chaque capitaliste est contraint de suivre l'évolution technologique ou relative aux produits de sa branche sous peine d'être dépassé et disparaître.

La concurrence des capitaux : tendance à la péréquation des taux de profit

Cette concurrence implique le mouvement de capitaux entre branches différentes. La problématique est la suivante : que se passe-t-il au niveau global, quand on a supposé qu'au niveau de chaque branche la concurrence inter-industrielle a déjà provoqué une homogénéisation des processus de production et un alignement du prix des différentes marchandises sur la valeur de celles qui assurent la grande masse de la production. La question a bien lieu de se poser ; en effet chaque industrie se caractérise par une composition organique du capital particulière et un taux de profit qui peut différer d'une industrie à l'autre. Or, l'objectif du capitaliste est la recherche du taux de profit le plus élevé ; il va donc s'efforcer de transférer ses capitaux vers les industries les plus rentables. La théorie des prix de production de Marx a pour objet d'expliquer ce mouvement qui comporte une *tendance à l'égalisation des taux de profit moyens de branche.* Elle a donné lieu à de nombreux débats et présentations

[149] R. Borrelly, op. cit., p. 47-48.
[150] J.M. Chevalier, op. cit., p. 96-97.

formalisées que nous ne retiendrons pas dans cet ouvrage d'initiation. Il s'agira seulement de montrer que cette théorie permet d'expliquer certains profits, les autres implications théoriques des prix de production étant laissées de côté[151].

Précisons d'abord *la logique théorique* de la tendance à l'égalisation des taux de profit moyens de branche. En raison des différences de leur composition organique du capital, le taux de profit peut différer d'une branche à l'autre. Si les marchandises étaient vendues à leur valeur, il en résulterait des différences de taux de profit selon les branches. En fait dit Marx, « toute la difficulté vient de ce que les marchandises ne sont pas seulement échangées en tant que telles, mais en tant que produits de capitaux qui réclament une participation dans la masse totale de la plus-value en proportion de leur grandeur ». Le taux de profit assure la redistribution de la plus-value entre les divers capitaux proportionnellement à leur importance. Ceci signifie que *la loi de la valeur se manifeste indirectement par l'intermédiaire des prix de production.*

Le prix de production peut se définir comme la somme, dans chaque branche, du capital dépensé (constant et variable) et d'un profit moyen. Ce profit moyen résulte de la tendance à l'égalisation des taux de profit, et non pas seulement de la plus-value obtenue dans les entreprises particulières de chaque branche par l'exploitation des travailleurs. En fait Marx veut démontrer que chaque capital tend à percevoir le taux moyen de profit. Au niveau de l'économie globale chaque capitaliste, *par suite du jeu de la concurrence,* tend à recevoir une fraction de la plus-value globale, ou profit global, qui soit proportionnnelle à sa fraction de capital par rapport au capital total de l'économie. La transformation du taux de plus-value en taux de profit, et des valeurs en prix de production, entraîne des transferts des secteurs à faible composition organique vers les secteurs à forte composition organique.

Marx donne un exemple chiffré à l'appui de son raisonnement. Pour démontrer la formation d'un taux général de profit, il divise l'économie en cinq branches qui utilisent la même masse de capital (ce sont des hypothèses purement arbitraires). Le taux de plus-value est identique dans toutes les branches, soit de 100% par convention. Le taux d'usure ou de capital constant consommé dans la période est retenu également de façon arbitraire pour chacune des branches.

---

[151] Sur le problème de la transformation après Marx : la solution de L. Bortkiewicz, la solution de P. Straffa, cf. S. Latouche, op. cit., p. 126-136. Marx n'a pas redéfini les nouvelles valeurs de c et v qui résultent de la péréquation des « pl ». En fait il y a difficulté car on n'obtient pas simultanément Σ profits = Σ plus-values, et Σ des prix = Σ des valeurs. Or pour Marx « si chaque capitaliste réalise un profit différent de la plus-value, que ses ouvrier produisent, la classe capitaliste doit bien ne s'approprier que la valeur du surproduit total, la masse de la plus-value », cf. A. Lipietz, op. cit., p. 74.

a) Situation de départ : disparité des taux de profit

Branche	Capitaux engagés	Taux de plus-value %	Plus-value	Taux de profit %	Capital consom-mé dans la période	Valeur de la mar-chandise	Coût de produc-tion
I	80 c + 20 v	100	20	20	50	90	70
II	70 c + 30 v	100	30	30	51	111	81
III	60 c + 40 v	100	40	40	51	131	91
IV	85 c + 15 v	100	15	15	40	70	55
V	95 c + 5 v	100	5	5	10	20	15
Total	390 c + 110 v	100	110	22			
Moyenne	78 c + 22 v	100	22				

En prenant le cas de la branche I ce tableau, que Marx présente dans le « *Capital* »[152], se lit de la façon suivante : 80 unités de *capital constant* sont combinées à 20 unités de *capital variable*. Le taux de plus-value étant de 100% la *plus-value* créée se monte à 20. Le taux de profit est égal à :

$$\frac{pl}{c+v} \text{, soit } \frac{20}{80+20} = 20\%$$

Marx retient par convention que 50 unités de capital constant sont consommées sur la période. *La valeur de la marchandise* produite est obtenue selon la décomposition :

$$50\ c + 20\ v + 20\ pl = 90$$

Le coût de production pour la branche I est de $50\ c + 20\ v = 70$. Des calculs du même type sont à effectuer pour les 4 autres branches. Il apparaît qu'avec les combinaisons de production différenciées, on obtient un taux de profit différent d'une branche à l'autre. Il est cependant possible de calculer un *taux moyen de profit,* si nous considérons l'ensemble comme une seule branche. Il suffit de rapporter la masse totale de plus-value (110) à la somme totale des capitaux engagés (soit $390\ c + 110\ v = 500$) :

$$\frac{110}{500} = 22\%$$

Le composition organique moyenne est le rapport 78 c à 22 v.

b) La situation finale d'équilibre : la péréquation des taux de profit

Cette différenciation intersectorielle des taux de profit doit provoquer *un mouvement de transfert du capital d'une branche à l'autre jusqu'à parvenir à l'égalisation*

---

[152] Livre III, P. 1, p. 948.

des taux de profit. Sous l'effet de la concurrence, les taux de profit moyens de branche doivent s'uniformiser et former un taux général des profits égal à la moyenne de ces taux. Marx décrit ainsi ce processus d'égalisation : « Le capital s'évade du secteur à faible taux de profit pour se précipiter dans celui qui offre un taux de profit plus élevé. Par ce va-et-vient continuel, bref par la façon dont il se répartit entre les divers secteurs selon que le taux de profit baisse ici et augmente là, le capital crée un rapport entre l'offre et la demande capable d'égaliser le profit moyen dans les différents secteurs de la production, si bien que les valeurs se changent en prix de production »[153]. Ce processus d'égalisation s'effectue en fonction du degré du développement capitaliste dans une société donnée, en fonction des degrés de mobilité du capital et de la force de travail. Tendanciellement on doit passer d'une situation de disparité des taux de profit à l'origine à une *situation équilibrée où chaque marchandise est vendue à son prix de production*. Le prix de production correspond à l'addition au coût de production d'un profit normal qui permet à chaque branche d'obtenir le taux de profit moyen, soit dans l'exemple retenu 22%. Cette situation de péréquation qui tend à prévaloir est la suivante :

Branche	Capitaux engagés	Plus-value	Valeur de la mar-chandise	Coût de produc-tion	Profit moyen %	Prix de produc-tion	Écart par rapport à la valeur
I	80 c + 20 v	20	90	70	22	92	+ 2
II	70 c + 30 v	30	111	81	22	103	- 8
III	60 c + 40 v	40	131	91	22	113	- 18
IV	85 c + 15 v	15	70	55	22	77	+ 7
V	95 c + 5 v	5	20	15	22	+ 37	+ 7

Tableau établi par Marx. Capital III, P2, p. 947-949.

Cela signifie que dans un système de concurrence, chaque capitaliste n'est pas assuré de réaliser sur le marché toute la plus-value créée. *Ils obtiennent seulement la part de plus-value sociale qui correspond au taux de profit moyen sur le capital investi.* Au niveau de l'ensemble des branches, il apparaît pourtant que la masse des profits est égale à la plus-value globale créée[154]. Comment les choses se passent-elles dans la réalité ? La péréquation effective des taux de profit dépend de l'intensité de la concurrence entre capitaux et de leur degré de mobilité. A un moment donné des disparités peuvent subsister, certaines branches peuvent se protéger de la concurrence des nouveaux capitaux de transfert et préserver ainsi un taux de profit supérieur au taux de

---

[153] « *Capital III* », P. 2, p. 987.

[154] On aboutirait ainsi à une sorte de *théorie positive des prix* : en effet, en ajoutant le taux de profit moyen au coût de production, on construirait un prix de production, selon un schéma déjà préssenti par Ricardo.

profit moyen. *Cette catégorie de surprofit peut s'analyser comme une rente de monopole, qui s'ajoute à la rente différentielle déjà définie.* Ainsi « au mécanisme global
d'extraction de la plus-value se superpose une dynamique économique qui met en
évidence une double origine du surprofit par les rentes différentielles et par les rentes
de monopole ».

La théorie économique des prix de production de Marx, et donc de la transformation, est demeurée imparfaite. (Le livre III du *Capital*, il est vrai, est resté à l'état de
brouillon). E.v. Böhm-Bawerk montrait déjà qu'elle ne fournissait pas une solution
aux « impasses ricardiennes » concernant le profit[155]. Marx était lui-même conscient
d'une *erreur de méthode* : « il faut se rappeler qu'une erreur est toujours possible quand
dans un secteur de production particulier, le coût de production de la marchandise est
identifiée à la valeur des moyens de production consommés ». Il ajoutait pourtant :
« pour la présente analyse, il est inutile d'insister sur ce point ». (*Capital*. Livre III.
Chap. 6, P 1., p. 957).

De fait l'équation du prix est erronée, dès que le prix est posé d'un côté comme une
fonction de la valeur qu'il contient en temps de travail. Ceci revient à attribuer deux
prix à un même bien ; ainsi le secteur textile qui achète du fer évalue ce fer à sa valeur
pour le calcul du capital constant, tandis que le secteur fer vend son produit à son prix
de production. On ne peut logiquement utiliser en même temps un système en valeurs
et un système en prix. En réponse à Böhm-Bawerk L.v. Bortkiewicz (1907) a tenté une
solution mathématique à ce problème au prix d'hypothèses sans rapport avec la
démarche critique de Marx et où la quantité de travail apparaît comme simple mesure
de la valeur. Une vaste discussion s'est développée pour trouver le passage d'un
système à l'autre. La solution la plus élaborée est celle de P. Sraffa qui part d'un
système de prix de production pour arriver à un système de valeur[156] ; elle marque une
véritable renaissance de l'économie ricardienne, même si le passage d'un système à
l'autre s'avère impossible dans le cas général. « Même si tout le travail chez Sraffa est
« simple », il n'est pas abstrait au sens de Marx » (S. Latouche op. cit. p. 136).

---

[155] Cf. *Zum Abschluss des Marxchen Systems* (1896) dans : *Gesammelte Schriften*. X. Weiss (ed).
Leipzig 1926, p. 321-435 ; pour une analyse Cf. G. Dostaler. *op. cit.* Chap. 3. ; P. Garegnani. *op. cit.*
p. 340 et ss. Le texte de Böhm-Bawerk est réédité avec la réponse de R. Hilferding (1877-1941) et
une introduction de P.M. Sweezy dans *Karl Marx and the close of his system*. Merlin Press, Londres,
2e éd. 1975.

[156] Cf. Traduction française de l'étude de Bortkiewicz : « *Essai de rectification de la construction
théorique de Marx dans le 3e livre du Capital* ». Cahiers de l'ISEA 76 (Janv. 59) p. 20-36. ; P. Sraffa,
. Production de marchandises par des marchandises, trad. S. Latouche, Dunod, Paris, 1970. Pour une
présentation des deux contributions. Cf. G. Dostaler, *op. cit.* p. 125 et ss. ; S. Latouche, *op. cit.* p. 127-
137 ; A. Lipietz, *op. cit.*, p. 53-101, fait le point sur la question, analyse les réactions des auteurs
marxistes au théorème de Morishima et propose une réappropriation marxiste du »marxisme
algébrique» ; M. Morishima : « Marx à la lumière de la théorie économique contemporaine ».
Economie appliquée, n° 4, 1975 ; G. Abraham-Frois (ed). *L'Economie classique : nouvelles
perspectives*, Economica, Paris 1984.

Cependant M. Morishima (1973) et N. Okishio (1963) ont démontré un « théorème marxien fondamental » faute de parvenir à déduire un système de l'autre : « l'exploitation des travailleurs par les capitalistes est une condition nécessaire et suffisante pour qu'il existe un système de prix et de salaires permettant de faire apparaître des profits positifs ». On peut donc bien expliquer le profit par l'exploitation. Le problème demeure pourtant, car cette démonstration, comme le traitement de P. Sraffa, n'établit aucune causalité entre les valeurs et les prix, en sorte que le théorème ne vaut pas preuve.

« *Le problème de transformation* » (des prix en valeur-travail pour la théorie de l'exploitation, des valeurs-travail en prix pour la théorie des prix) a ceci d'exemplaire qu'il donne lieu à des élaborations théoriques complexes de la part d'auteurs néoclassiques convaincus de formaliser une hypothèse d'exploitation qui ne correspond pas à la réalité, tandis que des auteurs néo-ricardiens « perfectionnent une problématique différente de celle de Marx, mais de laquelle ils prétendent qu'elle décrit la même réalité » (G. Dostaler op. cit. p. 158). L'économie est plus que jamais politique : les deux écoles croient en une *science économique autonome*, mais se distinguent radicalement par leurs positions politiques qui constituent les oppositions pertinentes.

Chapitre XII
Accumulation, Lois d'évolution
et Crises du M.P.C.

L'analyse du capital est déjà une analyse de la dynamique du mode de production capitaliste. Nous nous en tiendrons à faire apparaître comment les concepts fondamentaux définis peuvent intervenir dans la dynamique du M.P.C. Avec la théorie de l'accumulation on parvient au terme de la démonstration de Marx dont l'objectif est de dévoiler la contradiction interne fondamentale du M.P.C, cause de la crise du système.

L'analyse de l'accumulation se développe à différents niveaux dans le *Capital*. Dans le Livre I elle est conduite dans un cadre simplifié, au niveau le plus général : les marchandises sont considérées uniquement comme *valeurs d'échange*. Leurs caractère spécifiques ne sont pas retenus ; leur agrégation est réalisée par leur valeur. Cette analyse au niveau global permet de dégager la *relation entre chômage et progrès technique*.

Au livre II Marx considère le processus de circulation du capital ; l'objet central d'étude est le problème des métamorphoses des marchandises en tant que *valeurs d'usage*. Marx conduit une analyse en termes *d'interdépendance sectorielle* en construisant les *schémas de reproduction*.

Au livre III sont mises en évidence les contradictions où mène le « *mouvement du capital considéré comme un tout* ».

I — La réalisation du produit à sa valeur : les conditions d'équilibre dans le processus d'accumulation

1. La notion d'accumulation

Une loi d'accumulation a déjà été dégagée par les classiques ; elle représentait une première ébauche de théorie de l'accumulation. En fait, les profits réinvestis dans le circuit de production permettent d'obtenir un nouveau surplus (ou produit de la croissance). Ceci engendre un *processus d'accumulation productive*[157] qui est à l'origine de la croissance. Au milieu du XIXe les progrès de l'industrie paraissent écarter toute perspective d'aboutir à l'état stationnaire décrit par Ricardo. L'analyse de Marx prend en compte cette réalité nouvelle. Au sens large et usuel du terme l'accumulation du capital est le processus par lequel une suite d'investissements, et les profits qui en résultent, permettent d'accroître le capital initial.

Selon l'approche marxiste on entend plus précisément par accumulation *la transformation de la plus-value en capital*. Ce terme se différencie donc de celui d'investissement (= augmentation des forces productives matérielles), parce que dans la logique de l'analyse de Marx, il englobe à la fois les moyens de production et la force de travail selon la proportion exigée par l'état des techniques.

Pour que le procès de production capitaliste soit continu, il faut qu'il soit aussi un procès de *reproduction* ; en d'autres termes il faut conserver le capital existant. *L'accumulation du capital exige donc une consommation partielle de la plus-value* comme revenu ; une autre partie doit être convertie en capital par transformation en moyens de production et de valorisation. La consommation non productive ne doit pas absorber la totalité de la plus-value. Le capitalisme ne se caractérise pas par une simple reproduction à l'identique des conditions de production de la phase de départ. Dans le M.P.C. *l'activité de production est en même temps production de marchandises et reproduction de rapports sociaux* qui permettent l'appropriation de la plus-value par la classe des capitalistes. Pour maintenir la plus-value, il faut perpétuer le rapport social capitaliste. Pour perpétuer ce rapport, il faut le reproduire, donc réintroduire la majeure partie de la plus-value dans le cycle de reproduction. Accumuler signifie donc bien transformer la plus-value en capital, c'est-à-dire en un rapport social entre capitalistes et travailleurs.

Le procès de production capitaliste reproduit la séparation entre travailleurs et les conditions de travail qui contraignent le travailleur à vendre sa force de travail : « Le procès de production capitaliste considéré dans sa continuité, ou comme reproduction, ne produit donc pas seulement de la marchandise, ni seulement de la plus-value, *il produit et éternise le rapport social entre capitaliste et salarié* »[158]. Ainsi le capital crée le capital, et plus le capitaliste a accumulé, plus ses possibilités d'accumulation augmentent[159]. C'est ce qu'exprime la formule lapidaire de Marx : « le prolétaire est une

---

[157] En prenant en compte la loi des rendements décroissants et la tendance à l'augmentation de la rente, les classiques estiment que l'évolution économique conduit nécessairement à la réduction des profits et en conséquence, à un arrêt du processus d'accumulation qualifié d'*état stationnaire*. Cf. Titre I, p. 94.

[158] « *Le Capital I* », dernière phrase du chapitre 23 consacré à la reproduction simple. P.1, p. 1081.

[159] Dans le M.P.C., plus est élevée la fraction de plus-value utilisée comme capital, plus l'accumulation est forte et plus le capitaliste s'enrichit. La proposition inverse est aussi exacte : le capitaliste s'enrichit d'autant moins qu'il dépense sa plus-value en revenu. D'où l'exclamation ironique de Marx : « Accumuler, c'est conquérir le monde de la richesse sociale »…

machine à produire de la plus-value et le capitaliste une machine à capitaliser cette plus-value »[160].

2. Les schémas de reproduction ou le comment de l'accumulation

Dans le schéma A M A', le capitaliste utilise son argent comme capital : il le transforme sur le marché en force de travail et en biens de production pour en extraire une plus-value (ou survaleur). « Ce premier mouvement de la valeur destinée à fonctionner comme un capital a lieu, dit Marx, sur *le marché dans la sphère de circulation* ». Cette analyse est réalisée par Marx dans le Livre II du « *Capital* » (Le processus de circulation du capital)[161]. Il étudie le *comment* de l'accumulation.

« La question se présente ainsi : comment le capital consommé dans la production est-il remplacé matériellement et dans sa valeur au moyen du produit annuel, et comment le processus de ce remplacement se combine-t-il avec la consommation de la plus-value par les capitalistes et celle du salaire par l'ouvrier ?

Ces schémas de reproduction du Live II du « *Capital* » ont un grand intérêt ; ils ont exercé une forte influence sur les successeurs de Marx ; « ils représentent le premier exemple d'un type d'analyse qu'ont illustré Harrod-Domar à notre époque ». Notre objet n'est pas de présenter le détail de la démarche de Marx, mais seulement de décrire la *circulation globale de la valeur* pour faire apparaître qu'au niveau de la rotation du capital il y a *possibilité* de crise[162].

Les hypothèses communes aux deux schémas de reproduction

Marx représente la circulation globale de la valeur dans un circuit qu'il appelle *le circuit des marchandises*[163], mais cette terminologie est trompeuse, car il ne s'agit pas

---

[160] Lire sur ce point, « *Capital I* », chapitre 24, P. 1, p. 1095 à 1102.

[161] Au livre I, qui est entièrement consacré au processus de production, la production est par hypothèse vendue normalement à sa valeur : « il est sous-entendu que ce capital accomplit d'une manière normale le cours de sa circulation ». Au livre III, est traitée la question de la répartition et des transformations de la plus-value. *La condition première de l'accumulation pour le capitaliste est donc la vente de ses marchandises* et la retransformation de l'argent en capital : c'est le problème de la *réalisation* du produit.

[162] « Les schémas de reproduction constituent une bonne introduction pédagogique aux problèmes soulevés par la croissance économique », estime J.M. Chevalier (op. cit., p. 309). De fait il est notable que Marx, s'opposant à Sismondi, est le premier à avoir présenté un schéma analytique d'une économie en croissance ; mais si l'on considère les schémas de reproduction à part, comme de simples modèles de croissance, on trahirait la démarche d'ensemble de Marx qui vise à dégager les implications de la reproduction dans la perpétuation du rapport capitaliste fondamental.

[163] Ce schéma de reproduction n'est pas sans analogie avec le « tableau de Quesnay ». Cf. F. Poulon f., op. cit., p. 64, qui reconstruit les schémas de Quesnay et de Marx selon une même méthode. Pour une présentation détaillée des schémas de reproduction tenant compte des temps de rotation de c et v, cf. O. Lange, *Leçons d'économétrie*, quatrième partie.

d'étudier comment les revenus distribués sont utilisés à l'achat des marchandises produites. Marx veut montrer comment la plus-value obtenue dans le procès de production peut être réalisée au cours du procès de circulation. Pour cela, il considère que *l'ensemble du produit annuel se répartit entre deux secteur* (sections) auxquels il réduit la représentation d'une économie complexe à n branches.

a) La *section I* (ou secteur I) comprend les *moyens de production,* soit toutes les marchandises destinées par leur *forme à la consommation productive.*

b) La *section II* (ou secteur II) comprend les moyens de consommation, soit toutes les marchandises destinées par leur forme à la *consommation individuelle* de la classe capitaliste et ouvrière.

Cette distinction se justifie ainsi : toutes les marchandises consommées par l'ouvrier sont de même nature, puisqu'elles sont toutes nécessaires à la reconstitution de sa force de travail. Les capitalistes achètent par contre deux sortes de marchandises : celles qui sont destinées à leur *consommation finale* et celles qui sont destinées à leur *consommation productive.*

Les marchandises destinées à la consommation sont payées sur le *« fonds de consommation »* ; les marchandises destinées à la consommation productive sont payées sur le *« fonds d'accumulation ».*

La valeur de l'ensemble du produit social se décompose en trois éléments, comme pour une marchandise particulière : capital constant, capital variable et plus-value, soit donc :

$$Y = c + v + pl$$

En combinant ces différents critères, on obtient le système suivant :

$$c_1 + v_1 + pl_1 = Y_1$$

$$c_2 + v_2 + pl_2 = Y_2$$

$$\overline{c\ + v + pl\ = Y}$$

A cela s'ajoutent d'autres hypothèses conventionnelles : cadre d'une économie fermée ; usure du capital constant en une seule rotation annuelle, donc sa valeur totale est comprise dans le coût de production. Les produits s'échangent à leur valeur, donc coïncidence entre valeur, prix de production et prix de marché.

Pour que la construction ait un sens, il faut que les résultats en quantité, en valeurs et en prix demeurent identiques ; ceci suppose que la composition organique des branches agrégées dans chacune des deux sections soient identiques.

Enfin, pour l'exemple arithmétique on retient l'hypothèse arbitraire de :

$$\frac{pl}{v} = 100 \ \% \ \text{et} \ \frac{c}{v} = 4$$

La reproduction simple

Marx analyse d'abord l'hypothèse d'école d'une reproduction simple, c'est-à-dire *qu'aucune augmentation du montant du capital et de la production n'intervient de période en période.* Les capitalistes n'effectuent pas d'investissement net : la valeur investie par les capitalistes est identique de période en période ; ils consacrent leur plus-value à la consommation dite improductive parce que ne servant pas dans un cycle de production ultérieur[164], d'où l'on emploie aussi le terme plus explicite de « reproduction sur une échelle simple ».

Le système économique peut être représenté selon le schéma suivant, où l'on suppose que le capital initial est de 5 000 pour le secteur I et de 2 500 pour le secteur II. Aux termes des opérations de production on a :

$$
\begin{array}{lll}
\text{I} \quad : & Y_1 = 4\,000\ c_1 + \boxed{1\,000\ v_1 + 1\,000\ pl_1} & = 6\,000 \\
\text{II} \quad : & Y_2 = \boxed{2\,000\ c_2} + 500\ v_2 + 500\ pl_2 & = 3\,000 \\
\hline
& Y = 6\,000\ c + 1\,500\ v + 1\,500\ pl & = 9\,000
\end{array}
$$

On constate que la valeur totale du produit marchandise annuel est de 9 000. La reproduction simple nécesssite que le surplus soit absorbé par une consommation improductive et que les conditions de production initiales soient restaurées au terme des transactions. Cela s'effectue aux conditions suivantes :

a) Sur le marché des biens de production : les capitalistes du secteur I doivent reproduire 4 000 c. Ils peuvent les obtenir dans leur secteur qui produit 6000. Les capitalistes du secteur II doivent reproduire 2 000 c. Ils peuvent les acheter au secteur I qui dispose d'un excédent disponible de ce montant.

$$
\begin{array}{llll}
\text{On a ainsi} & : & 4\,000 + 2\,000 & = 6\,000 \\
\text{soit} & : & c_1 + c_2 & = Y_1
\end{array}
$$

b) Sur le marché des biens de consommation : les travailleurs des deux secteurs perçoivent comme salaire $1\,000\ v + 500\ v = 1\,500\ v$. Pour reconstituer leur force de

---

[164] En termes keynésiens, soit s la propension à épargner des capitalistes ; cette première hypothèse correspond à s = o, les capitalistes affectent la totalité de la plus-value réalisée au fonds de consommation. Cette hypothèse est « étrange ». Citons à ce propos une remarque de M. Godelier, concernant la « méthode hypothético-déductive » de Marx : « Marx nous avait prévenu dès le début de l'analyse (plus de 100 pages du Livre II) : "La reproduction simple apparaît ainsi comme une abstraction... hypothèse étrange... elle est incompatible avec la production capitaliste...". Mais cette hypothèse est nécessaire pour analyser le mode de reproduction compatible avec le système capitaliste : la reproduction élargie... la constitution d'hypothèses simplificatrices a une *nécessité opératoire* ». M. Godelier, op. cit., p. 130. Ce détour théorique permet d'*inventorier* les conditions nécessaires pour l'équilibre du processus de reproduction à l'identique.

travail, ils doivent acheter 1 500 de biens de consommation auprès du secteur II, qui en produit 3 000.

De plus les capitalistes des secteurs I et II reçoivent :

1 000 pl + 500 pl = 1 500 pl qu'ils doivent consommer improductivement par hypothèse. Ils peuvent acheter ce montant qui est disponible sur le marché des biens de consommation. On a donc :

$$1\,500 + 1\,500 = 3\,000$$
$$\text{soit} \quad v_1 + v_2 + pl_1 + pl_2 = Y_2$$

Il apparaît que pour obtenir la reproduction simple au similaire par consommation improductive du surplus, *des échanges doivent intervenir entre secteurs et à l'intérieur des secteurs*. En effet, au terme de la période ce sont les transactions entre les deux secteurs qui restaurent les conditions de production de départ. Pour nous en tenir aux *conclusions*, les conditions d'équilibre sont que :

a) *la production totale du secteur I soit consacrée au remplacement du capital usé dans les deux secteurs. Il n'y a donc pas d'accroissement de c.*

$$\boxed{c_1 + v_1 + pl_1 \qquad = \qquad c_1 + c_2}$$
$$\text{Offre de I en valeur} = \quad \text{Demande de I en valeur}$$

b) en même temps, *la production totale du secteur II doit être égale aux salaires et revenus de la propriété (plus-value)*

$$\boxed{c_2 + v_2 + pl_2 \qquad = \qquad (v_1 + v_2) + (pl_1 + pl_2)}$$
$$\text{Offre de II en valeur} = \quad \text{Demande de II en valeur}$$

Ces deux équations se réduisent à la condition :

$$\boxed{v_1 + pl_1 = c_2}$$

c'est-à-dire que la production nette du secteur I doit être égale à la demande de remplacement du secteur II. La condition d'équilibre s'exprime comme une condition d'échange entre les deux secteurs.

Certains auteurs ont tendance à privilégier une interprétation économiste de la reproduction simple de Marx. Il apparaît en effet que l'hypothèse d'évolution stationnaire de la valeur produite est implicitement celle de Quesnay dans son Tableau. Même si Marx a reconnu l'intérêt de celui-ci[165], cette hypothèse demeure parfaitement hypothétique. Nous insistons encore sur la signification du processus de reproduction du capital comme processus de reproduction et donc de « perpétuation des rapports

---

[165] Cf. J. Cartelier, « *Surproduit et reproduction* », p. 77 et ss.

sociaux existants ». En effet, dans ce processus le prolétariat perçoit un salaire qui égale le coût de reconstitution de sa force de travail . Avec un tel revenu il ne peut réaliser aucune accumulation et investir ; il est obligé de continuer à vendre sa force de travail pour subsister.

La reproduction élargie et l'accumulation

La reproduction simple n'est pas la norme dans le M.P.C. ; l'accumulation est au centre du fonctionnement de ce mode de production. Envisageons donc l'hypothèse où la propension à épargner s est telle que : $o < s \leq 1$. Au moyen de leurs fonds d'accumulation les capitalistes peuvent, au terme de chaque période, investir une *valeur* « *élargie* », c'est-à-dire plus élevée que celle investie au début de la période précédente (on parle aussi de reproduction sur une échelle progressive). Il s'agit là de *l'hypothèse capitaliste par excellence*, puisque l'accumulation est, pour Marx, l'essence même du capitalisme : « Accumuler, c'est conquérir le monde de la richesse sociale, étendre sa domination personnelle, augmenter le nombre de ses sujets, c'est sacrifier à une ambition insatiable ».

Pour sa démonstration, Marx retient des hypothèses restrictives : toute plus-value créée est réalisée ; le capital constant est entièrement investi en début de période ; le capital variable est investi progressivement au cours de la période ; la plus-value est proportionnelle au capital variable avec un rapport constant de proportionnalité $pl' = \dfrac{pl}{v}$ taux de plus-value, ou taux d'exploitation de la force de travail ; la composition du capital est donnée ; la période considérée (ou temps de rotation du capital) représente le temps nécessaire à la réalisation de tout le capital constant investi ; la valeur reçue par les ouvriers en paiement de la force de travail est entièrement consacrée à l'achat de biens de consommation (salaire de subsistance).

Quelles sont les conditions particulières à remplir pour que l'accumulation élargie puisse s'effectuer, c'est-à-dire pour que les capitalistes puissent réaliser la plus-value extorquée pour partie en achats de biens de production (consommation productive) ?

Au niveau du secteur I des moyens de production :

a) l'accumulation nécessite qu'une partie de la survaleur prenant la forme de moyens de production reste dans le secteur.

b) l'achat de capital variable supplémentaire pour la reproduction élargie renvoie à des problèmes distincts. Tout d'abord celui *de l'existence sur le marché d'une force de travail additionnelle.* Ce problème déterminant, et premier pour toute reproduction élargie, trouve sa solution dans la logique du fonctionnement du M.P.C. Ce sont les effets combinés du progrès technique, *de la prolétarisation,* de l'accroissement de la *plus-value absolue et relative*, de la création de l'*armée industrielle* de réserve et de la *surpopulation relative*. Toutes ces analyses de Marx doivent être situés dans leur interaction avec les nécessités de la reproduction élargie du cycle du capital[166]. Par ailleurs il faut qu'il y ait *la réalisation du produit à sa valeur* : il s'agit du problème de la réalisation monétaire de la marchandise.

Au niveau du secteur II des biens de consommation, les conditions à remplir pour la reproduction élargie paraissent impossibles à première vue. En effet, pour accroître leurs achats en biens de production, *les capitalistes du secteur I doivent réduire leur demande de biens de consommation auprès du secteur II*. La volonté d'accumulation paraît créer une situation de surproduction dans le secteur II et donc un blocage de la reproduction simple qui exige une égalité du revenu et de la dépense. Voilà le problème circonscrit du schéma de la reproduction élargie ; il s'agit de démontrer que la réalisation du produit à sa valeur est possible, même dans le cas de reproduction élargie[167].

Sans entrer dans le détail[168], car ce n'est pas nécessaire au niveau d'analyse de la démarche d'ensemble où nous sommes, on démontre que formellement les équations de la reproduction élargie à taux constant sont les mêmes que celles de la reproduction simple. Pour cela, décomposons la plus-value en ses trois composantes, selon son affectation :

---

[166] Cf. infra section 3 de ce chapitre.

[167] Notons que l'on recense plusieurs interprétations des schémas :

1) comme preuve de la *dépendance du secteur I par rapport à II* en privilégiant les hypothèses très particulières de l'exemple numérique de Marx : les capitalistes de I accumulent une part constante de plus-value dans une proportion donnée dans leur propre secteur, tandis que la reproduction en II est subordonnée aux besoins de I.

2) comme preuve de l'*impossibilité de développement du M.P.C* : R. Luxemburg (1912, Maspero, Paris 1969. *L'accumulation du capital*) introduit l'hypothèse d'augmentation de $\frac{c}{v}$ (progrès technique), d'où déséquilibre par déficit des moyens de production dans I et échanges nécessaires avec des producteurs « non-capitalistes » pour obtenir des biens d'équipement, ce qui n'est pas logique.

3) interprétation keynésienne (O. Lange) des schémas en termes d'*équilibre entre demande et offre nettes* de moyens de production.

4) comme preuve de la *possibilité de développement du capitalisme*. R. Hilferding (*Le Capital financier*, 1910 ; Ed. Minuit, Paris, 1970, p. 353 et ss.) montre que « la reproduction ne peut se poursuivre normalement que *si les proportions sont maintenues* » ; d'où cet auteur explique les crises seulement par la disproportion et va même jusqu'à répudier la théorie de l'effondrement du capitalisme de Marx.

[168] Le schéma de Marx est exposé au chap. 13 du *Capital II* (p. 2, p. 845 et ss.). Pour une présentation arithmétique simple nous renvoyons à S. Latouche, op. cit., p. 160-163 ; J.H. Jacot *« Croissance économique et fluctuation conjoncturelle »*, P.U.L. Lyon, 1976.

pl_v : affecté à l'achat de la force de travail (capital variable)

pl_o : affecté à l'achat des biens de consommation (consommation improductive)

pl_k : affecté à l'achat des moyens de production (capital constant, consommation productive)

1re condition : la production (offre) de moyens de production (du secteur I) = demande totale de moyens de production.

Il faudra avoir :

$$c_1 + v_1 + pl_{1k} + pl_{1v} + pl_{1o} = \quad c_1 + c_2 + pl_{1k} + pl_{2k}$$
(offre de I en valeur)   (demande de I en valeur)

soit en simplifiant :

$$\boxed{v_1 + pl_{1v} + pl_{1o} = c_2 + pl_{2k}}$$

2· condition : la production (offre) de biens de consommations (du secteur II) = demande de biens de consommation. Il faudra avoir :

$$c_2 + v_2 + pl_{2k} + pl_{2v} + pl_{2o} = \quad (v_1 + pl_{1v} + pl_{1o}) + (v_2 + pl_{2v} + pl_{2o})$$
(offre de II en valeur)   (demande de II en valeur)

soit en simplifiant :

$$\boxed{c_2 + pl_{2k} = v_1 + pl_{2k} + pl_{2o}}$$

On obtient la même condition d'équilibre que pour la reproduction simple, *ou condition d'échange entre les secteurs*. La demande de biens de consommation provenant du secteur I doit égaler la demande de biens de production provenant du secteur II. Si l'on tient compte des hypothèses sur la composition organique, les taux d'exploitation et les taux d'accumulation, cela comporte une *contrainte de proportionnalité* : les productions totales en valeur des deux secteurs doivent demeurer dans une certaine proportion. On peut aussi faire apparaître que cette condition d'équilibre *recouvre la condition d'égalité de l'épargne nette et de l'investissement net* tant en nature qu'en valeur[169].

---

[169] A partir de l'égalité précédente, on fait passer c_2 dans le membre de droite et on ajoute pl_{1k} dans les deux membres, soit : $pl_{1k} + pl_{2k} = v_1 + pl_{1k} + pl_v + pl_{1o} - c_2$

d'où en regroupant : $pl_k = v_1 + pl_1 - c_2$

où $v_1 + pl_1 - c_2$ représente *l'épargne nette* (valeur des moyens de production physiquement disponibles après amortissement) et où pl_k représente l'investissement net (soit la valeur des moyens de production physiquement nécessaires pour l'élargissement de la production). Cf. J.H. Jacot, op. cit., p. 359.

Marx montre bien que la reproduction élargie, ou croissance économique, dépend à la fois de la disponibilité d'un excédent de moyens de production et de la décision de les affecter à l'investissement. Marx entendait démontrer que le capitaliste est dans la nécessité interne d'accumuler pour augmenter la masse de la plus-value et lutter contre la baisse tendancielle du taux de profit. Keynes s'attachera à l'analyse des déterminants de l'investissement net.

Notons enfin qu'au bout d'une série de périodes représentant un temps donné, les capitalistes ont récupéré (sous forme de consommation productive ou non) tout le montant en valeur de l'avance initiale en capital. C'est la somme des plus-values obtenues de période en période. Au terme de ce temps, *les capitalistes ont toujours la possession juridique de ce capital et peuvent continuer d'en retirer de la plus-value*.

L'examen de la portée des schémas de la reproduction appelle plusieurs remarques critiques. Les schémas de reproduction simple ou élargie correspondent à une *étude de contraintes comptables*. Il s'agit d'un cadre de comptabilité sociale, et non d'un modèle de croissance. Les phénomènes pris en compte ne sont pas étudiés pour eux-mêmes. La reproduction définit *des équilibres de flux,* mais ignore les stocks, en particulier la composition organique du capital. *Les hypothèses de départ sont très restrictives* : l'économie est fermée ; les contraintes sont nombreuses : taux de rotation du capital identiques dans les deux secteurs, pas de progrès technique, salaires réels et surplus réels constants…

En admettant les limitations techniques du modèle, on introduit du même coup une question qui se situe à un niveau supérieur, celui-là même qui caractérise la démarche de Marx. Quelle est la nature de l'économie étudiée ? Elle ne comporte ni monnaie, ni marché, ni demande. Ses seules références capitalistes sont le capital et la plus-value, mais ne change-t-on pas en fait de registre ? On passe de la critique de l'économie politique à une démarche traditionnelle de l'économie politique. Les valeurs c, v, pl sont prises en compte dans cette comptabilité de flux comme des valeurs d'usage. Ces modèles se référeraient donc plutôt à une « économie fondamentale » ou « généralisée ». Le rapport entre v et pl (constant ici par hypothèse) est ramené à une question de répartition du produit net. Donc ces schémas paraissent permettre de déboucher sur un acquis contradictoire à la démarche critique de Marx : la croissance capitaliste équilibrée est possible.

On peut ainsi concevoir que les crises de surproduction seraient passagères grâce au *jeu régulateur du taux de profit*. En cas d'insuffisance de production dans un secteur (et d'excès corrélatif dans l'autre), le prix du marché s'élève dans le premier secteur (et s'abaisse dans l'autre), d'où modification des taux de profit provoquant un transfert de capital et le retour aux proportions d'équilibre.

Ce n'est pas le caractère restrictif des hypothèses qui est en soi rédhibitoire ; d'ailleurs des modèles mathématiques peuvent prendre en compte les variations de la composition organique du capital et du taux de plus-value. Ce qui pose un problème de principe ; c'est que « *l'accumulation possible mathématiquement devient norma-*

lement invraisemblable en système capitaliste sur ces bases ; il faudrait que les capitalistes choisissent spontanément les bonnes proportions sans se soucier de leur profit »[170].

II — Les lois tendancielles et la dynamique de long terme

Au début du Livre I du « *Capital* » le rapport de production capitaliste est mis en évidence comme l'axe central autour duquel les autres éléments du système prennent leur sens. Il s'en déduit une analyse du fonctionnement du système qui part de la genèse du capital individuel pour aboutir à la reproduction du capital total. Ce mouvement du capital comme procès d'aliénation du travail, et reproduction du travail aliéné, comporte des lois tendancielles :

– *la loi générale d'accumulation capitaliste* du travail mort (ou croissance du capital),

– *la croissance de la domination du capital* sur le travail.

Les physiocrates et les classiques ont déjà voulu dégager des lois tendancielles, ou lois de développement historique des systèmes économiques. La continuité de Marx par rapport à cette démarche n'est qu'apparente. Les auteurs qui le précèdent concevaient l'économie comme une forme naturelle de l'existence régie par des lois immuables ; pour eux l'économie politique exclut par définition la science de l'histoire. Pour Marx au contraire, les systèmes économiques « s'engendrent les uns les autres » ; *des lois de développement et d'évolution doivent rendre intelligible la dynamique du système capitaliste* à partir de ses contradictions. Ces lois, pour l'essentiel, ont été élaborées à partir de la réalité du capitalisme concurrentiel du XIXe.

Un historien de la théorie économique comme M. Blaug, quoique non-marxiste, reconnaît l'intérêt de ces lois de long terme : « On peut examiner l'analyse que fait Marx des lois du mouvement du capitalisme, indépendamment des subtilités logiques du problème de la transformation » ; et il ajoute : « Cette partie des écrits de Marx est, sous de nombreux rapports, la plus féconde, par son abondance d'hypothèses provocatrices »[171]. De fait la notion de loi tendancielle est un exemple de l'originalité de la méthodologie marxiste par rapport à la méthode scientifique usuellement reconnue. Karl Popper, philosophe qui a eu une influence considérable sur l'économie moderne, a voulu établir (« *La logique de la découverte scientifique* », 1935, trad. fr, Payot, Paris, 1973) une règle exclusivement logique pour reconnaître la science de ce qu'elle n'est

---

[170] S. Latouche, op. cit., p. 165.
[171] M. Blaug. op. cit., p. 287.

pas. Il fait prévaloir un principe «d'infirmabilité» : une loi scientifique a une valeur explicative, un contenu théorique et empirique d'autant plus élevé que la catégorie des observations possibles susceptibles de la refuter est plus large.

Les lois tendancielles marxistes tout au contraire ne visent pas à être soumises à une suite de « conjectures et de réfutations ». Elles posent la primauté de tendances fondamentales par rapport à des contretendances secondaires, ces dernières pouvant être transitoirement ou localement dominantes. De plus, il ne faut pas ignorer que Marx « en découvrant le caractère pratique de la vie sociale, découvre, du même coup, que la connaissance est elle-même intégrée à la pratique sociale... le critère de la vérité scientifique, c'est l'unité de la théorie et de la pratique sur la base de la pratique »[172]. Nous ne pouvons développer ce point qui renvoie nécessairement à une réflexion et des études sur l'épistémologie en économie[173].

Signalons seulement que ces questions ont un rapport avec la logique d'ensemble de cet ouvrage qui privilégie des approches fondamentales et veut en indiquer au moins l'apparente chronologie. Une approhe fondamentale représente en fait une sorte de « paradigme » au sens de T. Kühn[174], c'est-à-dire la conception de la science comme la détermination d'un « *cadre théorique accepté* » pour la solution de problèmes déterminés. L'histoire de la science est alors celle des passages d'un paradigme à l'autre. Dans la seconde édition de « *Structure of Scientific Revolution* » (1970), T. Kühn propose d'ailleurs de remplacer paradigme par « *matrice disciplinaire* », désignant ainsi « toute la constellation de croyances, valeurs et techniques qui sont partagées par tous les membres d'une communauté scientifique donnée ».

La logique de notre exposé est commandée par la constatation suivante : les crises économiques ont une place essentielle dans la pensée de Marx et sa vision de l'avenir historique. En fait Marx nous fournit deux ordres d'explication des crises : 1) La « *loi de la baisse tendancielle du taux de profit* » tient la place la plus centrale dans le schéma d'ensemble de Marx ; nous l'analysons donc tout d'abord en liaison avec l'accumulation et le progrès technique : le niveau de la rentabilité devient trop faible pour inciter les capitalistes à la croissance (crise type classique): 2) Une théorie des «*crises de réalisation*» du profit par la vente dù produit, c'est-à-dire crise de la surproduction ou d'insuffisance de *demande sociale* par rapport à l'offre (crise de type keynésien).

---

[172] P. Fougeyrollas, op. cit., p. 215.

[173] Cf. R. Di Ruzza, *La dernière instance et son ombre*. UER de Sciences Economiques de Grenoble II, 1984-1985 ; G. Duménil. *Le concept de loi économique dans Le Capital*. Maspero, Paris, 1978.

[174] Cf. Introduction, Titre 1, p., et sur la notion de paradigme. A. Mingat. P. Salmon, A. Wolfelsberger. *Methodologie économique*. PUF, Paris, 1985, p. 72 et ss.

1. La relation entre accumulation et progrès technique

Accumulation et progrès technique sont dans un rapport dialectique. Le progrès technique est induit par les capitalistes qui réalisent l'accumulation du capital, ce qui a pour résultat d'accroître la plus-value relative. Ce comportement n'est qu'en apparence la résultante du jeu de la libre initiative ; il est conforme en fait à la logique du M.P.C. et à ses contradictions. Celles-ci se manifestent par une double pression : *pression de la concurrence* qui résulte des contradictions au sein de la classe capitaliste et, à un autre niveau, *pression des luttes sociales* qui résultent de la contradiction entre classes.

Dès le Livre I du « *Capital* », le progrès technique est étroitement relié au déroulement du processus dialectique de l'accumulation. Après l'analyse des mécanismes de l'accumulation, Marx étudie les incidences du progrès technique sur les modalités de l'accumulation (Livre I, chapitre XXV). Il dégage alors trois conséquences, ou *lois de l'accumulation.*

L'élévation tendancielle de la composition organique du capital

En raison du progrès technique on observe un développement de la productivité du travail, qui a pour corollaire, une *augmentation continue du travail constant investi par travailleur employé.* « Dans le progrès de l'accumulation, il n'y a pas seulement accroissement quantitatif et simultané des divers éléments réels du capital. Le développement des puissances productives du capital social, que ce progrès comporte, se manifeste par des *changements qualitatifs*, par des changements graduels dans la composition technique du capital ; c'est-à-dire que la masse de l'outillage et des matériaux augmente de plus en plus en comparaison de la somme de force de travail nécessaire pour les mettre en œuvre. A mesure donc que l'accroissement du capital rend le travail plus productif, il en diminue la demande proportionnellement à sa propre grandeur »[175].

Ceci signifie concrètement qu'à un travailleur du milieu du XIXe siècle correspond un stock de machines, d'outils, de moyens de production plus élevé que deux décennies plus tôt : il y a modification de la *composition technique du capital*[176]. Ces modifications vont se réfléchir dans la *composition valeur du capital*, c'est-à-dire vont entraîner un « accroissement progressif de sa partie constante aux dépens de sa partie variable, soit le rapport c/v. Notons aussi que la composition organique du capital exprime le degré de « domination de la force vivante du travail » exercé par le capital reconnu comme « travail réifié ». L'élévation de la composition organique du capital est la manifestation d'un phénomène qui atteint l'homme dans son être même : *la*

---

[175] *Capital I*, chapitre 25, P. 1, p. 1134, mais Marx n'avance pas d'autre argument que la sociologie du travail.

tendance à l'abstraction et l'aliénation du travail humain vivant. L'homme devient « le simple auxiliaire de la machine ».

Loi de surpopulation relative et création d'une armée de réserve

Cette loi fait la liaison entre phénomènes économiques et phénomènes sociaux. A la différence de ce que retiennent les classiques, particulièrement Malthus, le chômage et la misère ouvrière n'ont pas des raisons naturelles indépendantes des conditions historiques. Cette conception de Marx est tout à fait originale par rapport à *l'interprétation a-historique de Malthus.* Chez Malthus population et subsistances sont étudiées dans une mise en rapport exclusivement naturelle et quantitative, comme ce serait le cas pour une espèce animale donnée et son territoire naturel.

Elle pourrait correspondre à une démarche dont la préoccupation serait écologique. Cependant pour la rigueur de la critique historique, il faut rappeler qu'entre l'époque de Malthus et celle du *« Capital »* de Marx, les conditions concernant la rareté des moyens de subsistance ont beaucoup évolué : l'Angleterre de 1798 manque de ressources alimentaires. Celles-ci représentent, pour employer un langage keynésien, un goulot d'étranglement. Vers 1867, cette contrainte a été dépassée grâce au commerce extérieur.

1 — Les conséquences de la hausse de la composition organique

Pour Marx, *le chômage provient du fonctionnement du M.P.C.* Il résulte en particulier de la hausse de la productivité du travail dans les conditions capitalistes de l'accumulation. L'accumulation du capital a deux conséquences contradictoires ; d'une part la conséquence normale est une croissance de la demande de travail : *une augmentation de c + v est créatrice d'emplois.* D'autre part, l'augmentation de la productivité du travail entraîne une hausse de la composition organique du capital. La

---

[176] Marx distingue : (cf. *Capital* liv. 1, chap. 25, P. 1, p. 1121 et ss).

a) la *composition technique* comme un *rapport de matières*: elle résulte de la proportion entre la masse des moyens de production employés et la quantité de travail nécessaire à leur mise en œuvre.

b) la *composition valeur* comme un *rapport de valeurs* : il est déterminé par les parts respectives du capital constant (valeur des moyens de production) et du capital variable (montant des salaires consacrés à l'achat de la force de travail).

c) Marx appelle *composition organique*, la composition valeur en tant qu'elle dépend de la composition technique. Des différences intervenant de branche à branche, c'est la composition du capital social dans son ensemble qui est considérée. Notons que si compositions technique et organique ne sont pas indépendantes, leurs changements peuvent ne pas être strictement parallèles : ainsi un progrès technique permettant une économie de travail comporte du fait même une réduction de la valeur d'échange des biens produits. D'un côté on utilise plus de machines, mais de l'autre le contenu en travail de ces outils est moindre, en raison même du progrès technique.

décroissance en proportion du capital variable provoque une réduction relative de la demande de travail. *En cela l'accumulation du capital est destructrice d'emplois.* Marx résume son analyse pessimiste en une formule lapidaire : « la condition du travailleur doit empirer à mesure que le capital s'accumule ». Comment ?

2 — La notion de surpopulation relative

Cette réduction de la demande de travail par les entrepreneurs a pour conséquence une « *surpopulation relative* », au sens où nous n'avons pas un gonflement de la population ouvrière qui dépasserait les possibilités de l'accumulation. Il s'agit plutôt d'un accroissement accéléré du capital social qui permet au capitaliste de se débarasser de ses « manouvriers », ou de ne pas engager de nouveaux ouvriers malgrè l'augmentation de ses investissements en instruments de production. Il y a d'un côté une population nécessaire à la reproduction qui diminue relativement, et de l'autre une surpopulation consolidée comprenant «*l'armée de réserve*»[177] qui augmente relativement. La diminution de la demande de travail doit être d'autant plus forte que les moyens de production incorporant de nouvelles techniques exigent un nombre de travailleurs plus réduit. « Les métamorphoses techniques, et les changements correspondants dans la composition-valeur que l'ancien capital subit périodiquement, font que le capital additionnel repousse un nombre de plus en plus grand de travailleurs jadis attirés par lui ».

3 — Contexte historique et théorique de l'analyse

Des ouvriers se sont très tôt opposés à l'introduction de machines. On cite souvent la révolte des canuts de Lyon contre Jacques de Vaucanson en 1744, contre Joseph Jacquart en 1807, le soulèvement de 1831. Les cas de « luddisme », ou destruction de machine, ont été nombreux à la fin du XVIIIe. L'opinion dominante des économistes était pourtant que le développement du machinisme devait entraîner l'augmentation de l'emploi et des salaires. Dans ses « *Principes de l'Economie Politique* » en 1817, Ricardo adopte une position originale et provoque des réactions en assurant que l'introduction de nouvelles machines peut être défavorable aux travailleurs[178]. Marx évoque un certain nombre de palliatifs comme les débouchés additionnels que peuvent offrir de nouvelles branches de production à la suite du progrès techniques, l'écart qui peut séparer les bouleversements dus à des modifications techniques. Sur

---

[177] Sur les modèles de croissance avec offre illimitée de main-d'œuvre, cf. P. Kindelberger, *Les lois économiques et l'histoire*, Economica, Paris, 1992, p. 19 et 22.

[178] Sur cette question on peut se référer à A. Sauvy : *La machine et l'emploi*, Dunod, Paris, 1980. Pour replacer la conceptualisation de Marx par rapport au contexte économiqe et intellectuel de son temps cf. : R. Boyer, Coriat B; *Marx, la technique et la dynamique longue de l'accumulation*, dans : B. Chavance, *op. cit.*, p. 425-451.

la tendance longue, Marx est cependant plus pessimiste que Ricardo ; *l'augmentation des débouchés ne peut compenser la contraction des besoins en travail* qui résulte du progrès technique. Il doit y avoir une surpopulation croissante.

Cette surpopulation est qualifiée de *relative*, précisons-le encore une fois, car elle n'a pas pour origine une hausse de la population ouvrière supérieure à celle de l'accumulation..Elle provient d'un accroissement rapide du capital qui permet d'économiser l'utilisation d'une partie de la main-d'œuvre disponible. Marx énonce ainsi cette loi : « En produisant l'accumulation du capital, et à mesure qu'elle y réussit, la classe salariée produit elle-même les instruments de sa mise en retraite ou de sa métamorphose en surpopultion relative »[179].

4 — La surpopulation comme armée de réserve

Cette surpopulation ouvrière représente le « levier » de l'accumulation, une condition d'existence de la production capitaliste, parce qu'elle joue le rôle d'« *armée de réserve industrielle* »[180]. Grâce à elle l'expansion de la production de richesse est régularisée. L'accumulation ne s'effectuant pas au même rythme dans toutes les branches, le capital se déplace d'une branche à l'autre en fonction du niveau plus ou moins élevé du profit par rapport au taux moyen. Il en résulte des fluctuations de la demande de travail et des déplacements de main-d'œuvre. L'existence d'une armée de réserve de chômeurs *facilite les migrations de salariés d'une branche à l'autre.* On peut l'illustrer par le schéma suivant :

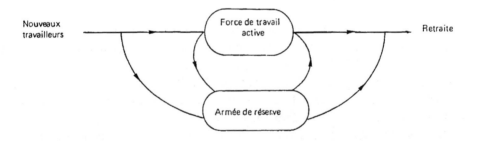

Marx fait une analyse précise de la surpopulation relative qui n'est pas homogène. Il distingue[181] : a) une *surpopulation flottante* dans les centres de l'industrie moderne qui ne cessent d'attirer et de repousser alternativement les travailleurs (on parlerait

---

[179] *Capital*, P. 1, p. 1146. Sur cette question le chap. 25 du Livre I du *Capital* est essentiel, ainsi que chap. 10 (ed. Pléiade), *Influences contraires*, du liv. III. P 2, p. 1015-1047. Ce chapitre est à l'origine de la démarche marxiste consistant à découvrir des tendances contrecarrant la baisse générale du taux de profit.

[180] Cf. Sur cette notion le paragraphe 3, Chap. 25, *Capital 1*, P. 1, p. 1141 à 1157.

[181] Cf. P. 1, p. 1158.

maintenant de *chômage frictionnel*) ; b) une surpopulation *latente* dans l'agriculture pour des travailleurs qui ne sont plus nécessaires à la production[182] au fur et à mesure que le capital s'y accumule[183] ; c) une surpopulation stagnante : à côté de cela il y a aussi les « *surnuméraires* »[184] de la grande industrie dans « les sphères de production où le métier succombe devant la manufacture, celle-ci devant l'industrie mécanique » ; d) enfin le *paupérisme*, « hôtel des invalides de l'armée active du travail », constitue le résidu de la surpopulation relative ; il comprend « les ouvriers incapables de travailler, les enfants des pauvres assistés, les orphelins et les misérables »[185].

Cette surpopulation relative constitue bien une armée de réserve industrielle pour les capitalistes qui peuvent y puiser sans être obligés d'élever le salaire au moment de la reprise. Ce processus d'accumulation se caractérise en effet par des crises. Les lois tendancielles de surpopulation relative et de paupérisation sont la réponse critique de Marx à la loi tendancielle de surpopulation absolue de Malthus. *La surpopulation est apparente ; elle provient de la croissance du capital* qui prive artisans et petits paysans de leurs moyens de subsistance, qui remplace par ailleurs les hommes par les machines pour gonfler l'armée industrielle de réserve. Marx dévoile ainsi la contradiction occultée par Malthus : *contradiction entre le développppement des forces productives et les rapports sociaux de production*. C'est le mode de production et de répartition des richesses produites dans la société qui commande le volume de population pouvant subsister de son travail sur un territoire donné. On retrouve donc *l'antagonisme essentiel* d'intérêts entre les classes, car le coût privé et le coût social de l'accumulation sont contradictoires. L'accumulation du capital a lieu conformément à une logique indépendante de la satisfaction des besoins de tous. Cette logique de la rentabilité capitaliste reporte sur les travailleurs les conséquences des exigences de l'accumulation.

2. La loi de la baisse tendancielle du taux de profit

Les classiques ont déjà dégagé le principe d'une baisse du taux de profit justifié chez Adam Smith par la limitation des occasions d'investissement, chez Ricardo par la hausse du coût des biens de subsistance (ou «biens salariaux»)[186]. La loi de population et la rareté des terres expliquent la hausse du prix du blé et de la rente, qui comporte une hausse du coût salarial et donc une réduction des profits. Chez Marx la tendance

---

[182] Cf. *Le chômage déguisé*. op. cit.
[183] Cf. P. 1, p. 1159 - 1160.
[184] Cf. P. 1, p. 1160.
[185] Cf. P. 1, p. 1161.
[186] Cf. Supra titre 1, p. 66 et 92-93

à la baisse du taux de profit a une toute autre cause : l'évolution technologique, et une toute autre conséquence[187].

Au niveau de la cause : en intensifiant la production par des innovations techniques, le capitaliste augmente la part de capital qu'il investit dans des moyens de production, c'est-à-dire son capital constant c. Ceci signifie qu'il augmente moins vite ou même cesse d'augmenter le capital variable. On se rappelle l'expression du taux de profit en termes de taux de plus-value et de composition organique :

$$r = \frac{pl}{c + v}$$

Cette expression peut se transformer en divisant chaque membre du rapport par v :

$$r = \frac{pl/v}{c/v + v/v} = \frac{pl/v}{c/v + 1} = \frac{pl'}{c/v + 1} = \frac{pl'}{k + 1}$$

c'est à dire

$$r = \frac{\text{taux de plus-value}}{1 + \text{composition organique du capital}}$$

Si v demeure stable et si le rapport pl/v (taux de plus-value ou d'exploitation) demeure constant, l'augmentation du capital constant c (loi tendancielle d'élévation de la composition organique) provoque la baisse du taux de profit ($r \to o$ si $k \to \infty$). On peut supposer une variation du taux de plus-value résultant de la paupérisation relative. Ce processus n'est que temporairement compensateur, car il y a une limite physique à la prolongation de la journée de travail ou à l'intensification du travail, si le nombre d'ouvriers diminue relativement au capital constant. *La logique formelle du raisonnement* de Marx se résume à ceci : « alors que la hausse de la composition organique peut se poursuivre sans limite apparente, il existe une limite interne aux possibilités d'augmenter la plus-value… la tendance à la hausse de la composition organique est dominante, parce qu'elle limite de son propre mouvement l'extension des mécanismes d'exploitation »[188].

Une question demande alors réponse : si le progrès technique abaisse le taux de profit, pourquoi les capitalistes font-ils ce type d'investissement ? *A cause de la concurrence* que les capitalistes se livrent entre eux et qui les contraint à introduire des innovations, répond Marx. Les premiers à introduire ces innovations techniques en

---

[187] Les chap. 13, 14 et 15 du Livre II du *Capital* présentent la « nature de la loi », « les causes qui contrecarrent la loi », « le développement des contradictions internes de la loi ». Cette présentation est difficile. Elle a donné lieu à des controverses que nous n'évoquerons pas à ce niveau d'introduction. Pour une analyse critique principalement axée sur des préoccupations méthodologiques, cf. R. Dos Santos Ferreira : « Analyse et dialectique dans la pensée marxienne (à propos de la loi de la baisse tendancielle du taux de profit) ». Cahiers de l'I.S.M.E.A., PE N° 2, 1984, p. 95-128.

[188] Cf. C. Barrère, G. Kébadjian, O. Weinstein, *Lire la Crise*, p. 110.

tirent un profit accru, mais les autres sont obligés de suivre pour ne pas être éliminés. Du même coup, tous vont obtenir le taux de profit diminué qui correspond à la nouvelle composition organique[189].

Le capitaliste peut contrebattre temporairement cette tendance par la « *dévalorisation* » *du capital, le progrès technique*, le recours à *l'extérieur*, mais seconde différence au niveau des conséquences par rapport à Ricardo, *l'économie capitaliste ne peut parvenir durablement à l'état stationnaire*. La baisse du taux de profit doit provoquer des crises, c'est-à-dire des blocages du processus d'accumulation, du chômage, un approfondissement de la lutte des classes. Soit I l'investissement, on a :

$$\rightarrow r \rightarrow I \; [\; = f\,(r)\;] \rightarrow \text{nouvelles conditions} \rightarrow r' \rightarrow \dots$$
$$\text{de production}$$

Marx indique une série « d'influences contraires qui contrarient, voire annulent, l'effet de la loi générale et qui la réduisent à une simple tendance »[190]. Elles agissent soit sur le *numérateur de la fraction* (pl/v) : intensification de l'exploitation ou abaissement du salaire ; soit *sur le dénominateur* (1 + c/v) : réduction du prix du capital constant, développement d'industries peu capitalistiques pour utiliser « l'armée industrielle de réserve », développement du commerce extérieur. Ce dernier facteur est particulièrement important ; il a fourni de nouvelles pespectives pour les analyses de «*l'impérialisme*» et de l'«*échange inégal*».

Le principe de baisse tendancielle du taux de profit, tel que Marx l'a exposé au Livre III du « *Capital* », a donné lieu à des controverses théoriques et des analyses statistiques[191]. Au niveau d'expositon élémentaire où nous sommes, disons que les raisons de l'élévation de la composition technique du capital posent problème. Pour Marx cela dépend essentiellement du *machinisme*, qu'il décrit comme « la forme la plus adéquate du capital fixe, celui-ci étant lui-même «la forme la plus adéquate du capital en général» ». Les machines apparaissent en effet à Marx comme des instruments de paupérisation, ce en quoi il n'avait sans doute pas tort à son époque. Comme il est d'un autre côté fondamentalement favorable au développement des forces productives, il ne pouvait pas être d'accord avec les adversaires des machines. Il était logique que Marx fasse remonter son analyse critique jusqu'aux propriétaires des machines : « Il faut du temps et de l'expérience avant que les ouvriers, ayant appris à distinguer entre la

---

[189] A ce niveau, il faudrait aussi tenir compte du progrès technique qui intervient dans la fabrication des biens d'investissement et dont peuvent bénéficier les derniers investisseurs. En ce qui concerne le rôle controversé de la concurrence, Marx écrit : « La concurrence impose les lois immanentes de la production capitaliste comme lois coercitives extrêmes à chaque capitaliste individuel ». *Capital I*, P. 1, p. 853.

[190] *Capital III*, chap. X, P. II, p. 1105-1024.

[191] C. Barrère et alii, op. cit., J. Robinson, E. Mandel, P. Boccara.

machine et son emploi capitaliste, dirigent leurs attaques non contre le moyen matériel de production, mais contre son mode social d'organisation »[192].

La fatalité de l'évolution de la composition organique demeure l'aspect le plus controversé de la loi, et plus particulièrement l'évolution relative des valeurs des biens de production. Nous ne pouvons ici que donner quelques références pour mémoire[193]. Le grand mérite de Marx demeure d'avoir dégagé un ensemble de relations entre les problèmes de production, du progrès technique et ceux de la répartition. Le taux de profit « général » ne provient pas du marché. Il est déterminé par les combinaisons productives de capital constant et de capital variable. L'exploitation des travailleurs conditionne le taux de profit moyen ou général.

III — Le dérèglement du processus d'accumulation : les crises comme loi du développement du capitalisme

1. Place de la crise dans l'œuvre de Marx

Selon l'approche marxiste, la crise fait partie de l'explication théorique du capitalisme. La crise est *nécessaire* ; elle est *inévitable* au point que « c'est plutôt la non-crise, la marche «normale» des processus économiques qui pose problème ».

Une remarque préalable pour bien situer la démarche de Marx lui-même : *il décrit la crise « dans une situation d'extrême puissance capitaliste »* ; tandis que les auteurs marxistes actuels analysent une situation où la force ouvrière est réelle. Marx a connu plusieurs grandes crises cycliques caractéristiques du milieu du XIXe : 1827-1839, 1846-1847, 1854-1857 entre autres[194]. Il crut prématurément que la crise de 1847 serait fatale au capitalisme, ce qui le conduit dès 1848 dans « *le Manifeste Communiste* »,

---

[192] *Capital I*, chap. 25. et R. Boyer, B. Coriat, *op. cit.* p. 434-435.

[193] Cf. C. Barrère, G. Kébadjian, O. Weinstein, op. cit. p. 108-128, où l'on trouve d'autres références. Joan Robinson, Ronald Meek sont parmi les principaux auteurs à avoir critiqué la démonstration de Marx. Pour Joan Robinson, cf. *Essai sur l'Economie de Marx*, Dunod, 1971, chap. 5, p. 28-33 ; J. Jacot, *op. cit.*, p. 408 présente une défense de cette loi ; par contre G. Maarek, *Introduction au Capital de Marx*, p. 253-258, dégage les difficultés dans l'argumentation. Les auteurs marxistes estiment que les facteurs compensant la tendance à la baisse sont à analyser pour l'essentiel comme des *modalités de dévalorisation* du capital constant (P. Boccara, M. Aglietta).

Parmi les auteurs critiques non-marxistes, citons S.C. Kolm (*Philosophie de l'Economie*, op. cit. p. 265-276) qui entend déceler « les défauts de logique qui ôtent toute capacité explicative à la loi de baisse du taux de profit » : la baisse n'est pas statistiquement constatée ; Marx n'explique pas comment la baisse cause l'effondrement final et comment elle est causée elle-même.

[194] Cf. supra, introduction au Titre III, et B. Rosier et P. Dockes, op. cit. p. 90-91.

à détecter dans la crise toutes les caractéristiques du fonctionnement du capitalisme ; puis dans les articles qu'il consacre en 1850 avec Engels dans la « *Neue Rheinische Zeitung* » de Cologne. On trouve aussi une analyse de la crise de 1857 dans la correspondance de Marx-Engels. Marx et Engels prédiront plusieurs fois à tort l'éclatement d'une nouvelle crise, qui n'intervient en fait qu'en 1857. Pendant cette décennie les deux amis précisent les éléments d'une interprétation théorique des crises « de la reproduction élargie et approfondie des rapports de production capitalistes »[195].

Marx n'a pourtant pas eu le temps de produire une théorie achevée des crises. Il a élaboré des éléments pour une interprétation globale[196] qui sont éparpillés dans son œuvre. En tenant compte de la chronologie de cette œuvre, une première théorie des crises axée sur la *sous-consommation* serait exprimée dans le Livre I du « *Capital* » : la loi de l'achat de la force de travail à sa valeur entraîne la création de plus-value, d'où provient l'accumulation capitaliste, qui commande à son tour le rythme de création des biens de production sans liaison avec la demande finale, d'où sous-consommation ouvrière.

Une seconde explication, développée surtout au Livre III, est fondée sur la *surcapitalisation* ; il y a accumulation excessive de capital constant résultant de la seule répartition des revenus. Cette seconde explication peut intervenir quant les phénomènes monétaires et de revenu sont pris en compte au Livre II et III du « *Capital* ». Ceci explique que des commentateurs ont pu, à partir de textes de Marx, présenter des théories marxistes diverses, qui reposent pour l'essentiel respectivement sur la sous-consommation, sur la disproportionnalité, sur la baisse tendancielle du taux de profit, sur « l'anarchie de la production capitaliste ». Ces explications, à beaucoup d'égards, sont compatibles dans la mesure où elles se complètent ; en sorte que l'on peut sans trahison, « synthétiser » ces composantes[197]. Les analyses marxistes actuelles de la régulation capitaliste paraissent en France se rattacher à deux courants pour l'essentiel[198].

---

[195] Le chap. 5 de l'ouvrage de E. Mandel, *La formation de la pensée économique de Karl Marx*, Maspéro, Paris 1972, p. 60 à 61, est consacré à une évocation suggestive des analyses que Marx et Engels font pendant une décennie de la conjoncture économique des pays capitalistes.

[196] On trouve plusieurs analyses se rapportant à cette question dans le tome 1 (chap. 25 du *Capital*), dans le tome III chap. 30 et surtout dans le tome II des « *Theorien über den Mehrwert* ». La problématique d'ensemble est le mieux précisée dans le Livre III du *Capital*, chap. 15, « Développement des contradictions de la loi de baisse tendancielle du taux de profit ». En raison de cette dispersion des analyses de Marx, on peut se référer plus facilement à un ouvrage qui regroupe des passages de Marx et Engels : *La crise*, collection 10/18, 1978. Pour une analyse précise de la théorie des crises chez Marx, cf. Makoto Itoh. *La crise mondiale, EDI, Paris, 1987*.

[197] Cf. C. Barrère, G. Kébadjian, O. Weinstein, op. cit. « Il n'y a pas une image marxiste de la crise, mais des images marxistes » p. 51. On peut sur cette question se référer aussi a : B. Rosier : op.cit. chap 4, p. 111-151 ; J.H. Jacot : op. cit. chap. XV, p. 409-432 ; G. Dumenil : *Marx et Keynes face à la crise*, 2ᵉ éd. 1981, chap. VIII, p. 233-267.

1. L'économie marchande et la possibilité de la crise

Pour l'exposé succinct de l'approche de Marx, on distingue les causes potentielles ou conditions des crises, et les causes effectives. Mentionnons au préalable que les schémas de la reproduction déjà présentés définissent les condition du développement proportionnel du système. Ils ne représentent pas une théorie des crises, mais ils dégagent les proportions dont le non-respect, mettant en cause la reproduction du capital, constitue autant d'occasions de crise. Nous ne rependrons pas l'analyse de ce point.

Marx est en opposition avec l'opinion des classiques, mais en accord partiel avec les analyses de Malthus et de Sismondi. *La possibilité de crise provient de l'existence de la production marchande.* La crise est possible dès que production et consommation s'effectuent en deux opérations séparées dans le temps et dans l'espace. Les biens sont produits non pour leur utilisation immédiate, mais en vue de l'échange. A l'encontre de Ricardo et Say qui considèrent la monnaie comme un voile, sans effet sur les échanges, Marx reconnaît les implications de la monnaie. Dans l'échange, la monnaie est l'instrument qui rompt le troc, qui dissocie l'échange en deux opérations distinctes par *dédoublement de la valeur en marchandise et en argent.* Le schéma M-M' du troc se développe en M-A-M' formule générale de la marchandise qui traduit la métamorphose de la marchandise. « Si nous imaginons un grand nombre d'échangistes en présence et une infinité de cycles M-A-M' se déroulant simultanément, chaque vente étant la condition nécessaire d'un achat ultérieur, la possibilité d'un arrêt partiel de l'échange se répercutant sur l'ensemble du mouvement d'échange social existe de façon permanente ». *La loi des débouchés est donc remise en cause* : Tout achat ne garantit pas une vente simultanée. « Rien de plus niais que le dogme d'après lequel la circulation implique nécessairement l'équilibre des achats et des ventes... »[199].

---

[198] Les thèses dites du capitalisme monopoliste d'Etat, exposées particulièrement dans le « *Traité marxiste d'économie politique* », Ed. Sociales, Paris 1977, parmi les principaux partisans de ces thèses Ph. Herzog , S. Valier, H. Jacot, G. Dumenil, P. Boccara : *Etudes sur le capitalisme monopoliste d'Etat, la crise, son issue,* Edit. Sociales, Paris, 1976. 2) Etudes plus libres de la régulation dans le système capitaliste, parmi lesquelles on peut citer : J. Lorenzi, O. Pastre, J. Toledano qui refusent le caractère inéluctable de la crise. *La crise du XX*ᵉ Economica Paris, 1980), M. Aglietta : *Régulation et crises du capitalisme,* Calmann-Levy Paris, 1976 ; G. Destanne de Bernis qui privilégie la dimension internationale de la « rupture des procédures de régulation » caractérisant la crise. Cf. *L'Occident en désarroi. Rupture d'un système économique,* Dunod, Paris, 1978.

[199] *Capital* I, P1, p. 652 et *Théories sur la plus-value (Livre IV du* Capital) Edit. Sociales, Paris, 1975, tome 2, chap. 17, p. 595 et ss. où Marx dit bien avant Keynes : « A un moment donné l'offre de toutes les marchandises peut excéder la demande pour toutes les marchandises parce que la demande pour la marchandise générale, la monnaie, la valeur d'échange est plus grande que la demande pour toutes les marchandises particulières ». (*op. cit.,* p. 602). C'est là une idée dont l'importance n'a été saisie qu'avec Keynes qui se réfère d'ailleurs à Marx (*Théorie Générale,* Payot, Paris p. 56).

La formule générale du capital A-M-A' (« acheter pour vendre ») manifeste le caractère central de la valeur d'échange. Elle révèle plus encore que M-A-M' les possibilités de rupture dans la circulation du capital monétaire. *Pour que la plus-value soit réalisée, il faut que le produit soit effectivement vendu :*

a) *avec un profit*, donc A' > A ; autrement le processus productif est interrompu. Une perte de valeur peut intervenir pendant la période de transformation (modification des goûts ou des techniques).

b) *dans un temps limité* : le capitaliste doit pouvoir récupérer son avance monétaire dans un temps qui assure la rentabilité de ses installations. Les décalages temporels de tout type sont facteurs de crise. Le crédit est un décalage supplémentaire placé entre la production et l'achat solvable ; il peut provoquer une surabondance de capital.

Après la vente du produit, l'argent récupéré (A') doit être relancé dans le circuit pour une nouvelle phase du cycle de production. *Il y a donc possibilité de crise dès qu'il y a rupture dans l'une des phases de production ou de circulation :* le produit doit être vendu ; chaque vente conditionne la réalisation de la plus-value, mais n'assure pas le profit du capitaliste[200]. On ne doit donc pas parler d'une théorie monétaire des crises chez Marx. *La monnaie en elle-même n'est pas la cause des crises pour Marx*[201]. « La possibilité générale des crises tient à la métamorphose formelle du capital elle-même, à la non-coïncidence temporelle et spatiale de l'achat et de la vente. Mais ce n'est jamais la cause de la crise. Car ce n'est que sa forme la plus générale... Or on ne peut pas dire que la forme la plus abstraite de la crise en soit la cause. Quand on recherche cette cause, c'est pour savoir pourquoi sa forme abstraite, sa forme de possibilité, se change en réalité »[202].

2. Les causes des crises

Le déclenchement des crises est lié à la *logique de l'accumulation*. A un niveau de grande généralité, deux éléments sont habituellement évoqués qui affectent le taux de profit.

---

[200] Cf. P. 2, p. 479-480.

[201] *Matériaux pour l'Economie 1861-1865, Les crises*, P. 2, p. 480.

[202] L'économie marchande ne se résoud pas seulement à l'organisation des échanges. La monnaie est pour l'essentiel l'instrument de transformation des biens privés en marchandises sociales. « *La monnaie médiatise l'opposition privé-social* » ; *elle ne la supprime pas ; l'origine de la crise se situe dans cette opposition* ». Cf. également *Théories sur la plus-value*, op. cit.

Une production non coordonnée, l'anarchie de la production

Dans le M.P.C. on constate une contradiction entre l'organisation très poussée au niveau de l'entreprise et une relative anarchie au niveau de l'économie globale. L'investissement est réalisé dans les branches où les taux de profit sont les plus élevés, sans qu'il y ait nécessaire adéquation avec les besoins réels du marché. Ceci provient du manque de coordination des décisions d'investissement ; dans le M.P.C. c'est le marché qui exerce une régulation a posteriori.

Le manque d'une coordination antérieure aux décisions d'investissement entraîne *un manque de « proportionnalité » entre les différentes branches de la production*. Par condition de proportionnalité, Marx entend la proportion qui doit s'établir dans la capacité de production entre les différentes sphères de la production.

Dans la ligne des critiques de Malthus et Sismondi contre la loi des débouchés, Marx considère comme « bien ridicule de poser l'identité des producteurs et des consommateurs puisque, dans un nombre extraordinaire d'industries qui ne fournissent pas d'articles de consommation directe, la plupart de ceux qui les produisent sont absolument incapables d'acheter les objets de leur propre fabrication ». De fait, « ils n'achètent que des subsistances ». Il est absurde de nier les crises en assurant que les producteurs-vendeurs trouvent en face d'eux des débouchés suffisants grâce aux consommateurs-acheteurs. En réalité on ne peut les confondre, car les ouvriers, c'est-à-dire la majorité des producteurs : a) ne consomment pas une grosse fraction de leur production (instruments de travail et biens intermédiaires) ; b) ne consomment pas l'équivalent de leur production, puisqu'il faut en distraire la plus-value ou surproduit. « Pour pouvoir consommer les ouvriers doivent toujours être des *surproducteurs* ». Ceci nous conduit à une seconde série de facteurs de crise.

Sous-consommation ouvrière et non véritable surproduction

Au Livre III du *Capital* Marx fonde ainsi la théorie de la sous-consommation. « La cause ultime de toutes les crises reste toujours la pauvreté et la consommation restreinte des masses, comparée à la tendance de la production capitaliste à développer les forces productives de telle sorte que seul le pouvoir absolu de consommation de toute la société soit leur limite ».

La crise capitaliste s'interprète dans cette optique comme « *une crise de surproduction de valeur d'échange* » ; en termes modernes, l'offre de marchandises est excessive par rapport à la demande solvable : *une partie de la valeur d'échange créée dans la production ne peut être réalisée, c'est-à-dire vendue à sa valeur*. Deux tendances se conjuguent pour induire une sous-consommation ouvrière qui crée une apparente situation de surproduction, c'est-à-dire *une surproduction relative*.

1 – Les biens du secteur I ont une fonction déterminante pour le capitaliste : permettre l'accumulation continue du capital ; mais le secteur II remplit aussi une fonction essentielle par ses deux aspects. En effet d'une part il fournit les biens de subsistance nécessaire à la reconstitution de la force de travail ; d'autre part il constitue un débouché pour le secteur I.

2 – *La consommation des produits du secteur II doit être forcément limitée*, parce que le capitaliste s'efforce de limiter l'argent qu'il distribue sous forme de salaires (limite aux besoins socialement nécessaires) ; ce faisant il limite le pouvoir d'achat pour des biens de consommation. De plus le capitaliste (leur nombre est plus restreint) consacre l'essentiel de ses dépenses à l'achat de biens du secteur I, accentuant le déséquilibre entre secteurs productifs.

On trouve donc là une nouvelle contradiction entre les conditions d'exploitation des travailleurs, les nécessités de l'accumulation au niveau du processus de production et les conditions de réalisation de la valeur des marchandises produites dans la circulation (nécessité d'une demande solvable). La surproduction à laquelle elle donne lieu n'est en aucun cas absolue par rapport aux besoins. « Le mot même de surproduction peut nous induire en erreur, écrit Marx, tant que les besoins les plus urgents d'une grande partie de la société ne sont pas satisfaits ou que seuls le sont les besoins les plus immédiats, il ne peut naturellement pas être question de surproduction au sens d'une surabondance de produits par rapport aux besoins. Il faudrait dire au contraire que, la production étant capitaliste, il y a toujours sous-production au sens où nous l'entendons. *C'est le profit des capitalistes qui limite la production, non le besoin des producteurs »*[203]. La demande de biens de production des capitalistes ne compense que transitoirement l'insuffisance de la consommation. En effet, machines et matières premières servent finalement à la production des biens de consommation. La sous-consommation ouvrière dans le M.P.C. est donc contradictoire avec la tendance au développement illimité de la production. Comme facteur de crise, elle est aussi facteur de chômage et de renforcement de la sous-consommation.

3. Déroulement et issue de la crise

Les crises n'ont pas un caractère accidentel. Elles ont leur origine au niveau du processus d'accumulation, où s'opère un *blocage de la dynamique du taux de profit*. « Il arrive un moment, écrit Marx, où le marché semble trop étroit pour la production ». En raison du *surinvestissement*, l'offre excédentaire par rapport à la demande effective (ou solvable) entraîne la mévente d'une partie de la production, d'où une chute des prix courants par rapport aux coûts, contraction des profits et blocage du cycle du capital.

---

[203] P. 2, p. 490.

On doit distinguer dans ce processus deux niveaux. *La cause immédiate du déclenchement de la crise est la baisse du taux de profit*. Elle a pu être très profonde dans les crises du XIX⁰ et du début du XX⁰ ; de l'ordre de 25 à 30% pour les produits textiles et sidérurgiques. Mais *la cause profonde* est liée au mode de production capitaliste. La contradiction entre l'appropriation privée des moyens de production et la socialisation de la production comporte l'absence de coordination de la production, d'où risque de disproportions et limitations de la demande effective.

Quand le premier niveau de régulation par la concurrence au niveau des branches se bloque, la diffusion d'une branche à l'autre s'opère rapidement. *Le transfert du capital entre branches ne s'effectue pas* et la tendance générale à la baisse du taux de profit renforce le mouvement cumulatif. La crise constitue *un second mécanisme de régulation* : en effet, le déroulement de la crise fait surgir des facteurs de rééquilibrage qui doivent induire un retournement du cycle. Ils proviennent du taux de profit et de la mobilité du capital :

– la baisse des prix provoque des *faillites*, d'où inutilisation ou destruction des capacités de production excédentaire.

– la « *dévalorisation* » du capital constant intervient en toute hypothèse, ce qui correspond à « un anéantissement d'une partie de la valeur nominale du capital social, en dehors même de la destruction de sa valeur d'usage ».

– le déclassement et la dépréciation du capital constant modifient la composition organique du capital en faveur du capital variable. *Le rapport entre la plus-value et le capital engagé s'accroît ; le taux de profit augmente*.

La crise apparaît comme un élément de la régulation du capitalisme : elle est « la solution momentanée et violente des contradictions existantes » et, en cela, second niveau de régulation pour utiliser une terminologie contemporaine. La crise conditionne la reprise : la chute des prix suscite la reprise en stimulant une demande nouvelle ; le chômage *reconstitue l'armée industrielle de réserve* et exerce une pression à la baisse des salaires réels. Dans la logique de cette évolution les crises sont le moment privilégié pour qu'interviennent des *innovations* et des progrès techniques, un renforcement de la *concentration-centralisation* des entreprises les plus performantes (fusion, rachat d'entreprises en faillite). Ces facteurs de rééquilibrage à moyen terme suscitent les conditions de crises ultérieures. C'est en cela que réside une spécificité majeure de la conception marxiste de la crise : elle n'est qu'un moment d'arrêt dans la tendance à la baisse du taux de profit. La suraccumulation doit s'accentuer[204].

---

[204] On peut rappeler en achevant cette présentation succinte de Marx, une remarque qui est préliminaire pour J. Schumpeter : « ... dans le cas de Marx, nous laissons perdre quelque chose d'essentiel, d'indispensable pour le comprendre, quand nous détaillons son système en propositions

Conclusion du titre III. Une vision d'ensemble du système capitaliste

Des économistes continuent d'approfondir les analyses et les voies ouvertes par Marx. Nous rappelons ce qui va à l'essentiel, c'est-à-dire ce qui commande la dynamique et l'évolution du capitalisme. Marx donne des réponses aux questions posées par les Classiques en se situant au niveau de la logique d'ensemble du système capitaliste.

1 – Le *surplus*, ou *plus-value*, est défini par rapport à une analyse des classes sociales. La plus-value représente un prélèvement sur le produit du travail qui constitue le profit du capitaliste.

2 – La *logique de l'accumulation* ne trouve pas sa seule explication dans la recherche du profit ; elle est une « nécessité structurale » du système capitaliste. En provoquant une augmentation continue des capacités productives (capital constant), elle nécessite une limitation des salaires (coût du capital variable), d'où une limitation du revenu des travailleurs et un problème de réalisation du produit, qui conduit à la crise.

3 – *Déséquilibre et crise* apparaissent comme des phénomènes inhérents au système, du fait que les conditions de l'équilibre sont liées à l'accumulation du capital.

4 – En dégageant et définissant les concepts de rapports de production et de mode de production, Marx est *le premier à mettre en évidence le caractère contingent des lois économiques* ». Il s'oppose en cela, de manière irréductible, à la conception de lois générales ou « naturelles » telles que voulaient les dégager les Physiocrates et les Classiques. Le concept de mode de production fait apparaître le caractère relatif de la rationalité économique qui gouverne chaque système particulier. Le capitalisme, sur lequel se concentre l'analyse de Marx, est un système dont la nature des rapports de production qui le définissent expliquent en même temps la dynamique de développement et les contradictions internes.

Le M.P.C. est donc saisi comme structure en évolution à travers ses contradictions, qui doivent se résoudre par un dépassement. Les tendances contradictoires qui appellent ce dépassement provoquent des modifications par rapport à la phase initiale du capitalisme. L'élévation de la composition organique du capital, la concentration et la centralisation du capital tendant à généraliser une forme oligopolistique, dite *monopoliste*, du capitalisme.

---

constitutives, en assignant à chacune sa niche à part... la totalité de sa vision (celle de Marx), en tant que totalité revendique ses choix dans le moinde détail et... d'elle émane justement la fascination intellectuelle que chacun, ami ou ennemi, ressent en l'étudiant ». Op; Cit. tome 3, p. 17.
En écho à cette constatation, citons aussi le philosophe marxiste L. Colletti : « Une des interrogations les plus difficiles auxquelles nous soumet Marx, cent ans après sa mort, est celle d'expliquer les raisons de son destin extraordinaire et du succès historique sans précédent qu'a connu son œuvre ». *Le déclin du marxisme*. PUF, Paris, 1984, p. 165.

Les prolongements de l'analyse marxiste au domaine international sont actuellement parmi les plus significatifs, car la «force propre» de l'analyse marxiste est de prendre en compte «le champ des inégalités» méconnu par les néo-classiques et «considéré comme suffisamment aménagé par les keynésiens». Nous retiendrons cette constatation d'Alain Cotta qui peut servir d'idée directrice : «C'est dans le domaine international que l'analyse marxiste se révèle sans doute la plus nécessaire et la plus riche en interprétations. D'abord parce que rien ne permettait de soutenir que la thèse de la paupérisation absolue ne se vérifiait pas à l'échelon de la planète ; ensuite parce qu'il devenait de plus en plus évident que celle de la paupérisation relative l'était bien. L'intégration du monde se faisait dans une intime relation avec les inégalités. Plus le monde se développait et s'intégrait vite, plus s'élevaient aussi les différences entre le présent et l'avenir des peuples».[205]

On ne peut conclure une succinte présentation de la démarche de Marx sans référence à son projet critique fondamental et révolutionnaire. Là est l'enjeu essentiel, mais le jugement n'est point aisé au regard de l'exigence lancinante de l'Utopie. J. Baudrillart a t-il raison d'écrire : « Il n'est pas vrai que Marx ait dépassé dialectiquement l'utopie, en en conservant le projet dans un modèle «scientifique» de révolution. Marx a écrit *La Révolution selon la loi* et n'a pas fait la synthèse dialectique de cette échéance *nécessaire* et de l'exigence passionnelle, immédiate, utopique de transfusion des rapports sociaux, pour la raison que toute dialectique entre ces deux termes antagonistes soit un vain mot. Ce que le matérialisme dépasse en conservant, c'est tout simplement l'économie politique»[206]. Comme le sociologue Jon Elster, qui s'est efforcé à découvrir un Marx individualiste pour faire le compte entre ce qui «vaut» et ne «vaut pas», on est alors conduit à conclure que la «critique de l'exploitation et de l'aliénation demeure centrale. Une meilleure société serait une société qui permettrait à tous les êtres humains de faire ce que seuls des êtres humains peuvent réaliser : créer, inventer, imaginer d'autres mondes. »[207]

---

[205] *Réflexions sur la grande transition*, op. cit., p. 32 et 33.
[206] J. Baudrillart. *Le miroir de la production.* Ed. Galilée, Paris, 1985, p. 183.
[207] J. Elster, *Karl Marx : une interprétation analytique*, op. cit.

ELEMENTS DE BIBLIOGRAPHIE
POUR UN APPROFONDISSEMENT

Quelques éditions des œuvres de Marx en français

Le capital - 3 vol. - Préface P. BOCCARA - Editions sociales, Paris 1975.

Fondements de la critique de l'économie politique - Editions Anthropos - Paris 1968 (repris dans 10/18).

MARX et ENGELS : La crise - Edit. 10/18 - Paris 1978.

Karl MARX - œuvres - édité par M. RUBEL,
– tome 1 Economie : - Le Capital - Livre I - Le Manifeste, Misère de la philosophie, Salaire, Prix et Plus-value.
– tome 2 - Economie : - Le Capital (2 et 3) - La Pléiade, Gallimard, Paris, 1965 et 1968.

Biographie et introduction générale

CALVEZ J.Y. : *La pensée de Karl Marx* - Seuil - Paris 1976.

JOUVENEL de B. , *Marx et Engels : La longue marche* - Julliard - Paris 1983.

LABICA G., BENSUSSAN : *Le dictionnaire du marxisme* - PUF, Paris 1983.

MEHRING F. : *Karl Marx, Histoire de sa vie* - (les chapitres sur les idées économiques sont de Rosa Luxemburg), traduction française par C. Mazauric de la plus célèbre des biographies de Marx (écrite en 1913), Editions sociales, Paris, 1983.

RUBEL M., *Karl Marx : Essai de biographie intellectuelle* - Edition Rivière, Paris 1971.

Ouvrages généraux et l'économie de Marx

BASLÉ M. et autres : *Histoire des pensées économiques. Les fondateurs*, Sirey, Paris, 1988.

BLAUG M. : *La pensée économique* - Economica - Paris 1981, présente à la suite du chapitre consacré à « l'économie de Marx », un « Guide du lecteur du Capital ».

BOHM-BAWERK E. : « *Zum Abschluss des Marxschen Systems* », Berlin, 1896 ; traduction anglaise reprise avec la réponse de Hilferding R. et éditée par Sweezy P.M. : « *K. Marx and the Close of his System* » - 2ᵉ édit. Merlin Press, Londres, 1975.

CENCINI A., SCHMITT B. : *La pensée de Karl Marx*, Castella, Albeuve, Volume I - la Valeur - 1976. Volume II - La plus-value - 1977.

DELAUNAY J.-C., GADREY J. : *Nouveau cours d'Economie politique* Tome 1 - Cujas, Paris 1979.

DELEPLACE G. : *Théories du capitalisme : une introduction* - Maspero, Paris 1981.

DELEPLACE G. et P. MAURISSON : *L'heterodoxie dans la pensée économique. Marx, Keynes, Schumpeter*. Anthropos. Paris 1985.

DENIS H. : *L'économie de Marx, Histoire d'un échec* - PUF, Paris 1980.

DOSTALER G. (ed). *Un échiquier centenaire. Théorie de la valeur et formation des prix*. La Découverte, Paris et Université du Québec, 1985.

DOSTALER G. : *Marx - La valeur et l'économie politique* - Anthropos, Paris., 1978.

DUMENIL G. : *Marx et Keynes face à la crise*, Economica - 2ᵉ édit. Paris 1981.

ELSTER J. : *Karl Marx : une interprétation analytique*, PUF, Paris, 1989.

GROSSMANN H. : *Marx - L'économie politique classique et le problème de la dynamique* - préface de P. Mattick, Champ Libre, Paris, 1975.

HENRY M. : *Marx*. Vol. 1 : *Une philosophie de la réalité* ; Vol. 2 : *Une philosophie de l'économie* - Gallimard, Paris, 1976.

MANDEL E. : *La formation de la pensée économique de Karl Marx* - Petite collection Maspero, Paris, 1972.

MORISCHIMA et CATÉPHORES G. : *Valeur, exploitation et croissance*, Economica, Paris, 1981.

ROBINSON J. : *Essai sur l'économie de Marx* - Dunod, Paris 1971 (paru en anglais en 1941).

SAMUELSON Paul-Anthony : *Marxian Economics as Economics*. American Economic Review. Mai 1967.

Titre IV

L'approche Keynésienne

Chapitre XIII

L'homme et l'environnement

Comme à son habitude, avec un humour d'autant plus coupant qu'il est savant, Joan Robinson nous donne à comprendre pourquoi on parle de « *révolution keynésienne* » par rapport à la théorie néo-classique. « Il pouvait sembler que la fragile contexture de la théorie néo-classique devait sa survie à la rareté de ses applications pratiques. La doctrine de l'influence bénéfique de la concurrence sur un marché libre signifie concrètement : les hommes d'affaires savent ce qui convient le mieux. Puisque toute ingérence de l'Etat, même bienveillante, était considérée comme nuisible, la théorie ne débouchait sur aucune recommandation pour l'action. Nul ne se souciait de savoir si la théorie avait un sens ou non ». Notons que même si l'apport de Keynes a constitué, selon le terme de L. Klein, une révolution, il n'est pas devenu la base d'une « orthodoxie keynésienne », mais il a suscité une suite d'approfondissements et d'extensions du message de Keynes. Ainsi le modèle keynésien n'a cessé d'être enrichi et complexifié par rapport à la « *Théorie Générale* » de 1936 ; il est même adopté par des économistes qui se veulent «anti-keynésiens»[1]. Théorie générale ? Le terme retenu sans doute avec quelque humour par Keynes, choquait d'ailleurs F. Perroux qui proposait de «généraliser la *Théorie générale...*»

1. Quelques éléments de biographie de Keynes

Il faut se défendre de personnaliser excessivement quand on se préoccupe de dégager des concepts théoriques et d'en comprendre l'évolution. Dans le cas de John Maynard Keynes *les circonstances dans lesquelles il a exercé ses activités orientent*

---

[1] Sur l'application du concept de révolution dans le cas de Keynes cf. M. Herland. « La stratégie révolutionnaire de Keynes », *Revue française d'Economie*, printemps 1988, p. 91-113. Albertini A. Silem, op. cit., parle de façon caractéristique des « *fils* » de Keynes, mais des « *descendants* » de A. Smith et des « *disciples* » de Marx. Naturellement cette terminologie différenciée ne peut avoir l'adhésion de tous. En ce qui concerne les économistes originaux de l'époque, le succès de J.M. Keynes a occulté les travaux du suédois G. Myrdal (*Equilibre monétaire* 1931) et du polonais M. Kalecki (*Essai dans la théorie des fluctuations économiques* 1937, 1939). Sur cette question très controversée. cf. G.L.S. Shackle dans : *The Years of High Theory : Invention and Tradition in Economic Thought* 1926-1939. Cambridge University Press, 1967.

en grande partie ses préoccupations[2]. Il est né en 1883, à Cambridge, d'une famille d'intellectuels ; son père était déjà un universitaire, logicien et économiste connu. C'est une personnalité riche, brillante et diverse, dont J. Schumpeter dit une chose rare : « il connut une vie éminemmnent heureuse »[3]. Il aura mené, souvent en même temps, une carrière *universitaire* au King's College ; *administrative* au Ministère des Affaires Indiennes, puis au Trésor ; une activité *artistique* en participant au groupe de Bloomsbury, puis à la Présidence du Comité pour l'Encouragement de la Musique et des Beaux-Arts ; une activité *financière* comme Président d'une compagnie d'assurance ; *journalistique* au « *Manchester Guardian* » , et surtout *éditorialiste* comme rédacteur en chef de l'« Economie Journal » de 1911 à 1945.

Citons ses œuvres les plus marquantes. En 1913, il publie « *Indian Currency and Finance* », le meilleur ouvrage anglais sur l'étalon de change-or, selon J. Schumpeter, ce qui lui vaut une réputation de maîtriser aussi bien les problèmes techniques que les difficultés politiques et humaines.

Nommé au Trésor, il a la responsabilité de la coordination des dépenses en devises de la Grande-Bretagne dans le cadre de l'économie de guerre. Keynes eut à étudier le *problème des réparations* à faire payer à l'Allemagne. Il propose un chiffre raisonnable représentant 10% seulement de l'évaluation du coût total de la guerre. Il comprit que le paiement des réparations nécessitait la production de marchandises en Allemagne et leur exportation gratuite, ce qui allait nécessairement faire concurrence aux exportations domestiques. Il propose, sans succès, de faire préfinancer les réparations allemandes par des prêts américains, selon une sorte de plan Marshall avant la lettre. Il n'hésite pas à démissionner du Trésor pour exprimer ses idées dans « *Les conséquences économiques de la Paix* » (1919)[4] qui devient un best-selller. « Un chef d'œuvre » qu'on peut résumer ainsi selon J. Schumpeter : « Le capitalisme du laissez faire, cet épisode extraordinaire, a rendu l'âme en 1914 » (op. cit., p. 567). Les

---

[2] Les plus importantes des études et des articles consacrés à Keynes de 1936 à 1981 ont été regroupés dans un recueil comprenant 150 contributions : J.C. Wood, éd. ; « *J.M Keynes : Critical Assessments* », 4 vol. Beckenham, 1983. Pour une approche simplifiée et aisée : P. Delfaud, « *Keynes et le keynésianisme*, Que sais-je ? n° 1686, 3e édit. 1983 ; M. Herland, *Keynes*, 10/18 ; M. Stewart, *Keynes*, Seuil. Cf. Bibliographie détaillée en fin de ce titre IV et pour un commentaire sur les publications récentes cf. M. Herland. *Keynesiana* Revue Economique, janv. 1986, p. 145-152. Nous citerons toujours la *Théorie Générale,* dans la traduction de Largentaye, Petite Bibliothèque Payot, n° 139, ré-édition 1982, qui est très accessible et peu chère.

[3] J. Schumpeter, Vol. 3, op. cit., p. 563. R. Harrod et J. Robinson présentent Keynes à l'apogée de sa carrière ; C. Hession (cf. bibliographie) étudie « le rapport de ses expériences psychologiques intimes » avec son oeuvre.

[4] Ces aspects de l'œuvre de Keynes ont donné lieu à une série détudes. Cf. R. Fernandier : « L'étalon-or aux Indes, une absurde fascination » ; F. Poulon : « La paix carthaginoise : les conséquences économiques du traité de Versailles », dans F. Poulon : *Les Ecrits de Keynes*, Dunod, Paris, 1985.

conditions de succès continu pour les chefs d'entreprise, dues à la multiplicité des occasions d'investir, sont révolues (progrès technique et nouvelles sources de matières premières). On y a vu l'origine de la thèse moderne de la stagnation.

Au cours des années 20 *Keynes prend position sur les grandes questions économiques* : le retour à l'étalon-or, la lutte contre le chômage…etc., à travers ses articles au « Manchester Guardian » et à « The Nation » dont il est président. Il n'obtient cependant pas l'adhésion des responsables politiques ; il paraît manquer d'une théorie économique intégrée qui lui soit propre pour contrebattre les bases de raisonnement qui étayent les analyses prévalentes des économistes et des hommes politiques de l'entre-deux guerres. En 1923 *« A Tract on Monetary Reform »* (Brochure sur la réforme monétaire) se prononce contre le retour de la Grande-Bretagne à l'étalon-or. Il fut le seul à défendre cette opinion. *« Les conséquences économiques de M. Churchill »* (1925) proposent de financer de grands travaux publics pour résorber le chômage, même au prix d'un déficit budgétaire. En fait Keynes avait attaqué la politique de déflation dès 1922 et depuis lors ses prises de positions s'affirment. « Sachant que le Chancelier de l'Echiquier tient pour orthodoxe le dogme du Trésor selon lequel aucun emploi stable ne saurait être créé par la dépense publique, je dis, moi, que le dogme du Trésor est faux ». *(The Evening Standard . 19 Avril 1929).*

Ses propositions ne sont cependant toujours pas théoriquement étayées. *« A treatise on Money »* (1930) représente un premier effort pour élaborer une théorie de la monnaie conçue comme une théorie d'ensemble du processus économique. Dans les « équations fondamentales » de la valeur de la monnaie développées dans cette œuvre (non traduite) Keynes affranchit déjà l'investissement de la contrainte de l'épargne de façon à justifier les politiques de grands travaux ; il préconise l'action de la banque centrale en faveur de la baisse des taux d'intérêt.

L'œuvre capitale paraît en 1936 : *« Théorie Générale de l'emploi, de l'intérêt et de la monnaie »* ; nous en présenterons les principes qui sont devenus les plus usuels. Keynes reprend du service comme conseiller au Trésor quand la guerre éclate. *« How to pay for the war »* (1940) propose des solutions neuves aux problèmes financiers d'après-guerre ; il négocie des prêts avec les USA et dirige la délégation britannique à Bretton-Woods[5]. Keynes meurt en 1946.

« Comme avec Marx, il est possible d'admirer Keynes tout en considérant néanmoins que sa vision sociale est fausse et que chacune de ses propositions est fallacieuse », conclut J. Schumpeter au terme de son passionnant essai sur Keynes[6]

---

[5] Cf. B. Schmitt. « Un nouvel ordre monétaire international : le plan Keynes », dans F. Poulon. op. cit. p. 195-209, et « Le plan Keynes : vers la monnaie internationale purement véhiculaire » dans M. Zerbato (éd) *Keynesianisme* et *sortie de crise* Dunod, Paris, 1987, p. 192 et ss.

[6] Op.cit. volume 3, p. 589. Le texte original de J. Schumpeter né la même année que Keynes, a été publié l'année même de la mort de Keynes en 1946, ce qui lui confère un intérêt historique particulier étant donné la stature intellectuelle de J. Schumpeter lui-même.

2. Le contexte économique de la pensée keynésienne

Keynes a vraiment été un homme de son temps au sens où il a pris position sur la plupart des grandes questions économiques. En Grande-Bretange cependant *un problème majeur domine l'entre-deux-guerres : le chômage.* De 1918 à 1920, l'Angleterre connaît une brève période de prospérité alimentée par les fortes dépenses d'investissement que nécessitent le remplacement du capital et la demande différée des consommateurs. Mais dès la fin 1920, emploi, salaires et prix évoluèrent à la baisse et le chômage devint chronique, puisqu'il ne tomba jamais au-dessous de 1 million avant 1938-40. Notons quelques caractéristiques de cet entre-deux-guerres où l'Angleterre souffre d'une crise propre qui se « superpose » aux autres. Plus exactement les crises ont en Angleterre un aspect particulier en raison de sa situation économique.

Difficultés de l'industrie britannique

L'économie britannique souffre de la faiblesse de ses industries d'exportation (charbon, coton, constructions navales en particulier). *Elle perd des débouchés à cause de ses prix trop élevés).* Deux solutions étaient concevables selon les conceptions de la politique économique de l'époque : dévaluer la monnaie nationale, ou comprimer profits et salaires[7] ; c'est cette solution de déflation qui est adoptée. *La conception théorique dominante est celle qui fait dépendre le chômage du niveau de la productivité marginale.* L'opinion d'un auteur français comme J. Rueff est tout à fait conforme au point de vue britannique représenté par A. Pigou et L. Robbins, lorsqu'il écrit : «Dans tous les cas donc, nous avons constaté que les théories qui cherchaient l'explication du chômage ailleurs que dans l'immobilisation des salaires ne résisteraient pas à un examen méthodique. Il ne nous paraît pas possible de mettre en doute que, dans les conditions où se trouve l'Angleterre, c'est l'assurance chômage, et elle seule, qui est responsable du chômage permanent »[8].

La primauté au rôle international de la Livre

Il s'agit d'une autre dimension qui explique le choix en faveur de la déflation des salaires et des prix. On retrouve d'ailleurs là une question déjà évoquée au titre I : « le

---

[7] Ils avaient pratiquement triplé de 1913 à 1920, tandis que l'Angleterre est le seul des principaux pays capitalistes qui ne bénéficie pas de la phase d'expansion 1922-1929.

[8] J. Rueff, « L'assurance-chômage cause du chômage permanent ». *Revue politique et parlementaire*, 10 déc. 1925, cf. P. Delfaud, *Keynes et le keynésianisme.* Que Sais-je ? op. cit.

problème de la nécessité d'un système monétaire international »[9]. Tout au long du XIXe la Grande-Bretagne s'est constituée un système monétaire à la fois interne et international parce que fondé sur l'or. *Par l'interaction des effets de domination économiques, monétaires et financiers, le régime d'étalon-or était de fait un régime d'étalon-sterling*[10]. En effet depuis le « *Bank Act* » *de 1844*, la livre sterling avait été strictement définie en or, au point que le métal jaune apparaissait plutôt comme monétairement défini à travers le sterling. Il en résultait que la Grande-Bretagne n'avait pas à se soucier de la parité de sa monnaie, mais seulement de la couverture en métal de la livre. Banques Centrales et partenaires étrangers maintenaient leurs balances excédentaires en comptes sterlings ; ainsi s'était constitué le premier schéma-référence d'un système comportant une « *monnaie-centre* » et des « *monnaies périphériques* ». Par ailleurs un réseau bancaire privé, diversifié et concentré, permettait un usage grandissant de la livre.

A tout cela la Grande-Bretagne ne veut pas renoncer, même si elle a formellement abandonné l'étalon-or en 1919. Pour sauvegarder la Cité de Londres et même la valeur des engagements en sterlings envers l'étranger, *le 13 mai 1925*, non seulement *l'étalon-or est rétabli*, mais la livre retrouve la même définition-or qu'en 1817. L'exigence du capital financier britannique l'emportait ; pour parvenir à cela il a fallu que de l'hiver 1920/21 à l'hiver 1923/24, les salaires nominaux baissent de 38%[11]. Keynes avait déjà eu le mérite de s'élever contre une telle politique dans un ouvrage qui eut un grand succès, mais peu d'influence effective. *En décourageant les exportations le retour à l'étalon-or renforce l'influence négative, sur la décision d'investir, d'une demande interne affaiblie par le chômage et la chute du pouvoir d'achat.* « Toutes les conditions sont donc réunies pour une paralysie de l'investissement ».

La Grande-Bretagne et la grande dépression

Facteurs économiques et financiers interfèrent. Indiquons quelques jalons qui concernent notre propos, quitte à être descriptif. Aux Etats-Unis, avant l'effondrement de la Bourse, l'expansion de l'investissement s'arrête brusquement au milieu de 1929, d'où une chute de la production industrielle (baisse de moitié en 1932 par rapport à 1929) et chômage (12 millions en 1932). Cette réduction de l'activité américaine atteint tous les pays, dont la Grande-Bretagne.

La Grande-Bretagne entre dans la crise ; *elle subit directement la panique des créanciers* qui exigent d'être remboursés. L'or étant l'instrument universel de règle-

---

[9] Cf. supra titre I, p. 26-27

[10] Cf. M. Niveau, *Histoire des faits économiques contemporains*. Collection Thémis, PUF, Paris, 1969, p. 261-281, et M. Aglietta. *La fin des devises clés*. La Découverte Paris, 1986, p. 47-55.

[11] A. Glyn et B. Stucliffe, *British Capitalism, Workers and the Profits Squeeze*, Penguin, 1972, cité par D. Dufourt, op. cit. p. 155.

ment des dettes internationales, les banques centrales sont assaillies, et plus particulièrement la Banque d'Angleterre qui dispose de peu de réserves depuis la seconde guerre mondiale. Les investissements à long terme de la Grande-Bretagne à l'étranger ne représentent pas des actifs réalisables sans délai, les exportations britanniques chutent à nouveau après 1929. Le chômage lui-même devient un nouveau facteur de crise en *gonflant les paiements d'assurance-chômage* du Fonds National d'Assurance, d'où un fort endettement de ce Fonds auprès du Trésor.

Les dirigeants français, comme les experts britanniques de la *Commission May en 1931, raisonnent sur l'hypothèse d'un volume d'épargne considéré comme une donnée.* Ainsi le programme de grands travaux proposé par G. Tardieu en 1929 est révisé en baisse quand se manifeste la crise. La déflation commande de réduire les dépenses d'Etat. En août 1931, le Gouvernement anglais s'efforce encore de rétablir l'équilibre budgétaire alors qu'il y a trois millions de chômeurs, ce qui fait écrire à Keynes le 19 septembre 1931 : « la sottise et l'injustice remplissent le budget et le projet de loi sur l'économie (dans le « *New Statesman and Nation* »). Il en résulte des grèves qui contribuent à favoriser la spéculation contre la Livre. Les réserves de change s'épuisent, ce qui conduit à *l'abandon de l'étalon-or en septembre 1931*. Les effets immédiats furent favorables à l'économie anglaise, mais de courte durée à *la faveur d'une première expérience historique* de livre fluctuante[12]. La généralisation des contingentements et droits de douane contracte le commerce international. L'effondrement de l'étalon de change-or, sans être le facteur premier, représente un nouveau facteur de dépression du fait qu'il prive les pays débiteurs de moyens de paiement.

Après comme avant 1929, les idées prévalentes ne sont guères modifiées. On peut les résumer en quelques préceptes simplistes : a) *ne pas intervenir* et attendre le retournement de cycle ; b) *abaisser prix, salaires et taux* de l'intérêt ; c) maintenir l'équilibre et même le *suréquilibre budgétaire* pour laisser l'épargne disponible pour l'investissement. Ces idées sont défendues en particulier par A. Pigou, élève de A. Marshall et maître de Keynes[13] ; par Lionel Robbins qui est conscient au moment où il publie « *The Great Depression* », en 1935, de l'indécence de demander des baisses de salaires, mais qui conclut pourtant : « le véritable humanitaire, si on l'instruit des vérités de la politique économique se rendra compte qu'une politique visant à maintenir la rigidité des taux de salaires est une politique génératrice de chômage quand ces taux ne sont plus des taux d'équilibre »[14].

---

[12] En 1932 la valeur du commerce mondial est tombée au tiers du niveau 1929. En Grande-Bretagne le chômage atteint son maximum, soit 22% de la population active en 1932, 20% en 1933, 17% en 1934, 16% en 1935, mais 17% encore en 1939. Sur la crise de 1929 on peut se référer à B. Gazier. *La crise de 1929*. Que Sais-je ?, 1983.

[13] Cf. *Théorie of unemployment*, publiée en 1933 (Mac Millan, Londres) exposait en détail la théorie de la stimulation de l'emploi par la réduction générale des salaires.

[14] Cité par M. Stewart, *Keynes*, Le Seuil, Paris, 1969, p. 64.

Seuls D. Robertson, et Keynes *recommandent une politique active de travaux publics* au début des années 30 ; mais Keynes est conscient de ne pouvoir réfuter l'argument selon lequel l'épargne investie dans des programmes improductifs (maisons, routes par exemple) retarde la reprise en réduisant l'épargne investie dans l'industrie productive. En 1931, au cours d'une allocution radio-diffusée, Keynes s'écriait pourtant déjà : « la meilleure estimation que je puisse hasarder est que toutes les fois que vous économisez 5 shillings vous privez un homme de travail pendant une journée... Par contre, toutes les fois que vous achetez des marchandises vous contribuez à multiplier les emplois offerts aux travailleurs[15]. Par ailleurs, les trois conférences à la Harris foundation (juin 1931), «Une analyse économique du chômage», représentent une étape importante entre le *Traité de la monnaie* (1930) et la *Théorie générale* (1936). Keynes introduit alors le *concept d'équilibre de sous-emploi* et estime «qu'on n'atteindra pas une production maximale sans une action de soutien.» (*Revue française d'économie*, été 1986)

Tout l'objet de la *« Théorie Générale de l'emploi, de l'intérêt et de la monnaie »*, achevée en décembre 1935 et publiée en 1936, est de fournir la justification théorique de son point de vue[16].

3. La nouvelle perspective

Keynes avait sûrement une vision pessimiste de l'état du système capitaliste dont il observait les crises : « Si le vieux capitalisme était capable intellectuellement de se défendre, il parviendrait à se maintenir encore de nombreuses générations. Mais heureusement pour les socialistes, il y a peu de chances que cela arrive » ; déclare-t-il dans « Suis-je radical ? » (*Essais de Persuasion*, Paris 1933, p. 235). Pessimiste, mais non résigné, *Keynes veut fournir une vision renouvelée du capitalisme*. C'est son objectif avoué qui apparaît avec éclat au moment de la grande crise. On en trouve beaucoup de manifestations dans ses écrits de circonstances des années 1930-1931. « Pour ma part, je pense que le capitalisme aménagé peut être rendu probablement plus efficient pour atteindre des fins économiques de tout système alternatif envisagé pour l'instant, mais je pense que ce système était à bien des égards extrêmement critiquable. Notre problème est d'établir une organisation sociale qui sera aussi efficiente que possible sans pour autant choquer nos notions concernant un mode de vie satisfai-

---

[15]*Essais sur la monnaie et l'économie*. Petite Librairie Payot, Paris, 1978, p. 53.

[16] Dans sa préface aux *Essais sur la monnaie et l'économie*, Keynes écrivait en novembre 1931: « Voici donc rassemblés les croassements de douze années, les croassements d'une Cassandre qui ne fut jamais capable d'infléchir à temps le cours des évènements », op. cit. p. 11. Après les échecs de Keynes à être entendu, J. Schumpeter nous dit : « Avec une énergie intense, il s'est saisi des principes fondamentaux de son message et a consacré son esprit à forger un appareil conceptuel qui permettait de les exprimer, et autant que possible, de les exprimer eux seuls ». op. cit. vol. 3, p. 578.

sant »[17]. Joan Robinson fait remarquer que Keynes ne fonde cette défense que « sur l'opportunisme ». A vrai dire dans la « *Théorie générale* », Keynes a pour « but ultime … la découverte des facteurs qui déterminent le volume de l'emploi » (chap. 8. p. 107). Au terme de son étude, il conclut à la nécessité « d'une assez large *socialisation de l'investissement* », ainsi qu'à des arrangements… permettant à l'Etat de coopérer avec l'initiative privée » ; (chap. 24, p. 371) mais il précise aussitôt : « à part cela, aucune argumentation convaincante n'a été développée qui justifierait un socialisme d'Etat embrassant la majeure partie de la vie économique de la communauté. Ce n'est pas la propriété des moyens de production dont il importe que l'Etat se charge » (idem. p. 371).

Aux yeux de certains interprètes, cela lui a valu d'apparaître comme un *réformiste* soucieux de « sauver le capitalisme ». L'étude de P.M. Sweezy : « *Keynes, The Economist* », (1946) illustre très tôt ce point de vue marxiste critique. Citons Keynes sous un aspect généralement peu commenté. « Un instant de réflexion montrera les énormes changements sociaux qu'entraînerait la disparition progressive d'un taux de rendement propre à la richesse capitalisée. Un homme serait encore libre d'économiser le revenu de son travail afin de le dépenser à une date ultérieure. Mais sa richesse capitalisée ne s'accroîtrait pas… Cet état de chose… n'en impliquerait pas moins la disparition progressive chez le capitaliste du pouvoir oppressif d'exploiter subsidiairement la valeur conférée au capital par sa rareté »[18].

Sans doute Keynes avait-il été l'élève de l'école de Cambridge[19] où l'on n'avait jamais professé que l'économie était totalement indépendante d'une problématique morale. J. Robinson estime pourtant que Keynes « réintroduit le problème moral que la théorie du laissez-faire avait supprimé ». Elle en donne pour exemple l'interprétation du capital qui produit selon Keynes un rendement, non parce qu'il est productif en soit, mais parce qu'il est rare, ce qui annulerait la « justification métaphysique du profit ».

La préoccupation centrale de Keynes, celle où il relie théorie et pratique, est pourtant mieux cernée quand il déclare : « Le vrai remède au cycle économique ne

---

[17] *Essais de persuasion*, Paris, 1933, p. 230 cité par J. Robinson, *Philosophie Economique*, Paris. 1962, p. 120. Depuis ces essais ont été réédités sous le titre *Essais sur la monnaie et l'économie*, Payot, Paris, 1978. Ils comprennent des écrits de circonstances, mais pour l'essentiel des œuvres de 1923, 1930, 1931. Ils sont d'une étrange actualité.

G. Caire compare les interprétations que Marx, Keynes et Schumpeter ont du capitalisme pour en déceler les profondes différences au-delà des analogies (rôle central de l'entrepreneur, la baisse du taux de profit, l'insuffisance de la demande effective). cf. « Marx, Keynes, Schumpeter : trois visions du capitalisme » dans : G. Deleplace, M.Maurisson (eds) *L'hétérodoxie dans la pensée économique*, p. 387-407.

[18] *Théorie Générale*, p. 228.

[19] Cf. supra, titre II, p. 143-144.

consiste pas à supprimer les phases d'essor et à maintenir en permanence une semi-dépression, mais à *supprimer les dépressions et à maintenir en permanence une situation voisine de l'essor »*[20].

On peut distinguer trois niveaux de rupture de la démarche keynésienne, même si Keynes ne rompt pas totalement avec le schéma théorique qu'il attaque. On distingue bien, ce qui est significatif, « un après-Keynes et un avant-Keynes ».

a) Un champ nouveau : l'analyse macro-économique.

On situe souvent la naissance de la perspective macro-économique à la parution de la *«Théorie Générale »*. En fait le terme est déjà introduit en 1933 par Ragnar Frisch, mais comme le dit F. Machlup : « le plus superficiel des coups d'œil sur l'histoire de la pensée économique montre que ... *les macro-théories sont peut-être plus vieilles encore que les micro-théories »*[21]. C'est ce que nous nous sommes déjà attaché à montrer avec le *Tableau Economique* de Quesnay. Ricardo fait une théorie de la rente qui est de nature micro-économique, mais il privilégie la dimension macro-économique pour sa théorie de la répartition. Quant au « *Capital* » de Marx (1867), il est fondamentalement macro-économique, surtout pour les théories de la reproduction et de l'accumulation, de la baisse du taux de profit, de la paupérisation, de la concentration... Sans entrer dans le détail de la controverse, disons que Keynes fait prévaloir la perspective macro-économique, parce que la micro-économie est totalement incapable de rendre compte des ruptures qui frappent l'activité économique entre les deux guerres. La théorie des prix néo-classique, qui est micro-économique par excellence, ne permettait pas d'expliquer le chômage, c'est-à-dire le niveau de l'emploi qui est un concept de nature macro-économique.

Précisons le sens de termes qui se sont généralisés à partir de Keynes : la *micro-économie* c'est l'étude du comportement de l'agent individuel («homo-œconomicus ») ; la *macro-économie* c'est l'étude de l'économie envisagée dans son entier ; *la micro-économie agrège les comportements* individuels et étudie comment un équilibre est obtenu par la confrontation d'une multitude de choix individuels. *La macro-économie raisonne sur des ensembles d'agents* regroupés en catégories et sur

---

[20] *Théorie Générale*, notes sur le cycle économique, p. 319.

[21] *Essais de sémantique économique*, Calmann-Lévy, Paris, 1971, p. 53-54. Une des plus anciennes controverses économiques, celle qui opposa J. Bodin et Malestroit imputait l'inflation à des dépenses royales excessives, tandis que J. Bodin en imputait la cause à l'afflux des métaux précieux d'Amérique. Cf. R. Tortajada, *Malestroit et la théorie quantitative de la monnaie*, juillet 1987, p. 853-875.

A. Larceneux remarque que « agrégats et lois du système sont les deux piliers d'une approche macro-économique. Mais, définie de cette manière la macro-économie ne saurait avoir été découverte par l'analyse keynésienne », ce qui le conduit à privilégier le traitement du fait monétaire pour dégager le « caractère structural » de la science économique. « La genèse du concept de macroéconomie, dans : « G. Deleplace, M.Maurisson (eds) *op. cit.* p. 195 et ss.

le comportement global de ces catégories. L'approche keynésienne introduit à *« un univers de la totalité »*. L'avantage de la démarche est de se prêter à une quantification, même si cela n'a pas été la préoccupation de Keynes, et de permettre du même coup la définition de politiques économiques.

La macro-économie ne résout pas de soi le problème fondamental dit du « no bridge », c'est-à-dire *l'irréductibilité essentielle du comportement collectif au comportement individuel et vice versa* : ce qui est exact et bon pour un agent individuel ne l'est pas forcément pour une collectivité. La perspective macro-économique a l'avantage de mettre en évidence des *« sophismes de composition »* qui sont graves de conséquences : ainsi en phase de dépression, si tous les individus s'efforcent d'augmenter leur épargne, l'épargne de la communauté peut en être réduite[22]. Elle comporte aussi l'inconvénient majeur de systématiser la séparation (ou dichotomie) entre deux aspects d'une même réalité.

b) *un nouvel objet* : l'emploi, le revenu, le niveau d'activité ne sont plus considérés comme des données, mais sont analysés comme des variables. On se demande qu'est-ce qui détermine le volume de la production globale et de l'emploi, la distribution du revenu national entre la consommation globale et l'investissement global… etc. « Quelles sont les causes des variations que subit le volume de la production et de l'emploi sous l'effet des changements dans les anticipations »[23]. De plus Keynes *propose explicitement une théorie générale qui englobe la monnaie*. A la différence des classiques qui construisent une théorie de la valeur et de la production aboutissant à une théorie des prix en termes réels, Keynes « monétarise » dès le départ son analyse de la production.

c) *de nouveaux instruments*

Keynes remplace la démarche traditionnelle en termes de prix par une *approche en termes de flux. Le circuit est privilégié par rapport au cadre rationnel du marché.* Les flux sont des transferts de monnaie d'un agent à destination d'un autre agent économique. Le circuit keynésien implique donc à la fois, dès le départ, la monnaie en quoi s'effectuent les flux et la prise en compte du temps. On peut donc dire que le circuit keynésien est une suite de flux.

---

[22] On peut distinguer des phénomènes dont la spécificité au niveau global résulte d'effets divers :
- *phénomène de compensation:* ex : hausse de prix provoquant des substitutions entre produits qui laissent la dépense globale inchangée.
- *phénomène d'amplification* par le nombre : incidence de retraits généralisés sur la base de crédit du système bancaire.
- *phénomène involontaire* : arbitrage inconscient des consommateurs entre produits domestiques/importés et déficit externe qui peut en résulter.

Achevons cette introduction en signalant, sans le commenter, qu'il y a malgré tout *une sorte d'éclectisme chez Keynes,* au point que l'analyse de certaines contradictions du système capitaliste peuvent paraître proches des analyses d'économistes marxistes. Ainsi G. Dumenil déclare dès le début de son étude : « lorsque Keynes présente la *« Théorie générale »,* le système de ses agrégats fondamentaux, il approche certains résultats qui ne se « lisent » pas directement dans le *« Capital »* de Marx, mais s'en déduisent assez aisément sur la base des fameux schémas de reproduction » ; cette convergence très relative et provisoire… »[23].

On a même pu voir un signe dans le fait que Keynes est né l'année de la mort de Marx, en 1883. «Si Keynes a voulu tuer Marx, ce fut avec l'innocence d'Œdipe. Il ignorait qu'il tuait son père. Que Marx fût bien cependant une espèce de père spirituel, certes méconnu, de Keynes, voilà ce qu'il faut encore examiner», déclare M. Herland dans une étude où il juxtapose des textes de Marx et de Keynes sur la monnaie et la crise[24].

---

[23] *« Marx et Keynes face à la crise »* Economica, Paris, 2ᵉ éd. 1981.
[24] *« Keynes et Marx »* Problèmes Economiques, n° 1836, 18-8-1983.

Chapitre XIV
Demande effective et revenu

1. La notion de demande effective et le circuit keynésien

L'articulation logique

L'objectif est de résoudre le problème du chômage, donc nécessairement d'expliquer le chômage. A un niveau plus général ceci conduit à rechercher ce qui détermine le niveau de l'emploi. *L'articulation logique* fondamentale est la suivante :

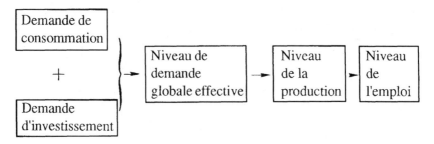

En faisant une lecture à rebours, on voit que le niveau de l'emploi dépend du niveau de la production, lequel dépend du niveau de la demande effective globale. La demande globale est commandée par ses deux éléments constitutifs : consommation et investissement[25]. On entend par *demande effective* le principe par lequel la théorie keynésienne détermine l'équilibre global de l'économie, c'est-à-dire la valeur prise à l'équilibre, entre autres, par le volume de la production et celui de l'emploi. Pour Keynes ce principe constitue l'essentiel de la « *Théorie Générale* ». Il ne s'agit pas d'une modification de la loi des débouchés, *le principe de la demande effective repré-*

---

[25] Il faut retenir l'importance de cette séquence typiquement keynésienne. En effet, quand on analyse actuellement le chômage, on part de l'hypothèse d'un *triple* lien :
- lien entre la *demande et la production* ;
- lien entre la *production et l'emploi* ;
- lien entre l'*emploi et le chômage*.

La pertinence actuelle de l'analyse keynésienne dépendra forcément de la réalité de ces trois liens. E. Malinvaud a précisé la notion de « chômage keynésien » dans : « Nouveaux développements de la théorie macro-économique du chômage ». *Revue Economique*, janv. 1978.

sente une autre façon d'interpréter les relations économiques fondamentales [26].

Présentons tout d'abord, la formulation keynésienne de la notion de demande effective, en précisant que chez Keynes le terme « *effectif* » ne signifie pas réel ou concret. Tout au contraire, la théorie keynésienne attribue un rôle explicatif central à une grandeur, la demande, qui est anticipée. *Effectif est pris dans le sens d'efficace, qui entraîne des effets*. Pour Keynes l'emploi n'est pas déterminé par la confrontation de l'offre et de la demande sur le marché du travail. L'emploi résulte de l'équilibre sur le marché des biens et des services considérés dans leur ensemble[27].

Keynes distingue deux fonctions macro-économiques et il introduit le principe de demande effective de la façon suivante[28] : à l'emploi de N personnes correspond un volume de production dont la valeur est Z (qui est appelé également « prix de l'offre globale»). La relation entre Z et N est appelée « *la fonction ou courbe de l'offre globale* ». Par ailleurs soit D la recette attendue[29] ou « prix de la demande globale » que les entrepreneurs espèrent tirer de l'emploi de N personnes. La relation entre D et N [D = f (N)] est appelée « *fonction ou courbe de la demande globale* ». Les deux fonctions étant déterminées par des facteurs différents, elles ne se confondent pas. L'intersection des deux courbes détermine *le volume de l'emploi* pour lequel les valeurs de l'offre et de la demande globale sont égales.

---

[26] Pour critiquer « la loi des débouchés » Malthus a déjà dégagé une notion de demande effective. Cf. supra Titre I. p.104-106, il considérait la condition de la réalisation des profits, ce qui diffère de la démarche keynésienne.

[27] Précisons que Keynes, formé aux concepts de l'analyse de A. Marshall, étudie le marché *en termes de prix d'offre et de demande*. « As the price required to attract purchasers for any given amount of a commodity, was called the Demande price for that amount ; so the price required to call forth the exertion necessary for producing any *given amount* of a commodity, may be called the Supply price for that amount ». A. Marshall, *Principles*, 3ᵉ éd. 1895, Vol. 1, p. 218. Le terme de prix ne désigne pas le prix par unité, mais selon cette approche le *prix d'une quantité*, donc une valeur. Symétriquement le prix de demande pour une quantité désigne la somme maximale, c'est-à-dire la valeur pour laquelle les demandeurs acceptent d'acheter cette quantité. *C'est l'égalité de ces deux valeurs qui définit l'équilibre*. Selon ce schéma, si le prix de demande n'égale pas le prix d'offre, les vendeurs ne reçoivent pas assez pour apporter au marché la quantité donnée de marchandises ; dans l'hypothèse inverse les vendeurs ne reçoivent pas assez pour apporter au marché la quantité qu'ils apportent au marché. Keynes retient ce schéma pour le marché des biens, mais première innovation, il prend l'emploi comme indicateur du niveau d'activité, et seconde innovation par prix de demande, il entend la prévision des entrepreneurs sur la dépense acceptée par les consommateurs.

Il apparaît pourtant que Keynes est responsable de la confusion qui règne autour de la notion de « demande effective ». Comme le remarque V. Chick, pour lui elle est la valeur anticipée des ventes : elle est donc la quantité de produits qui va effectivement être offerte au prix courant. *Macroéconomics after Keynes*. Oxford, 1983, p. 64-65, commenté par M. Lavoie, dans P. Poulon, op. cit. p. 136.

[28] *Théorie générale*, p.49 et ss.

[29] Keynes dit exactement « soit D le « *produit* » que les entrepreneurs espèrent tirer de l'emploi de N personnes » (p. 49). Produit est la traduction de « proceeds ». Ce terme signifie ici des *recettes en monnaie* et non une notion purement réelle, a-monétaire.

Le volume de l'emploi dit Keynes…« est gouverné par le montant du « produit » que les entrepreneurs espèrent tirer du volume de production qui lui correspond. Car les entrepreneurs s'efforcent de fixer le volume de l'emploi au chiffre qu'ils estiment propre à rendre maximum l'excès du « produit » sur le coût de facteur » (op. cit. p. 49).

Si la recette attendue est supérieure à l'offre globale, les entrepreneurs accroissent l'embauche jusqu'à la réalisation de l'équilibre entre Offre et Demande. On propose couramment le graphique ci-dessous[30]. *Le point De représente le « demande effective » qui correspond au montant du produit attendu déterminé par l'intersection des courbes de l'offre et de la demande globales[31].* Il faut bien comprendre que l'ordre logique keynésien est le suivant : c'est la demande effective de produits, (c'est-à-dire la demande solvable prévue par les entrepreneurs) qui détermine l'offre de produits. L'équilibre obtenu sur le marché des produits détermine le niveau de l'emploi qui n'est pas nécessairement de plein emploi.

Fig. 48

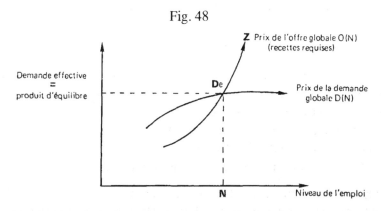

Citons quelques propositions de Keynes que d'autres schémas de circuit devraient permettre de comprendre : « Nous appellerons demande effective le montant du produit *attendu* D au point de la courbe de demande globale où elle est coupée par celle de l'offre globale. Ceci constitue l'essentiel de la Théorie Générale de l'Emploi que nous nous proposon d'exposer »[32]. « La demande effective est la valeur de la fonction de la demande globale qui devient une réalité parce que, compte tenu des conditions de l'offres, elle correspond au niveau de l'emploi qui porte à son maximum l'espoir de profit des entrepreneurs»[33]. La différence entre Keynes et Say peut s'exprimer ainsi : a) pour Keynes, D>Z tend vers D = Z au seul point DE de la courbe de demande ; b) pour J.-B. Say, D = Z toujours et en tous point de la courbe de la demande.

---

[30] Cf. Fig. 48. Cette présentation est devenue courante à partir de : P. Davidson, L. Smolensky : *Aggregate supply and demand analysis*, Harper and Row, 1964, p. 145 ; A. Barrère *Théorie économique et impulsion keynésienne*. Dalloz, Paris 1952.

[31] Keynes évalue en unités de salaires les flux de recettes et de dépenses.

[32] « *Théorie Générale* », p. 49-50.

[33] « *Théorie Générale* », p. 75.

Ce qu'il faut retenir comme significatif de l'approche keynésienne c'est le caractère encore non réalisé de la demande effective[34]. Le principe de demande effective
permet de qualifier, c'est-à-dire de comprendre, la possibilité d'une situation de
chômage persistant à l'équilibre. En effet, *le niveau d'équilibre dépend des prévisions
de recettes des entrepreneurs pour un niveau d'emploi justifié par les prévisions sur
la demande effective.*

La demande globale représente l'élément essentiel pour Keynes : « C'est surtout
le rôle joué par la courbe de la demande globale qui a été méconnu » (op. cit. p. 107).
A ce niveau Keynes rejette le principe de la loi des débouchés de J.B. Say ; en effet
« la théorie classique suppose que le prix de la demande globale (ou « produit »)
s'ajuste toujours au prix de l'offre globale de manière que, quelque soit le volume de
l'emploi N, le « produit » D prenne une valeur égale au prix de l'offre globale Z qui
correspond à N » (op. cit. p. 50). Keynes retrouve donc « la grande énigme de la
demande effective, à laquelle Malthus s'était attaqué ». (op. cit. p. 56).

Schéma élargi du circuit keynésien

Pour comprendre les relations essentielles dégagées par Keynes, on peut retenir
un schéma très simplifié du circuit keynésien[35], en complétant ce circuit à partir de
l'articulation logique centrale que nous avons déjà présentée. Les chefs d'entreprises[36]
fixent le volume de la production en cherchant à prévoir « *la demande solvable* »,
c'est-à-dire la demande effective. Du même coup il déterminent le niveau de l'emploi.
Le circuit keynésien s'articule alors ainsi dans son ensemble :

a) Quand les entrepreneurs cherchent à déterminer la *demande effective* **1** qu'ils
voudront satisfaire par une *production* **2**, ils s'efforcent de prévoir trois composantes
de la demande globale : la demande des ménages en biens de *consommation* **3** ; la
demande des entreprises en biens de production, ou *investissements* **4** ; la demande de
ces deux catégories de biens de la part des administrations et de l'étranger. Cette
demande est dite *autonome* **5**, parce que son niveau est supposé indépendant de la
production et des autres demandes[37].

[34] Le titre du chapitre 5 du Livre I est déjà clair par lui-même : « De la prévision en tant qu'elle
détermine le volume de la production et de l'emploi ».

[35] Cf. J.M. Albertini-A Silem, p. 30-31 à qui est dû ce schéma ; F. Poulon, op. cit. p. 79-80.
construit parallèlement 3 schémas représentatifs des circuits de Quesnay, de Marx et de Keynes,
Cf. B. Vallageas : « Les circuits dans les analyses de Marx, Böhm-Bawek, Hayek et Keynes », *Economies et Sociétés*, Série MP, n° 2, Août 1985.

[36] Dans son raisonnement Keynes fait intervenir les « entrepreneurs » comme un pôle unique
d'information et de décision ; ceci implique « la fiction d'un entrepreneur collectif » qui détiendrait
de fait le pouvoir de déterminer le niveau de production et d'emploi. Cela d'autant plus que la
demande des consommateurs est prise en compte à travers les prévisions des entrepreneurs sur son
montant.

[37] Cf. infra p. 437-438 sur la notion d'investissement autonome.

b) Le schéma fait apparaître *deux niveaux de relations réciproques*. D'une part *entre la production et la consommation* des ménages ; la consommation dépend des *revenus distribués* dans la réalisation de la production **6** ; d'autre part *entre la production et l'investissement* des entreprises : l'investissement dépend du *volume de la capacité de production utilisée* **7**, soit le rapport entre la production désirée et la capacité de production.

c) On peut introduire dans le schéma le niveau des salaires et des prix. En effet, le niveau des prix est lié à l'objectif des entreprises de réaliser la production avec un profit. En première approximation *le profit dépend du taux d'utilisation de la capacité de production* **8**. Les entreprises s'efforcent d'élever les prix pour assurer l'amortissement et le renouvellement de leurs équipements. Par ailleurs les entreprises font aussi *varier leurs prix en fonction des salaires distribués* **9**. En toutes hypothèses la fixation des prix et des salaires dépend du jeu des rapports de force, (conventions collectives et leur révision).

d) Dans le court et moyen termes *la politique des pouvoirs publics* **10** *représente un facteur autonome privilégié pour influencer la demande effective* par des variations de leurs dépenses propres. De plus les politiques budgétaire, fiscale et monétaire ont une incidence sur les prévisions concernant la consommation des ménages et l'investissement des entreprises **11** et **12**.

Ce circuit résumé montre que selon l'approche keynésienne l'interrogation essentielle conduit à analyser ce qui détermine la « demande effective ». Afin de répondre à cette question nous étudierons successivement : a) la consommation et son inverse l'épargne, pour dégager la relation revenu/consommation. b) l'investissement et la relation revenu/investissement. Ceci nous permettra de construire un modèle d'équilibre élémentaire de détermination du revenu national. Enfin, la prise en compte d'une variation d'un élément essentiel de la demande globale s'analyse à travers *le principe du multiplicateur d'investissement*, qui est généralisé comme *multiplicateur de dépense.*

II — La consommation

La consommation représente « *la clé de voûte* » *du système keynésien*. La consommation est la première composante de la demande globale. Par sa seule masse le rôle de la consommation est déterminant.

1. Définition des agrégats envisagés

La consommation consiste en la disparition par destruction, ou par transformation, de biens ou de services utilisés. La comptabilité nationale ne prend en compte que la consommation de *biens produits,* ce qui exclut la consommation de facteurs de production comme la terre et le travail[38].

Il faut distinguer la consommation finale de la consommation intermédiaire. a) La *consommation finale* est l'ensemble des achats destinés à satisfaire directement les besoins individuels ou collectifs des agents économiques[39]. A la satisfaction des besoins individuels correspond la consommation finale des ménages en *biens et services marchands* ; à la satisfaction des besoins collectifs correspond la consommation finale de *services non marchands* fournis par les administrations. L'évaluation de la consommation finale des ménages est faite aux « prix du marché », c'est-à-dire au prix d'acquisition pour le ménage-consommateur[40]. b) La *consommation intermédiaire* désigne la consommation effectuée en vue de la production de biens. Pour la comptabilité nationale, c'est « la valeur des biens et services consommés au cours de la période dans le processus courant de la production ». Cette consommation exclut les biens d'équipement ; elle comprend les biens intermédiaires, qui disparaissent entièrement au cours du processus de production, soit par destruction (c'est le cas de l'énergie), soit par incorporation (c'est le cas des matières premières)[41].

---

[38] Cf. Infra p. 424 sur le travail comme capital circulant.

[39] La définition de la comptabilité nationale : « La valeur des biens et services utilisés pour la satisfaction directe des besoins humains, individuels ou collectifs ». Cf. F. Poulon op. cit., p. 99 et ss. Le concept de consommation globale retenu par Keynes paraît correspondre à celui de « *consommation des ménages* » des comptabilités nationales actuelles. Il l'appréhende en termes réels : c'est la quantité de revenu « mesurée en unités de salaire » (op. cit. p. 108 et 130), dont l'ensemble des entrepreneurs escomptent qu'elle sera consacrée à acheter des biens de consommation finale.

[40] Soit le prix-départ-usine augmenté des coûts de distribution, donc y compris les marges commerciales, et toutes taxes comprises.

[41] Des conventions particulières englobent certains biens dans la consommation intermédiaire, mais dans tous les cas par convention également les *services non marchands en sont exclus*, même si certains services publics, comme l'enlèvement de déchets d'usine, représente en fait un service à l'entreprise.

L'analyse macro-économique keynésienne ne concerne que la consommation fi-nale pour laquelle elle fait des hypothèses de comportement théorique[42]. Il s'agit d'une *consommation globale*[43]*, c'est-à-dire la totalité des consommations réalisées par l'ensemble des consommateurs sur l'ensemble des biens.* Cela pose immédiatement un *problème d'agrégation.* Il est résolu par les hypothèses suivantes : les évaluations de consommations hétérogènes sont effectuées *en valeur* ; les prix sont supposés stables, parce qu'on est dans une perspective de *courte période* qui exclut par définition les modifications de prix relatifs (ou structure des prix) ; ainsi que les mouvements de prix qui correspondraient à des ajustements de marché. Ces hypothèses restrictives de courte période permettent *d'assimiler le volume de la consommation à l'évaluation en valeur de la consommation.*

2. La fonction de consommation

L'analyse néo-classique construit la fonction de demande sur la base de la relation prix-quantité demandée[44]. *L'originalité de Keynes consiste à relier la consommation globale au revenu.* Pour lui il existe une relation fonctionnelle entre un montant donné du revenu et la dépense de consommation qui lui correspond, d'où la définition d'une fonction de consommation.

Fondements de la fonction keynésienne de consommation

La fonction de consommation keynésienne est une *relation de comportement.* Elle entend décrire le comportement des agents économiques comme consommateurs sur la base de *facteurs psychologiques,* ou même sur la base d'une *loi psychologique fon-damentale.* Citons Keynes à ce propos, au Livre I d'introduction : « La relation entre le revenu d'une communauté et la somme, désignée par D1, qu'on peut s'attendre à la voir dépenser pour la consommation, dépend d'une de ses *caractéristiques psycholo-giques* que nous appellerons sa propension à consommer. En d'autres termes, *tant que la propension à consommer ne varie pas, la consommation dépend du montant du revenu global, c'est-à-dire du volume de l'emploi N »*[45]

---

[42] La consommation intermédiaire est pour l'essentiel commandée par le processus et les tech-niques de production mis en œuvre.

[43] L'hypothèse de fixité de la structure des prix relatifs permet d'envisager le modèle comme un modèle à un seul bien.

[44] Cf. supra p.171-172, Titre II.

[45] *Théorie Générale,* p. 52-53, proposition générale n° 2. On note au passage la relation spécifi-quement keynésienne établie entre revenu global et emploi.

Keynes consacre ensuite à la propension à consommer tout le livre III, d'où nous pouvons extraire une affirmation nette de son principe : « *La loi psychologique fondamentale*, à laquelle nous pouvons faire toute confiance, à la fois a priori en raison de notre connaissance de la nature humaine et a posteriori en raison des enseignements détaillés de l'expérience, c'est qu'en moyenne et la plupart du temps *les hommes tendent à accroître leur consommation à mesure que leur revenu croît, mais non d'une quantité aussi grande que l'accroissement du revenu* »[46].

Keynes ne limite pas au revenu les variables explicatives de la consommation des ménages. Il en distingue dans les chapitres 8 et 9 de la *Théorie Générale* deux catégories :

– « *Facteurs objectifs* » : variations de l'unité de salaire, de l'écart entre revenu et revenu net, du taux auquel on escompte le temps (c'est-à-dire le taux de l'intérêt), des valeurs en capital, de la politique fiscale…

– « *Facteurs subjectifs* » : regroupent tous les motifs pour lesquels les individus ne dépensent par leur revenu (précaution, prévoyance, calcul, ambition…etc.) et les entreprises peuvent épargner (objectifs de liquidité, d'amélioration du revenu, de prudence financière…).

Pour Keynes, il s'agit de cas particuliers, ce qui le conduit à déclarer : « On arrive à la conclusion que, dans une situation donnée, la propension à consommer peut être considérée comme une fonction assez stable, à condition qu'aient été éliminées les variations du montant nominal de l'unité de salaire » (op. cit. p.113). Cette *hypothèse de stabilité* de la fonction de consommation représente un des points qui distinguent Keynes des économistes de son temps. Elle comporte en effet deux conséquences essentielles ; il en résulte d'abord qu'à une prévision donnée du revenu correspond un pourcentage donné consacré à la consommation finale. Cela signifie d'autre part que dans le court terme la consommation finale est *insensible aux variations du taux de l'intérêt*[47]. Voyons donc quelle est la forme de la fonction de consommation, et son inverse, la fonction d'épargne ; puis nous évoquerons quels sont les déterminants de la consommation globale.

---

[46]*Théorie Générale*, p. 114. En considérant la consommation comme un phénomène de nature essentiellement psychologique, Keynes ignore pratiquement toute référence aux rapports sociaux de production. « La répartition de la richesse est déterminée par la *structure sociale* plus ou moins permanente de la communauté » (T.G. p. 126). Keynes la considère comme une donnée.

[47] En fait Keynes estime « que l'influence de variations modérées du taux de l'intérêt sur la propension à consommer est généralement faible ». (op.cit. p. 127). Par contre leur influence sur le montant de l'épargne est « primordiale », mais elle s'exerce, à l'inverse du raisonnement classique, à travers son effet sur l'investissement. Une hausse du taux de l'intérêt réduit l'épargne, parce qu'en réduisant l'investissement elle réduit le revenu. Pour comprendre ce raisonnement il faut connaître l'ensemble du schéma de détermination du revenu global selon Keynes.

Représentation algébrique de la fonction

Le volume de la consommation globale C effectuée au cours d'une période dépend du montant du revenu globale réel disponible (Y) de la même période. On a donc :

$$C = f(Y)$$

Si l'on suppose que la fonction est linéaire, elle sera de la forme c = aY + b, où a et b sont les paramètres de la fonction que nous allons immédiatement définir. Par convention b peut représenter le niveau de la *consommation dite incompressible*, c'est-à-dire le niveau de consommation dans le cas limite où le revenu disponible est nul (dans la réalité, cela suppose au moins le prélèvement sur des réserves ou des aides).

Quelle est la nature du lien causal ? Est-ce que la consommation augmente proportionnellement, plus que proportionnellement ou moins que proportionnellement avec le revenu ? Pour répondre à cette question, Keynes introduit les notions de propension à consommer. Symétriquement, l'épargne étant définie de façon résiduelle, nous avons une propension à épargner.

1 – Concept statique : propension *moyenne* à consommer. C'est le rapport de la variation de la consommation globale au revenu qui lui correspond :

$$\boxed{PMC = \frac{Consommation\ nationale}{Revenu\ disponible} = \frac{C}{Y}}$$

C'est donc la fraction du revenu disponible consacrée à la consommation. Si l'on ne tient pas compte d'une consommation incompressible, PMC prend une valeur entre 0 et 1. Pour une valeur égale à 1, à l'évidence tout le revenu est consommé.

2 – Concept dynamique : propension *marginale* à consommer. C'est le rapport de la variation de la consommation à la variation correspondante du revenu, soit :

$$\boxed{pmc = \frac{\Delta C}{\Delta Y}}$$

Dans l'hypothèse commode pour la représentation algébrique, où l'on considère que la croissance du revenu se réalise de manière continue par variations infinitésimales, pmc peut s'exprimer en termes différentiels comme la dérivée de C par rapport au revenu Y, soit :

$$\boxed{pmc = \frac{dC}{dY} = a}$$

Représentation géométrique de la fonction

On peut concevoir trois cas possibles pour cette fonction :

Cas 1 $C = cY$ avec $o < c < 1$

La fonction de consommation est linéaire, la propension marginale à consommer est constante. La consommation incompressible est nulle :

$$C_1/Y_1 = C_2/Y_2 = C_n/Y_n = C/Y = c = dC/dY$$

Cas 2 $C = cY + Co$, avec $o < c < 1$ et $Co > o$

La consommation incompressible est positive. On l'appelle aussi *consommation autonome,* parce qu'elle correspond à une consommation indépendante du revenu ; la propension moyenne varie avec le niveau du revenu.

Cas 3 $C = C(Y)$ fonction concave avec $\dfrac{dC}{dY} > 0$

PMC et pmc varient suivant le niveau du revenu. Cette fonction correspond à l'hypothèse fondamentale de Keynes : « La propension marginale à consommer n'est pas la même quel que soit le niveau de l'emploi et il est probable qu'en règle générale elle tend à diminuer quand l'emploi augmente ; autrement dit, lorsque le revenu réel augmente, la communauté ne désire consommer qu'une proportion graduellement décroissante de son revenu ». (op. cit. p. 130)

Fig 49.

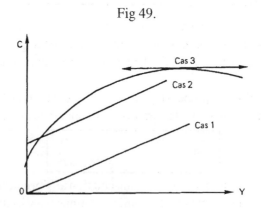

La fonction correspondant au cas 2 est la plus généralement acceptée, parce qu'à la fois la plus maniable et qu'elle traduit le plus exactement la situation réelle observée, à savoir une propension moyenne plutôt stable avec existence d'une consommation incompressible.

La lecture graphique des propensions est possible sur les figures suivantes :

Fig. 50

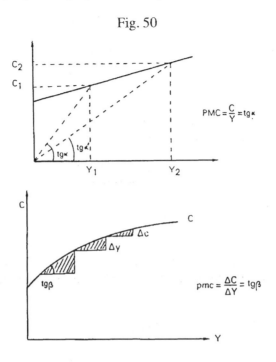

3. La fonction d'épargne

Composante psychologique pour Keynes, la propension à l'épargne a un rôle de variable macro-économique déterminant. Keynes définit l'épargne comme la partie du revenu non-consommée. *La fonction d'épargne se déduit donc de la fonction de consommation.* Keynes déclare : «Dans le tourbillon des acceptions divergentes, *il est agréable de trouver un point fixe.* Autant que nous sachions, personne ne conteste que l'épargne soit l'excès de revenu sur la dépense pour la consommation. Les seules hésitations possibles au sujet de la signification du mot épargne sont donc celles qui ont pour origine soit le sens du mot revenu, soit le sens du mot consommation»[48].

On pose $S = Y - C$, d'où il se déduit :

$$\frac{Y}{Y} = \frac{C}{Y} + \frac{S}{Y} = 1$$

La propension *moyenne* à épargner

$$\frac{S}{Y} \quad ou \quad 1 - \frac{C}{Y}$$

---

[48] «*Théorie Générale*», p. 81. Keynes avait indiqué très tôt (1915-25) le rôle déterminant de la propension à épargner pour la croissance (cf. *Conséquences économiques de la paix*, 1919)

La propension *marginale* à épargner :

$$s = \frac{\Delta S}{\Delta Y} \text{ ou } s = 1 - \frac{\Delta C}{\Delta Y}$$

Dans l'hypothèse de variations infiniment petites :

$$s = \frac{dS}{dY}$$

La valeur de ce rapport constitue également un complément a 1 par rapport à la propension marginale à consommer :

$$\boxed{pmc + pms = 1}$$

en effet $Y = C + S$, d'où :

$$1 = \frac{\Delta C}{\Delta Y} + \frac{\Delta S}{\Delta Y}$$

On utilise fréquemment les représentations suivantes pour définir un seuil d'épargne, mais pour les interpréter il faudra d'abord avoir expliqué l'utilisation du diagramme à 45°.

Fig. 51

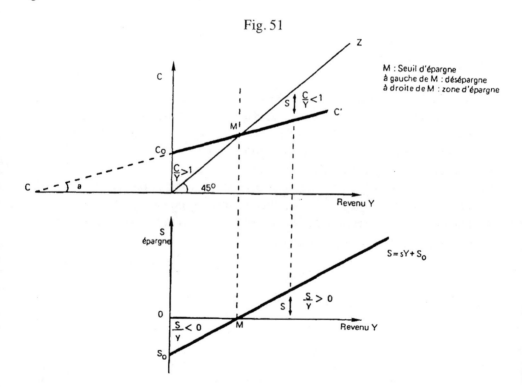

4. Facteurs et structure de la consommation

Quitte à nous écarter de l'objectif de présentation de la logique d'ensemble du schéma keynésien, on peut se demander dans quelle mesure la théorie de la consommation de Keynes traduit la réalité et dans quelles directions elle a été complétée[49]. Relier la consommation au revenu global constitue un des apports les plus certains de la théorie keynésienne à l'analyse économique en général. La forme de la fonction de consommation a donné lieu à des précisions à partir de recherches économétriques.

Le statut de l'objet dans la consommation

Le niveau et la structure des consommations fournissent une mesure du degré de satisfaction directe des besoins. Du point de vue de l'économiste on apprécie le degré du *« Bien Etre »*[50] obtenu par une société à la fois par le taux d'accroissement de la consommation par catégories sociales, ainsi que les effets du nivellement des inégalités.

Les consommations individuelles, qui correspondent aux besoins solvables exprimés dans les économies de marché, sont dans une large mesure de nature arbitraire et même irrationnelle. On cite souvent à ce propos l'étude de J. Baudrillard : *« Pour une critique de l'économie politique du signe »*[51] qui explique que les objets, y compris l'argent, ont pour fonction première d'avoir à signifier, particulièrement à *signifier le statut* de leur possesseur. Avant même d'avoir à satisfaire des besoins, ils sont au premier chef un symbole de prestige et de jouissance. La mode en est le test continuel : « Tous les objets sont révocables devant l'instance de la mode »[52].

La mode abolit l'objet avant que son utilité réelle ne soit épuisée par la consommation. On retrouve là *« le caractère fétiche de la marchandise »* que Marx analyse dès la première section du *« Capital »* : « Le caractère mystique de la marchandise ne provient pas de sa valeur d'usage... La forme valeur et le rapport de valeur des produits

---

[49] Naturellement ceci est évoqué en liaison avec l'étude des concepts comptables de la consommation. Cf. F. Poulon, op. cit. chap. 9, la dépense des ménages, p. 367-400.

Pour une présentation des théories contemporaines étudiant l'action des variables qui déterminent la consommation (le revenu, le patrimoine, les actifs liquides, le taux de l'intérêt), cf. J.P. Vesperini. *Economie politique*. Economica. 1981; chap III p. 194 et ss.

[50] « Bien Etre » est la traduction du terme « Welfare ». L'économie de bien être (Welfare economics) représente une volonté de dépassement de « l'économie de richesse » (*Wealth economics*), à quoi le socialiste Fabien J.A. Hobson qui soutenait la thèse de la sous-consommation ouvrière avant Keynes opposait le *« human Welfare »*.

[51] Paris, Gallimard, 1972 ; Cf. également sur la transformation des manières de consommer, L. Aglietta, A. Brender, *Les métamorphoses de la société salariale*, Calman-Lévy, Paris 1984, p. 159 et ss.

[52] Op. cit. p. 40.

du travail n'ont absolument rien à faire avec leur nature physique. C'est seulement *un rapport social déterminé des hommes entre eux qui revêt ici pour eux la forme fantastique d'un rapport des choses entre elles »*[53]. Le fétichisme de la marchandise, c'est une propriété abstraite et indépendante de la matérialité de la marchandise, qui assure à son acheteur une sorte d'"éminence mystique le désignant aux autres comme le maître de l'objet désiré. Il est à noter que *l'argent est l'objet dont le fétichisme est le plus persistant.* A l'encontre de la théorie classique, nous savons que l'argent a toujours été recherché pour lui-même, en sorte qu'épargner et consommer ne sont pas l'inverse l'un de l'autre ; tout au contraire au niveau de l'individu. On pressent qu'une analyse fondamentale risquerait d'abolir les concepts économiques les plus évidents.

Tests et compléments théoriques à la fonction de consommation

1 – La fonction keynésienne de consommation se prête facilement à la vérification, ce qui a fait son succès. Les premières observations ont porté sur une période très mouvementée, soit 1920-1940 aux Etats-Unis, pour laquelle on a pu mettre en regard le volume de la consommation et le niveau du revenu disponible des ménages. L'ajustement statistique était bon ; il faisait apparaître des variations de la propension moyenne à consommer dans le sens prévu, soit supérieures à 1 pour les années de crise, puis inférieures à 1 à partir de 1936.

Depuis les premiers travaux économétriques la question a naturellement fait l'objet de *précisions au niveau des variables à mettre en rapport* ; ainsi on peut estimer que la consommation est fonction des revenus de l'année en cours, de l'année écoulée, des années précédentes, ou au contraire des prévisions concernant les revenus futurs. Evoquons brièvement les principales théories qui ont voulu préciser la fonction de consommation, en ne perdant pas de vue qu'elles illustrent pour un champ donné l'effet d'impulsion des concepts keynésiens, sources de nombreux prolongements, et non d'une orthodoxie, comme nous l'avons signalé.

2 – S. Kuznets : distinction des consommations selon différents groupes

Les premières études[54] mettent en évidence une très forte stabilité à long terme de la propension moyenne sur des séries chronologiques très longues, soit 0,9 pour 1869-1939 ; il résultait pour l'essentiel deux enseignements notables de ces travaux : la

---

[53] *Capital I*, Pléiade I, p. 605 et 606. A un autre niveau d'analyse on pourrait compter l'argent parmi les « êtres noologiques », qui selon E. Morin, « produits par les cerveaux deviennent des vivants d'un type nouveau, et les cerveaux, en tant que systèmes faiblement contrôlés, sont comme des apprentis sorciers à leur égard ou plutôt constituent des ecosystèmes nourriciers ». *« Le paradigme perdu : la nature humaine »*. Seuil, Paris 1973, p. 159.

[54] Etudes réalisées dans le cadre du « National Bureau of Economic Research », 1946.

propension marginale à consommer est en gros constante et inférieure à l'unité ; la propension moyenne à consommer est très stable à long terme, de type linéaire, c'est-à-dire C = cY, avec c = 0,86. Cependant des études par la méthode dite des « coupes instantanées » (on classe les familles par groupe de revenu pour étudier la proportion de leur consommation selon ces classes de revenu) montrèrent une différence inexplicable selon la courte ou longue période, ce qui était non conforme à l'analyse keynésienne qui est fondée sur *l'hypothèse du revenu absolu : en courte période les modifications de consommation dépendent uniquement des variations du revenu courant*. Pour expliquer cela il a fallu avancer des hypothèses économiques relatives au comportement des consommateurs, ce qui conduit à d'autres prolongements.

3 – La théorie du *revenu relatif* de J.S Duesenberry[55]

Le modèle keynésien pose une relation entre des grandeurs absolues ; J.S Duesenberry introduit une double relativité, et par là une « dynamique sociale de la consommation » ; a) une relativité *selon le groupe socio-économique d'appartenance :* le comportement de consommation dépend du revenu relatif, c'est-à-dire qu'il se détermine par comparaison avec le revenu du groupe social de référence. Ainsi 8 000 dollars représentaient un revenu élevé pour les familles de couleur aux USA en 1949, d'où une épargne élevée, mais un revenu plus modeste pour les familles blanches, d'où une bien moindre épargne. On parle « *d'effet de démonstration* » à ce propos, ou « *effet Veblen* » ; b) une relativité *dans le temps* : ce qui importe pour le consommateur, ce n'est pas le revenu actuel, mais le revenu le plus élevé obtenu auparavant. L'homme « mémorise » le plus haut niveau de consommation déjà atteint. Il y aurait comme un « *effet de cliquet* » ou d'hystérèse : les consommateurs réagissent à une réduction du revenu par une augmentation de la propension à consommer pour préserver leur niveau de vie. *Le revenu serait donc doublement relatif selon l'échelle sociale et l'échelle temporelle[56]*. Dans nos sociétés occidentales cet effet de démonstration n'est pas nouveau et on peut se demander s'il est un fait humain fondamental, ou s'il s'agit d'un conditionnement social. Ainsi Adam Smith constatait : « l'ordre social repose sur la tendance des hommes à admirer les riches et les puissants ; l'homme riche est remarqué, envié,

---

[55] « *Income saving and the theory of consumer behavior* », 1949. Dans la mesure où F. Modigliani a développé une théorie semblable à celle de J. Duesenberry, on désigne comme *hypothèse de Duesenberry-Modigliani* la théorie du revenu relatif. Ces auteurs privilégient les phénomènes de long terme comme les classiques. Dans le court terme Keynes avait déjà perçu un *effet d'hystérèse*, ou de *cliquet* : « la baisse du revenu (est associée)) à une diminution plus marquée de l'épargne aussitôt après son apparition qu'au cours de la période ultérieure » (T.G. *op. cit.* p. 114).

[56] Pour expliquer les différences de comportements entre familles de classes socio-professionnelles différentes, on a aussi pris en compte l'importance respective des patrimoines, ce qui est un mode de réflexion qui a été trop longtemps peu exploré.

considéré, approuvé et il s'applaudit de ses richesses (…). L'homme pauvre est honteux de lui-même »[57]. Il y a interdépendance des consommations par l'effet de démonstration.

Notons que l'analyse de J.S Duesenberry en termes de course-poursuite aux modèles supérieurs de consommation suppose que les besoins ne sont pas structurellement différents. Un modèle commun et uniformisant réconcilierait toutes les classes, la consommation réunissant ceux qui s'opposent dans le travail et la répartition. Nous avons encore là l'exemple d'une analyse à contenu idéologique de la réalité économique.

4 – Théorie du *revenu permanent* de M. Friedman[58]

M. Friedman critique en fait la politique économique interventionniste de Keynes à travers sa critique de la fonction de consommation keynésienne. Il critique d'abord les fondements micro-économiques de l'hypothèse keynésienne. Sa théorie traduit un retour à l'analyse de I. Fischer pour qui l'agent économique décide ses dépenses de consommation pour une période donnée en fonction d'une appréciation à long terme des ressources dont il pourra disposer. La théorie de M. Friedman atténue la rigidité de la dépendance fonctionnelle de la consommation par rapport au revenu.

En effet, il distingue deux parties dans le revenu $Y = Yp + Yt$:

a) *le revenu permanent* (Yp) qui est le revenu attendu en moyenne par un ménage (Il n'est pas directement observable) ;

b) *le revenu transitoire* (Yt) qui peut être selon la période, positif ou négatif.

Selon M.Friedman, il y a proportionnalité entre consommation et revenu à condition de considérer les «valeurs prévues», c'est-à-dire que chaque ménage se fasse une idée de ce que doit être son revenu permanent. Il fixe son standard de consommation, ou consommation permanente, en fonction de ce revenu permanent. Celle-ci prend alors la forme d'une relation de proportionnalité : soit $Cp = k Yp$.

Si l'on suppose résolu le problème de l'agrégation, on a une fonction de consommation macro-économique du type :

$$C = k Yp + Ct$$

Au niveau macro-économique M. Friedman estime donc qu'il y a une relation stable entre consommation et revenu permanent. Or nous verrons que pour l'essentiel l'approche keynésienne débouche sur la relance par la consommation en cas de sous-emploi. La théorie du revenu permanent va donc à l'encontre d'une telle politique, dont il nous faut exposer les fondements.

---

[57] *Richesses des Nations*, chap. I.

[58] M. Friedman, « *A theory of the consumption function* », Princeton, 1957.

III — L'investissement

L'investissement est à considérer à deux niveaux :

– *La décision d'investir de l'entreprise :* elle correspond à une transformation d'avoirs monétaires en *actifs physiques*, c'est-à-dire en biens de production (machines, outillages, stocks…etc). Keynes envisage la détermination de l'investissement à ce niveau d'une manière relativement proche de la théorie classique, puisqu'il relie le montant global de l'investissement au taux de l'intérêt. Nous évoquerons très brièvement ce point déjà analysé en titre II ;

– *au niveau de l'analyse macro-économique* l'investissement constitue la seconde *composante de la demande globale* à côté de la consommation (et de l'exportation que nous introduirons par la suite). On peut écrire :

$$D = C + I$$

A ce niveau global, il faut que l'investissement soit égal à l'épargne pour que le marché des biens et services soit équilibré: Pour Keynes, *l'investissement ne dépend pas du revenu distribué, il le forme.*

1. Investissement et capital : les différentes formes d'investissement

On peut ordonner les principales distinctions concernant l'investissement en le situant par rapport au capital. Le *capital* d'une entreprise est une valeur qu'elle possède au début de son activité de production et qui lui permet d'entreprendre cette production. A l'origine le capital a généralement la forme monétaire ; il est évalué indépendamment des biens de production que l'entreprise peut acheter. L'achat de ces biens représente l'investissement : *c'est l'engagement du capital dans le processus de production.* L'investissement représente donc la *première phase d'un cycle productif* au cours duquel il n'y a pas disparation, mais transformation du capital[59]. *Les différentes formes d'investissement traduisent la diversité de cette transformation du capital* selon leur caractère productif ou selon la nature des biens introduits dans le circuit de production. On retrouve là deux types de distinctions anciennes.

---

[59] L'analyse marxiste du cycle du capital social marque bien l'unité des procès de production et de circulation en distinguant trois formes cycliques du capital : capital-argent, capital-productif, capital-marchandise.

Investissements productifs et improductifs

Les investissements dits improductifs correspondent à la production de biens et de services non marchands ou qui sont réalisés par des agents économiques autres que les entreprises industrielles et commerciales. Ce sont donc les investissements des administrations, des institutions financières, des ménages (logements) ou exploitants agricoles. Les investissements productifs sont directement liés à l'activité de production d'entreprises industrielles et commerciales. Ils ont une action directe sur la production et donc l'emploi. A ce niveau il apparaît difficile d'apprécier le caractère plus ou moins productif des différents types d'investissement.

Investissements en capital fixe et en capital circulant

Cette distinction remonte à Adam Smith[60] : a) *L'investissement en capital circulant* correspond aux *biens intermédiaires* entièrement incorporés dans un seul processus de production. Il constitue pour l'essentiel la *consommation intermédiaire* : matières premières, services, transport, publicité, etc... Dans cette perspective le paiement de salaires peut être considéré comme une forme d'investissement en capital circulant. Ceci est conforme à l'analyse de Ricardo pour qui le capital fixe se distingue du capital circulant simplement par sa plus grande durée. Comme valeur des biens nécessaires à l'entretien du travailleur, les salaires constituent du capital circulant. Marx suit la même distinction, mais il utilise le terme de capital variable pour le travail[61] ; b) *L'investissement en capital fixe représente l'achat de biens qui ne sont absorbés que pour partie dans un même processus de production.* Ce sont les biens d'équipement : machines, outillages, immeubles. La partie incorporée dans chacun des processus de production représente une consommation de capital fixe. L'amortissement qui maintient la valeur du capital fixe est comprise dans l'investissement brut. C'est la F.B.C.F. de la comptabilité nationale.

Les différentes formes hétérogènes du capital (formes financières, stocks de marchandises produites, biens de capital fixe ou circulant) *peuvent être évaluées en termes de stock* à travers le *bilan* de l'entreprise ou indirectement par l'estimation boursière de la valeur de l'entreprise *(capitalisation boursière)*.

---

[60] Il établit au Livre II de la « *Richesses des Nations* », Chap. 1, intitulé « Des diverses branches dans lesquelles se divisent les capitaux », op. cit., p. 128-139.

[61] *Capital*, Livre II, chap. V, Capital fixe et circulant, « le capital variable consiste concrètement en moyens de subsistance »... Ce que le capitaliste achète, ce ne sont pas les moyens de subsistance de l'ouvrier, mais sa force de travail », P. II, p. 597.

2. La fonction d'investissement

Cette fonction consiste à dégager les déterminants de l'investissement. La mise en évidence des variables qui déterminent l'investissement au cours d'une période est très importante. On verra en effet que si la propension à consommer et les conditions d'offre sont stables, le niveau de l'emploi est fixé par l'investissement.

L'investissement au niveau micro-économique

Du point de vue de la spécificité de la démarche, notons à ce niveau, sans approfondir, qu'en plusieurs domaines Keynes reprend des éléments de la théorie micro-économique néo-classique : offre et demande de travail, théorie monétaire, relation profit et investissement. Ainsi Keynes suit sur ce point l'analyse marginaliste : les entreprises ont pour objectif la maximisation de leur profit. *La décision d'investissement est fondée sur une comparaison entre le taux de rendement des différents actifs.*

Keynes s'exprime ainsi quand il résume l'enchaînement logique de sa théorie : « Le montant de l'investissement courant dépend lui-même de ce que nous appelerons *l'incitation à investir* et nous verrons que l'incitation à investir dépend de la relation entre la courbe de l'efficacité marginale du capital et la gamme des taux d'intérêt afférents aux prêts d'échéance et de sécurité diverses » (TG. Introduction op. cit. p. 52).

Soit R_1, R_2... R_n les rendements attendus par l'entrepreneur qui veut acheter un bien capital à un prix donné. Keynes définit comme *efficacité marginale du capital* la notion financière de *taux interne de rentabilité* que nous avons déjà présentée[62] et sur laquelle il ne paraît pas indispensable de revenir, puisque c'est le schéma keynésien que nous entendons exposer. La décision d'investissement proprement dite est prise sur la base d'une comparaison entre le taux d'intérêt et le taux de rentabilité escompté ou efficacité marginale (cf. fig. 52 ci-après).

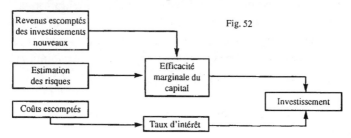

Fig. 52

En transposant au niveau macro-économique l'investissement est dans une relation inverse avec le taux d'intérêt. C'est à cette relation que l'on réserve au sens strict le terme de fonction d'investissement : $I = f(i)$

Distinction entre investissement autonome et induit

Pour définir une fonction d'investissement on est conduit à distinguer entre investissements autonomes et induits.

L'analyse néo-classique supposait la parfaite rationalité des agents et une information parfaite. Pour Keynes, l'incertitude est une réalité essentielle. L'incidence de *l'état de confiance* résulte de l'influence qu'elle exerce sur l'efficacité marginale du capital. Le futur n'est pas connu, même en termes de probabilité, d'où l'appréciation de l'entrepreneur sur la demande effective peut être fausse, ce qui aura des effets sur l'emploi. L'originalité de Keynes à ce niveau est d'appliquer une *notion de calcul d'investissement en avenir incertain à la notion macro-économique d'investissement* : le taux d'intérêt s'explique par une évaluation de la confiance dans l'avenir et le rendement net de l'équipement est une variable anticipée. Pour des auteurs comme R. Arena, Keynes apparaît comme un des premiers théoriciens de l'incertitude et de la formation des anticipations[62].

1 – *L'investissement autonome* correspond à l'hypothèse d'un investissement indépendant par rapport au revenu. Ceci signifie que pour tout niveau du revenu national l'investissement demeure constant. *L'investissement est déterminé par d'autres variables explicatives qui sont exogènes* au modèle élémentaire envisagé. Ainsi, on considère comme autonome les investissements suscités par le progrès technique, par l'évolution démographique, par l'Etat, etc... Pour ce type d'investissement, on ne peut pas parler de fonction d'investissement dans le même sens que pour la fonction de consommation.

2 – *L'investissement induit est suscité par une augmentation de la demande de biens qui s'oppose à une insuffisance de la capacité de production.* L'extension de l'appareil de production est en effet motivée par une augmentation de la demande globale ; une augmentation du revenu accroît le pouvoir d'achat des agents économiques et stimule la demande globale. Les nouveaux investissements sont induits parce qu'ils permettent de satisfaire cette demande supplémentaire. La relation schématique peut se représenter ainsi : $\Delta Y \rightarrow \Delta D \rightarrow$ I induit

Dans la réalité les investissements globaux comprennent à la fois des investissements autonomes et induits, on écrira donc :

$$I = Ia + Ii$$
$$I = b + kY$$

Investissements totaux = I autonomes + I induits

---

[62] Cf. R. Arena, «*Keynes après Lucas : quelques enseignements récents de la macro-économie monétaire*», *Economie et Sociétés*, avril-mai 1989.

Fig 53.

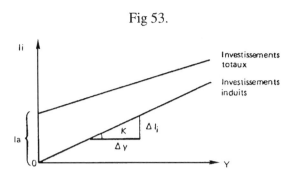

On appelle *accélérateur le principe selon lequel toute variation de la demande de biens de consommation (D) engendre une variation plus que proportionnelle de la demande de biens d'investissement.* Nous ne l'exposerons pas ici, car il n'est pas essentiel à la compréhension du modèle keynésien de base. En effet *dans ce modèle l'investissement est considéré comme autonome par rapport au revenu,* ce qui signifie que par hypothèse il n'est pas déterminé par le niveau du revenu. Par contre, *le niveau de l'investissement global a une influence décisive sur le niveau de l'activité économique, et donc de l'emploi et du revenu national..* Keynes écrit à ce sujet : « Il s'ensuit que, pour une valeur donnée de ce que nous appellerons la propension de la communauté à consommer, c'est le montant de l'investissement qui détermine le niveau d'équilibre de l'emploi, c'est-à-dire, le niveau où rien n'incite plus les entrepreneurs pris dans leur ensemble à développer, ni à contracter l'emploi »[63].

IV — Modèle simplifié de l'équilibre général keynésien

La démarche keynésienne a opéré un renversement fondamental par rapport à la théorie classique : le niveau d'équilibre de l'activité productrice dépend de la demande des biens de consommation et d'investissement. Nous avons étudié en premier la relation *revenu/consommation.* L'hypothèse d'une fonction de consommation est dans l'ensemble vérifiée. La propension marginale à consommer est en fait inférieure à 1, et non égale à 1 comme le considère la théorie classique.

---

[63] *Théorie générale,* p. 51-52. Le principe d'accélération, ou accélérateur, établit une relation entre la demande de biens de consommation et la demande de biens de production. Tout accroissement de la demande de biens de consommation provoque une augmentation plus que proportionnelle de la demande de biens de production. En sens inverse tout ralentissement de la demande de biens de consommation peut provoquer une chute de la demande de biens de production.

Dans les deux sens les *anticipations*, optimistes ou pessimistes, peuvent renforcer cet effet. Combiné avec le *multiplicateur*, l'accélérateur est un élément de base de la dynamique selon l'approche keynésienne.

Par raison de commodité d'exposition, nous retiendrons d'abord l'hypothèse que l'investissement est fixé, qu'il est une donnée « exogène » au modèle. Ainsi nous pourrons concentrer dans un second temps notre étude *sur les effets des variations de l'investissement sur les autres grandeurs économiques*. Ceci nous conduira à définir *l'effet multiplicateur*, qui est une caractéristique essentielle de la théorie keynésienne.

Voyons donc tout d'abord comment s'établit l'équilibre production-consommation-épargne, ce qui correspond à l'*équilibre macro-économique* élémentaire ou simplifié[64].

1. L'équilibre production-consommation-épargne

Les hypothèses du modèle keynésien simplifié

On considère une *économie fermée*, sans Etat ; tous les bénéfices sont distribués, donc seuls les ménages épargnent. On considère aussi un *investissement autonome* net donné. Toutes grandeurs sont exprimées en francs *constants*.

Selon cet ensemble d'hypothèses le *produit national net et le revenu national disponible sont identiques*, soit Y. En effet, toute opération de production donne lieu à paiement d'un revenu d'un montant égal (salaire, intérêt ou profit qui constituent en termes de comptabilité nationale la valeur ajoutée par l'entreprise).

Les concepts et la condition d'équilibre

Le point de départ est nécessairement le même que celui du modèle classique, du fait que le problème à étudier est celui de l'équilibre du circuit. Mais le raisonnement se distingue fondamentalement de celui des classiques par la nature des relations entre les variables et par les conditions de détermination du niveau de revenu.

1 – La distinction ex ante, ex post[65]

Précisons au préalable une distinction essentielle pour la compréhension du concept keynésien d'équilibre : a) On peut définir l'*équilibre a posteriori*, (ou comme on dit « *ex post* », c'est-à-dire littéralement du point de vue d'après), toutes les *gran-*

---

[64] Le terme de modèle keynésien simplifié où I est exogène, revient à F.J. De Jong, *Economic Journal*, 1954.

[65] La distinction néo-keynésienne, utilisée couramment entre épargne et investissement *prévus* et *réalisés* provient de E. Lindahl et G. Myrdal qui introduisaient les notions d'anticipation et de risque en distinguant calculs prospectifs (*ex ante*) et retrospectifs (*ex post*). Cf. G. Myrdal. *Monetary Equilibrium*, Hodge, Edimbourg. 1939.

deurs économiques ayant été réalisées, c'est-à-dire effectivement produites, consommées, investies et donc épargnées). Dans ce cas *la notion d'équilibre correspond à une identité comptable* se rapportant à des grandeurs effectives, observables, réalisées. Cette définition de l'équilibre n'informe pas sur le comportement économique des agents ; elle n'entraîne pas obligatoirement une véritable relation d'équilibre économique ; b) On peut définir *l'équilibre a priori* ; (on dit aussi « ex ante », c'est-à-dire littéralement du point de vue d'avant), toutes les grandeurs économiques n'étant pas encore réalisées, ni même en voie de réalisation. Dans ce cas la notion d'équilibre correspond à un *projet*, à des *intentions* se rapportant à des grandeurs *projetées, volontaires, intentionnelles*. Dans ce cas l'équilibre est exprimé par une véritable équation, au sens où l'égalité entre les deux membres n'est pas obligatoirement vérifiée. Les grandeurs économiques de l'équation sont des grandeurs projetées : l'équation définit une condition d'équilibre. Précisons l'expression de ces deux notions.

2 – L'expression « ex post », ou comptable, de l'équilibre

Nous savons déjà depuis les débats sur la loi des débouchés et le principe de la demande effective de Malthus que le problème de l'équilibre global se ramène à celui de l'égalité entre la dépense globale et le produit global :

$$\text{Dépense} = \text{production}$$

Le modèle keynésien simplifié (dit à un bien) fait l'objet d'une représentation graphique devenue courante qui est fondée sur les égalités suivantes.(cf. figures 54 et 55).

On pose au départ une double relation d'équilibre :

$$\text{Offre globale} = \text{Revenu National} = \text{Demande globale}$$
$$O \quad = \quad Y \quad = \quad D$$

Selon l'hypothèse retenue par Keynes, le montant du revenu correspond à la valeur de la production (soit $O \equiv Y$), d'où :

$$Y = D$$

Dans le modèle keynésien simplifié D étant défini comme la somme d'une demande de biens de consommation C et d'une demande de biens d'investissement I, on a :

$$D = C + I$$
ou
$$Y = C + I$$

Comme tout le produit national est du revenu disponible et comme tout ce revenu est consommé (C) ou épargné (S), on peut écrire[66] :

$$Y = C + S$$

Ces relations comptables d'équilibre impliquent :

$$Y = (C + S) = D = (C + I) \Rightarrow C + S = C + I$$
$$I = S \Leftrightarrow Y = D$$

Cette identité comptable n'a pas grand intérêt : *a posteriori l'offre égale forcément la demande, car les quantités achetées correspondent forcément aux quantités vendues.* On ne sait si cet équilibre s'est réalisé spontanément ou s'il résulte de corrections exigées par un déséquilibre initial. C'est seulement en envisageant l'égalité comptable de grandeurs réalisées que l'affirmation suivante de Keynes prend un sens : « l'épargne et l'investissement sont forcément d'un montant égal puisque, pour la communauté considérée dans son ensemble, ils ne sont que deux aspects différents de la même chose » (T.G. op. cit. p. 95). *L'équilibre comptable, même obligatoirement réalisé, ne suffit pourtant pas à la réalisation de l'équilibre économique.*

3 – L'expression « ex ante » du revenu national d'équilibre

Considéré a priori (ou « ex ante ») le niveau d'équilibre du revenu national *est celui qui correspond à l'égalité entre la production anticipée* et *la dépense anticipée.* Nous notons, C*, S*, I* les désirs de consommation, d'épargne, d'investissement pour les distinguer de C, S, I qui sont des grandeurs réalisées. Par la suite une fois cette distinction bien introduite, parce qu'essentielle pour la compréhension du schéma keynésien, nous ne conserverons pas cette notation avec* par simple raison de commodité. Ainsi on peut écrire au niveau macro-économique :

Valeur totale des projets de production = offre globale
Valeur totale des projets de dépense = demande globale

On débouche alors sur une expression apparemment similaire du revenu national d'équilibre, soit Y*, mais qui a une toute autre signification comme nous nous y sommes déjà préparés en présentant la notion de demande effective :

---

[66] S représente l'épargne privée nette. Elle est définie par S = Y - C. Cf. *Théorie Générale.* Chap. 6. Sect. II, p. 81 et ss.

$$Y^* = C^* + I^*$$
$$Y^* = C^* + S^*$$

$$\boxed{I^* = S^*}$$

Le marché des biens et services est à l'équilibre quand la valeur projetée de l'offre est égale à la valeur projetée de la demande ; ou ce qui est une autre expression du même équilibre : *quand l'investissement projeté est égal à l'épargne projetée.* On réalise bien la différence essentielle entre l'identité comptable d'équilibre et la notion d'équilibre économique keynésien, si l'on comprend que $I^* \gtreqless S^*$ est tout à fait compatible avec $I = S$.

Dans les deux expressions les termes n'ont pas la même signification. C'est pourquoi on peut dire de façon résumée :

a) *l'équilibre comptable I = S est forcément constaté en fin de période* ;

c) quand *l'équilibre économique* est réalisé, on a $I^* = I = S = S^*$;

d) dans le système keynésien de base l'ajustement et *la réalisation de l'équilibre résultent de la variation du revenu global* et non du mécanisme des prix.

Ce schéma keynésien prend en compte une réalité telle que les agents économiques qui décident de consommer et d'épargner sont différents de ceux qui décident d'investir. Cette distinction recouvre en gros l'ensemble des ménages d'un côté, et des entreprises de l'autre. Dans les faits il y a forcément des cas où ce sont les mêmes individus qui épargnent et qui investissent. Mais même dans ce cas les décisions d'épargne et d'investissement ne sont pas effectuées pour les mêmes motifs : ces fonctions d'épargne et d'investissement ne correspondent pas aux mêmes variables. L'investissement et l'épargne donnent lieu à une double distinction : deux catégories d'agents, caractérisés par des motivations différentes, prennent respectivement les décisions d'investissement et d'épargne. Ces deux grandeurs ne sont donc pas forcément égales. C'est ce que nous allons représenter dans le point suivant.

La représentation de l'équilibre keynésien par le diagramme à 45°

1 – Propriétés de la bissectrice

Le diagramme à 45° est souvent utilisé parce qu'il permet une lecture immédiate de la fonction d'offre globale en se référant à la variable revenu. Elle exprime obligatoirement l'identité produit/revenu. La représentation de l'offre globale en fonction du revenu s'effectue facilement ainsi :

Fig 54

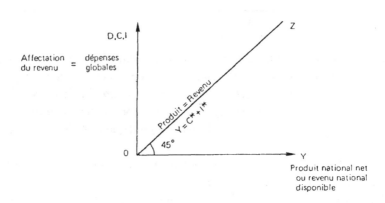

La droite à 45° OZ représente par construction l'utilisation du Revenu National engendré par les projets de production. Il s'agit donc de la *fonction d'offre globale* dont l'équation est $Y = C^* + I^*$. La bissectrice est le lieu des différents points représentatifs de l'équilibre du revenu national *(la demande globale effective égale l'offre globale ou revenu disponible)*.

Signalons pourtant que si cette représentation a l'avantage d'être simple, elle ne correspond plus nécessairement à un graphique de la demande effective, du fait qu'elle remplace N par Y. (cf. figure ci-dessus N°48)

2 – Les trois équations du modèle simplifié

A partir de là on peut représenter facilement la détermination de l'équilibre du revenu national. On a un schéma élémentaire de *modèle agrégatif* : il s'agit de rechercher quel est le niveau d'équilibre du revenu global dans une économie simplifiée où les agents économiques consacrent leur revenu soit à l'achat de biens de consommation, soit à l'achat de biens d'équipement. On dispose de trois équations pour les trois variables retenues, soit Y, C, I :

(1) $C^* = C_0 + cY$, représente la *fonction de comportement* de consommation qui exprime que les agents économiques font varier leur consommation en fonction de leur revenu, mais avec une consommation « incompressible ».

(2) $I^* = I_0$, soit la *fonction d'investissement*. Par une commodité ne correspondant pas à la réalité, on a retenu l'hypothèse que l'investissement est déterminé de façon exogène (en dehors du modèle). I^* étant autonome sera représenté par une parallèle

aux abscisses et $C^* + I^*$ est obtenu par addition des fonctions de consommation et d'investissement.

(3) $Y = C^* + I^*$ est la *condition d'équilibre*. L'équation n'a qu'une seule inconnue Y. Si on remplace C et I par leur valeur d'après (1) et (2), et si l'on accepte l'hypothèse de linéarité de la fonction de consommation, on a :

(3') $Y = C_0 + cY + I_0$

La solution $Y = Y^*$ de l'équation (3) est le revenu national d'équilibre. Si l'on transpose la relation (3') sous la forme :

$$I = Y - c(Y) = s(Y)$$

on montre que l'égalité entre l'épargne et l'investissement est une autre façon de définir le revenu d'équilibre.

Fig. 55

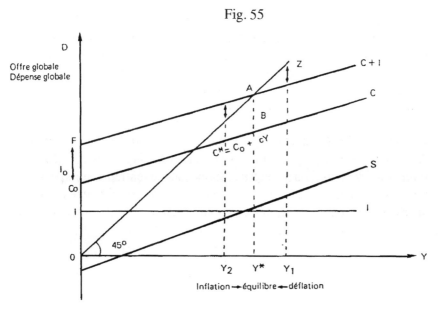

On part du graphique précédemment défini :
— *la bissectrice* des coordonnées est le lieu géométrique des positions d'équilibre, car tout point de cette droite a une abscisse (revenu) et une ordonnée (dépenses) égales,
— *la droite* C_0C *représente la demande de consommation* : elle a C_0 (consommation incompressible) pour ordonnée à l'origine et c (propension marginale à consommer) pour pente,

– *la droite C + I représente la dépense totale* qu'on obtient par addition de la consommation, qui varie avec le revenu, et de l'investissement autonome I_0. Son ordonnée à l'origine est le point F ($C_0 + I_0$) et sa pente c (pmc),

– l'intersection de la droite C + I avec la bissectrice (point A) se projette sur les abscisses en Y* représentant *le revenu national d'équilibre* : en effet la dépense totale AY* est en ce point égale à OY*, le revenu disponible. *Les entreprises récupèrent comme dépense nationale tous les revenus payés aux facteurs de production.* Le circuit est donc bouclé quand le revenu est égal à OY* ; on observe que la consommation est égale à BY* et l'épargne à AB. Or AB est égale à C$_0$F, c'est-à-dire au volume de l'investissement. Ceci illustre la seconde condition d'équilibre I* = S* et la manière différente de l'interpréter selon l'approche keynésienne. *L'égalité de l'épargne et de l'investissement résulte de décisions indépendantes, et non de l'ajustement obtenu automatiquement par la variation du taux de l'intérêt* comme dans l'approche classique.

3 – La représentation des positions du déséquilibre et sens des ajustements

Quand il n'y a pas égalité « ex ante » entre l'offre et la demande globales anticipées (c'est-à-dire entre I* et S*), on constate des déséquilibres, qui peuvent être de deux sortes par rapport à Y*. Il doit être souligné que l'interprétation commune de l'inflation selon Keynes, à partir de la seule hypothèse d'excès de demande, s'appuie sur peu de textes de la *Théorie Générale*[67]. Celle-ci s'attache avant tout au problème de la lutte contre le chômage et la dépression.

1er cas : O > D ou I < S, (situation de déflation). L'offre globale est supérieure à la demande globale, ceci correspond à *Ype supérieur à Y*, la fonction de demande globale est située* au-dessous de la bissectrice. Supposons des entrepreneurs pessimistes qui anticipent une réduction des dépenses de consommation, d'où une baisse des dépenses d'investissement. L'écart déflationniste mesure l'insuffisance de la demande globale.

---

[67] La question de l'inflation est abordée au chap. 21 de la *Théorie Générale* où Keynes évoque le *cas limite* de « l'inflation absolue, laquelle résulte d'un accroissement de la demande effective en situation de plein emploi », (op. cit. p. 302), qu'il distingue de *« points semi-critiques préalables »*, où la demande effective suscite des hausses de salaires nominaux moins que proportionnelles à celle des biens. Sur l'évolution des analyses de l'inflation de Keynes, cf. M. Herland *op. cit.* Chap. V.

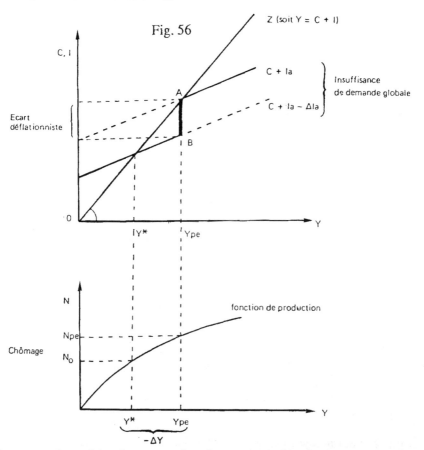

Fig. 56

Dans cette hypothèse la contraction du revenu de Ype à Y* peut se réaliser en termes réels, à prix constants (ce n'est pas le cas de l'écart inflationniste qui se manifeste forcément par une hausse des prix). Le chômage est figuré par le segment $N_0 Npe$ et l'insuffisance de la demande par AB. Dans ce cas l'excès de l'épargne se traduit par un investissement involontaire sous forme d'accroissement de stocks invendus. Les entreprises tendent à réduire leur production, en sorte que le revenu d'équilibre se déplace de Ype vers Y*. *La réduction de l'emploi provoque aussi une réduction de l'épargne.*

2. Cas : $O < D$ ou $I > S$, (situation d'inflation). C'est la situation inverse où l'on a un *revenu Ype tel que le volume global de l'offre est inférieur à la demande.* La fonction de demande globale est située *au-dessus* de la bissectrice.

L'écart inflationniste exprime le déséquilibre par excédent de dépenses (C ou I) par rapport aux capacités de l'économie en plein-emploi. On peut construire un schéma keynésien d'interprétation de l'écart inflationniste.

Fig. 57

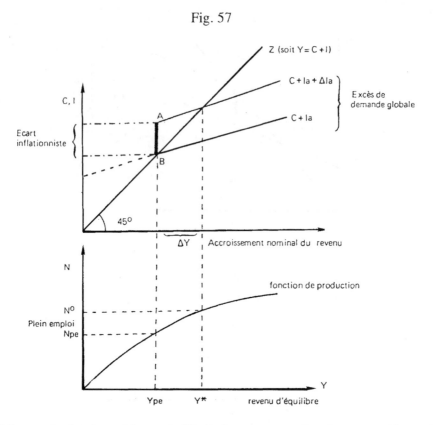

L'interprétation keynésienne de l'inflation comporte forcément une dimension monétaire. L'excès réel de demande globale ne peut être satisfait par une offre réelle de produits. La variation en hausse du produit Y ne peut être assurée qu'en termes nominaux. Si l'on définit le revenu nominal comme la production en termes réels Q multipliée par le niveau général des prix P, on a $Y = PQ$. Si on est en plein emploi, la production ne peut augmenter, d'où la variation du revenu provient d'une hausse des prix $Y = Q \times P$. Dans ce cas l'insuffisance de l'offre comporte pour les entreprises des perspectives de recettes supérieures. Les entreprises seront donc incitées à *réduire leurs stocks* accumulés auparavant, à *augmenter leur production* et donc à *créer des revenus supplémentaires* qui donnent lieu à un accroissement de la demande moins que proportionnel (pmc < 1), d'où une tendance à l'égalisation de l'épargne et de l'investissement. Ces trois ajustements tendent à déplacer le revenu de Ype vers Y*.

Cette présentation de l'équilibre économique élémentaire a l'avantage de mettre en évidence que *l'ajustement et la réalisation de l'équilibre économique résultent selon l'approche keynésienne non pas du mécanisme des prix, mais de la variation du revenu global.*

2. Le multiplicateur d'investissement en statique comparative

La présentation précédente de l'équilibre paraît descriptive ; en fait elle est à la base du mécanisme du multiplicateur d'investissement, ou de dépense. Il s'agit d'un apport essentiel de la théorie keynésienne[68]. *Une économie n'est jamais en équilibre.* Le multiplicateur est au cœur de la théorie keynésienne et d'une manière générale au centre de l'analyse macro-économique[69].

Avec le multiplicateur, il s'agit d'étudier ce qui se passe quand varie un élément de la demande globale. On raisonne donc en *dynamique* (autrement le multiplicateur semblerait une tautologie).

Dans notre précédent modèle élémentaire tous les éléments qui interviennent dans la détermination du revenu d'équilibre $Y*$ sont considérés comme invariables, c'est-à-dire la fonction de consommation est stable, l'investissement I_0 est autonome.

La variation de $Y*$ ne peut donc résulter que d'un facteur autonome par rapport au revenu qui provoque un déplacement de l'intersection A de l'offre globale Z et de la demande globale $C + I$[70]. Il s'en déduit qu'en *courte période,* une modification du revenu national d'équilibre ne peut provenir que d'une variation autonome d'un ou plusieurs éléments de la demande globale. Supposons donc maintenant, à une seconde étape de l'analyse, que *l'investissement projeté passe de $I*_0$ à $I*_1$.* L'équilibre précédent doit se déplacer et il faut s'attendre à une augmentation de l'activité si $I*_1 > I*_0$.

L'origine du concept de multiplicateur

On a pu dire que des auteurs anciens avaient déjà eu une sorte d'intuition du multiplicateur ainsi que semblent l'indiquer quelques brèves citations de Boisguilbert[71]. En

---

[68] En introduction à leur ouvrage « *Macro-économie appliquée* », J.P. Daloz et C. Goux nous disent « le mouvement actuel qui s'esquisse en faisant inscrire des enseignements d'économie dans les programmes de lycées pourrait aller plus loin encore et donner naissance à un livre de macro-économie pour enfant ; ce dernier pourrait recevoir le titre d'« histoires de multiplicateurs », Cujas, Paris, 1970.

[69] La statique comparative consiste à énoncer les relations entre les variables endogènes en état d'équilibre et à analyser leurs variations en fonction des variations des paramètres et des variables exogènes. L'analyse considère la modification intervenant entre deux positions d'équilibre, mais n'examine pas la dynamique du passage d'une position d'équilibre à une autre ». Cf. K.C. Kogiku : « *Introduction aux modèles macro-économiques* », Sirey, 1971, p. 49.

[70] La bissectrice traduit une identité définitionnelle ; notez donc bien que son déplacement ne peut par construction intervenir.

[71] Cf. supra. Titre I, p. 30-31 « Il est aisé de voir que pour faire beaucoup de revenu dans un pays riche en denrées, il n'est pas nécessaire qu'il y ait beaucoup d'argent, mais seulement beaucoup de consommation, un million faisant plus d'effet de cette sorte que dix millions lorsqu'il n'y a point de consommation, parce que ce million se renouvelle mille fois, et fera pour autant de revenu à chaque pas qu'il fera ». Boisguilbert. édit. INED, Tome 2 (1645) op. cit. p. 619.

Angleterre, des auteurs comme W. Bagehot et A. Pigou en avaient eu l'idée. Cependant, le concept a été clairement étudié pour la première fois *comme relation quantitative entre un accroissement net des dépenses et l'expansion du revenu qui en résulte* par Richard Ferdinand Kahn, économiste de Cambridge ainsi que Keynes, dans un article célèbre de 1931[72]. R.F. Kahn étudiait une question d'actualité en 1931, à savoir les effets d'un programme de grands travaux sur le niveau de l'emploi ; il dégage ainsi un « *multiplicateur d'emploi* » qui annonce le schéma du *multiplicateur d'investissement*. Le raisonnement est le suivant : soit un État qui entreprend la construction d'autoroutes, de barrages, etc. L'entreprise qui réalise l'opération doit embaucher de nouveaux ouvriers : c'est l'*effet primaire de l'investissement*. L'incidence de l'investissement ne se limite pas à cela, car *la production supplémentaire conduit l'entreprise concernée à acheter de nouveaux équipements, des matières premières*. Ceci induit un supplément d'activité auprès d'autres entreprises qui à leur tour provoqueront la répétition de ce phénomène. Ainsi quand on évalue les effets d'ensemble de l'investissement initial, il apparaît que le *montant total des emplois créés représente un multiple du nombre d'emplois créés comme effet primaire* auprès de la première entreprise. Dans cette analyse R.F. Kahn privilégiait l'emploi. Keynes a privilégié l'effet de la multiplication au niveau de la dépense et son raisonnement est plus abstrait. Comme le dit Keynes, « … un rapport défini, qui sera appelé multiplicateur, peut en effet être établi entre le revenu et l'investissement et, sous le bénéfice de certaines simplifications, entre l'emploi total et l'emploi directement affecté à l'investissement ». (T.G. op. cit. p. 129). Le multiplicateur indique de combien le revenu doit augmenter à la suite d'un accroissement de l'investissement pour que la communauté consente un surcroît d'épargne d'un montant identique (cf. idem. p. 133-144). Au terme du processus l'épargne doit égaler l'investissement selon le schéma logique suivant :

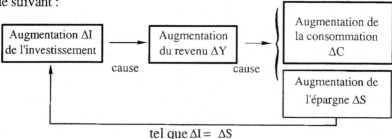

tel que ΔI = ΔS

[72] *Economic Journal* 1931 ; Keynes écrit d'ailleurs dans la *Théorie Générale*, p. 129 : « c'est R.F. Kahn qui le premier a introduit la conception du multiplicateur dans la théorie économique ». Avec Kahn, Robinson et Meade paraissent être les véritables auteurs du modèle keynésien simple cf. Herland M., *Revue française d'Économie*, print. 1988, p. 99.

Le mécanisme du multiplicateur

1 – Le multiplicateur statique

Partons de l'équation d'équilibre initial :
(1) $Y = c(Y) + I_o$
soit un accroissement de l'investissement ΔI. On peut mesurer l'augmentation du niveau d'activité qui en résulte, soit ΔY, et on appelle ΔC le supplément de consommation réalisée.

On peut écrire la nouvelle condition d'équilibre après réalisation des ajustements au niveau des différents agrégats :

(2) $Y + \Delta Y = C + \Delta C + I_0 + \Delta I$

(3) d'où à partir de l'équation (1)
$$\Delta Y = \Delta C + \Delta I \Rightarrow \Delta I = \Delta Y - \Delta C$$
Ceci permet de définir le multiplicateur d'investissement (k) comme le rapport de l'accroissement du niveau de production et de revenu (ΔY) à l'accroissement initial de l'investissement (I).

(4) $k = \dfrac{\Delta Y}{\Delta I}$

A partir de cette équation de définition (4) et de (3) on peut déterminer la valeur du multiplicateur :

$$\Delta I = \Delta Y - \Delta C, \text{ d'où } k = \frac{\Delta Y}{\Delta Y - \Delta C}$$

On divise numérateur et dénominateur par Y :

$$\frac{\dfrac{\Delta Y}{\Delta Y}}{\dfrac{\Delta Y}{\Delta Y} - \dfrac{\Delta C}{\Delta Y}} = \frac{1}{1 - \dfrac{\Delta C}{\Delta Y}}$$

Du fait que $\dfrac{\Delta C}{\Delta Y}$ représente la propension marginale à consommer, on a :

(5) $$\boxed{k = \frac{1}{1 - c} = \frac{1}{1 - pmc}}$$

A partir de la notation de la propension marginale à épargner, soit $s = \dfrac{\Delta S}{\Delta Y}$ et sachant que pmc + pms = 1 par définition, on peut écrire

(6)
$$\boxed{k = \dfrac{1}{s} = \dfrac{1}{pms}}$$

Il s'en déduit une conclusion importante : *la valeur du multiplicateur d'investissement est d'autant plus élevée que la propension marginale à consommer est élevée et que la propension marginale à épargner est faible.* Un investissement additionnel de 1 million de F provoque un supplément de production et d'activité de k millions de F. On a bien un effet de multiplication, du fait que k est toujours supérieur à 1 quand c est positif.

Ainsi, si c = 1/2, s = 1/2 et k = 2
      si c = 4,5, s= 1/5 et k = 5
et si c = 99/100, s = 1/100 et k = 100

Keynes écrit : « Ainsi quand l'attitude psychologique de la communauté à l'endroit de la consommation est telle qu'il lui plaît de consommer, par exemple, les neuf dixièmes d'un accroissement de revenu, le multiplicateur est égal à 10 ; et l'emploi total causé par un supplément de travaux publics (par exemple) est dix fois supérieur à l'emploi primaire fourni par les travaux publics eux-mêmes, à supposer qu'il n'y ait pas de réduction de l'investissement en d'autres secteurs ».

Le supplément de revenu est fonction directe du supplément d'investissement :

(7)
$$\boxed{\Delta Y = k\Delta I}$$

k apparaît comme le nombre par lequel il faut multiplier l'investissement additionnel pour calculer le supplément de revenu qui en résultera.

2 – Présentation dynamique du multiplicateur

Dans la présentation précédente une réalité essentielle n'apparaît pas ; c'est que le phénomène de multiplication est un *processus*, ce qui signifie qu'il se déroule dans le temps, qu'il exige du temps pour se dérouler. Nous donnons donc une brève présentation du *multiplicateur dynamique*. Mais il faut bien comprendre à l'avance qu'à partir d'un schéma élémentaire de base, les économètres cherchent à préciser les décalages temporels effectifs qui séparent les ondes successives de dépenses.

Illustrons l'hypothèse de Keynes où la propension marginale à consommer est égale à 0,9, c'est-à-dire élevée. Soit une augmentation unique de l'investissement autonome égale à I = 1 000. On peut représenter le déroulement du processus.

Période	Variation de dépenses	Variation de revenus (ΔY)	Epargne ou fuites (1)
1	1000 (ΔI) → 1000	→	100
2	900 → 900	→	90
3	810 → 810	→	81
4	729 → 729	→	73
Somme des n vagues	10 000	10 000 (ΔY)	1000 (ΔS)

(1) les flux successifs d'épargne additionnelle représentent des "fuites" d'une période sur l'autre

Du point de vue formel le multiplicateur peut être formulé comme une *progression géométrique* dont le premier terme est 1 et la raison c est positive et inférieure à 1.

$$\Sigma \Delta Y = \Delta Y_1 + \Delta Y_2 + \Delta Y_3 + \dots \Delta Y_n$$

$$= 1\,000 + 900 + 810 + 729 \dots$$
$$= 1\,000 + (0,9 \times 1\,000) + (0,9 \times 900) + (0,9 \times 810)\dots$$
$$= 1\,000 + (0,9 \times 1\,000) + (0,9 \times 0,9 \times 1\,000) + (0,9 \times 0,9 \times 0,9 \times 1\,000)$$
$$= 1\,000\,[1 + 0,9 + 0,9^2 + 0,9^3 \dots 0,9^n)$$
$$= I\,(1 + c + c^2 + c^3 \dots c^n)$$

Il s'agit bien d'une progression géométrique infinie qui peut être résolue selon la formule générale :

$$1 + c + c^2 + c^3 \dots c^n = \frac{1}{1-c}$$

du fait que la « raison » c est inférieure à 1.
Ainsi appliquée à notre exemple :

$$\Delta I + pmc\Delta I + pmc^2\Delta I \dots + pmc^n\Delta I$$

$$\Delta I\,(I + pmc + pmc^2 + \dots pmc^n) = \frac{1}{1-pmc}\,\Delta I = \frac{1}{1-0,9} \times 1\,000 = 10\,000$$

Au terme du processus il apparaît que *si l'on additionne les accroissements de revenu des différentes périodes, on retrouve la somme que fournit la formule du multiplicateur statique*, soit :

$$\Delta Y = k\Delta I = 10 \times 1\ 000 = 10\ 000$$

Ainsi le multiplicateur statique représente la limite du multiplicateur dynamique quand le nombre de périodes n tend vers l'infini. Notons de plus qu'au terme du processus S rejoint le niveau de l'investissement autonome de départ I, d'où *rétablissement de l'équilibre entre l'épargne et l'investissement*.

Le multiplicateur dynamique montre bien que l'effet de multiplication s'exerce par vagues successives dans le temps. Bien que théorique, il représente mieux la réalité du processus économique et ce qui conditionne son déroulement.

Généralisation et représentation géométrique du multiplicateur

L'intérêt du multiplicateur provient de ce qu'il est d'une application généralisable à deux égards : a) *le multiplicateur est réversible, c'est-à-dire qu'il est applicable à la baisse comme à la hausse*. On prend traditionnellement comme hypothèse de départ une augmentation d'un investissement qui est déjà considéré comme autonome. En fait, on peut tout aussi bien envisager une réduction de cet investissement initial. On a alors le cas d'une diminution de la dépense initiale qui se répercute en vagues de contractions successives du revenu selon le même schéma ; b) *le multiplicateur d'investissement est un cas particulier du multiplicateur de dépense*. Il peut s'appliquer en effet à tout élément de la demande globale. Nous consacrerons le prochain chapitre aux applications de ce principe, qui a l'avantage de constituer une base pour la définition de politiques économiques dans plusieurs secteurs.

Pour la représentation géométrique, nous pouvons *cependant déjà envisager au départ aussi bien les effets d'un accroissement* I, qu'une augmentation de la consommation incompressible. Dans le cadre hypothétique d'une économie fermée et réduite à deux pôles, soit les ménages et les entreprises, un *effet de multiplication peut être obtenu indifféremment par une variation de la consommation autonome* ou *de l'investissement autonome*.

De plus en ce qui concerne la consommation, des facteurs de deux ordres peuvent en modifier le niveau : des facteurs subjectifs comme l'intensité de la publicité, la perspective réelle ou imaginaire d'une pénurie, qui provoquent des achats de précaution. Parmi les facteurs objectifs les plus généraux, la variation du niveau des prix et la modification de la distribution des revenus sont les plus déterminants. Pour l'analyse du multiplicateur *on privilégie pourtant l'investissement* parce que le plus apte à engendrer un processus de multiplication, soit sur la base de facteurs subjectifs comme une conjonction d'anticipations optimistes provoquant une hausse de l'efficacité marginale du capital, soit en raison d'un facteur objectif comme la réduction du taux de l'intérêt.

Sur la fig. 58 ci-dessous, chaque segment vertical aboutissant à B_1, B_2, B_3 est égal *par construction* au segment horizontal qui part de B_1, B_2, B_3 pour intersecter la bissectrice.

L'effet de l'augmentation de l'investissement autonome (ou indifféremment de la consommation autonome) se traduit par un déplacement vers le haut, et parallèlement à elle-même de la droite de demande globale, soit de D en D'.

Si B_0 est le point initial auquel correspond le revenu d'équilibre Y_0, le point B_1 correspondant à la période 1 sera tel que :

$$Y_1 = cY_0 + b + I_0 + \Delta I_0$$

c'est-à-dire que Y_1 sera obtenu comme ordonnée du point B_1 de la droite D' ayant Y_0 pour abscisse. En utilisant la bissectrice comme ligne de construction pour reporter cette valeur Y_1 sur la droite OY, on peut construire de la même façon le point B_2... et ainsi de suite. La production augmente à chaque période selon la ligne en escalier représentée sur le diagramme jusqu'à se stabiliser en B'_0. Le flux de revenus engendré par un supplément I_0 (ou un accroissement autonome de la consommation incompressible) augmente, jusqu'à la réalisation du plein effet du multiplicateur : l'accroissement total $Y'_0 - Y_0$ est égal à :

$$\Delta Y_0 = \frac{\Delta I_0}{1 - c}$$

Le diagramme à 45° permet l'illustration la plus simple du processus de convergence[73].

Le multiplicateur de revenu par une dépense additionnelle :

---

[73] Ce graphique est attribué à P.A. Samuelson. Cf. Ambrosi, *Keynes and the 45° Cross.* Journal of Post Keynesian Economics, 1981. E. Schneider l'attribue au chercheur danois Y. Jantzen dans une étude de 1935, traduite en anglais en 1939. Du point de vue de l'histoire de la théorie cette étude est du plus haut intérêt par sa date, en particulier pour le multiplicateur du commerce extérieur. E. Schneider *Einführung in die Wirtschaftstheorie*, III Teil, p. 128; Tubingen, 1955.

Fig. 58

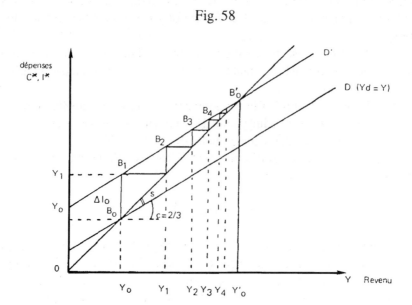

Signification et limites du multiplicateur

Tout d'abord une mise en garde indispensable : *l'effet de multiplication que nous venons de décrire ne doit pas être confondu avec l'effet productif de l'investissement*, c'est-à-dire l'augmentation de la production qui est le résultat de l'introduction de machines ou d'équipements supplémentaires. Ce cas relèverait d'une fonction de production prenant en compte une amélioration du processus technique. Curieusement cette question, pourtant fondamentale parce que liée aux structures de production, n'a vraiment été l'objet d'étude que plus tard, quand on s'est préoccupé d'expliquer la croissance et les fluctuations économiques.

Le multiplicateur keynésien d'investissement correspond à un effet d'équilibre à court terme. Pour donner un exemple qui envisage même une hypothèse apparemment absurde, il est sans importance que la dépense d'investissement additionnelle I_o soit consacrée à la modernisation d'un parc de machines ou au paiement de chômeurs à creuser des trous et à les reboucher, comme on se plaît souvent à le préciser. *La théorie keynésienne cherche à décrire des équilibres instantanés et non pas le rôle* de l'investissement dans la croissance. En dynamique le multiplicateur décrit « le processus de retour du circuit à l'équilibre » après une modification des flux. Si $I > o$ ce nouvel équilibre se situera à un niveau plus élevé, ce qui est à la base des politiques de relance de type keynésien.

On note ici la différence essentielle entre les interprétations classique et keynésienne de l'égalité de l'épargne et de l'investissement. Pour les classiques, c'est le taux de l'intérêt qui égalise l'investissement à une *épargne déjà formée*. Pour Keynes l'investissement *engendre un volume d'épargne égal à lui-même*.

Les formulations du multiplicateur que nous avons données demeurent simplistes. Elles sont fondées sur une série d'hypothèses dont certaines pourront être levées par la suite : a) on raisonne en *économie fermée*, alors qu'une part de plus en plus importante du revenu et de la dépense provient ou résulte d'exportations et d'importations. Ceci va nécessiter la construction d'un « multiplicateur du commerce extérieur » ; b) on raisonne en *termes réels*, c'est-à-dire que l'on suppose *des prix non modifiés au cours de la période de multiplication des revenus*. Ceci implique la double hypothèse de prix relatifs constants et exprimés en unités monétaires de valeur constante ; c) on raisonne *implicitement avec l'hypothèse qu'il existe des capacités de production inutilisées*, c'est-à-dire en situation de sous-emploi. En effet, quand on suppose qu'un supplément de dépense engendre un supplément de revenus réels concrétisé par un supplément de biens et services, c'est qu'il existe des capacités d'accroître la production réelle. En fait, il faudrait aussi tenir compte du phénomène de stockage dont nous avons déjà mentionné le rôle dans le mécanisme d'ajustement. D'une manière générale, il faut distinguer nettement la situation de plein-emploi et de sous-emploi.

Ceci conduit à distinguer deux niveaux auxquels le mécanisme du multiplicateur peut ne pas jouer :

a) *le niveau de production maximum ne peut être atteint parce que la demande d'investissement est trop faible*. Ce manque de dépense constitue alors un véritable blocage du système économique. Ajoutons à cette perspective, la situation où l'investissement est important, mais la propension à épargner est trop forte. Dans ce cas la dépense d'investissement engendre un supplément de revenu dont une partie trop élevée est épargnée. Il y a alors blocage du processus multiplicateur ;

b) *l'accroissement du niveau de production n'est pas possible, parce que dans le court terme il y a plein-emploi* général, ou plus souvent sectoriel, surtout si l'on tient compte de la qualification des travailleurs supplémentaires qu'il faudrait engager. La production réelle ne peut augmenter par manque de main-d'œuvre. Ceci n'exclut pas qu'il y ait néanmoins une augmentation de la production en valeur : *le multiplicateur joue alors sur des grandeurs nominales*, c'est-à-dire monétaires : c'est le mécanisme keynésien de l'inflation.

Le principe du multiplicateur représente finalement deux intérêts indiscutables :

a) *il démontre le rôle de l'épargne comme fuite (leakage) par rapport à la demande effective*, ce qui représente un frein pour le développement du revenu et de l'emploi. On peut comprendre ainsi qu'en période de crise, il ne sert à rien d'épargner plus, si les entreprises n'utilisent pas ce supplément d'épargne à financer des investissements. Epargner plus, c'est alors contracter la demande de biens de consommation et approfondir les conditions de la crise. C'est précisément ce que Keynes voulait démontrer pour contrebattre les politiques d''équilibre budgétaire et de déflation mises en œuvre pendant la crise de 1929 ;

b) *le multiplicateur est un principe généralisable à toutes les composantes de la demande globale* : dépenses d'investissement, dépenses d'exportation et d'importation, dépenses gouvernementales. Dans un système qui demeure fondé sur l'économie de marché et le libre-échange, le multiplicateur est à la base de différentes composantes de la politique économique. C'est ce qui constituera l'objet du prochain chapitre.

Chapitre XV

Applications de la théorie keynésienne du multiplicateur

Le précédent chapitre a présenté les principes de l'équilibre macro-économique keynésien dans un cadre restreint aux entreprises et aux ménages. Ceci nous a permis de dégager les liaisons essentielles et le principe du multiplicateur appliqué à l'investissement. L'intérêt du schéma keynésien simplifié est précisément de permettre l'introduction d'autres agents comme l'Administration ou l'Etat, et de considérer l'équilibre macro-économique en économie ouverte. On continuera de se placer dans une perspective de courte période.

I — Equilibre macro-économique en économie ouverte

On a raisonné jusqu'ici dans le cadre d'une économie sans relation avec l'extérieur. Ceci va à l'encontre de toute réalité, puisque l'internationalisation des échanges et de la production est devenue une caractéristique centrale des économies contemporaines[74]. Même si Keynes n'a pas développé cet aspect, il en perçoit clairement l'incidence quand il déclare à propos du multiplicateur : «Dans un système ouvert, en relations commerciales avec l'étranger, le multiplicateur de l'investissement supplémentaire contribuera en partie à relever l'emploi dans les pays étrangers.» (T.G. p. 136)

1. Formulation de la condition d'équilibre en économie ouverte

---

[74] L'internationalisation, ou l'« intégration mondiale », est le fait majeur à quoi il faut ne jamais cesser de penser devant tout fait économique. On peut consulter : A. Cotta, *« La France et l'impératif mondial »*. PUF, Paris, 1978, où cet auteur écrit en introduction : « L'ouverture croissante de toutes les économies, quels que soient leur niveau de développement et leur organisation économique et sociale, commence à apparaître, plus que la rapidité de la croissance elle-même, comme le fait majeur d'un après-guerre qui, à cet égard, n'a pas pris fin… Toute nation appartient désormais à une économie mondiale… », A. Cotta, op. cit., p. 12-13.De son côté, W. Andreff part du constat qui serait fondamental : « des trois modes d'insertion d'une nation dans l'économie mondiale, il semble que l'insertion productive prenne de plus en plus le pas sur l'insertion commerciale (échange international) et financière au sens strict (flux internationaux de capital-argent non liés à des opérations productives) ». Régimes d'accumulation et insertion des nations dans l'économie mondiale, dans : *Economie et Finances Internationales,* Dunod, 1982, p. 104.

Le solde commercial comme composante de la demande globale

A un niveau d'approximation générale, étudier les incidences des relations avec l'Extérieur sur la détermination du niveau d'équilibre d'une économie nationale, c'est prendre en compte les exportations et les importations de biens et de services au sens large du terme. Les exportations et les importations au sens large recouvrent à peu près les postes retenus pour le calcul du solde de la balance des paiements courants.

RÉCAPITULATION DES BALANCES PARTIELLES

Entrée-Sortie de numéraire concernant les mouvements de :	Présentation cumulative des « balances »
biens	« balance commerciale »
services	+ solde des services
prestations gratuites	= « balance des biens et services » + solde des transferts
capitaux à long terme	= « balance des paiements courants » + solde des capitaux à long terme
capitaux à court terme non monétaire	= « balance de base » + solde des capitaux à court terme
engagements nets des banques privés	= « balance des opérations non monétaires » + position extérieure nette des banques privées
	= « balance des règlements officiels »

engagements nets envers des autorités monétaires officielles nationales

variations   position nette au FMI
des   devises étrangères convertibles
réserves   or

Les *exportations* au sens large correspondent à des achats de biens et de services nationaux par l'étranger ; elles représentent donc *une composante supplémentaire de la demande globale.* Selon la logique du schéma keynésien le niveau du Produit, et donc du Revenu national, dépend à la fois des ventes de biens aux agents économiques nationaux (ménages, entreprises, administration), et des ventes aux étrangers. La situation est inverse pour les *importations.* Dans notre précédente présentation des fonctions de consommation et d'investissement on n'a opéré aucune distinction entre les achats de biens et services domestiques, et les achats de ces biens provenant de l'étranger. En fait, en économie ouverte, *seuls les achats de produits nationaux doivent entrer dans la fonction de demande globale,* car la demande de produits étrangers n'a pas une incidence directe sur le niveau du Produit/Revenu national. *Dans cette logique on doit déduire le montant des importations de la demande nationale* globale. C'est en pensant à introduire l'approche keynésienne que nous avons déjà posé, avec Joan Robinson à propos des Mercantilistes, le problème du « commerce international au départ du développement de l'économie politique ». Ceux-ci comprenaient en effet, (naturellement pas dans les mêmes termes théoriques), que le déficit a une action dépressive sur la demande effective[75]. Pour illustrer comment s'intègrent exportations et importations, on peut compléter le circuit élémentaire de la façon suivante :

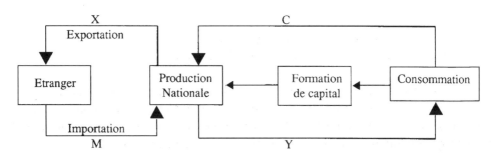

L'équilibre macro-économique, qui peut être interprété « ex ante » comme équation d'équilibre, ou « ex post » comme tableau d'équilibre des ressources et emplois de biens et services, pourrait se résumer ainsi : (traditionnellement X représente les exportations et M les importations)

$$Y + M \quad = \quad C + I + G + St + X$$
Offre globale   Demande globale

où G = Dépenses de l'Etat ou biens finals
St = Augmentation des stocks des entreprises

---

[75] Cf. titre I, supra, p.25-26

En laissant pour l'instant encore de côté le pôle Etat ou Administration, la condition d'équilibre ($Y = D$) sur le marché des produits en économie ouverte se complète de la façon suivante :

$$Y + M = D + X$$

Offre Nationale + Offre étrangère = Demande Nationale + Demande étrangère

Etant données les définitions de D et Y déjà déterminées et S l'épargne, on peut écrire :

$$C + I + X = C + S + M$$

Utilisation du revenu = Affectation du revenu

Cette égalité permet une nouvelle formulation de la condition d'équilibre en économie ouverte :

$$I + X = S + M$$

où l'on peut faire apparaître le solde de la balance commerciale au sens large ($X - M$) :

$$X - M = S - I$$

$$Y - C - I = X - M \text{ soit } S - I = X - M = B$$

Cette nouvelle formulation conduit à trois remarques :

1) L'équilibre global peut être obtenu par la compensation de deux déséquilibres. Ainsi un déséquilibre des variables internationales (la balance commerciale au sens large) peut compenser un déséquilibre entre les variables domestiques (l'épargne et l'investissement) si les écarts sont de même niveau.

On peut avoir :

$I > S$ $M > X$ balance déficitaire

$S > I$ $X > M$ balance excédentaire

Des auteurs post-keynésiens comms S. Alexander, ont introduit une présentation commode de cette relation avec la notion d'*absorption*. On désigne par A *la part de la production nationale* absorbée à l'intérieur de la nation comme biens de consommation et d'investissement. On définit ainsi l'absorption intérieure :

$$A = C + I$$

Par ailleurs, soit B le solde de la balance commerciale :

$$B = X - M$$

D'où une autre formulation de la condition d'équilibre :

$$Y = C + I + X - M$$
$$Y = A \quad + \quad B$$

Ceci permet d'exprimer *le solde de la balance commerciale comme la différence entre la valeur finale de la production nationale et l'absorption :*

$$B = Y - A$$

On interprète alors ainsi les situations de déséquilibre de la balance commerciale :

$B > o$ signifie une insuffisance de la demande nationale par rapport à l'offre nationale $(Y > A)$

$B < o$ signifie un excès de l'absorption nationale par rapport à l'offre nationale $(A > Y)$

2) En comparant avec la formulation de base de l'équilibre, soit $I = S$, on voit donc que *les exportations ont un rôle assimilable à celui de l'investissement* au sens où elles représentent une dépense (ou une injection dans le cadre du multiplicateur). Par contre *les importations apparaissent, ainsi que l'épargne, comme une fuite hors du circuit économique*, c'est-à-dire comme des facteurs de déperdition en ce qui concerne la poursuite des vagues de multiplication du revenu : Keynes avait bien perçu ces prolongements de sa théorie mais en raisonnant en termes d'emploi : « Dans un système ouvert, en relations commerciales avec l'étranger, le multiplicateur de l'investissement supplémentaire contribuera en partie à relever l'emploi dans les pays étrangers, puisqu'une partie de la consommation additionnelle réduira l'excédent de notre balance extérieure ; aussi bien lorsqu'on considère l'effet d'un accroissement de l'investissement sur le seul emploi intérieur, en tant que distinct de l'emploi mondial, il faut réduire la pleine valeur du multiplicateur. Il est vrai que notre pays peut récupérer une partie de la fuite grâce aux répercussions favorables qu'exerce sur son activité l'action du multiplicateur dans les pays étrangers »[76]

3) Pour leur intégration dans un modèle macro-économique *simplifié* les importations sont traitées d'une manière différente des exportations. Si l'on raisonne en termes réels, avec des prix domestiques et étrangers constants, *les exportations nationales qui dépendent de la demande étrangère apparaissent dans un premier temps comme une variable autonome*. En fait, il faudra introduire un effet de rétroaction. Les exportations dépendent principalement des conjonctures spécifiques des principaux pays clients. Elles ne peuvent donc être rendues endogènes dans un modèle national.

---

[76] *Théorie Générale*, p. 136.

Les importations nationales par contre varient en fonction des variations du revenu national. On définit ainsi comme fonction d'importation la relation entre le revenu Y et la demande de produits importés M.

Présentation graphique de l'équilibre

On peut reprendre la construction graphique déjà utilisée pour représenter l'introduction des importations et des exportations dans l'analyse de l'équilibre macro-économique. Pour le pays exportateur, les exportations sont une composante de la demande globale pour des biens et services domestiques. Elles sont traitées comme un élément autonome de la demande globale, soit C + I + X. On voit que les exportations nettes X engendrent un revenu national $Y_3 > Y_1$. A l'inverse les importations M sont assimilables à une fuite contractant la demande qui s'adresse à la production nationale de biens et services. Si le solde de la balance commerciale est négatif, soit X - M < O, les importations nettes M engendrent un revenu national $Y_2 < Y_1 < Y_3$.

Fig. 59

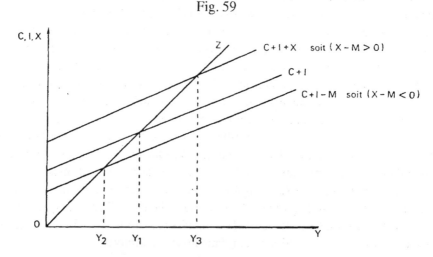

2. Les exportations comme stimulant de l'activité économique

Nous avons représenté sur le schéma précédent les effets en statique d'un solde positif de la balance commerciale, soit X - M > O, comme similaire à ceux d'une augmentation de l'investissement. En dynamique, il s'en déduit logiquement que les investissements ne sont pas les seuls à induire un effet de multiplication. Symétriquement à l'effet multiplicateur de l'investissement, on peut mettre en évidence un effet multiplicateur des exportations.

Un excédent commercial au sens large provoque la même série d'effets en chaîne sur le revenu national et l'emploi qu'une variation autonome des dépenses d'inves-

tissement (ou des dépenses gouvernementales comme nous pouvons déjà l'anticiper). Si la France réalise un excédent externe, il a fallu que la France produise plus d'automobiles, de machines-outils, de blé, etc. Ce supplément de production comporte de nouveaux revenus et de nouvelles vagues de consommation. Ces dépenses additionnelles engendrent une augmentation du revenu national. Une variation autonome de $X - M > 0$ suscite une expansion du revenu national. On peut donc formuler un multiplicateur d'exportation du même type que le multiplicateur d'investissement. Il suffit d'introduire les exportations comme un élément supplémentaire de la demande autonome. Seul varie le nombre de composants considérés de la demande autonome. Ce multiplicateur k demeure alors uniquement déterminé, comme en économie fermée par la propension à consommer ou son inverse s.

On peut alors écrire le niveau d'équilibre très simplement :

$$Y = \frac{C_0 + I_0 + (X - M)}{1 - c}$$

$$Y = \frac{1}{1 - c} \cdot \left[C_0 + I_0 + (X - M) \right]$$

Si la demande autonome change sous le seul effet d'une variation des exportations.

$$Y = k\Delta X_0 = \frac{1}{1 - c} \cdot \Delta X_0$$

3. Le multiplicateur du commerce extérieur[77]

La fonction d'importation

Les importations ne peuvent pas être considérées comme fixes ; *elles varient en fonction du niveau d'activité.* Ainsi plus la production augmente, plus on a besoin d'énergie et de matières premières importées, etc. Ceci conduit à définir une fonction d'importation sur le même type que la fonction de consommation $M = f(Y)$: à partir de cette fonction on introduit une propension marginale à importer $\frac{\Delta M}{\Delta Y}$ et *une propension moyenne à importer* $\frac{M}{Y}$ qui mesure la variation des importations provoquée par une modification du revenu réel. Par commodité de raisonnement, si l'on considère m comme une constante, la fonction est représentée par une droite et m mesure la pente de cette droite. Si l'on suppose qu'il n'y a pas d'importations autonomes, la

[77] Les auteurs keynésiens ont développé de nombreux modèles de multiplicateur du commerce extérieur, en particulier F. Machlup (1943) et L.A. Metzler (1942). Ils sont tous construits sur les hypothèses de base exposées ci-dessus. Cf. G. Marcy. *Economie Internationale.* Thémis, PUF, Paris, 3e éd. 1976, R. Dornbush, *Open Economy Macroeconomics,* Basic Books, New-York, 1980.

droite passe par l'origine et l'on écrit M = mY. C'est ce que nous supposons pour le prochain graphique représentant le multiplicateur du commerce international (cf. fig. 60).

Normalement m est positif   o < m < 1

Les incidences de l'introduction de la propension à importer sur la demande globale peuvent s'analyser en deux temps : l'incidence directe des variations des importations domestiques ; l'incidence indirecte par la rétroaction des exportations de l'étranger.

Le multiplicateur de dépense en économie ouverte

La prise en compte de la réalité d'une propension marginale à importer doit nous permettre de comprendre pourquoi le multiplicateur de dépense en économie ouverte n'est pas aussi élevé que dans une économie fermée. *En effet, à chaque vague de nouvelles dépenses de consommation, une partie de ces dépenses se portent sur des produits étrangers* (électronique japonaise, voitures allemandes, produits américains, etc.). Ces dépenses ne créent pas d'emploi en France et n'engendrent pas d'augmentation du revenu national. Pour mesurer l'effet multiplicateur du commerce international, il faut donc prendre en compte la propension marginale à importer m propre à l'économie nationale.

Supposons un accroissement des exportations autonomes, c'est-à-dire indépendant du revenu national[78]. La variation du revenu national qui en résulte s'écrit ainsi :

- Situation de départ :

$$Y + M = C + I + X$$

ou

$$Y = C + I + X - M$$

- Situation finale :

$$Y + \Delta Y = C + \Delta C + I + \Delta I + X + \Delta X - (M + \Delta M)$$

Par différenciation on a : (si on englobe ΔC et ΔI)

$$\Delta Y = \Delta C + \Delta X - \Delta M$$
$$\Delta Y = c\Delta Y + \Delta X - m\Delta Y \quad \text{d'où } \Delta Y - c\Delta Y + m\Delta Y = \Delta X$$

soit

$$\Delta X = (1 - c + m) \cdot \Delta Y$$

ou

$$\Delta Y = \frac{1}{s + m} \cdot \Delta X$$

---

[78] Le raisonnement serait similaire si l'on supposait un investissement autonome de départ I, mais l'hypothèse ferait moins bien apparaître les effets combinés des importations et des exportations.

Le rapport $\dfrac{1}{s+m}$ est la formule la plus simple du multiplicateur du commerce extérieur, ou d'une manière plus générale du *multiplicateur de dépense en économie ouverte*.

Sur la figure 60 le niveau de revenu d'équilibre est représenté par l'égalité de l'épargne et de l'investissement. (pour la construction cf. ci-dessus figures 51 et 55). La droite $I_a + X_a$ est située au dessus de I_a ; les exportations représentent une injection dans le circuit économique aux effets comparables à ceux de l'investissement autonome.

Selon cette présentation l'exportation additionnelle (soit X_a sur la figure 60 ci-dessous) constitue une injection qui a une incidence cumulative sur le revenu national, représentée par le passage de Y_1 à Y_2. Inversement les importations induites représentent une fuite hors du flux circulaire du revenu national. L'augmentation des exportations correspond donc à une augmentation du revenu dont l'effet est réduit par une fuite de revenu vers l'étranger en raison des importations qui s'accroissent avec l'accroissement du revenu (représentation par $Y_3 < Y_2$).

Le multiplicateur de dépense qui s'applique en économie ouverte est donc plus petit que celui qui s'applique en économie fermée. Nous employons le terme de multiplicateur de dépense, parce qu'en fait c'est le même multiplicateur qui s'applique à toute variation autonome d'une composante de la demande globale (I, X, ou G) dans une économie où l'on ne prend en compte que deux catégories de fuite : l'épargne et les importations.

En complément de le représentation précédente, les importations correspondant à un refus de consommer des biens domestiques sont *assimilées à une épargne en ce qui concerne leur incidence sur l'activité économique nationale*.

Fig. 60

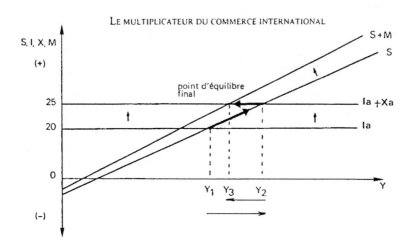

LE MULTIPLICATEUR DU COMMERCE INTERNATIONAL

En analysant la propension marginale à importer comme une fuite, on suppose que toutes les sommes dépensées en importations sont définitivement perdues comme composante de la demande globale domestique. Cette hypothèse est soutenable uniquement dans le cas particulier d'un pays dont les échanges extérieurs représentent une part marginale du revenu mondial. Il en va autrement pour les nations dont les importations ont une incidence sur le revenu et l'emploi d'autres partenaires. Ce problème complexe est d'une extrême actualité. Même s'il se prête à des formalisations compliquées, le principe se comprend facilement : l'augmentation des importations du pays I correspond à un accroissement des ventes du pays II, d'où une activation de la production et de l'emploi dans ce pays par l'effet du multiplicateur propre à II. L'expansion de l'activité et de l'emploi du pays II entraîne (par la fonction d'importation) un accroissement de ses importations dont bénéficie en partie à son tour le pays I à travers l'augmentation induite de ses exportations. Le tableau suivant permet de suivre le jeu des actions et des rétroactions essentielles[79].(m_1, m_2, et K_1, K_2, représentent respectivement les effets de la propension à importer et des multiplicateurs propres aux pays I et II)

LE MÉCANISME INTERNATIONAL DE RÉTROACTION

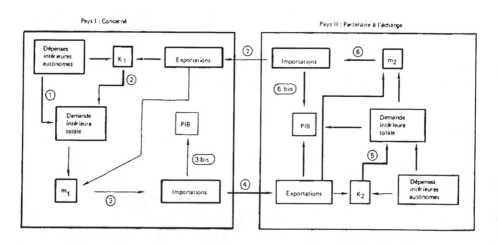

Cette répercussion sur le revenu extérieur explique le parallélisme du cycle des affaires pour les principales économies industrielles. Dès la fin du XIXᵉ, mais surtout depuis le début du siècle, quand « l'Amérique éternue, l'Europe et le Japon prennent

[79] Cf. E. Granier, J.P. Giran : *Analyse Économique*, op. cit., p. 329.

froid » et inversement. La crise de 1929 a dramatiquement illustré cette répercussion des réductions des importations à l'étranger[80]. Nous nous limiterons à trois remarques concernant les conséquences du commerce extérieur sur l'équilibre macro-économique :

1 — En économie fermée les multiplicateurs de dépenses $\left(\dfrac{1}{1-d}\right)$ *sont supérieurs à ce qu'ils sont en économie ouverte.* Ceci n'est pas contradictoire avec le fait que les niveaux de production pour de nombreux pays sont supérieurs à ceux qu'ils auraient atteints en autarcie. On est renvoyé à une analyse critique des types de croissance et de développement obtenus dans l'un et l'autre cas, à une analyse des modalités et des conséquences de la Division Internationale du Travail (D.I.T.).

    2 — L'effet de rétroaction internationale pour des économies de taille comparable est d'autant plus fort que les propensions respectives à importer sont élevées. La durée et l'intensité de l'effet de multiplication sont proportionnels au degré d'extraversion. Précisons là encore que le multiplicateur est un mécanisme réversible : l'effet déflationniste d'une chute des importations des partenaires sera d'autant plus fort que le degré d'ouverture de l'économie nationale est élevé.

    3 — Les différences de taille entre pays partenaires limitent ou amplifient la transmission internationale des variations d'activité. On a pu ainsi négliger l'effet de réflexion extérieure du « petit pays », et établir une distinction entre « pays foyers » et « pays satellites ». L'approfondissement de cette analyse est essentiel pour les pays en voie de développement : d'un côté il apparaît par exemple qu'une modification similaire dans une série de petits pays peut affecter certains secteurs de grands pays (exemple : le textile après la décolonisation). Plus couramment c'est une variation de la demande des principaux pays industriels qui affecte les exportations de petits pays monoproducteurs de matières premières. *D'une manière générale le principe du multiplicateur international permet de préciser les mécanismes par lesquels s'exerce un effet de domination.* « Le caractère essentiel d'une économie dominante réside dans le fait que les variations de son produit sont « de conséquence « pour le produit du Reste du Monde, et que par conséquent, elle peut imposer aux pays qu'elle domine le rythme et l'orientation de l'accroissement de production (ou de capacité productive) qui lui sont favorables »[81].

---

[80] P. Rosanvallon distingue le « protectionnisme compensateur » qui « consiste à ruser avec la «triche internationale» et le protectionnisme de repli ». Celui-ci « peut constituer, à l'échelle mondiale, la résultante non voulue d'une addition de protectionnismes compensateurs considérés dans chaque cas comme pleinement légitimes ». *Misères de l'économie,* Seuil, Paris, 1983, p. 145.

[81] G. Destanne de Bernis, *Relations économiques internationales,* Dalloz, 1977, p. 377.

4. Incidences des variations de prix sur l'équilibre

Ces questions étant d'une grande actualité, nous les mentionnons au niveau de présentation théorique qui est logique. Mention pour mémoire d'ailleurs afin d'avoir une première idée d'ensemble des principales variables à prendre en considération quand on se situe en économie ouverte.

Une remarque liminaire essentielle : on a supposé jusqu'ici que le multiplicateur du commerce extérieur assurait une augmentation du revenu réel, ainsi que du volume de l'emploi, dans le pays concerné comme dans le reste du monde. En fait, *ce processus de multiplication par le commerce extérieur peut susciter une hausse des prix*. Or, d'une manière générale, au niveau des échanges extérieurs, *les variations de prix modifient les termes de l'échange*, c'est-à-dire le rapport entre les prix domestiques et les prix mondiaux.

L'incidence d'une modification des termes de l'échange

En première approximation, on dira qu'une hausse des prix de produits exportés par le pays A représente une amélioration des termes de l'échange si les importations deviennent parallèlement moins chères (exprimées dans la même unité monétaire). Pour étudier les conséquences d'une telle modification des termes de l'échange, on utilise le concept *d'élasticité de la demande par rapport au prix* que nous avons introduit au Titre II. Ainsi une hausse du prix des produits domestiques doit inciter à une augmentation des importations de produits étrangers moins coûteux, si la demande nationale de produits importés est élastique. Dans ce cas, en sens inverse, les exportations de produits domestiques doivent diminuer en fonction de l'élasticité prix de la demande étrangère. La variation des termes de l'échange provoque des conséquences à deux niveaux :

1) La modification des termes de l'échange a une *incidence sur le niveau d'équilibre macro-économique à travers la variation de la demande globale* (effets combinés des variations en sens contraire des exportations et des importations). L'effet de multiplicateur du commerce extérieur dépend des élasticités de la demande par rapport aux prix dans le pays concerné à l'étranger.

2) La modification des termes de l'échange a toute chance *d'affecter l'équilibre de la balance commeciale*.

D'une manière générale une expansion de la demande tend à engendrer le déficit, en raison de *l'élasticité des importations par rapport au revenu*. Nous ne pouvons développer ceci, mais on peut comprendre qu'il faut des conditions bien particulières pour que l'augmentation des prix des produits exportés se traduise par une augmentation de la *valeur globale* des exportations vers le reste du monde. Il faut que le reste du monde soit demandeur d'une quantité inchangée de ces produits, malgré la hausse des prix. Ces incidences sur la balance commerciale commandent l'évolution du taux de change.

Les variation du taux de change

Les échanges avec l'étranger comportent obligatoirement une dimension monétaire. Sauf dans l'hypothèse de troc ou d'échanges strictement compensés, les agents du pays A doivent se procurer la devise du pays B pour le règlement des importations en provenance du pays B, et inversement. Le *taux de change* correspond au prix payé en monnaie domestique pour obtenir une unité de la devise étrangère. Ces opérations de change procèdent de la « coexistence de l'internationalisme commercial et du nationalisme monétaire ». Dans le court terme, ce taux de change dépend de l'offre et de la demande de monnaie domestique contre la devise concernée.

Toute variation du solde des échanges extérieurs[82] a une incidence sur l'offre et la demande de la monnaie domestique contre devise, donc sur son taux de change. Ainsi un déficit du « solde de la balance des opérations non monétaires » signifie un excès de demande de devises étrangères. Les échanges extérieurs ne sont plus en équilibre « ex ante » ; il en résulte en langage courant une tension sur le change, c'est-à-dire une tendance à la dépréciation de la monnaie nationale. On notera seulement ici que *cette dépréciation de la monnaie domestique est tout à fait assimilable à une modification des termes de l'échange*. Elle provoque un renchérissement en monnaie nationale des produits étrangers pour les agents nationaux et une baisse des prix en devises étrangères des produits domestiques. Dans cette hypothèse de déficit et de dépréciation, les termes de l'échange se détériorent. Du point de vue du partenaire étranger par contre, le phénomène est strictement inverse ; les termes de l'échange s'améliorent.

En modifiant les termes de l'échange, *une dépréciation du change peut influer sur les facteurs externes qui commandent le revenu national*. On peut donc envisager d'accroître le revenu national et le volume de l'emploi par une modification du taux de change. A première vue, la *dévaluation* de la monnaie nationale tend à accroître le volume réel des exportations et à contracter le volume réel des importations, d'où création d'emplois et de revenus supplémentaires dans les secteurs des biens d'exportation et des biens concurrents des importations. En fait ce problème, qui constitue un véritable enjeu politique, n'est pas simple. Une partie de la réponse au problème dépend de savoir si la dévaluation détériore ou non les termes de l'échange. Or, il n'y a pas toujours dégradation.

---

[82] Cf. différents soldes représentatifs et A. Samuelson, *Economie monétaire internationale*, Dalloz, Paris, 1990, 5e éd.

– Si la dévaluation détériore durablement les termes de l'échange, il y aura réduction du revenu national : il faut plus d'unités de biens d'exportation et plus de facteurs de production pour produire les biens exportables pour acheter les importations après la dévaluation. Il peut en résulter une réduction de la dépense domestique, non compensée par la demande étrangère.

– Si la dévaluation ne modifie pas à terme ou améliore les termes de l'échange, la dévaluation peut augmenter le revenu national. Cela dépend des élasticités relatives d'offre et de demande entre autres. Quand les conditions structurelles d'offre et de demande ne sont pas favorables à un effet de rééquilibrage des échanges extérieurs par la dévaluation, les autorités peuvent choisir de limiter les importations, de recourir au contrôle des changes pour assurer à la fois une action sur la demande domestique et la mise en œuvre de politique agissant sur les structures.

II — Introduction de l'Etat dans le modèle keynésien

La perspective reste de *court terme* ; donc il n'y a pas prise en compte de l'action de l'Etat sur les structures, par sa politique industrielle par exemple. Nous n'étudions pas non plus sa politique monétaire, car le modèle simplifié que l'on considère est défini en termes réels. *L'action de l'Etat s'exerce par ses dépenses,* c'est-à-dire par sa politique budgétaire au sens large qui concerne les dépenses publiques et les recettes fiscales. Il y a là une innovation : *jusqu'à Keynes les finances publiques n'étaient pas intégrées à l'analyse économique générale*[83]. La gestion du budget devait s'effectuer avec le même souci d'équilibre des recettes et dépenses qui commande les finances d'un particulier. Avec Keynes, le budget devient un instrument privilégié de politique économique.

Dans ce chapitre, nous indiquons comment la préoccupation de Keynes, définie au début de ce titre IV, débouche sur de nouveaux principes de politique économique. On considère généralement que *la théorie keynésienne justifie une intervention de l'Etat dans le fonctionnement de l'économie de marché.* Si l'économie est en sous-emploi (ou en suremploi), cela signifie que la demande est insuffisante (ou excessive par rapport à l'offre). L'Etat doit donc, selon le cas, stimuler ou restreindre la demande globale. (Nous précisons encore ce point au chapitre suivant).

---

[83] Cf. Melka, Giroux : « Le rôle de l'Etat dans la conduite des politiques économiques », Economie, Ministère de l'Economie et des Finances, CFPP, 1981. Cf. pour ceux qui envisagent de s'intéresser à la modélisation, K.C. Kogiku : *Introduction aux modèles macro-économiques*, Paris, Sirey, 1971, p. 37 et note p. 78. L'étude de J. Percebois, *« Fiscalité et croissance »*, Economica, Paris 1977, est un bon exemple de la richesse des prolongements économétriques des modèles keynésiens et néo-classiques pour appréhender les relations entre l'impôt et la croissance.

1. Conditions de l'équilibre avec prise en compte des dépenses publiques

La nouvelle décomposition du produit national

La prise en compte des dépenses et des recettes publiques modifie la décomposition du produit national dans l'optique dépense à deux niveaux :
   - *en ce qui concerne les agents de dépense*, à la consommation des ménages et aux investissements des entreprises, il faut ajouter les dépenses de l'Etat ;
   - *en ce qui concerne le comportement de dépense* des ménages et des entreprises, il faut tenir compte du *revenu national disponible*, c'est-à-dire le revenu national net d'impôt.

Conformément à cette logique on introduit l'Etat dans le modèle en considérant qu'il dépense une somme G en consommation et en investissements collectifs ; qu'il prélève un montant T d'impôts. Nous écrirons donc :

(1) $Y = C + I + G$

Les équations d'équilibre

Soit le revenu disponible, ou revenu après impôt, qui s'écrit $Y - T$
Co : la consommation incompressible
$c (Y-T)$: la consommation induite par le revenu disponible
I : l'investissement autonome
L'équation du revenu d'équilibre s'écrit :

$$
\begin{aligned}
(2)\ Y &= Co + c(Y - T) + I + G \\
&= Co + cY - cT + I + G \\
Y - cY &= Co - cT + I + G \\
Y (1 - c) &= Co - cT + I + G \\
\\
Y &= \frac{Co - cT + I + G}{1 - c} \\
(3)\ Y &= \frac{1}{1 - c}\ (Co - cT + I + G)
\end{aligned}
$$

Les dépenses publiques G constituent une composante supplémentaire de la demande globale, et les impôts T un prélèvement sur le revenu, d'où l'expression complète de l'équilibre :

$$C + S + T = Y = C + I + G$$

d'où l'on tire

$$Y - C = S + T = I + G$$

Ce qui permet de dériver la condition de l'équilibre, avec prise en compte de l'Etat, entre la dépense nationale et le revenu national

$$I + G = S + T$$

Cette dernière condition correspond à *l'égalisation du total des injections et du total des fuites* avec le sens que prennent ces deux termes dans le cadre du principe du multiplicateur d'investissement ou de dépense.

Enfin, à partir des deux égalités précédentes, on peut tirer aussi :

$$I - S = T - G$$

Cette autre expression de la condition d'équilibre permet de faire apparaître que l'équilibre est obtenu :

a) en cas d'insuffisance de la demande privée ($I < S$) si $G > T$;

b) en cas d'excédent de la demande privée ($I > S$) si $G < T$.

Le schéma ci-dessous représente les différents éléments de dépense comme injections dans le circuit, ainsi que les éléments de fuite hors de ce circuit.

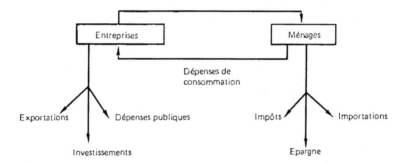

On résume ainsi les relations de base de la politique budgétaire. La politique budgétaire selon l'approche keynésienne a en effet pour objet d'*atteindre le revenu d'équilibre de plein-emploi par des variations des dépenses* (G) *et des recettes publiques* (T)[84].

---

[84] Par convention on dit que le budget est équilibré si $G = T$, déficitaire si $G > T$, excédentaire si $T > G$. Pour une analyse des effets différenciés d'un déficit budgétaire selon les modalités de financement. Cf. P. Llau : *Economie Financière*. Thémis. PUF, Paris, 1985, p. 260 et ss., et 310 et ss.

2. Effets des dépenses publiques sur le niveau de la demande globale

A partir de la relation qui définit le niveau d'équilibre général, on peut faire apparaître quelle est la variation de Y provoquée par une variation de la politique budgétaire de l'Etat.Ceci conduit à définir de nouveaux types simples de multiplicateur.

Le multiplicateur budgétaire

Il traduit l'accroissement du revenu et de la production résultant d'une *variation autonome des dépenses publiques* G *avec T constant*. Il y a apparition ou augmentation du déficit budgétaire, puisque l'Etat n'accroît que ses dépenses.

$$(4) \quad Y + \Delta Y = \left(\frac{1}{1-c}\right)(Co - cT + I + G + \Delta G)$$

En soustrayant de cette équation l'équation (3) définie au paragraphe précédent, on obtient :

$$\Delta Y = \left(\frac{1}{1-c}\right)\Delta G$$

Le multiplicateur des dépenses publiques est identique à celui développé pour un accroissement de l'investissement. Ceci met en évidence qu'une augmentation des dépenses publiques peut remplacer une augmentation insuffisante des investissements autonomes privés. En d'autres termes, une augmentation des dépenses publiques (ou plus généralement une augmentation de *l'impasse budgétaire*, soit h = G - T) exerce un effet expansionniste sur l'économie comparable à celui des investissements. Les dépenses additionnelles n'engendrent une augmentation du Produit National que s'il existe des facteurs de production inutilisés.

Là encore, signalons que *le principe de multiplication est réversible*, c'est-à-dire qu'une réduction des dépenses publiques (ou de la différence G - T) provoque une contraction du revenu national. Si l'on se réfère à la représentation précédente[85] de l'écart déflationniste dû à une insuffisance de C + Ia, il faut que C + I + G compense le montant de cet écart pour justifier la réalisation du revenu de plein-emploi.

Le multiplicateur fiscal

On considère une variation autonome de T avec G constant ; ce multiplicateur exprime l'augmentation du revenu et du produit résultant d'une réduction des prélè-

---

[85] Cf. supra, p. 435

vements fiscaux. Ceci correspond à un autre type de variation du déficit budgétaire G – T financé par l'emprunt. On peut supposer que G - T prend la même valeur absolue que dans le cas précédent pour mettre en évidence la *différence entre le multiplicateur budgétaire et le multiplicateur fiscal*

$$Y + \Delta Y = \left(\frac{1}{1-c}\right)\left[Co - c(T + \Delta T) + I + G\right]$$

$$Y + \Delta Y = \frac{1}{1-c}\left(Co + I + G\right) + \frac{1}{1-c}\left[-c(T + \Delta T)\right]$$

d'où en soustrayant cette équation de l'équation d'équilibre (3) on obtient :

$$\Delta Y = \frac{1}{1-c}\left(-c\ \Delta T\right) \qquad \text{et} \qquad \Delta Y = \left(\frac{-c}{1-c}\right)\Delta T$$

L'expression $\left(\dfrac{-c}{1-c}\right)$ est appelée *« multiplicateur fiscal »*.

Du fait que c est positif et inférieur à l'unité, la valeur absolue du multiplicateur simple, ou d'investissement, est supérieure à la valeur du multiplicateur fiscal.

$$\frac{1}{1-c} > \left|\frac{c}{1-c}\right|$$

Ceci conduit à une conséquence notable : pour stimuler l'activité économique et lutter contre la dépression, il est plus efficace d'accroître les dépenses publiques que de réduire les impôts. Cette différence provient de ce que *l'augmentation initiale des dépenses publiques provoque immédiatement une augmentation des commandes et donc du revenu.* Une réduction des impôts par contre n'entraîne qu'une augmentation du revenu disponible (d'un montant c T) dont une partie est épargnée [86].

On peut illustrer ceci par un exemple chiffré très simple. Soit une augmentation des dépenses publiques de 50 millions. Quelle est son incidence dans l'hypothèse où la propension marginale à consommer est de 0,75

---

[86] Notons que si G augmente, on aura un accroissement du revenu ΔY, donc des rentrées fiscales supplémentaires. En fait, on ne raisonne en pratique pas avec T constant, mais avec un taux d'imposition $t = \dfrac{T}{y}$ qui est constant. L'administration Reagan a posé comme principe de stimuler l'activité économique par une réduction des impôts. Cette politique s'intègre dans le cadre d'une « économie de l'offre ».

A vrai dire, dès 1964, l'administration démocrate avait choisi la relance par la *réduction du taux d'imposition, pour certaines catégories d'impôts,* il est vrai. Le *tax-cut,* taux plus faible, était censé s'appliquer à une production plus forte, d'où compensation.

$$\Delta Y = \frac{1}{1 - 0,75} \times 50 = 200$$

Dans le cas d'une réduction d'impôts pour un même montant, l'effet ne sera que :

$$\Delta Y = \frac{-0,75}{1 - 0,75} \times (-50) = 150$$

La différence résulte d'un multiplicateur fiscal qui n'est que de 3, tandis que le multiplicateur de dépense est de 4[87].

Le multiplicateur du budget équilibré[88]

Il s'agit d'étudier *l'incidence d'une augmentation égale et simultanée des dépenses et des recettes*, en sorte que le budget croissant se maintient en équilibre. On a d'une part $Y = k$. G, mais les dépenses additionnelles sont couvertes par un prélèvement égal sur le revenu disponible, soit T, qui réduit à son tour la consommation de $-c\,T$.

En reprenant l'expression du multiplicateur fiscal précédemment défini, on peut exprimer *l'effet global* produit par les dépenses additionnelles et les impôts additionnels :

$$\Delta Y = \left(\frac{1}{1-c}\right) \Delta G + \left(\frac{-c}{1-c}\right) \Delta T$$

Comme par hypothèse $G = T$, on a :

$$\Delta Y = \left(\frac{1}{1-c} - \frac{c}{1-c}\right) \Delta G = \left(\frac{1-c}{1-c}\right) \Delta G$$

d'où $\Delta Y = \Delta G$. Le multiplicateur de budget équilibré est en effet égal à 1, ce qui conduit au résultat remarquable que des dépenses et des recettes équivalentes ne se neutralisent pas : l'accroissement équilibré du budget engendre un accroissement du même montant que l'augmentation de la dépense publique. *Même dans ce cas limite, l'intervention de l'Etat n'est donc pas neutre.* Ceci s'explique mécaniquement par la simple différence de dimension du multiplicateur budgétaire ou multiplicateur de dépense $\frac{1}{1-c}$, et du multiplicateur fiscal $\frac{-c}{1-c}$ (quand c est inférieur à 1).

---

[87] Pour des valeurs de multiplicateur dans quelques pays occidentaux et une analyse de leur politique budgétaire sur la base du modèle keynésien simplifié, cf. E. Alphandery-G. Delsupehe : *Les politiques de stabilisation.* Coll. Sup., PUF, 1974, p. 25 et ss. ; P. Llau, op. cit., p. 310 et ss.

[88] Nous mentionnons ce cas particulier comme un application surprenante de l'analyse keynésienne aux finances publiques. Cet effet de revenu est connu comme *théorème de Haavelmo.* Cf. H. Sempe : *Budget et Trésor*, Cujas, 1973, p. 376 et ss ; et T. Haavelmo, Econometrica, oct. 1945.

Cette présentation succincte de trois types d'action de l'Etat à travers les dépenses publiques montre quelle importance la politique budgétaire peut exercer en théorie. C'est le mérite de l'approche keynésienne de l'avoir mise en évidence et d'avoir permis des développements approfondis dans le domaine des finances publiques. Par la suite, quand on aura étudié le rôle de la monnaie chez Keynes, on pourra constater que *pour l'essentiel l'analyse keynésienne privilégie la politique budgétaire par rapport à la politique monétaire.* Une des principales limites du modèle keynésien provient d'ailleurs précisément de ce que la politique budgétaire d'inspiration keynésienne se montre aussi peu efficace que la stricte politique monétaire pour résoudre une inflation et un chômage, qui sont engendrés par des facteurs de coûts, de structures et de comportements ignorés par l'analyse de court terme de Keynes[39]. D'ailleurs les enseignements que Keynes dégageait au niveau de la politique économique tendront à être réduits au seul principe du « stop and go » : quand une tendance inflationniste se manifeste il faut freiner la demande ; quand la tendance est à la déflation et au chômage, il faut alimenter une relance de la demande.

---

[89] Pour une appréciation des politiques suivies depuis 1974 et sur la baisse d'influence du principe d'intervention de type keynésien cf. M. Cabannes. « Mécanismes keynésiens et politiques de crise depuis 1974 », dans : M. Zerbato (eds). *Keynésianisme et sortie de crise*, op. cit. p. 113 et ss ; et J.A. Barrère (ed) *Keynes aujourd'hui, théories et politiques.* Economica Paris, 1985.

Chapitre XVI

L'équilibre général keynésien

Le chapitre précédent était une introduction aux notions fondamentales de l'approche macro-économique de Keynes. Il convient de le compléter sous peine d'omettre un aspect essentiel de la « *Théorie Générale* » qui est principalement une théorie de « *l'emploi* », mais aussi de « *l'intérêt et de la monnaie* » (en particulier dans ses chapitres 11 à 18).

Une des caractéristiques de la démarche keynésienne est d'avoir pour objet de déterminer le taux d'intérêt de la monnaie, et non un système de prix comme les néo-classiques. Ceci est logique pour une approche qui privilégie la production et l'emploi, et pour laquelle le niveau des rapports d'échange devient une donnée[90].

La difficulté de l'analyse keynésienne a inspiré très tôt une réinterprétation synthétique du schéma d'ensemble keynésien par J.R. Hicks qui réintègre le concept de *marché interdépendant*. Ce modèle, perfectionné ensuite à A.H. Hansen, bien que de plus en plus discuté, a assuré « la vulgarisation universitaire du keynésianisme » depuis 30 ans, d'où le nom de modèle Hicks-Hansen.

I — Reformulation des conditions d'équilibre sur le marché des biens et des services

Les fonctions essentielles du modèle keynésien ont été présentées. Avant d'introduire la fonction de liquidité et le marché monétaire, la compréhension d'ensemble du raisonnement peut-être facilitée par la présentation de l'équilibre sur le marché des

---

[90] Cf. R. Tortajada. « La monnaie et son taux d'intérêt chez J.M. Keynes » dans : Deleplace. P. Maurrisson (ed) *L'hétérodoxie dans la pensée économique*. op. cit. p. 171-147.

Notons aussi que les analyses récentes valorisent l'idée que la théorie de Keynes est celle d'une économie monétaire de la production. Dans la *Théorie Générale*, Keynes s'en tient à opposer *l'économie monétaire* et *l'économie classique*. Cependant on a découvert récemment que Keynes avait d'abord envisagé comme premier titre à cet ouvrage : « *La théorie monétaire de la production* » (cf. *Collected Writings*, tome XXIX, 1979. cf également M. Lavoie. *Macroéconomie Théorie et controverses post-keynésiennes. Paris. Dunod. 1987*. A. Barrère consacre un chapitre préliminaire à définir la « rupture keynésienne » de l'économie monétaire de production par rapport à l'économie réelle d'échange en équilibre de Walras. *Déséquilibres économiques et contre-révolution keynésienne*. p.38 et ss.

biens retenue par Hicks-Hansen[91]. Elle consiste en effet à réunir en un seul modèle les conditions d'équilibre sur le marché des biens et sur le marché de la monnaie.

Ce modèle a l'avantage de mettre en évidence l'importance de la relation entre l'épargne et l'investissement ; ainsi l'équilibre sur le marché des biens est représentée par la courbe I.S. (pour Investissement et Epargne).

1. Rappel de la condition d'équilibre

La condition d'équilibre s'exprime, comme nous l'avons vu, par l'égalité :

$$Y = C + I = C + S$$

d'où l'on tire :

$$I = S$$

Pour Keynes, l'épargne est une fonction croissante du revenu et l'investissement une fonction décroissante du taux de l'intérêt :

$$S = Y - C (Y), \text{ soit } S = S (Y)$$

d'où la condition d'équilibre :

$$I (i) = Y - C (Y) = S (Y)$$

Cette relation met en évidence qu'il existe un revenu national d'équilibre pour chaque valeur du taux de l'intérêt (i). En effet les investissements, supposés d'abord autonomes dans le modèle simplifié du chapitre XII, dépendent du taux de l'intérêt. Une baisse du taux de l'intérêt provoque une augmentation des investissements et vice-versa. La condition d'équilibre signifie plus précisément qu'*à chaque taux d'intérêt donné correspond un niveau de revenu pour lequel l'épargne projetée et l'investissement projeté sont égaux.*

---

[91] Cf. J.R. Hicks : « Mr Keynes and the classics ». *Econometrica*. avril 1937 ; reproduit dans : *Théorie macro-économique, textes fondamentaux,* de M. Bertonèche et J. Terlié, PUF, Paris. Hicks résume la *théorie générale* en quelques équations pour comparer les théories de Keynes, Pigou et Wicksell. Keynes lui-même jugeait cette présentation plus formalisée comme fidèle à sa pensée (cf. C. Hession. op. cit. p. 441). Elle a été complétée par A.H. Hansen. *Introduction à la pensée keynésienne* (A guide to Keynes), Traduc. Dunod, Paris, 1973.

Sur les modèles originaux de Hicks et Hansen, cf. P.L. Llau. *La détermination des taux d'intérêt.* Cujas, Paris, 1962; p. 302-315.

Le modèle IS/LM devait être utilisé dans de nombreux modèles néo-classiques jusqu'à déformer l'apport keynésien pour l'utiliser à des explications du chômage involontaire par des variations des courbes de demande et d'offre de travail et de monnaie.

Cette condition d'équilibre est résumée par la courbe I.S. ou *relation IS* : elle est le lieu de toutes les combinaisons possibles de i et Y compatibles avec l'égalité de l'épargne projetée et de l'investissement projeté. Cette relation ne détermine pas le niveau de Y et de i ; c'est une *relation implicite*, c'est-à-dire une relation qui se déduit d'une autre relation.

Cela signifie que si $i = i_i$, l'équilibre sur le marché des biens n'est obtenu que pour le niveau de revenu qui correspond au niveau $i = i_i$ dans la relation IS. En sens inverse pour $Y = Y_i$ il n'y a qu'un seul taux de l'intérêt correspondant à ce niveau de revenu, soit celui qui se déduit de la relation IS.

L'introduction d'une inconnue excédentaire conduit à déterminer plusieurs relations entre deux variables qui supposent les relations $Y = C + I$ ou $I = S$, sans que cette inconnue apparaisse, d'où le terme de relation implicite.

$$Y = C + I \quad \Rightarrow \quad I = S \qquad \text{relation implicite}$$

$$\left. \begin{array}{l} C = f(Y) \\ I = f(i) \end{array} \right\} \quad \Rightarrow \quad Y = f(i) \qquad \text{relation implicite}$$

La relation $Y = f(i)$ est donc logiquement qualifiée de courbe IS à partir du nom de la relation implicite qu'elle implique.

2. Construction de la courbe IS

La courbe IS étant définie par l'ensemble des points formés par les combinaisons entre i et Y qui assurent l'équilibre sur le marché des biens, cette correspondance « biunivoque » se construit point par point à partir des fonctions I(i) et S(Y) et peut se représenter dans un système à 4 quadrants :

Quadrant I. Fonction d'investissement. (« *relation classique* » retenue par Keynes)

Quadrant II. Egalité $I = S$, représentée pour construction par une bissectrice.

Quadrant III. Fonction d'épargne (« *relation keynésienne* » par excellence)

Quadrant IV. Condition d'équilibre représentée par la droite IS.

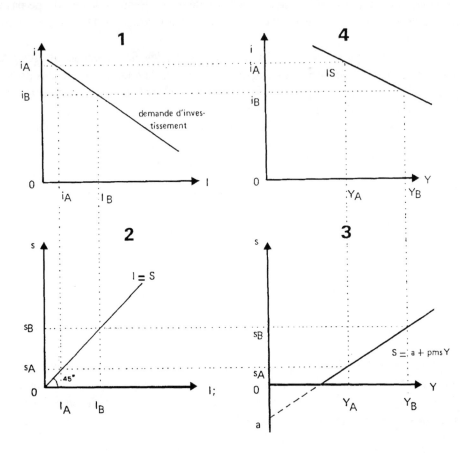

L'expression I(i) - S(Y) = o est l'équation implicite d'une courbe dans le plan (i, Y). Si on lève l'hypothèse de linéarité des fonctions d'épargne et d'investissement, IS est une courbe concave[92] . La pente de cette courbe est négative : quand le taux d'intérêt baisse, Y doit augmenter pour que l'équilibre sur le marché des biens soit assuré. Inversement quand i augmente, l'investissement diminue et l'offre d'épargne

---

[92] On détermine ainsi que le niveau du revenu et donc aussi celui de la consommation sont une fonction décroissante de i :

$$Y = C(Y) + I(i)$$
$$dy = pmc\, dY + I'\, di$$
$$\frac{di}{dy} = \frac{1 - pmc}{I'}$$

comme I' < o et 1 - pmc > o, $\frac{di}{dY}$ est négatif

s'adapte en hausse, en sorte que le niveau d'activité, et donc Y, se réduit par le jeu du multiplicateur.

Il apparaît bien que l'une des 4 inconnues (Y, C, I, i) nécessaires pour définir le marché des biens est déterminée en dehors de lui : le taux d'intérêt i est en effet une *variable monétaire* ; son niveau est déterminé chez Keynes, comme nous allons le voir, sur le marché de la monnaie.

L'approche de Keynes *abandonne la dichotomie réel-monétaire* des néo-classiques. Une variable monétaire est indispensable pour définir l'équilibre en termes de quantités, et non de prix, sur le marché des biens. Ainsi est mis en évidence le rôle de la monnaie dans la formation de la demande effective.

2 — La fonction de liquidité et l'équilibre sur le marché monétaire

Position relative et évolution de l'analyse monétaire de Keynes

Les premiers commentateurs de Keynes ont donné une importance excessive au modèle à un bien et ont généralisé à tort l'idée que la monnaie joue un rôle secondaire chez cet auteur. Rappelons ce qu'il en est à cet égard des autres démarches. A la suite de A. Smith, classiques et néo-classiques se caractérisent par leur approche dichotomique : la monnaie est un voile. Ceci marque une rupture par rapport aux Mercantilistes qui avaient déjà perçu la nature monétaire du taux de l'intérêt et découvert aux XVIIᵉ et XVIIIᵉ siècles des relations monétaires définies seulement après 1929[93].

Comme Keynes le reconnaît lui-même dans la préface de la *Théorie Générale* (p. 10), il s'est libéré progressivement de la tradition quantitativiste néoclassique au point que l'on reconnaît des apports chez Keynes à deux courants de l'analyse monétaire. Sans entrer dans le détail, il faut se rappeler qu'à la fin des années 20 et jusqu'au début des années 30, la théorie quantitative est critiquée sur la base de la démarche dynamique de K. Wicksell qui refuse la simple proportionnalité entre

---

[93] Cf. J Schumpeter. *op. cit.* tome 1, p. 396-399. « Entre 1600 et 1760 environ il y eut un important interlude d'Analyse Monétaire… Aussi sûr que la pluie mouille, ils savaient que plus de monnaie a pour conséquence plus de profits et plus d'emploi ; que les hauts prix sont un bienfait ; qu'un taux d'intérêt plus élevé est bien ennuyeux ». Dans ce contexte J. Schumpeter assigne une place particulière à l'allemand Johan Becher (1635-1682) avec la *Politischer Diskurs* (1668). Nous avons déjà signalé les intuitions remarquables de Boisguilbert (cf. supra. chap. I). Keynes lui-même (*Théorie Générale*. chap. 23. p. 329 et ss) fait grand cas des mercantilistes « auteurs de la thèse qui fait résider les causes du chômage dans la fuite devant les biens réels et dans la rareté de la monnaie » (op. cit. p. 342). Il mentionne W. Von Schröder, caméraliste de la même époque que J. Becher. Sur le monétarisme mercantiliste cf. P. Llau. *La détermination des taux d'intérêt*. Paris, 1962, p. 72 et ss.

masse monétaire et niveau des prix. Son originalité est de vouloir expliquer le processus de hausse des prix. Ceci donne lieu à une école néo-wicksellienne dont nous avons déjà cité les auteurs suédois et à laquelle appartiennent de fait le « *Traité de la Monnaie* »[94] (1930) de Keynes et *Prix et Production* de Hayek (1931).

Avec la *Théorie Générale*, Keynes inverse la problématique, comme l'indique le titre complet de cet ouvrage dont l'objet est l'explication de l'emploi par la monnaie à travers le taux de l'intérêt, alors que dans son *Traité de la Monnaie* de 1930, il s'agissait encore pour lui d'expliquer les mouvements de prix. Ainsi dans la Préface de 1935 (p. 10) Keynes précise « … comme il apparaît que la monnaie joue dans le mécanisme économique un rôle primordial et d'ailleurs très particulier, les détails de la technique monétaire se situent à l'arrière-plan du sujet. Une économie monétaire est essentiellement une économie où la variation des vues sur l'avenir peut influer sur le volume actuel de l'emploi et non sur sa seule orientation ».

En ce qui concerne l'analyse monétaire proprement dite, l'apport essentiel de Keynes a consisté :

a) à définir une *demande de monnaie* pour elle-même au delà de la référence aux biens qu'elle permet d'acheter[95]. Cette demande est influencée à la fois par le taux de l'intérêt et les prévisions des agents ;

b) à expliciter une relation étroite entre le taux de l'intérêt analysé comme une variable monétaire, le volume de monnaie en circulation et le niveau de revenu. Ainsi les *niveaux de la production et de l'emploi apparaissent comme une fonction de variables monétaires* selon la séquence logique suivante qu'il faut replacer dans l'enchaînement d'ensemble de l'analyse keynésienne : (cf. infra. tableau p. 502).

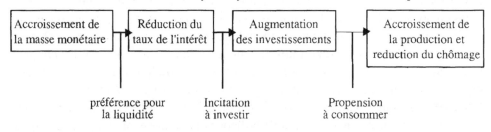

---

[94] Sur l'influence de Hayek et la naissance du keynésianisme. cf. C. Léonard. « Le keynésianisme : naissance d'une illusion ». *Œconomica*. Cahiers de ISMEA. PE. n° 3, mars 1985, p. 16. Sur le monétarisme suédois. Cf. P. Llau. *op. cit.* p. 81 et ss.

[95] A. Marshall avait déjà transformé la relation quantitative classique en fonction du comportement en reliant la quantité réelle de monnaie au revenu (et non aux transactions). Mais Marshall ne fait encore qu'une *théorie de la monnaie qui circule*. Keynes conçoit une *théorie de la monnaie qui est détenue*. Cf. également pour une comparaison avec les analyses monétaristes : V. Levy-Garboua, G. Maarek : « Les paradigmes monétaires : Keynes, Friedman et les autres ». *Economie Appliquée* (XXV, 4) 1982 ; D. Patinkin. *Keynes Monetary Thought. A study of Its Development*. Duke University Press, Durham, 1976.

1. La fonction keynésienne de demande de monnaie

L'équilibre sur le marché monétaire dépend des caractéristiques de l'offre et de la demande de monnaie. En ce qui concerne l'offre Keynes retient la conception classique d'une *offre de monnaie exogène*, c'est-à-dire déterminée par les autorités monétaires selon diverses techniques. Nous considèrerons donc l'offre de monnaie comme une constante ($M^\circ = M_o$) dans la période, mais les autorités monétaires peuvent la faire varier de période en période ; c'est en fait une variable indépendante, (cf infra p. 477)

La théorie keynésienne innove par contre au niveau de la demande de monnaie. Ainsi en préalable à la construction de sa théorie monétaire Keynes se demande : « Pourquoi existe t-il une chose telle que la préférence pour la liquidité ? », car il classe parmi les comportements essentiels « *l'attitude psychologique touchant la liquidité* ». (*Théorie Générale* p. 252). La monnaie est en effet considérée comme le « bien liquide au plus haut degré ».

Les motifs de la demande de monnaie

Toute l'analyse de Keynes repose sur la diversification des motifs d'encaisses ; il dégage 3 motifs de demande de monnaie : aux encaisses de transaction et de précaution, il ajoute l'encaisse de spéculation, appelée aussi *thésaurisation*, qui traduit la préférence des agents pour la liquidité. (« tendance potentielle ou fonctionnelle qui fixe la quantité de monnaie que le public conserve lorsque le taux de l'intérêt est donné »)

1) *Le motif de transaction* correspond au besoin de monnaie pour la réalisation des échanges personnels et professionnels, d'où la distinction en deux motifs secondaires. Le *motif de revenu* pour les particuliers qui doivent « combler l'intervalle entre l'encaissement et le décaissement du revenu », ce qui recouvre « le concept de transformation de la monnaie en revenu » ; le *motif d'entreprise* qui correspond à la nécessité d'équilibrer dans le temps les dépenses et les recettes.

2) *Le motif de précaution* : il est engendré par le souci de parer aux éventualités exigeant une dépense soudaine, l'espoir de profiter d'occasions imprévues pour réaliser des achats avantageux et enfin le désir de conserver une richesse d'une valeur immuable...» (op. cit. p. 204)[96].

---

[96] Keynes développpe peu l'analyse de l'encaisse de précaution qui est intégrée à l'encaisse de transaction. Elle jouera par contre un rôle essentiel dans la *théorie dite du portefeuille* Les niveaux d'analyse de la demande de monnaie dans la *Théorie Générale* sont assez variées : « descriptives et simplifiées » au chap XV ; « analytiques » aux chap. XVI (intégration de la monnaie dans la théorie des autres formes de capital. cf. M. De Mourgues. « Le taux de l'intérêt d'après la Théorie Générale ». *Economies et Sociétés*. Cahiers de l'ISMEA, MO, n° 2, avril 1980, p. 343. et ss. ; et *La Monnaie. Système financier et théorie monétaire*. Economica, Paris, 1988.

3) *Le motif de spéculation* résulte aussi de la prise en compte de l'incertitude. C'est *l'innovation* de Keynes de l'avoir explicité[97] en le reliant plus précisément à l'incertitude sur le niveau du taux de l'intérêt (rémunération des actifs financiers). L'avenir n'étant pas connu avec certitude « la monnaie est le lien subtil entre le présent et le futur », comme dit Keynes. La monnaie reçue comme revenu monétaire par l'agent et thésaurisée comme pouvoir d'achat immédiat, a une valeur parfaitement reconnue. Ce n'est pas le cas pour les autres formes d'actifs, ni surtout pour les titres boursiers dont les cours fluctuent beaucoup. La monnaie a donc une place particulière parmi les actifs ; pour le montrer Keynes privilégie la spéculation concernant la valeur des actifs financiers, plus particulièrement celle des obligations car elle dépend directement de l'évolution du taux de l'intérêt.

Les personnes qui ont à choisir entre l'achat de titres à long terme (obligations privées ou publiques) ou la détention d'avoirs liquides font des prévisions sur les cours ; celles-ci sont fondées sur des anticipations concernant l'évolution des taux d'intérêt futurs.

Il y a une *relation inverse simple entre le cours (ou prix) des titres à revenu fixe et le taux de l'intérêt* du fait que le revenu versé est fixe, mais le cours variable. Prenons l'exemple d'une rente perpétuelle de valeur faciale 1 000 FF, émise à 12% taux prévalant en t_1 sur le marché. Le taux du marché va forcément fluctuer ensuite, alors que le coupon de l'obligation demeure égal à 120 FF par an :

- si en t_2 le taux tombe à 10% la valeur tend à s'élever jusqu'à 1 200 FF en raison de la concurrence des épargnants pour profiter du rendement de 12%.

- si en t_3 le taux s'élève à 15%, le cours du titre tend au contraire à baisser jusqu'à 800 FF, c'est-à-dire jusqu'au niveau où[98] :

$$\text{le rendement} = \frac{\text{revenu}}{\text{prix}} = \text{le taux prévalant sur le marché}$$

---

[97] cf. *Théorie générale*. op. cit. Livre IV. chap. 15.

[98] L'exemple retenu s'applique au cas particulier d'une rente perpétuelle ; en fait pour les titres proches de leur échéance et qui seront donc remboursés à leur valeur d'émission dans un horizon proche, la relation n'est évidemment plus aussi stricte. La valeur du titre soit V correspond à la somme actualisée au taux d'intérêt courant du marché, soit i, (pour les titres de même catégorie et de même durée) de la série des échéances à percevoir par le propriétaire pour les intérêts et pour le remboursements supposé final. (Soit R). Si VN est la valeur nominale du titre, son cours est donné par la formule :

$$\sum_{t+1}^{n} \frac{i \times VN}{(1+K)^t} + \frac{R}{(1+K)^n}$$

Cette relation montre que plus la durée de vie d'une obligation est longue (plus n est grand) plus sa valeur est sensible aux variations du taux. Si n = , on a

$$V = \frac{i \times VN}{K}, \quad \text{d'ou} \quad \frac{120}{0,10} = 1200 \quad \text{et} \quad \frac{120}{0,15} = 800$$

cf. J.P. Vernimmen. *Finance d'Entreprise*. Dalloz, Paris, 2ᵉ éd. 1986. chap. 4 p. 60 et ss. ; et cf. ci-dessus chap. VII p. 265-367 pour le calcul de la valeur actualisée.

La relation entre la préférence pour la liquidité en vertu du motif de spéculation et le taux de l'intérêt s'établit ainsi à partir de notre exemple :

– si en t2 le spéculateur prévoit la hausse du taux, il vend ses titres pour obtenir de la monnaie.

– si en t3 le spéculateur prévoit la baisse du taux, il achète des titres contre versement de monnaie.

La liquidité est la condition pour demeurer en mesure de saisir les opportunités futures de profit. *La demande de monnaie dépend donc des anticipations sur les perspectives de placement futur* ; elle est dite « spéculative » quand l'agent économique se prive d'un placement immédiat pour se réserver de profiter d'occasions éventuelles de placements plus lucratifs dans le futur.

Le montant total des encaisses demandées

Ayant ainsi analysé les 3 motifs qui commandent la préférence pour la liquidité, on voit comment est constituée l'encaisse détenue par les agents économiques. Keynes met en évidence une demande spécifique de monnaie qui s'exprime dans une *fonction de demande (notée L) composée de deux fonctions largement indépendantes*, car les motifs de préférence pour la liquidité ne se rapportent pas aux mêmes variables.

Les encaisses demandées en vertu des motifs de transaction et de précaution (soit M_1) sont stables en courte période ; elles dépendent du montant du produit ou du revenu. On écrit donc :

$$M_1 = L_1 (Y) \text{ avec } L'_1 > 0$$

Les encaisses demandées en vertu du motif de spéculation, soit M_2, sont fortement variables en courte période ; cette seconde composante de la fonction de liquidité (soit L_2) est reliée de façon inverse au niveau du taux de l'intérêt. On peut écrire :

$$M_2 = L_2 (i) \text{ avec } L'_2 < 0$$

C'est une fonction décroissante, et même continue en raison de la diversité des créances et donc des taux d'intérêt sur le marché.

On peut donc écrire la *préférence pour la liquidité totale* :

$$L = L_1 + L_2$$

et le *total des encaisses demandées* :

$$Md = M_1 + M_2 = L_1 (Y) + L_2 (i)$$

Cette fonction traduit des *comportements désirés* ; Md représente donc une variable « ex ante »..

Le rôle du taux de l'intérêt chez les classiques et chez Keynes

Pour les classiques et néo-classiques le taux de l'intérêt remunère la renonciation à dépenser (cf. supra. chap. VII). Pour Keynes, après détermination de l'épargne par les niveaux du revenu et de la consommation, *le taux de l'intérêt commande le partage entre les placements en actifs financiers et la thésaurisation d'encaisses monétaires oisives* : « le taux de l'intérêt ne peut être une récompense pour l'épargne ou l'abstinence en tant que telle. Lorsqu'un homme accumule ses épargnes sous forme d'argent liquide, il ne gagne aucun intérêt bien qu'il épargne tout autant qu'un autre. Au contraire la simple définition du taux de l'intérêt nous dit en aussi peu de mots qu'il est la récompense pour la renonciation à la liquidité durant une période déterminée ».« (*Théorie Générale* p.178). Le taux d'intérêt est le « *coût d'opportunité* » à payer pour détenir sa richesse sous une forme liquide, c'est-à-dire la renonciation à la perception d'un intérêt. Après un « *arbitrage primaire* » entre épargne et consommation, l'agent économique opère, selon Keynes, un « *arbitrage secondaire* » entre épargne placée et épargne thésaurisée[99].

2. Représentation de la fonction de liquidité et équilibre du marché monétaire

La forme de la fonction de liquidité dépend du comportement des spéculateurs qui cherchent à maximiser les gains en capital ou minimiser les pertes. Elle dépend donc de la relation inverse entre taux d'intérêt et prix des titres. Keynes estime qu'il y a un *taux d'intérêt minimum* (soit im) ou plancher au-dessous duquel le taux ne peut baisser. Il serait logiquement commandé par le fait qu'à un taux très faible devrait correspondre des cours en bourse très élevés, ce qui augmente les craintes de perte en capital au détriment des perspectives de gain en capital supplémentaire.

« Un taux d'intérêt à long terme de (disons) 2% laisse plus à craindre qu'à espérer et procure un revenu courant qui ne suffit à compenser qu'un faible degré de crainte ». (*Théorie Générale*. p. 211).

La limite inférieure est celle où la préférence pour la liquidité devient infinie. C'est le phénomène que Dennis Robertson a qualifié de « *trappe aux liquidités* ». « Il se peut

---

[99] La référence à la notion d'arbitrage entre actifs monétaire et actifs financiers préfigure l'introduction de la *théorie des choix* dans l'analyse monétaire. M. Friedman devait généraliser cette approche ; pour lui la demande de monnaie résulte d'un arbitrage entre tous les actifs qui constituent le patrimoine : actifs monétaires, financiers et réels.

Cette approche a pourtant l'inconvénient de se fonder presque uniquement sur la fonction de reserve de la valeur de la monnaie, qui n'est pas évidemment la plus essentielle. C'est pourquoi l'analyse récente de la demande de monnaie cherche plutôt à intégrer la théorie des choix à une « *conception transactionnelle* » de la monnaie.

que, une fois le taux d'intérêt rendu à un certain niveau, la préférence pour la liquidité devienne virtuellement absolue, en ce sens que presque tout le monde aime mieux garder un avoir liquide qu'une créance rapportant un taux d'intérêt aussi faible ». (*Théorie Générale*. p. 215).

On doit aussi évoquer le cas inverse où le taux d'intérêt devient si élevé (soit iM) que la demande aux fins de spéculation s'annule en raison d'une préférence absolue pour les actifs non monétaires. Ce peut-être le cas en période d'hyperinflation.

La fonction globale de liquidité se construit graphiquement en retenant des hypothèses simples. En courte période Y étant relativement stable, M1 est donc stable. M2 est linéairement décroissante de i entre les deux valeurs im et iM. Pour im<i<iM on a : $L = L1 + L2 = \alpha Y - \beta\beta\,i$. Pour i = im la demande de monnaie devient infinie par rapport au taux de l'intérêt qui ne peut tomber plus bas. En supprimant l'hypothèse simplificatrice de linéarité on obtient une courbe convexe de demande de monnaie.

Fig. 62.

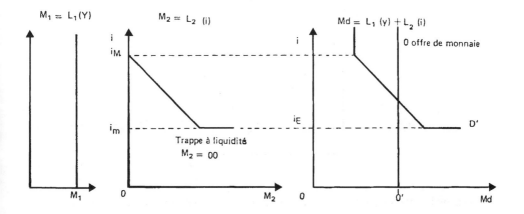

Offre de monnaie et équilibre sur le marché monétaire

La condition d'équilibre sur le marché monétaire est que l'offre de monnaie égale la demande, soit :

$$M = L_1(Y) + L_2(i)$$

L'offre de monnaie étant fixée par les autorités monétaires, on la représente par une droite OO' parallèle à l'axe des ordonnées sur la figure ci-dessus. Une augmentation de la masse monétaire d'une période à l'autre se traduirait par un déplacement de OO' sur la droite, et vice-versa dans le cas de restriction.

L'intersection des courbes d'offre et de demande de monnaie *détermine à la fois les quantités de monnaie échangées à l'équilibre et le taux d'intérêt d'équilibre*, soit iE. On pourrait aisément lire sur la figure 62 (graphique de droite) les conséquences d'une variation de la demande de monnaie qui se traduirait par un redressement sur la droite de DD'. (hypothèse de modification de L_2 dans le court terme, de modification L_1 dans le moyen terme).

La courbe d'équilibre monétaire ou courbe LM.

Si la masse monétaire M^o est donnée, la condition d'équilibre du marché monétaire peut s'écrire :

$$L_1(Y) = M^o - L_2(i)$$

à quoi correspond une droite de pente - 1 dans le plan (L_1, L_2).

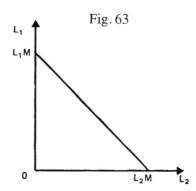

Fig. 63

Comme les deux composantes de la demande de monnaie dépendent de variables différentes, il apparaît qu'à chaque valeur du taux de l'intérêt correspond une autre valeur du revenu national d'équilibre. L'équation d'équilibre du marché monétaire ne permet pas de déterminer i du fait que Y est une variable endogène, mais elle permet de définir les situations compatibles avec l'équilibre du marché monétaire, l'offre de monnaie étant supposée invariable.

Depuis les présentations de Hicks et de Hansen (1949) on dégage une seconde équation d'équilibre qui traduit la *relation que doivent respecter Y et i pour obtenir l'équilibre sur le marché monétaire, soit l'égalité entre la demande L et l'offre de monnaie M*, d'où son son L.M.

La relation LM (comparable à IS mutatis mutandis) est définie pour l'ensemble des couples (i, Y) tels que L = M. Graphiquement on la construit de la façon suivante avec les hypothèses d'une offre de monnaie constante dans la période et d'un niveau de prix stable :

Fig. 64

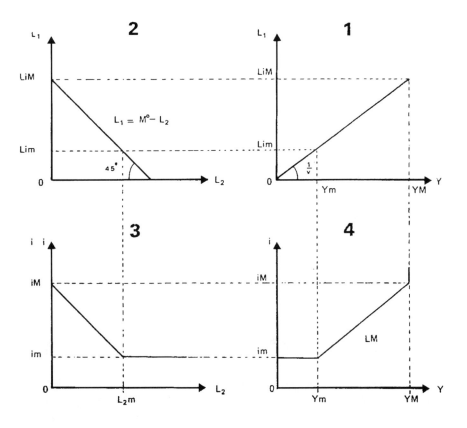

Le quadrant I représente la demande d'encaisse de transaction.
$$M_1 = L_1 (Y)$$

Le quadrant II illustre l'égalité entre l'offre et la demande de monnaie. C'est la droite de substitutions de M_1 à M_2 pour M^o donné. $L_1 = M^o - L_2$

Le quadrant III représente la demande d'encaisse-spéculation
$$M_2 = L_2 (i)$$

Le quadrant IV représente l'équilibre sur le marché monétaire sous forme de la droite LM.

Pour i = iMax la demande L_2 est nulle et toute la monnaie offerte M^0 est consacrée à satisfaire la demande L_1 (d'où $L_1M = M^0$). A LiM doit correspondre un revenu maximum YM. Pour i = im la demande L_2 est infinie (trappe à liquidités. Pour im > i < iM la pente de la courbe LM devient positive : quand le taux d'intérêt augmente le revenu doit aussi augmenter pour que soit assuré l'équilibre sur le marché monétaire[100].

Cette construction de LM appelle immédiatement des critiques : a) Du fait que l'encaisse de transaction n'est que partiellement influencée par une réduction de i, la courbe LM peut être définie seulement pour la zone à droite de Ym ; b) la présentation de Hicks-Hansen est incomplète parce qu'elle relie uniquement M_2 à i, alors que i commande l'équilibre entre l'offre totale de monnaie et la demande totale. Hicks-Hansen privilégient la séquence logique : M $\to$ i $\to$ Y, au détriment de la relation directe retenue par Keynes : M $\to$ demande $\to$ revenu ; c) En écrivant $M_1 = M^0$ - L_2 (i), l'encaisse de transaction apparaît comme résiduelle dans la recherche du niveau de Y correspondant à l'équilibre monétaire, (selon une séquence du type : $M^0 \to$ i $\to$ $M_1 \to$ Y). Pour Keynes Y dépend de l'investissement ($Y = I\frac{1}{S}$) et l'investissement du taux de l'intérêt dépendant lui-même de la masse monétaire en circulation, d'où la double séquence des effets d'une augmentation de M^0 sur M_1 :

$$M^0 \begin{cases} Y \to M_1 \\ i \to Y \to M_1 \end{cases}$$

A la suite de Hicks-Hansen l'interprétation néo-classique qu'ils donnent de Keynes aboutit « à limiter l'analyse keynésienne à une action de la monnaie sur le revenu par l'intermédiaire des taux » et à négliger de ce fait l'action de la monnaie sur le revenu par la demande[101].

---

[100] L'expression M - L_1 (Y) - L_2 (i) = o est l'équation implicite de la courbe LM avec $\frac{\partial L_1}{\partial y} > 0$ et $\frac{\partial L_2}{\partial i} < 0$. Par différenciation et application du théorème des fonctions implicites on obtient la pente de LM, soit $\frac{dY}{di} = -\frac{\partial L_2 / \partial i}{\partial L_1 / \partial Y} > 0$

Cette pente dépend de la vitesse de circulation des encaisses et de la propension à thésauriser : les hypothèses commandant la pente conditionnent les effets de la politique économique (cf. infra).

[101] Cf. M. De Mourgues. *Economie monétaire* . tome II. Dalloz. Paris, 1974, p. 46-48.

III — Equilibre réel et équilibre monétaire simultané

Les analyses précédentes ont permis de définir à la fois pour le marché des biens et pour le marché monétaire un couple de valeurs (i, Y) pour lesquelles l'équilibre est assuré sur chacun des marchés. Ces conditions sont indépendantes de celles pour lesquelles on obtiendrait l'équilibre sur le dernier marché, celui de l'emploi.

1. Représentation de l'équilibre simultané des marchés réel et monétaire

Pour représenter graphiquement l'équilibre simultanée sur le marché des biens et celui de la monnaie il suffit de superposer les courbes IS/LM. L'intersection des deux courbes correspond au couple des valeurs (i, Y) qui assure l'équilibre simultané sur les deux marchés. En ce point A la masse monétaire en circulation détermine un taux d'intérêt i_1 assez bas et un investissement assez élevé pour susciter un niveau de revenu d'équilibre Y_1. Selon cette présentation le *taux d'intérêt relie donc les marchés des biens et de la monnaie*. Il exerce une influence sur le montant de l'investissement et donc de ce fait sur le niveau de revenu qui commande à son tour la demande de monnaie aux fins de transaction.

Fig. 65

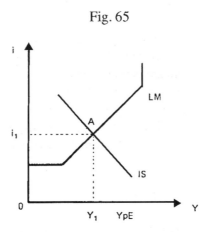

Retenons l'hypothèse simplificative de courbes IS/LM linéaires. Le niveau de revenu d'équilibre Y_1 peut être stable, mais (et c'est là un point fondamental de l'analyse keynésienne) il n'y a aucune raison pour qu'il corresponde au niveau YpE nécessaire pour assurer le plein emploi de la population active. L'équilibre ISLM est indépendant de l'équilibre sur le marché de l'emploi.

Keynes démontre ainsi, à l'encontre des néo-classiques, qu'il peut prévaloir un *équilibre stable de sous-emploi,* pour lequel YpE - Y₁ représente *l'écart déflationniste.*

On pourrait illustrer aisément comment les valeurs d'équilibre sont modifiées par une augmentation de l'investissement (déplacement de IS vers la droite) ou un gonflement de la masse monétaire (déplacement de LM vers la droite). Quand ces types de translation sont provoquées par l'action de l'Etat, ils correspondent à deux modalités de politique économique dont nous allons analyser les conditions d'efficacité.

2. Déplacement de l'équilibre : applications de politique économique

L'analyse keynésienne a pour préoccupation essentielle d'expliquer les causes de sous-emploi. Elle aboutit logiquement à préconiser l'intervention des pouvoirs publics pour agir sur une des composantes de la demande globale dont dépend le niveau de l'emploi : *les dépenses publiques.* (en effet par une inversion de la fonction de production, la fonction d'emploi permet de déduire le niveau de l'offre d'emploi du volume de la production). En situation de sous-emploi, il convient de stimuler la demande globale, mais l'analyse keynésienne a été transposée aux situations de suremploi et d'inflation par la demande ; dans ce cas il faut réduire l'excès de la demande globale, générateur d'inflation.

Le modèle IS/LM permet de distinguer les effets de deux types de politique économique et d'en comparer l'efficacité : la *politique monétaire* qui agit sur la courbe LM, la *politique budgétaire* qui agit sur la courbe IS .

Nous raisonnons tout d'abord dans l'hypothèse où les prix sont constants, en sorte que la variation du revenu résulte principalement d'une variation de la demande. On retiendra ensuite l'hypothèse de flexibilité des prix, ce qui permettra d'établir aussi la relation avec le marché du travail selon l'approche keynésienne.

La politique monétaire et son efficacité

La politique monétaire comprend l'ensemble des interventions des autorités monétaires pour agir sur l'activité économique par l'intermédiaire de la masse monétaire. L'action sur l'offre de monnaie s'exerce pour l'essentiel par la politique de réescompte et de crédit Lombard, la politique d'open-market (achat et vente d'effets sur le marché monétaire), la modification des ratios de trésorerie et des réserves minima à entretenir auprès de la banque centrale, la politique d'intervention sur le marché des changes.

La courbe IS peut se situer dans le plan (i, Y) à des niveaux différents, d'où l'on retient 3 tracés possibles (IS₁, IS₂, IS₃) selon les valeurs des propensions à investir ou (et) à épargner. La courbe LM étant donnée, on distingue les conséquences d'un déplacement de la courbe IS selon la zone où elle coupe LM :

Fig. 66

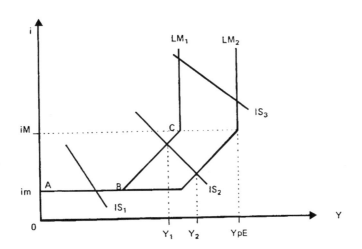

a) dans la *zone keynésienne extrême* (AB) : la courbe LM est une droite parallèle aux abscisses. IS₁ intersecte LM₁ (LM₂) dans la zone de la trappe à liquidités. La *politique monétaire est entièrement inefficace* ; le supplément de monnaie n'entraîne aucune baisse du taux de l'intérêt, donc aucune stimulation de l'activité.

b) dans la *zone « intermédiaire »* la *politique monétaire devient efficace*. IS₂ intersecte LM₂ lorsqu'elle est croissante. Un déplacement de LM₁ en LM₂ (augmentation de la masse monétaire) entraîne une baisse de i qui stimule l'investissement et suscite l'augmentation de Y_1 en Y_2.

c) dans la *« zone classique »*, l'efficacité de la politique monétaire devient très élevée, car la baisse du taux et donc son incidence sur l'investissement sont les plus fortes. Il faut noter ici l'originalité de l'analyse keynésienne : la politique monétaire peut permettre d'atteindre le niveau de production de plein-emploi (soit YpE). Ceci s'oppose fondamentalement à la position des néo-classiques pour qui le plein emploi est automatiquement atteint, l'offre de monnaie supplémentaire ne pouvant qu'entraîner une hausse du niveau général des prix et non une augmentation du revenu réel. (en vertu de la théorie quantitative de la monnaie). *L'analyse keynésienne considère au contraire la baisse du taux de l'intérêt comme un instrument de lutte contre la dépression tant que le seuil de plein emploi YpE n'est pas atteint.* En sens inverse quand ce seuil est atteint, il en résulte une inflation par la demande dans l'optique keynésienne (cf. supra.) La politique monétaire restrictive, (déplacement de LM vers la gauche) par encadrement du crédit et limitation de la création monétaire, provoque une hausse du taux de l'intérêt qui freine les investissements et donc la demande globale.

La politique budgétaire et son efficacité

Jusqu'à Keynes les finances publiques relèvent plutôt de règles administratives ; elle ne sont pas utilisées comme un instrument de politique économique générale. La démarche théorique de Keynes par contre intègre l'Etat dans le modèle macro-économique. Comme nous l'avons vu (cf. supra. p.461) l'action de l'Etat s'exerce à travers les dépenses d'une part, (soit G) qui représentent un élément supplémentaire de la demande, et par les recettes, impôts et taxes fiscales d'autre part (soit T), qui agissent sur le revenu disponible des ménages à travers le jeu du multiplicateur.

Graphiquement la politique budgétaire se traduit par un déplacement de IS sans que LM soit affecté. IS se déplace selon le multiplicateur $\left(\overline{\text{EG}} = \dfrac{1}{\text{pms}}\, \Delta G \right)$ de la gauche vers la droite de IS_1 en IS_3.

Fig. 67

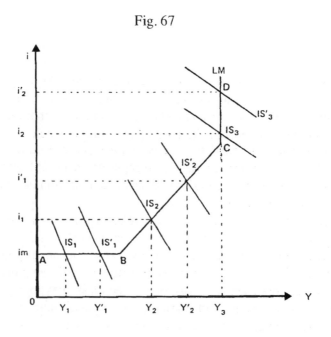

Le déplacement de IS comporte à la fois, selon le point où elle intersecte LM, un accroissement de Y et de i. On distingue 3 cas-types selon la zone d'intersection :

a) dans la *zone keynésienne extrême* (AB), le déplacement de IS_1 en IS_2 est très efficace. On retrouve le cas du diagramme à 45° qui n'intégrait pas la monnaie, et qui apparaît dès lors comme une hypothèse particulière. Quand le niveau d'activité est faible (zone de trappe à liquidité) l'augmentation des dépenses publiques réduit les encaisses de spéculation sans susciter une hausse de i, mais en provoquant une élévation du revenu de Y_1 en Y_1'.

b) Dans la *zone intermédiaire* (BC), la politique budgétaire demeure efficace : elle induit une élévation de Y_2 en Y_2', mais aussi de i_2 en i_2', du fait de l'augmentation de la demande de monnaie de transaction (M_1) pour satisfaire un niveau plus élevé de transactions. Cette hausse du taux de l'intérêt restreint l'importance de l'augmentation initale de l'activité par effet d'éviction (« crowding out » (cf. infra. p. 495)[102]. Ce résultat de l'analyse keynésienne est important : *la politique budgétaire est limitée par la réaction du marché monétaire* (et financier) ; elle dépend de la réaction de LM par rapport à la hausse du taux de l'intérêt. Pour que l'efficacité de la politique budgétaire de relance se prolonge, l'accroissement de M_1 doit être obtenu aux dépens de M_2.

c) dans la « *zone classique* » (CD) la politique budgétaire est totalement inefficace. M_2 étant nulle, IS_3 et IS'_3 intersectent LM dans la partie où elle est inélastique au taux de l'intérêt. Toute augmentation de la dépense publique en IS'_3 comporte une augmentation du besoin d'encaisses de transaction M_1, qui ne peut être satisfait que par prélèvement sur les encaisses déjà utilisées. Dans ce cas l'intervention de l'Etat revient à substituer l'investissement public à l'investissement privé. Ce phénomène est qualifié d'*éviction* ; il ne comporte pas d'accroissement nouveau de Y_3. Si on retient l'hypothèse classique de plein emploi, on retrouve la théorie quantitative de la monnaie : l'accroissement de la demande globale due à G provoque une hausse du taux de l'intérêt et du niveau des prix sans élévation du revenu réel.

L'examen de ces cas extrêmes met en évidence l'opposition entre les analyses néoclassique et keynésienne. On admet qu'*il existe des situations intermédiaires pour lesquelles l'analyse keynésienne privilégie la politique budgétaire.* Celle-ci est d'autant plus efficace que : a) la demande de spéculation (M_2) est sensible au taux de l'intérêt ;

b) la demande de transaction (M_1) réagit peu au mouvement du revenu, ce qui est possible seulement par une accélération de la vitesse de circulation de la monnaie ;

c) la demande d'investissement est relativement peu sensible au taux de l'intérêt

---

[102] Dans le cadre de IS - LM l'augmentation d'un budget demeurant équilibré n'affecte pas LM, tandis que IS se déplace vers la droite. Dans ces conditions « l'effet d'éviction » intervient seulement dans la zone où LM est verticale. F. Aftalion et P. Poncet analysent 5 scénarios d'éviction, c'est-à-dire un investissement public remplaçant seulement un investissement privé de même valeur, sans postuler l'indépendance de la demande de monnaie par rapport à i. *Le monétarisme.* Que sais-je ? n° 1962, 1984 p. 89-94.

3. La fonction d'emploi et le marché du travail

La fonction d'emploi représente un aboutissement majeur de la *Théorie Générale* qui a le double objectif de critiquer l'approche Marshall-Pigou qu'il qualifie de « classique » et de construire la théorie d'une économie monétaire qui rende compte des caractères essentiels d'une société capitaliste.

Nous avons vu que pour les néo-classiques (cf. titre II. chap. V) le chômage résulte de la rigidité du salaire réel à la baisse ; il n'y a pas de chômage involontaire. Pour l'analyse keynésienne, selon le principe de la demande effective, le niveau de l'emploi est déterminé par la demande globale. Un équilibre de sous-emploi est possible ; il n'y a même rien qui assure une demande suffisante pour réaliser le plein emploi. On peut avoir une situation de déséquilibre « ex ante » sur le marché des biens et de déséquilibre sur le marché du travail où tous les offreurs de travail ne trouvent pas à être embauchés. Dans ce cas le chômage est involontaire. On est conduit à se demander, comme plusieurs auteurs critiques, jusqu'à quel point l'analyse de Keynes est « *hétérodoxe* », au sens où elle s'oppose à une théorie néo-classique qualifiée, sans doute excessivement, d'orthodoxe.[103]

La demande de travail des entrepreneurs

Elle est traitée de façon comparable aux néo-classiques. On a une fonction de production qui exprime le produit Y en fonction de l'emploi. (travail demandé Nd) et pour laquelle le produit marginal est décroissant :

$$Y = Y (Nd) \qquad Y' (Nd) > o \text{ et } Y'' (Nd) < o$$

Le principe de maximisation du profit par l'entrepreneur est fondé sur l'égalisation du produit marginal physique et du taux de salaire réel.

$$Y' (Nd) = \frac{w}{p}$$

---

[103] Cf. P. de Ville et M. de Vroey. « Salaire et marché chez Marx et Keynes : orthodoxie ou hétérodoxie ? » dans : G. Deleplace, F. Maurison (ed) *op. cit.* p. 79. La question du chômage involontaire est abordée dès le chap. 2 de l'introduction de la Théorie Générale consacrée à définir les « postulats de l'économie classique » que Keynes entend réfuter. Le Livre V est consacré pour l'essentiel à la fonction de l'emploi et à une critique de la théorie du chômage de Pigou. La démarche de Keynes peut paraître cependant ambiguë si l'on accepte de considérer sa théorie comme générale par rapport à la théorie classique qu'il qualifie de cas spécial. La rupture théorique avec cette dernière n'est pas complète pour l'analyse du marché du travail (cf. *Théorie Générale.* chap. 2, V. p. 42-43). D'une analyse des débats entre économistes des années 30, C. Menard peut ainsi conclure : « Keynes et ses amis réaffirment avec force la prédominance de la régulation par le marché et partagent en matière de politique économique les positions de Pigou ». op. cit. p. 22.

Cela signifie que le taux de salaire nominal w est égal au produit marginal, soit w = p Y' (Nd). En conséquence c'est uniquement la baisse du taux de salaire réel w/p. qui peut entraîner une augmentation de la demande de travail, d'où une représentation tout à fait classique de la courbe de demande de travail de l'entreprise. (cf. figure 68)

L'offre de travail

L'analyse keynésienne de l'offre de travail est par contre en rupture avec l'analyse néo-classique sur deux points :

a) l'offre de travail dépend du taux de *salaire nominal* w (et non pas w/p) ; elle prend en compte la réalité des négociations salariales et suppose les travailleurs soumis à *l'illusion monétaire.*

b) *le taux de salaire nominal n'est pas flexible à la baisse* en raison de l'organisation syndicale qui défend un taux de salaire minimum wo et des aspects institutionnels de la négociation salariale (conventions collectives, accords salariaux). « La main-d'œuvre résiste ordinairement à la baisse des salaires nominaux » (*Théorie Générale* p. 34).

La formation de l'équilibre du marché de travail

Fig. 68

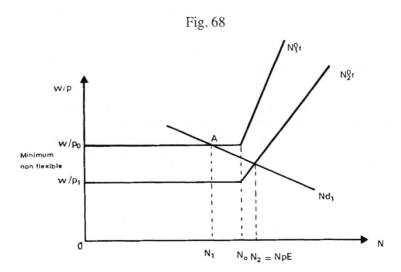

Au niveau de salaire $w^o = \dfrac{w^o}{p^o}$ l'offre de travail (NOf) est infiniment élastique ; une réduction de l'emploi entre zéro et N_0 n'a aucune influence sur le salaire (w° demeure indépendant du niveau de l'emploi). Par contre le salaire monétaire ou nominal, peut augmenter quand tous les offreurs de travail pour le salaire $w^o = \dfrac{w^o}{p^o}$ sont embauchés *sans que la demande des entreprises soit satisfaite*. La courbe d'offre de travail devient alors croissante au-delà de N_o.

Keynes définit comme *chômage involontaire* le nombre de travailleurs qui ne trouvent pas à être embauchés au niveau de salaire minimum non flexible w°. Sur la figure N° 68 Nd_1 intersectant Nof_1 en A, soit dans sa partie horizontale, le segment $N_1 - N_o$ correspond au chômage involontaire.[104]

A ce niveau Keynes marque fortement la différence de son analyse théorique par rapport aux néo-classiques en interprétant la signification du chômage involontaire à partir de son approche macro-économique de la demande effective :

« Il est donc heureux que, par instinct et d'ailleurs sans s'en rendre compte, les travailleurs se montrent des économistes plus raisonnables que les auteurs classiques, lorsqu'ils résistent aux réductions des salaires nominaux ». (*Théorie Générale* p. 40). En fait si Keynes accepte une partie de la logique classique (cf. chap. 2, sect V, p. 42–43), il l'insère dans un contexte monétaire. Il admet ainsi le postulat « qu'un accroissement de l'emploi ne peut, en général, se produire sans qu'il y ait en même temps une diminution du salaire réel », mais pour Keynes cet ajustement n'est pas à attendre d'une baisse des salaires nominaux ; en raison de l'illusion monétaire il résulte de l'augmentation des coûts de production et des prix de consommation provoquée par l'augmentation de l'activité économique qui s'effectue à rendements décroissants et donc à coûts croissants. En d'autres termes la hausse du niveau général des prix de p_0 en p_1 comporte une réduction du salaire réel, soit $\dfrac{w^o}{p^1}$ si le salaire nominal demeure égal à w°. Graphiquement cette baisse du salaire réel se traduit par un déplacement vers le bas de la courbe d'offre en Nof_2 du fait de l'illusion monétaire des salariés. La courbe de demande Nd n'étant pas modifiée, cette translation de la courbe d'offre illustre le passage d'un équilibre de sous-emploi à un équilibre de plein emploi si $N_2 = NpE$.

La réduction du salaire nominal n'est donc pas indispensable à la réalisation du plein emploi. Tout au contraire le maintien à son niveau du salaire (qui représente un revenu) est la condition pour que les entrepreneurs accroissent effectivement leur demande de main d'œuvre. La demande des entreprises n'est en effet qu'une *demande*

---

[104] Dans une perspective néo-classique ce chômage résulterait de la rigidité des salaires à la baisse au-dessous de w°/p°.

Signalons aussi qu'au sens strict du terme, *il est paradoxal d'utiliser le terme d'équilibre du marché du travail dans l'optique keynésienne* du fait qu'il correspond plutôt à un déséquilibre entre offre et demande (chômage). Il faudrait parler d'*équilibre avec rationnement* ou de *K-équilibre* (K pour keynésien).

Pour un commentaire de la définition elliptique que Keynes donne du chômage involontaire (*Théorie Générale* Chap. II, IV, p. 41). Cf. J.P. Fitoussi. *Inflation équilibre et chômage*. Cujas, Paris, 1973, p. 132 et ss.

dérivée dont l'augmentation est fondée sur les anticipations des entrepreneurs concernant le volume de la demande de produits qui va s'adresser à eux.

Pour Keynes les causes du chômage se situent au niveau du marché des biens et du marché monétaire, et non du marché de l'emploi. *Le montant de l'emploi est commandé par le seul niveau de la demande effective.* De façon spontanée, dans une économie libérale, il y a peu de chance qu'une situation de chômage entraîne des modifications de la propension à consommer, ou du taux de l'intérêt ou de l'efficacité marginale du capital, dans des sens qui modifient en hausse la demande effective et conduisent ainsi à résorber le chômage involontaire. Au contraire, et c'est là où l'analyse keynésienne est à considérer comme une *théorie de l'instabilité économique*, un fort chômage suscite des anticipations défavorables, des comportements d'épargne se traduisant par une baisse de la propension à consommer, une élévation de la préférence pour la liquidité et donc du taux de l'intérêt.

L'analyse keynésienne du sous-emploi conduit logiquement à préconiser *l'intervention de l'Etat pour porter la demande effective au niveau nécessaire* par ses interventions de politique budgétaire et de politique monétaire en particulier. Le bref exposé que nous avons fait de leurs conditions d'efficacité nous permet de compléter le raisonnement de Keynes à l'encontre de l'argumentation néo-classique, selon laquelle le retour au plein-emploi serait assuré si on laissait s'effectuer l'ajustement par les prix. En fait pour Keynes, même si cet ajustement par les prix était possible, il ne serait pas efficace en raison de la trappe à liquidité.

Si la courbe IS (avec l'hypothèse d'investissement normalement élastique au taux de l'intérêt) coupe LM dans la « zone dite keynésienne extrême », le taux de l'intérêt ne peut descendre au-dessous de im (cf. supra. p. 497) d'où aucune stimulation possible de la demande par la baisse des prix[105] en vertu de ce qu'on appelle d'ailleurs « *l'effet Keynes* ».[106]

Notons enfin qu'avec la fonction de l'emploi, Keynes remplace encore une fois un

---

[105] Les néo-classiques entendent réfuter cette analyse soit en considérant l'hypothèse de trappe à liquidité comme irréaliste, soit en faisant jouer *l'effet direct d'encaisses réelles* (effet Pigou) selon lequel la baisse du niveau général des prix a pour conséquence *directe* d'augmenter la valeur réelle des encaisses monétaires des agents, ce qui permet d'augmenter leur consommation . Cf.J.P. Vesperini. *op. cit.* p. 272 et ss. Pour l'intégration de cet effet par Don Patinkin. cf. P. Pascallon. *Théorie monétaire* op. cit. p. 135 et ss.

[106] L'effet dit Keynes comporte en fait 2 mécanismes d'action *indirecte* sur la dépense : 1) La réduction de i résultant de l'augmentation des encaisses réelles due à la baisse des prix (si les fonctions d'offre et de demande d'encaisses sont stables) ; 2) l'augmentation du patrimoine financier des ménages dû à la réduction du taux de l'intérêt.

[107] Cf. P. Delfaud qui note ce « tour caractéristique du raisonnement keynésien... Ainsi le niveau du revenu dépend de la demande effective, mais la demande effective ne dépend pas du revenu ; l'investissement est influencé par le taux de l'intérêt, mais le taux de l'intérêt n'est pas influencé par l'investissement ; l'épargne résulte de l'investissement, mais l'investissement ne provient pas de l'épargne ». P. Delfaud. op. cit. p. 54 et ss.

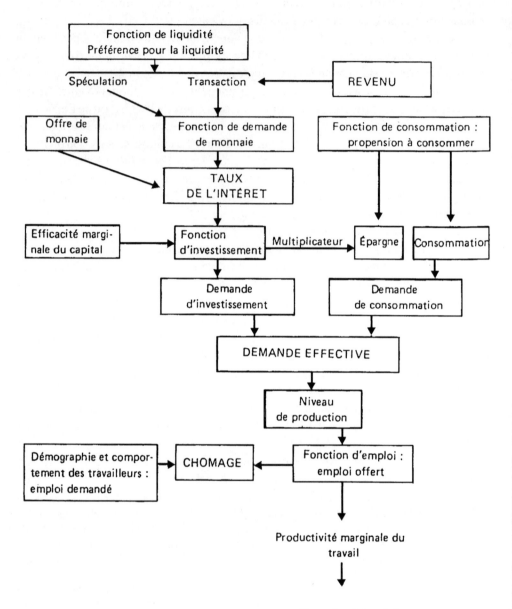

« *schéma d'interdépendance* » par un « *schéma de causalité* »[107] : l'emploi dépend de la demande effective et non du taux de salaire réel, mais en sens inverse le taux de salaire réel dépend du niveau de l'emploi. Le tableau ci-dessous complète le schéma de la démarche logique de la *Théorie Générale* centrée autour de la notion de demande effective. Il met en évidence que l'équilibre du marché du travail ne détermine pas le niveau de production, et donc le revenu comme dans le schéma classique. Cet équilibre est fixé en « bout de chaîne », une fois déterminé Y. Ceci traduit la différence fondamentale entre la loi de Say et le principe de la demande effective.

En guise de conclusion : l'ère des keynésiens et l'après-Keynes

Plus que l'ère de Keynes, les 30 ans qui suivent la Seconde Guerre Mondiale marquent « *l'ère des keynésiens* » et l'on aurait connu « le vol d'Icare du keynésianisme » (Kolm). Le processus d'interprétation de la *Théorie Générale* commence, « première lecture » de Keynes, avec l'article essentiel de J.R. Hicks ; son objet avoué était de présenter le schéma keynésien dans un cadre d'équilibre général (équilibre simultané de i et de Y).

Critique de IS-LM

L'avantage du modèle IS - LM est d'expliciter l'interdépendance entre secteurs réel et monétaire, et par là le dépassement de la dichotomie néo-classique. Il constitue de ce fait un bon outil d'analyse *élémentaire* des politiques conjoncturelles. Le modèle IS - LM n'en est pas moins une version affadie et parfois « extrêmement tendancieuse » de la théorie keynésienne[108]. Il doit être connu parce que très généralement utilisé et base de nombreux développements, d'ailleurs aussi bien néo-classiques que néo- ou post-keynésiens. La critique n'en est que plus indispensable.

Dans sa forme la plus simple ce modèle est *très restrictif* du fait qu'il entend expliciter les variables du marché à travers la variable privilégiée du taux de l'intérêt. En fait il y a en a bien d'autres, dont celles obtenues en considérant le marché des titres.

Ce modèle est *statique* dans la mesure où l'on suppose sans le démontrer, que le système retourne à l'équilibre entre plusieurs processus d'ajustement non décrits. De plus au cours des phases d'ajustement on retient l'hypothèse de constance de paramètres de comportement. D'ailleurs Keynes lui-même s'étonnait que J.R. Hicks rendît

---

[108] En 1976, J.R. Hicks lui-même déclarait : « Je dois dire que le graphique IS - LM m'est aujourd'hui beaucoup moins familier que j'imagine qu'il est pour beaucoup de gens. Il réduit la *Théorie Générale* à une économie de l'équilibre ; il n'est pas réellement à l'heure ». cité par C. Hession. *op. cit.* p.442. cf. également J.R. Hicks.« La crise de l'économie keynesienne ». *Revue française d'Economie*. N°4, 1987. On a pu dire de Hicks qu'il était le « demi-frère ambigu, mi-adversaire, mi-fidèle » de Keynes.

l'incitation à investir dépendante du revenu courant plutôt que du *revenu escompté*, de façon à prendre en compte les incertitudes.[109]

Il y a en effet chez Keynes une *théorie de l'instabilité économique* comme entend le montrer M. Herland.[110] Ceci est gommé par la construction de IS - LM qui suppose par construction une certaine stabilité des fonctions définies. Elles ne se déplaceraient pratiquement que sous l'influence de facteurs exogènes comme les interventions de l'Etat dans le cadre de sa politique économique. Le modèle *ne prend pas en compte les anticipations des agents économiques* ; or Keynes déclarait déjà dans la préface de la *Théorie Générale* : « Une économie monétaire est essentiellement une économie où la variation des vues sur l'avenir peut influer sur le volume actuel de l'emploi » (p. 10)

Keynes accorde un rôle décisif à l'investissement, mais celà à un double titre : par l'investissement la dichotomie réel-monétaire est dépassée du fait qu'il dépend de la variable monétaire i et détermine Y et l'emploi à travers le multiplicateur. D'autre part « c'est sur l'investissement que se concentre en quelque sorte l'instabilité du système ».[111] « Et de tous ces facteurs, déclare Keynes, ceux qui déterminent le taux d'investissement sont les moins sûrs puisqu'ils sont influencés par notre vision du futur au sujet duquel nous savons si peu ».

Macro-économie orthodoxe et limites du keynésianisme en pratique

Dans les années 40-50, A. Hansen, L. Klein, F. Modigliani et P. Samuelson ont dépouillé plus encore l'analyse de Keynes pour réaliser une sorte de synthèse néoclassique « en interprétant les mathématiques simples de la détermination du revenu », en particulier sur la base du diagramme à 45°. Il en a résulté une « *macro-économie orthodoxe* » dont nous avons exposé l'essentiel, qualifiée par certains de « *keynésianisme hydraulique*, parce qu'il représente l'économie en termes de flux « désincarnés et homogènes » de revenu et de dépense sans tenir compte de l'évolution des structures des économies capitalistes.

---

[109] Il y a deux façons de concevoir le rôle des *anticipations* dans un monde incertain. Les néoclassiques postulent que l'on peut représenter l'incertitude par des jugements de probabilité dans un monde statistiquement contrôlé ; ainsi les variables futures seraient réductibles à des équivalents certains actuariels. Keynes lui-même s'est intéressé au calcul des probabilités, mais dans le système keynésien les agents économiques décident souvent d'actions qui seraient irrationnelles dans une perspective néo-classique. (ex : détention de monnaie à des fins de liquidité). Ainsi, selon M. de Mourgues, « la spéculation inductive de l'agent keynésien s'oppose à la rationalité déductive de l'agent classique ». *La Monnaie*, op. cit. p. 631. L'autre attitude est celle des post-keynésiens qui entendent distinguer l'incertitude et le risque, qui privilégient les « *expérimentations cruciales* » (G. Shackle), celles des décideurs qui peuvent se tromper.

[110] op. cit. p. 152-160.

[111] M. Herland. *op. cit.* p. 153.

Cette première version du keynésianisme, sous la forme du modèle revenu-dépense, a inspiré des *politiques économiques fondées sur le soutien de la demande*, en particulier par la politique monétaire et l'acceptation, si nécessaire, du déficit budgétaire. Ce sont les bases des « *ordonnances* » de Keynes.[112] Avec la pénétration des idées keynésiennes au cours de l'après-guerre toutes les politiques sociales allaient d'ailleurs être élaborées dans la perspective économique de l'obtention du plein emploi.[113]. Cependant à y regarder de plus près les politiques économiques d'inspiration keynésienne ont été plus timides qu'on ne le pense. En Grande-Bretagne, différents gouvernements travaillistes et conservateurs avaient beau tous rechercher le plein emploi, ils finissaient toujours par se soumettre aux exigences de la balance des paiements, d'où il a résulté une étrange politique alternée de « *stop-go* » (stimulation-freinage) peu conforme aux enseignements de Keynes.[114]

Aux Etats-Unis et dans les économies occidentales européennes la politique d'inspiration keynésienne s'est concrétisée par une *gestion de la demande en expansion* plutôt que par un réel contrôle de l'économie, d'où une appréciation forcément ambiguë à la fois des politiques de relance et de stabilisation. On crédite cependant Keynes d'avoir inspiré les politiques qui abolissaient, croyait-on, la perspective de récession dans les années 60. Politiques monétaire et budgétaire assuraient apparemment la maîtrise de la croissance équilibrée. Le cycle économique paraissait d'un autre temps et l'objectif préconisé par Keynes obtenu : « le vrai remède au cycle économique ne consiste pas à supprimer les boom et à maintenir en permanence une semi-dépression, mais à supprimer les dépressions et à maintenir en permanence une situation voisine du boom ». C'était le point de vue qu'avaient retenu les partisans de la « *New Economics* » de l'équipe du Président Kennedy.[115]

---

[112] Il ne faut pas oublier que les mesures d'intervention gouvernementales du « *New Deal* » sont engagées par Roosevelt dès mai-juin 1933 ; en Allemagne les programmes de grands travaux sont décidés à la même époque provoquant une hausse du niveau de l'emploi de 60% dans l'industrie des biens d'équipements ; mais la politique de Schacht n'est que partiellement keynésienne avant la lettre : la part des salaires dans le revenu national diminue et le taux de l'intérêt demeure bloqué à 6% , puis 4%. cf. A. Samuelson. *Le mark. Histoire de la monnaie allemande.*Didier, Paris, 1971, p. 135-140.

[113] Cf. P. Delfaud. *op. cit.* Chap. III.

[114] Cf. A.P. Thirlwall. *Balance of payment theory and the UK. experience.* Mac Millan Londres, 1980. chap. 7, et E. Alphandéry. G. Delsupehe. *op. cit.* chap. 5 consacré aux politiques de stabilisation aux Etats-Unis, en France, Grande Bretagne et Allemagne p. 124-157. Sur le stop-go, cf. p. 182-183 ; M. Cabannes « Mécanismes keynésiens et politiques de crise depuis 1974 », dans : M. Zerbato (ed) *op. cit.* p. 113-136.

[115] L'équipe d'économistes de J.F. Kennedy (*Council of Economic Advisers*) : P.A. Samuelson, W. Heller, J. Tobin, et celle du Président Johnson : G. Ackley, A.M. Okun et J.S. Duesenberry considéraient que l'économie américaine souffrait d'un écart déflationniste depuis la guerre de Corée. Ils inspirèrent de 1962 à 1966 une politique de finances publiques active et la plus keynésienne possible, fondée sur le principe du multiplicateur. (suite de la note page suivante)

Au cours de « l'ère keynésienne » (J. Robinson) effectivement caractérisée par l'absence de récession majeure, toute la structure des économies industrielles occidentales se transforme : les systèmes de sécurité sociale et d'assurance-chômage se développent ; la croissance est source d'emploi et les sociétés adoptent le modèle de la consommation de masse. On assiste à une adaptation générale au régime keynésien de gestion de la demande, tant de la part des syndicats que des firmes oligopolistiques assurées que les revenus en hausse et les avantages sociaux supplémentaires représentent en fait des coût récupérables. Les analyses critiques[116] mettent même en évidence la réalité d'un « *Keynésianisme militaire* » qui s'accomode fort bien du déficit budgétaire.

L'inflation et la critique monétariste

Cependant dès cette époque les politiques de restriction de la demande globale *maîtrisent de moins en moins l'inflation*, dont on pensait d'abord qu'elle était le moindre mal assurant la poursuite de la croissance. Les critiques se font plus sévères quand l'inflation, devenue « rampante » et continue, s'accompagne de stagnation et de chômage. Dans ce nouveau contexte de « *stagflation* », les politiques keynésiennes sont tout le contraire d'un succès. Il en résulte un épanouissement des théories monétaristes et une « contre-révolution libérale ».[117]

Au plan théorique M. Friedman entend montrer qu'il n'y a plus de liaison stable entre le revenu et la consommation de la même période (cf. supra. chap. XII, p.433-434) en sorte que les conséquences des modifications de la dépense publique ne sont plus prévisibles. Par ailleurs « *la politique budgétaire pure* » ne paraît plus possible en raison même de la trappe à liquidité ; la dépense nouvelle doit être financée par l'émission monétaire, c'est-à-dire dans le cas qui paraît l'exclure. Quand les dépenses publiques supplémentaires doivent être financées par l'emprunt, les monétaristes

---

La réduction des impôts en 1964 devait surtout profiter aux sociétés et aux titulaires de revenus élevés, ce qui inspira l'appréciation de Galbraith : « C'est du Keynes réactionnaire… ». Il est notable que cette période ait été encadrée de deux graves crises du dollar (oct. 1960 et mars 1968). cf. l'ouvrage fondamental sur la politique économique américaine de cette époque : J. Singer-Kerel : *La New Economics et l'expansion américaine*. Colin, Paris, 1972. Il est vrai que pendant 100 mois, entre 1961 et 1968, l'économie américaine a connu la plus longue période d'expansion économique de toute son histoire.

[116] Cf. P.A. Baran, P. Sweezy. *Le capitalisme monopoliste*. Maspero Paris. 1968. chap. 7 p. 165 et ss, analysent l'absorption du surplus par les dépenses militaires aux Etats-Unis.

[117] Sur les idées développées par le courant monétariste. cf. F. Aftalion et F. Poncet. *Le monétarisme*. Que sais-je? 2ᵉ éd. Paris 1984. J.P. Laffargue : « L'apport du monétarisme à l'analyse et à la politique économique. *Economie et Prévision*. N° 56, 1982 ; B. Morgan : *Monetarists and Keynesians*. Wiley, New-York 1978. Les difficultés de la mise en œuvre d'une politique monétariste aux Etats-Unis et en Grande-Bretagne ont été analysées par N. Kaldor : *Le fléau du monétarisme*. Economica, Paris. 1985.

estiment qu'en raison de *l'effet d'éviction*[118] elles ne font que remplacer un volume égal de dépenses privées sans bénéfice supplémentaire pour la production et l'emploi.[119]

Les monétaristes ne sont pas plus favorables à la politique monétaire, d'où un débat avec les keynésiens sur ce point.[120]. Pour M. Friedman *l'effet de liquidité* (baisse de i par accroissement de la masse monétaire) est compensé par la hausse des revenus nominaux, d'où résulte un gonflement des encaisses désirées *(effet de revenu)*. De plus le gonflement de la masse monétaire suscite des anticipations à la hausse des prix, d'où l'exigence de taux d'intérêt plus élevés. « La monnaie serait toute puissante et la politique monétaire impuissante ». Ce serait particulièrement vrai dans le cas du chômage : les politiques monétaires de stimulation de la demande n'ont pas d'incidence sur les composantes du chômage qui relèvent de facteurs réels tels que la mobilité et la formation professionnelle; les désajustements entre structures de l'offre et de la demande *(chômage structurel)*. En fait pour les monétaristes *la monnaie est à l'origine des fluctuations de l'activité économique* ; il faut se limiter à en régler l'émission à ce qui est nécessaire au fonctionnement stable de l'économie de marché. A ce niveau on perçoit bien que les controverses entre monétaristes et keynésiens laissent affleurer l'opposition beaucoup plus fondamentale entre deux conceptions du système économique et social, entre deux opinions politiques antagonistes : les partisans du libéralisme sont plutôt monétaristes[121], les partisans de l'intervention de l'Etat demeurent plutôt keynésiens.

La seconde révolution des post-keynésiens

Une autre évolution théorique issue de la pensée de Keynes s'est opérée sur des bases ricardiennes pour partie : ce sont les *post-keynésiens* qui estiment que la révolution keynésienne a échoué. Ils s'efforcent d'élargir l'analyse de *la Théorie Géné-*

---

[118] Cf. P. Llau « L'évolution de la contrainte financière publique : effet d'éviction et de substitution dans les circuits de financement ». *Cahiers Economiques et monétaires de la Banque de France* N° 12. 1981. H. Aftalion. P. Poncet. *op. cit.* p. 89-94 ; P.Llau. *Economie financière*; Themis, PUF, Paris, 1985. p. 266 et ss, 282 et ss.

[119] D'autres arguments sont avancés par les monétaristes : a) l'augmentation des dépenses d'intervention doit être financée par l'impôt au dépens du revenu disponible ou par l'emprunt qui ponctionne le marché financier ; b) l'effet d'éviction, et l'inefficacité de la politique budgétaire qui en résulte, provient de l'idée que LM est verticale et fixe : la hausse de i intervient sans variation de Y, comme nous l'avons vu (Cf. supra.)

[120] D. Lacoue-Labarthe précise : « Que la monnaie *doive* être neutre ou non est une question académique de peu d'intérêt. Qu'on sache sous quelles conditions la monnaie *peut* être neutre à l'égard de l'activité réelle représente au contraire une des premières exigences de l'analyse monétaire ». *Analyse monétaire*. Dunod, Paris, 1980, p. 45.

[121] Pour une appréciation nuancée du monétarisme par un libéral. Cf. L. Stoleru. *L'ambition internationale*. Seuil, Paris, 1987, chap. 2, Adieu, Friedman et la régulation monétaire. p. 36-62.
cf. également B. Landais. *Le monétarisme*. Economica 1987.

rale à un système économique ouvert en fonction du contexte historique plutôt qu'en référence à l'équilibre théorique. Le système économique doit être analysé comme un *« processus séquentiel »*. Le temps est une dimension du monde réel qui interdit que tout survienne au même moment (la production, la consommation demandent du temps) comme le suppose le monde néo-classique où toutes les décisions sont instantanées. Les post-keynésiens sont donc tout à fait opposés à des néo-classiques comme R. Solow[122] qui entendent prouver la double possibilité d'une croissance équilibrée et du plein emploi par le jeu d'ajustements de prix relatifs conformes à l'analyse classique. Pour cela ces néo-classiques abandonnent l'hypothèse d'une fonction de production à coefficients fixes ; dans ces conditions une pénurie de main d'œuvre ferait monter les salaires, d'où incitation à substituer du capital technique au travail. En sens inverse le chômage devrait susciter une tendance à la baisse des salaires et une substitution de main d'œuvre au capital technique. Cette argumentation a été fortement attaquée par les auteurs de la *nouvelle école de Cambridge*.

Cette appelation désigne des économistes profondément concernés par la révolution keynésienne, qui ont tenté de « greffer » certains éléments de l'analyse du secteur réel de Keynes sur les théories de la croissance et de la répartition de Ricardo, Marx et Kalecki. Leurs chefs de file sont : N. Kaldor, J. Robinson, P. Sraffa, L. Pasinetti.[123] Ils entendent développer les problèmes à long terme de la croissance et de la répartition négligés par Keynes, d'où le qualificatif d'*économie post-keynésienne*. Ils ont en commun d'être opposés à la fois au principe de l'équilibre simultané de tous les marchés, au keynésianisme « bâtard » ou illégitime du diagramme à 45°, à la micro-économie néo-classique qu'ils veulent remplacer par un système fondé sur un modèle de production, où la demande ne joue pas de rôle dans la détermination des prix, comme c'est le cas pour le modèle de P. Sraffa.[124] Ils ont élaboré des modèles de crois-

---

[122] Cf. R.M. Solow « Une contribution à la théorie de la croissance économique » (1956) ; Tr. dans : G. Abraham-Frois (ed) : *Problématique de la croissance*, vol I « Néo-classiques et néo-keynésiens ». Economica . Paris, 1977 ; pour une analyse critique cf. B. Rosier. *op. cit.* chap. 2 ; I. Ossadtchaïa. *De Keynes à la synthèse néo-classique*. Etude critique, Editions du Progrès, Moscou, 1975.

[123] Parmi les œuvres marquantes de ces auteurs, nous nous limitons à citer ce qui est facilement accessible en français. N. Kaldor : « Un modèle de répartition » (1955-1956) et L. Pasinetti : « Les liens entre taux de profit, distribution des revenus et taux de croissance de l'économie » (1961-62) dans : G. Abraham-Frois (ed) : *Problématiques de la croissance*. Vol. I. op.cit. ; J. Robinson *L'accumulation du Capital*. Dunod, Paris 1972. Pour des analyses de ces travaux : cf. B. Rosier. *op. cit.* chap. 3 ; et J. Léonard : *La répartition macro-économique des revenus. L'enjeu des thèses de Cambridge*. Economica, Paris, 1980 ; A.S. Eichner (ed). *A guide to Post-Keynesian Economics*. M.E. Sharpe, White Plains, N.Y 1979 ; N. Kaldor. *Limitations of the General Theory*. The British Academy, Londres, 1983.

[124] P. Sraffa. *Production de marchandises par des marchandises*, Dunod, Paris, 1970. Pour une analyse dans une optique marxiste. Cf. G. Deleplace : *op. cit.* p. 140-150. et P. Salama. *Sur la valeur*. op. cit. p. 168-198.

sance fondés sur la primauté keynésienne de l'investissement en distinguant une fonction d'épargne pour les capitalistes et une autre pour les travailleurs *(théorème de Pasinetti)*. Ils prennent en compte les éléments de pouvoir de monopole (cf. degré de monopole de Kalecki). A l'encontre des monétaristes ils estiment que la monnaie n'est pas un facteur stratégique de la politique économique. Pour conclure cette brève mention, disons que les post-keynésiens se posent en alternative à la fois à l'étroite et monolithique conception du système économique des monétaristes, et à la synthèse néo-classique qui veut intégrer la théorie keynésienne du court terme dans une théorie néo-classique de long terme.

D'autres auteurs s'efforcent de marquer les limites d'une science économique qui, ayant une vocation hégémonique, vivrait « au-dessus de ses moyens ». « Alors que la période de prospérité avait accéléré le mouvement «d'économisation» de la société... aujourd'hui la roue se met à tourner à rebours, la «socialisation» de l'économie avançant désormais au même rythme que la rareté. La société ne cesse en effet de s'évader du moule économique... La prospérité conduisait au «tout économique», la pénurie nous rapproche, en partie, du «tout social» ».[125]

---

[125] A. Minc, *L'après-crise est commencé*, Idées, Gallimard, 1982, p. 11. A. Minc reprend d'ailleurs ce thème dans *L'avenir de la France* (Seuil, 1984), où il exprime son scepticisme sur un des enjeux majeurs de l'Economie Politique, l'action de l'Etat : « La démarche keynésienne a poussé jusqu'à l'extrême le principe d'un Etat acteur économique moteur, au nom d'ailleurs, d'une confusion idéologique : un Etat économiquement actif serait socialement actif. En fait son rôle n'apparaît moteur que sur l'instant ; sur une longue période il accompagne le mouvement de l'économie davantage qu'il ne le suscite » (p. 107). Cf; également A. Aglietta, A. Brender, *Les métamorphoses de la société salariale,* op. cit., p. 165 et ss.

BIBLIOGRAPHIE

ŒUVRES, OUVRAGES GENERAUX ET MANUELS

BERAUD A., *Introduction à l'analyse macro-économique*. Ed. Anthropos; Paris, 1986.

BORDES C. *Analyse macro-économique*, PUF, Paris, 1978.

DELFAUD P., *Keynes et le keynésianisme*, Que sais-je ? 1977.

DENIZET J., *Monnaie et financement*, Dunod, 2ᵉ éd., Paris, 1969.

HANSEN A.H. *Introduction à la pensée keynésienne*, Dunod, Paris, 1967.

HERLAND M. *Keynes et la macroéconomie*, Economica, Paris, 1991.

KEYNES, *La théorie générale de l'emploi, de l'intérêt et de la monnaie*. Petite bibliothèque, Payot, 1982. (d'après lequel nous citons, autres indications sur l'œuvre de Keynes en notes ci-dessus dans le texte).

KEYNES J.M. *The Collected Writings of J.M. Keynes*. Mac Millan, pour la Royal Economic Society, Londres, 1971-1983 (30 volumes).

MAURISSON P. (ed.) *La théorie générale de J.M. Keynes : un cinquantenaire*, Cahier d'Economie Politique N° 14-15, 1988.

STEWART M. • *Keynes*, Coll. Points, Editions Seuil, 1973.
       • *Après Keynes*, Coll. Sociétés, Editions Seuil, n° 40.

STOLERU L. *L'équilibre et la croissance économique*, Dunod, Paris, 1967.

OUVRAGE D'ANALYSE ET RECUEILS

BARRERE A.• *Déséquilibres économiques et contre-révolution keynésienne. Keynes : seconde lecture*, Economica, Paris, 1979.
       • *Controverses sur le système keynésien*, Economica, Paris, 1979.
       • *Macroéconomie keynésienne* – *Le projet économique de Keynes*, Dunod, 1990.
BARRERE A. et alii, *Keynes aujourd'hui : théories et politiques*, Economica, Paris, 1985.

DELEPLACE G. , MAURISSON P. (eds). *L'hétérodoxie dans la pensée économique. K. Marx, J.M. Keynes, J.A. Schumpeter*. Cahiers d'Economie Politique. Ed. Anthoropos, Paris 1985.

DUMENIL G. *Marx et Keynes face à la crise*. Economica, Paris 2ᵉ éd. 1981.

MATTICK P. *Marx et Keynes*, Gallimard, Paris, 1972.

PARGUEZ A., *Keynes et la révolution*. Cahiers d'Economie Politique n° 6, 1981.

PATINKIN Don *Keynes'Monetary Thought*, Duke University Press, 1976.

POULON F. (ed.) et autres, *Les écrits de Keynes*, Dunod, Paris, 1985.

ROBINSON J. *Philosophie économique*. Chap. 4 : La révolution keynésienne. Gallimard, Paris, 1967.

ROY M. *Profil d'une œuvre : la Théorie Générale*, Hatier, Paris, 1972.

ZERBATO M. (ed) et autres. *Keynésianisme et sortie de crise,* Dunod, Paris, 1987.

QUELQUES OUVRAGES ANGLO-SAXONS DE BASE (dont biographies)

CHICK V. *Macroeconomics After Keynes : a Reconsideration of the General Theory*. Philip Alan, Oxford. 1983.

HARROD R. *The life of J.M. Keynes*. Londres, Pelican, 1972.

HESSION C.H. *John Maynard Keynes : une biographie de l'homme qui a révolutionnné le capitalisme et notre mode de vie*. Payot, Paris, 1985.

HICKS J.R. *Mr Keynes and the Classics : a Suggested Interpretation*, Econometrica (v), 1937, p. 147-159.
HICKS J.R. *The crisis in Keynesian Economics*, Basil, Blackwell, Londres, 1974.

KEYNES Milo, *Essays on Maynard Keynes*. Cambridge University Press. 1975.

LEIJONHUFVUD A. *On Keynesian Economics and the Economics of Keynes*. Oxford University Press, 1968.

LEKACHMAN R. *The age of Keynes*, Mac Graw Hill, Londres, 1975.

MINSKY H.P. *John Maynard Keynes*; Columbia University Press, New-York, 1975.

MOGGRIGE DE. *Keynes*, Mac Millan, London, 1976.

MORGAN B. *Monetarist and Keynesians*, 5ᵉ edit. Mac Millan. Londres, 1978.

SHACKLE G. L. S. *Keynesian Kaleidics*, Edinburgh University Press, 1974.

WORSWICK G.D., TREVITHICK J.S. *Keynes and the Modern World,* Cambridge Univ. Press, 1983.

Index des auteurs

515

Index analytique

Table des matières

TITRE IV - L'APPROCHE KEYNESIENNE

Achevé d'imprimer par Présence Graphique
2, rue de la Pinsonnière - 37260 Monts
Dépôt légal : Octobre 2006 - N° d'imprimeur : 100621821-1000

Imprimé en France